FALAR COM DEUS

FRANCISCO FERNÁNDEZ-CARVAJAL

FALAR COM DEUS

Advento. Natal. Epifania

Tradução: Luiz Fernando Cintra

Quaresma. Semana Santa. Páscoa

Tradução: Ricardo Pimentel Cintra

QUADRANTE

São Paulo
2025

Título original
Hablar con Dios

Capa
Gabriela Haeitmann
Karine Santos

Dados Internacionais de Catalogação na Publicação (CIP)

Fernández-Carvajal, Francisco
Falar com Deus: meditações para cada dia do ano, Advento. Natal. Epifania [tradução de Luiz Fernando Cintra] e Quaresma. Semana Santa. Páscoa [tradução de Ricardo Pimentel Cintra] / Francisco Fernández-Carvajal. – São Paulo : Quadrante, 2025.

Título original: *Hablar con Dios*
ISBN (capa dura): 978-85-7465-459-1
ISBN (brochura): 978-85-7465-782-0

1. Advento - Meditações 2. Epifania - Meditações 3. Natal - Meditações 4. Páscoa - Meditações 5. Quaresma - Meditações 6. Semana Santa - Meditações I. Título

CDD-242.3

Índice para catálogo sistemático:

1. Ano litúrgico : Meditações : Cristianismo 242.3
2. Meditações : Ano litúrgico : Cristianismo 242.3

QUADRANTE EDITORA
Rua Bernardo da Veiga, 47 - Tel.: 3873-2270
CEP 01252-020 - São Paulo - SP
www.quadrante.com.br / atendimento@quadrante.com.br

SUMÁRIO

Advento, Natal e Epifania

QUARESMA. SEMANA SANTA. PÁSCOA

ADVENTO. NATAL. EPIFANIA

TEMPO DO ADVENTO. PRIMEIRO DOMINGO

1. ADVENTO: À ESPERA DO SENHOR

— Vigilantes ante a chegada do Messias.
— Principais inimigos da nossa santidade: as três concupiscências. A Confissão, meio para preparar o Natal.
— Vigilantes mediante a oração, a mortificação e o exame de consciência.

I. *Ó DEUS TODO-PODEROSO, avivai nos vossos fiéis, ao começar o Advento, o desejo de acorrerem ao encontro com Cristo, acompanhados pelas boas obras*[1].

Talvez já tenhamos tido a experiência — diz Ronald Knox num sermão sobre o Advento[2] — do que é caminhar na noite e arrastar os pés durante quilômetros, fixando avidamente o olhar numa luz longínqua que representa de alguma forma o lar. Como é difícil avaliar as distâncias em plena escuridão! Tanto pode haver uns quilômetros até o lugar do nosso destino, como apenas umas centenas de metros. Era essa a situação em que se encontravam os profetas quando olhavam para o futuro, à espera da redenção do seu povo. Não podiam dizer, nem com uma aproximação de cem anos ou mesmo de quinhentos, quando é que o Messias chegaria. Só sabiam que um dia a estirpe de Davi voltaria a florescer, que um dia encontrariam a chave que abriria as portas da prisão; que a luz, que avistavam apenas como um ponto nebuloso no horizonte, haveria de ampliar-se por fim, até se transformar num dia perfeito. O povo de Deus devia permanecer à espera.

Esta mesma atitude de expectativa é a que a Igreja deseja para os seus filhos em todos os momentos da sua vida. Considera como parte essencial da sua missão fazer com que continuemos a olhar para o futuro, ainda que estejamos no limiar do segundo milênio daquele Natal que hoje a liturgia nos apresenta como iminente. E anima-nos a caminhar com os pastores, em plena noite, vigilantes, dirigindo o nosso olhar para a luz que jorra da gruta de Belém.

Quando o Messias chegou, poucos o esperavam realmente. *Veio para o que era seu, mas os seus não o receberam*[3]. Muitos daqueles homens haviam adormecido para o mais essencial das suas vidas e da vida do mundo. *Estai vigilantes*, diz-nos o Senhor no Evangelho da Missa. *Despertai*, repetir-nos-á São Paulo[4]. Porque também nós podemos esquecer-nos do mais fundamental da nossa existência.

Convocai todo o mundo, anunciai a todas as nações e dizei: Olhai para Deus, nosso Salvador, que chega. Anunciai-o e que se ouça; proclamai-o com voz forte[5]. A Igreja nos põe de sobreaviso com quatro semanas de antecedência a fim de que nos preparemos para celebrar de novo o Natal e, ao mesmo tempo, para que, com a lembrança da primeira vinda de Deus feito homem ao mundo, estejamos atentos a essas outras vindas do Senhor: no fim da vida de cada um e no fim dos tempos. Por isso o Advento é tempo de preparação e de esperança.

Vinde, Senhor, não tardeis. Preparemos o caminho para o Senhor que chegará em breve; e se notarmos que a nossa visão está embaçada e não distinguimos com clareza essa luz que procede de Belém, é o momento de afastar os obstáculos. É tempo de fazer com especial delicadeza o exame de consciência e de melhorar a nossa pureza interior para receber a Deus. É o momento de discernir as coisas que nos separam do Senhor e de lançá-las para longe de nós. Para isso, o exame deve ir até as raízes dos nossos atos, até os motivos que inspiram as nossas ações.

II. COMO NESTE TEMPO queremos de verdade aproximar-nos mais de Deus, examinaremos a fundo a nossa alma. Encontraremos aí os verdadeiros inimigos que se empenham sem tréguas em manter-nos afastados do Senhor. De uma forma ou de outra, estão aí os principais obstáculos para a nossa vida cristã: *a concupiscência da carne, a concupiscência dos olhos e a soberba da vida*[6].

"A concupiscência da carne não é apenas o impulso desordenado dos sentidos em geral [...], não se reduz exclusivamente à desordem da sensualidade: estende-se ao comodismo e à falta de vibração, que impelem a procurar o mais fácil, o mais agradável, o caminho aparentemente mais curto, mesmo à custa de concessões no caminho da fidelidade a Deus [...].

"O outro inimigo [...] é a concupiscência dos olhos, uma avareza de fundo que leva a apreciar apenas o que se pode tocar [...]. Os olhos da alma embotam-se; a razão julga-se autossuficiente e capaz de entender todas as coisas prescindindo de Deus. É uma tentação sutil, que se escuda na dignidade da inteligência; da inteligência que nosso Pai-Deus outorgou ao homem para que o conheça e o ame livremente. Arrastada por essa tentação, a inteligência humana considera-se o centro do universo, entusiasma-se novamente com o *sereis como deuses* (Gên 3, 5) e, enchendo-se de amor por si mesma, vira as costas ao amor de Deus.

"Deste modo, a nossa existência pode entregar-se sem condições às mãos do terceiro inimigo, a *superbia vitae*. Não se trata simplesmente de pensamentos efêmeros de vaidade ou de amor próprio: é um endurecimento generalizado. Não nos enganemos, porque tocamos o pior dos males, a raiz de todos os extravios"[7].

Agora que o Senhor vem a nós, temos de preparar-nos. Quando chegar o Natal, o Senhor terá de encontrar-nos atentos e de alma bem disposta; e assim terá de encontrar-nos também no nosso encontro definitivo com Ele. Precisamos tornar retos os caminhos da nossa vida, voltar-nos para esse Deus que vem até nós. Toda a existência do homem é uma constante preparação para ver o Senhor, que cada vez está mais perto; mas no Advento a Igreja ajuda-nos a pedir de um modo especial: *Senhor, mostrai-me os vossos caminhos e ensinai-me as vossas veredas. Dirigi-me na vossa verdade, porque sois o meu Salvador*[8].

Preparemos este encontro através do sacramento da Penitência. Pouco antes do Natal de 1980, o Papa João Paulo II encontrava-se com mais de duas mil crianças numa paróquia romana. E começou a catequese: — *Como é que vocês se preparam para o Natal?* — *Com a oração*, responderam as crianças gritando. — *Muito bem, com a oração*, disse-lhes o Papa, *mas também com a Confissão. Vocês têm que se confessar para depois comungar. Farão isso?* E os milhares de crianças responderam ainda mais alto: — *Faremos!* — *Farão, sim, devem fazê-lo*, disse-lhes João Paulo II. E em voz mais baixa: *O Papa também se confessará para receber dignamente o Menino-Deus*.

Assim o faremos nós também, nestas semanas que faltam para o Natal; com mais amor, com uma contrição cada vez maior. Porque sempre podemos receber com melhores disposições este sacramento da misericórdia divina, como consequência de termos examinado mais a fundo a nossa alma.

III. NAQUELE TEMPO, disse Jesus aos seus discípulos: *Estai de sobreaviso, vigiai e orai, porque não sabeis quando será o tempo [...]. Vigiai, pois, visto que não sabeis quando voltará o dono da casa, se à tarde, se à meia-noite, se ao cantar do galo ou pela manhã, para que não suceda que, vindo ele de repente, vos encontre dormindo. O que vos digo, a todos o digo: Vigiai*[9].

Para manter este estado de vigília, é necessário lutar, porque a tendência de todo homem é viver de olhos cravados nas coisas da terra. Especialmente neste tempo do Advento, não deixemos que *os nossos corações fiquem ofuscados pela glutonaria, pela embriaguez e pelos negócios desta vida*, perdendo assim de vista a dimensão sobrenatural que devem ter todos os nossos atos. São Paulo compara esta vigilância sobre nós mesmos à guarda montada pelo *soldado bem armado que não se deixa surpreender*[10]. "Este adversário, nosso inimigo, procura fazer-nos mal por onde quer que possa; e, já que não anda descuidado, não o andemos nós"[11].

Estaremos alerta se cuidarmos com esmero da oração pessoal, que evita a tibieza e, com ela, a morte dos desejos de santidade; estaremos vigilantes se não descurarmos os pequenos sacrifícios, que nos mantêm despertos para as coisas de Deus. Estaremos atentos mediante um exame de consciência delicado, que nos faça ver os pontos em que nos estamos separando, quase sem o percebermos, do nosso caminho.

"Irmãos — diz-nos São Bernardo —, a vós, como às crianças, Deus revela o que ocultou aos sábios e entendidos: os autênticos caminhos da salvação. Meditai neles com suma atenção. Aprofundai no sentido deste Advento. E, sobretudo, observai quem é Aquele que vem, de onde vem e para onde vem; para quê, quando e por onde vem. É uma curiosidade boa. A Igreja universal não celebraria com tanta devoção este Advento se não contivesse algum grande mistério"[12].

Santa Maria, que é a nossa Esperança, ajudar-nos-á a melhorar neste tempo do Advento. Ela espera com grande recolhimento interior o nascimento do seu Filho, que é o Messias. Todos os seus pensamentos se dirigem para Jesus, que nascerá em Belém. Junto dEla, ser-nos-á fácil preparar a nossa alma para que a chegada do Senhor não nos encontre absorvidos em coisas que têm pouca ou nenhuma importância diante de Deus.

(1) *Oração coleta* da Missa do primeiro domingo do Advento; (2) cf. R. A. Knox, *Sermão sobre o Advento*, 21-XII-1947; (3) Jo 1, 11; (4) cf. Rm 13, 11; (5) *Salmo responsorial* da Missa da segunda-feira da primeira semana do Advento; (6) 1 Jo 2, 16; (7) São Josemaria Escrivá, *É Cristo que passa*, ns. 5-6, Quadrante, São Paulo, 1975; (8) Sl 24; *Salmo responsorial* da Missa do primeiro domingo do Advento, ciclo C; (9) Mc 13, 33-37; *Evangelho* da Missa do primeiro domingo do Advento, ciclo B; (10) cf. 1 Ts 5, 4-11; (11) Santa Teresa, *Caminho de perfeição*, 19, 13; (12) São Bernardo, *Sermão sobre os seis aspectos do Advento*, 1.

2. PREPARAR-NOS PARA RECEBER JESUS

— Alegria do Advento. Alegria ao receber o Senhor na Sagrada Comunhão.
— *Senhor, eu não sou digno...* Preparar-nos para receber o Senhor. Imitar as disposições do centurião de Cafarnaum.
— Outros pormenores relativos à preparação da alma e do corpo para receber com fruto este sacramento. A Confissão frequente.

I. O SALMO 121, que lemos na Missa de hoje, era um cântico dos peregrinos que iam a Jerusalém: *Que alegria* — recitavam os peregrinos ao aproximarem-se da cidade — *quando me vieram dizer: "Vamos à casa do Senhor!" E os nossos passos se detêm agora diante das tuas portas, ó Jerusalém!*[1]

Esta alegria é também imagem do Advento, em que cada dia que transcorre é um passo mais em direção à festa do nascimento do Redentor. É, além disso, imagem da alegria que o nosso coração experimenta quando nos abeiramos, bem preparados, da Sagrada Comunhão.

É inevitável que, juntamente com esta alegria, nos sintamos cada vez mais indignos, à medida que se aproxima o momento de receber o Senhor; e se decidimos fazê-lo, é porque Ele quis ficar sob as aparências do pão e do vinho precisamente para servir de alimento e, portanto, de fortaleza para os fracos e doentes. Não ficou como prêmio para os fortes, mas como remédio para os fracos. E todos somos fracos e estamos adoentados.

Toda a preparação deve parecer-nos pouca, e toda a delicadeza insuficiente para receber Jesus. Assim exortava São João Crisóstomo os seus fiéis, a fim de que se preparassem condignamente para receber a Sagrada Comunhão: "Não é absurdo pores tanto cuidado nas coisas do corpo, a ponto de já desde muitos dias antes da festa preparares uma roupa belíssima, e te adornares e embelezares de todas as maneiras possíveis, e, no entanto, não tomares nenhum cuidado com a tua alma, abandonada, suja, esquálida, consumida de fome...?"[2]

Se alguma vez nos sentimos interiormente frios ou fisicamente pouco dispostos, nem por isso deixaremos de comungar. Procuraremos sair desse estado avivando a fé, a esperança e o amor. E se a causa for a tibieza ou a rotina, está nas nossas mãos mudar essa situação, pois contamos com a ajuda da graça. Mas não devemos confundir outros estados, como por exemplo o cansaço, com a situação de uma mediocridade espiritual consentida ou de uma rotina que cresce de dia para dia.

Cai na tibieza quem não se prepara, quem não faz o que está ao seu alcance para evitar as distrações quando Jesus vem ao seu coração. É tibieza aproximar-se da Comunhão mantendo a imaginação em outras coisas e pensamentos. Tibieza é não dar importância ao sacramento que se recebe.

A digna recepção do Corpo do Senhor será sempre uma oportunidade de nos inflamarmos no amor. "Haverá quem diga: é por isso, precisamente, que não comungo mais amiúde, porque me vejo frio no amor [...]. E porque vês que estás frio, queres afastar-te do fogo? Quando sentes gelado o teu coração, deves receber mais amiúde este sacramento, desde que alimentes um sincero desejo de amor a Jesus Cristo. Comunga — diz São Boaventura —, ainda que te sintas tíbio, confiando inteiramente na misericórdia divina, porque quanto mais doentes nos sentimos, tanto maior necessidade temos do médico"[3].

Ao pensar que o Senhor nos espera, podemos cantar cheios de alegria no mais íntimo da nossa alma: *Que alegria quando me disseram: vamos à casa do Senhor!* Mas também o Senhor se alegra quando vê o nosso esforço por estar bem preparados para recebê-lo. Meditemos sobre os meios de que nos servimos e sobre o interesse que pomos em assistir com devoção à Santa Missa, em evitar as distrações e afastar a rotina, em fazer com que a nossa ação de graças seja intensa e apaixonada, de forma que possamos estar unidos a Cristo ao longo de todo o dia.

II. O EVANGELHO DA MISSA[4] traz-nos as palavras de um homem pagão, centurião do exército romano. São palavras que se introduziram na liturgia da Missa há muito tempo, e que têm servido de preparação imediata para a Comunhão aos cristãos de todos os tempos: *Domine, non sum dignus* — Senhor, eu não sou digno.

Os chefes dos judeus da cidade tinham pedido a Jesus que aliviasse a pena desse pagão, curando-lhe um servo a quem estimava muito e que estava à beira da morte[5]. Desejavam que lhe fosse feito esse favor porque lhes havia construído uma sinagoga.

Quando Jesus estava perto da casa, o centurião pronunciou as palavras que repetimos em todas as Missas (substituindo "servo" por "alma"): *Senhor, eu não sou digno de que entreis em minha morada, mas dizei uma só palavra e o meu servo será salvo*. Uma só palavra de Cristo cura, purifica, devolve o ânimo e enche de esperança.

O centurião é um homem de profunda humildade, generoso, compassivo e cheio de admiração por Jesus. Como é pagão, não se atreve a dirigir-se pessoalmente ao Senhor e serve-se de outros, que considera mais dignos, para que intercedam por ele. Foi a humildade, comenta Santo Agostinho, "a porta por onde o Senhor entrou, a fim de tomar posse do que já possuía"[6].

Unem-se na alma deste homem a fé, a humildade e a delicadeza. Por isso a Igreja nos propõe o seu exemplo e as suas próprias palavras como preparação para recebermos Jesus quando vem a nós na Sagrada Comunhão: *Senhor, eu não sou digno...*

A Igreja, porém, não nos convida apenas a repetir as palavras do centurião, mas a imitar as suas disposições. "Queremos dizer a Jesus que aceitamos a sua visita imerecida e singular, multiplicada sobre a terra até chegar a nós, a cada um de nós; e dizer-lhe também que nos sentimos atônitos e indignos perante tanta bondade, mas felizes, felizes de que no-la tenha concedido a nós e ao mundo; e também queremos dizer-lhe que um prodígio tão grande não nos deixa indiferentes e incrédulos, mas põe em nossos corações um entusiasmo gozoso, que nunca deveria faltar naqueles que verdadeiramente creem"[7].

III. PREPARAR-SE PARA RECEBER o Senhor na Comunhão significa em primeiro lugar recebê-lo em graça. Cometeria uma gravíssima ofensa, um sacrilégio, quem fosse comungar em pecado mortal. Nunca devemos propor-nos receber o Senhor se há em nós uma dúvida fundamentada de termos cometido um pecado grave por pensamentos, palavras ou atos. *Todo aquele que comer o pão e beber o cálice do Senhor indignamente será réu do Corpo e do Sangue do Senhor*. Por isso, continua São Paulo: *Examine-se, pois, o homem a si mesmo, e então coma do pão e beba do cálice, pois aquele que o come e bebe sem discernir o Corpo do Senhor, come e bebe a sua própria condenação*[8].

"A quem livremente comunga, é preciso recordar-lhe o preceito: *Examine-se cada um a si mesmo* (1 Cor 11, 28). E a prática da Igreja declara que é necessário este exame para que ninguém que tenha consciência de estar em pecado mortal, por mais contrito que se julgue, se aproxime da Sagrada Eucaristia sem a prévia Confissão sacramental"[9].

"A participação nos benefícios da Eucaristia depende, além disso, da qualidade das disposições interiores, pois os sacramentos da nova lei, ao mesmo tempo que atuam *ex opere operato*, produzem um efeito tanto maior quanto mais perfeitas forem as disposições com que se recebem"[10]. Por isso é conveniente uma preparação esmerada da alma e do corpo:

desejos de purificação, de tratar com delicadeza este sacramento, de recebê-lo com a maior piedade possível.

Uma excelente preparação é a luta por viver na presença de Deus ao longo do dia e por cumprir com esmero os deveres cotidianos; sentindo, quando se comete um erro, a necessidade de desagravar o Senhor; enchendo o dia de ações de graças e de comunhões espirituais. Assim se terá pouco a pouco o coração no Senhor, tanto no trabalho como na vida familiar, nos momentos de lazer ou em qualquer ocupação.

Juntamente com estas disposições interiores, e como sua manifestação necessária, temos as do corpo: o jejum prescrito pela Igreja, as atitudes, o modo de vestir etc., que são sinais de respeito e reverência.

Ao terminarmos a nossa oração, pensemos como Maria recebeu Jesus depois da anunciação do anjo. Peçamos-lhe que nos ensine a comungar "com aquela pureza, humildade e devoção" com que Ela o recebeu no seu seio bendito, "com o espírito e fervor dos Santos", ainda que nos sintamos indignos e insignificantes.

(1) Sl 121, 1-2; (2) São João Crisóstomo, *Homilia* 6; PG 48, 756; (3) Santo Afonso Maria de Ligório, *Prática do amor a Jesus Cristo*, 2; (4) Mt 8, 5-13; (5) cf. Lc 7, 1-10; (6) Santo Agostinho, *Sermão* 6; (7) Paulo VI, *Homilia*, 25-V-67; (8) 1 Cor 11, 27-28; (9) Paulo VI, Instr. *Eucharisticum Mysterium*, 37; (10) São Pio X, Decreto *Sacra Tridentina Synodus*, 20-XII-1905.

TEMPO DO ADVENTO. PRIMEIRA SEMANA. TERÇA-FEIRA

3. O MESSIAS, "PRÍNCIPE DA PAZ"

— A paz, dom de Deus.
— Comunicar alegria e serenidade aos que delas necessitam.
— A filiação divina, fundamento da nossa paz e da nossa alegria.

I. A PAZ é um dos grandes bens constantemente implorados no Antigo Testamento. É um dom prometido ao povo de Israel como recompensa pela sua fidelidade[1], e aparece como uma obra de Deus[2] da qual se seguem incontáveis benefícios. Mas a verdadeira paz chegará à terra com a vinda do Messias. Por isso os anjos anunciam cantando: *Glória a Deus nas alturas e paz na terra aos homens de boa vontade*[3]. O Advento e o Natal são tempos especialmente adequados para aumentarmos a paz em nossos corações: são tempos também para pedirmos a paz deste mundo cheio de conflitos e de insatisfações.

Olhai: o Senhor chega com força a fim de visitar o seu povo com a paz e dar-lhe a vida eterna[4]. Isaías recorda-nos na primeira leitura da Missa que na era messiânica *o lobo e o cordeiro habitarão juntos e o leopardo se deitará ao lado do cabrito; o bezerro e o leãozinho pastarão juntos*[5]. Com o Messias, renovam-se a paz e a harmonia do começo da Criação e inaugura-se uma nova ordem.

O Senhor é o *Príncipe da paz*[6], e desde o momento em que nasce traz-nos uma mensagem de paz e de alegria, da única paz verdadeira e da única alegria permanente. Depois, irá semeando-as à sua passagem por todos os caminhos: *A paz esteja convosco; sou eu, não temais*[7]. A presença de Cristo em nossas vidas é fonte de uma paz serena e inalterável, sejam quais forem as circunstâncias: *Sou eu, não temais*, diz-nos Ele.

Os ensinamentos do Senhor constituem *a boa nova da paz*[8]. E este é também o tesouro que Ele deixou em herança aos seus discípulos de todos os tempos: *Deixo-vos a paz, dou-vos a minha paz; não vo-la dou como a dá o mundo*[9]. "A paz sobre a terra, nascida do amor ao próximo, é imagem e efeito da paz de Cristo, que procede de Deus Pai. Com efeito, o próprio Filho encarnado, Príncipe da paz, reconciliou todos os homens com Deus por meio da sua Cruz [...], deu morte ao ódio na sua própria carne e, depois do triunfo da sua ressurreição, infundiu o Espírito de amor no coração dos homens"[10]. A paz do Senhor transcende por completo a paz do mundo, que pode ser superficial e aparente, resultado talvez do egoísmo e compatível com a injustiça.

Cristo é *a nossa paz*[11] e a nossa alegria; o pecado, pelo contrário, semeia solidão, inquietação e tristeza na alma. A paz do cristão, tão necessária para a convivência, é fruto do combate contra as próprias paixões, sempre inclinadas à desordem.

A Confissão sincera dos nossos pecados é um dos principais meios dispostos por Deus para nos restituir a paz perdida pelo pecado ou pela falta de correspondência à graça. "Paz com Deus, efeito da justificação e do afastamento do pecado; paz com o próximo, fruto da caridade difundida pelo Espírito Santo; e paz conosco próprios, a paz da consciência, proveniente da vitória sobre as paixões e sobre o mal"[12].

Recuperar a paz, se a tivermos perdido, é uma das melhores manifestações de caridade para com os que estão à nossa volta, e também a primeira tarefa que devemos acometer para prepararmos no nosso coração a vinda do Menino-Deus.

II. NA BEM-AVENTURANÇA em que se anuncia o dom da paz, "o Senhor não se contenta com eliminar toda a discussão e inimizade de uns para com os outros, mas pede-nos alguma coisa mais: que procuremos levar a paz aos que estão em inimizade"[13].

O cristão é um homem aberto à paz, e a sua presença deve dar serenidade e alegria. Somos bem-aventurados quando sabemos levar paz aos que estão aflitos, quando servimos como instrumentos de união na família, entre os colegas de trabalho, com todas as pessoas no meio dos acontecimentos da vida de cada dia.

O homem que tem paz no seu coração sabe comunicá-la quase sem se propor fazê-lo, e os outros buscam nele apoio e serenidade; é de grande ajuda na ação apostólica. Já o amargurado, o inquieto e o pessimista, que não têm paz em seu coração, destroem tudo o que encontram à sua passagem.

Serão especialmente louvados por Deus aqueles que velam pela paz entre as nações e trabalham por ela com reta intenção; e, sobretudo, os que oram e se sacrificam para levar os homens a estar em paz com Deus. Este é o primeiro objetivo de qualquer atividade apostólica. O apostolado da Confissão, que nos move a aproximar os nossos amigos deste sacramento, terá com certeza um prêmio especial no Céu, pois este sacramento é verdadeiramente a maior fonte de paz e de alegria no mundo. "Os confessionários espalhados pelo mundo, nos quais os homens manifestam os seus pecados, não falam da severidade de Deus, mas da sua bondade misericordiosa. E os que se aproximam do confessionário, às vezes depois de muitos anos e sob o peso de pecados graves, no momento em que se retiram dele encontram o alívio desejado; encontram a alegria e a serenidade da consciência, que fora da Confissão não poderão encontrar em parte alguma"[14].

Os que têm a paz do Senhor e a promovem à sua volta *chamar-se-ão filhos de Deus*[15]. São João Crisóstomo explica a razão: "Na verdade, esta foi a obra do Unigênito: unir os que estavam afastados e reconciliar os que estavam em guerra"[16]. Não poderíamos também nós fomentar neste tempo do

Advento uma maior união com Deus das pessoas que nos rodeiam — na família, no lugar de trabalho, entre os amigos — e uma convivência ainda mais amável e mais alegre?

III. "QUANDO O HOMEM esquece o seu destino eterno e o horizonte da sua vida se limita à existência terrena, contenta-se com uma paz fictícia, com uma *tranquilidade* meramente exterior, à qual pede a salvaguarda do máximo bem-estar com o mínimo esforço. Deste modo constrói uma paz imperfeita e instável, pois não está radicada na dignidade da pessoa humana, feita à imagem e semelhança de Deus e chamada à filiação divina. Vós jamais deveis contentar-vos com estes sucedâneos da paz; seria um grave erro, cujo fruto produziria a mais amarga das desilusões. Assim o anunciou Jesus Cristo pouco antes da Ascensão ao Céu, quando disse aos seus discípulos: *Deixo-vos a paz; dou-vos a minha paz; não vo-la dou como a dá o mundo"* (Jo 14, 27).

"Existem, portanto, dois tipos de paz: a que os homens são capazes de construir por si próprios, e a que é dom de Deus; [...] a que resulta do poder das armas e a que nasce do coração. A primeira é frágil e insegura; poderia chamar-se mera aparência de paz, porque se baseia no medo e na desconfiança. A segunda, pelo contrário, é uma paz forte e duradoura, porque, alicerçando-se na justiça e no amor, penetra no coração; é um dom que Deus concede aos que amam a sua lei (cf. Sl 119, 165)"[17].

Se formos homens e mulheres que têm a verdadeira paz em seu coração, estaremos mais capacitados para viver como filhos de Deus e praticaremos melhor a fraternidade. E, vice-versa, na medida em que nos sintamos filhos de Deus, seremos pessoas de uma paz inalterável.

A filiação divina é o fundamento da paz e da alegria do cristão. Nela encontramos a proteção de que estamos necessitados, o calor paternal e a confiança perante o futuro; vivemos confiantes em que por trás de todos os azares da vida há sempre uma razão de bem: *Todas as coisas contribuem para o bem dos que amam a Deus*[18], dizia São Paulo aos primeiros cristãos de Roma.

A consideração da nossa filiação divina ajudar-nos-á a ser fortes perante as dificuldades. “Não vos assusteis, não temais nenhum mal, ainda que as circunstâncias em que trabalhais sejam terríveis [...]. As mãos de Deus são igualmente poderosas e, se for necessário, farão maravilhas”[19]. Estamos bem protegidos.

Procuremos, pois, nestes dias do Advento, fomentar a paz e a alegria, superando os obstáculos; aprendamos a encontrar a Deus em todas as coisas, mesmo nos momentos difíceis. “Procurai o rosto dAquele que habita sempre, com uma presença real e corporal, na sua Igreja. Fazei pelo menos o que fizeram os discípulos. Tinham uma fé fraca, não possuíam grande confiança nem paz, mas ao menos não se separaram de Cristo [...]. Não vos defendais dEle, antes pelo contrário, quando estiverdes em dificuldades, recorrei a Ele dia após dia, pedindo-lhe fervorosamente e com perseverança aquilo que só Ele pode outorgar [...]. Assim, ainda que Ele observe tanta falta de firmeza, que não deveria existir, dignar-se-á increpar os ventos e o mar, e dirá: *Calma, estai tranquilos*. E haverá uma grande paz”[20].

Santa Maria, Rainha da paz, ajudar-nos-á a ter paz em nossos corações, a recuperá-la se a tivermos perdido, e a comunicá-la aos que nos rodeiam. Como já está próxima a festa da Imaculada Conceição, esforcemo-nos por recorrer a Ela durante todo o dia, tendo-a mais presente no nosso trabalho e oferecendo-lhe alguma prova especial de carinho.

(1) Lev 26, 6; (2) Is 26, 12; (3) Lc 2, 14; (4) *Antífona* da Liturgia das Horas; (5) cf. Is 11, 1-10; (6) Is 9, 6; (7) Lc 24, 36; (8) At 10, 36; (9) Jo 14, 27; (10) Concílio Vaticano II, Constituição *Gaudium et spes*, 78; (11) Ef 2, 14; (12) João Paulo II, *Discurso ao UNIV-86*, Roma, 24-III-1986; (13) São João Crisóstomo, *Homilias sobre São Mateus*, 15, 4; (14) João Paulo II, *Homilia na paróquia de Sto. Inácio de Antioquia*, Roma, 16-II-1980; (15) cf. Mt 5, 9; (16) São João Crisóstomo, *Homilias sobre São Mateus*, 15, 4; (17) João Paulo II, *Discurso ao UNIV-86*, Roma, 24-III-1986; (18) Rm 8, 28; (19) São Josemaria Escrivá, *Amigos de Deus*, Quadrante, São Paulo, 1979, n. 105; (20) São John Henry Newman, *Sermão para o quarto domingo depois da Epifania*, 1848.

4. UM MESSIAS MISERICORDIOSO

— Recorrer sempre à misericórdia do Senhor. Meditar a sua vida para aprender a ser misericordiosos.
— O Senhor é especialmente compassivo e misericordioso para com os pecadores que se arrependem. Recorrer ao sacramento da misericórdia. O nosso comportamento em relação aos outros
— As obras de misericórdia.

I. *APROXIMOU-SE DELE uma grande multidão, trazendo consigo paralíticos, cegos, aleijados, surdo-mudos e muitos outros*, lemos no Evangelho da Missa de hoje; *e os estenderam aos seus pés, e Ele os curou. A multidão admirava-se vendo que os mudos falavam, os aleijados saravam, os paralíticos andavam e os cegos viam...*

Jesus chamou os seus discípulos e disse-lhes: Tenho compaixão da multidão[1]. Esta é a razão pela qual o coração de Jesus se comove tantas vezes. Levado pela sua misericórdia, fará a seguir o esplêndido milagre da multiplicação dos pães.

A liturgia faz-nos considerar esta passagem do Evangelho durante o tempo do Advento porque a abundância de bens e a misericórdia sem limites haviam de ser sinais da chegada do Messias. Este é o grande motivo que nos há de levar a dar-nos aos outros, a ser compassivos e a ter misericórdia. E para aprendermos a ser misericordiosos, devemos reparar em Jesus, que vem *salvar o que estava perdido*; não vem acabar de quebrar a *cana rachada* nem apagar completamente a *mecha que ainda fumega*[2], mas assumir as nossas misérias e assim salvar-nos delas, compadecer-se dos que sofrem e dos necessitados. Cada página do Evangelho é uma prova da misericórdia divina.

Devemos meditar a vida de Jesus porque "Jesus Cristo resume e compendia toda a história da misericórdia divina [...]. Ficaram muito gravadas em nós, entre tantas cenas do Evangelho, a clemência com a mulher adúltera, as parábolas do filho pródigo, da ovelha perdida e do devedor perdoado, a ressurreição do filho da viúva de Naim. Quantas razões de justiça para explicar este grande prodígio! Morreu o filho único daquela pobre viúva, aquele que dava sentido à sua vida e podia ajudá-la na sua velhice. Mas Cristo não faz o milagre por justiça; Ele o faz por compaixão, porque se comove interiormente perante a dor humana"[3]. Jesus que se comove perante a nossa dor!

A misericórdia de Deus é a essência de toda a história da salvação, o porquê de todos os atos salvíficos. Quando os apóstolos quiserem resumir a Revelação, aludirão sempre à misericórdia como *eixo* de um plano eterno e gratuito, generosamente preparado por Deus. O salmista pode assegurar com toda a razão que *a terra está repleta da misericórdia do Senhor*[4]. A misericórdia é a atitude constante de Deus para com o homem. E recorrer a ela é o remédio universal para todos os nossos males, incluídos aqueles que julgamos não terem remédio.

Meditar na misericórdia divina dar-nos-á uma grande confiança *agora e na hora da nossa morte*, como rezamos na Ave-Maria. É fonte de muita alegria podermos dizer ao Senhor, com Santo Agostinho: "Toda a minha esperança apoia-se somente na vossa grande misericórdia!"[5] Só nisso, Senhor. Na vossa misericórdia apoia-se toda a minha esperança. Não nos meus méritos, mas na vossa misericórdia.

II. DE FORMA ESPECIAL, o Senhor mostra a sua misericórdia para com os pecadores perdoando-lhes os pecados. Os fariseus criticavam-no frequentemente por isso, mas Ele lhes responde dizendo que *os sãos não necessitam de médico, mas os enfermos*[6]. Nós, que estamos enfermos, que somos pecadores, precisamos de recorrer muitas vezes à misericórdia divina. *Mostrai-nos, Senhor, a vossa misericórdia e dai-nos a vossa salvação*[7], repete continuamente a Igreja neste tempo litúrgico.

Em inúmeras ocasiões, cada dia, teremos que abeirar-nos do Coração misericordioso de Jesus e dizer-lhe: *Senhor, se queres, podes limpar-me*[8]. Especialmente quando nos sentimos manchados, "o conhecimento de Deus, do Deus da misericórdia e do amor benigno, é uma constante e inesgotável fonte de conversão, não somente como ato interior momentâneo, mas também como disposição estável, como estado de ânimo. Os que chegam a conhecer a Deus deste modo, os que o veem assim, não podem viver sem deixar de converter-se incessantemente a Ele!"[9] Também nós podemos exclamar com verdade: *Como são grandes a misericórdia do Senhor e a sua piedade para os que se voltam para Ele!*[10] Como é grande a misericórdia divina para com cada um de nós!

Mas o Senhor estabelece uma condição para que obtenhamos dEle misericórdia e compaixão pelos nossos males e fraquezas: que também nós tenhamos um coração grande para com aqueles que nos rodeiam. Na parábola do bom samaritano[11], o Senhor mostra-nos qual deve ser a nossa atitude para com o próximo que sofre. Não nos é lícito passar por ele *ao largo*, com indiferença, mas devemos antes *parar* junto dele. "Bom samaritano é todo o homem que para junto do sofrimento de outro homem, seja de que gênero for. Este deter-se não significa curiosidade, mas disponibilidade. É uma determinada disposição interior do coração, que tem também a sua expressão emotiva. Bom samaritano é todo o homem sensível ao sofrimento alheio, o homem que se comove perante a desgraça do próximo.

"Se Cristo, conhecedor do interior do homem, sublinha esta comoção, é porque ela é importante para toda a nossa atitude perante o sofrimento alheio. Portanto, é preciso cultivar no íntimo esta sensibilidade do coração para com aquele que sofre. Às vezes, esta compaixão será a única ou a principal manifestação possível do nosso amor e da nossa solidariedade para com o homem que sofre"[12].

Não teremos no nosso próprio lar, no escritório ou na fábrica, essa pessoa física ou moralmente ferida que requer, talvez até com urgência, a nossa disponibilidade, o nosso afeto e os nossos cuidados?

III. O CAMPO DA MISERICÓRDIA é tão vasto como o da miséria humana que é necessário remediar. E o homem pode sofrer misérias e calamidades na ordem física, intelectual, moral... Por isso as obras de misericórdia são inúmeras — tantas quantas as necessidades do homem —, ainda que tradicionalmente, a título exemplificativo, se mencionem apenas catorze, nas quais esta virtude se manifesta de modo especial.

Muitas vezes, a misericórdia consistirá em preocupar-nos pela saúde, pelo descanso, pela alimentação daqueles que Deus confiou aos nossos cuidados. Os doentes merecem uma atenção especial: fazer-lhes companhia, interessar-nos verdadeiramente por eles, ensiná-los e ajudá-los a oferecer a Deus a sua dor... Numa sociedade desumanizada pelos frequentes ataques à família, é cada vez maior o número de doentes e anciãos abandonados, sem consolo e sem carinho. Visitar essas pessoas na sua solidão é uma obra de misericórdia cada vez mais necessária. Deus recompensa de uma maneira especial esses momentos de companhia: *O que fizestes a um destes meus irmãos mais pequeninos, a mim o fizestes*[13], diz-nos o Senhor.

Juntamente com as chamadas obras materiais de misericórdia, devemos praticar também as espirituais. Em primeiro lugar, *corrigir a quem erra*, com as advertências oportunas, com caridade, sem que a pessoa se ofenda. E depois, *ensinar o ignorante*, especialmente no que se refere à ignorância religiosa — o grande inimigo de Deus —, que aumenta de dia para dia em proporções alarmantes: a catequese passou a ser, na atualidade, uma obra de misericórdia de primeiríssima importância e urgência; *aconselhar aquele que duvida*, com honradez e retidão de intenção, ajudando-o no seu caminho para Deus; *consolar o aflito*, compartilhando a sua dor, animando-o a recuperar a alegria e a entender o sentido sobrenatural da pena que sofre; *perdoar a quem nos ofende*, prontamente, sem dar demasiada importância à ofensa, e quantas vezes for preciso; *socorrer a quem necessita de ajuda*, prestando esse serviço com generosidade e alegria; e finalmente, *rogar a Deus pelos vivos e defuntos*, sentindo-nos especialmente ligados pela Comunhão dos Santos a essas pessoas a quem nos devemos de modo especial, por razões de parentesco, amizade etc.

A nossa atitude de misericórdia há de estender-se a muitas outras manifestações da vida, pois "nada te pode fazer tão imitador de Cristo — diz São João Crisóstomo — como a preocupação pelos outros. Mesmo que jejues, mesmo que durmas no chão, mesmo que, por assim dizer, te mates, se não te preocupas com o próximo, pouca coisa fizeste, ainda distas muito da imagem do Senhor"[14].

Assim obteremos de Deus misericórdia para a nossa vida e talvez a mereçamos também para os outros: esse oceano de misericórdia que *se estende de geração em geração*[15], como profetizou Nossa Senhora à sua prima Santa Isabel.

Peçamos a misericórdia divina para nós mesmos — quanto necessitamos dela! — e para a nossa geração; peçamo-la através de Santa Maria, Mãe de misericórdia, vida, doçura e esperança nossa. Ante a proximidade da festa da Imaculada Conceição, o nosso recurso confiante à Virgem Maria deve tornar-se ainda mais contínuo e apaixonado.

(1) Mt 15, 29 e segs.; (2) Lc 19, 10; Is 41, 9; (3) São Josemaria Escrivá, *É Cristo que passa*, n. 7; (4) Sl 33, 5; (5) Santo Agostinho, *Confissões*, 10; (6) Mt 9, 12; (7) Sl 84, 8; (8) Mt 8, 2; (9) João Paulo II, Enc. *Dives in misericordia*, 13; (10) Ecl 17, 28; (11) Lc 10, 30 e segs.; (12) João Paulo II, Carta apostólica *Salvifici doloris*, 28; (13) Mt 25, 40; (14) São João Crisóstomo, *Comentário à primeira Epístola aos Coríntios*; (15) Lc 1, 50.

TEMPO DO ADVENTO. PRIMEIRA SEMANA. QUINTA-FEIRA

5. VEIO CUMPRIR A VONTADE DO PAI

— Identificar a nossa vontade com a de Deus. Como é que Ele nos manifesta a sua vontade. Vontade de Deus e santidade.
— Outros modos de a vontade de Deus se manifestar na nossa vida: a obediência. Imitar Jesus no seu ardente desejo de cumprir a vontade de seu Pai-Deus. Humildade.
— Cumprir a vontade de Deus nos momentos em que custa ou é ingrata ou difícil.

I. A VIDA DE UMA PESSOA pode edificar-se sobre alicerces muito diferentes: sobre rocha, sobre barro, sobre fumaça, sobre ar... O cristão só tem um alicerce firme em que se apoiar com segurança: *o Senhor é a rocha permanente*[1].

O Evangelho da Missa[2] fala-nos de duas casas. Numa delas, houve talvez a intenção de economizar nos alicerces, ou pode ter havido pressa em terminá-los. Não se pôs o devido cuidado. O Senhor chama *homem louco* a quem edificou dessa maneira. As duas casas ficaram prontas e pareciam iguais, mas tinham alicerces muito diferentes: uma delas estava apoiada sobre pedra firme, a outra não. Passou algum tempo e chegaram as dificuldades que haveriam de pôr à prova a solidez da construção. Certo dia, desabou um temporal: *Caiu a chuva, transbordaram os rios e sopraram os ventos contra aquela casa*. Foi o momento da prova. Uma das casas manteve-se firme na sua estrutura; a outra ruiu estrepitosamente e o desastre foi completo.

A nossa vida só pode ser edificada sobre Cristo, nossa única esperança, nosso único alicerce. E isto quer dizer, em primeiro lugar, que devemos procurar identificar a nossa vontade com a dEle. A nossa adesão não há de ser prestada a uma figura esbatida de Cristo, mas ao seu querer e à sua Pessoa. *Nem todo aquele que diz Senhor, Senhor, entrará no Reino dos céus, mas aquele que cumpre a vontade de meu Pai que está nos céus*, lemos no Evangelho da Missa de hoje.

A vontade de Deus é a bússola que nos indica em cada instante o caminho que nos leva até Ele; é, ao mesmo tempo, a trilha da nossa felicidade. Que grande alegria há de ser a nossa, se pudermos dizer no final dos nossos dias: procurei sempre conhecer e seguir em tudo a vontade de Deus! Não nos hão de alegrar tanto os êxitos que tivermos obtido, nem nos hão de importar excessivamente os fracassos e os sofrimentos que tivermos experimentado. O que nos haverá de importar, e muito, será ver se correspondemos ao querer de Deus sobre a nossa vida, esse querer que umas vezes se manifestou em termos gerais e outras de modo muito concreto. Sempre com a suficiente clareza, se não fomos cegando a luz da alma que é a consciência.

O cumprimento amoroso da vontade de Deus é ao mesmo tempo o cume de toda a santidade: "Todos os fiéis cristãos santificar-se-ão cada dia mais nas condições, ocupações ou circunstâncias da sua vida, e através de todas elas, se aceitarem tudo como proveniente da mão do Pai celestial e colaborarem com a vontade divina..."[3] É aí que se demonstrará o nosso amor a Deus e também o grau da nossa união com Ele.

II. O SENHOR MANIFESTA-NOS a sua vontade não só através dos mandamentos de Deus e da Igreja, e das obrigações próprias da nossa vocação e estado de vida, mas também através das pessoas a quem devemos obediência e dos conselhos que recebemos de quem orienta a nossa alma.

O fundamento último da obediência não está nas qualidades — inteligência, personalidade, experiência, idade — de quem manda. Jesus superava infinitamente Maria e José — era Deus —, e, no entanto, *obedecia-lhes*[4]. Mais ainda, "Jesus Cristo, cumprindo a vontade do Pai, inaugurou na terra o Reino dos céus, revelou-nos o seu mistério e realizou a redenção por meio da sua obediência"[5].

Os que pensam que a obediência é uma submissão indigna do homem e própria de pessoas pouco amadurecidas devem considerar que *o Senhor se fez obediente até à morte, e morte de cruz*[6]. Cristo obedece por amor, para cumprir a vontade de seu Pai; este é o sentido da obediência cristã, tanto da que se deve a Deus, aos seus mandamentos, e à Igreja, como da que se deve aos pais e aos que de um modo ou de outro têm autoridade sobre nós na nossa vida profissional, social etc., cada uma na sua ordem.

Para obedecermos como Jesus obedeceu, é necessário que, além de termos um ardente desejo de cumprir a vontade de Deus na nossa vida, sejamos humildes. Não há lugar para o espírito de obediência numa alma dominada pela soberba. Só o humilde aceita com gosto outro critério diferente do seu — o de Deus —, e a ele ajusta os seus atos.

Quem não for humilde rejeitará abertamente as indicações que lhe forem dadas ou as aceitará externamente, mas sem lhes reservar um espaço real no seu coração, porque as submeterá à discussão crítica e a limitações, e perderá o sentido sobrenatural próprio da obediência. "Estejamos precavidos, portanto, visto que a nossa tendência para o egoísmo não morre, e a tentação pode insinuar-se de muitas maneiras. Deus exige que, ao obedecer, ponhamos em movimento a fé, porque a sua vontade não se manifesta com aparato ruidoso. Às vezes, o Senhor sugere o seu querer como que em voz baixa, lá no fundo da consciência; e é necessário escutarmos atentamente, para sabermos distinguir essa voz e ser-lhe fiéis". Mas "muitas vezes fala-nos através de outros homens, e pode acontecer que, à vista dos defeitos dessas pessoas, ou pensando que não estão bem informadas, que talvez não tenham entendido todos os dados do problema, surja como que um convite para não obedecer"[7]. No entanto, o nosso desejo humilde de cumprir a vontade de Deus transporá esse e outros obstáculos que possam apresentar-se à nossa obediência.

A humildade dá-nos paz e alegria para realizarmos o que foi mandado até nos menores detalhes. O humilde sente-se alegremente livre ao obedecer. "Quando nos submetemos humildemente à voz alheia, superamo-nos a nós próprios no coração"[8] e vencemos o egoísmo que nos escraviza.

A obediência é indispensável na ação apostólica. Sem obediência, de nada serviriam os meios humanos e o nosso esforço; tudo seria inútil diante de Deus. De nada serviria aplicar todas as energias de uma vida numa obra humana, se não contássemos com o Senhor. Até os aspectos mais valiosos das nossas obras ficariam sem fruto se prescindíssemos do desejo de cumprir a vontade de Jesus: "Deus não necessita dos nossos trabalhos, mas da nossa obediência"[9].

III. A VONTADE DE DEUS manifesta-se também nas coisas que Ele permite e que não sucedem como esperávamos ou até são totalmente contrárias ao que desejávamos ou havíamos pedido com insistência na oração. É esse o momento de intensificarmos a nossa oração e de fixarmos mais os olhos em Jesus Cristo, especialmente quando os acontecimentos se revestem de particular dureza e dificuldade: a doença, a morte de um ser querido, a dor dos que mais amamos...

O Senhor fará com que nos unamos à sua oração: *Não se faça como eu quero, Pai, mas como Tu queres*[10]. *Não se faça a minha vontade, mas a tua*[11]. Ele quis compartilhar conosco até mesmo aquilo que às vezes a dor tem de injusto e de incompreensível. Mas também nos ensinou a obedecer *até à morte, e morte de cruz*[12].

Se alguma vez tivermos que sofrer muito, as nossas lágrimas não ofenderão a Deus. Mas deveremos dizer imediatamente: *Pai, faça-se a tua vontade*. A imagem de Jesus no Horto de Getsêmani dir-nos-á como proceder nesses momentos: teremos que abraçar a vontade de Deus sem estabelecer-lhe limites ou condições de nenhum tipo, e agarrar-nos a uma oração perseverante. E então diremos interiormente na nossa oração pessoal: "Tu o queres, Senhor?... Eu também o quero!"[13] E virá a paz, a serenidade à nossa alma e à nossa volta.

A fé faz-nos ver uma sabedoria superior por trás de cada acontecimento: "*Deus sabe mais*. Nós, os homens, compreendemos pouco do seu modo paternal e delicado de nos conduzir até Ele"[14]. Há uma providência por trás de cada acontecimento; tudo está ordenado e disposto para que sirva melhor à salvação de cada um — absolutamente tudo, tanto o que sucede num âmbito mais geral como o que acontece cada dia no pequeno universo da nossa profissão e família. Todas as coisas podem e devem ajudar-nos a encontrar o Senhor e, portanto, a encontrar a paz e a serenidade em nossa alma: *Tudo contribui para o bem dos que amam a Deus*[15].

O cumprimento da vontade de Deus é fonte de serenidade e de paz. Os santos deixaram-nos o exemplo de uma obediência sem condições à vontade divina. Assim se expressava São João Crisóstomo: "Em todas as ocasiões eu digo: *Senhor, faça-se a tua vontade*; não o que quer este ou aquele, mas o que tu queres que eu faça. Esta é a minha *fortaleza*, esta é a minha *rocha* inamovível, este é o meu *báculo* seguro"[16].

Terminamos a nossa oração pedindo juntamente com a Igreja: *Ó Senhor nosso e nosso Deus, a cujos desígnios se submeteu a Virgem Imaculada, aceitando na Anunciação do anjo que o vosso Filho se encarnasse no seu seio, Vós que a transformastes por obra do Espírito Santo em templo da vossa divindade, concedei-nos, seguindo o seu exemplo, a graça de aceitar os vossos desígnios com humildade de coração*[17].

(1) Is 26, 5; *Primeira leitura* da Missa da quinta-feira da primeira semana do Advento; (2) Mt 7, 21; 24-27; (3) Concílio Vaticano II, Constituição *Lumen gentium*, 41; (4) Lc 2, 51; (5) Concílio Vaticano II, Constituição *Lumen gentium*, 3; (6) Fl 2, 8; (7) São Josemaria Escrivá, *É Cristo que passa*, n. 17; (8) São Gregório Magno, *Moralia*, 35, 14; (9) São João Crisóstomo, *Homilias sobre São Mateus*, 56, 5; (10) Mc 14, 36; (11) Lc 22, 42; (12) Fl 2, 8; (13) São Josemaria Escrivá, *Caminho*, 9ª ed., Quadrante, São Paulo, 1999, n. 762; (14) Álvaro del Portillo, Apresentação de *Amigos de Deus*, Quadrante, São Paulo, 1979; o grifo é nosso; (15) Rm 8, 28; (16) São João Crisóstomo, *Homilia antes do exílio*, 1-3; (17) *Coleta* da Missa do dia 20 de dezembro.

TEMPO DO ADVENTO. PRIMEIRA SEMANA. SEXTA-FEIRA

6. AUMENTAR A NOSSA FÉ

— Necessidade da fé. Pedi-la.
— A fé, o maior tesouro que temos. Guardá-la. Comunicá-la.
— A fé de Maria.

I. *NAQUELE DIA, os surdos ouvirão as palavras do livro e os olhos do cego verão por entre as trevas e a escuridão. E os mansos se alegrarão mais e mais no Senhor, e os pobres se regozijarão no Santo de Israel*[1].

A nova era do Messias é anunciada pelos profetas como uma era cheia de alegria e de prodígios. Mas há uma coisa, uma só, que o Redentor nos pedirá: fé. Sem essa virtude, o Reino de Deus não chegará a nós.

O Evangelho da Missa[2] apresenta-nos dois cegos que seguiam o Senhor pedindo-lhe em altos brados que os sarasse: *Tem misericórdia de nós, Filho de Davi*, dizem-lhe. O Senhor pergunta-lhes: *Credes que eu posso fazer isso?* Quando lhe responderam que sim, Ele os despediu curados, dizendo-lhes: *Faça-se em vós segundo a vossa fé*[3]. Em Jericó, devolveu igualmente a vista a outro cego e disse-lhe: *Vai, a tua fé te salvou. E no mesmo instante recobrou a vista e seguia-o pelo caminho*[4]. Ao pai de uma menina morta, assegura-lhe: *Não temas, basta que creias e viverá*[5]. Poucos momentos antes, tinha curado uma mulher, enferma há muito tempo, que manifestara a sua fé simplesmente tocando a orla da sua veste; e Ele dissera-lhe: *Filha, a tua fé te salvou, vai em paz*[6].

Ó mulher, grande é a tua fé!, dirá a uma mulher cananeia. E a seguir: *Faça-se como tu queres*[7]. Não há obstáculos para aquele que crê. *Tudo é possível àquele que crê*[8], diz Jesus ao pai do rapaz que estava possuído por um espírito mudo.

Os apóstolos comportam-se diante do Senhor com toda a simplicidade. Sabem da sua fé insuficiente em face de muitas das coisas que veem e ouvem, e um dia pedem a Jesus: *Aumenta-nos a fé!* O Senhor responde-lhes: *Se tivésseis fé como um grão de mostarda, diríeis a este sicômoro: arranca-te daí e muda-te para o mar, e ele vos obedeceria*[9].

Também nós estamos na situação dos apóstolos; falta-nos fé para vencer a carência de meios, as dificuldades na ação apostólica, os acontecimentos que nos custa interpretar de um ponto de vista espiritual. Se vivermos com o olhar posto em Deus, não precisaremos temer nada: "A fé, se for forte, defende toda a casa"[10]; defende toda a nossa vida. Com ela podemos alcançar frutos que estão acima das nossas poucas forças; não haverá impossíveis. "Jesus Cristo estabelece esta condição: que vivamos da fé, porque depois seremos capazes de remover montanhas. E há tantas coisas a remover... no mundo, e primeiro no nosso coração!"[11]

Imitemos os apóstolos e, com ânimo humilde — porque conhecemos as nossas poucas forças e as nossas covardias —, peçamos ao Senhor que tenha piedade de nós. *"Senhor, aumenta-nos a fé!"*, dizemos-lhe na nossa oração. Santa Maria, pedi ao vosso Filho que nos aumente a fé, tão fraca e débil em tantas ocasiões!

É com esta confiança que aguardamos o Natal e por isso rezamos com a Igreja: *Bem vedes, Senhor, como o vosso povo espera com fé o nascimento do vosso Filho; concedei-nos que cheguemos ao Natal — festa de júbilo e salvação — e que possamos celebrá-lo com alegria transbordante*[12].

II. A FÉ é o maior tesouro que temos e, por isso, devemos fazer tudo o que estiver ao nosso alcance para conservá-la e aumentá-la. Também devemos, como é natural, defendê-la de tudo o que a possa prejudicar: leituras (especialmente em épocas em que os erros estejam mais difundidos), espetáculos que sujem o coração, provocações da sociedade de consumo, programas de televisão que possam danificar este tesouro que recebemos. Procuremos adquirir uma formação adequada, tanto mais sólida quanto mais difíceis forem os ambientes e situações em que se desenvolver a nossa vida; procuremos rezar com atenção o *Credo* na Missa dos domingos e festas, fazendo uma verdadeira profissão de fé.

Numa época de confusão doutrinal como a nossa, é preciso vigiar com especial cuidado para não ceder em matérias que, mesmo de longe, digam respeito ao conteúdo da nossa fé, porque "se se cede num ponto qualquer do dogma católico, depois será necessário ceder em outro, e depois em mais outro, e assim por diante, até que tais abdicações acabarão por converter-se em coisa normal e lícita. E uma vez metida a mão para rejeitar o dogma pedaço a pedaço, que acontecerá no fim senão que o repudiaremos na sua totalidade?"[13]

Se guardarmos a fé e a refletirmos na nossa vida diária, saberemos comunicá-la aos outros. Daremos ao mundo o mesmo testemunho que deram os primeiros cristãos: foram fortes como rocha perante dificuldades inimagináveis. Muitos dos nossos amigos, ao perceberem que a nossa conduta é coerente com a fé que professamos, ver-se-ão movidos a aproximar-se do Senhor pelo nosso testemunho sereno e firme.

Todo aquele que me confessar diante dos homens, também eu o confessarei diante de meu Pai que está nos céus[14]. Que grande promessa para que nos animemos a uma vida apostólica! Confessar Deus diante dos homens é ser testemunha viva da sua vida e da sua palavra. Nós queremos cumprir as nossas tarefas cotidianas segundo a doutrina de Jesus Cristo, e devemos estar dispostos a deixar transparecer a nossa fé em todas as nossas obrigações familiares, profissionais e sociais. Pensemos um pouco no nosso trabalho, nos nossos colegas, nas nossas amizades: reconhecem-nos como pessoas cuja conduta é coerente com a sua fé? Não nos falta audácia para falar de Deus aos nossos amigos? Não nos sobram respeitos humanos? Velamos pela fé daqueles que o Senhor, de uma forma ou de outra, confiou aos nossos cuidados?

III. EM QUALQUER TEMPO devemos ter os olhos postos em Nossa Senhora, que viveu toda a sua existência movida pela fé, mas devemos fazê-lo especialmente neste tempo do Advento, que foi para Ela tempo de espera, de esperança segura, antes de que o Messias nascesse do seu seio virginal. *Bem-aventurada tu que creste*[15], diz-lhe a sua prima Santa Isabel.

Confiança e serenidade da Virgem Maria ante a descoberta da sua vocação. Ela é a Mãe de Deus! É aquela criatura de quem os Livros Sagrados vinham falando desde o começo do Gênesis, aquela que esmagaria a cabeça dos inimigos de Deus e dos homens[16], a mulher tantas vezes anunciada pelos profetas[17]. Javé *olhou para a humildade*, para a simplicidade, *da sua escrava*[18].

Serenidade confiante da Virgem ante o silêncio que tem que manter diante de São José. Maria amava a José, e vê-o sofrer[19]. Mas confia em Deus. É possível que, ao seguirmos a nossa vocação, ou ao atuarmos em cumprimento da vontade divina, temamos fazer sofrer as pessoas queridas. Deus sabe arrumar bem as coisas. *"Deus sabe mais!"*[20], vê mais longe. O cumprimento da vontade de Deus, que sempre exige fé, é o maior bem para nós mesmos e para aqueles com quem convivemos.

Fé da Virgem nos momentos difíceis que precedem o nascimento de Jesus: São José bateu a muitas portas naquela noite santa e a Virgem ouviu muitas negativas. Fé quando têm que fugir precipitadamente para o Egito: Deus que foge para um país estranho...!

Confiança de Maria ao longo de cada um dos dias que perfizeram os trinta anos vividos ocultamente por Jesus em Nazaré, quando não havia sinais prodigiosos da divindade do seu Filho, mas somente um trabalho simples e corrente.

Fé de Maria no Calvário. "A Santíssima Virgem avançou na peregrinação da fé e manteve fielmente a sua união com o Filho até à Cruz, junto à qual, por desígnio divino, permaneceu de pé, sofrendo profundamente com o seu Unigênito e associando-se com entranhas de mãe ao seu Sacrifício, consentindo amorosamente na imolação da Vítima que Ela mesma havia gerado"[21].

Maria vive com o olhar fixado em Deus. Pôs toda a sua confiança no Altíssimo e entregou-se a Ele por completo. É o que Ela nos pede: que vivamos com uma confiança inquebrantável em Jesus. E isto porque deseja ver-nos serenos no meio de todas as tempestades, e porque devemos infundir serenidade nos que estão à nossa volta. Maria quer, sobretudo, ver-nos um dia no Céu, junto do seu Filho.

Rezamos com a liturgia da Igreja: *Ó Deus, que revelastes ao mundo o esplendor da vossa glória pelo parto virginal de Maria, concedei-nos que veneremos com fé pura e celebremos com amor sincero o mistério tão profundo da encarnação do vosso Filho*[22].

(1) Is 29, 17-24, *Primeira leitura* da Missa da sexta feira da primeira semana do Advento; (2) Mt 9, 27-31; (3) Mt 9, 28-29; (4) Mc 10, 52; (5) Lc 8, 50; (6) Lc 8, 48; (7) Mt 15, 28; (8) Mc 9, 23; (9) Lc 17, 5-10; (10) Santo Ambrósio, *Comentário sobre o Salmo 18*, 12, 13; (11) São Josemaria Escrivá, *Amigos de Deus*, n. 203; (12) *Oração* da Missa do terceiro domingo do Advento; (13) São Vicente de Lerins, *Commonitorium*, n. 23; (14) Mt 10, 32; (15) Lc 1, 45; (16) Gn 3, 15; (17) cf. Is 7, 14; Mq 5, 2; (18) cf. Lc 1, 48; (19) cf. Mt 1, 18-19; (20) Álvaro del Portillo, na Apresentação de *Amigos de Deus*; (21) Concílio Vaticano II, Constituição *Lumen gentium*, 58; (22) *Oração* da Missa do dia 19 de dezembro.

7. O BOM PASTOR ANUNCIADO PELOS PROFETAS

— Jesus Cristo é o Bom Pastor prometido pelos profetas. Conhece-nos a cada um pelo nosso nome.
— O Senhor deixou bons pastores na sua Igreja.
— Encontramos o Bom Pastor na direção espiritual.

I. *SE ACONTECER que te desvias para a direita ou para a esquerda, ressoarão atrás de ti, aos teus ouvidos, estas palavras: "Este é o caminho; segui por ele"*[1]. Uma das maiores graças que o Senhor nos pode conceder nesta vida é a de sabermos claramente a senda que nos conduz a Ele e contarmos com uma pessoa que nos ajude a sair dos nossos desvios e erros para retornarmos ao bom caminho.

Em muitos momentos da sua história, o povo de Deus achou-se sem rumo e sem caminho, num grande desconcerto e abatimento, por falta de verdadeiros guias. Jesus Cristo encontrou assim o seu povo: *como ovelhas sem pastor*, segundo nos narra o Evangelho da Missa de hoje[2]. *Ao ver as multidões, compadeceu-se delas, porque estavam extenuadas e abatidas como ovelhas sem pastor*. Os seus guias tinham-se comportado mais como lobos do que como verdadeiros pastores do rebanho.

Na longa espera do Antigo Testamento, os profetas tinham anunciado com séculos de antecedência a chegada do Bom Pastor, o Messias, que guiaria e cuidaria amorosamente do seu rebanho. Seria um *pastor único*[3], que iria à busca da ovelha perdida, vendaria a que estivesse ferida e curaria a doente[4]. Com Ele, as ovelhas estariam seguras e teriam, em seu nome, outros bons pastores que velariam por elas e as guiariam: *Dar-lhes-ei pastores que de verdade as apascentem, e já não haverão de temer mais nem angustiar-se nem afligir-se*[5].

Eu sou o bom pastor[6], diz Jesus. Veio ao mundo para congregar o rebanho de Deus[7]: *Éreis*, diz-nos São Pedro, *como ovelhas desgarradas, mas agora vos convertestes ao pastor e guarda de vossas almas*[8]; vem o Bom Pastor para recolher o seu rebanho do seu extravio[9], para guiá-lo[10], para defendê-lo[11], para alimentá-lo[12], para julgá-lo[13], para conduzi-lo por fim aos prados definitivos, *junto às águas da vida*[14].

Jesus é o Bom Pastor anunciado pelos profetas. NEle se cumprem ao pé da letra todas as profecias. Ele conhece e chama cada uma das ovelhas *pelo seu nome*[15]. Jesus conhece-nos pessoalmente, chama-nos, busca-nos, cura-nos! Não nos sentimos perdidos e sem nome no meio de uma humanidade imensa. Somos únicos para Ele. Podemos dizer com toda a exatidão: *Ele me amou e se entregou por mim*[16], Ele distingue a minha voz entre muitas outras. Nenhum cristão tem o direito de dizer que está só. Jesus Cristo está com ele; e se se perdeu pelos caminhos do mal, o Bom Pastor já saiu à sua busca. Só a má vontade da ovelha, o não querer regressar ao aprisco, pode fazer fracassar a solicitude do Pastor. Só isso.

II. ALÉM DO TÍTULO de Bom Pastor, Cristo aplica a si mesmo a imagem da *porta* pela qual se entra no aprisco das ovelhas que é a Igreja. A Igreja "é um redil cuja porta única e necessária é Cristo. É também uma grei da qual o próprio Deus profetizou ser Pastor, e cujas ovelhas, ainda que conduzidas certamente por pastores humanos, são, não obstante, guiadas e alimentadas continuamente pelo próprio

Cristo, Bom Pastor e Príncipe dos pastores, que deu a vida pelas suas ovelhas"[17].

Jesus estabeleceu que houvesse na sua Igreja bons pastores para que guardassem e guiassem as suas ovelhas[18]. Estabeleceu acima de todos e como seu Vigário na terra Pedro e seus sucessores[19], e por isso devemos nutrir uma especial veneração, amor e obediência pelo Papa e, em comunhão com o Papa, pelos bispos, como sucessores dos apóstolos. Cabe-nos rezar insistentemente por eles, para que nunca faltem na Igreja os bons pastores.

Os sacerdotes são bons pastores, especialmente na administração do sacramento da Penitência, por meio do qual nos curam de todas as nossas feridas e enfermidades. "Lembrai-vos — dizia João Paulo II — de que o vosso ministério sacerdotal [...] está orientado de maneira particular para a grande solicitude do Bom Pastor, que é solicitude pela salvação de todos os homens [...]; que os homens *tenham vida e a tenham em abundância*, para que nenhum se perca, mas *tenham a vida eterna*"[20].

Cada cristão deve também ser bom pastor dos seus irmãos, especialmente por meio da correção fraterna, do exemplo e da oração. Pensemos com frequência que, de alguma forma, todos nós somos bons pastores das pessoas que Deus pôs ao nosso lado. Temos obrigação de ajudá-las a percorrer o caminho da santidade e a perseverar na correspondência aos dons e chamadas do Bom Pastor que nos conduz aos pastos da vida eterna.

O ofício de bom pastor é extremamente delicado; exige muito amor e muita paciência[21], valentia[22], competência[23], bem como prontidão de ânimo[24] e um grande sentido de responsabilidade[25]. O descuido no fiel cumprimento desta missão ocasionaria gravíssimos danos ao povo de Deus[26]: "O mau pastor leva à morte até as ovelhas robustas"[27].

"Quatro são as condições que deve preencher o bom pastor. Em primeiro lugar, o *amor*; a caridade foi precisamente a única virtude que o Senhor exigiu de Pedro para lhe entregar o cuidado do seu rebanho. Depois, a *vigilância*, para estar atento às necessidades das ovelhas. Em terceiro lugar, a *doutrina*, para que possa alimentar os homens até levá-los à salvação. E finalmente a *santidade e integridade de vida*; esta é a principal de todas as qualidades"[28].

III. CADA UM DE NÓS necessita de um bom pastor que guie a sua alma, pois ninguém pode orientar-se a si próprio, a menos que tenha uma ajuda especial de Deus. A falta de objetividade, a preguiça e a paixão com que nos vemos a nós mesmos vão obscurecendo o nosso caminho para o Senhor. E sobrevêm então o estancamento espiritual, a tibieza e o desânimo. Pelo contrário, "assim como uma nau que tem um bom timoneiro chega sem perigo ao porto, assim também a alma que tem um bom pastor alcança-o facilmente, ainda que tenha cometido muitos erros"[29].

A direção espiritual é necessária para que não tenhamos que dizer no fim da nossa vida o mesmo que diziam os judeus depois de vagarem a esmo pelo deserto: *Durante quarenta anos demos voltas em torno da montanha*[30]. Fomos vivendo sem saber para onde íamos, sem que o trabalho ou o estudo nos aproximassem de Deus, sem que a amizade, a família, a saúde e a doença, os êxitos e os fracassos nos ajudassem a dar um passo em frente naquilo que é verdadeiramente importante: a santidade, a salvação. Fomos vivendo sem rumo, entretidos com meia dúzia de coisas passageiras. E tudo isso porque nos faltaram umas metas sobrenaturais pelas quais lutar, um caminho claro e um guia.

Pode, pois, ser necessário confiar a alguém a direção da nossa alma, porque todos carecemos de uma palavra de alento, sobretudo quando desanimamos pelas derrotas no nosso caminhar para Deus. Necessitamos então de uma voz amiga que nos diga: "Vamos lá!, não deves parar, porque tens a graça de Deus para vencer qualquer dificuldade!" Diz-nos o Espírito Santo: *Se alguém cai, outro o levanta; mas ai daquele que está só, porque, quando cai, não tem quem o levante*[31]. E com essa ajuda nos recompomos por dentro e conseguimos forças quando já nos parecia que não nos restava nenhuma.

É uma graça especial de Deus podermos contar com essa pessoa amiga a quem podemos abrir a alma numa confidência cheia de sentido humano e sobrenatural. Que alegria podermos comunicar o mais íntimo dos nossos sentimentos — a fim de orientá-los para Deus — a alguém que nos compreende, nos estima, nos abre horizontes novos, nos estimula, reza por nós e tem uma graça especial de Deus para nos ajudar!

Mas é importante recorrer a quem é realmente bom pastor para nós, àquele a quem o Senhor quer verdadeiramente que recorramos. São Lucas conta-nos como o filho pródigo sentiu a necessidade de descarregar o peso que esmagava a sua alma. Também Judas se sentiu esmagado pelo peso da sua traição. O primeiro, porém, dirigiu-se àquele a quem devia dirigir-se e alcançou uma paz que nem sequer podia imaginar; reconstituiu a sua vida. Ao passo que Judas não. Judas devia ter voltado para Jesus, e, apesar do seu pecado, teria sido acolhido e confortado, tal como Pedro. Mas procurou aqueles que não devia, aqueles que eram incapazes de compreendê-lo e, sobretudo, de lhe dar aquilo de que necessitava. *A nós que nos importa? Resolvê-lo-ás tu próprio*, foi o que lhe disseram.

Na direção espiritual, encontramos o bom pastor que nos dá as ajudas necessárias para não nos perdermos e para recuperarmos o rumo, caso nos tenhamos desorientado no nosso caminhar para Cristo.

Santa Maria, que é a nossa Mãe, mostra-nos sempre a via segura que nos conduz a Cristo.

(1) Is 30, 21; *Primeira leitura* da Missa do sábado da primeira semana do Advento; (2) Mt 9, 35 a 10, 1 e 6-8 (3) Ez 34, 23; (4) cf. Ez 34, 16; (5) Jr 23, 4; (6) Jo 10, 11; (7) Mt 15, 24; (8) 1 Pe 2, 25; (9) Lc 15, 3-7; (10) Jo 10, 4; (11) Lc 12, 32; (12) Mc 6, 34; (13) Mt 25, 32; (14) 1 Pe 5, 4; Ap 7, 17; (15) Jo 10, 3; (16) Gl 2, 20; (17) Concílio Vaticano II, Constituição *Lumen gentium*, 6; (18) Ef 4, 11; (19) Jo 21, 15-17; (20) João Paulo II, *Carta a todos os sacerdotes*, 8-IV-1979, 7; (21) Is 40, 11; Ez 34, 4; (22) 1 Sm 25, 7; Is 31, 4; Am 3, 12; (23) Pr 27, 23; (24) 1 Pe 5, 2; (25) Mt 18, 12; (26) Is 13, 14-15; Jr 50, 6-8; (27) Santo Agostinho, *Sermão 46 sobre os pastores*; (28) São Tomás de Vilanova, *Sermão sobre o Evangelho do Bom Pastor*, em *Opera omnia*, Manila, 1922, pp. 324-325; (29) São João Clímaco, *Escada do Paraíso*; (30) Dt 2, 1; (31) Ecl 4, 10.

cheia de sentido humano e sobrenatural. Que alegria podermos comunicar o mais íntimo dos nossos sentimentos — a fim de orientá-los para Deus — a alguém que nos compreende, nos [illegible] reza por nós e tem uma graça especial de Deus para nos ajudar!

Mas é importante recordar que é realmente bom pastor [illegible]

8. O PRECURSOR: PREPARAI OS CAMINHOS DO SENHOR

— A vocação do Batista. A sua figura no Advento.
— Humildade de João Batista. Necessidade desta virtude para o apostolado.
— Nós somos testemunhas e precursores. Apostolado com as pessoas das nossas relações.

I. *POVO DE SIÃO, o Senhor vem salvar as nações. E, na alegria do vosso coração, soará majestosa a sua voz*[1].

O Senhor vem... O Salvador está para chegar e ninguém percebe nada. O mundo continua, como de costume, na indiferença mais completa. Só Maria sabe da boa nova, bem como José, que foi avisado pelo anjo. O mundo está às escuras: Cristo está ainda no seio de Maria. E os judeus continuam a falar sobre o Messias, sem suspeitar que está tão perto. Poucos esperam *a consolação de Israel*: Simeão, Ana... Estamos no Advento, em plena espera.

É neste tempo litúrgico que a Igreja propõe à nossa meditação a figura de João, o Batista. *Este é aquele de quem falou o profeta Isaías dizendo: Voz do que clama no deserto: preparai os caminhos do Senhor, endireitai as suas veredas*[2].

A vinda do Messias foi precedida no Antigo Testamento por profetas que anunciavam de longe a sua chegada, à semelhança dos arautos que anunciavam a chegada de um grande rei. No Novo, "João aparece como a linha divisória entre os dois Testamentos. O próprio Senhor indica de algum modo quem é João, quando diz: *A lei e os profetas até João Batista.* É a personificação dos tempos antigos e o anúncio dos novos. Como representante dos tempos antigos, nasce de pais anciãos; como arauto dos tempos novos, mostra-se já profeta no seio de sua mãe. Ainda não nasceu, e já salta de alegria dentro de sua mãe quando Santa Maria a visita[3]. João foi chamado *o Profeta do Altíssimo* porque a sua missão foi ir *à frente do Senhor para preparar os seus caminhos, ensinando a ciência da salvação ao seu povo*"[4].

Toda a essência da vida de João, desde o seio materno, esteve subordinada a essa missão. Esta seria a sua vocação: preparar para Jesus um povo capaz de receber o Reino de Deus e, por outro lado, dar testemunho público dEle. João não desempenhará essa missão à procura de uma realização pessoal, mas concentrando-se em *preparar para o Senhor um povo perfeito*. Não se dedicará a ela por gosto pessoal, mas por ter sido concebido para isso. E realizá-la-á até o fim, até dar a vida no cumprimento da sua vocação.

Foram muitos os que conheceram Jesus graças ao trabalho apostólico do Batista. Os primeiros discípulos seguiram Jesus por indicação expressa dele e muitos outros se prepararam interiormente para segui-lo graças à sua pregação.

A vocação abarca a vida inteira e leva a fazer girar tudo em torno da missão divina. Cada homem, no seu lugar e dentro das suas próprias circunstâncias, tem uma vocação dada por Deus; de que ela se cumpra dependem muitas outras coisas queridas pela vontade divina: "De que tu e eu nos portemos como Deus quer — não o esqueças — dependem muitas coisas grandes"[5].

II. PLENAMENTE CONSCIENTE da missão que lhe foi confiada, João sabe que, diante de Cristo, não é digno sequer de *desatar-lhe as sandálias*[6], coisa de que costumava encarregar-se o último dos criados; não se envergonha de afirmar que, perante Jesus, ele não tem a menor importância. Nem sequer se define a si próprio de acordo com a sua ascendência sacerdotal. Não diz: "Eu sou João, filho de Zacarias, da tribo sacerdotal de..." Antes pelo contrário, quando lhe perguntam: *Quem és tu?*, diz: *Eu sou a voz que clama no deserto: Preparai os caminhos do Senhor, endireitai as suas veredas*. Ele não é mais do que *a voz*, a voz que anuncia Jesus. Essa é a sua missão, a sua vida, a sua personalidade. Todo o seu ser está definido em função de Jesus, como teria que acontecer na nossa vida, na vida de qualquer cristão. O importante da nossa vida é Jesus.

À medida que Cristo se vai manifestando, João procura ficar em segundo plano, ir desaparecendo. Serão precisamente os seus melhores discípulos os que, por sua indicação, haverão de seguir o Mestre no começo da sua vida pública. *Eis o Cordeiro de Deus*, dirá a João e a André, apontando para Jesus que passava. Com grande delicadeza, desprender-se-á daqueles que o seguem para deixá-los ir em seguimento de Cristo. João Batista "perseverou na santidade porque se conservou humilde no seu coração"[7]; por isso mereceu também aquele extraordinário louvor do Senhor: *Em verdade vos digo que, entre os nascidos de mulher, não apareceu um que fosse maior que João*[8].

O Precursor indica-nos também a nós o caminho que devemos seguir. Na ação apostólica pessoal — enquanto preparamos os nossos amigos para que encontrem o Senhor —, devemos procurar não ser o centro. O importante é que Cristo seja anunciado, conhecido e amado. Só Ele tem palavras de vida eterna, só nEle se encontra a salvação. A atitude de João é uma enérgica advertência contra o desordenado amor próprio, que sempre nos incita a colocar-nos indevidamente em primeiro plano. Uma preocupação de singularidade, a ânsia de sermos protagonistas, não deixaria lugar para Jesus. Sem humildade, não poderíamos aproximar os nossos amigos de Deus. E então a nossa vida ficaria vazia.

III. NÓS NÃO SOMOS apenas precursores; somos também testemunhas de Cristo. Recebemos com a graça batismal e a Confirmação o honroso dever de confessar a fé em Cristo com as nossas ações e com a nossa palavra. Para podermos cumprir essa missão, recebemos frequentemente, e mesmo diariamente, o alimento divino do Corpo de Jesus; e os sacerdotes prodigalizam-nos a graça sacramental e cuidam de instruir-nos com o ensinamento da Palavra divina.

Tudo o que possuímos é tão superior aos meios de que João dispunha, que o próprio Jesus pôde dizer que *o menor no Reino de Deus é maior do que João*. No entanto, que diferença! Jesus está a ponto de chegar e João vive fundamentalmente para ser o Precursor. Nós somos testemunhas, mas que tipo de testemunhas? Como é o nosso testemunho cristão entre os nossos colegas, na família? Tem força suficiente para persuadir os que ainda não creem em Jesus, os que não o amam, os que têm uma ideia falsa a seu respeito? A nossa vida é uma prova, ou ao menos uma presunção, a favor da verdade do cristianismo? São perguntas que poderiam ajudar-nos a viver este Advento, um tempo a que não pode faltar a dimensão apostólica.

Temos que dar testemunho e, ao mesmo tempo, apontar aos outros o caminho. "Grande é a nossa responsabilidade, porque ser testemunha de Cristo implica, antes de mais nada, procurar comportar-se segundo a sua doutrina, lutar para que a nossa conduta recorde Jesus e evoque a sua figura amabilíssima. Temos que conduzir-nos de tal maneira que, ao ver-nos, os outros possam dizer: este é cristão porque não odeia, porque sabe compreender, porque não é fanático, porque está acima dos instintos, porque é sacrificado, porque manifesta sentimentos de paz, porque ama"[9].

Talvez o mundo de hoje, em muitos casos, também não espere nada, como outrora não esperava o Messias. Ou talvez olhe em outra direção, donde não virá ninguém. Muitos se acham debruçados sobre os bens materiais como se fossem o seu último fim; mas com eles jamais satisfarão o seu coração. Temos que apontar-lhes o caminho. A todos. "Sabeis — diz-nos Santo Agostinho — o que cada um de vós tem que fazer em casa, com o amigo, com o vizinho, com os dependentes, com o superior, com o inferior. Sabeis também de que modo Deus oferece as ocasiões, de que maneira abre a porta com a sua palavra. Não queirais, pois, viver tranquilos até conquistá-los para Cristo, porque vós fostes conquistados por Cristo"[10].

A nossa família, os amigos, os colegas de trabalho, as pessoas que vemos com frequência devem ser os primeiros a beneficiar-se do nosso amor por Deus. Com o exemplo e com a oração, devemos chegar até mesmo àqueles com quem não temos ocasião de falar habitualmente.

A nossa grande alegria será termos aproximado de Jesus, como fez o Batista, muitos que estavam longe ou se mostravam indiferentes, sem perdermos de vista que é a graça de Deus, não as nossas forças humanas, que consegue levar as almas ao Senhor. E como ninguém dá o que não tem, torna-se mais urgente um esforço por crescer em vida interior, de forma que o amor superabundante de Deus possa extravasar do nosso coração e contagiar todos os que passam ao nosso lado.

A Rainha dos apóstolos aumentará os nossos anseios e o nosso esforço por aproximar as almas do seu Filho, na certeza de que nenhum esforço é vão diante dEle.

(1) Cf. Is 30, 19-30; *Antífona de entrada* da Missa do segundo domingo do Advento; (2) Mt 3, 3; (3) cf. Lc 1, 76-77; (4) Santo Agostinho, *Sermão 293*, 2; (5) São Josemaria Escrivá, *Caminho*, n. 755; (6) cf. Mt 3, 11; (7) São Gregório Magno, *Tratado sobre o Evangelho de São Lucas*, 20, 5; (8) Mt 11, 11; (9) São Josemaria Escrivá, *É Cristo que passa*, n. 122; (10) Santo Agostinho, *Tratado sobre o Evangelho de São João*, 10, 9.

9. APOSTOLADO DA CONFISSÃO

— O maior bem que podemos fazer aos nossos amigos: aproximá-los do sacramento da Penitência.
— Fé e confiança no Senhor. O paralítico de Cafarnaum.
— A Confissão. O poder de perdoar os pecados. Respeito, agradecimento e veneração com que devemos aproximar-nos deste sacramento.

I. *DESPERTAI, Ó DEUS, o vosso poder e socorrei-nos com a vossa força, para que a vossa misericórdia apresse a salvação que os nossos pecados retardam*[1]. Esta oração litúrgica, com que iniciamos agora a nossa conversa com Deus, fala-nos de anunciar a vinda de Jesus pedindo perdão pelos pecados.

O Messias está muito perto de nós, e nestes dias do Advento preparamo-nos para recebê-lo de uma maneira nova, quando chegar o Natal. Jesus diz-nos especialmente nestes dias: *Confortai as mãos frouxas, firmai os joelhos vacilantes. Dizei àqueles que têm o coração perturbado: coragem, não tenhais medo*[2]. Ora, todos os dias nós nos encontramos com amigos, colegas, parentes que estão desorientados no aspecto mais essencial da sua existência. Sentem-se incapazes de ir até Deus e andam como paralíticos pelos caminhos da vida, porque perderam a esperança. Nós temos que guiá-los até à humilde gruta de Belém; ali encontrarão o sentido de suas vidas.

Para isso temos de conhecer o caminho: ter vida interior, trato com Jesus, começar nós mesmos por melhorar naquelas coisas em que os nossos amigos devem melhorar, e ter uma esperança inquebrantável nos meios sobrenaturais. A oração, a mortificação e o exemplo estarão sempre na base de todo o apostolado cristão. A oração pelos outros é tanto mais ouvida quanto mais ancorada estiver na santidade de quem pede. O apostolado nasce de um grande amor a Cristo.

Em muitos casos, aproximar os nossos amigos de Cristo é levá-los a receber o sacramento da Penitência, um dos maiores bens que o Senhor deixou à sua Igreja. Poucas ajudas tão grandes, talvez nenhuma, podemos prestar a esses amigos como a de animá-los a aproximar-se da Confissão. Umas vezes, teremos que ajudá-los delicadamente a fazer um bom exame de consciência; outras, acompanhá-los até o lugar em que o sacerdote os espera; outras ainda, dirigir-lhes apenas uma palavra de estímulo e de afeto, juntamente com uma breve e adequada catequese sobre a natureza e os bens deste sacramento.

Que alegria de cada vez que aproximamos um parente, um colega, um amigo, do sacramento da misericórdia divina! Essa mesma alegria é compartilhada no Céu pelo nosso Pai-Deus e por todos os bem-aventurados[3].

II. NO EVANGELHO DA MISSA de hoje, São Marcos diz-nos que Jesus chegou a Cafarnaum e, logo que se soube que estava em casa, *reuniram-se tantos que já não havia lugar nem sequer diante da porta*[4].

Para lá se dirigiram também quatro amigos que carregavam um paralítico; mas não puderam chegar até Jesus *por causa da multidão*. Então, servindo-se talvez de uma escada dos fundos, subiram ao telhado com o enfermo; *levantaram o teto no lugar em que se encontrava o Senhor* e, depois de abrirem espaço, desceram o leito em que jazia o paralítico e deixaram-no *no meio, diante de Jesus*[5]. O apostolado — particularmente o da Confissão — é algo semelhante: é colocar as pessoas diante de Jesus, apesar das dificuldades que isso possa supor. Depois o Senhor fará o resto; na verdade, é Ele quem faz o mais importante.

Os quatro amigos já conheciam o Mestre, e a sua esperança era tão grande que o milagre se realizou graças à confiança que tinham em Jesus. E a fé que os animava supriu ou completou a do paralítico. O Evangelho diz que, *vendo Jesus a fé deles*, dos amigos, realizou o milagre. Não se menciona explicitamente a fé do doente; insiste-se na dos amigos.

Transpuseram obstáculos que pareciam insuperáveis. Devem ter começado por ter de convencer o paralítico, e, como só quem está convencido é que convence, devia ser muita a confiança que tinham em Jesus. Depois, quando chegaram ao local, a casa estava tão cheia de gente que parecia inviável tentar alguma coisa naquela ocasião. Mas não recuaram. Venceram essa barreira com a sua decisão, com o seu engenho, com o seu interesse. O importante era o encontro entre Jesus e o amigo que lhe levavam; e para que esse encontro se realizasse, lançaram mão de todos os meios ao seu alcance.

Que grande lição para a ação apostólica que, como cristãos, devemos levar a cabo! Também nós encontraremos, sem dúvida, resistências tão grandes ou maiores. Pois bem, a nossa missão consistirá fundamentalmente em pôr os nossos amigos diante de Cristo, em deixá-los junto de Jesus... e desaparecer. Quem, senão o Senhor, e somente Ele, pode transformar a interioridade de uma pessoa? O apostolado situa-se na ordem da graça.

Talvez haja casos em que sejamos nós os culpados de que os outros não se aproximem de Deus, porque se encontram como que incapacitados de ir até o Senhor. "Este paralítico — explica São Tomás — simboliza o pecador que jaz no pecado; assim como o paralítico não se pode mover, também o pecador não pode socorrer-se a si mesmo. Os que levam o paralítico representam aqueles que com os seus conselhos conduzem o pecador a Deus"[6].

O Senhor sentiu-se gratamente impressionado com a audácia, fruto de uma grande esperança apostólica, daqueles quatro amigos que não desistiram ante as primeiras dificuldades nem quiseram esperar por uma ocasião mais propícia, pois não sabiam quando Jesus tornaria a passar por ali. Podemos perguntar-nos hoje na nossa meditação pessoal se fazemos assim com os nossos amigos, parentes e conhecidos: não nos teremos detido diante das primeiras dificuldades, depois de termos resolvido ajudar esses amigos a aproximar-se da Confissão? Ali os esperava Jesus.

III. O SENHOR OLHOU o enfermo com imensa piedade: *Tem confiança, filho*, disse-lhe. A seguir, dirigiu-lhe umas palavras que deixaram espantados a todos: *Os teus pecados te são perdoados*.

É muito possível que, ao ouvir essas palavras, o paralítico experimentasse com especial lucidez toda a sua indignidade; talvez compreendesse, como nunca até aquele momento, a necessidade de estar limpo diante do olhar puríssimo de Jesus, que o penetrava até o fundo da alma com profunda misericórdia. Recebeu então a graça de um grande perdão; era o prêmio por se ter deixado ajudar. E sentiu imediatamente uma alegria indescritível. Já pouco se importava com a sua paralisia. A sua alma estava limpa e ele tinha encontrado Jesus.

O Senhor, que lê os pensamentos de todos, quis deixar bem claro, aos que o ouviam e aos que meditariam esta cena ao longo dos séculos, que tem todo o poder no Céu e na terra, incluído o poder de perdoar os pecados, porque é Deus. E demonstra-o com o milagre da cura completa deste homem. Quando Davi pecou e foi prostrar-se aos pés de Natã, este lhe disse: *Javé te perdoou*[7]. Fora Deus que o perdoara; Natã limitara-se a transmitir a mensagem que devolvia a Davi a paz e o sentido da sua vida. Mas Jesus perdoa em nome próprio. Foi o que escandalizou os escribas presentes: *Este blasfema. Quem pode perdoar os pecados senão só Deus?*

Este poder de perdoar os pecados foi transmitido pelo Senhor à sua Igreja na pessoa dos apóstolos, para que, por meio dos sacerdotes, pudesse exercê-lo até o fim dos tempos: *Recebei o Espírito Santo; a quem perdoardes os pecados, ser-lhes-ão perdoados; a quem os retiverdes, ser-lhes-ão retidos*[8].

Os sacerdotes exercem o poder de perdoar os pecados não por virtude própria, mas em nome de Cristo — *in persona*

Christi —, como instrumentos nas mãos do Senhor. Só Deus pode perdoar os pecados, e Ele quis fazê-lo no sacramento da Penitência através dos seus ministros, os sacerdotes. É um tema de urgente catequese entre aqueles que nos rodeiam, na certeza de que assim lhes será mais fácil aproximar-se com amor deste sacramento.

Aproveitemos a nossa oração de hoje para agradecer ao Senhor que tenha deixado à sua Igreja, nossa Mãe, um poder tão imenso: Obrigado, Senhor, por colocares tão ao nosso alcance um dom tão grande! E examinemos como vão as nossas confissões: se as preparamos com um exame de consciência atento, se fomentamos a contrição em cada uma delas, se nos confessamos com a devida frequência, se somos radicalmente sinceros com o confessor, se nos esforçamos por pôr em prática os conselhos recebidos.

Examinemos enfim, na presença de Deus, que parentes, amigos ou colegas podemos ajudar a preparar um bom exame de consciência, quais os que estão mais necessitados de uma palavra de alento que os anime a receber este sacramento como preparação para o Natal. Eles esperam o Senhor no mais profundo da sua alma, e o Senhor também espera por eles nesta fonte de misericórdia. Não falhemos nós. É o maior presente que lhes podemos oferecer.

A nossa Mãe Santa Maria, *Refugium peccatorum*, terá compaixão deles e de nós.

(1) *Oração* da quinta-feira da primeira semana do Advento; (2) cf. Is 35, 1-10; *primeira leitura* da Missa da segunda-feira da segunda semana do Advento; (3) cf. Lc 15, 7; (4) Mc 2, 1-13; (5) Lc 5, 19; (6) São Tomás de Aquino, *Comentários sobre o Evangelho de São Mateus*, 9, 2; (7) 2 Sm 12, 13; (8) Jo 20, 22-23.

Cristo — como instrumentos nas mãos do Senhor. Só Deus pode perdoar os pecados; e Ele quis fazê-lo no sacramento da Penitência através dos seus ministros, os sacerdotes. É um [illegible]

TEMPO DO ADVENTO. SEGUNDA SEMANA. TERÇA-FEIRA

10. OS NOSSOS PECADOS E A CONFISSÃO

— Confissão dos pecados e propósito de emenda. Confissão individual, auricular e completa.
— Diante do próprio Jesus Cristo. Confissão frequente.
— Cada confissão, um bem para toda a Igreja. A Comunhão dos Santos e o sacramento da Penitência.

I. *UMA VOZ CLAMA no deserto: preparai um caminho para o Senhor, aplainai na estepe um caminho para o nosso Deus. Todo o vale seja preenchido; todo o monte ou outeiro, rebaixado; o solo eriçado mude-se em plano, e as escabrosidades em solo liso*[1].

O melhor modo de prepararmos a alma para o Senhor que chega é prepararmos muito bem as nossas confissões. A necessidade deste sacramento, fonte de graça e misericórdia ao longo de toda a nossa vida, manifesta-se especialmente neste tempo em que a liturgia da Igreja nos anima a esperar o Natal. Ela nos ajuda a rezar pedindo: *Ó Deus, que enviastes a este mundo o vosso Unigênito para libertar da antiga escravidão o gênero humano, concedei que cheguem à verdadeira liberdade aqueles que esperam a vossa misericórdia*[2].

A Confissão é também, com a Sagrada Eucaristia, o sacramento que nos prepara para o encontro definitivo com Cristo no final da nossa existência. Toda a nossa vida é um contínuo advento, uma espera do último instante para o qual não deixamos de preparar-nos dia após dia. Consola-nos pensar que é o próprio Senhor quem deseja ardentemente que estejamos com Ele *na nova terra* e no *novo céu* que nos preparou[3].

Cada confissão bem feita é um impulso que recebemos de Deus para continuar a caminhar, sem desânimos, sem tristezas, livres das nossas misérias. E Cristo nos diz novamente: *Tem confiança, os teus pecados te são perdoados*[4]; volta a começar... É Ele próprio quem nos perdoa depois da humilde manifestação das nossas culpas. Confessamos os nossos pecados "ao próprio Deus, ainda que quem os escuta no confessionário seja o homem-sacerdote. Este homem é o humilde e fiel servidor desse grande mistério que se realiza entre o filho que retorna e o Pai"[5].

"As causas do mal não devem ser procuradas no exterior do homem, mas sobretudo no interior do seu coração. E o seu remédio também parte do coração. Por conseguinte, os cristãos, mediante a sinceridade no seu empenho por converter-se, devem insurgir-se contra o achatamento do homem e proclamar com a sua própria vida a alegria da verdadeira libertação do pecado [...] mediante um sincero arrependimento, um firme propósito de emenda e uma firme confissão das culpas"[6].

Para aqueles que caíram em pecado mortal depois de batizados, este sacramento é tão necessário para a salvação como o é o Batismo para os que ainda não foram regenerados para a vida sobrenatural: "É o meio de saciar o homem com a justiça que provém do próprio Redentor"[7]. E é tal a sua importância para a Igreja que "os sacerdotes podem ver-se obrigados a adiar ou mesmo deixar outras atividades por falta de tempo, mas nunca o confessionário"[8].

Todos os pecados mortais cometidos depois do Batismo, bem como as circunstâncias que modifiquem a sua espécie, devem passar pelo tribunal da Penitência, numa confissão auricular e secreta, com absolvição individual.

O Santo Padre pede-nos que façamos tudo o que estiver ao nosso alcance "para ajudar a comunidade eclesial a apreciar plenamente o *valor da confissão individual* como um encontro pessoal com o Salvador misericordioso que nos ama, e a ser fiel às diretrizes da Igreja num assunto de tanta importância"[9].

"Não podemos esquecer que a conversão é um ato interior de especial profundidade, em que o homem não pode ser substituído por outros, não pode fazer-se representar pela comunidade"[10].

II. ALÉM DE SER completa no que se refere aos pecados graves, a Confissão tem de ser *sobrenatural:* conscientes de que vamos pedir perdão ao próprio Deus, a quem ofendemos, pois todos os pecados, incluídos aqueles que se referem aos nossos irmãos, são ofensa direta a Deus.

A Confissão feita com sentido sobrenatural é um verdadeiro ato de amor a Deus. Ouve-se na intimidade da alma a voz do próprio Cristo que diz, como a Pedro: *Simão, filho de João, tu me amas?* E com as mesmas palavras deste apóstolo podemos também nós dizer-lhe: *Domine, tu omnia nosti, tu scis quia amo te*[11], Senhor, Tu sabes todas as coisas, Tu sabes que eu te amo..., apesar de tudo.

Depois do pecado mortal, a maior desgraça que nos pode acontecer é o pecado venial, pois nos priva de muitas graças atuais. Cada pequena infidelidade é um grande tesouro perdido: diminui o fervor da caridade; aumenta as dificuldades na prática das virtudes, que cada vez nos hão de parecer mais inacessíveis; e inclina ao pecado mortal, que acabará por chegar se não se reage com prontidão.

A Comunhão e a Confissão frequentes são a melhor arma na luta por evitar os pecados veniais. Além disso, cada confissão obtém-nos graças específicas para evitarmos os defeitos e pecados de que nos acusamos e arrependemos. Amar a Confissão frequente é sintoma de finura de alma, de amor a Deus; desprezá-la ou olhá-la com indiferença é falta de delicadeza interior e, frequentemente, verdadeiro endurecimento em relação aos bens espirituais.

A frequência da Confissão depende das necessidades de cada alma em particular. Quando uma pessoa está seriamente determinada a cumprir a vontade de Deus em tudo e a ser inteiramente de Deus, tem verdadeira necessidade de recorrer a este sacramento com mais frequência e pontualidade: "A confissão renovada periodicamente, chamada de «devoção», sempre acompanhou na Igreja o caminho da santidade"[12].

III. A RECONCILIAÇÃO de cada homem com Deus e com a Igreja no sacramento da Penitência é um dos seus atos mais íntimos e pessoais. Muitas coisas fundamentais mudam no santuário da consciência em cada confissão. E como este sacramento tem uma profunda e inseparável dimensão social, muitas coisas mudam também no âmbito familiar, no estudo, no trabalho, no relacionamento com os amigos etc.

O pecado, porque é a maior tragédia que pode existir para um homem, produz um profundo desequilíbrio em quem o comete. E quem está desequilibrado, desequilibra também os que tem à sua volta. No sacramento da Confissão, o Senhor coloca de novo as coisas no seu lugar; além de perdoar o pecado, introduz na alma a ordem e a harmonia perdidas.

Uma confissão bem feita é, pois, um grande presente a todos aqueles que convivem e trabalham conosco. Todas as nossas coisas passam a ser ditas e feitas de uma forma muito diferente. Além disso, causamos um bem incalculável a toda a Igreja. Toda ela se alegra e se enriquece misteriosamente de cada vez que o sacerdote pronuncia as palavras da absolvição. Pela Comunhão dos Santos, cada confissão tem as suas ressonâncias benfazejas em todo o Corpo Místico de Cristo.

Na vida íntima da Igreja — de que Cristo é a pedra angular —, cada fiel sustenta os outros com as suas boas obras e merecimentos, e ao mesmo tempo é sustentado por eles. Todos necessitamos uns dos outros e, na verdade, todos participamos continuamente dos bens espirituais comuns. Os nossos méritos ajudam os nossos irmãos, os homens espalhados por toda a terra; e, em sentido contrário, o pecado, a tibieza, os pecados veniais, o aburguesamento, são lastro para todos os membros da Igreja peregrina: *Se um membro padece, todos os membros padecem com ele; e se um membro é honrado, todos os membros se alegram com ele*[13].

"Esta é a outra face daquela solidariedade que, em nível religioso, se desenvolve no mistério profundo e magnífico da *Comunhão dos Santos*, graças à qual se pôde dizer que «toda a alma que se eleva, eleva o mundo». A esta *lei da elevação* corresponde, infelizmente, a *lei da descida*, de tal forma que se pode falar de uma *comunhão do pecado*, pela qual uma alma que se rebaixa pelo pecado rebaixa consigo a Igreja e, de certo modo, o mundo inteiro. Por outras palavras, não existe pecado algum, mesmo o mais íntimo e secreto, o mais estritamente individual, que afete exclusivamente aquele que o comete. Todo o pecado repercute, com maior ou menor intensidade, com maior ou menor dano, em todo o conjunto eclesial e em toda a família humana"[14].

Quando alguém se aproxima com boas disposições do sacramento da Confissão, não é só o penitente que experimenta um momento de alegria, mas todos... *E quando encontra a dracma, chama as suas amigas e vizinhas e diz-lhes: Alegrai-vos comigo*[15]. Os bem-aventurados do Céu, as benditas almas do purgatório e a Igreja que ainda peregrina neste mundo alegram-se de cada vez que se dá uma absolvição.

"Desatar" os vínculos do pecado é ao mesmo tempo atar os nós da fraternidade. Não deveríamos recorrer a este sacramento com mais alegria e com mais prontidão, sabendo que, pelo simples fato de nos confessarmos bem, estamos ajudando tantos e tantos cristãos e especialmente aqueles que estão mais próximos de nós?

Peçamos a Deus com a Igreja: *Consolados pela vinda do vosso Filho, sejamos purificados da antiga culpa*[16].

(1) Is 40, 1-11; (2) *Oração* da Missa do sábado da primeira semana do Advento; (3) Ap 21, 1; (4) Mt 9, 2; (5) João Paulo II, *Homilia na paróquia de Santo Inácio de Antioquia*, Roma, 16-III-1980; (6) cf. João Paulo II, *Homilia*, Roma, 5-IV-1979; (7) João Paulo II, Enc. *Redemptor hominis*, 20; (8) João Paulo II, Roma, 17-XI-1978; (9) João Paulo II, *Alocução*, Tóquio, 23-II-1981; (10) João Paulo II, Enc. *Redemptor hominis*, 20; (11) Jo 21, 17; (12) João Paulo II, *Alocução*, 30-I-1981; (13) 1 Cor 12, 26; (14) João Paulo II, Exortação apostólica *Reconciliatio et Paenitentia*, 2-XII-1984, 16; (15) Lc 15, 19; (16) *Oração* da Missa da terça-feira da primeira semana do Advento.

TEMPO DO ADVENTO. SEGUNDA SEMANA. QUARTA-FEIRA

11. O CAMINHO DA MANSIDÃO

— Jesus, modelo de mansidão que devemos imitar.
— A mansidão assenta numa grande fortaleza de espírito.
— Frutos da mansidão. Sua necessidade para a convivência e o apostolado.

I. TANTO O TEXTO do profeta Isaías na primeira leitura da Missa[1] como o Salmo responsorial[2] nos convidam a contemplar a grandeza de Deus, em contraste com a nossa debilidade, que conhecemos pela experiência das nossas quedas, sempre repetidas. E dizem-nos que *o Senhor é compassivo e misericordioso, tardo em irar-se e cheio de amor*[3], e que aqueles que nEle esperam *renovam as suas forças, tomam asas como a águia, correm sem se fatigar*[4].

O Messias traz à humanidade um jugo e um fardo, mas esse jugo é suave porque é libertador, e o fardo não é pesado porque Ele carrega a parte mais dura. O Senhor nunca nos angustia com os seus preceitos; antes pelo contrário, estes nos tornam mais livres e nos facilitam a existência. *Vinde a mim todos os que estais fatigados e sobrecarregados, e eu vos aliviarei*, diz-nos Jesus no Evangelho da Missa. *Tomai o meu jugo sobre vós e aprendei de mim, que sou manso e humilde de coração, e encontrareis descanso para as vossas almas: porque o meu jugo é suave e o meu fardo leve*[5]. O Senhor propõe-se a si mesmo como modelo de mansidão e de humildade, duas virtudes e atitudes do coração que caminham sempre juntas.

A liturgia do Advento propõe-nos Cristo *manso e humilde* para que o procuremos com simplicidade, e também para que nos esforcemos por imitá-lo como preparação para o Natal. Só assim poderemos compreender os acontecimentos de Belém; e só assim poderemos fazer com que aqueles que caminham ao nosso lado nos acompanhem até o Menino-Deus.

A um coração manso e humilde como o de Cristo, as almas abrem-se de par em par. No seu Coração amabilíssimo, as multidões encontravam refúgio e descanso; e também agora se sentem fortemente atraídas por Ele, e nEle acham a paz. O Senhor disse-nos que aprendêssemos dEle. A fecundidade da ação apostólica estará sempre muito relacionada com esta virtude da mansidão.

Se observarmos Jesus de perto, vê-lo-emos paciente com os defeitos dos seus discípulos e disposto a repetir-lhes constantemente os mesmos ensinamentos, para que, apesar de lentos e distraídos, conheçam a doutrina da salvação. Não se impacienta com as suas rudezas e faltas de correspondência. Realmente, Jesus, "que é nosso Mestre e Senhor, manso e humilde de coração, atraiu e convidou pacientemente os seus discípulos"[6].

Imitar Jesus na sua mansidão é o remédio para as nossas irritações, impaciências e faltas de cordialidade e de compreensão. Este espírito sereno e acolhedor nascerá e crescerá em nós à medida que procurarmos estar cada vez mais na presença de Deus e considerarmos com mais frequência a vida de Nosso Senhor. "Oxalá fossem tais o teu porte e a tua conversação que todos pudessem dizer, ao ver-te ou ouvir-te falar: «Este lê a vida de Jesus Cristo»"[7]. A contemplação de Jesus nos ajudará especialmente a não ser altivos e a não nos impacientarmos com as contrariedades.

Não cometamos o erro de pensar que o nosso "mau gênio", que se manifesta em ocasiões e circunstâncias bem determinadas, depende da maneira de ser dos que nos rodeiam. "A paz do nosso espírito não depende do bom caráter e benevolência dos outros. Esse caráter bom e essa benignidade dos nossos próximos não estão submetidos de modo algum ao nosso poder e ao nosso arbítrio. Isso seria absurdo. A tranquilidade do nosso coração depende de nós mesmos. É em nós que deve estar o esforço por evitar os efeitos ridículos da ira e por não fazê-lo depender da maneira de ser dos outros. O trabalho de superarmos o nosso mau gênio não há de depender da perfeição alheia, mas da nossa virtude"[8].

II. A MANSIDÃO não é característica dos homens moles ou amorfos; pelo contrário, exige uma grande fortaleza de espírito, e o próprio exercício desta virtude implica contínuos atos de fortaleza. Assim como os pobres são os verdadeiramente ricos segundo o Evangelho, assim também os mansos são os verdadeiramente fortes. "Bem-aventurados os mansos porque estão protegidos contra o demônio e contra os golpes das perseguições na guerra deste mundo. São como copos de vidro recobertos de palha ou de feno, que não se quebram quando recebem uma pancada. A mansidão é como um escudo muito forte contra o qual se chocam e se desfazem os ataques das setas agudas da ira. Os mansos vão vestidos com vestes de algodão muito suave, que os defendem sem incomodar ninguém"[9]. A matéria própria desta virtude é a paixão da ira nas suas múltiplas manifestações, uma paixão que passa a ser de tal modo moderada e retificada que não desperta senão quando é necessário e na medida em que o é.

Aprendei de mim que sou manso e humilde de coração. Diante da majestade de Deus, que se fez criança em Belém, tudo o que nos atinge adquire as suas justas proporções, e o que poderia ser uma grande contrariedade permanece na sua exata medida. Aprendemos a não perder a paz e a ser justos ao avaliarmos os diversos incidentes da vida diária, a calar-nos em muitas ocasiões, a sorrir, a tratar bem os outros, a esperar o momento oportuno para lhes corrigir uma falta.

Aprendemos também a sair em defesa da verdade e dos interesses de Deus e dos nossos irmãos com toda a firmeza que seja necessária. Porque a mansidão não é contrária a uma cólera santa perante a injustiça. Não é mansidão o que serve de refúgio à covardia.

A ira é, pois, justa e santa quando se propõe respeitar os direitos dos outros e, de modo especial, a soberania e a santidade de Deus. Vemos Jesus santamente irado diante dos fariseus e dos mercadores do Templo[10]. O Senhor encontra o Templo convertido num *covil de ladrões*, num lugar profanado, dedicado a coisas que não tinham nada que ver com a adoração de Deus, e irrita-se terrivelmente, demonstrando-o com as suas palavras e atos. Os evangelistas descreveram-nos muito poucas cenas tão contundentes como esta.

E juntamente com a santa ira de Jesus para com os que prostituem o lugar santo, vemos a sua grande misericórdia para com os necessitados: *Chegaram-se a Ele cegos e coxos que se encontravam no Templo, e Ele os sarou*[11].

III. A MANSIDÃO opõe-se às manifestações estéreis de violência — que no fundo são sinais de fraqueza: impaciência, irritação, frieza, mau humor, ódio etc. —, ao dispêndio inútil de forças por aborrecimentos que não têm razão de ser, nem pela sua origem — muitas vezes, surgem de ninharias que se podiam ter ultrapassado com um sorriso ou com o silêncio —, nem pelos seus resultados, porque não resolvem nada.

Da falta desta virtude provêm as explosões de mau humor entre os esposos, que vão corroendo pouco a pouco o verdadeiro amor; a iracúndia e suas consequências funestas na educação dos filhos; a falta de paz na oração, porque, ao invés de se falar com Deus, ruminam-se ofensas recebidas.

O domínio de si próprio — que faz parte da verdadeira mansidão — é a arma dos fortes; impede que falemos cedo demais, que digamos palavras ferinas que depois preferiríamos nunca ter pronunciado. A mansidão sabe esperar o momento oportuno e matiza os juízos, preservando-lhes toda a sua força.

A falta habitual de mansidão é fruto da soberba e só produz solidão e esterilidade à sua volta. "O teu mau gênio, as tuas reações bruscas, os teus modos pouco amáveis, as tuas atitudes desprovidas de afabilidade, a tua rigidez — tão pouco cristã! —, são a causa de que te encontres só, na solidão do egoísta, do homem amargurado, do eterno descontente, do ressentido, e são também a causa de que à tua volta, em vez de amor, haja indiferença, frieza, ressentimento e desconfiança. É preciso que, com um temperamento amável e compreensivo, com a mansidão de Cristo amalgamada à tua vida, sejas feliz e faças felizes todos os que te rodeiam, todos os que te encontram no caminho da sua vida"[12].

Os mansos possuirão a terra. Possuir-se-ão a si próprios, porque não serão escravos das suas impaciências e do seu caráter iracundo; possuirão a Deus, porque a sua alma estará sempre inclinada à oração, num clima de contínua presença de Deus; possuirão os que os rodeiam, porque só um coração manso e humilde conquista a amizade e o carinho dos outros. Na nossa passagem pelo mundo, temos que espalhar *o bom aroma de Cristo*[13]: o nosso sorriso habitual, uma calma serena, bom-humor e alegria, caridade e compreensão.

Examinemos qual a nossa disposição para o sacrifício, necessário para tornar agradável a vida aos outros; se somos capazes de renunciar aos nossos juízos, sem pretender ter sempre razão; se sabemos reprimir o mau gênio e passar por alto os atritos que surgem no convívio diário.

O tempo do Advento é uma boa ocasião para reforçarmos esta atitude do coração. Chegaremos a consegui-lo se procurarmos com mais frequência Jesus, Maria e José; se soubermos aproximar-nos do Sacrário para conversar com o Senhor sobre os assuntos que mais nos preocupam ou nos contrariam.

(1) Cf. Is 40, 25-31; (2) Sl 102, 1-2, 8, 10; (3) Sl 102, 8; (4) Is 40, 31; (5) Mt 11, 28-30; (6) Concílio Vaticano II, Declaração *Dignitatis humanae*, 11; (7) São Josemaria Escrivá, *Caminho*, n. 2; (8) Cassiano, *Constituições*, 8; (9) Francisco de Osuna, *Terceiro abecedário espiritual*, III, 4; (10) cf. Jo 2, 13-17; (11) Mt 21, 14; (12) Salvador Canals, *Reflexões espirituais*, 3ª ed., Quadrante, São Paulo, 1988, p. 55; (13) cf. 2 Cor 2, 15.

12. COMEÇAR DE NOVO

— Temos de lutar contra os nossos defeitos e paixões até o último dos nossos dias. A vida cristã não é compatível com o aburguesamento.

— Contar com as derrotas. Recomeçar muitas vezes.

— O Senhor deseja que comecemos de novo depois de cada fracasso: este é o fundamento da nossa esperança.

I. NESTES DIAS DO ADVENTO, é-nos apresentada a figura de João Batista como modelo de muitas virtudes e como figura escolhida por Deus para preparar a chegada do Messias. Com ele se encerra o Antigo Testamento e se avizinha o Novo.

O Senhor diz-nos no Evangelho da Missa de hoje que *desde os dias de João até agora, o Reino dos céus padece violência, e aqueles que se esforçam o arrebatam*[1]. Padece violência a Igreja por parte dos poderes do mal, como também padece violência a alma de cada homem, inclinada ao mal em consequência do pecado original. Será necessário lutar até o último dos nossos dias para podermos seguir o Senhor nesta vida e contemplá-lo eternamente no Céu.

A vida do cristão não é compatível com o aburguesamento, o comodismo e a tibieza. "Há pessoas que não são capazes nem sequer de trocar de lugar por Deus. Quereriam sentir gostos e consolos de Deus sem fazer nenhum esforço a não ser engolir o que Ele lhes põe na boca, e desfrutar do que Ele lhes põe no coração sem se mortificarem em nada, sem abandonarem os seus gostos e veleidades. Mas esperam em vão. Porque, enquanto não saírem em busca de Deus, por muito que chamem por Ele, não o encontrarão"[2].

Estamos num momento especialmente propício para ver como lutamos contra as nossas paixões, contra os defeitos, o pecado, o mau gênio... Esta luta "é fortaleza para combater as fraquezas e misérias próprias, valentia para não mascarar as infidelidades pessoais, audácia para confessar a fé, mesmo quando o ambiente é adverso. Hoje, como ontem, do cristão espera-se heroísmo. Heroísmo em grandes contendas, se for preciso. Heroísmo — e será o normal — nas pequenas pendências de cada dia"[3].

Esta luta — que o Senhor nos pede ao longo de toda a vida, mas especialmente nestes tempos litúrgicos em que Ele se nos manifesta de modo mais próximo na sua Santíssima Humanidade — concretizar-se-á muitas vezes em firmeza à hora de cumprirmos delicadamente os nossos atos de piedade: sem substituí-los por qualquer outra coisa que se apresente, sem nos deixarmos levar pelo estado de ânimo do dia ou do momento. Concretizar-se-á ainda no modo de vivermos a caridade, corrigindo as formas duras do nosso caráter (do nosso mau caráter); em realizar bem o trabalho, que saberemos oferecer a Deus; em empenhar-nos numa ação apostólica eficaz à nossa volta; em valer-nos dos meios oportunos para que a nossa formação espiritual não estacione numa via morta...

Ordinariamente, será uma luta em pequenas coisas. "Ouçamos o Senhor, que nos diz: *Quem é fiel no pouco, também o é no muito, e quem é injusto no pouco, também o é no muito* (Lc 16, 10). É como se Ele nos lembrasse: luta a cada instante nos detalhes aparentemente pequenos, mas grandes aos meus olhos; cumpre com pontualidade o dever; sorri a quem precisa, ainda que tenhas a alma dorida; dedica sem regateios o tempo necessário à oração; acode em auxílio dos que te procuram; pratica a justiça, ampliando-a com a graça da caridade"[4].

O nosso amor a Deus consistirá em retomarmos muitas vezes o esforço diário por não nos deixarmos vencer pelo comodismo e pela preguiça, que estão sempre à nossa espreita. "O diabo não dorme, e a carne também ainda não morreu; por isso não cesses de preparar-te para a batalha. À direita e à esquerda estão os inimigos que nunca descansam"[5]. Não descansemos também nós, numa luta alegre e com metas concretas. O Senhor está do nosso lado e deu-nos um Anjo da Guarda que nos prestará ajudas inestimáveis, se recorrermos a ele.

II. NO NOSSO CAMINHAR para Deus, nem sempre venceremos. Muitas das nossas derrotas serão de pouco relevo; outras, pelo contrário, terão importância, mas o desagravo e a contrição nos levarão de volta a Deus. E começaremos de novo, com a ajuda do Senhor, sem desânimos nem pessimismos, que são fruto da soberba, mas com a necessária paciência e humildade, ainda que não vejamos fruto nenhum. Em inúmeras ocasiões ouviremos o Espírito Santo dizer-nos: Torna a começar..., sê constante, não te preocupes com esse fracasso, não te preocupes com todas as experiências negativas anteriores juntas..., torna a começar com mais humildade, pedindo mais ajuda ao teu Senhor.

No campo das realizações humanas, a genialidade é normalmente fruto de uma paciência prolongada, de um esforço incessantemente repetido e melhorado. "O sábio repete os seus cálculos e renova as suas experiências, modificando-as até acertar com o objeto das suas pesquisas. O escritor retoca vinte vezes a sua obra. O escultor quebra um após outro todos os moldes até conseguir expressar a sua criação interior... Todas as criações humanas são fruto de um perpétuo voltar a começar"[6]. No âmbito da vida espiritual, o nosso amor ao Senhor não se mede tanto pelos êxitos que julgamos ter alcançado quanto pela capacidade de começar de novo, de renovar a luta interior. A desistência ou o desleixo no cumprimento dos propósitos e metas de vida interior são sinal evidente de mediocridade espiritual e de tibieza. No caminho que nos conduz a Deus, "dormir é morrer"[7].

Com frequência, o progresso na vida interior vem depois de uma sucessão de fracassos, talvez inesperados, perante os quais reagimos com humildade e desejos mais firmes de seguir a Deus. Já se disse com razão que a perseverança não consiste em não cair nunca, mas em levantar-se sempre. "Quando um soldado em combate recebe uma ferida ou tem que retroceder um pouco, ninguém é tão exigente ou tão ignorante das coisas da guerra que pense que isso é um crime. Os únicos que não recebem ferimentos são os que não combatem; já os que se lançam com mais ardor contra o inimigo são os que mais golpes recebem"[8].

Peçamos à Virgem Maria a graça de não abandonarmos nunca a nossa luta interior, por mais triste e catastrófica que seja a nossa experiência anterior, e a graça e a humildade de recomeçar sempre.

Peçamos-lhe também que nos ajude a ser constantes na nossa ação apostólica, ainda que aparentemente não vejamos resultado algum. Um dia, talvez quando estivermos já na sua presença, o Senhor nos fará contemplar os frutos de um esforço que por vezes nos terá parecido estéril, e que foi sempre eficaz. A semente que se semeia sempre dá o seu fruto: *uma, cem; outra, sessenta; outra, trinta...*[9] Muito fruto para uma só semente.

III. *LEVANTAI-VOS, erguei a cabeça. Aproxima-se a vossa libertação*[10].

Narram os Atos dos Apóstolos que um dia Pedro e João subiram ao Templo para orar e passaram por um coxo de nascença que pedia esmola. Então Pedro disse-lhe: *Não tenho prata nem ouro; mas o que tenho, isso te dou: em nome de Jesus Cristo Nazareno, levanta-te e anda*[11].

Em nome de Jesus Cristo... É assim que temos de recomeçar a nossa atividade apostólica e a nossa luta contra tudo o que tente separar-nos de Deus. Essa é a nossa força. Não começamos de novo por uma questão de brio pessoal, como se quiséssemos afirmar que nós sozinhos podemos levar para a frente as coisas. Nós não podemos nada. É precisamente *quando nos sentimos fracos que a força de Cristo habita em nós*[12]. E é uma força poderosa!

Temos de fazer como São Pedro que, depois de uma noite inteira em que não havia pescado nada, lança de novo as redes ao mar só porque o Senhor lhe manda: *Mestre*, diz-lhe, *estivemos trabalhando a noite inteira e não pescamos nada; mas porque Tu o dizes, lançarei a rede*[13]. Apesar do cansaço, apesar de não ser hora de pescar, aqueles homens voltam a lançar ao mar as redes que já estavam lavando para o dia seguinte. As considerações humanas que tornavam desaconselhável a pesca ficaram para trás. O motivo que os leva a reiniciar a tarefa é a confiança de Pedro no seu Senhor. Pedro obedece sem mais raciocínios.

O fundamento da nossa esperança está em que o Senhor deseja que recomecemos sempre que tivermos um fracasso, talvez aparente, na nossa vida interior ou na nossa atividade apostólica: "Porque Tu assim me dizes, Senhor, começarei de novo". Se vivermos deste modo, eliminaremos para sempre da nossa vida o fantasma do desalento, que tem afogado tantas almas na mediocridade espiritual e na tristeza.

Recomeça... É Jesus quem no-lo diz com especial intimidade nestes dias tão próximos do Natal. "Quando o teu coração cair, levanta-o, humilhando-te profundamente diante de Deus e reconhecendo a tua miséria, sem te maravilhares de haver caído, pois não há nada de admirável em que a enfermidade seja enferma, a debilidade débil e a miséria miserável. No entanto, detesta com todas as tuas forças a ofensa que fizeste a Deus e, com valor e confiança na sua misericórdia, persevera no caminho da virtude que tinhas abandonado"[14].

(1) Mt 11, 12; (2) São João da Cruz, *Cântico espiritual*, 3, 2; (3) São Josemaria Escrivá, *É Cristo que passa*, n. 82; (4) *ibid.*, n. 77; (5) Tomás de Kempis, *Imitação de Cristo*, II, 9, 8; (6) Georges Chevrot, *Simão Pedro*, Quadrante, São Paulo, 1967, p. 20; (7) São Gregório Magno, *Homilia 12 sobre os Evangelhos*; (8) São João Crisóstomo, *Exortação II a Teodoro*, 5; (9) Mt 13, 8; (10) cf. Is 35, 4; (11) At 3, 6; (12) 2 Cor 11, 12; (13) Lc 5, 5; (14) São Francisco de Sales, *Introdução à vida devota*, 3, 9.

TEMPO DO ADVENTO. SEGUNDA SEMANA. SEXTA-FEIRA

13. TIBIEZA E AMOR DE DEUS

— O amor a Deus e o perigo da tibieza.
— Causas da tibieza.
— Remédios contra esta grave doença da alma.

I. *AQUELE QUE VOS SEGUE, Senhor, terá a luz da vida. Será semelhante a uma árvore plantada à beira da água, que dá o seu fruto no devido tempo e cujas folhas jamais fenecem*[1].

A nossa vida não tem sentido a não ser junto do Senhor. *Aonde iríamos, Senhor? Só tu tens palavras de vida eterna*[2]. Os nossos êxitos, a felicidade humana que possamos amealhar é *palha que o vento arrebata*[3]. Verdadeiramente, podemos dizer ao Senhor na nossa oração pessoal: "Fica conosco, porque as trevas nos rodeiam a alma e só Tu és luz, só Tu podes acalmar esta ânsia que nos consome. Porque, dentre todas as coisas formosas e honestas, não ignoramos qual é a primeira: possuir-Te sempre, Senhor"[4].

Ele vem trazer-nos um amor que tudo invade, como o fogo, e vem dar sentido à nossa vida sem sentido. O amor do Senhor é exigente, pede sempre mais e leva-nos a crescer em delicadeza de alma para com Ele e a dar muito fruto.

Todo o cristão cheio de amor a Deus é a *árvore frondosa* de que nos fala o Salmo responsorial, uma árvore que não seca nunca. O próprio Cristo é quem lhe dá vida. Mas se o cristão permite que o seu amor esfrie, que a sua alma se aburguese, virá essa grave doença interior que o deixará como *palha que o vento arrebata*: a tibieza, que torna a vida sem amor e sem sentido, ainda que externamente possa parecer que nada mudou. Cristo fica como que obscurecido na mente e no coração, por um descuido culposo: não o vemos nem o ouvimos. A alma é invadida por um vazio de Deus e tenta preenchê-lo com outras coisas, que não são Deus e não a satisfazem; e um desalento especial e característico impregna toda a vida de piedade. Perde-se a prontidão e a alegria da entrega a Deus, e a fé fica adormecida, precisamente porque o amor esfriou.

Se em algum momento notamos que a nossa vida íntima se afasta de Deus, temos de saber que, quando lançamos mão dos meios adequados, todas as doenças da alma têm cura. As doenças do amor também. Sempre podemos voltar a descobrir aquele tesouro escondido — Cristo — que certa vez deu sentido à nossa vida. Será mais fácil consegui-lo no começo da doença, mas continua a ser possível mais adiante, como no caso daquele leproso de que nos fala São Lucas[5], que estava inteiramente *coberto de lepra*: um dia decidiu aproximar-se séria e humildemente de Cristo e encontrou a cura.

"Perguntaram ao Amigo qual era a fonte do amor. Respondeu que era aquela em que o Amado nos limpou das nossas culpas, na qual abunda a água viva e da qual quem a bebe consegue a vida eterna em amor sem fim"[6]. O Senhor espera-nos sempre, na oração aberta e franca e nos sacramentos.

II. *COMO PALHA que o vento arrebata*. Sem peso e sem frutos.

As faltas isoladas não nos precipitam necessariamente na tibieza. Esta doença da alma "caracteriza-se por não se tomarem a sério, de um modo mais ou menos consciente, os pecados veniais; é um estado sem ardor por parte da vontade. Não é tibieza sentir-se e achar-se em estado de aridez, de desconsolo e de repugnância de sentimentos em relação ao religioso e ao divino, porque, apesar de todos esses estados, pode subsistir o zelo da vontade, o querer sincero. Também não é tibieza o incorrer com frequência em pecados veniais, contanto que haja um arrependimento sério e se lute contra eles. Tibieza é o estado de uma falta de ardor consciente e querida, uma espécie de negligência duradoura ou de vida de piedade a meias, baseada em certas ideias errôneas: que não se deve ser minucioso, que Deus é grande demais para ser tão exigente em pequenas coisas, que há outros que fazem o mesmo que nós, e desculpas semelhantes"[7].

Este desleixo manifesta-se no descuido habitual das pequenas coisas, na falta de contrição pelos erros pessoais, na ausência de metas concretas para um relacionamento mais íntimo com o Senhor. Vive-se sem verdadeiros objetivos de vida interior que atraiam e entusiasmem. "Vai-se andando". Deixou-se de lutar por progredir interiormente, ou trava-se uma luta fictícia e ineficaz[8]. Abandona-se a mortificação, e "com o corpo pesado e saturado de mantimentos, a alma está muito mal preparada para voar"[9].

O estado de tibieza assemelha-se a uma ladeira que descemos, distanciando-nos cada vez mais de Deus. Quase insensivelmente, nasce uma certa preocupação de não nos excedermos, de permanecer dentro de certos limites, suficientes para não cair no pecado mortal, mas insuficientes para evitar o desleixo e o pecado venial.

A alma justifica essa atitude de pouca luta e de falta de exigência pessoal com argumentos de naturalidade, de eficácia, de trabalho, de saúde etc., que a fazem ser indulgente com os seus pequenos afetos desordenados, com os apegos a pessoas ou coisas, com comodismos que chegam a apresentar-se como uma necessidade subjetiva. As forças interiores vão-se debilitando cada vez mais.

Quando há tibieza, falta um verdadeiro culto interior a Deus na Santa Missa e as comunhões costumam estar rodeadas de uma grande frieza por falta de amor e de preparação. A oração costuma ser vaga, difusa, dispersa; não há um verdadeiro trato pessoal com o Senhor. O exame de consciência — que é uma questão de sensibilidade — fica abandonado, quer porque se omite, quer porque se faz de modo rotineiro, sem fruto.

Nessa triste situação, o tíbio perde o desejo de aproximar-se profundamente de Deus (pois julga que isso é quase impossível): “Dói-me ver o perigo de tibieza em que te encontras — lê-se em *Caminho* — quando não te vejo caminhar seriamente para a perfeição dentro do teu estado”[10].

Em resumo: “És tíbio se fazes preguiçosamente e de má vontade as coisas que se referem ao Senhor; se procuras com cálculo ou «manha» o modo de diminuir os teus deveres; se só pensas em ti e na tua comodidade; se as tuas conversas são ociosas e vãs; se não aborreces o pecado venial; se ages por motivos humanos”[11].

Lutemos por não cair nunca nesta doença da alma e estejamos alerta para perceber os primeiros sintomas. Recorramos com prontidão a Santa Maria, pois Ela aumenta sempre a nossa esperança e nos traz a alegria do nascimento de Jesus: *Alegra-te e regozija-te, filha de Jerusalém, olha o teu Rei que vem; não temas, Sião, a tua salvação está próxima*[12]. Nossa Senhora, quando recorremos a Ela, leva-nos ao seu Filho.

III. FOMENTAR O ESPÍRITO DE LUTA é fazer cuidadosamente, todos os dias, o exame de consciência. Daí extraímos com frequência um ponto em que melhorar no dia seguinte e um ato de contrição pelas coisas em que não fomos inteiramente fiéis a Deus naquele dia. Este amor vigilante, desejo eficaz de procurar a Deus ao longo do dia, é o polo oposto da tibieza, que é desleixo, falta de interesse, preguiça e tristeza nas obrigações de piedade.

O desejo de luta não nos levará sempre à vitória: haverá fracassos, mas o desagravo e a contrição nos aproximarão mais de Deus. A contrição rejuvenesce a alma. “À vista das nossas misérias e dos nossos pecados, dos nossos erros — ainda que, pela graça divina, sejam de pouca monta —, corramos à oração e digamos ao nosso Pai: «Senhor, na minha pobreza, na minha fragilidade, neste meu barro de vaso quebrado, Senhor, coloca-me uns grampos e — com a minha dor e com o teu perdão — serei mais forte e mais agradável à vista do que antes!» Uma oração consoladora, para que a repitamos quando este nosso pobre barro se quebrar”[13].

E estamos outra vez junto de Cristo. Com uma alegria nova, com uma humildade nova. Humildade, sinceridade, arrependimento... e voltar a começar. É preciso saber começar mais uma vez; todas as vezes que for necessário. Deus conta com a nossa fragilidade.

Deus perdoa sempre, mas é preciso levantar-se, arrepender-se, confessar-se quando for preciso. Há uma alegria profunda, incomparável, de cada vez que recomeçamos. Temos que fazê-lo muitas vezes ao longo da nossa vida, porque sempre haverá faltas, deficiências, fragilidades, pecados. Talvez este tempo de oração nos possa servir para recomeçar mais uma vez. O Senhor conta com os nossos fracassos, mas também espera de nós muitas pequenas vitórias ao longo dos nossos dias. Assim não cairemos nunca no aburguesamento, no desleixo, no desamor.

(1) Sl 1, 1-4; *Salmo responsorial* da Missa da sexta-feira da segunda semana do Advento; (2) cf. Jo 6, 68; (3) *Salmo responsorial* da Missa da sexta-feira da segunda semana do Advento; (4) São Gregório Nazianzeno, *Epístola*, 212; (5) cf. Lc 5, 12-13; (6) R. Llull, *Livro do Amigo e do Amado*, 115; (7) Benedikt Baur, *A confissão frequente*; (8) cf. Francisco Fernández-Carvajal, *A tibieza*; (9) São Pedro de Alcântara, *Tratado da oração e da meditação*, 2, 3; (10) cf. São Josemaria Escrivá, *Caminho*, n. 326; (11) *ibid.*, n. 331; (12) *Antífona* 2 das leituras do Ofício divino; (13) São Josemaria Escrivá, *Amigos de Deus*, n. 95.

TEMPO DO ADVENTO. SEGUNDA SEMANA. SÁBADO

14. O EXAME DE CONSCIÊNCIA

— Os frutos do exame de consciência diário.
— O exame, um encontro antecipado com o Senhor.
— Como fazê-lo. Contrição e propósitos.

I. *EIS QUE VENHO em breve, diz o Senhor, e trago comigo a recompensa: darei a cada um segundo as suas obras*[1].

A Lei de Moisés mandava cumprir o preceito do dízimo: devia-se entregar para a manutenção do Templo e para o serviço do culto a décima parte dos cereais, do mosto e do azeite. Os fariseus, rigoristas sem amor, levavam o preceito mais longe: faziam pagar o dízimo *da menta, do anis e do cominho*, plantas que pelas suas propriedades aromáticas eram cultivadas às vezes nos jardins das casas.

São Mateus anota umas palavras muito duras do Senhor a propósito da hipocrisia dos fariseus e da sua falta de coerência: *Ai de vós, escribas e fariseus hipócritas, que pagais o dízimo da menta, do anis e do cominho, e não vos preocupais com o mais grave da Lei: a justiça, a misericórdia e a boa-fé. Bom seria fazer aquilo, sem omitir isto. Guias cegos, que coais um mosquito e engolis um camelo*[2].

Na vida dos fariseus, podemos observar, por um lado, uma minuciosidade asfixiante; por outro, um grande relaxamento em coisas verdadeiramente importantes: tinham abandonado o *mais grave da Lei: a justiça, a misericórdia e a boa-fé*. Não tinham sabido entender o que o Senhor realmente esperava deles.

Também nós, nestes dias do Advento, podemos melhorar o nosso exame de consciência, para não nos determos em coisas que, no fundo, são acidentais, e deixarmos escapar o que é verdadeiramente importante. Se nos acostumarmos a um exame de consciência diário — breve, mas profundo —, não cairemos na hipocrisia e na deformação dos fariseus. Enxergaremos com clareza os erros que afastam o nosso coração de Deus e saberemos reagir a tempo.

O exame é como um olho capaz de ver os recantos íntimos do coração, seus desvios e apegamentos. "Por ele vejo, sou iluminado, evito os perigos, corrijo os defeitos e endireito os meus caminhos. Por meio dele e servindo-me dele como tocha, observo claramente todo o meu interior; e assim não posso permanecer no mal, antes me sinto obrigado a praticar a verdade, isto é, a progredir na piedade"[3].

Se descuidarmos por preguiça o nosso exame, é possível que os erros e as más inclinações lancem as suas raízes na alma e não saibamos ver a grandeza a que fomos chamados, antes pelo contrário, fiquemos *na menta, no anis e no cominho*, em ninharias com as quais Deus pouco ou nada se importa.

Mediante o exame descobrimos a origem oculta das nossas faltas evidentes de caridade ou de trabalho, a raiz íntima da tristeza e do mau humor que se repetem, talvez com certa frequência, na nossa vida; e aprendemos a remediá-las. "Examina-te: devagar, com valentia. — Não é verdade que o teu mau humor e a tua tristeza inexplicáveis (inexplicáveis, aparentemente) procedem da tua falta de decisão em cortar os laços, sutis, mas «concretos», que te armou — arteiramente, com paliativos — a tua concupiscência?"[4]

O exame de consciência diário é uma ajuda imprescindível para podermos seguir a Deus com sinceridade de vida.

II. O EXAME DIÁRIO de consciência é uma revisão a fundo daquilo que escrevemos na página de cada dia; é, além disso, a oportunidade de reforçarmos o propósito de começar bem a nova página em branco que o nosso Anjo da Guarda nos apresentará da parte de Deus no dia seguinte: página única e irrepetível, como cada um dos dias da nossa vida. "É com gosto — escreve um autor contemporâneo — que encabeço com uma única palavra essas páginas em branco que cada manhã começamos a rabiscar: *Serviam!*, servirei, que é um desejo e uma esperança [...].

"Depois deste início — desejo e esperança —, quero escrever palavras e frases, compor parágrafos e encher a página de uma letra clara e nítida, que mais não é do que o trabalho, a oração, o apostolado: toda a atividade do meu dia.

"Procuro pôr muita atenção na pontuação, que é o exercício da presença de Deus. Estas pausas, que são como vírgulas — ou pontos e vírgulas ou dois pontos, quando são mais longas —, representam o silêncio da alma e as jaculatórias com as quais me esforço por dar significado, sentido sobrenatural, a tudo o que escrevo.

"Gosto muito dos pontos e ainda mais dos pontos parágrafos, com os quais tenho a impressão de recomeçar a escrever: são como pequenos atos por meio dos quais retifico a intenção e digo ao Senhor que começo de novo — *nunc coepi!*, agora começo —, com a vontade reta de o servir e de lhe dedicar toda a minha vida, momento a momento, minuto a minuto.

"Ponho também a maior atenção nos acentos, que são as pequenas mortificações, por meio das quais a minha vida e o meu trabalho adquirem um significado verdadeiramente cristão. Uma palavra não acentuada é uma ocasião em que não soube viver cristãmente a mortificação que o Senhor me enviava, essa que Ele me tinha preparado com amor, essa que Ele desejava que eu descobrisse e abraçasse com gosto.

"Esforço-me para que não haja riscos, emendas ou manchas de tinta, nem espaços em branco, mas... quantas vezes fracasso! São as infidelidades, as imperfeições e os pecados... e as omissões. Dói-me muito ver que não existe quase nenhuma página em que não se tenham manifestado a minha insensatez e a minha falta de habilidade.

"Mas consolo-me e recupero a serenidade rapidamente, pensando que sou uma criança pequenina que ainda não sabe escrever e que precisa de uma régua para não escrever torto, e de um mestre que lhe dirija a mão, para não escrever bobagens. Que bom Mestre é Deus Nosso Senhor, e que imensa paciência tem comigo!"[5]

III. A FINALIDADE do exame de consciência é conhecermo--nos melhor, para podermos ser mais dóceis às contínuas graças que o Espírito Santo derrama em nós e assim nos assemelharmos cada vez mais a Cristo.

Uma das primeiras perguntas que devemos dirigir-nos, e que talvez nos possa dar luz abundante, é: Onde está o meu coração? O que é que ocupa mais espaço nele? É Cristo? "No mesmo instante em que me interrogo acerca desse ponto, tenho a resposta dentro de mim. Essa pergunta faz-me dirigir um rápido olhar para o centro mais íntimo de mim mesmo, e imediatamente vejo o aspecto saliente; dou ouvidos ao som emitido pela minha alma, e imediatamente percebo a nota dominante. É um procedimento intuitivo, instantâneo. É um relance de olhos, *in ictu oculi*. Umas vezes, percebo que a disposição que me domina é a ânsia de aplausos ou o temor de uma censura; outras, a irritação, nascida de uma contrariedade, de uma conversa ou de uma atitude que me mortificou, ou o ressentimento provocado por uma repreensão amarga e dura; outras, a amargura produzida pela desconfiança ou o mal-estar mantido por uma antipatia, ou talvez a covardia inspirada pela sensualidade, ou o desalento causado por uma dificuldade, por um fracasso; outras ainda, a rotina, fruto da indolência, ou a dissipação, fruto da curiosidade e da alegria vazia etc. Ou, pelo contrário, o que me domina o coração é o amor a Deus, a sede de sacrifício, o fervor ateado por um toque especial da graça, a plena submissão à vontade de Deus, a alegria da humildade etc. Seja como for, boa ou má, o que urge é averiguar qual a disposição principal e dominante, porque se deve ver tanto o bem como o mal, pois se trata de conhecer o estado do coração: é preciso que eu examine diretamente o mecanismo que faz mover todas as peças do relógio"[6].

Podemos perguntar-nos, quando fazemos o nosso exame de consciência, se no dia que passou cumprimos a vontade de Deus, isso que Ele esperava de nós, ou se, pelo contrário, fizemos apenas o que nós queríamos. E descer a detalhes concretos a respeito do nosso relacionamento com Deus, do cumprimento dos nossos deveres para com Ele mediante um plano de vida, bem como a respeito do trabalho e das nossas relações com o próximo.

Examinaremos o empenho com que lutamos contra a tendência para nos acomodarmos ou para inventar necessidades; que esforço fizemos, por exemplo, para levar uma vida sóbria e temperada na comida, na bebida e no uso dos bens materiais. Veremos se enchemos o dia de amor, ou se infelizmente o deixamos vazio para a eternidade — coisa que não acontecerá se tivermos sido dóceis aos toques da graça —, ou ainda, Deus não o queira, se o passamos em pecado. É como um pequeno Juízo antecipado a que nos submetemos.

Observaremos assim algumas coisas que devem ser levadas em conta para a próxima Confissão, e faremos um ato de contrição, porque, se não há dor, o exame é inútil. Faremos ainda um pequeno propósito, que poderemos renovar ao iniciar-se o novo dia, no oferecimento de obras, na oração pessoal ou na Santa Missa. E, ao acabar, daremos graças a Deus por todas as coisas boas que nos trouxe o dia que se encerrou.

(1) Ap 22, 12; *Antífona da comunhão* da Missa do sábado da segunda semana do Advento; (2) Mt 23, 23-24; (3) Joseph Tissot, *A vida interior*; (4) São Josemaria Escrivá, *Caminho*, n. 237; (5) Salvador Canals, *Reflexões espirituais*, pp. 107-108; (6) Joseph Tissot, *A vida interior*.

TEMPO DO ADVENTO. TERCEIRO DOMINGO

15. A ALEGRIA DO ADVENTO

— O Advento, tempo de alegria e de esperança. A alegria é estar perto de Jesus; a tristeza, perdê-lo.
— A alegria do cristão. Seu fundamento.
— Levar alegria aos outros. É imprescindível em todo o trabalho apostólico.

I. A LITURGIA DA MISSA deste domingo traz-nos a repetida recomendação que São Paulo dirige aos primeiros cristãos de Filipos: *Estai sempre alegres no Senhor; de novo vos digo, estai alegres*[1]. E a seguir o Apóstolo enuncia a razão fundamental dessa alegria profunda: *O Senhor está perto*.

É também a alegria do Advento e a de cada dia: Jesus está muito perto de nós. Está cada vez mais perto. E Ele nos chega sempre na alegria e não na aflição. "Seus mistérios são todos mistérios de alegria; quanto aos mistérios dolorosos, fomos nós que os provocamos"[2].

Alegra-te, cheia de graça, porque o Senhor está contigo[3], diz o anjo a Maria. A causa da alegria na Virgem é a proximidade de Deus. E o Batista, ainda não nascido, saltará de alegria no seio de Isabel ante a proximidade do Messias[4]. E o anjo dirá aos pastores: *Não temais, trago-vos uma boa nova, uma grande alegria que é para todo o povo, pois nasceu-vos hoje um Salvador...*[5] A alegria é ter Jesus, a tristeza é perdê-lo.

A multidão seguia Jesus e as crianças aproximavam-se dEle (as crianças não se aproximam das pessoas tristes), e *todos se alegravam vendo as maravilhas que Ele fazia*[6].

Depois dos dias de trevas que se seguiram à Paixão, Jesus ressuscitado aparecerá aos seus discípulos em diversas ocasiões. E o evangelista irá sublinhando repetidas vezes que os apóstolos *se alegraram vendo o Senhor*[7]. Eles não esquecerão nunca esses encontros em que as suas almas experimentaram uma alegria indescritível.

Alegrai-vos, diz-nos hoje São Paulo. E temos motivos suficientes para isso. Mais ainda, temos o único motivo: *O Senhor está perto*. Podemos aproximar-nos dEle quanto queiramos. Dentro de poucos dias, terá chegado o Natal, a nossa festa, a festa dos cristãos e da humanidade, que sem o saber está à procura de Cristo. Chegará o Natal, e Deus quererá ver-nos alegres, como os pastores, como os Magos, como José e Maria.

Poderemos estar alegres se o Senhor estiver verdadeiramente presente na nossa vida, se não o tivermos perdido, se não tivermos os olhos turvados pela tibieza ou pela falta de generosidade. Quando, para encontrar a felicidade, se experimentam outros caminhos fora daquele que leva a Deus, no fim só se acha infelicidade e tristeza. A experiência de todos os que, de uma forma ou de outra, voltaram o rosto para outro lado (onde Deus não estava), foi sempre a mesma: verificaram que fora de Deus não há alegria verdadeira. Não pode havê-la. Encontrar Cristo, ou tornar a encontrá-lo, é fonte de uma alegria profunda e sempre nova.

II. *ALEGRAI-VOS, CÉUS; alegra-te, ó terra; prorrompam em cânticos as montanhas, porque o nosso Senhor virá*[8]. *Em seus dias florescerão a justiça e a paz*[9].

O cristão deve ser um homem essencialmente alegre. Mas a sua alegria não é uma alegria qualquer, é a alegria de Cristo, que traz a justiça e a paz, e que só Ele pode dar e conservar, porque o mundo não possui o seu segredo.

A alegria do mundo procede de coisas exteriores: nasce precisamente quando o homem consegue escapar de si próprio, quando olha para fora, quando consegue desviar o olhar do seu mundo interior, que produz solidão porque é olhar para o vazio. O cristão leva a alegria dentro de si, porque encontra a Deus na sua alma em graça. Esta é a fonte da sua alegria. Não nos é difícil imaginar a Virgem Maria, nestes dias do Advento, radiante de alegria com o Filho de Deus no seu seio. A alegria do mundo é pobre e passageira. A alegria do cristão é profunda e capaz de subsistir no meio das dificuldades. É compatível com a dor, com a doença, com o fracasso e as contradições. *Eu vos darei uma alegria que ninguém vos poderá tirar*[10], prometeu o Senhor. Nada nem ninguém nos arrebatará essa paz gozosa, se não nos separarmos da sua fonte.

Ter a certeza de que Deus é nosso Pai e quer o melhor para nós, leva-nos a uma confiança serena e alegre, mesmo perante a dureza de certas situações inesperadas. Nesses momentos, que um homem sem fé consideraria golpes da fatalidade sem nenhum sentido, o cristão descobre o Senhor e, com Ele, um bem muito mais alto. "Quantas contrariedades desaparecem, se interiormente nos colocamos bem próximo desse nosso Deus que nunca nos abandona! Renova-se com diferentes matizes o amor que Jesus tem pelos seus, pelos enfermos, pelos paralíticos, e que o faz perguntar: — O que é que tens? — Sinto-me... E imediatamente luz ou, pelo menos, aceitação e paz"[11]. "O que é que tens?", pergunta-nos o Senhor. E olhamos para Ele, e já não temos nada. Junto dEle, recuperamos a paz e a alegria.

Teremos dificuldades, como as têm todos os homens; mas essas contrariedades — grandes ou pequenas — não nos hão de tirar a alegria. As dificuldades são uma realidade com a qual devemos contar, e a nossa alegria não pode ficar à espera de épocas sem contratempos, sem tentações e sem dor. Mais ainda, sem os obstáculos que encontramos na nossa vida, não teríamos a menor possibilidade de crescer nas virtudes.

A nossa alegria deve ter um fundamento sólido. Não se pode apoiar exclusivamente em coisas passageiras: notícias agradáveis, saúde, tranquilidade, situação econômica desafogada etc., coisas que em si são boas se não estiverem desligadas de Deus, mas que por si mesmas são insuficientes para nos proporcionarem a verdadeira alegria.

O Senhor pede que estejamos alegres sempre. *Cada um olhe como edifica, pois quanto ao fundamento ninguém pode ter outro senão aquele que está posto, que é Jesus Cristo*[12]. Só Ele é capaz de sustentar tudo na nossa vida. Não há tristeza que Ele não possa curar: *Não temas,* diz-nos o Senhor, *mas apenas crê*[13]. Ele conta com todas as situações pelas quais há de passar a nossa vida, e também com aquelas que resultam da nossa insensatez e da nossa falta de santidade. Para todas tem o remédio.

Em muitas ocasiões, como neste tempo de oração, será necessário que nos dirijamos ao Senhor num diálogo íntimo e profundo diante do Sacrário, e que lhe abramos a nossa alma com toda a confiança. É aí que encontraremos a fonte da alegria.

Dentro de pouco, de muito pouco, Aquele que vem chegará e não tardará[14], e com Ele chegarão a paz e a alegria; em Jesus encontraremos o sentido da nossa vida.

III. UMA ALMA TRISTE está à mercê de muitas tentações. Quantos pecados se têm cometido à sombra da tristeza! Por outro lado, quando a alma está alegre, abre-se e é estímulo para os outros; quando está triste, obscurece o ambiente e faz mal aos que tem à sua volta.

A tristeza nasce do egoísmo, de pensarmos em nós mesmos esquecendo os outros. Quem anda excessivamente preocupado consigo próprio dificilmente encontrará a alegria da abertura para Deus e para os outros. Em contrapartida, com o cumprimento alegre dos nossos deveres, podemos fazer muito bem à nossa volta, pois essa alegria leva a Deus. São Paulo recomendava aos primeiros cristãos: *Levai uns as cargas dos outros e assim cumprireis a lei de Cristo*[15].

Para tornarmos a vida mais amável aos outros, basta-nos proporcionar-lhes essas pequenas alegrias que, ainda que de pouca monta, mostram claramente que os consideramos e apreciamos: um sorriso, uma palavra cordial, um pequeno elogio, o esforço por evitar tragédias por coisas sem importância... Assim contribuímos para tornar a vida mais grata às pessoas que nos rodeiam. Essa é uma das grandes missões do cristão: levar a alegria a um mundo que está triste porque se vai afastando de Deus. Não poucas vezes o regato leva à fonte. Essas demonstrações de alegria conduzirão aqueles com quem nos relacionamos à fonte de toda a alegria verdadeira, a Cristo Nosso Senhor.

Preparemos o Natal junto de Santa Maria. Procuremos também prepará-lo no nosso ambiente, fomentando um clima de paz cristã e propiciando muitas pequenas alegrias e demonstrações de afeto aos que nos rodeiam. Os homens necessitam de que lhes provemos que Cristo nasceu em Belém, e poucas provas são tão convincentes como a alegria habitual do cristão, uma alegria que persiste mesmo quando chegam a dor e a contradição.

A Virgem teve muitos contratempos ao chegar a Belém, cansada de uma viagem tão longa e sem encontrar um lugar digno onde o seu Filho pudesse nascer; mas esses problemas não a fizeram perder a alegria da boa nova de que Deus *se fez homem e habitou entre nós*.

(1) Fl 4, 4; (2) P. A. Reggio, *Espírito sobrenatural e bom humor*, Madri, 1966, p. 20; (3) Lc 1, 28; (4) Lc 2, 4; (5) Lc 2, 10-11; (6) Lc 13, 7; (7) cf. Jo 20, 20; (8) Is 49, 13; (9) Sl 71, 7; (10) Jo 16, 22; (11) São Josemaria Escrivá, *Amigos de Deus*, n. 249; (12) 1 Cor 3, 11; (13) Lc 8, 50; (14) Hb 10, 37; (15) Gl 6, 2.

TEMPO DO ADVENTO. TERCEIRA SEMANA. SEGUNDA-FEIRA

16. PUREZA DE CORAÇÃO

— O Natal chama-nos a uma maior pureza interior. Frutos da pureza de coração. Os atos internos.
— A guarda do coração.
— Os limpos de coração verão a Deus já nesta vida, e em plenitude na vida eterna.

I. *QUE OS CÉUS mandem o seu orvalho, que as nuvens chovam a justiça. Que a terra se entreabra e faça brotar a salvação*[1].

O Natal é uma luz na noite, e uma luz que nunca se extinguirá. Todo aquele que olhar para Belém poderá contemplar Jesus Menino, acompanhado por Maria e José. Poderá contemplá-lo se tiver um coração puro, porque Deus só se manifesta aos *puros de coração*[2].

O Natal é, pois, uma chamada à pureza interior. E é por isso que, quando chegar a festa, haverá homens que talvez não consigam ver nada no presépio: estarão cegos para o essencial por terem o coração cheio de coisas materiais ou de sujeira e miséria. E a impureza do coração provoca insensibilidade para as coisas de Deus.

Certa vez, uns escribas e fariseus perguntaram a Jesus: *Por que os teus discípulos não cumprem a tradição dos antigos, pois não lavam as mãos quando comem*? O Senhor aproveitou o ensejo para fazê-los ver que eles descuidavam preceitos importantíssimos. E disse-lhes: *Hipócritas! Bem profetizou de vós Isaías, quando disse: Este povo honra-me com os lábios, mas tem o coração longe de mim*[3].

Convocou então o povo, pois não ia interpretar mais um preceito da Lei, mas tocar um ponto essencial: ia indicar o que é que torna uma pessoa verdadeiramente pura ou impura diante de Deus.

E chamando a si a multidão, disse-lhes: Ouvi e entendei: Não é o que entra pela boca que torna impuro o homem; mas o que sai da boca, isso é o que torna o homem impuro[4]. E um pouco mais tarde explicaria à parte aos seus discípulos: *O que sai da boca vem do coração e isso é o que torna impuro o homem. Porque é do coração que procedem os maus pensamentos, os homicídios, os adultérios, as fornicações, os roubos, os falsos testemunhos, as blasfêmias. É isto o que torna impuro o homem; mas comer sem lavar as mãos não torna impuro o homem*[5].

O que sai da boca vem do coração. O homem inteiro fica manchado pelo que se passa no seu coração: maus desejos, despropósitos, invejas, rancores... Os próprios pecados externos citados pelo Senhor foram já cometidos no interior do homem antes de terem sido cometidos externamente. É aí dentro que se ama ou se ofende a Deus.

Há casos em que a ação externa aumenta a bondade ou a malícia do ato interno, pela maior intensidade na voluntariedade, pela exemplaridade ou escândalo que resulta da ação praticada, pelos benefícios ou prejuízos causados ao próximo etc. Mas é o interior do homem que é preciso conservar limpo e são, e todo o resto será puro e agradável a Deus.

II. *GUARDA O TEU CORAÇÃO, porque dele procede a vida*[6], diz o livro dos *Provérbios*; e também procedem dele a alegria, a paz, a capacidade de amar e de empenhar-se na ação apostólica... Com que cuidado temos que guardar o coração! Porque, por outro lado, o coração tende a apegar-se desordenadamente a pessoas e coisas.

Dentre todos os fins da nossa vida, apenas um é verdadeiramente necessário: chegar à meta que Deus nos propôs; alcançar o Céu tendo realizado a nossa vocação. Para isso, devemos estar dispostos a perder seja o que for, a afastar tudo o que se interponha no nosso caminho para Deus. Tudo deve ser meio para alcançar o Senhor; e se, ao invés de meio, é um obstáculo, teremos que retificá-lo ou removê-lo. As palavras de Cristo são claras: *Se o teu olho direito te escandaliza, arranca-o e joga-o para longe... E se a tua mão direita te escandaliza, corta-a e atira-a para longe, porque melhor é para ti que pereça um dos teus membros, do que todo o teu corpo ser lançado ao inferno*[7]. Com a expressão *olho direito* e *mão direita*, o Senhor expressa o que num dado momento pode apresentar-se como coisa de muito valor. Mas a santidade, a salvação — a própria e a alheia — está em primeiro lugar.

"«Se o teu olho direito te escandaliza..., arranca-o e joga-o para longe!» — Pobre coração, que é ele que te escandaliza! Aperta-o, amarfanha-o entre as mãos; não lhe dês consolações. — E, cheio de uma nobre compaixão, quando as pedir, segreda-lhe devagar, como em confidência: — «Coração: coração na Cruz, coração na Cruz!»"[8]

As coisas que talvez tenhamos de tirar ou cortar na nossa vida podem ser de tipos muito diversos. Umas vezes, serão coisas boas em si mesmas, mas que se tornam negativas pelo nosso egoísmo ou porque as pomos a serviço de uma intenção errada. Outras, serão coisas sem maior importância — como pequenos caprichos, faltas habituais de temperança, pequenas manifestações de mau gênio, excessiva preocupação pelas coisas materiais etc. —, mas que é preciso cortar e arrancar porque, quase sempre, são esses detalhes aparentemente pequenos os que deixam a alma atolada na mediocridade.

"Olhai — diz Santo Agostinho — como a água do mar se infiltra pelas frestas do casco e pouco a pouco enche os porões do barco e, se não a esvaziam, submerge a nave... Imitai os navegantes: as suas mãos não descansam enquanto não secam o fundo do barco; não cessem as vossas de fazer o bem. No entanto, apesar de tudo, voltará a encher-se outra vez o fundo da nau, porque persistem as frestas da fraqueza humana; e novamente será necessário retirar a água"[9]. Esses obstáculos e tendências que não se podem arrancar de uma só vez, mas exigem uma disposição permanente de luta alegre, ajudam-nos em grande medida a ser mais humildes.

O amor à Confissão frequente e o exame diário de consciência auxiliam-nos a manter a alma mais limpa e bem disposta para contemplar Jesus na gruta de Belém, apesar das nossas patentes fraquezas diárias.

III. *OS PUROS DE CORAÇÃO verão a Deus*. "Com toda a razão se promete aos limpos de coração a bem-aventurança da visão divina. Nunca uma vida manchada poderá contemplar o esplendor da luz verdadeira, pois as mesmas coisas que constituirão o gozo das almas limpas serão o castigo das que estiverem manchadas"[10].

Quando falta pureza interior, os sinais mais claros da presença de Deus não nos dizem nada e acabamos por distorcê-los, como fizeram os fariseus; poderiam até escandalizar-nos. Mas se o coração estiver limpo, saberemos reconhecer Cristo na intimidade da oração, no meio do trabalho, nos incidentes da nossa vida diária. Ele vive e continua agindo em nós. Um cristão que busca a Deus com sinceridade e pureza interior encontra-o; porque é o próprio Deus que sai ao seu encontro.

A pureza interior, meio necessário para contemplarmos a Deus nesta vida, incita-nos a viver gozosamente para dentro, a guardar os sentidos, a não omitir os pequenos sacrifícios que oferecemos todos os dias ao Senhor. Este recolhimento interior é compatível com o trabalho intenso e com as relações sociais de uma pessoa que vive no meio do mundo. Não deve temer que o seu coração se disperse.

"Como vai esse coração? — Não te inquietes; os santos — que eram seres bem constituídos e normais, como tu e como eu — sentiam também essas «naturais» inclinações. E se não as tivessem sentido, a sua reação «sobrenatural» de guardar o coração — alma e corpo — para Deus, em vez de entregá-lo a uma criatura, pouco mérito teria tido. — Por isso, uma vez visto o caminho, creio que a fraqueza do coração não deve ser obstáculo para uma alma decidida e «bem enamorada»"[11].

A vida contemplativa está ao alcance de qualquer cristão, mas é necessária uma decisão firme e séria de buscar a Deus em todas as coisas, de purificar-se e de reparar pelas faltas e pecados cometidos. É sempre uma graça, que Deus não nega a quem a pede com humildade. É um dom que devemos pedir especialmente durante o Advento.

Depois, se tivermos sido fiéis, virá o conhecimento perfeito de Deus, imediato, claro e total, sempre dentro das possibilidades da natureza criada e finita do homem. Veremos a Deus *quando chegar o fim*, mais cedo ou mais tarde. Conheceremos a Deus como Ele nos conhece, diretamente e face a face: *Sabemos que, quando aparecer, seremos semelhantes a Ele, porque o veremos tal como é*[12]. O homem poderá então olhar para Deus sem ficar cego e sem morrer. Poderemos contemplar esse Deus a quem teremos procurado servir ao longo de toda a nossa vida. Contemplaremos Deus Pai, Deus Filho e Deus Espírito Santo.

E, muito perto da Santíssima Trindade, estará Santa Maria, Filha de Deus Pai, Mãe de Deus Filho, Esposa de Deus Espírito Santo.

(1) Is 45, 8; (2) cf. Mt 5, 8; (3) Mt 15, 7-8; (4) Mt 15, 10; (5) Mt 15, 18-20; (6) Pr 4, 23; (7) Mt 5, 29-30; (8) São Josemaria Escrivá, *Caminho*, n. 163; (9) Santo Agostinho, *Sermão 16*, 7; (10) São Leão Magno, *Sermão 95, sobre as bem-aventuranças*; (11) São Josemaria Escrivá, *Caminho*, n. 164; (12) 1 Jo 3, 3.

17. QUEM É JESUS

— Jesus, Filho Unigênito do Pai.
— Perfeito Deus e homem perfeito. Faz-se Menino para que nos aproximemos dEle com confiança. Especiais relações com Jesus Cristo.
— A Humanidade Santíssima do Senhor, caminho para a Trindade. Imitar Jesus. Conhecê-lo melhor através da leitura do Santo Evangelho. Meditar a sua vida.

I. *TU ÉS MEU FILHO; eu te gerei hoje*[1], lemos na antífona de entrada da primeira Missa do Natal, com palavras do Salmo II. "O advérbio *hoje* fala da eternidade, do hoje da Santíssima e inefável Trindade"[2].

Durante a sua vida pública, Jesus anunciou muitas vezes a paternidade de Deus com relação aos homens, fazendo referência a numerosas expressões contidas no Antigo Testamento. No entanto, "para Jesus, Deus não é somente «o Pai de Israel, o Pai dos homens», mas o *meu Pai*. Precisamente por isso os judeus queriam matar o Senhor, porque *chamava a Deus seu Pai* (Jo 5, 18). *Seu* em sentido totalmente literal: Aquele a quem só o Filho conhece como Pai, e de quem é exclusiva e reciprocamente conhecido [...]. *Meu Pai* é o Pai de Jesus Cristo, Aquele que é a origem do seu ser, da sua missão messiânica, do seu ensinamento"[3].

Quando, nas proximidades de Cesareia de Filipe, Simão Pedro confessa: *Tu és o Messias, o Filho de Deus vivo*,

Jesus responde-lhe: *Bem-aventurado és tu... porque não foram a carne e o sangue que te revelaram isso, mas meu Pai...*[4], porque *só o Pai conhece o Filho*, da mesma forma que *só o Filho conhece o Pai*[5]. Só o Filho dá a conhecer o Pai: o Filho visível faz com que se veja o Pai invisível. *Quem me vê, vê o Pai*[6].

O Menino que nascerá em Belém é o Filho de Deus, Unigênito, consubstancial ao Pai, eterno, com a sua própria natureza divina e a natureza humana assumida no seio virginal de Maria. Quando neste Natal o olharmos e o virmos indefeso nos braços de sua Mãe, não nos esqueçamos de que é Deus feito homem por amor de nós, de cada um de nós.

E ao lermos nestes dias com profunda admiração as palavras do Evangelho *e habitou entre nós*, ao rezarmos o *Angelus*, teremos uma boa ocasião de fazer um ato de fé profundo e agradecido, e de adorar a Humanidade Santíssima do Senhor.

II. JESUS VEIO-NOS DO PAI[7], mas nasceu de uma mulher: *Ao chegar a plenitude dos tempos, Deus enviou o seu Filho, nascido de mulher*[8], diz São Paulo. Os textos proféticos anunciavam que o Messias desceria do céu, como a chuva, e que surgiria da terra, como um rebento[9]. Será *o Deus forte* e ao mesmo tempo *um menino, um filho*[10]. Jesus dirá de si próprio que *veio do alto*[11]; mas ao mesmo tempo nasceu *da descendência de Davi*[12]: *Um ramo sairá da árvore de Jessé, uma flor brotará das suas raízes*[13]. Nascerá da terra, desta terra terrena.

O Evangelho da Missa da Vigília do Natal traça a genealogia humana de Jesus[14]. O Espírito Santo quis mostrar-nos assim como o Messias se inseriu numa família e num povo, e através dele em toda a humanidade. Maria deu a Jesus, no seu seio, o seu próprio sangue: sangue de Adão, de Farés, de Salomão...

O Verbo fez-se carne e habitou entre nós[15]; fez-se homem, sem por isso deixar de ser Deus. Jesus Cristo é perfeito homem ao mesmo tempo que Deus perfeito. Como depois da Ressurreição se movimentava com uma agilidade tão milagrosa e aparecia de um modo tão inexplicável, talvez um ou outro discípulo pensasse que era uma espécie de espírito. Mas Ele próprio dissipou essas dúvidas para sempre. Disse-lhes: *Apalpai e vede; porque os espíritos não têm carne e ossos como vedes que eu tenho*[16]. A seguir, *deram-lhe um pedaço de peixe assado, e, tomando-o, comeu diante deles*.

João estava presente e o viu comer, como o havia visto tantas vezes antes. E já nunca mais o abandonou a certeza esmagadora dessa carne *que vimos com os nossos próprios olhos, que contemplamos e tocamos com as nossas mãos*[17].

Deus não apareceu de repente na terra como uma visão celestial, mas fez-se realmente homem, como nós, tomando a nossa natureza humana nas entranhas puríssimas de uma mulher. Deste modo, podemos distinguir nEle a geração eterna — a sua condição divina, a preexistência do Verbo — e o seu nascimento temporal. Jesus, enquanto Deus, é gerado misteriosamente — não feito — pelo Pai desde toda a eternidade. Enquanto homem, no entanto, nasceu — "foi feito" — de Santa Maria Virgem, num momento concreto da história humana.

Olhamos o Menino que nascerá dentro de poucos dias em Belém de Judá, e sabemos bem que Ele é "a chave, o centro e o fim de toda a história humana"[18]. Deste Menino depende toda a nossa existência: na terra e no Céu. E quer que o tratemos com uma amizade e uma confiança únicas. Fez-se pequeno para que não tivéssemos receio de aproximar-nos dEle.

III. O PAI PREDESTINOU-NOS para sermos *conformes à imagem de seu Filho, para que Ele seja o primogênito entre muitos irmãos*[19]. A nossa vida deve ser uma contínua imitação da vida de Jesus Cristo aqui na terra. Ele é o nosso Modelo em todas as virtudes e a Ele nos unem laços que não possuímos com as outras Pessoas da Santíssima Trindade. A graça conferida ao homem pelos sacramentos não é meramente "graça de Deus", como aquela que adornou a alma de Adão, mas, em sentido verdadeiro e próprio, "graça de Cristo".

Cristo foi um homem, um homem individual, com uma família e uma pátria, com costumes que lhe eram próprios, com as suas preferências particulares; um homem concreto, *este Jesus*[20]. Mas, ao mesmo tempo, dada a transcendência da sua Pessoa divina, pôde e pode acolher em si tudo o que é humano e reto, tudo o que se pode assumir dos homens. Não há em nós um único pensamento ou sentimento bom que Ele não possa tornar seu, como não há nenhum pensamento ou sentimento seu que não devamos esforçar-nos por assimilar. Jesus amou profundamente tudo o que é verdadeiramente humano: o trabalho, a amizade, a família; especialmente os homens, com os seus defeitos e misérias. A sua Humanidade Santíssima é o nosso caminho para a Trindade.

Jesus ensina-nos com o seu exemplo como devemos servir e ajudar os que estão à nossa volta: *Dei-vos o exemplo*, diz-nos, *para que, assim como eu fiz, façais vós também*[21]. A caridade é *amar como eu vos amei*[22]. *Vivei a caridade segundo o exemplo de Cristo, que nos amou e se entregou a si mesmo por nós a Deus, como oferenda e hóstia de suave odor*[23], diz São Paulo, dirigindo-se aos primeiros cristãos; e para exortá-los à caridade e à humildade, recomenda-lhes simplesmente: *Tende os mesmos sentimentos que teve Cristo Jesus*[24].

Cristo é o nosso Modelo no modo de vivermos as virtudes, no relacionamento com os outros, na maneira de realizarmos o nosso trabalho, em tudo. Imitá-lo é compenetrar-se de um espírito e de um modo de sentir que devem informar a vida de qualquer cristão, sejam quais forem as suas qualidades, o seu estado de vida ou o lugar que ocupe na sociedade.

Para imitarmos o Senhor, para sermos verdadeiramente seus discípulos, "é preciso que *nos contemplemos nEle*. Não basta ter uma ideia geral do espírito de Jesus, mas é preciso aprender dEle pormenores e atitudes. E sobretudo é preciso contemplar a sua passagem pela terra, as suas pisadas, para extrair daí força, luz, serenidade, paz. Quando amamos uma pessoa, desejamos conhecer até os menores detalhes da sua existência, do seu caráter, para assim nos identificarmos com ela. É por isso que temos que meditar na história de Cristo, desde o seu nascimento num presépio até à sua morte e sua ressurreição"[25]. Só assim teremos Cristo em nossa mente e em nosso coração.

Nestes dias, mediante a leitura e meditação do Evangelho, ser-nos-á fácil contemplar Jesus Menino na gruta de Belém, rodeado por Maria e José. Aprenderemos grandes lições de desprendimento dos bens terrenos, de humildade e de preocupação pelos outros. Os pastores ensinar-nos-ão a alegria de encontrar a Deus, e os Magos o modo de adorá-lo..., e sentir-nos-emos animados a continuar avançando no nosso caminho.

Se nos acostumarmos, pois, a ler e meditar com atenção o Santo Evangelho, nem que seja cinco minutos por dia, entraremos plenamente na vida de Cristo, conhecê-lo-emos melhor e, quase sem o percebermos, a nossa vida será um reflexo da dEle no mundo.

(1) Sl 2, 1; (2) João Paulo II, *Audiência geral*, 16-X-1985; (3) *ibid.*; (4) Mt 16, 16-17; (5) Mt 11, 27; (6) Jo 14, 9; (7) cf. Jo 6, 29; (8) Gl 4, 4; (9) Is 44, 8; (10) Is 9, 6; (11) Jo 8, 23; (12) Rm 1, 4; (13) Is 11, 1; (14) Mt 1, 1-25; (15) Jo 1, 14; (16) Lc 24, 37; (17) 1 Jo 1, 1; (18) Concílio Vaticano II, Constituição *Gaudium et spes*, 10; (19) Rm 8, 29; (20) At 2, 32; (21) Jo 13, 15; (22) Jo 13, 34; (23) Ef 5, 1-2; (24) Fl 2, 5; (25) São Josemaria Escrivá, *É Cristo que passa*, n. 107.

TEMPO DO ADVENTO. TERCEIRA SEMANA. QUARTA-FEIRA

18. OS SINAIS

— O Senhor dá-se a conhecer com sinais suficientemente claros. Necessidade de boas disposições interiores.

— Sentido sobrenatural para entender os fatos e acontecimentos que se dão na nossa vida e à nossa volta. Humildade. Coração limpo. Presença de Deus.

— Conversão da alma para encontrarmos Jesus nos nossos afazeres.

I. O EVANGELHO DA MISSA[1] apresenta-nos dois discípulos do Batista que perguntam a Jesus: *És tu o Messias que há de vir ou devemos esperar outro?* Devia rondar-lhes a alma alguma dúvida importante.

Nessa ocasião Jesus curou muitos das suas doenças, achaques e espíritos malignos, e concedeu a vista a muitos cegos. Depois respondeu aos enviados: *Ide e contai a João o que vistes e ouvistes: os cegos recuperam a vista, os coxos andam*... Não há outro a quem esperar: *Eu sou o Senhor e não há outro*[2], declara-nos também na primeira leitura. Ele nos traz a felicidade que esperamos e satisfaz todas as aspirações da alma. "Quem acha Jesus acha um bom tesouro... E aquele que perde Jesus perde muito e mais do que todo o mundo. Paupérrimo quem vive sem Jesus e riquíssimo quem está com Jesus"[3]. Já não há nada mais alto a procurar. E vem como *tesouro escondido*[4], como *pérola preciosa*[5], que é necessário saber avaliar.

Oculto aos olhos dos homens, que o esperam, Jesus nascerá numa gruta, e uns pastores de alma simples serão os seus primeiros adoradores. A simplicidade destes homens permitir--lhes-á ver o Menino que lhes anunciaram, ajoelhar-se diante dEle e adorá-lo. Encontram-no também os Magos e o velho Simeão, *que esperava a consolação de Israel*, e a profetisa Ana, e o próprio João, que o identifica: *Este é o Cordeiro de Deus*..., e tantos que, ao longo dos séculos, fizeram dEle o eixo e o centro do seu ser e da sua atuação. Também nós o encontramos, e é a coisa mais extraordinária que nos podia ter acontecido. Sem o Senhor, nada teria valor na nossa vida.

Deus sempre nos dá sinais suficientes para podermos descobri-lo. Mas são necessárias boas disposições interiores para ver *o Senhor que passa* ao nosso lado. Sem humildade e pureza de coração, é impossível reconhecê-lo, ainda que esteja muito perto.

Pedimos agora a Jesus, na nossa oração pessoal, essas boas disposições interiores e esse sentido sobrenatural de que precisamos para encontrá-lo naquilo que nos rodeia: na natureza, na dor, no trabalho, num aparente fracasso... A nossa própria história pessoal está cheia de sinais para que não nos enganemos de caminho. Também nós podemos, pois, dizer aos nossos irmãos, aos nossos amigos: *Encontramos o Messias!*, com a mesma segurança e plena convicção com que André o disse ao seu irmão Simão.

II. TER SENTIDO SOBRENATURAL é ver as coisas como Deus as vê, aprender a interpretar e julgar os acontecimentos sob o ângulo da fé. Só assim entenderemos a nossa vida e o mundo em que estamos.

Às vezes, ouve-se dizer: “Se Deus fizesse um milagre, então, sim, acreditaria nEle e o tomaria a sério”. Ou: “Se Deus me desse provas mais contundentes da minha vocação, eu me entregaria a Ele sem reservas”.

O Senhor concede-nos luz suficiente para seguirmos o caminho. Luz na alma e luz através das pessoas que Ele pôs ao nosso lado. Mas a vontade, se não for humilde, tenderá a pedir novos sinais, que ela própria quererá julgar outra vez se são ou não suficientes. Às vezes, por trás desse desejo aparentemente sincero de novas provas para nos decidirmos a entregar-nos mais plenamente a Deus, pode-se esconder uma forma de preguiça ou de falta de correspondência à graça.

No começo da fé (ou da vocação), Deus geralmente acende uma pequena luz que ilumina só os primeiros passos que temos que dar. Depois, é a escuridão. Mas à medida que correspondemos com atos, a luz e a segurança vão-se tornando maiores. E não há dúvida de que, perante uma alma que procura cumprir generosamente a vontade divina, o Senhor sempre se manifesta com toda a clareza: *Ide e anunciai a João o que vistes...*

O Senhor tem de encontrar-nos com essa disposição humilde e cheia de autenticidade, que exclui os preconceitos e permite saber escutar. A linguagem de Deus, ainda que ajustada ao nosso modo de ser, pode ser difícil de aceitar em certas ocasiões, porque contraria os nossos projetos ou os nossos caprichos, ou porque as suas palavras não são precisamente as que esperávamos ou desejávamos ouvir... Às vezes, o ambiente materialista que nos rodeia pode também apresentar-nos falsas razões contrárias à linguagem com que Deus se manifesta. Escutamos então como que duas línguas diferentes: a de Deus e a do mundo, esta última armada de razões aparentemente "mais humanas".

Por isso a Igreja nos convida a rezar: *Ó Deus todo-poderoso e cheio de misericórdia, nós vos pedimos que nenhuma atividade terrena nos impeça de correr ao encontro do vosso Filho, antes participemos da plenitude da sua vida, instruídos pela vossa sabedoria*[6].

III. *NÃO HÁ OUTRO* por quem esperar. Jesus Cristo está entre nós e chama-nos. "Ele deixou sobre este mundo as pegadas límpidas dos seus passos, sinais indeléveis que nem o desgaste dos anos nem a perfídia do inimigo conseguiram apagar. *Iesus Christus heri et hodie; ipse et in saecula* (Hb 13, 8). Quanto gosto de recordá-lo: Jesus Cristo, o mesmo que foi ontem para os apóstolos e para as multidões que o procuravam, vive hoje para nós e viverá pelos séculos.

Somos nós, os homens, quem às vezes não consegue descobrir o seu rosto, perenemente atual, porque olhamos com olhos cansados ou turvos"[7].

Foi com esse olhar turvo e de pouca fé que os conterrâneos de Jesus olharam para Ele da primeira vez que voltou a Nazaré. Aqueles judeus só viram em Jesus o *filho de José*[8], e acabaram por expulsá-lo irritados; não souberam ver mais. Não descobriram nEle o Messias que os visitava e que vinha redimi-los.

Nós *queremos ver o Senhor*, relacionar-nos com Ele, amá-lo e servi-lo, como objetivo principal da nossa vida. Não temos nenhum objetivo acima desse. Que erro se andássemos com pequenezes, faltos de generosidade nas coisas que se referem a Deus! "Abri totalmente as portas a Cristo! — anima-nos o Sumo Pontífice —. Tende confiança nEle. Arriscai-vos a segui-lo. Isto exige evidentemente que cada um saia de si mesmo, dos seus raciocínios, da sua prudência, da sua indiferença, da sua autossuficiência, de costumes não cristãos que talvez tenha adquirido. Sim; isso pede renúncias, uma conversão, que antes de mais nada deveis atrever-vos a desejar, pedir na oração e começar a praticar.

"Deixai que Cristo seja o vosso caminho, verdade e vida. Deixai que seja a vossa salvação e felicidade. Deixai que ocupe toda a vossa vida para alcançardes com Ele as vossas máximas dimensões, a fim de que todas as vossas relações, atividades, sentimentos e pensamentos sejam integrados nEle ou, por assim dizer, sejam «cristificados». Eu vos desejo que, com Cristo, reconheçais a Deus como princípio e fim da vossa existência"[9].

Agora que está já próximo o Natal, devemos desejar uma vez mais uma nova conversão, um regresso ao Senhor que nos permita contemplá-lo com um olhar mais limpo, e nunca "com olhos cansados ou turvos". Por isso imploramos com a Igreja: *Senhor nosso Deus, concedei-nos que esperemos solícitos a vinda de Cristo, vosso Filho, a fim de que, ao chegar, nos encontre vigilantes na oração e proclamando o seu louvor*"[10].

A Virgem Nossa Senhora ajudar-nos-á a lutar contra tudo o que nos afasta de Deus, e assim poderemos preparar melhor a nossa alma para estas festas que vamos celebrar, e guardar melhor os sentidos, que são como que as portas da alma. *Nunc coepi!*: agora, Senhor, torno a começar, com a ajuda da tua Mãe. Recorremos a Ela "porque Deus quis que não tivéssemos nada que não passasse pelas mãos de Maria"[11].

Como propósito deste tempo de oração, podemos oferecer a Deus o nosso desejo de cumprir com fidelidade o plano de vida que tenhamos acertado com o nosso diretor espiritual, ainda que talvez nos possa parecer difícil por alguma circunstância.

A fortaleza da nossa Mãe, a Virgem, virá em ajuda da nossa debilidade e nos fará compreender que *para Deus nada é impossível*[12].

(1) Lc 7, 19-23; (2) Is 45, 7; (3) Tomás de Kempis, *Imitação de Cristo*, II; (4) Mt 13, 44; (5) Mt 13, 45-46; (6) *Oração* do segundo domingo do Advento; (7) São Josemaria Escrivá, *Amigos de Deus*, n. 127; (8) Lc 4, 22; (9) João Paulo II, *Em Montmartre*, 1-VI-1980; (10) *Oração* da segunda-feira da primeira semana do Advento; (11) São Bernardo, *Sermão 3, na Vigília do Natal*, 10, (12) Lc 1, 37.

TEMPO DO ADVENTO. TERCEIRA SEMANA. QUINTA-FEIRA

19. VIGILANTES PARA A VINDA DO SENHOR

— O Senhor convida-nos a estar vigilantes. Vigiar é amar. *"Vem, Senhor Jesus"*.
— A nossa vigilância deve concentrar-se nas pequenas coisas de cada dia. A oração diária, o exame de consciência, as pequenas mortificações... mantêm-nos despertos.
— Purificação interior.

I. *O SENHOR DESCERÁ com esplendor para visitar o seu povo na paz e fazê-lo viver a vida eterna*[1].

O Senhor vem visitar-nos, trazer-nos a paz, dar-nos a vida eterna prometida. E deve encontrar-nos como na parábola do *servo prudente*[2] que não dorme durante a ausência do seu amo e que, quando o seu amo regressa, o encontra no seu lugar, entregue à sua tarefa.

O que vos digo a vós a todos o digo: vigiai![3] São palavras dirigidas pelo Senhor a todos os homens de todos os tempos, dirigidas a cada um de nós, porque nós, os homens, tendemos à sonolência e ao aburguesamento. Não podemos permitir *que os nossos corações se ofusquem com a gula, a embriaguez e as preocupações desta vida*[4], perdendo dessa forma o sentido sobrenatural que deve animar tudo o que fazemos.

O Senhor vem a nós e devemos aguardar a sua chegada com espírito vigilante, não assustados como quem é surpreendido praticando o mal, nem distraídos como quem tem o coração posto unicamente nos bens da terra, mas atentos e alegres como quem há muito tempo aguarda uma pessoa querida.

Vigiar é sobretudo amar. Pode haver dificuldades para que o nosso amor se mantenha desperto: o egoísmo, a falta de mortificação e de temperança ameaçam sempre a chama que o Senhor acende constantemente no nosso coração. Por isso é preciso avivá-la sempre, sacudir a rotina, lutar. São Paulo compara esta vigília à guarda montada por um soldado bem armado que não se deixa surpreender[5].

Os primeiros cristãos repetiam com frequência e com amor a jaculatória: "*Vem, Senhor Jesus*"[6]. E ao exercitarem assim a fé e o amor, obtinham a força interior e o otimismo necessários para cumprirem os seus deveres familiares e sociais, e para se desprenderem interiormente dos bens terrenos, com o domínio que dá a esperança na vida eterna.

Para o cristão que se mantém vigilante, o Senhor não chegará inesperadamente, não virá *como um ladrão no meio da noite*[7]; não lhe estarão reservadas surpresas, porque em cada dia já terá tido muitos encontros com Ele, cheios de amor e de confiança, nos sacramentos e nos pequenos incidentes do dia. Por isso a Igreja reza: *Ouvi com bondade, ó Deus, as preces do vosso povo, para que, alegrando-nos hoje com a vinda do vosso Filho em nossa carne, alcancemos o prêmio da vida eterna, quando Ele vier na sua glória*[8].

II. É NECESSÁRIO permanecermos vigilantes contra os inimigos de Deus, mas também contra a cumplicidade a que nos induzem as nossas más inclinações: *Vigiai e orai para não cairdes em tentação, porque o espírito está pronto, mas a carne é fraca*[9].

Permanecemos alerta quando nos esforçamos por fazer melhor a nossa oração pessoal, que aumenta os desejos de santidade e evita a tibieza, e quando praticamos a mortificação, que nos mantém despertos para as coisas de Deus. Também reforçamos a nossa vigilância quando fazemos um delicado exame de consciência, para não merecermos a advertência que Santo Agostinho põe na boca do Senhor: "Agora, enquanto te dedicas ao mal, consideras-te bom, porque não te dás ao trabalho de olhar para ti. Repreendes os outros e não reparas em ti mesmo. Acusas os outros e não te examinas. Colocas os outros diante dos teus olhos e a ti próprio por trás das tuas costas. Quando chegar a minha vez de arguir-te, farei o contrário: far-te-ei dar meia-volta e pôr-te-ei diante de ti próprio. Então te verás e chorarás"[10].

A nossa vigilância deve concentrar-se nas pequenas coisas que preenchem o dia. "Esse modo sobrenatural de proceder é uma verdadeira tática militar. — Sustentas a guerra — as lutas diárias da tua vida interior — em posições que colocas longe dos redutos da tua fortaleza. E o inimigo acode aí: à tua pequena mortificação, à tua oração habitual, ao teu trabalho metódico, ao teu plano de vida; e é difícil que chegue a aproximar-se dos torreões, fracos para o assalto, do teu castelo. E, se chega, chega sem eficácia"[11].

Se considerarmos no nosso exame de consciência "as pequenas coisas de cada dia", descobriremos as raízes das nossas falhas no amor a Deus, pois as pequenas coisas costumam ser a antessala das grandes. E descobriremos também o verdadeiro caminho e os meios para combatermos o "homem velho", essas tendências menos retas que continuam latentes em nós. Compreenderemos que, para conseguirmos a necessária purificação interior, precisamos de uma constante mortificação da memória e da imaginação, porque só graças a ela nos será possível eliminar do entendimento os entraves que nos impedem de cumprir em plenitude a vontade de Deus.

Aprimoremos, portanto, a ânsia de mortificação interior durante estes dias de espera do Natal, para podermos receber o Senhor com uma mente limpa que, eliminando o que vai contra a nossa vocação de cristãos ou está à sua margem, já não retenha nada que não lhe pertença: "Essa frase feliz, a piada que não te escapou da boca, o sorriso amável para quem te incomoda, aquele silêncio ante a acusação injusta, a tua conversa afável com os maçantes e os inoportunos, o não dar importância cada dia a um pormenor ou outro, aborrecido e impertinente, das pessoas que convivem contigo... Isto, com perseverança, é que é sólida mortificação interior"[12].

III. A PURIFICAÇÃO DA ALMA pela mortificação interior não é uma tarefa meramente negativa, nem se propõe somente evitar o que esteja na fronteira do pecado; pelo contrário, consiste em saber privar-nos, por amor de Deus, do que seria lícito não nos privarmos.

Antes de mais nada, deve ter em vista livrar a memória de lembranças que sejam contrárias ao caminho que nos leva ao Céu. São recordações que podem assaltar-nos enquanto trabalhamos ou descansamos, e mesmo enquanto rezamos. Sem violência, mas com prontidão, devemos esforçar-nos por afastá-las, sabendo empregar os meios necessários para que a mente volte a encher-se do amor e do desejo de Deus que nos domina o coração no dia de hoje.

Deve ter em vista ainda desembaraçar a imaginação de fantasias estéreis: que não nos incomode inventando histórias dos tipos mais diversos, tecendo construções fantásticas que não servem para nada. "Afasta de ti esses pensamentos inúteis que, pelo menos, te fazem perder o tempo"[13]. Também aqui é preciso saber reagir com rapidez e voltar serenamente às tarefas que nos cabem.

Em qualquer caso, a purificação interior não se limita a esvaziar o entendimento de imaginações inúteis. Vai muito mais longe: a mortificação das potências abre-nos o caminho para a vida contemplativa, nas diversas circunstâncias em que Deus nos tenha querido colocar. Com esse silêncio interior em relação a tudo o que é contrário ao querer de Deus e impróprio dos seus filhos, a alma encontra-se preparada para iniciar um diálogo contínuo e íntimo com Jesus Cristo, em que a imaginação se porá a serviço da contemplação — ajudando-a, por exemplo, a meditar nas cenas do Evangelho ou nos mistérios do Rosário — e a memória evocará as maravilhas e as bondades de que Deus nos cumulou, despertando no nosso interior profundos sentimentos de gratidão e um amor mais ardente.

A liturgia do Advento repete-nos muitas vezes este anúncio premente: o Senhor está para chegar, e é preciso preparar-lhe um caminho amplo, um coração limpo. *Criai em mim, ó Deus, um coração puro*[14], pedimos-lhe. E na nossa oração fazemos hoje propósitos concretos de esvaziar o nosso coração de tudo o que não agrade ao Senhor, de purificá-lo mediante a mortificação, e de cumulá-lo de amor a Deus com provas constantes de afeto por Ele — como fizeram a Virgem Santíssima e São José —, por meio de jaculatórias, atos de amor e desagravo, comunhões espirituais...

Muitas almas haverão de beneficiar-se deste nosso esforço por preparar uma morada digna para o Salvador. Poderemos dizer a muitos que nos acompanham pelos nossos mesmos caminhos o que uma antiga canção popular exprime com toda a simplicidade: *Eu sei de um caminho chão / por onde se chega a Deus / com a Virgem pela mão.*

Suplicamos à Virgem Maria que a nossa vida seja sempre tal como pedia São Paulo aos primeiros cristãos de Éfeso: um *caminhar no amor*[15].

(1) Cf. Mc 13, 34-37; *Antífona de entrada* da Missa da sexta-feira da terceira semana do Advento; (2) Mc 13, 37; (3) Lc 21, 34; (4) cf. 1 Ts 5, 4-11; (5) cf. 1 Cor 16; (6) cf. *Bíblia Sagrada* anotada pela Faculdade de Teologia da Universidade de Navarra, *Santos Evangelhos*, Eds. Theologica, Braga, 1985, nota a Mc 13, 33-37; (7) 1 Ts 5, 2; (8) *Oração coleta* da Missa do dia 21 de dezembro; (9) Mt 26, 41; (10) Santo Agostinho, *Sermão 17*; (11) São Josemaria Escrivá, *Caminho*, n. 307; (12) *ibid.*, n. 173; (13) *ibid.*, n. 13; (14) Sl 50, 12; (15) cf. Ef 5, 2-5.

TEMPO DO ADVENTO. TERCEIRA SEMANA. SEXTA-FEIRA

20. A SEGUNDA VINDA DO SENHOR

— Todos os homens hão de dirigir-se a Cristo triunfante. Sinais que acompanharão a segunda vinda do Senhor. O sinal da Cruz.
— O Juízo universal. Jesus, nosso Amigo.
— Preparar o nosso próprio Juízo. O exame de consciência. A prática da Confissão frequente.

I. *ESPERAMOS UM SALVADOR, o Senhor Jesus Cristo; ele transformará a nossa humilde condição, segundo a sua condição gloriosa*[1].

O Advento prepara também as nossas almas para a espera da segunda vinda de Cristo no fim dos tempos; então o mundo verá *o Filho do homem vir sobre uma nuvem com grande poder e majestade*[2] a fim de julgar os vivos e os mortos no Juízo universal, antes de que cheguem *os novos céus e a nova terra onde mora toda a justiça*[3].

Jesus Cristo virá como Redentor do mundo, como Rei, Juiz e Senhor de todo o Universo. E surpreenderá os homens ocupados nos seus negócios, sem terem percebido a iminência da sua chegada: *Como o relâmpago que sai do Oriente e brilha até o Ocidente, assim será a vinda do Filho do homem*[4]. Reunir-se-ão à sua volta bons e maus, vivos e defuntos; todos os homens se dirigirão irresistivelmente para

Cristo triunfante, uns atraídos pelo amor, outros forçados pela justiça[5].

Aparecerá no céu *o sinal do Filho do homem*[6], a Santa Cruz. Essa Cruz tantas vezes abandonada, desprezada, evitada — *escândalo para os judeus, loucura para os gentios*[7] —, tantas vezes considerada como coisa sem sentido, essa Cruz aparecerá ante o olhar atônito dos homens como sinal de salvação.

Jesus Cristo, em toda a sua glória, mostrar-se-á àqueles que o tiverem negado, nEle ou na sua Igreja; àqueles que, não contentes com isso, o tiverem perseguido; àqueles que tiverem vivido ignorando-o. Também se mostrará aos que o tiverem amado com obras. A humanidade inteira tomará consciência de que *Deus o exaltou e lhe deu um nome que está acima de todo o nome, a fim de que, ao nome de Jesus, todo o joelho se dobre no céu, na terra e no inferno, e toda a língua confesse que Jesus Cristo é o Senhor para a glória de Deus Pai*[8].

Então daremos por bem empregados todos os nossos esforços, todas as obras que fizemos por Deus, ainda que talvez ninguém neste mundo se tivesse apercebido delas. E sentiremos uma grande alegria ao vermos essa Cruz que fomos procurando ao longo da nossa vida, que quisemos pôr no cume das atividades dos homens. E experimentaremos a felicidade de ter contribuído como servos fiéis para o reinado desse Rei, Jesus Cristo, que aparece agora cheio de majestade na sua glória.

II. O SENHOR *enviará os seus anjos ao som de poderosa trombeta, e eles reunirão dos quatro ventos os eleitos, de um extremo ao outro do céu*[9]. Ali estarão todos os homens desde Adão. E todos entenderão com absoluta clareza o valor da abnegação, do sacrifício, da entrega a Deus e aos outros. Na segunda vinda de Cristo, manifestar-se-ão publicamente a honra e a glória dos santos, porque muitos deles terão morrido ignorados, desprezados, incompreendidos, e agora serão glorificados à vista de todos.

Os propagadores de heresias receberão o castigo que acumularam ao longo dos séculos, quando os seus erros passavam de uns para outros e impediam que muitos encontrassem o caminho da salvação. Da mesma forma, os que levaram a fé a outras almas, ou as acenderam no amor de Deus, receberão o prêmio pelo fruto que a sua oração e sacrifício produziu ao longo dos tempos. Verão os benefícios obtidos por cada uma das suas orações, dos seus sacrifícios, dos seus desvelos.

Ver-se-á ainda o verdadeiro valor de homens tidos por sábios, mas mestres do erro, de homens que muitas gerações rodearam de louvor e consideração, ao passo que outros eram relegados ao esquecimento, quando deveriam ter sido considerados e honrados. Estes receberão então a recompensa dos seus trabalhos, que o mundo lhes negou.

O Juízo do mundo servirá para a glorificação de Deus[10], pois tornará patente a sua sabedoria no governo de todas as coisas criadas, a sua bondade e a sua paciência com os pecadores e, sobretudo, a sua justiça retributiva. A glorificação do Deus-Homem, Jesus Cristo, alcançará o seu ponto culminante no exercício do seu poder judicial sobre o Universo.

Os juízos particulares não serão revistos nem corrigidos no Juízo universal, mas confirmados e dados a conhecer publicamente. No Juízo universal, cada homem será julgado diante de toda a humanidade e como membro da sociedade humana. Então os corpos ressuscitarão e desse modo se complementará o prêmio ou castigo de cada um[11].

III. ANTES DA SEGUNDA VINDA gloriosa de Nosso Senhor, terá lugar o juízo particular, imediatamente depois da morte de cada um.

"O supremo enigma da vida humana é a morte. O homem sofre com a dor e com a dissolução progressiva do seu corpo. Mas o seu maior tormento é o temor pela desaparição perpétua. Raciocina com instinto acertado quando reluta em aceitar a perspectiva da ruína total e do adeus definitivo. A semente de eternidade que traz em si, por ser irredutível à simples matéria, levanta-se contra a morte"[12]. A Revelação ensina que a morte é um passo, um trâmite no caminho para a vida eterna. E entre a vida aqui na terra e a vida eterna, terá lugar o juízo particular de cada um, conduzido pelo próprio Jesus Cristo, em que cada um será julgado *segundo as suas obras. Todos havemos de comparecer perante o tribunal de Cristo, para que cada um receba a recompensa devida pelas boas ou más obras que tenha praticado enquanto estava revestido do seu corpo*[13].

Nada deixará de passar pelo tribunal divino: pensamentos, desejos, palavras, atos e omissões. Cada ato humano adquirirá então a sua verdadeira dimensão: aquela que tem diante de Deus, não a que teve diante dos homens.

Ali estarão todos os nossos pensamentos, imaginações e desejos, todas essas fraquezas internas que talvez agora nos custe reconhecer. Jesus Cristo *iluminará os esconderijos das trevas e tornará manifestos os propósitos dos corações*[14]. Também estarão presentes as palavras que tenhamos usado algumas vezes a serviço da nossa própria excelência, ou como instrumento da mentira, ou ainda como fruto das nossas faltas de compreensão, de caridade ou de justiça.

E as nossas obras. Também seremos julgados por elas, *porque tive fome e me destes de comer...*[15] Cristo repassará as nossas vidas para ver como foi que nos comportamos com Ele ou com os seus irmãos, os homens. Virão à superfície todas as ocasiões que tivemos de fazer alguma coisa pelos outros. Cada um dos nossos dias nos oferece inúmeras oportunidades de fazer o bem, sejam quais forem as circunstâncias em que nos encontremos. Seria triste que a nossa vida fosse como uma grande avenida de ocasiões perdidas, de oportunidades desperdiçadas. E tudo isso por termos deixado penetrar em nós a negligência, a preguiça, o comodismo, o egoísmo, a falta de amor.

Mas para os que tenham procurado chegar à intimidade com o Senhor ao longo da vida, Jesus Cristo não será um juiz desconhecido, porque terão procurado servi-lo em cada um dos dias da sua existência na terra. Podemos ser amigos íntimos dAquele que nos há de julgar, e essa amizade deve ser cada dia maior. "«Achei graça quando ouvi o senhor falar das 'contas' que Deus lhe pedirá. Não, para vós Ele não será Juiz — no sentido austero da palavra —, mas simplesmente Jesus». — Esta frase, escrita por um Bispo santo, que consolou mais de um coração atribulado, bem pode consolar o teu"[16].

Convém-nos meditar com certa frequência sobre o juízo que nos espera. Cada vez estamos mais perto desse dia. E veremos o olhar de Cristo — juiz e amigo — pousar sobre a nossa vida, e isso nos animará a ir enchendo-a desde já de pequenos detalhes de amor, de detalhes que não passam despercebidos Àquele que nos há de julgar, ainda que os homens muitas vezes não os notem nem os valorizem.

O exame de consciência diário e a prática da Confissão frequente são meios muito importantes para prepararmos esse encontro definitivo com o Senhor. São também meios excelentes para prepararmos o novo encontro com o Senhor no Natal que já se aproxima: *Apressai-vos e não tardeis, Senhor Jesus, para que a vossa chegada renove as forças dos que confiam no vosso amor*[17].

(1) Fl 3, 20-21; *Antífona da comunhão* da Missa da sexta-feira da terceira semana do Advento; (2) Lc 21, 27; (3) 2 Pe 3, 13; (4) Mt 24, 27; (5) cf. *Santos Evangelhos*, Universidade de Navarra, nota a Mt 24, 23-28; (6) Mt 24, 30; (7) 1 Cor 1, 23; (8) Fl 2, 9-11; (9) Mt 24, 31; (10) cf. Ts 1, 10; (11) cf. São Tomás de Aquino, *Suma teológica*, Supl. 88, 1; (12) Concílio Vaticano II, Const. *Gaudium et spes*, 18; (13) 2 Cor 5, 10; (14) 1 Cor 4, 5; (15) cf. Mt 25, 35; (16) São Josemaria Escrivá, *Caminho*, n. 168; (17) *Oração* da Missa do dia 24 de dezembro.

TEMPO DO ADVENTO. QUARTO DOMINGO

21. ADVENTO, TEMPO DE ESPERANÇA

— Santa Maria, Mestra da esperança. Origem do desânimo. Jesus Cristo, o bem supremo.
— O objeto da nossa esperança.
— Confiança no Senhor, que nunca chega tarde para nos dar a graça e as ajudas necessárias.

I. O ESPÍRITO DO ADVENTO consiste em boa parte em vivermos muito unidos à Virgem Maria neste tempo em que Ela traz Jesus no seu seio. Mas a nossa vida é também toda ela um "advento" um pouco mais longo, uma espera desse momento definitivo em que nos encontraremos finalmente com o Senhor para sempre. E, neste sentido, o cristão deve também viver este outro "advento" bem junto da Virgem durante todos os dias da sua vida, se quiser acertar com segurança na única coisa verdadeiramente importante da sua existência: encontrar Cristo já agora e depois na eternidade.

Nossa Senhora fomenta na alma a alegria, porque, quando procuramos a sua intimidade, leva-nos a Cristo. Ela é "Mestra de esperança. Maria proclama que *a chamarão bem-aventurada todas as gerações* (Lc 1, 48). Falando humanamente, em que motivos se apoiava essa esperança? Quem era Ela, para os homens e mulheres da época? As grandes heroínas do Velho Testamento — Judite, Ester, Débora — conseguiram já na terra uma glória humana [...]. Como contrasta a esperança de Nossa Senhora com a nossa impaciência! Com frequência reclamamos de Deus que nos pague imediatamente o pouco bem que praticamos. Mal aflora a primeira dificuldade, queixamo-nos. Somos muitas vezes incapazes de perseverar no esforço, de manter a esperança"[1].

Não cai no desalento quem experimenta dificuldades e dor, mas quem não aspira à santidade e à vida eterna, e quem desespera de alcançá-las. A primeira destas atitudes resulta da incredulidade, do aburguesamento, da tibieza e do excessivo apego aos bens da terra, que se encaram como os únicos verdadeiros. O desespero, por sua vez, se não for remediado, paralisa os esforços na prática do bem e na luta por superar as dificuldades. Nem sequer os aparentes fracassos da nossa batalha interior ou dos nossos sonhos apostólicos devem desanimar-nos; quem faz as coisas por amor de Deus e para a sua glória *não fracassa nunca*. "Convence-te desta verdade: o teu êxito — agora e nisto — era fracassar. — Dá graças ao Senhor e... torna a começar!"[2]. "Não fracassaste; adquiriste experiência. — Para a frente!"[3]

Dentro de poucos dias veremos Jesus reclinado numa manjedoura, o que é uma prova da misericórdia e do amor de Deus. Poderemos dizer: "Nesta noite de Natal, tudo para dentro de mim. Estou diante dEle; não há nada mais do que Ele, na branca imensidão. Não diz nada, mas está aí... Ele é Deus amando-me"[4]. E se Deus se faz homem e me ama, como não procurá-lo? Como perder a esperança de encontrá-lo, se é Ele que me procura? Afastemos todo o possível desalento; as dificuldades exteriores e a nossa miséria pessoal não podem nada diante da alegria do Natal que se aproxima.

II. A ESPERANÇA manifesta-se ao longo do Antigo Testamento como uma das características mais essenciais do verdadeiro povo de Deus. Todos os olhos estão postos na lonjura dos tempos futuros, de onde surgirá um dia o Messias: "Os livros do Antigo Testamento narram a história da Salvação, em que, passo a passo, se prepara a vinda de Cristo ao mundo"[5].

O Gênesis já fala da vitória da Mulher sobre os poderes do mal; fala-nos de um mundo novo[6]. Oseias anuncia que Israel se converterá e que nele florescerá o antigo amor[7]. Isaías, no meio das decepções do reinado de Acaz, anuncia a vinda do Messias[8], e Miqueias indicará Belém de Judá como o lugar do seu nascimento[9].

Faltam poucos dias para que vejamos no presépio Aquele *que os profetas predisseram, que a Virgem esperou com amor de mãe, que João anunciou estar próximo e depois mostrou presente entre os homens. É Ele quem nos dá a alegria de nos prepararmos desde agora para o mistério do seu natal, a fim de nos encontrarmos em oração e celebrando os seus louvores quando chegar*[10].

Desde o presépio de Belém até o momento da sua Ascensão aos céus, Jesus Cristo proclama uma mensagem de esperança. Ele próprio *é a nossa única esperança*[11]. Ele é a garantia plena de que alcançaremos os bens prometidos. Olhamos para a gruta de Belém, "em vigilante espera", e compreendemos que somente com Ele poderemos aproximar-nos *confiadamente de Deus Pai*[12].

O próprio Senhor nos indica que o principal objeto da esperança cristã não são os bens desta vida, esses que *a ferrugem e a traça corroem e os ladrões desenterram e roubam*[13], mas os tesouros da *herança incorruptível*, e em primeiro lugar a felicidade suprema da posse eterna de Deus.

Esperamos com toda a confiança que um dia Deus nos concederá a bem-aventurança eterna e, já agora, o perdão dos nossos pecados e a sua graça. E, como consequência, a nossa esperança estende-se a todos os meios necessários para alcançarmos esse fim. Lutemos, pois, nestes dias e sempre, com todas as nossas forças, contra essas formas menores de desespero que são o desânimo e a preocupação quase exclusiva pelos bens materiais.

A esperança leva-nos a abandonar-nos em Deus e a empenhar-nos seriamente numa luta ascética que nos incitará a recomeçar muitas vezes, a ser constantes na ação apostólica e pacientes na adversidade, a ter um sentido mais sobrenatural da vida e dos seus acontecimentos. "Na medida em que o mundo se cansar da sua esperança cristã, a alternativa que lhe há de restar será o materialismo, do tipo que já conhecemos; isso e nada mais; a sua experiência do cristianismo terá sido como a experiência de um grande amor que se perdeu, o amor de toda uma vida... Por isso, nenhuma nova palavra [...] terá atrativo para nós se não nos devolver à gruta de Belém, para que ali possamos humilhar o nosso orgulho, aumentar a nossa caridade e dilatar o nosso sentimento de reverência com a visão de uma pureza deslumbrante"[14].

III. *ESCUTAI-ME, vós que estais desanimados e vos julgais longe da vitória. Eis que eu aproximo a minha vitória; não está longe, e a minha salvação não tardará*[15].

A nossa esperança no Senhor há de ser tanto maior quanto menores forem os meios de que dispomos ou maiores as dificuldades. Conta-nos São Lucas[16] que, certa vez, Jesus voltava a Cafarnaum e *todos o estavam esperando*. Do meio daquela multidão, avança um personagem, chamado Jairo — que o evangelista destaca dizendo que era *um chefe de sinagoga* — e pede a Jesus que lhe cure a filha: *prostrou-se aos seus pés*; não se importa de dar essa demonstração pública de humildade e de fé nEle.

Imediatamente, a um gesto do Senhor, todos se põem a caminho da casa de Jairo. A menina, de doze anos, filha única, estava morrendo. Quando já tinham feito uma boa parte do trajeto, uma mulher, que padecia de uma doença que a tornava impura segundo a Lei, aproximou-se de Jesus por trás, por entre o tropel da multidão, e tocou a extremidade do manto do Senhor. Era também uma mulher cheia de uma profunda humildade.

Jairo tinha mostrado a sua esperança e a sua humildade prostrando-se diante de Jesus na presença de todos. Esta mulher, pelo contrário, pretende passar despercebida, não quer que o Mestre se detenha por causa dela; pensava que valia muito pouco para que o Senhor reparasse nela. Bastava-lhe tocar a orla do seu manto.

Os dois milagres realizam-se plenamente. A mulher ficará livre para sempre de um mal que a ciência de tantos médicos não tinha podido curar, e a filha de Jairo recuperará totalmente a saúde, embora já estivesse morta quando a comitiva chegou.

Que aconteceu com Jairo, enquanto o Senhor se detinha a conversar com a hemorroíssa? Parece ter passado a um segundo plano, e não é difícil imaginá-lo um pouco impaciente, pois deixara a filha agonizante quando saíra à procura do Mestre. Mas Cristo não mostra ter pressa. E é precisamente quando parece ter chegado tarde, quando parece já não haver nada a fazer, quando tudo convida ao desalento, que chega a hora da esperança sobrenatural.

Jesus nunca chega tarde. Só nos pede uma fé maior. Esperou que se fizesse "tarde demais" para nos ensinar que a esperança sobrenatural também tem por alicerce as ruínas da esperança humana, e que a única coisa necessária é uma confiança ilimitada nEle, pois Ele pode tudo a todo o momento.

Este trecho do Evangelho recorda-nos situações por que já passamos na nossa própria vida, quando parecia que Jesus não vinha ao encontro das nossas necessidades, e depois nos concedeu uma graça muito maior. Recorda-nos tantos momentos em que estivemos de joelhos diante do Sacrário, e nos pareceu ouvir palavras muito semelhantes a estas: *Não temas, mas apenas crê*. Esperar em Jesus é confiar nEle, deixá-lo atuar; é ter tanto mais confiança quanto mais escassos forem os elementos em que nos possamos apoiar humanamente.

A devoção a Nossa Senhora é a maior garantia de que não nos faltarão os meios necessários para alcançarmos a felicidade eterna a que fomos destinados. Maria é verdadeiramente "porto dos que naufragam, consolo do mundo, resgate dos cativos, alegria dos enfermos"[17]. Nestes dias que precedem o Natal e sempre, peçamos-lhe a graça de saber permanecer, cheios de fé, à espera do seu Filho Jesus Cristo, o Messias anunciado pelos profetas. "Ela precede com a sua luz o povo de Deus peregrinante, como sinal de esperança certa e de consolo, até que chegue o dia do Senhor (cf. 2 Pe 3, 10)"[18].

(1) São Josemaria Escrivá, *Amigos de Deus*, n. 286; (2) São Josemaria Escrivá, *Caminho*, n. 404; (3) *ibid.*, n. 405; (4) Jacques Leclercq, *Siguiendo el año litúrgico*, Madri, 1957, p. 78; (5) Concílio Vaticano II, Constituição *Lumen gentium*, 55; (6) cf. Gn 3, 15; (7) Os 2, 16-25; (8) Is 7, 9-14; (9) cf. Mq 5, 2-5; (10) *Prefácio II* do Advento; (11) cf. 1 Tm 1, 1; (12) 1 Tm 3, 12; (13) Mt 6, 19; (14) Ronald A. Knox, *Sermão sobre o Natal*, 29-XII-1953; (15) cf. Is 46, 12-13; (16) Lc 8, 40-56; (17) Santo Afonso Maria de Ligório, *Visita ao Santíssimo Sacramento*, 2; (18) Concílio Vaticano II, Constituição *Lumen gentium*, 68.

TEMPO DO ADVENTO. 17 DE DEZEMBRO

22. O NATAL, JUNTO DE SÃO JOSÉ

— A missão de José.
— O relacionamento de José com Jesus.
— Recorrer a José para que nos ensine a viver junto de Maria e de Jesus.

I. *JACÓ GEROU JOSÉ, esposo de Maria, da qual nasceu Jesus, chamado Cristo*[1].

O Evangelho da Missa apresenta-nos hoje a genealogia de Jesus pelo lado de José. Entre os judeus, como entre todos os povos de origem nômade, a árvore genealógica tinha uma importância fundamental. A pessoa estava ligada e era conhecida principalmente pelo clã ou tribo a que pertencia, mais do que pelo lugar onde morava[2]. No caso do povo judeu, a importância era ainda maior, pois disso dependia que se pertencesse ou não ao povo eleito pelo vínculo do sangue.

Tal como Maria, José era *da casa e da família de Davi*[3], da qual nasceria o Messias, segundo havia sido prometido por Deus: *Suscitarei da tua posteridade, depois de ti, aquele que sairá das tuas entranhas, e firmarei o seu reino. Ele me construirá um templo, e eu estabelecerei o seu trono para sempre*[4]. Assim, Jesus, que herdara o sangue de Davi pelo lado materno, foi recenseado na casa real por meio de José, pois "Aquele que veio ao mundo devia ser recenseado segundo os usos do mundo"[5].

Deus previra que o seu Filho nascesse numa família como as outras, pois a vida de Jesus tinha que ser igual à dos demais homens: devia assim nascer indefeso e, portanto, necessitado de um pai que o protegesse e que lhe ensinasse o que todo o pai ensina aos seus filhos.

Foi no cumprimento dessa missão de protetor de Maria e de pai de Jesus que esteve toda a essência e o sentido último da vida de José. Veio ao mundo para fazer as vezes de pai de Jesus e de esposo castíssimo de Maria, da mesma forma que cada homem vem ao mundo com uma missão peculiar, confiada por Deus, que fundamenta todo o sentido da sua vida. Quando o anjo lhe revelou o mistério da concepção virginal de Jesus, José aceitou plenamente a sua missão, e a ela permaneceria fiel até à morte. Toda a sua glória e toda a sua felicidade consistiram em ter sabido entender o que Deus queria dele e em tê-lo realizado fielmente até o fim.

Hoje, na nossa oração, contemplamo-lo junto à Virgem Maria, que está prestes a dar à luz o seu Filho Unigênito. E fazemos o propósito de viver este Natal ao lado de José: um lugar tão discreto e ao mesmo tempo tão privilegiado. "Que bom é José! Trata-me como um pai a seu filho. Até me perdoa se tomo o Menino em meus braços e fico, horas e horas, dizendo-lhe coisas doces e ardentes!..."[6]

II. "A SÃO JOSÉ — diz Santo Agostinho num sermão — não só se deve o nome de pai, como se deve mais a ele do que a qualquer outro"[7]. E acrescenta a seguir: "Como era pai? Tanto mais profundamente pai quanto mais casta foi a sua paternidade. Alguns pensavam que era pai de Nosso Senhor Jesus Cristo tal como são pais os outros, os que geram segundo a carne [...]. Por isso diz São Lucas: *Pensava-se que era pai de Jesus*. Por que diz apenas que se pensava? Porque o pensamento e o juízo humanos se referem àquilo que costuma acontecer entre os homens. E o Senhor não nasceu do germe de José. Mas à piedade e à caridade de José nasceu um filho da Virgem Maria, que era Filho de Deus"[8].

Foi muito grande o amor de José por Maria. "Devia amá-la muito e com grande generosidade quando, sabendo do seu desejo de manter a consagração que havia feito a Deus, aceitou desposá-la, preferindo renunciar a ter descendência a viver separado daquela a quem tanto amava"[9]. O seu amor foi limpo, delicado, profundo, sem mistura de egoísmo, respeitoso. E o próprio Deus selou definitivamente a sua união com Maria (já estavam unidos pelos esponsais e, por isso, o anjo lhe dissera: *Não temas receber Maria, tua esposa)* mediante um novo vínculo ainda mais forte, que era o comum destino na terra de cuidarem juntos do Messias.

Como seria o relacionamento de José com Jesus? "José amou Jesus como um pai ama o seu filho, dando-lhe tudo o que tinha de melhor. Cuidou daquele Menino como lhe tinha sido ordenado, e fez dele um artesão: transmitiu-lhe o seu ofício. Por isso os vizinhos de Nazaré se referiam a Jesus indistintamente como *faber* e *fabri filius* (Mc 6, 8; Mt 13, 55), artesão e filho do artesão. Jesus trabalhou na oficina de José e junto de José. Como seria José, como teria atuado nele a graça, para ser capaz de desempenhar a tarefa de educar o Filho de Deus nos aspectos humanos?

"Porque Jesus devia parecer-se com José: no modo de trabalhar, nos traços do seu caráter, na maneira de falar. No realismo de Jesus, no seu espírito de observação, no seu modo de sentar-se à mesa e de partir o pão, no seu gosto por expor a doutrina de maneira concreta, tomando como exemplo as coisas da vida corrente, reflete-se o que foi a infância e a juventude de Jesus e, portanto, o seu convívio com José"[10].

Unidos a José, é fácil abeirarmo-nos do Natal que se aproxima. Ele só nos pede simplicidade e humildade para podermos contemplar Maria e seu Filho. Os soberbos não têm lugar na pequena gruta de Belém.

III. "O CANSAÇO — dizia o Papa João Paulo II numa Missa de Natal — domina os corações dos homens, que adormeceram da mesma forma que, não longe do presépio, tinham adormecido os pastores nos vales de Belém. O que acontece no estábulo, na gruta da montanha, tem uma dimensão de profunda intimidade: é algo que acontece entre a Mãe e o Menino que vai nascer. Ninguém de fora pode entrar. Mesmo

José, o carpinteiro de Nazaré, permanece como testemunha silenciosa. Só Maria é plenamente consciente da sua maternidade. E só Ela capta a expressão própria dos vagidos do Menino. O nascimento de Cristo é, antes de mais nada, o mistério de Maria, o seu grande dia. É a festa da Mãe"[11]. Só Ela penetrou realmente no mistério do Natal.

Mas se o mistério da Encarnação dizia respeito sobretudo à Mãe e ao Filho, José passou a participar dele quando o anjo lhe revelou os desígnios de Deus, tendo em vista a missão que deveria cumprir junto daqueles dois seres privilegiados[12]. José foi assim o primeiro, depois de Maria, a contemplar o Filho de Deus feito homem, o primeiro a experimentar a felicidade de ter nos seus braços Aquele que ele sabia ser o Messias, apesar de não se distinguir em nada de qualquer outra criança.

Depois, presenciou a chegada dos pastores, e talvez os tenha convidado a entrar sem receio e a beijar o Menino. "Viu-os aparecer na gruta ao mesmo tempo tímidos e curiosos; viu-os contemplar o Menino envolto em panos e colocado numa manjedoura (Lc 2, 12); ouviu-os explicar a Maria a aparição do anjo que lhes comunicara o nascimento do Salvador em Belém e o sinal pelo qual o conheceriam, e como uma multidão de anjos se reunira ao primeiro e glorificara a Deus e prometera na terra a paz aos homens de boa vontade [...]. Contemplou também a felicidade radiante dAquela que era a sua esposa, da maravilhosa mulher que lhe tinha sido confiada. Viu como Ela contemplava o seu Filho e alegrou-se com isso; viu a sua felicidade, o seu amor transbordante, cada um dos seus gestos, tão cheios de delicadeza e significado"[13].

Se procurarmos a intimidade com José nestes poucos dias que faltam para o Natal, ele nos ajudará a contemplar esse mistério inexplicável de que foi testemunha silenciosa: a Virgem Maria com o Filho de Deus feito homem em seus braços.

São José compreendeu imediatamente que toda a razão de ser da sua vida era aquela Criança, precisamente enquanto criança, enquanto ser necessitado de ajuda e de proteção;

como o era também Maria, que o próprio Deus lhe confiara para que a recebesse em sua casa e protegesse. Como Jesus agradeceria todos os cuidados e atenções de José para com Maria!

Entende-se bem que, depois da Virgem Santíssima, seja José a criatura mais cheia de graça. Por isso a Igreja lhe tributou sempre grandes louvores e a ele recorreu nas circunstâncias mais difíceis. *Sancte Ioseph, ora pro eis, ora pro me!* São José rogai por eles (por essas pessoas que mais amamos), rogai por mim (porque eu também necessito de ajuda). Em qualquer necessidade, o Santo Patriarca, junto com a Santíssima Virgem, atenderá as nossas súplicas. Pedimos-lhe hoje que nos faça simples de coração para sabermos como tratar Jesus Menino.

(1) Mt 1, 16; (2) cf. *Santos Evangelhos*, notas a Mt 1, 1 e Mt 1, 6; (3) Lc 2, 4; (4) 2 Sm 7, 12-13; (5) Santo Ambrósio, *Comentário ao Evangelho de São Lucas*, 1, 3; (6) São Josemaria Escrivá, *Santo Rosário*, terceiro mistério gozoso, Quadrante, São Paulo; (7) Santo Agostinho, *Sermão 51*, 26; (8) *ibid.*, 27-30; (9) Federico Suárez, *José, esposo de Maria*, Rialp, Madri, 1982, p. 89; (10) São Josemaria Escrivá, *É Cristo que passa*, n. 55; (11) João Paulo II, *Homilia durante a Missa de Natal de 1978*; (12) Federico Suárez, *José, esposo de Maria*, p. 106; (13) *ibid.*, pp. 108-109.

23. A VIRGINDADE DE MARIA. A NOSSA PUREZA

— Virgindade, celibato apostólico e matrimônio.
— A santa pureza na vida matrimonial e fora dela. Os frutos desta virtude. A pureza, necessária para amar.
— Meios para viver esta virtude.

I. A VIRGINDADE DE MARIA é um privilégio intimamente unido ao da Maternidade divina e harmoniosamente relacionado com a Imaculada Conceição e a Assunção gloriosa. Maria é a Rainha das virgens: "A dignidade virginal começou com a Mãe de Deus"[1]. A Virgem Maria é o exemplo cabal de uma vida dedicada inteiramente a Deus.

A renúncia ao amor humano por amor a Deus é uma graça divina que impele a entregar o corpo e a alma ao Senhor, com todas as possibilidades que o coração encerra. Deus passa a ser então o único destinatário desse amor que não se compartilha. O coração encontra nEle a sua plenitude e perfeição, sem que se interponha nenhum amor terreno. E o Senhor concede aos que chama a esse caminho um coração maior para amarem nEle todas as criaturas.

A vocação para o celibato apostólico — *por amor ao Reino dos céus*[2] — é uma graça especialíssima e um dos maiores dons de Deus à sua Igreja. "A virgindade — diz João Paulo II —

mantém viva na Igreja a consciência do mistério do matrimônio e defende-o de toda a redução ou empobrecimento. Tornando especialmente livre o coração do homem (cf. 1 Cor 7, 32) [...], a virgindade dá testemunho de que o Reino de Deus e a sua justiça são a pérola preciosa que se deve preferir a qualquer outro valor, por maior que seja; mais ainda, que deve ser procurada como o único valor definitivo. Por isso a Igreja, ao longo de toda a sua história, sempre sustentou a superioridade deste carisma sobre o matrimônio, devido ao vínculo singular que o liga ao Reino de Deus. Mesmo tendo renunciado à fecundidade física, a pessoa virgem torna-se espiritualmente fecunda, pai e mãe de muitos, cooperando para a realização da família segundo o desígnio de Deus"[3].

Àqueles que são chamados, por uma vocação divina específica, a renunciar ao amor humano, Deus pede-lhes todo o afeto do coração, e faz com que encontrem nEle a plenitude do amor e da vida afetiva. Viver a virgindade e o celibato apostólico significa viver a perfeição do amor, pois "dão à alma, ao coração e à vida externa de quem os professa aquela liberdade de que o apóstolo tanto necessita para poder dedicar-se ao bem das outras almas. Esta virtude, que torna os homens espirituais e fortes, livres e ágeis, habitua-os ao mesmo tempo a ver à sua volta almas e não corpos, almas que esperam luz das suas palavras e da sua oração, bem como a caridade do seu tempo e do seu afeto. Devemos amar muito o celibato e a castidade perfeita, porque são provas concretas e tangíveis do nosso amor a Deus e, ao mesmo tempo, fontes que nos fazem crescer continuamente nesse amor"[4]. "A virgindade e o celibato apostólico não só não contradizem como pressupõem e confirmam a dignidade do matrimônio"[5].

A Igreja necessita sempre de pessoas que entreguem o seu coração indiviso ao Senhor como *hóstia viva, santa, agradável a Deus*[6]. A Igreja necessita também de famílias santas, de lares cristãos que sejam verdadeiro fermento de Cristo e forjem no seu seio muitas vocações de entrega plena a Deus.

II. TANTO PARA OS SOLTEIROS como para os casados, a virgindade de Maria é também um apelo à santa pureza, indispensável para que possamos contemplar a Deus e servir os nossos irmãos, os homens. Talvez esta virtude choque frontalmente com o ambiente e seja mal entendida ou mesmo combatida por muitas pessoas a quem o materialismo cegou. Mas é-nos absolutamente necessária até para sermos um pouco mais humanos e podermos olhar para Deus.

O Espírito Santo exerce uma ação especial na alma que vive a castidade com delicadeza. A santa pureza produz muitos frutos na alma: dilata o coração e facilita o desenvolvimento normal da afetividade; gera uma alegria íntima e profunda, mesmo no meio das contrariedades; possibilita a ação apostólica; fortalece o caráter diante das dificuldades; torna-nos mais humanos, aumentando a nossa capacidade de entender e compadecer-nos dos problemas alheios.

A impureza provoca insensibilidade no coração, aburguesamento e egoísmo, pois torna o homem incapaz de amar e cria nele um clima propício para que surjam na sua alma, como ervas ruins, todos os vícios e deslealdades. "Olhai que quem está podre, pela concupiscência da carne, espiritualmente não consegue andar, é incapaz de uma obra boa, é um aleijado que permanece jogado a um canto como um trapo. Não vistes esses pacientes atacados de paralisia progressiva, que não conseguem valer-se nem pôr-se de pé? Às vezes, nem sequer mexem a cabeça. É o que acontece no terreno sobrenatural com os que não são humildes e se entregaram covardemente à luxúria. Não veem, nem ouvem, nem entendem nada. Estão paralíticos e como que enlouquecidos. Cada um de nós deve invocar o Senhor, a Mãe de Deus, e suplicar-lhes que nos concedam a humildade e a decisão de aproveitar com piedade o divino remédio da Confissão"[7].

Na nossa oração de hoje, pedimos ao Senhor que tenha misericórdia de nós e nos ajude a ser mais delicados com Ele: "Jesus, guarda o nosso coração! Um coração grande, e forte, e terno, e afetuoso, e delicado, transbordante de caridade para contigo, a fim de servirmos a todas as almas"[8].

III. PODEMOS OFERECER neste dia à Virgem Maria a entrega do nosso coração e uma luta mais delicada por viver a virtude da santa pureza, que lhe é tão especialmente grata e que cumula de tantos frutos a nossa vida interior e a nossa ação apostólica.

A Igreja sempre ensinou que, com a ajuda da graça e, especialmente neste caso, com a ajuda dos sacramentos da Eucaristia e da Penitência, é possível viver esta virtude em todos os momentos e circunstâncias da vida, se se empregam os meios adequados. "Que queres que façamos? Que subamos a um monte e nos tornemos monges?", perguntavam a São João Crisóstomo. E ele respondia: "Isso que dizeis é o que me faz chorar: que penseis que a modéstia e a castidade são próprias só dos monges. Não. Cristo estabeleceu leis comuns para todos. E assim, quando falava daquele que *olha uma mulher para desejá-la* (Mt 5, 28), não se dirigia ao monge, mas ao homem da rua..."[9]

A santa pureza exige uma conquista diária, porque não se adquire de uma vez para sempre. E pode haver épocas em que a luta seja mais intensa e haja que recorrer com mais frequência à Santíssima Virgem e lançar mão de algum meio extraordinário.

Para alcançarmos esta virtude, é necessário em primeiro lugar que sejamos humildes, o que tem como manifestação clara e imediata a sinceridade nas nossas conversas com quem orienta a nossa alma. A própria sinceridade conduz à humildade. "Lembrai-vos daquele pobre endemoninhado que os discípulos não conseguiram libertar; só o Senhor lhe obteve a liberdade, com oração e jejum. Naquela ocasião, o Mestre fez três milagres: primeiro, que aquele homem ouvisse, porque, quando se está dominado pelo demônio mudo, a alma nega-se a ouvir; segundo, que falasse; e terceiro, que o diabo se retirasse"[10].

Outro dos meios para cuidarmos desta virtude são as pequenas mortificações habituais, que facilitam o domínio do corpo. "Se queremos guardar a mais bela de todas as virtudes, que é a castidade, devemos saber que ela é uma rosa que somente floresce entre espinhos; e, portanto, só a encontraremos, como todas as outras virtudes, numa pessoa mortificada"[11].

"Cuidai da castidade com esmero, e também dessas outras virtudes que formam o seu cortejo — a modéstia e o pudor —, que vêm a ser como que a sua salvaguarda. Não passeis levianamente por cima dessas normas que são tão eficazes para nos conservarmos dignos do olhar de Deus: a guarda atenta dos sentidos e do coração; a valentia — a valentia de ser *covarde* — para fugir das ocasiões; a frequência dos sacramentos, de modo particular a Confissão sacramental; a sinceridade plena na direção espiritual pessoal; a dor, a contrição, a reparação depois das faltas. E tudo ungido com uma terna devoção a Nossa Senhora, para que Ela nos obtenha de Deus o dom de uma vida santa e limpa"[12].

Trazemos este grande tesouro da pureza em vasos de barro, instáveis e quebradiços; mas temos todas as armas para vencer e para que, com o tempo, esta virtude vá ganhando maior delicadeza, isto é, maior ternura para com o Senhor. "Terminamos estes minutos de conversa, em que tu e eu fizemos a nossa oração ao nosso Pai, pedindo-lhe que nos conceda a graça de vivermos essa afirmação gozosa que é a virtude cristã da castidade. Pedimo-lo por intercessão de Santa Maria, que é a pureza imaculada. Recorremos a Ela — *tota pulchra!*, toda formosa — com um conselho que eu dava há muitos anos aos que se sentiam intranquilos na sua luta diária por ser humildes, limpos, sinceros, alegres, generosos: *Todos os pecados da tua vida parecem ter-se posto de pé. — Não desanimes. — Pelo contrário, chama por tua Mãe, Santa Maria, com fé e abandono de criança. Ela trará o sossego à tua alma*"[13].

(1) Santo Agostinho, *Sermão 51*; (2) Mt 19, 12; (3) João Paulo II, Exortação apostólica *Familiaris consortio*, 16; (4) Salvador Canals, *Reflexões espirituais*, pp. 70-71; (5) cf. João Paulo II, Exort. apost. *Familiaris consortio*, 16; (6) Rm 12, 2; (7) São Josemaria Escrivá, *Amigos de Deus*, n. 181; (8) *ibid.*, n. 177; (9) São João Crisóstomo, *Homilias sobre São Mateus*, 7, 7; (10) São Josemaria Escrivá, *Amigos de Deus*, n. 188; (11) Santo Cura d'Ars, *Sermão sobre a penitência*; (12) São Josemaria Escrivá, *Amigos de Deus*, n. 185; (13) *ibid.*, n. 189.

TEMPO DO ADVENTO. 19 DE DEZEMBRO

24. INFÂNCIA ESPIRITUAL

— Fazer-se como criança diante de Deus.
— Infância espiritual e filiação divina. Humildade e abandono em Deus.
— Virtudes próprias deste caminho de infância: docilidade e simplicidade.

I. DIZ-NOS SÃO MARCOS que *apresentaram a Jesus umas crianças para que lhes impusesse as mãos; porém, os discípulos as repreendiam*[1].

Junto destas crianças podemos ver as suas mães, que as empurram suavemente para diante. Jesus devia criar à sua volta um clima de bondade e de simplicidade atraente. Estas mulheres sentem-se felizes de que Jesus imponha as mãos sobre os seus filhos e os tenha perto de si.

A disputa entre essas mulheres e os discípulos, que queriam manter uma certa ordem, é o prólogo de um ensinamento profundo de Cristo. No braço-de-ferro entre as mães e os discípulos, Jesus põe-se do lado das mães. Ele sente-se feliz entre os pequeninos: *Deixai vir a mim as criancinhas e não as estorveis*, diz-lhes, *porque delas é o Reino de Deus. Em verdade vos digo: quem não receber o Reino de Deus como uma criança não entrará nele. E abraçando-as, abençoou-as, impondo-lhes as mãos*[2]. As crianças e suas mães haviam ganho a disputa: naquele dia, regressaram satisfeitíssimas a suas casas.

Devemos aproximar-nos de Belém com as disposições das crianças: com simplicidade, sem preconceitos, com a alma aberta de par em par. Mais ainda, é necessário que nos façamos como crianças para entrar no Reino dos céus: *Se não vos converterdes e vos fizerdes como crianças, não entrareis no Reino dos céus*[3], dirá o Senhor em outra ocasião, enquanto chama um garotinho e o coloca diante de todos.

O Senhor não recomenda a puerilidade, mas a inocência e a simplicidade. Vê nas crianças traços e atitudes essenciais para entrarmos no reino da fé e alcançarmos o Céu.

A criança não tem nenhum sentimento de autossuficiência; precisa constantemente de seus pais, e sabe disso; é fundamentalmente um ser necessitado. Assim deve ser o cristão diante de seu Pai-Deus: um ser que é todo ele necessidade. A criança vive em plenitude o presente e nada mais; a doença do adulto é a excessiva inquietação pelo "amanhã", que o leva a deixar vazio o "hoje", quando era o "hoje" que deveria viver com toda a intensidade.

Com o seu gesto para com as crianças, Jesus quer mostrar-nos o caminho da infância espiritual, a fim de que nos abramos inteiramente a Deus e sejamos eficazes na ação apostólica: "Ser pequeno. As grandes audácias são sempre das crianças. — Quem pede... a lua? — Quem não repara nos perigos, ao tratar de conseguir o seu desejo? — «Colocai» numa criança «dessas» muita graça de Deus, o desejo de fazer a Vontade dEle, muito amor a Jesus, toda a ciência humana que a sua capacidade lhe permita adquirir... e tereis retratado o caráter dos apóstolos de hoje, tal como indubitavelmente Deus os quer"[4].

II. POUCOS DIAS antes da Paixão, *os príncipes dos sacerdotes e os escribas, vendo os milagres que fazia e as crianças que o aclamavam [...], indignaram-se e disseram-lhe: Ouves o que estes dizem? Respondeu-lhes Jesus: Nunca lestes: da boca dos meninos e das crianças de peito fizeste sair o perfeito louvor?*[5]

Ao longo de todo o Evangelho, encontramos este mesmo pensamento: o Senhor escolhe o que é pequeno para confundir o que é grande; abre a boca dos que sabem menos e fecha a dos que pareciam sábios. Jesus aceita, pois, abertamente a confissão messiânica daquelas crianças; são elas que veem com clareza o mistério de Deus ali presente. Só se pode receber o Reino de Deus com essa atitude.

Nós, cristãos, devemos reconhecer Jesus Messias na gruta de Belém, e devemos fazê-lo com o espírito, a simplicidade e a audácia das crianças: "Menino: inflama-te em desejos de reparar as enormidades da tua vida de adulto"[6]. Essas "enormidades" são as que fomos cometendo sempre que, pela dureza do nosso coração, perdemos a simplicidade interior e a visão clara de Jesus Cristo, e deixamos de louvá-lo quando Ele mais esperava a nossa confissão de fé aberta, no meio de um ambiente de tanta incompreensão pelas coisas de Deus.

Fazer-nos interiormente crianças, sendo adultos, pode ser uma tarefa custosa: requer energia e firmeza de vontade, bem como um grande abandono em Deus. Este abandono, que traz consigo uma imensa paz, só se consegue quando se fica indefeso diante do Senhor. "Fazer-se criança: renunciar à soberba, à autossuficiência; reconhecer que, sozinhos, nada podemos, porque necessitamos da graça, do poder do nosso Pai-Deus para aprender a caminhar e para perseverar no caminho. Ser criança exige abandonar-se como se abandonam as crianças, crer como creem as crianças, pedir como pedem as crianças"[7].

III. ESTA VIDA DE INFÂNCIA é possível quando temos plena consciência da nossa condição de filhos de Deus. O mistério da filiação divina, fundamento da nossa vida espiritual, é uma das consequências da Redenção. *Nós somos já agora filhos de Deus*[8], e é muito importante que nos apercebamos desta realidade maravilhosa, para podermos tratar a Deus com espírito filial, de bons filhos.

A adoção divina implica uma transformação que ultrapassa de longe a simples adoção humana: "Por meio do dom da graça, Deus torna o homem que adota idôneo para receber a herança celestial; o homem, pelo contrário, não torna idôneo aquele que adota, mas escolhe para adotar aquele que já era idôneo"[9]. Procuremos ser dignos de tal herança e ter para com Deus uma piedade filial, terna e sincera.

O caminho da infância espiritual leva a uma confiança sem limites em Deus nosso Pai. Numa família, o pai interpreta para o filho pequeno o mundo exterior. Numa família, o menino sente-se fraco, mas sabe que seu pai o defenderá e por isso vive e caminha confiante. Numa família, a criança sabe que junto de seu pai nada lhe pode faltar, nada de mau lhe pode acontecer. Numa família, a alma e a mente da criança estão abertas sem preconceitos nem receios à voz de seu pai, pois sabe que, ainda que tenham zombado dela, quando seu pai chega a casa, nunca se ri dela, porque a compreende.

As crianças não se interessam em averiguar se estão ou não caindo no ridículo, coisa que no adulto paralisa tantos empreendimentos; nem têm esses temores e falsos respeitos humanos que são gerados pela soberba e pela preocupação de saber "o que dirão".

A criança cai com frequência, mas levanta-se com prontidão e ligeireza; quando se vive vida de infância, as próprias quedas e fraquezas são meio de santificação. O amor de uma criança é sempre jovem, porque esquece com facilidade as experiências negativas; não as armazena no seu interior, como faz quem tem alma de adulto. "Chamam-se crianças — comenta São João Crisóstomo — não pela sua idade, mas pela simplicidade do seu coração"[10].

A simplicidade é talvez a virtude que resume e coordena as demais facetas desta vida de infância que o Senhor nos pede. Devemos ser — diz São Jerônimo — "como a criança que vos proponho como exemplo: ela não pensa uma coisa e diz outra; assim deveis atuar vós também, porque, se não tiverdes essa inocência e pureza de intenção, não podereis entrar no Reino dos céus"[11].

Consequência da vida de infância é a docilidade. "Menino: o abandono exige docilidade"[12]. Segundo a etimologia, é dócil quem está disposto a ser ensinado; e assim deve ser o cristão perante os mistérios de Deus e das coisas que se referem a Deus: sabe que não passa de um principiante, e por isso tem a alma aberta, sempre desejosa de conhecer a verdade e de formar-se. Quem tem alma de adulto dá por sabidas muitas coisas que na realidade desconhece; julga saber, mas ficou nas aparências, sem aprofundar nesse outro tipo de saber que influi imediatamente na conduta. Quando Deus o olha, vê-o cheio de ignorância e fechado ao verdadeiro conhecimento.

Como seria maravilhoso se um dia, crianças por fim, aprendêssemos coisas tão corriqueiras para um cristão como rezar bem o Pai-Nosso, ou participar verdadeiramente na Santa Missa, ou santificar o trabalho de cada dia, ou ver nas pessoas que nos rodeiam almas que devem ser salvas, ou... tantas coisas que damos por sabidas com demasiada frequência!

Aprendamos a ser crianças diante de Deus. Mas lembremo-nos de que o aprendemos no convívio com Maria. "Porque Maria é Mãe, a sua devoção nos ensina a ser filhos; a amar deveras, sem medida; a ser simples, sem essas complicações que nascem do egoísmo de pensarmos só em nós; a estar alegres, sabendo que nada pode destruir a nossa esperança. O princípio do caminho que leva à loucura do amor de Deus é um amor confiado a Maria Santíssima"[13].

(1) Mc 10, 13; (2) Mc 10, 14-16; (3) Mt 18, 3; (4) São Josemaria Escrivá, *Caminho*, n. 857; (5) Mt 21, 15-16; (6) São Josemaria Escrivá, *Caminho*, n. 861; (7) São Josemaria Escrivá, *É Cristo que passa*, n. 143; (8) 1 Jo 3, 2; (9) São Tomás, *Suma teológica*, 3, q. 23, a. 1, c.; (10) São João Crisóstomo, em *Catena aurea*, vol. III, p. 20; (11) São Jerônimo, *Comentário ao Evangelho de São Mateus*, 3, 18, 4; (12) São Josemaria Escrivá, *Caminho*, n. 871; (13) São Josemaria Escrivá, *É Cristo que passa*, n. 143.

Tempo do Advento. 20 de Dezembro

25. A VOCAÇÃO DE MARIA. A NOSSA VOCAÇÃO

— A Virgem, escolhida desde a eternidade.
— A nossa vocação. Correspondência.
— Imitar a Virgem Maria no seu espírito de serviço.

I. ESTAMOS já muito perto do Natal. Vai cumprir-se a profecia de Isaías: *Eis que uma Virgem conceberá e dará à luz um Filho, e chamar-se-á Emanuel, que significa "Deus conosco"*[1].

O povo hebreu estava familiarizado com as profecias que apontavam a descendência de Jacó, através de Davi, como portadora das promessas messiânicas. Mas não podia imaginar que o Messias havia de ser o próprio Deus feito homem.

Ao chegar a plenitude dos tempos, Deus enviou o seu Filho, nascido de mulher[2]. E esta mulher, escolhida e predestinada desde toda a eternidade para ser a Mãe do Salvador, tinha consagrado a Deus a sua virgindade, renunciando à honra de contar o Messias entre a sua descendência direta. *Desde a eternidade eu fui predestinada* — diz o livro dos Provérbios, prefigurando já Nossa Senhora —, *desde as origens, antes de que a terra existisse*[3].

São muitos os frutos que podemos obter nestes dias de um trato mais íntimo com a Virgem e do amor por Ela. Ela própria nos diz: *Cresci como a vinha de frutos de agradável odor, e minhas flores são frutos de glória e abundância. Eu sou a mãe do puro amor, do temor, da ciência e da santa esperança. Vinde a mim, todos os que me desejais com ardor, e enchei-vos dos meus frutos; pois o meu espírito é mais doce que o mel, e a minha posse mais suave que o favo*[4]. Nossa Senhora aparece como a Mãe virginal do Messias, que dará todo o seu amor a Jesus, com um coração indiviso, como protótipo da entrega que o Senhor pedirá a muitos.

Quando chegou a plenitude dos tempos, Deus enviou o Arcanjo Gabriel a Nazaré, onde a Virgem vivia. A piedade popular apresenta Maria recolhida em oração enquanto escuta, atentíssima, o desígnio de Deus sobre Ela, a notícia da sua vocação: *Ave, cheia de graça*, diz-lhe o Anjo[5], como lemos no Evangelho da Missa de hoje.

E a Virgem Maria dá o seu pleno assentimento à vontade divina: *Faça-se em mim segundo a tua palavra*[6]. A partir desse momento, aceita e começa a realizar a sua vocação, que era a de ser *Mãe de Deus e Mãe dos homens*.

O centro da humanidade, sem sabê-lo, encontra-se na pequena cidade de Nazaré. Ali está a mulher mais amada de Deus, Aquela que é também a mais amada do mundo, a mais invocada de todos os tempos. Na intimidade do nosso coração, dizemos-lhe agora na nossa oração pessoal: *Mãe! Bendita sois vós entre as mulheres!*

Em função da sua Maternidade, Maria foi enriquecida de todas as graças e privilégios que a fizeram digna morada do Altíssimo. Deus escolheu a sua Mãe e pôs nela todo o seu Amor e Poder. Não permitiu que fosse tocada pelo pecado: nem pelo original nem pelo pessoal. Foi concebida imaculada, sem mancha alguma. E foi cumulada de tantas graças "que abaixo de Deus não se poderia conceber ninguém maior"[7]. A sua dignidade é quase infinita.

Todos os privilégios e todas as graças lhe foram dadas para levar a bom termo a sua vocação. Como em qualquer pessoa, a vocação foi o momento central da sua vida: Maria nasceu para ser a Mãe de Deus, escolhida pela Trindade Santíssima desde toda a eternidade.

É também Mãe dos homens, e nestes dias queremos recordar-lhe isso muitas vezes. Com uma oração antiga, que fazemos nossa, podemos dizer-lhe: *Lembrai-vos, ó Virgem Mãe de Deus, quando estiverdes na presença do Senhor, de lhe dizer coisas boas de mim.*

II. A VOCAÇÃO é também em cada um de nós o ponto central da nossa vida. Tudo ou quase tudo depende de conhecermos e cumprirmos aquilo que Deus nos pede. Seguir e amar a vocação a que Deus nos chamou é a coisa mais importante e mais alegre da vida.

Mas, apesar de a vocação ser a chave que abre as portas da felicidade verdadeira, há os que não querem conhecê-la; preferem fazer a sua própria vontade ao invés da Vontade de Deus; preferem ficar numa ignorância culposa, ao invés de procurarem com toda a sinceridade o caminho em que serão felizes, em que alcançarão com segurança o Céu e farão felizes muitas outras pessoas.

Hoje como ontem, o Senhor dirige chamadas particulares a alguns homens e mulheres. Necessita deles. Além disso, chama-nos a todos com uma *vocação santa*, a fim de que o sigamos numa vida nova cujo segredo só Ele possui: *Se alguém quiser vir após mim...*[8] Todos recebemos pelo Batismo uma vocação que nos convida a procurar a Deus em plenitude de amor. "Porque a vida comum e normal, aquela que vivemos entre os demais concidadãos, nossos iguais, não é nenhuma coisa sem altura e sem relevo. É precisamente nessas circunstâncias que o Senhor quer que a imensa maioria dos seus filhos se santifique.

"É necessário repetir muitas e muitas vezes que Jesus não se dirigiu a um grupo de privilegiados, mas veio revelar-nos o amor universal de Deus. Todos os homens são amados por Deus, de todos espera amor. De todos. Sejam quais forem as suas condições pessoais, a sua posição social, a sua profissão ou ofício. A vida comum e vulgar não é coisa de pouco valor; todos os caminhos da terra podem ser ocasião de um encontro com Cristo, que nos chama à identificação com Ele para realizarmos — no lugar onde estivermos — a sua missão divina.

"Deus chama-nos através das vicissitudes da vida diária, no sofrimento e na alegria das pessoas com quem convivemos, nas aspirações humanas dos nossos companheiros, nos pequenos acontecimentos da vida familiar. Chama-nos também através dos grandes problemas, conflitos e tarefas que definem cada época histórica e que atraem o esforço e os ideais de grande parte da humanidade"[9].

A chamada do Senhor a uma maior doação de nós mesmos pede-nos uma resposta urgente, entre outras razões porque *a messe é muita e os operários poucos*[10]. E há messes que se perdem cada dia por não haver quem as recolha.

Faça-se em mim segundo a tua palavra, diz a Virgem Maria ao Anjo[11]. E contemplamo-la radiante de alegria. Nós, enquanto prosseguimos a nossa oração, podemos perguntar-nos: Procuro a Deus no meu trabalho ou no meu estudo, na minha família, na rua... em tudo? Não quererá o Senhor alguma coisa mais de mim?

III. PERANTE A VONTADE DE DEUS, Maria tem uma só resposta: amá-la. Ao proclamar-se *escrava do Senhor*, aceita os desígnios divinos sem limitação alguma. Avaliaremos melhor em toda a sua força e profundidade essa expressão de Maria se pensarmos no que era a escravidão que estava então plenamente vigente. Pode-se dizer que o escravo não tinha vontade própria, nem outro querer fora do querer do seu amo. A Virgem Maria aceita com extrema alegria não ter outra vontade senão a do seu Amo e Senhor. Entrega-se a Deus sem limitação alguma, sem impor condições.

À imitação de Nossa Senhora, não queiramos ter outra vontade e outros planos a não ser os de Deus. E isso tanto em coisas transcendentais para nós — a nossa vocação — como nas pequenas coisas diárias do nosso trabalho, família, relações sociais.

Um dos mistérios do Advento é o que contemplamos no segundo mistério gozoso do Santo Rosário: a Visitação. Mas reparemos num aspecto concreto do serviço aos outros que se inclui nessa cena: a ordem com que devemos viver a caridade. A delicada visita da nossa Mãe à sua prima Santa Isabel é também uma manifestação dessa ordem na caridade. Devemos amar a todos, porque todos são ou podem ser filhos de Deus, nossos irmãos; mas devemos amar em primeiro lugar os que estão mais perto de nós, aqueles a quem nos unem laços especiais: a nossa família. Esta ordem deve estender-se também às obras, não apenas ao afeto. Pensemos agora no relacionamento com a nossa família, nas mil oportunidades que nos oferece de praticar a caridade e o espírito de serviço de um modo natural.

Queremos viver estes dias do Advento com o mesmo espírito com que os viveu a nossa Mãe. Apoiados na sua entrega humilde a Deus, peçamos-lhe como bons filhos que não nos falte com a sua ajuda, para que, quando o Senhor vier, encontre o nosso coração preparado e sem reservas, dócil aos seus preceitos, aos seus conselhos, às suas inspirações.

"Supliquemos hoje a Santa Maria que nos torne contemplativos, que nos ensine a compreender as chamadas contínuas que o Senhor nos dirige, batendo à porta do nosso coração. Peçamos-lhe: Mãe nossa, tu, que trouxeste à terra Jesus, por quem nos é revelado o amor do nosso Pai-Deus, ajuda-nos a reconhecê-lo no meio das ocupações de cada dia; sacode a nossa inteligência e a nossa vontade, para que saibamos escutar a voz de Deus, o impulso da graça"[12].

(1) Is 7, 14; *Primeira leitura* da Missa do dia 20 de dezembro; (2) Gl 4, 4; (3) Pr 8, 23-31; (4) Eclo 24, 23-24; (5) Lc 1, 28-33; (6) Lc 1, 38; (7) Pio XI, Bula *Ineffabilis Deus*; (8) Mt 16, 24; (9) São Josemaria Escrivá, *É Cristo que passa*, n. 110; (10) cf. Mt 9, 37; (11) Lc 1, 38; (12) São Josemaria Escrivá, *É Cristo que passa*, n. 174.

TEMPO DO ADVENTO. 21 DE DEZEMBRO

26. GENEROSIDADE E ESPÍRITO DE SERVIÇO

— Generosidade e espírito de serviço de Maria.
— Devemos imitar a Virgem Maria. Pormenores de generosidade e de espírito de serviço.
— O prêmio da generosidade.

I. *NAQUELES DIAS, Maria pôs-se a caminho e foi com presteza à montanha, a uma cidade de Judá; e entrou em casa de Zacarias e saudou Isabel*[1].

A Virgem dá-se inteiramente àquilo que Deus lhe pede. Num instante os seus planos pessoais — que certamente não lhe faltariam — ficam num canto, a fim de executar o que Deus lhe propõe. Não arranjou desculpas. Desde o primeiro momento, Jesus é o ideal único e grandioso para o qual vive.

Nossa Senhora manifestou uma generosidade ilimitada ao longo de toda a sua vida na terra. Dentre as poucas passagens do Evangelho que se referem à sua vida, duas delas nos falam diretamente da sua solicitude para com os outros: foi generosa com o seu tempo quando se dispôs a assistir sua prima Santa Isabel até que João nascesse[2]; preocupou-se pelo bem-estar dos outros quando interveio junto de seu Filho nas bodas de Caná[3]. E não nos custa pensar no muito que teriam a dizer-nos os seus conterrâneos de Nazaré sobre os incontáveis detalhes que teria para com eles na convivência diária.

A generosidade é a virtude das almas grandes, que sabem retribuir dando: *Dai de graça o que de graça recebestes*[4]. Um homem generoso sabe dar carinho, compreensão, ajudas materiais..., e não exige em troca que lhe queiram bem, que o compreendam e ajudem. Dá e esquece que deu. Essa é toda a sua riqueza. Um homem assim compreendeu que *é melhor dar do que receber*[5]. Descobriu que amar "é essencialmente entregar-se aos outros. Longe de ser uma inclinação instintiva, o amor é uma decisão consciente da vontade de ir em direção aos outros. Para podermos amar de verdade, convém desprender-nos de todas as coisas e, sobretudo, de nós mesmos, e dar gratuitamente... Este desfazer-nos de nós mesmos [...] é fonte de equilíbrio. É o segredo da felicidade"[6].

Quem dá dilata o seu coração e torna-o mais jovem, com maior capacidade de amar. O egoísmo empobrece, reduz os horizontes. Quanto mais damos, mais nos enriquecemos.

Suplicamos hoje à Virgem Maria que nos ensine a ser generosos, em primeiro lugar com Deus, e depois com os outros, com aqueles que convivem ou trabalham conosco, com aqueles com quem nos encontramos nas diversas circunstâncias da vida. Que saibamos dar-nos aos outros na vida ordinária de cada dia.

II. SE PERCEBERMOS que, apesar da nossa luta, ainda estamos dominados pelo egoísmo, olhemos hoje para Nossa Senhora a fim de imitá-la na sua generosidade e assim podermos sentir a alegria de nos darmos e de dar. Temos de entender melhor que a generosidade enriquece e dilata o coração; o egoísmo, pelo contrário, é como um veneno que nos destrói com toda a certeza, ainda que às vezes lentamente.

Junto de Maria, compreendemos que Deus nos fez para que nos entreguemos à sua vontade, e que, de cada vez que nos "poupamos" para os nossos planos e para as nossas coisas à margem dEle, morremos um pouco. "O Reino de Deus não tem preço e, no entanto, custa exatamente tudo o que tens [...]. A Pedro e André, custou-lhes o abandono de uma barca e umas redes; à viúva, duas moedinhas de prata..."[7] Tudo o que tinham, tal como no nosso caso.

O que é "nosso" salva-se precisamente quando o entregamos. "A tua barca — os teus talentos, as tuas aspirações, as tuas realizações — não serve para nada se não a colocas à disposição de Cristo, se não lhe permites entrar nela com liberdade, se a convertes num ídolo. Tu sozinho, com a tua barca, se prescindes do Mestre, falando sobrenaturalmente, caminhas em linha reta para o naufrágio. Só se admites, se procuras a presença e o governo do Senhor, estarás a salvo das tempestades e dos reveses da vida. Coloca tudo nas mãos de Deus: que os teus pensamentos, as boas aventuras da tua imaginação, as tuas ambições humanas nobres, os teus amores limpos, passem pelo coração de Cristo. De outro modo, cedo ou tarde irão a pique com o teu egoísmo"[8].

Cada um de nós, onde e como Deus o chamar, deve fazer como aquela mulher de Betânia que mostra o seu grande amor pelo Senhor quebrando um frasco de *nardo puro de grande preço*[9]. É a demonstração externa do seu grande amor pelo Senhor. Esta mulher não quer reservar nada, nem para si nem para ninguém. É um gesto de doação sem reservas, de profunda ternura por Cristo. *E a casa encheu-se da fragrância do perfume*. De nós ficarão também as demonstrações de amor e de entrega a Cristo. Só isso. O resto ir-se-á perdendo e passará como passam as águas de um rio.

A generosidade com Deus deve manifestar-se na generosidade com os outros: *O que fizestes a um destes, a mim o fizestes*[10]. É próprio da generosidade saber esquecer prontamente as pequenas ofensas que se podem produzir no convívio diário; sorrir e tornar a vida mais amável aos outros, ainda que se esteja passando por um mau momento; julgar os outros com uma medida ampla e compreensiva; antecipar-se a executar os serviços menos agradáveis que surgem na vida do lar e no trabalho; aceitar os outros tal como são, sem reparar excessivamente nos seus defeitos; fazer um pequeno elogio que muitas vezes pode causar um grande bem; dar um tom positivo à nossa conversa e, se for caso disso, a alguma correção que devamos fazer; evitar a crítica negativa, frequentemente inútil e injusta; abrir horizontes — humanos e sobrenaturais — aos nossos amigos etc. E sobretudo facilitar àqueles que nos rodeiam o caminho para que se aproximem mais de Cristo. É o melhor que podemos dar.

Todos os dias temos um tesouro para distribuir. Se não o damos, perdemo-lo; se o distribuímos, o Senhor multiplica-o. Quando permanecemos atentos, quando contemplamos a vida de Cristo, Ele nos faz descobrir ocasiões de servir voluntariamente onde talvez poucos o queiram fazer. Como Jesus na Última Ceia, que lavou os pés dos seus discípulos[11], não recuamos diante dos trabalhos mais incômodos, que são com frequência os mais necessários, e assumimos as ocupações menos gratas. Compreendemos que as ocasiões de servir se tornam realidade mediante o sacrifício, como fruto de uma atitude interior de abnegação e renúncia; percebemos que, para encontrar essas oportunidades de servir, é necessário buscá-las: pensando no modo de ser daqueles que convivem ou trabalham conosco, nas coisas de que necessitam e em que lhes podemos ser úteis. O egoísta, que passa o dia longe de Deus, só tem olhos para as suas próprias necessidades e os seus caprichos.

A Virgem Maria não só foi sumamente generosa com Deus, mas também com todas as pessoas com as quais se relacionou na sua vida terrena. Também dela se pode dizer que *passou fazendo o bem*[12]. Deveria poder-se dizer o mesmo de cada um de nós.

III. O SENHOR RECOMPENSA aqui, e depois no Céu, as nossas manifestações, sempre pobres, de generosidade. Mas sempre ultrapassando todas as medidas. "O Senhor é tão agradecido que não deixa sem prêmio um simples levantar de olhos com que nos lembramos dEle"[13].

A Sagrada Escritura oferece-nos múltiplos testemunhos da generosidade sobrenatural de Deus em resposta à generosidade do homem. A viúva de Sarepta dá ao profeta Elias *um punhado de farinha... e um pouco de azeite*[14], e recebe farinha e azeite inesgotáveis. A viúva do Templo desprende-se de duas pequenas moedas, e Jesus comenta: *Lançou no tesouro mais do que todos*[15]. O servo que procurou fazer render os talentos recebidos ouvirá da boca do Senhor: *Já que foste fiel no pouco, receberás o governo de dez cidades*[16].

Um dia Pedro disse a Jesus: *Eis que nós deixamos tudo e te seguimos.* E Jesus respondeu-lhe: *Em verdade vos digo que não há ninguém que tenha deixado casa, mulher, irmãos, pais ou filhos por amor ao reino de Deus, que não receba muito mais já neste mundo e, no século futuro, a vida eterna*[17].

Quem tem em conta até a menor das nossas ações, como poderá esquecer a fidelidade de um dia após outro? Quem multiplicou pães e peixes por causa de uma multidão que o seguia por uns dias, que não fará pelos que tiverem deixado tudo para segui-lo sempre? Se estes algum dia vierem a necessitar de uma graça especial, como é que Jesus poderá negar-se a socorrê-los? Ele é bom pagador.

O Senhor dá o cêntuplo por cada coisa que deixamos por amor dEle. Além disso, quem o segue desse modo não só se enriquece cem vezes mais nesta vida, mas está predestinado. No fim, ouvirá a voz de Jesus, a quem serviu ao longo da sua vida: "Vem, bendito de meu Pai, ao céu que te havia prometido"[18]. Ouvir estas palavras de boas-vindas no limiar da eternidade já terá compensado toda a nossa generosidade.

Entra-se na eternidade pelas mãos de Jesus e de Maria.

(1) Lc 1, 39-40; *Evangelho* da Missa do dia 21 de dezembro; (2) Lc 1, 31; (3) Jo 2, 1 e segs.; (4) Mt 10, 8; (5) At 20, 35; (6) João Paulo II, *Alocução*, 1-VI-1980; (7) São Gregório Magno, *Homilia 5 sobre os Evangelhos*; (8) São Josemaria Escrivá, *Amigos de Deus*, n. 21; (9) Jo 12, 3; (10) Mt 25, 40; (11) cf. Jo 13, 4-17; (12) At 10, 38; (13) Santa Teresa, *Caminho de perfeição*, 23, 3; (14) 1 Re 17, 10 e segs.; (15) Mc 12, 38; (16) Lc 19, 16-17; (17) Lc 18, 28-30; (18) cf. Mt 25, 34.

TEMPO DO ADVENTO. 22 DE DEZEMBRO

27. O *MAGNIFICAT*. A HUMILDADE DE MARIA

— Humildade de Maria. O que é a humildade.
— Fundamento da caridade. Frutos da humildade.
— Caminhos para alcançar esta virtude.

I. *LEVANTAI, Ó PORTAS, os vossos dintéis; levantai-vos, ó pórticos antigos, para que entre o Rei da glória*[1].

A Virgem leva a alegria por onde passa: *Mal a tua saudação chegou aos meus ouvidos, a criança saltou de gozo em meu seio*[2], diz-lhe Santa Isabel referindo-se a João Batista, que crescia no seu ventre. Ao louvor de sua prima, a Virgem Maria responde com um belíssimo canto de júbilo: *Minha alma engrandece o Senhor e meu espírito rejubila em Deus, meu Salvador*.

O *Magnificat* contém a razão profunda de toda a humildade. Maria considera que Deus pôs os olhos *na baixeza da sua escrava*; por isso fez nela *coisas grandes o Todo-Poderoso*. Toda a sua vida transcorre neste tom de grandeza e de humildade: "Que humildade, a de minha Mãe Santa Maria! — Não a vereis entre as palmas de Jerusalém, nem — afora as primícias de Caná — à hora dos grandes milagres. — Mas não foge ao desprezo do Gólgota; ali está «*juxta crucem Jesu*», junto à Cruz de Jesus, sua Mãe"[3]. Nunca procurou nenhuma glória pessoal.

A virtude da humildade, que tanto transparece na vida de Nossa Senhora, consiste na verdade[4], no reconhecimento sincero do que somos e valemos diante de Deus e diante dos outros; consiste também em esvaziar-nos de nós mesmos e em deixar que Deus atue em nós com a sua graça. "É a rejeição das aparências e da superficialidade; é a expressão da profundidade do espírito humano; é a condição da sua grandeza"[5].

A humildade é uma virtude que nada tem a ver com a timidez, com a pusilanimidade ou com a mediocridade. Não se opõe a que tenhamos consciência dos talentos recebidos, nem que usemos deles com um coração reto.

A humildade não nos amesquinha, mas dilata-nos o coração, pois descobre que tudo aquilo que de bom há em nós, tanto na ordem da natureza como da graça, pertence a Deus, *porque todos recebemos da sua plenitude*[6]. O Senhor é toda a nossa grandeza; nós, por nós mesmos, somos deficiência e fraqueza. Diante de Deus, encontramo-nos como *devedores que não sabem como pagar*[7], e por isso recorremos a Maria como medianeira de todas as graças, Mãe de misericórdia e de ternura, a quem nunca ninguém recorreu em vão: "Abandona-te cheio de confiança no seu regaço materno, pede-lhe que te alcance esta virtude que Ela tanto apreciou; não tenhas medo de não ser atendido. Maria pedi-la-á a esse Deus que exalta os humildes e reduz os soberbos ao nada; e como Maria é onipotente junto de seu Filho, será ouvida com toda a certeza"[8].

II. A HUMILDADE é o alicerce de todas as virtudes, e sem ela não há nenhuma que possa desenvolver-se. Sem a humildade, o resto é "como um montão muito volumoso de palha que teremos levantado, mas que ao primeiro sopro dos ventos cai e se desfaz. O demônio teme muito pouco essas devoções que não estão alicerçadas na humildade, pois sabe muito bem que poderá dar cabo delas quando lhe convier"[9]. Não é possível a santidade se não houver uma luta eficaz por adquirir esta virtude; nem sequer poderia haver uma autêntica personalidade humana.

A humildade é, de modo especial, alicerce da caridade. Torna-a possível e dá-lhe consistência: "A morada da caridade é a humildade"[10], dizia Santo Agostinho. Na medida em que o homem se esquece de si próprio, pode interessar-se pelos outros e atendê-los. Muitas faltas de caridade foram provocadas por movimentos prévios de vaidade, orgulho, egoísmo, desejo de sobressair etc. E as duas virtudes da humildade e da caridade "são as virtudes-mãe; as outras seguem-nas como os pintinhos seguem a galinha"[11].

Quem é humilde não gosta de exibir-se. Sabe muito bem que não se encontra no lugar que ocupa para brilhar e receber elogios, mas para servir, para cumprir uma missão. *Não te sentes no primeiro lugar [...]. Pelo contrário, quando fores convidado, senta-te no último*[12]. E se se encontra nos primeiros lugares, ocupando uma posição de proeminência, sabe que "Deus lhe deu esse motivo de excelência para que sirva de proveito aos outros; o testemunho dos outros deve agradar-lhe somente na medida em que contribua para o bem alheio"[13].

Devemos permanecer no nosso lugar (nas conversas com os amigos, na fábrica ou no escritório, na família etc.), trabalhando de olhos postos em Deus e evitando que a ambição nos ofusque ou que, levados pela vaidade, a vida se converta numa corrida louca atrás de posições cada vez mais altas; posições para as quais talvez nem sirvamos e que mais tarde poderiam vir a humilhar-nos, criando em nós o profundo mal-estar de sentir que não ocupamos o lugar para o qual estamos dotados. Isto não se opõe a que correspondamos à chamada do Senhor e façamos render ao máximo os nossos talentos, com um grande espírito de sacrifício no aproveitamento do tempo.

Um homem humilde sente-se centrado e é feliz nos seus afazeres. Além disso, é sempre uma ajuda. Conhece as suas limitações e possibilidades, e não se deixa enganar facilmente pelas miragens da ambição. As suas qualidades são uma ajuda, maior ou menor, mas nunca um estorvo. Cumpre a sua função dentro do conjunto.

Outra manifestação de humildade é evitar qualquer juízo negativo sobre os outros. O conhecimento da nossa fraqueza não nos permitirá "um mau pensamento acerca de ninguém, mesmo que as palavras ou obras do interessado deem motivo para assim julgarmos razoavelmente"[14]. Olharemos para os outros com respeito e compreensão.

III. PARA CHEGARMOS à humildade, devemos em primeiro lugar desejá-la ardentemente, estimá-la e pedi-la a Deus. E depois aproveitar todas as ocasiões para progredir nela: fomentaremos a docilidade aos conselhos recebidos na direção espiritual e lutaremos por levá-los à prática; receberemos com sincera gratidão a correção fraterna que nos fazem com toda a delicadeza; aceitaremos em silêncio, por amor a Deus, todas e quaisquer humilhações; obedeceremos com rapidez e de todo o coração àqueles a quem devemos obediência; e, sobretudo, praticaremos a caridade, em detalhes constantes de serviço alegre aos outros.

Jesus é o exemplo supremo de humildade. Nunca ninguém teve uma dignidade comparável à sua, e, no entanto, ninguém serviu os homens com tanta solicitude: *Eu estou no meio de vós como quem serve*[15]. Imitando o Senhor, aceitaremos os outros tal como são e passaremos por alto muitos detalhes que talvez sejam aborrecidos, mas que, no fundo, quase nunca têm verdadeira importância.

Prestaremos assim pequenos serviços na convivência diária, sem nos orgulharmos por isso e sem pedir nada em troca; e aprenderemos de Jesus e de Maria a conviver com todos, a saber compreender os outros, mesmo com os seus defeitos. Procurando ver os outros como o Senhor os vê, ser-nos-á fácil acolhê-los como Ele os acolhe.

Terminamos a nossa oração neste dia contemplando a nossa Mãe Santa Maria, que nos alcançará do seu Filho esta virtude de que tanto necessitamos. "Olhai para Maria. Jamais criatura alguma se entregou com tanta humildade aos desígnios de Deus. A humildade da *ancilla Domini* (Lc 1, 38), da escrava do Senhor, é a razão pela qual a invocamos como *causa nostrae laetitiae*, como causa da nossa alegria [...]. Maria, ao confessar-se escrava do Senhor, é feita Mãe do Verbo divino e enche-se de júbilo. Que este seu júbilo, de Mãe boa, nos contagie a todos nós: que nisto *saiamos* a Ela — a Santa Maria —, e assim nos pareceremos mais com Cristo"[16].

(1) Sl 23, 7; *Antífona de entrada* da Missa do dia 22 de dezembro; (2) Lc 1, 44; (3) São Josemaria Escrivá, *Caminho*, n. 507; (4) cf. Santa Teresa, *Sexta morada*, c. 10 b.; (5) João Paulo II, *Angelus*, 4-III-1979; (6) 1 Cor 1, 4; (7) cf. Mt 18, 23-35; (8) Gioacchino Pecci (Leão XIII), *Prática da humildade*, 56; (9) Santo Cura D'Ars, *Sermão sobre a humildade*; (10) Santo Agostinho, *Sobre a virgindade*, 51; (11) São Francisco de Sales, *Epistolário*, fragm. 17, vol. II, p. 651; (12) Lc 14, 7 e segs.; (13) São Tomás, *Suma teológica*, 2-2, q. 131; (14) São Josemaria Escrivá, cf. *Caminho*, n. 442; (15) Lc 22, 27; (16) São Josemaria Escrivá, *Amigos de Deus*, n. 109.

TEMPO DO ADVENTO. 23 DE DEZEMBRO

28. DESPRENDIMENTO E POBREZA CRISTÃ

— O Natal convida-nos a viver a pobreza pregada e vivida pelo Senhor. O exemplo de Jesus.
— Em que consiste a pobreza evangélica.
— Detalhes de pobreza e modo de vivê-la.

I. O EFETIVO DESPRENDIMENTO daquilo que somos e possuímos é necessário para seguirmos Jesus, para abrirmos a alma ao Senhor que passa e nos chama pelo nosso nome. Pelo contrário, o apego aos bens da terra fecha as portas a Cristo e fecha-nos as portas ao amor e ao entendimento daquilo que é o mais essencial na nossa vida: *Qualquer um de vós que não renuncie a tudo o que possui não pode ser meu discípulo*[1].

O nascimento de Jesus, como toda a sua vida, é um convite para que examinemos nestes dias a atitude do nosso coração em relação aos bens da terra. O Senhor, Unigênito do Pai, Redentor do mundo, não nasce num palácio, mas numa gruta; não numa grande cidade, mas numa aldeia perdida, em Belém. Não teve um berço, mas uma manjedoura. A fuga precipitada para o Egito foi para a Sagrada Família a experiência do exílio numa terra estranha, com poucos meios de subsistência além dos braços acostumados ao trabalho de José. Durante a sua vida pública, Jesus passará fome[2] e não disporá de duas pequenas moedas de pouco valor para pagar o tributo do Templo[3]. Ele próprio dirá que *o Filho do homem não tem onde reclinar a cabeça*[4]. A morte na Cruz é a demonstração do seu supremo desprendimento. O Senhor quis conhecer o rigor da pobreza extrema — carência do necessário — especialmente nas horas mais importantes da sua vida.

A pobreza que o Senhor nos pede a todos não é sujeira, nem miséria, nem desleixo, nem preguiça. Essas coisas não são virtude. A pobreza que o cristão tem que viver deve ser uma pobreza ligada ao trabalho, ao cuidado da casa e dos instrumentos de trabalho, à ajuda aos outros, à sobriedade de vida. Por isso já se disse que "foram sempre o melhor exemplo de pobreza esses pais e essas mães de família numerosa e pobre que se desfazem pelos filhos e que os mantêm com o seu esforço e constância — muitas vezes sem voz para dizer a ninguém que passam necessidades —, criando um lar alegre onde todos aprendem a amar, a servir, a trabalhar"[5].

Quando se dispõe de recursos de fortuna, também é possível viver como "esses pais e essas mães de família numerosa e pobre" e usar desses meios materiais para fazer o bem, porque "a pobreza que Jesus declarou bem-aventurada é aquela que se baseia no desprendimento, na confiança em Deus, na sobriedade e na disposição de compartilhar com os outros"[6].

Para vivermos o desprendimento dos bens, no meio da onda de materialismo que parece submergir a humanidade, temos que olhar para o nosso Modelo, Jesus Cristo, *que se fez pobre por amor de nós, para que vós fôsseis ricos pela sua pobreza*[7].

II. OS POBRES a quem o Senhor promete o Reino dos céus[8] não são todos os que padecem necessidade, mas aqueles que, tendo ou não bens materiais, não se sentem presos a eles. É uma pobreza segundo o espírito, que deve ser vivida em qualquer circunstância da vida. *Eu sei viver na abundância* — dizia São Paulo — *e sei viver na fome e na escassez*[9].

O homem pode orientar a sua vida para Deus, usando de todas as coisas materiais como meios, ou pode ter como fim o dinheiro e a riqueza nas suas múltiplas manifestações: desejos de luxo, de comodidade desmedida, ambição, cobiça... São dois fins inconciliáveis: *Não se pode servir a dois senhores*[10]. O amor à riqueza desaloja violentamente o amor a Deus: não é possível que Deus possa habitar um coração que já está cheio de outro amor. A palavra divina fica afogada no coração do rico, *como a semente que cai entre espinhos*[11]. Por isso não nos surpreende ouvir o Senhor ensinar que *é mais fácil a um camelo entrar pelo buraco de uma agulha do que a um rico entrar no Reino dos céus*[12]. E como é fácil, se não se está vigilante, que o espírito de riqueza invada o coração!

A Igreja tem-nos recordado sempre, desde o seu início até os nossos dias, que o cristão deve estar de sobreaviso quanto ao modo de utilizar os bens materiais, e "chama a atenção dos seus filhos para que cuidem de orientar retamente os seus afetos, a fim de que não aconteça que o uso das coisas do mundo e o apego às riquezas, contrário ao espírito de pobreza evangélica, os impeça de alcançar a caridade perfeita. Lembra-lhes a advertência do Apóstolo: *Os que usam deste mundo não se detenham nele, porque os atrativos deste mundo passam* (cf. 1 Cor 7, 31)"[13]. Quem se apega às coisas da terra não só perverte o seu uso reto e destrói a ordem estabelecida por Deus, mas, além disso, fica com a alma insatisfeita, prisioneira desses bens materiais que a tornam incapaz de amar verdadeiramente a Deus.

O estilo de vida cristão exige uma mudança radical de atitude em relação aos bens terrenos: estes devem ser procurados e usados não como se fossem um fim, mas enquanto meios para servir a Deus. Como meios que são, não merecem que se ponha neles o coração; são outros os bens autênticos.

Devemos recordar na nossa oração que o desprendimento exige sacrifício. Se o desprendimento não custa, é porque não é bem vivido. E manifesta-se frequentemente em saber prescindir do supérfluo, em lutar contra a tendência desordenada para o bem-estar e para a comodidade, em evitar caprichos, em renunciar ao luxo e aos gastos feitos por pura vaidade etc.

É tão importante esta virtude para um cristão, que bem se pode dizer que "quem não ama e vive a virtude da pobreza não tem o espírito de Cristo. E isto é válido para todos: tanto para o anacoreta que se retira para o deserto, como para o simples cristão que vive no meio da sociedade humana, usando dos recursos deste mundo ou carecendo de muitos deles..."[14]

III. O CORAÇÃO HUMANO tende a buscar os bens da terra de uma maneira desmedida; se não empreender, pois, uma luta real por viver desprendido das coisas, pode-se afirmar que, de modo mais ou menos consciente, colocou o seu fim nas coisas da terra. E o cristão não deve esquecer nunca que caminha para Deus.

Devemos, portanto, examinar-nos com frequência, perguntando-nos se amamos a virtude da pobreza e se a vivemos; se cuidamos de não cair no excesso de conforto ou num aburguesamento que é incompatível com a nossa condição de discípulos de Cristo; se estamos desprendidos das coisas da terra; se as possuímos, enfim, como meios para fazer o bem e viver cada vez mais perto de Deus.

Podemos e devemos sempre ser comedidos nas necessidades pessoais, vigiando a tendência para criar falsas necessidades e sendo generosos na esmola e na ajuda a obras boas. Devemos cuidar com esmero das coisas do nosso lar, bem como de todo o tipo de bens que nos venham parar às mãos, pois, na realidade, só os possuímos como que em depósito, para administrá-los bem. "Pobreza é o verdadeiro desprendimento das coisas terrenas, é enfrentar com alegria as incomodidades, se as há, ou a falta de meios [...]. Viver pensando nos outros, usar as coisas de tal maneira que haja algo para oferecer aos outros — tudo isso são dimensões da pobreza que garantem o desprendimento efetivo"[15].

É desta e de muitas outras formas que se manifesta o nosso desejo de não ter o coração posto nas riquezas, mesmo quando, pela profissão que exercemos, dispomos para nosso uso pessoal de outros bens. A sobriedade de que dermos provas então será *o bom aroma de Cristo*, que deve acompanhar sempre a vida de um cristão.

Dirigindo-se a homens e mulheres que se esforçam por alcançar a santidade no meio do mundo — comerciantes, professores universitários, camponeses, empregados de escritório, pais e mães de família — dizia São Josemaria Escrivá: "Todo o cristão corrente tem que tornar compatíveis na sua vida dois aspectos que, à primeira vista, podem parecer contraditórios: *pobreza real*, que se note e que se toque — feita de coisas concretas —, que seja uma profissão de fé em Deus, uma manifestação de que o coração não se satisfaz com coisas criadas, mas aspira ao Criador, desejando encher-se do amor de Deus e depois dar a todos desse mesmo amor; e, ao mesmo tempo, *ser mais um entre os seus irmãos os homens*, de cuja vida participa, com quem se alegra, com quem colabora, amando o mundo e todas as coisas criadas, a fim de resolver os problemas da vida humana e estabelecer o ambiente espiritual e material que facilite o desenvolvimento das pessoas e das comunidades. Conseguir a síntese entre esses dois aspectos é — em boa parte — questão pessoal, questão de vida interior, para julgar em cada momento, para encontrar em cada caso o que Deus pede"[16].

Se lutarmos eficazmente por viver desprendidos do que temos e usamos, o Senhor encontrará o nosso coração limpo e completamente aberto quando vier novamente a nós neste Natal. Não acontecerá com a nossa alma o que aconteceu naquela pousada: estava cheia e não tinham lugar para o Senhor.

(1) Lc 14, 33; (2) cf. Mt 4, 2; (3) cf. Mt 17, 23-26; (4) Mt 8, 20; (5) São Josemaria Escrivá, *Entrevistas com Mons. Josemaria Escrivá*, 3ª ed., Quadrante, São Paulo, 1986, n. 111; (6) Sagrada Congregação para a Doutrina da Fé, Instrução *Sobre a liberdade cristã e a libertação*, 22-III-1986, 66; (7) 2 Cor 8, 9; (8) Mt 5, 3; (9) Fl 4, 12; (10) Mt 6, 24; (11) Mt 13, 7; (12) Mt 19, 24; (13) Concílio Vaticano II, Constituição *Lumen gentium*, 42; (14) São Josemaria Escrivá, *Entrevistas com Mons. Josemaria Escrivá*, n. 110; (15) *ibid.*, n. 111; (16) *ibid.*, n. 110.

TEMPO DO ADVENTO. 24 DE DEZEMBRO

29. ESPERANDO JESUS

— Maria. Recolhimento. Espírito de oração.
— A nossa oração. Aprender a relacionar-nos com Jesus. Necessidade da oração.
— Humildade. Relacionamento com Jesus. Jaculatórias. Recorrer a São José, mestre de vida interior.

I. *PELAS ENTRANHAS de misericórdia do nosso Deus, visitar-nos-á o Sol que nasce do alto, a fim de iluminar os que estão sentados nas trevas e nas sombras de morte, e dirigir os nossos pés pelo caminho da paz*[1]. Jesus é o Sol que ilumina a nossa vida. Se queremos que todas as nossas coisas tenham sentido, devem referir-se a Ele.

De modo muito especial e extraordinário, a vida da Virgem Maria está centrada em Jesus, particularmente nesta véspera do nascimento do seu Filho. Mal podemos imaginar o recolhimento da sua alma. Assim esteve sempre, e assim devemos aprender a estar nós, que andamos habitualmente tão dispersos e nos distraímos por coisas de tão pouca monta! Uma só coisa é verdadeiramente importante na nossa vida: Jesus, e tudo o que se refere a Ele.

Maria guardava todas estas coisas, ponderando-as em seu coração[2]. *Sua mãe considerava todas estas coisas no seu coração*[3]. Por duas vezes o evangelista menciona esta atitude da Virgem perante os acontecimentos de que participava.

A Virgem Maria conserva e medita. Pratica esse recolhimento interior que lhe permite avaliar e guardar os acontecimentos, grandes ou pequenos, da sua vida. Na sua intimidade, enriquecida pela plenitude da graça, reina aquela primitiva harmonia em que o homem foi criado. Nenhum lugar melhor para guardar e ponderar essa excepcional ação divina no mundo de que Ela é testemunha.

Depois do pecado original, a alma perdeu o domínio dos sentidos e a orientação natural para as coisas de Deus. Mas na Virgem não foi assim. Tendo sido preservada da mancha original, tudo nEla era harmonia, como no começo do mundo. Mais ainda, estava embelezada pela presença, totalmente singular e extraordinária, da Santíssima Trindade na sua alma.

Maria está sempre em oração, porque faz tudo por referência ao seu Filho: quando fala com Jesus, faz oração (a oração é isso: é "falar com Deus"); e faz oração de cada vez que o olha (isso também é oração, como quando olhamos com fé para Jesus Sacramentado, realmente presente no Sacrário), e quando lhe pede alguma coisa ou lhe sorri (tantas vezes!), ou quando pensa nEle. A sua vida esteve determinada por Jesus, e para Ele se orientavam permanentemente os seus sentimentos.

O seu recolhimento interior foi constante. A sua oração fundia-se com a sua própria vida, com o trabalho e a atenção aos outros. O seu silêncio interior era riqueza, plenitude e contemplação.

Nós lhe pedimos hoje que nos dê esse recolhimento interior, necessário para podermos ver e relacionar-nos com Deus, que também está muito próximo das nossas vidas.

II. *HOJE SABEREIS que o Senhor vem, e amanhã contemplareis a sua glória*[4].

Maria incita-nos nesta véspera do nascimento do seu Filho a não abandonar nunca a oração, o trato com o Senhor. Sem oração, estamos perdidos; e com ela, somos fortes e levamos para a frente as nossas tarefas.

Entre muitas outras razões, "devemos orar também porque somos frágeis e culpados. É preciso reconhecer real e humildemente que somos pobres criaturas, cheios de ideias confusas [...], frágeis e débeis, continuamente necessitados de força interior e de consolo. A oração dá forças para acometer os grandes ideais, para manter a fé, a caridade, a pureza, a generosidade; dá ânimos para sair da indiferença e da culpa, se por desgraça se cedeu à tentação e à fraqueza; dá luz para ver e julgar os acontecimentos da própria vida e da história a partir da perspectiva de Deus e da eternidade. Por isso, não deixem de orar! Não passe nenhum dia sem que tenham orado um pouco! A oração é um dever, mas é também uma alegria, porque é um diálogo com Deus por meio de Jesus Cristo"[5].

Temos que aprender a ganhar intimidade com o Senhor através da oração mental, em momentos como este, em que nos dedicamos a falar-lhe silenciosamente dos nossos assuntos, a agradecer-lhe, a pedir-lhe ajuda..., a estar com Ele. Ao longo da nossa vida, não encontraremos ninguém que nos escute com tanto interesse e com tanta atenção como Jesus; nunca ninguém levou tão a sério as nossas palavras. Ele nos olha, presta-nos atenção, escuta-nos com extremo interesse quando fazemos a nossa oração.

A oração é sempre enriquecedora, mesmo nesse diálogo "mudo" diante do Sacrário em que não articulamos palavras: basta-nos olhar e sentir-nos olhados. Como isso é diferente do palavreado de tantos homens, que não dizem nada porque não têm nada que comunicar! *Da abundância do coração fala a boca*. Se o coração está vazio, que poderão dizer as palavras? E se está doente de inveja, de sensualidade, que conteúdo terá o diálogo? Da oração, no entanto, saímos sempre com mais luz, com mais alegria, com mais força. Poder fazer oração é um dos maiores dons do homem: falar e ser escutado pelo seu Criador! Falar com Ele e chamá-lo *Amigo!*

Na oração, temos que falar com o Senhor com toda a simplicidade. "Pensar e entender o que falamos e com quem falamos, e quem somos os que ousamos falar com tão grande Senhor, pensar isto e outras coisas semelhantes sobre o pouco que o temos servido e o muito que estamos obrigados a servi-lo, é oração mental; não penseis que é outra algaravia nem vos espante o nome"[6].

Alguns podem pensar que é extraordinariamente difícil fazer oração, ou que é para pessoas especiais. No Evangelho podemos ver uma grande variedade de tipos humanos que se dirigem ao Senhor com confiança: Nicodemos, Bartimeu, as crianças — com as quais o Senhor se alegra especialmente —, uma mãe, um pai que tem um filho doente, um ladrão, os Magos, Ana, Simeão, os amigos de Betânia... Todos eles, e agora nós, falamos com Deus.

III. NA ORAÇÃO, são importantes as boas disposições; entre elas, a fé e a humildade. Não podemos chegar à oração como o fariseu daquela parábola dirigida a *alguns que confiavam em si mesmos e desprezavam os outros*[7]. O fariseu, *em pé, orava consigo desta maneira: Ó Deus! Dou-te graças por não ser como os demais homens, ladrões [...]. Jejuo duas vezes por semana...* Percebemos imediatamente que o fariseu entrou no Templo sem amor. Ele próprio é o centro dos seus pensamentos e o objeto da sua estima. E, consequentemente, ao invés de louvar a Deus, louva-se a si mesmo. Não há amor na sua oração, nem sequer caridade; não há humildade. Não necessita de Deus.

Pelo contrário, podemos aprender muito da oração do publicano, pois devemos procurar ter uma oração humilde, atenta — com a mente concentrada na Pessoa com quem falamos —, confiante; procurando que não seja um monólogo em que damos voltas a nós próprios, em que recordamos situações sem referi-las a Deus ou deixamos a imaginação à solta etc.

O fariseu, por falta de humildade, foi-se embora do Templo sem ter feito oração. Até nisso se pôs de manifesto a sua oculta soberba. O Senhor pede-nos simplicidade, que reconheçamos as nossas faltas e lhe falemos dos nossos assuntos e dos dEle. "Escreveste-me: «Orar é falar com Deus. Mas de quê?» — De quê? DEle e de ti: alegrias, tristezas, êxitos e fracassos, ambições nobres, preocupações diárias..., fraquezas!; e ações de graças e pedidos; e Amor e desagravo. Em duas palavras: conhecê-Lo e conhecer-te — ganhar intimidade!"[8]

"«*Et in meditatione mea exardescit ignis*». — E na minha meditação se ateia o fogo. — Para isso vais à oração: para tornar-te uma fogueira, lume vivo, que dê calor e luz.

"Por isso, quando não souberes ir mais longe, quando sentires que te apagas, se não puderes lançar ao fogo troncos aromáticos, lança os ramos e a folhagem de pequenas orações vocais, de jaculatórias, que continuem a alimentar a fogueira. — E terás aproveitado o tempo"[9].

Sobretudo a princípio, e em certas temporadas, ser-nos-á de muita ajuda servir-nos de um livro — como o coxo se serve das suas muletas — para irmos adiante na nossa oração. Assim fizeram também muitos santos. Diz Santa Teresa: "A não ser quando acabava de comungar, jamais ousava começar a oração sem um livro, pois a minha alma temia tanto estar sem ele como se fosse lutar com muita gente. Com este remédio, que era como uma companhia ou escudo em que aparava os golpes dos muitos pensamentos, andava consolada"[10].

Habitualmente, a nossa oração deve encerrar-se com propósitos precisos de melhora pessoal. Perguntaremos com sinceridade ao Senhor: Que desejas de mim, Senhor, neste assunto que acabo de considerar? Como posso progredir agora nesta virtude? Que devo propor-me para cumprir a tua Vontade tendo em vista os próximos meses?

Nenhuma pessoa deste mundo soube tratar Jesus como a sua Mãe e, depois de sua Mãe, São José, que devia passar longas horas olhando-o, falando com Ele, tratando-o com toda a simplicidade e veneração. Por isso, "quem não encontrar mestre que lhe ensine oração, tome este glorioso Santo por mestre e não errará de caminho"[11].

Ao terminarmos a nossa oração, contemplemos José muito perto de Maria, cheio de atenções e delicadezas para com Ela. Jesus vai nascer. Ele preparou o melhor que pôde aquela gruta. Nós lhe pedimos que nos ajude a preparar a nossa alma, para que não estejamos dispersos e distraídos, agora que Jesus está para chegar.

(1) Lc 1, 78-79; *Evangelho* da Missa do dia 24 de dezembro; (2) Lc 2, 19; (3) Lc 2, 51; (4) *Antífona do Invitatório* do dia 24 de dezembro; (5) João Paulo II, *Audiência com os jovens*, 14-III-1979; (6) Santa Teresa, *Caminho de perfeição*, 25, 3; (7) Lc 18, 9 e segs.; (8) São Josemaria Escrivá, *Caminho*, n. 91; (9) *ibid.*, n. 92; (10) Santa Teresa, *Vida*, 4, 7; (11) *ibid.*, 6, 3.

NATAL DE NOSSO SENHOR JESUS CRISTO. 25 DE DEZEMBRO

30. MEDITAÇÃO DE NATAL

— Em Belém, não quiseram receber Cristo. Também hoje muitos não querem recebê-lo.
— Nascimento do Messias. A "cátedra" de Belém.
— Adoração dos pastores. Humildade e simplicidade para reconhecer Cristo em nossas vidas.

I. *ACONTECEU, POIS, que naqueles dias saiu um edito de César Augusto para que todo o orbe se recenseasse*[1].

Hoje nós podemos ver claramente que o decreto do imperador romano foi uma providência de Deus. Maria e José foram a Belém por essa razão, e ali nasceu Jesus, segundo fora profetizado muitos séculos antes[2].

Chegaram a Belém com a alegria de estarem já no lugar dos seus antepassados, e também com o cansaço de uma viagem de quatro ou cinco dias por caminhos em más condições. Maria, principalmente, deve ter chegado muito cansada devido ao seu estado. E em Belém não encontraram lugar algum onde instalar-se. *Não havia lugar para eles na estalagem*, diz São Lucas laconicamente[3].

Talvez José tivesse julgado que a pousada repleta de gente não era lugar adequado para Nossa Senhora, especialmente naquelas circunstâncias. Seja como for, deve ter batido a muitas outras portas antes de levar Maria a um estábulo, nas redondezas. Imaginamos bem a cena: José explicando e voltando a explicar a mesma história, "que vinham de...", e Maria, a poucos metros, vendo José e ouvindo as negativas. Ninguém deixou Cristo entrar. Fecharam-lhe as portas. Maria sente pena por causa de José, e também daquelas pessoas. Como o mundo é frio para com o seu Deus!

Talvez tivesse sido a Virgem quem propôs a José que se acomodassem provisoriamente numa daquelas covas que serviam de estábulo nas imediações da cidade. Provavelmente animou-o dizendo-lhe que não se preocupasse, que depois dariam um jeito... José sentiu-se certamente reconfortado pelas palavras e pelo sorriso de Maria, e ali se instalaram com os pertences que tinham podido trazer de Nazaré: uns panos, alguma roupa que a própria Virgem teria preparado com o carinho que só as mães sabem ter quando esperam o seu primeiro filho...

E naquele lugar, com a simplicidade mais absoluta, deu-se o maior acontecimento da humanidade: *Estando eles ali* — diz-nos São Lucas —, *completaram-se os dias do seu parto*[4]. Maria envolveu Jesus com imenso amor *em uns panos e deitou-o numa manjedoura.*

A fé da Virgem Maria era mais perfeita do que a de qualquer outra pessoa que tenha existido antes ou depois dEla. E todos os seus gestos hão de ser expressão da sua fé e da sua ternura. Beijaria sem dúvida os pés do Menino, porque era o seu Senhor; beijar-lhe-ia o rosto, porque era o seu filho; ficaria muito tempo contemplando-o quietamente. Depois, passaria o Menino para os braços de José, que sabia muito bem que se tratava do Filho do Altíssimo, de quem devia cuidar e a quem devia proteger e ensinar um ofício. Toda a vida de José estaria centrada nesta Criança indefesa.

Jesus, recém-nascido, não fala; mas é a Palavra eterna do Pai. Já se disse que o Presépio é uma cátedra. Nós deveríamos hoje "entender as lições que Jesus nos dá já desde Menino, desde recém-nascido, desde que os seus olhos se abriram para esta bendita terra dos homens"[5].

Nasce pobre e ensina-nos que a felicidade não se encontra na abundância de bens. Vem ao mundo sem ostentação alguma, e anima-nos a ser humildes e a não estar preocupados com o aplauso dos homens. "Deus humilha-se para que possamos aproximar-nos dEle, para que possamos corresponder ao seu amor com o nosso amor, para que a nossa liberdade se renda, não só ante o espetáculo do seu poder, como também ante a maravilha da sua humildade"[6].

Fazemos um propósito de desprendimento e de humildade. Olhamos para Maria e a vemos cheia de alegria. Ela sabe que começou para a humanidade uma nova era: a do Messias, seu Filho. Queremos pedir-lhe que não nos deixe perder nunca a alegria de estar junto de Jesus.

II. JESUS, MARIA E JOSÉ estão sós. Mas Deus procurou gente simples para acompanhá-los: uns pastores que, por serem humildes, não se assustariam certamente ao encontrarem o Messias numa gruta, envolto em panos. São os pastores daquela região, aqueles que o Profeta Isaías mencionara: *O povo que caminhava nas trevas viu uma grande luz*[7].

Nesta primeira noite, a profecia cumpre-se unicamente neles. *A glória do Senhor envolveu-os com a sua luz*[8]. *Não temais*, diz-lhes um anjo, *pois anuncio-vos uma grande alegria, que o será para todo o povo: nasceu-vos hoje um Salvador, que é o Cristo Senhor*[9].

Nesta noite, eles são os primeiros e os únicos a sabê-lo. "No entanto, hoje sabem-no milhões de homens em todo o mundo. A luz da noite de Belém chegou a muitos corações, e, apesar disso, a escuridão permanece; às vezes, parece até mais densa [...]. Os que acolheram o Senhor naquela noite experimentaram *uma grande alegria*, a alegria que brota da luz. A escuridão do mundo foi dissipada pela luz do nascimento de Deus [...].

"Pouco importa que, nessa primeira noite, a noite do nascimento de Deus, a alegria do acontecimento chegue somente a estes poucos corações. Pouco importa. Está *destinada a todos os corações humanos*. É a alegria do gênero humano, alegria sobrehumana! Por acaso pode haver alegria maior do que esta, pode haver Nova melhor do que esta? O homem *foi aceito por Deus para converter-se em filho*, por meio deste Filho de Deus que se fez homem"[10].

Deus quis que os pastores fossem também os seus primeiros mensageiros; eles irão contando *o que viram e ouviram. E todos os que os ouviam maravilhavam-se com o que eles lhes diziam*[11]. A nós, Jesus também se revela no meio da normalidade dos nossos dias; e também nós necessitamos das mesmas disposições de simplicidade e humildade dos pastores para chegarmos até Ele. É possível que, ao longo da nossa vida, o Senhor nos envie sinais que, vistos com olhos humanos, nada signifiquem. Devemos estar atentos para descobrir Jesus na simplicidade da vida habitual, *envolto em panos e deitado numa manjedoura*, sem manifestações chamativas.

É natural pensar que os pastores não se puseram a caminho sem levar presentes para o recém-nascido. No mundo oriental de então, era inconcebível que alguém se apresentasse a uma pessoa importante sem algum presente. Devem ter levado o que tinham ao seu alcance: um cordeiro, queijo, manteiga, leite, requeijão...[12] Maria e José, surpreendidos e alegres, convidam os tímidos pastores a entrar e ver o Menino, e deixam que o beijem e lhe cantem, e disponham perto da manjedoura os seus presentes.

Nós também não podemos ir à gruta de Belém sem o nosso presente. E talvez aquilo que mais agrade à Virgem Maria seja uma alma mais delicada, mais limpa, mais alegre por ser mais consciente da sua filiação divina, mais bem preparada por meio de uma confissão realmente contrita, a fim de que o Senhor resida com mais plenitude em nós: essa confissão que talvez Deus esteja esperando há tanto tempo...

Maria e José estão-nos convidando a entrar. E, já dentro, dizemos a Jesus com a Igreja: *Rei do universo, a quem os pastores encontraram envolto em panos, ajudai-nos a imitar sempre a vossa pobreza e a vossa simplicidade*[13].

III. *ALEGREMO-NOS TODOS no Senhor: hoje nasceu o Salvador do mundo; hoje desceu do céu a verdadeira paz*[14]. "Acabamos de ouvir uma mensagem transbordante de alegria e digna de todo o apreço: Cristo Jesus, o Filho de Deus, nasceu em Belém de Judá. A notícia faz-me estremecer, o meu espírito acende-se no meu interior e apressa-se, como sempre, a comunicar-vos esta alegria e este júbilo", anuncia São Bernardo[15]. E todos nos pomos a caminho para contemplar e adorar Jesus, pois todos temos necessidade dEle; é unicamente dEle que temos verdadeira necessidade. *Não há tal andar como buscar a Cristo / Não há tal andar como a Cristo buscar*..., canta uma canção popular: nenhum caminho que empreendemos vale a pena se não termina no Menino-Deus.

"Hoje nasceu o nosso Salvador. Não pode haver lugar para a tristeza, quando acaba de nascer a própria vida, a mesma que põe fim ao temor da mortalidade e nos infunde a alegria da eternidade prometida. Ninguém deve sentir-se incapaz de participar de tal felicidade, a todos é comum o motivo para o júbilo; pois Nosso Senhor, destrutor do pecado e da morte, como não encontrou ninguém livre de culpa, veio libertar-nos a todos. Alegre-se o santo, já que se aproxima a vitória. Alegre-se o gentio, já que é chamado à vida. Pois o Filho, ao chegar a plenitude dos tempos [...], assumiu a natureza do gênero humano para reconciliá-la com o seu Criador"[16]. Daqui nasce para todos, como um rio que não pode ser contido, a alegria destas festas.

Cantamos com júbilo nestes dias de Natal porque o amor está entre nós até o fim dos tempos. A presença do Menino é o amor no meio dos homens; e o mundo já não é um lugar escuro; os que procuram o amor sabem onde encontrá-lo. E é de amor que cada homem anda essencialmente necessitado, mesmo quando pretende estar inteiramente satisfeito.

Quando nos aproximarmos hoje do Menino para beijá-lo, quando contemplarmos o presépio ou meditarmos neste grande mistério, agradeçamos a Deus o seu desejo de descer até nós para se fazer entender e amar, e decidamo-nos nós também a tornar-nos crianças, para podermos assim entrar um dia no Reino dos céus. Terminamos a nossa oração dizendo a Deus nosso Pai: *Concedei-nos, Senhor, a graça de participar da divindade dAquele que se dignou assumir a nossa humanidade*[17].

Santa Maria, Mãe de Deus, rogai por nós.

(1) Lc 2, 1; (2) Mq 5, 2 e segs.; (3) cf. Lc 2, 7; (4) Lc 2, 6; (5) São Josemaria Escrivá, *É Cristo que passa*, n. 14; (6) *ibid.*, n. 18; (7) Is 9, 2; (8) Lc 2, 9; (9) Lc 2, 10; (10) João Paulo II, *Homilia na Missa de Natal de 1980*; (11) Lc 2, 18; (12) cf. Francis M. Willam, *Maria, Mãe de Jesus*; (13) *Laudes* de 5 de janeiro, *Preces*; (14) *Antífona de entrada* da Missa de meia-noite; (15) São Bernardo, *Sermão 6. Sobre o anúncio do Natal*, 1; (16) São Leão Magno, *Sermão no Natal do Senhor*, 1-3; (17) *Coleta* da Missa de Natal.

Sagrada Família, Jesus, Maria e José.
Primeiro Domingo depois do Natal

31. A FAMÍLIA DE NAZARÉ

— Jesus quis começar a Redenção do mundo no seio de uma família.
— A missão dos pais. Exemplo de Maria e José.
— A Sagrada Família, exemplo para todas as famílias.

I. *CUMPRIDAS TODAS AS COISAS segundo a Lei do Senhor, voltaram para a Galileia, para a sua cidade de Nazaré. O Menino crescia e fortalecia-se, cheio de sabedoria, e a graça de Deus estava com Ele*[1].

O Messias quis começar a sua tarefa redentora no seio de uma família simples, normal. O lar onde nasceu foi a primeira realidade humana que Jesus santificou com a sua presença.

Nesse lar, José era o chefe de família; como pai legal, era a ele que cabia sustentar Jesus e Maria com o seu trabalho. Foi ele quem recebeu a mensagem do nome que devia dar ao Menino — *pôr-lhe-ás o nome de Jesus* — e as indicações necessárias para proteger o Filho: *Levanta-te, toma o Menino e foge para o Egito. Levanta-te, toma o Menino e volta para a pátria. Não vás a Belém, mas a Nazaré*. Dele aprendeu Jesus o seu ofício, o meio de ganhar a vida. Jesus devia manifestar-lhe muitas vezes a sua admiração e o seu carinho.

De Maria, Jesus aprendeu maneiras de falar, ditos populares cheios de sabedoria, que mais tarde utilizaria na sua pregação. Viu com certeza como Ela guardava um pouco de massa de um dia para o outro, como lhe jogava água e a misturava com a nova massa, deixando-a fermentar bem abrigada debaixo de um pano limpo. Quando a Mãe remendava a roupa, o Menino devia observá-la; se uma peça tinha um rasgão, Maria procuraria um pedaço de pano que se ajustasse ao remendo. Jesus, com a curiosidade própria das crianças, perguntar-lhe-ia por que não se servia de um tecido novo; e a Virgem Maria explicar-lhe-ia que os retalhos novos, quando são molhados, estiram o pano anterior e o rasgam; por isso era preciso fazer os remendos com pano velho... E quanto às melhores roupas, que se reservavam para os dias de festa e costumavam ser guardadas numa arca, Maria tinha sem dúvida muito cuidado em colocar junto delas certas plantas olorosas, para evitar que a traça as destruísse.

Tudo isto aparecerá anos mais tarde na pregação de Jesus e leva-nos a pensar num ensinamento fundamental para a nossa vida diária: "A quase totalidade dos dias que Nossa Senhora passou na terra decorreram de forma muito parecida à de milhões de outras mulheres, ocupadas em cuidar da família, em educar os filhos, em levar a cabo as tarefas do lar. Maria santifica as coisas mais pequenas, aquelas que muitos consideram erroneamente como intranscendentes e sem valor: o trabalho de cada dia, os pormenores de atenção com as pessoas queridas, as conversas e visitas por motivos de parentesco ou de amizade. Bendita normalidade, que pode estar repassada de tanto amor de Deus!"[2]

Entre José e Maria havia carinho santo, espírito de serviço e compreensão. Assim é a família de Jesus: sagrada, santa, exemplar, modelo de virtudes humanas, disposta a cumprir com exatidão a vontade de Deus. O lar cristão deve ser imitação do de Nazaré: um lugar onde Deus caiba plenamente e possa estar no centro do amor entre todos.

É assim o nosso lar? Dedicamos-lhe o tempo e a atenção que merece? Jesus é o centro? Sacrificamo-nos pelos outros? São perguntas que podem ser oportunas na nossa oração de hoje, enquanto contemplamos Jesus, Maria e José na festa que a Igreja lhes dedica.

II. NA FAMÍLIA, "os pais devem ser para seus filhos os primeiros educadores da fé, mediante a Palavra e o exemplo"[3]. Isto cumpriu-se de maneira singularíssima no caso da Sagrada Família. Jesus aprendeu de seus pais o significado das coisas que o rodeavam.

A Sagrada Família devia recitar com devoção as orações tradicionais que se rezavam em todos os lares israelitas, mas naquela casa tudo o que se referia particularmente a Deus tinha um sentido e um conteúdo novos. Com que prontidão, fervor e recolhimento Jesus devia repetir os versículos da Sagrada Escritura que as crianças hebraicas tinham que aprender![4] Devia recitar muitas vezes essas orações aprendidas dos lábios de seus pais.

Ao meditarem nestas cenas, os pais devem considerar com frequência as palavras do Papa Paulo VI recordadas por João Paulo II: "Vocês ensinam às suas crianças as orações do cristão? Preparam os seus filhos, de comum acordo com os sacerdotes, para os sacramentos da primeira idade: Confissão, Comunhão, Confirmação? Acostumam-nos, se estão doentes, a pensar em Cristo que sofre, a invocar a ajuda de Nossa Senhora e dos santos? Recitam o terço em família? Sabem rezar com os seus filhos, com toda a comunidade doméstica, ao menos de vez em quando? O exemplo que derem com a sua retidão de pensamento e de ação, apoiado em alguma oração em comum, valerá por uma lição de vida, valerá por um ato de culto de mérito singular; vocês levam desse modo a paz ao interior dos muros domésticos: *Pax huic domui*. Lembrem-se de que assim edificam a Igreja"[5].

Os lares cristãos, se imitarem o da Sagrada Família de Nazaré, serão "lares luminosos e alegres"[6], porque cada membro da família se esforçará em primeiro lugar por aprimorar o seu relacionamento pessoal com o Senhor e, com espírito de sacrifício, procurará ao mesmo tempo chegar a uma convivência cada dia mais amável com todos os da casa.

A família é escola de virtudes e o lugar habitual onde devemos encontrar a Deus. "A fé e a esperança têm que manifestar-se na serenidade com que se encaram os problemas, pequenos ou grandes, que surgem em todos os lares, no ânimo alegre com que se persevera no cumprimento do dever. Assim, a caridade inundará tudo e levará a compartilhar as alegrias e os possíveis dissabores, a saber sorrir, esquecendo as preocupações pessoais para atender os outros; a escutar o cônjuge ou os filhos, mostrando-lhes que são queridos e compreendidos de verdade; a não dar importância a pequenos atritos que o egoísmo poderia converter em montanhas; a depositar um amor grande nos pequenos serviços de que se compõe a convivência diária. Santificar o lar, dia a dia; criar, com o carinho, um autêntico ambiente de família: é disso que se trata"[7].

O exercício das virtudes teologais no seio da família alicerçará a unidade que a Igreja nos ensina a pedir: *Vós, que ao nascerdes numa família fortalecestes os vínculos familiares, fazei que as famílias vejam crescer a unidade*[8].

III. UMA FAMÍLIA UNIDA a Cristo é um membro do seu Corpo místico, e foi chamada "Igreja doméstica"[9]. Esta comunidade de fé e de amor tem de manifestar-se em cada circunstância como testemunho vivo de Cristo, à semelhança da própria Igreja. "A família cristã proclama em voz muito alta tanto as presentes virtudes do Reino como a esperança da vida bem-aventurada"[10].

Cada lar cristão tem na Sagrada Família o seu exemplo mais cabal; nela, a família cristã pode descobrir o que deve fazer e como deve comportar-se, para a santificação e a plenitude humana de cada um dos seus membros. "Nazaré é a escola onde se começa a compreender a vida de Jesus: a escola do Evangelho. Aqui se aprende a olhar, a escutar, a meditar e a penetrar o significado, tão profundo e tão misterioso, dessa muito simples, muito humilde e muito bela manifestação do Filho de Deus entre os homens. Aqui se aprende até, talvez insensivelmente, a imitar essa vida"[11].

A família é a forma básica e mais simples da sociedade. É a principal "escola de todas as virtudes sociais". É a sementeira da vida social, pois é na família que se pratica a obediência, a preocupação pelos outros, o sentido de responsabilidade, a compreensão e a ajuda mútua, a coordenação amorosa entre os diversos modos de ser. Isto se realiza especialmente nas famílias numerosas, sempre louvadas pela Igreja[12]. Com efeito, está comprovado que a saúde de uma sociedade se mede pela saúde das famílias. Esta é a razão pela qual os ataques diretos à família (como é o caso da introdução do divórcio na legislação) são ataques diretos à própria sociedade, cujos resultados não tardam a manifestar-se.

"Desejamos que a Virgem Maria, Mãe da Igreja, seja também Mãe da «Igreja doméstica», e que, graças à sua ajuda materna, cada família cristã possa chegar a ser verdadeiramente uma pequena Igreja de Cristo. Seja Ela, Escrava do Senhor, exemplo de uma aceitação humilde e generosa da vontade de Deus; seja Ela, Mãe Dolorosa aos pés da Cruz, quem alivie os sofrimentos e enxugue as lágrimas daqueles que sofrem pelas dificuldades das suas famílias. E que Cristo Senhor, Rei do Universo, Rei das famílias, esteja presente, como em Caná, em cada lar cristão, para dar luz, alegria, serenidade e fortaleza"[13].

Pedimos hoje de modo muito especial à Sagrada Família por cada um dos membros da nossa família e pelo mais necessitado dentre eles.

(1) Lc 2, 39-40; (2) São Josemaria Escrivá, *É Cristo que passa*, n. 148; (3) Concílio Vaticano II, Constituição *Lumen gentium*, 11; (4) cf. Sl 55, 18; Dn 6, 11; Sl 119; (5) João Paulo II, Exortação Apostólica *Familiaris consortio*, 60; (6) cf. São Josemaria Escrivá, *É Cristo que passa*, n. 22; (7) *ibid.*, n. 23; (8) *Preces. Segundas vésperas* do dia 1º de janeiro; (9) Concílio Vaticano II, Constituição *Lumen gentium*, 11; (10) *ibid.*, 35; (11) Paulo VI, *Alocução em Nazaré*, 5-I-1964; (12) cf. Concílio Vaticano II, Constituição *Gaudium et spes*, 52; (13) João Paulo II, Exortação Apostólica *Familiaris consortio*, 86.

32. SANTO ESTÊVÃO, PROTOMÁRTIR

— Calúnias e perseguições de diversas naturezas porque se segue o Senhor.
— Também hoje há perseguição. Modo cristão de reagir.
— O prêmio por se ter padecido algum tipo de perseguição por Jesus Cristo. Fomentar também a esperança do Céu.

I. *AS PORTAS DO CÉU abriram-se para Santo Estêvão, que foi o primeiro dentre os mártires e por isso, coroado, triunfa no céu*[1].

Mal celebramos o nascimento do Senhor, e já a liturgia nos propõe a festa do primeiro que deu a vida por esse Menino que acaba de nascer. "Ontem Cristo foi envolvido em panos por nós; hoje, cobre Estêvão com a veste da imortalidade. Ontem uma estreita manjedoura sustentou Cristo-Menino; hoje, a imensidade do Céu recebe Estêvão triunfante"[2].

A Igreja quer recordar que a Cruz está sempre muito perto de Jesus e dos seus. Na luta pela justificação plena — a santidade —, o cristão depara com situações difíceis e ataques dos inimigos de Deus no mundo. O Senhor nos previne: *Se o mundo vos odeia, sabei que antes do que a vós me odiou a mim... Lembrai-vos da palavra que eu vos disse: não é o servo maior do que o seu senhor. Se me perseguiram a mim, também vos perseguirão a vós*[3]. E esta profecia cumpriu-se desde o começo da Igreja.

"Todos os tempos são de martírio, escreve Santo Agostinho. Não se diga que os cristãos não sofrem perseguição; a sentença do Apóstolo não pode falhar [...]: *Todos os que quiserem viver piedosamente em Cristo Jesus sofrerão perseguição* (2 Tm 3, 12). *Todos*, diz; não excluiu ninguém, não excetuou ninguém. Se queres verificar se estas palavras são certas, começa a viver piedosamente e verás quanta razão teve o Apóstolo em dizê-las"[4].

Já no começo da Igreja os primeiros cristãos de Jerusalém foram perseguidos pelas autoridades judaicas. Os apóstolos foram açoitados por pregarem Cristo Jesus, e sofreram-no com alegria: *Eles se retiraram da presença do Sinédrio, felizes por terem sido achados dignos de padecer ultrajes pelo nome de Jesus*[5]. "Não se diz que não sofreram, mas que o sofrimento lhes causou alegria. Podemos vê-lo pela liberdade com que atuaram logo a seguir: imediatamente depois de terem sido flagelados, lançaram-se à pregação com admirável ardor"[6].

Pouco tempo depois, o sangue de Estêvão[7] seria o primeiro a ser derramado por Cristo, e já não cessaria de correr até os nossos dias. Com efeito, quando Paulo chegou a Roma, os cristãos já eram conhecidos pelo sinal inconfundível da Cruz e da contradição: *Desta seita* — dizem a Paulo os judeus romanos —, *a única coisa que sabemos é que por toda a parte lhe fazem oposição*[8].

Quando o Senhor nos chama ou nos pede alguma coisa, conhece bem as nossas limitações e as dificuldades que encontraremos, mas não deixa de estar ao nosso lado, ajudando-nos com a sua graça: *No mundo tereis tribulação, mas confiai: Eu venci o mundo*[9], diz-nos. Pedir-lhe-emos então a graça de imitar Santo Estêvão na sua fortaleza, na sua alegria e na sua ânsia de dar a conhecer a verdade cristã num mundo com perfis pagãos.

II. NEM SEMPRE a perseguição teve as mesmas características. Durante os primeiros séculos, pretendeu-se destruir a fé dos cristãos por meio da violência física. Em outros momentos da história, sem que essa violência desaparecesse, os cristãos viram-se — veem-se — oprimidos nos seus direitos mais fundamentais, ou a braços com campanhas dirigidas a minar a fé dos mais simples e a desorientá-los. Mesmo em terras de grande tradição cristã, levanta-se todo o tipo de obstáculos para que se possam educar cristãmente os filhos, ou privam-se os cristãos, pelo mero fato de o serem, de justas oportunidades profissionais.

Não é infrequente que, em sociedades que se chamam livres, o cristão tenha que viver num ambiente claramente adverso. Pode-se dar então uma perseguição disfarçada, com o recurso à ironia, que tenta ridicularizar os valores cristãos, ou à pressão ambiental, que pretende amedrontar os mais fracos: é uma dura perseguição não sangrenta, que não raras vezes se vale da calúnia e da maledicência. "Em outros tempos — diz Santo Agostinho —, incitavam-se os cristãos a renegar Cristo; agora, ensina-se os mesmos a negar a Cristo. Naquela época, incitava-se; agora ensina-se; antes, usava-se de violência, agora, de insídias; antes, ouvia-se o inimigo rugir; agora, apresenta-se com mansidão insinuante e envolvente, e dificilmente se deixa descobrir. Todos sabemos de que modo se violentavam os cristãos para que negassem a Cristo: procuravam atraí-los para que renegassem; mas eles, confessando Cristo, eram coroados. Agora ensina-se a negar a Cristo e, enganando-os, não querem que pareça que os afastam de Cristo"[10]. É como se o Santo estivesse retratando os dias de hoje.

O Senhor também quis prevenir os seus para que não se desnorteassem com a contradição que procede, não dos pagãos, mas dos próprios irmãos na fé, que com a sua atuação injusta, motivada geralmente por invejas, falso zelo e faltas de retidão de intenção, julgam *que prestam um serviço a Deus*[11]. Todas as oposições, mas especialmente estas, devem ser superadas junto do Senhor no Sacrário.

São circunstâncias que expressam um especial convite do Senhor para que estejamos unidos a Ele mediante a oração. São momentos em que devemos exercitar a fortaleza e a paciência, sem nunca querermos devolver mal por mal. Com a ajuda divina, a alma sairá dessas provas mais humilde e purificada, experimentará de um modo especial a alegria do Senhor e poderá dizer com São Paulo: *Estou cheio de consolação, transbordo de alegria em todas as nossas tribulações*[12].

Ensinai-nos, ó Deus, a imitar o que celebramos, amando os nossos próprios inimigos, pois festejamos Santo Estêvão, vosso primeiro mártir, que soube rezar pelos seus perseguidores[13].

III. O CRISTÃO que sofre perseguição por seguir Jesus tirará dessa experiência uma grande capacidade de compreensão e o propósito firme de não ferir, de não ofender, de não maltratar. O Senhor pede-nos, além disso, que oremos por aqueles que nos perseguem[14], *veritatem facientes in caritate*, praticando a verdade com caridade[15]. Estas palavras de São Paulo levam-nos a ensinar a doutrina do Evangelho sem faltar à caridade de Jesus Cristo.

A última das Bem-aventuranças acaba com uma promessa apaixonada do Senhor: *Bem-aventurados sereis quando vos insultarem, vos perseguirem e vos caluniarem por minha causa. Alegrai-vos e regozijai-vos porque grande será a vossa recompensa nos céus*[16]. O Senhor é sempre bom pagador.

Estêvão foi o primeiro mártir do cristianismo e morreu por proclamar a verdade. Também nós fomos convocados para difundir a verdade de Cristo sem medo, sem dissimulações: *Não temais os que matam o corpo e não podem matar a alma*[17]. Por isso, quando se trata de proclamar a doutrina salvadora de Cristo, não podemos ceder perante os obstáculos, antes havemos de comportar-nos de tal modo que se cumpram em nós estas palavras de *Caminho*: "Não tenhas medo à verdade, ainda que a verdade te acarrete a morte"[18].

A história da Igreja mostra que, às vezes, as tribulações fazem com que uma pessoa se acovarde e esmoreça no seu relacionamento com Deus; mas, em muitas outras ocasiões, fazem amadurecer as almas santas, que carregam a cruz de cada dia e seguem o Senhor identificadas com Ele. Vemos constantemente esta dupla possibilidade: uma mesma dificuldade — uma doença, incompreensões etc. — tem efeitos diferentes conforme as disposições da alma. Se queremos ser santos, não há dúvida de que as nossas disposições devem ser as de seguir sempre de perto o Senhor, apesar de todos os obstáculos.

Em momentos de contrariedade, é de grande ajuda fomentar a esperança do Céu: ajuda-nos a ser firmes na fé perante qualquer tipo de perseguição ou tentativa de desorientação. "E se caminharmos sempre com esta determinação de antes morrer que deixar de chegar ao fim, mesmo que o Senhor vos leve com alguma sede por este caminho da vida, Ele vos dará de beber com toda a abundância na outra e sem temor de que vos venha a faltar"[19].

Em épocas de dificuldades externas, devemos ajudar os nossos irmãos na fé a ser firmes perante essas oposições. Prestar-lhes-emos essa ajuda se não lhes faltarmos com o nosso exemplo, com a nossa palavra, com a nossa alegria, com a nossa fidelidade e a nossa oração; e sobretudo se procurarmos ser especialmente delicados em viver com eles a caridade fraterna, porque *o irmão ajudado pelo seu irmão é como uma cidade amuralhada*[20]; é inexpugnável.

A Virgem, nossa Mãe, está particularmente perto de nós em todas as circunstâncias difíceis. Hoje dirigimo-nos também de modo especial ao primeiro mártir que deu a vida por Cristo, pedindo-lhe que nos ajude a ser fortes em todas as tribulações.

(1) *Antífona de entrada* da Missa do dia 26 de dezembro; (2) São Fulgêncio, *Sermão 3*; (3) Jo 15, 18-19; (4) Santo Agostinho, *Sermão 6*, 2; (5) At 5, 41; (6) São João Crisóstomo, *Homilia sobre os Atos dos Apóstolos*, 14; (7) cf. At 7, 54-60; (8) At 28, 22; (9) Jo 16, 33; (10) Santo Agostinho, *Comentários sobre os Salmos*, 39, 1; (11) Jo 16, 2; (12) 2 Cor 7, 4; (13) *Coleta* da Missa do dia 26 de dezembro; (14) cf. Mt 5, 44; (15) Ef 4, 15; (16) Mt 5, 11; (17) Mt 10, 28; (18) São Josemaria Escrivá, *Caminho*, n. 34; (19) Santa Teresa, *Caminho de perfeição*, 20, 2; (20) Pr 18, 19.

SÃO JOÃO APÓSTOLO E EVANGELISTA. 27 DE DEZEMBRO

33. O DISCÍPULO QUE O SENHOR AMAVA

— A vocação do apóstolo. Sua fidelidade. A nossa própria vocação.
— Detalhes particulares de predileção por parte do Senhor. A missão de cuidar de Santa Maria. A nossa devoção à Virgem.
— A pesca no lago depois da Ressurreição. A fé e o amor fazem distinguir Cristo a distância; devemos aprender a vê-lo em nossa vida diária. Pedidos a São João.

I. O APÓSTOLO SÃO JOÃO era natural de Betsaida, cidade da Galileia na margem norte do mar de Tiberíades. Seus pais eram Zebedeu e Salomé; e seu irmão, Tiago. Formavam uma família remediada de pescadores que, ao conhecerem o Senhor, não duvidaram em pôr-se totalmente à sua disposição. João e Tiago, em resposta à chamada de Jesus, *seguiram-no, deixando seu pai Zebedeu na barca com os jornaleiros*[1]. Salomé, a mãe, também seguiu Jesus, servindo-o com os seus bens na Galileia e em Jerusalém, e acompanhando-o até o Calvário[2].

João tinha sido discípulo do Batista quando este pregava no Jordão, até que um dia Jesus passou por ali e o Precursor o apontou: *Eis o Cordeiro de Deus. Ao ouvir isso, foram atrás do Senhor e passaram com Ele aquele dia*[3]. São João nunca esqueceu esse encontro. Não quis dizer-nos nada do que falou naquele dia com o Mestre, mas sabemos que, a partir de então, nunca mais o abandonou; quando escreve o seu Evangelho, já ancião, não deixa de mencionar a hora em que se deu o seu encontro com Jesus: *Era por volta da hora décima*[4], das quatro da tarde.

Voltou para casa, retomando o trabalho da pesca. Pouco tempo depois, o Senhor, que o preparara desde aquele primeiro encontro, chama-o definitivamente para formar parte do grupo dos Doze. Era o mais novo dos apóstolos; ainda não devia ter vinte anos quando correspondeu à chamada do Senhor[5], e fê-lo com o coração inteiro, com um amor indiviso, exclusivo.

Em São João — e em nós — vemos como a vocação dá sentido a tudo; a vida inteira é afetada pelos planos do Senhor. "A descoberta da vocação pessoal é o momento mais importante de toda a existência. Faz com que tudo mude sem nada mudar, tal como uma paisagem que, sendo a mesma, é diferente antes e depois de o sol nascer, quando é banhada pela lua ou quando está mergulhada nas trevas da noite. Toda a descoberta comunica uma nova beleza às coisas, e, como ao lançar nova luz provoca novas sombras, é prelúdio de outras descobertas e de luzes novas, ainda mais belas"[6].

Toda a vida de João esteve centrada no seu Senhor e Mestre. Na sua fidelidade a Jesus, encontrou ele o sentido da sua vida. Não opôs nenhuma resistência à chamada divina, e soube permanecer no Calvário quando todos os outros desapareceram. Assim há de ser a vida de cada um de nós, pois toda a pregação do Senhor, à parte as chamadas especiais que dirige a este ou àquele, encerra de algum modo uma vocação, um convite para segui-lo numa vida nova cujo segredo só Ele possui: *Se alguém quiser vir após Mim...*[7]

O Senhor escolheu-nos a todos[8] — a alguns com uma vocação específica — para segui-lo, imitá-lo e prosseguir no mundo a obra da sua Redenção. E de todos espera uma fidelidade alegre e firme, como foi a do apóstolo João, tanto nos momentos fáceis como nos difíceis.

II. *ESTE É O APÓSTOLO que durante a ceia reclinou a cabeça no peito do Senhor. Este é o apóstolo a quem foram revelados os segredos do Reino e que difundiu por toda a terra as palavras da vida*[9].

Juntamente com Pedro, São João recebeu do Senhor particulares provas de amizade e de confiança. O Evangelista cita-se a si próprio, discretamente, como o *discípulo que Jesus amava*[10]. Isto indica que Jesus teve um especial afeto por ele. No momento solene da Última Ceia, quando Jesus anuncia aos apóstolos a traição de um deles, João não duvida em perguntar ao Senhor, apoiando a cabeça no seu peito, quem seria o traidor[11]. A suprema expressão de confiança no *discípulo amado* se dá quando o Senhor, do alto da Cruz, lhe entrega o maior amor que teve na terra: a sua Santíssima Mãe. Se o momento em que Jesus o chamou para que o seguisse, deixando todas as coisas, foi transcendental na sua vida, também o foi o instante em que recebeu no Calvário a missão mais delicada e amável de todas: cuidar da Mãe de Deus.

Jesus, vendo sua mãe e o discípulo a quem amava, que estava ali, disse à sua mãe: Mulher, eis aí o teu filho. Depois disse ao discípulo: Eis aí a tua mãe. E desde aquela hora o discípulo a recebeu em sua casa[12]. Hoje olhamos o *discípulo que Jesus amava* com uma santa inveja pelo imenso dom que o Senhor lhe fez ao confiar-lhe a sua Mãe, e ao mesmo tempo podemos agradecer-lhe os cuidados que teve para com Ela até o final dos seus dias aqui na terra.

Todos os cristãos, representados em João, somos filhos de Maria. Temos que aprender do apóstolo a tratá-la com confiança. Ele, "o discípulo amado de Jesus, recebe Maria e introdu-la em sua casa, na sua vida. Os autores espirituais viram nessas palavras do Santo Evangelho um convite dirigido a todos os cristãos para que todos soubessem também introduzir Maria em suas vidas. Em certo sentido, é um esclarecimento quase supérfluo, porque Maria quer sem dúvida que a invoquemos, que nos aproximemos dEla com confiança, que recorramos à sua maternidade, pedindo-lhe *que se manifeste como nossa Mãe*"[13].

Podemos imaginar também a enorme influência que Maria teria exercido na alma do jovem apóstolo. E podemos imaginá-la com maior precisão se recordarmos essas épocas da nossa vida — talvez estes dias — em que nós próprios recorremos à Mãe de Deus e a tratamos com particular intimidade.

III. POUCOS DIAS depois da Ressurreição do Senhor, alguns dos seus discípulos encontravam-se junto do mar de Tiberíades, na Galileia, cumprindo o que o Ressuscitado lhes havia indicado[14]. Estão novamente ocupados no seu ofício de pescadores. Entre eles encontram-se João e Pedro.

O Senhor vai ter com os seus. O relato descreve-nos uma cena tocante entre Jesus e os que, apesar de tudo, lhe permaneciam fiéis. "Passa ao lado dos seus apóstolos, junto dessas almas que se lhe entregaram. E eles não se dão conta disso. Quantas vezes está Cristo, não perto de nós, mas dentro de nós, e temos uma vida tão humana! [...]. Volta à memória daqueles discípulos o que tantas vezes tinham ouvido dos lábios do Mestre: pescadores de homens, apóstolos. E compreendem que tudo é possível, porque é Ele quem dirige a pesca.

"Então aquele discípulo que Jesus amava disse a Pedro: É o Senhor! O amor, o amor vê de longe. O amor é o primeiro a captar essas delicadezas. O apóstolo adolescente, com o firme carinho que sentia por Jesus, pois amava a Cristo com toda a pureza e toda a ternura de um coração que nunca se corrompera, exclamou: É o Senhor!

"Simão Pedro, mal ouviu dizer que era o Senhor, vestiu a túnica e lançou-se ao mar. Pedro é a fé. E lança-se ao mar, cheio de uma audácia maravilhosa. Com o amor de João e a fé de Pedro, até onde não poderemos nós chegar!"[15]

É o Senhor! Este grito deve sair também dos nossos corações no meio do trabalho, quando chega a doença, no relacionamento com os familiares, com os amigos etc. Temos que pedir a São João que nos ensine a distinguir o rosto de Jesus no meio das realidades em que nos movemos, porque Ele está muito perto de nós e é o único que pode dar sentido ao que fazemos.

Além dos escritos inspirados por Deus, conhecemos por tradição detalhes que confirmam o desvelo com que São João se empenhou em que se mantivessem entre os primeiros cristãos a pureza da fé e a fidelidade ao mandamento do amor fraterno[16]. São Jerônimo conta-nos que o apóstolo, já muito velho, repetia continuamente aos discípulos que o levavam às reuniões: "Filhinhos, amai-vos uns aos outros". E quando um dia lhe perguntaram por que insistia em repetir sempre a mesma coisa, respondeu: "Este é o mandamento do Senhor; se se cumpre, não é preciso mais nada"[17].

Podemos pedir hoje a São João muitas coisas: de modo especial, que os jovens procurem a Cristo, que o encontrem e tenham a generosidade de seguir a sua chamada. E podemos ainda recorrer à sua intercessão para que nós mesmos sejamos fiéis ao Senhor como ele o foi; para que saibamos ter o amor e o respeito pelo sucessor de Pedro que ele manifestou pelo primeiro Vigário de Cristo na terra; para que nos ensine a tratar Maria, Mãe de Deus e Mãe nossa, com mais carinho e mais confiança; para que aqueles que estão ao nosso lado possam saber que somos discípulos de Jesus pelo modo como os tratamos.

Ó Deus, que pelo Apóstolo São João nos revelastes os mistérios do vosso Filho, tornai-nos capazes de conhecer e amar o que ele nos ensinou de modo incomparável[18].

(1) Mc 1, 20; (2) Mc 15, 40-41; (3) Jo 1, 35-39; (4) Jo 1, 39; (5) cf. *Santos Evangelhos*, EUNSA, 1983, p. 1094; (6) F. Suárez, *A Virgem Nossa Senhora*, p. 80; (7) Mt 16, 24; (8) cf. Rm 1, 7; 2 Cor 1, 1; (9) *Antífona de entrada* da Missa do dia 27 de dezembro; (10) cf. Jo 13, 23; 19, 26 etc.; (11) Jo 13, 23; (12) Jo 19, 26-27; (13) São Josemaria Escrivá, *É Cristo que passa*, n. 140; (14) cf. Mt 28, 7; (15) São Josemaria Escrivá, *Amigos de Deus*, ns. 265-266; (16) cf. *Santos Evangelhos*, EUNSA, 1983, p. 1101; (17) São Jerônimo, *Comentário a Gálatas*, 3, 6; (18) *Coleta* da Missa do dia 27 de dezembro.

SANTOS INOCENTES. 28 DE DEZEMBRO

34. O MARTÍRIO DOS INOCENTES

— A dor, uma realidade da nossa vida. Santificação da dor.
— A cruz de cada dia.
— Os que sofrem com sentido de corredenção serão consolados por Nosso Senhor. Devemos compadecer-nos das dificuldades e dores dos nossos irmãos e ajudá-los a superá-las.

I. *HERODES, AO VER que os Magos o tinham enganado, irritou-se em extremo e mandou matar todos os meninos que havia em Belém e seus arredores, de dois anos para baixo, consoante o tempo que cuidadosamente tinha averiguado dos Magos*[1].

Não há uma explicação fácil para o sofrimento, e muito menos para o de um inocente. O relato de São Mateus que lemos na Missa de hoje mostra-nos o sofrimento, à primeira vista inútil e injusto, de uns meninos que dão a sua vida por uma Pessoa e por uma Verdade que ainda não conhecem.

O sofrimento é causa frequente de escândalo e levanta-se diante de muitos como um imenso muro que os impede de ver a Deus e de compreender o seu amor infinito pelos homens. Por que Deus todo-poderoso não evita tanta dor aparentemente inútil?

A dor é um mistério e, no entanto, o cristão descobre nas trevas do sofrimento, próprio ou alheio, a mão amorosa e providente de seu Pai-Deus — que sabe mais e vê mais longe —, e entende de alguma forma as palavras de São Paulo aos primeiros cristãos de Roma: *Todas as coisas contribuem para o bem dos que amam a Deus*[2], mesmo aquelas que nos são dolorosamente inexplicáveis ou incompreensíveis.

Não devemos esquecer-nos também de que nem sempre a nossa maior felicidade e o nosso bem mais autêntico estão naquilo que sonhamos e desejamos. É-nos difícil contemplar os acontecimentos na sua verdadeira perspectiva: só captamos uma parte muito pequena da realidade; só vemos a realidade daqui de baixo, a imediata. Tendemos a encarar a existência terrena como se fosse a definitiva, e com certa frequência consideramos o tempo desta vida como o período em que deveriam realizar-se e ser saciadas as ânsias de perfeita felicidade que se encerram em nosso coração. "Hoje, passados vinte séculos, continuamos a comover-nos ao pensar naquelas crianças degoladas e nos seus pais. Para as crianças, o transe foi rápido; no outro mundo, não há dúvida de que souberam imediatamente por quem tinham morrido, como o tinham salvo e a glória que os acolhia. Para os pais, a dor foi com certeza mais longa, mas, quando morreram, compreenderam também como Deus, que estava em dívida com eles, paga as dívidas com juros. Tanto estes como aquelas sofreram para salvar Deus da morte..."[3]

A dor apresenta-se de muitas formas, e em nenhuma delas é espontaneamente querida por ninguém. No entanto, Jesus proclama *bem-aventurados*[4] os que choram, ou seja, os que nesta vida carregam um pouco mais de cruz: doença, invalidez, dor física, pobreza, difamação, injustiça... Porque a fé muda a dor de sinal; levando-nos para junto de Cristo, transforma-a numa "carícia de Deus", em algo de grande valor e fecundidade.

Estes foram resgatados dentre os homens como primícias oferecidas a Deus e ao Cordeiro. Estes são os que seguem o Cordeiro aonde quer que Ele vá[5].

II. A CRUZ — a dor e o sofrimento — foi o instrumento que o Senhor utilizou para nos redimir. Poderia servir-se de outros meios, mas quis redimir-nos precisamente através da Cruz. Desde então, a dor tem um novo sentido, que só se compreende quando se está junto dEle.

O Senhor não modificou as leis da criação: quis ser um homem como nós. Podia ter suprimido o sofrimento, e, no entanto, não o evitou a si próprio. Alimentou milagrosamente multidões inteiras, e, no entanto, quis passar fome. Compartilhou as nossas fadigas e as nossas penas. A alma de Jesus experimentou todas as amarguras: a indiferença, a ingratidão, a traição, a calúnia, a dor moral que o afligiu em grau supremo ao assumir os pecados da humanidade, a morte infamante na Cruz. Seus adversários estavam admirados porque a sua conduta era incompreensível: *Salvou outros* — diziam em tom irônico — *e não pode salvar-se a si próprio*[6].

O Senhor quer que evitemos a dor e que lutemos contra a doença por todos os meios ao nosso alcance; mas quer, ao mesmo tempo, que demos um sentido redentor e de purificação pessoal aos nossos sofrimentos, mesmo àqueles que nos parecem injustos ou desproporcionados. Esta doutrina cumulava de alegria o apóstolo São Paulo, que assim o manifestava da prisão aos primeiros cristãos da Ásia Menor: *Agora alegro-me com os meus padecimentos por vós e completo na minha carne o que falta às tribulações de Cristo pelo seu corpo, que é a Igreja*[7].

A dor não santifica aqueles que sofrem nesta vida por causa do seu orgulho ferido, da inveja, do amor próprio etc. Quanto sofrimento fabricado por nós mesmos! Essa cruz não é a de Jesus, e surge precisamente por se estar longe dEle. Essa cruz é nossa, e é pesada e estéril. Examinemos hoje na nossa oração se levamos com garbo a verdadeira Cruz do Senhor.

Esta Cruz verdadeira consistirá frequentemente em pequenas contrariedades que aparecem no trabalho, na convivência: pode ser um imprevisto com que não contávamos, o caráter de uma pessoa com quem necessariamente temos de conviver, planos que devemos mudar em cima da hora, instrumentos de trabalho que se estragam quando nos eram mais necessários, dificuldades causadas pelo frio ou pelo calor, incompreensões, uma pequena indisposição física que nos tira um pouco da nossa capacidade de trabalho...

A dor — pequena ou grande —, quando aceita e oferecida ao Senhor, produz paz e serenidade; quando repelida, deixa a alma desafinada e a braços com uma íntima rebeldia que se manifesta imediatamente em forma de tristeza ou de mau humor. Temos que tomar uma atitude decidida perante a pequena cruz de cada dia. A dor pode ser um meio que Deus nos envia para purificar tantas coisas da nossa vida passada, ou para experimentar as nossas virtudes e unir-nos aos padecimentos de Cristo Redentor, que, sendo inocente, sofreu o castigo que os nossos pecados mereciam.

Ó Deus, hoje os Santos Inocentes proclamaram a vossa glória, não com palavras, mas com a sua própria morte; concedei-nos por sua intercessão que possamos testemunhar com a nossa vida o que professamos com os nossos lábios[8].

III. *OS MENINOS INOCENTES foram mortos por causa de Cristo. Eles seguem assim o Cordeiro sem mancha e cantam: Glória a Vós, Senhor*[9].

Os que padecem com Cristo terão como prêmio a consolação de Deus nesta vida e, depois, a grande alegria da vida eterna. *Muito bem, servo bom e fiel..., vem participar da alegria do teu Senhor*[10], dir-nos-á Jesus no fim da nossa vida, se tivermos sabido viver as alegrias e as penas unidos a Ele.

Aos bem-aventurados, o próprio Deus *enxugará as lágrimas dos seus olhos, e a morte deixará de existir, e não haverá luto, nem pranto, nem fadigas, porque tudo isso terá passado*[11]. A esperança do Céu é uma fonte inesgotável de paciência e de energia para os momentos de sofrimento intenso. Comparado com a recompensa que Deus nos preparou, o peso das nossas aflições deve parecer-nos leve[12].

Além disso, aqueles que oferecem a Deus a sua dor são corredentores com Cristo, pois Deus Pai sempre derrama sobre eles uma grande consolação, que os enche de uma paz contagiosa no meio das suas penas. *Porque, assim como nos chegam em abundância os padecimentos de Cristo, assim também por Cristo é abundante a nossa consolação*[13].

Ao dirigir-nos essas palavras, São Paulo sente-se consolado pela misericórdia divina, e isso permite-lhe consolar e animar os outros, transmitindo-lhes a certeza de que Deus Pai está sempre muito perto dos seus filhos, especialmente quando sofrem.

Pode às vezes acontecer que, perante uma situação dolorosa que atinge determinada pessoa, não saibamos como atuar. Um bom meio para termos luz abundante será recolher-nos por uns instantes em oração e perguntar-nos o que o Senhor faria nas nossas circunstâncias. Umas vezes, bastará fazer um pouco de companhia a essa pessoa, outras conversar com ela em tom positivo, animá-la a oferecer a sua dor por intenções concretas, ajudá-la a rezar alguma oração, escutá-la etc.

Quando nestes dias tantas pessoas se esquecem do sentido cristão destas festas, nós procuraremos usar da luz e do sal das pequenas mortificações, na certeza de que assim daremos uma alegria ao Senhor e contribuiremos para aproximar da paz do Presépio muitas outras almas.

A contemplação frequente de Maria junto à Cruz de seu Filho ensinar-nos-á a oferecer a Deus as nossas dores e sofrimentos, e a ter sentimentos de grande compaixão pelos que sofrem. Peçamos-lhe hoje que nos ensine a santificar a dor, unindo-a à do seu Filho Jesus.

(1) Mt 2, 16; (2) Rm 8, 28; (3) Frank J. Sheed, *Conocer a Jesucristo*, Epalsa, Madri, 1981, p. 73; (4) Mt 5, 5; (5) Ap 14, 4; *Antífona da comunhão* da Missa do dia 28 de dezembro; (6) Mt 27, 42; (7) Col 1, 24; (8) *Coleta* da Missa do dia 28 de dezembro; (9) *Antífona de entrada* da Missa do dia 28 de dezembro; (10) cf. Mt 25, 3; (11) Ap 21, 3-4; (12) cf. 2 Cor 4, 17; (13) 2 Cor 1, 5.

Tempo do Natal. 29 de Dezembro

35. TORNAR O MUNDO MAIS JUSTO

— Cabe aos cristãos contribuir para criar uma ordem mais justa, mais humana.
— Algumas consequências do compromisso pessoal dos cristãos.
— A justiça por si só não resolve os problemas dos homens. Justiça e misericórdia

I. *TANTO AMOU DEUS o mundo que lhe deu o seu próprio Filho: quem nEle crê não perece, mas possui a vida eterna*, diz-nos São João no começo da Missa de hoje[1].

O Menino que contemplamos durante estes dias no presépio é o Redentor do mundo e de cada homem. Vem, em primeiro lugar, para nos dar a vida eterna, de forma incoada na nossa existência terrena e em posse plena depois da morte.

Faz-se homem para chamar os pecadores[2], para salvar o que estava perdido[3], para comunicar a todos a vida divina[4].

Durante os seus anos de vida pública, o Senhor pouco nos disse da situação política e social do seu povo, apesar da opressão que este sofria por parte dos romanos. Manifesta em diversas ocasiões que não quer ser um Messias político ou um libertador do jugo romano. Vem dar-nos a liberdade dos filhos de Deus: *liberdade do pecado*, do pecado em que caímos e que nos reduziu à condição de escravos; *liberdade da morte eterna*, dessa morte que é também consequência do pecado; *liberdade do jugo do demônio*, pois o homem já pode vencer o pecado com o auxílio da graça; *liberdade da vida segundo a carne*, da carne que se opõe à vida sobrenatural: "A liberdade trazida por Cristo no Espírito Santo restituiu-nos a capacidade — de que o pecado nos tinha privado — de amar a Deus acima de tudo e de permanecer em comunhão com Ele"[5].

Com a sua atitude, o Senhor marcou também o caminho para a sua Igreja, continuadora da sua obra aqui na terra até o fim dos tempos. A solicitude da Igreja pelos problemas sociais deriva da sua missão espiritual e mantém-se nos limites dessa missão. Enquanto tal, a Igreja não tem como missão os assuntos temporais[6]; é desse modo que segue os passos de Cristo, que afirmou que o seu Reino não era deste mundo[7] e se negou expressamente a ser juiz ou promotor da justiça humana[8].

Cabe fundamentalmente aos cristãos — sem comprometerem com a sua atuação a Igreja como tal[9] — o dever de contribuir para a criação de uma ordem mais justa, mais humana, devendo mobilizar todos os meios ao seu alcance para resolver os grandes problemas sociais que afetam hoje a humanidade. "Convém que cada um se examine — pedia Paulo VI — para ver o que fez até agora e o que deve ainda fazer. Não basta recordar princípios gerais, manifestar propósitos, condenar as injustiças graves, proferir denúncias com certa audácia profética; tudo isso não terá peso real se não se fizer acompanhar em cada homem de uma tomada de consciência mais viva da sua própria responsabilidade e de uma ação efetiva. É demasiado fácil lançar sobre os outros a responsabilidade das injustiças presentes, se ao mesmo tempo não se percebe que todos somos igualmente responsáveis, e que, portanto, a primeira das exigências é a conversão pessoal"[10].

Podemos perguntar-nos hoje na nossa oração se pomos em prática esses meios, se temos verdadeiro interesse em conhecer bem os ensinamentos sociais da Igreja, se os observamos pessoalmente, se procuramos — na medida em que nos for possível — que as leis e costumes reflitam esses ensinamentos no que diz respeito à família, à educação, aos salários, ao direito ao trabalho etc. O Senhor, que nos contempla da gruta de Belém, estará contente conosco se realmente nos vir empenhados em tornar o mundo mais justo na cidade, grande ou pequena, em que vivemos, no bairro, na empresa em que trabalhamos.

II. A SOLUÇÃO ÚLTIMA para instaurar a justiça e a paz no mundo reside no coração humano, porque, quando este se afasta de Deus, converte-se em fonte de uma escravidão radical do homem e das opressões a que submete os seus semelhantes[11]. Por isso não podemos esquecer em momento algum que, quando procuramos tornar mais cristão o mundo que nos rodeia, mediante o apostolado pessoal, estamos convertendo-o ao mesmo tempo num mundo mais humano. E, paralelamente, quando procuramos que o ambiente em que vivemos — social, familiar, profissional — seja mais justo e mais humano, estamos criando as condições para que Cristo seja mais facilmente conhecido e amado.

A decisão de viver a virtude da justiça, sem reduções, há de levar-nos a pedir diariamente pelos responsáveis pelo bem comum — governantes, empresários, dirigentes sindicais etc. —, pois deles depende em grande medida a solução dos grandes problemas sociais e humanos. E há de levar-nos também a viver até às suas últimas consequências o nosso compromisso pessoal com a prática da justiça, sem nos deixarmos arrastar por inibições nem delegar em outros a responsabilidade a que a Igreja nos urge: pagando o devido às pessoas que nos servem; fazendo o possível por melhorar as condições de vida dos mais necessitados; comportando-nos exemplarmente, com competência e dedicação profissional, no nosso trabalho; exercendo com responsabilidade e iniciativa os nossos direitos e deveres de cidadãos; participando das diversas associações a que possamos comunicar, juntamente com outras pessoas de boa vontade, um sentido mais humano e mais cristão. E isto ainda que tenhamos que despender um tempo de que normalmente não dispomos; se nos esforçarmos, o Senhor aumentará as horas do nosso dia.

O programa de vida que o Senhor nos deixou traz consigo a maior mudança que se pode dar na humanidade. Diz-nos esse programa que todos somos filhos de Deus e, portanto, irmãos; é uma mudança profunda nas relações entre os homens. As vitórias que a doutrina de Cristo conseguiu ao longo dos séculos — a abolição da escravatura, o reconhecimento da dignidade da mulher, a proteção dos órfãos e das viúvas, o atendimento de enfermos e marginalizados... — são consequências do sentido de fraternidade que a fé cristã semeia por toda a parte. Pode-se dizer de nós que, com as nossas palavras e os nossos atos, estamos verdadeiramente contribuindo para um mundo mais justo, mais humano, no nosso ambiente profissional e social?

Com palavras de São Josemaria Escrivá, recordamos: "Talvez pensemos em tantas injustiças que não se remedeiam, em abusos que não se corrigem, em situações de discriminação que se transmitem de geração em geração sem que se comece a pôr em prática uma solução de fundo. [...]

"Um homem e uma sociedade que não reajam perante as tribulações ou as injustiças, e não se esforcem por aliviá-las, não são nem homem nem sociedade à medida do amor do Coração de Cristo. Os cristãos — conservando sempre a mais ampla liberdade à hora de estudar e de aplicar as diversas soluções, e, portanto, com um lógico pluralismo — devem identificar-se no mesmo empenho em servir a humanidade. De outro modo, o seu cristianismo não será a Palavra e a Vida de Jesus: será um disfarce, um logro perante Deus e perante os homens"[12]. *De tal maneira amou Deus o mundo que lhe entregou o seu Filho Unigênito...*

III. SOMENTE COM A JUSTIÇA não poderemos resolver os problemas dos homens: "Embora se consiga atingir uma razoável distribuição dos bens e uma harmoniosa organização da sociedade, jamais desaparecerá a dor da doença, da incompreensão ou da solidão, da morte das pessoas que amamos, da experiência das nossas limitações"[13].

A justiça vê-se enriquecida e complementada pela misericórdia. Mais ainda, a estrita justiça "pode conduzir à negação e ao aniquilamento de si mesma, se não se permite que essa forma mais profunda, que é o amor, plasme a vida humana"[14]; semelhante justiça pode terminar "num sistema de opressão dos mais fracos pelos mais fortes, ou numa arena de luta permanente de uns contra outros"[15].

A justiça e a misericórdia apoiam-se e se fortalecem mutuamente. "Só com a justiça não resolvereis nunca os grandes problemas da humanidade. Quando se faz justiça a seco, não vos admireis de que a gente se sinta magoada: pede muito mais a dignidade do homem, que é filho de Deus"[16].

Por sua vez, a caridade sem justiça não seria verdadeira caridade, mas uma simples tentativa de tranquilizar a consciência. Há pessoas que se chamam a si próprias "cristãs", mas "prescindem da justiça e limitam-se a um pouco de beneficência, que qualificam como caridade, sem perceber que isso é apenas uma pequena parte do que estão obrigadas a fazer. A caridade — que é como que um generoso exorbitar-se da justiça — exige primeiro o cumprimento do dever. Começa-se pelo que é justo, continua-se pelo que é mais equitativo... Mas, para amar, requer-se muita finura, muita delicadeza, muito respeito, muita afabilidade"[17].

A melhor maneira de um cristão promover a justiça e a paz no mundo é o empenho em viver como verdadeiro filho de Deus. Se se decide a levar as exigências do Evangelho à sua vida pessoal, à família, ao trabalho, ao mundo em que se move diariamente e do qual participa, contribuirá para mudar a sociedade e torná-la mais justa e mais humana. O Senhor, da gruta de Belém, anima-nos a fazê-lo. Nunca deve ser motivo de desânimo o fato de nos parecer que é muito pouco o que está ao nosso alcance. Foi assim que os primeiros cristãos transformaram o mundo: com um esforço diário, concreto e aparentemente pequeno.

(1) Jo 3, 16; *Antífona de entrada* da Missa do dia 29 de dezembro; (2) Lc 5, 32; (3) Lc 19, 10; (4) Mc 10, 45; (5) Sagrada Congregação para a Doutrina da Fé, Instrução *Sobre a liberdade cristã e a libertação*, 22-III-1986, 53; (6) cf. Paulo VI, Encíclica *Populorum progressio*, 26-

-III-1967, 8; (7) Sagrada Congregação para a Doutrina da Fé, Instrução *Sobre a liberdade cristã e a libertação*, 80; (8) Jo 19, 36; (9) cf. Lc 12, 13 e segs.; (10) Paulo VI, Carta *Octogesima adveniens*, 14-V-1971, 48; (11) Sagrada Congregação para a Doutrina da Fé, *Sobre a liberdade cristã e a libertação*, 39; (12) São Josemaria Escrivá, *É Cristo que passa*, n. 167; (13) *ibid.*, n. 168; (14) João Paulo II, Encíclica *Dives in misericordia*, 12; (15) *ibid.*, 14; (16) São Josemaria Escrivá, *Amigos de Deus*, n. 172; (17) *ibid.*, ns. 172-173.

TEMPO DO NATAL. 30 DE DEZEMBRO

36. *NÃO TEMAIS*

— Jesus Cristo é sempre a nossa segurança no meio das dificuldades e tentações que nos possam assaltar. Com Ele, ganham-se todas as batalhas.
— Sentido da filiação divina. Confiança em Deus. Ele nunca chega tarde para nos socorrer.
— Providência. Todas as coisas contribuem para o bem dos que amam a Deus.

I. A HISTÓRIA DA ENCARNAÇÃO abre-se com estas palavras: *Não temas, Maria*[1]. E o mesmo diz o Anjo do Senhor a São José: *José, filho de Davi, não temas*[2]. E repete-o aos pastores: *Não temais*[3]. Este clima que rodeia a entrada de Deus no mundo marca com um estilo próprio a presença de Jesus entre os homens.

Certa vez, acompanhado pelos seus discípulos, o Senhor atravessava o pequeno mar da Galileia. *E eis que surgiu uma grande tempestade no mar, de modo que as ondas cobriam a barca*[4]. São Marcos indica com precisão o momento histórico do acontecimento: foi na tarde do dia em que Jesus falou das parábolas sobre o Reino dos céus[5]. Depois dessa longa pregação, compreende-se que o Senhor, cansado, adormecesse enquanto navegavam.

A tempestade deve ter sido assustadora, porque, embora estivessem acostumados ao mar, os apóstolos sentiram que corriam um sério risco de soçobrar. A princípio, devem ter respeitado o sono do Mestre (devia estar muito cansado para não acordar!), e certamente fizeram tudo o que estava ao seu alcance para enfrentar a situação: arriaram as velas, remaram com força, tiraram e voltaram a tirar a água que entrava na barca... Mas o mar encrespava-se mais e mais, e o perigo de naufrágio era iminente. Então, inquietos, amedrontados, dirigem-se ao Senhor como recurso único e definitivo. *Acordaram-no dizendo: Senhor, salva-nos, que perecemos. Jesus respondeu-lhes: Por que estais amedrontados, homens de pouca fé?*[6]

O temor é um fenômeno cada vez mais estendido nos nossos dias. Tem-se medo de quase tudo. Muitas vezes, esse estado de ânimo resulta da ignorância, do egoísmo (excessiva preocupação pessoal, ansiedade por males que talvez nunca cheguem etc.), mas, sobretudo, é consequência de que construímos a nossa vida sobre alicerces muito frágeis.

Podemos esquecer-nos de uma verdade essencial: Jesus Cristo é sempre a nossa segurança. Não se trata de sermos insensíveis aos acontecimentos, mas de aumentarmos a nossa confiança e de empregarmos, em cada caso, os meios humanos ao nosso alcance. Não devemos esquecer nunca que estar perto de Jesus, ainda que pareça que Ele dorme, é estar seguros. Em momentos de perturbação, de prova, Jesus não se esquece de nós: "Nunca falhou aos seus amigos"[7], nunca.

II. DEUS NUNCA CHEGA TARDE em socorro dos seus filhos. Mesmo nos casos mais extremos, sempre chega no momento oportuno, ainda que por vezes de um modo misterioso e oculto. A plena confiança no Senhor, somada aos meios humanos que seja necessário empregar, dá ao cristão uma singular fortaleza e uma especial serenidade para enfrentar os acontecimentos e as circunstâncias adversas.

"Se não O abandonas, Ele não te abandonará"[8]. E nós — dizemo-lo na nossa oração pessoal — não queremos abandoná-lo. Junto dEle, ganham-se todas as batalhas, ainda que, a curto prazo, possa parecer que se perdem. "Quando pensamos que tudo se afunda sob os nossos olhos, nada se afunda, porque

Tu és, Senhor, a minha fortaleza (Sl 42, 2). Se Deus mora em nossa alma, todo o resto, por mais importante que pareça, é acidental, transitório. Em contrapartida, nós, em Deus, somos o permanente"[9]. Este é o remédio para afastarmos da nossa vida os medos, as tensões e as ansiedades. Perante um panorama humanamente difícil, São Paulo animava os primeiros cristãos de Roma com estas palavras: *Se Deus é por nós, quem será contra nós? [...] Quem nos separará do amor de Cristo? A tribulação, a angústia, a perseguição, a fome, a nudez, o perigo, a espada? [...] Mas em todas estas coisas vencemos por Aquele que nos amou. Porque estou persuadido de que nem a morte, nem a vida, nem os anjos, nem os principados, nem o presente, nem o futuro, nem as virtudes, nem a altura, nem as profundezas, nem nenhuma outra criatura poderá separar-nos do amor de Deus*[10]. O cristão, por vocação, é um homem entregue a Deus, e portanto também entrega a Ele tudo aquilo que possa vir a acontecer-lhe.

Certa vez, o Senhor instruía a multidão a respeito do amor e solicitude com que Deus acompanha cada criatura. Os que o escutavam eram pessoas simples e honradas, que louvavam a majestade de Deus, mas não possuíam a peculiar confiança dos filhos de Deus em seu Pai.

É provável que, no momento em que se dirigia ao seu auditório, passasse por lá perto uma revoada de pássaros à busca de abrigo nalgum lugar próximo. Quem se preocupava com eles? Por acaso as donas de casa não costumavam comprá-los por alguns centavos para melhorar as suas refeições? Estavam ao alcance de qualquer economia. Tinham pouco valor.

Jesus apontá-los-ia com um gesto, ao mesmo tempo que dizia aos seus ouvintes: "Nem um só destes pardais está esquecido diante de Deus". Deus conhece-os a todos. *Nenhum deles cai ao chão sem o consentimento do vosso Pai*. E o Senhor volta a incutir-nos confiança: *Não temais; vós valeis mais do que muitos pardais*[11]. Nós não somos criaturas de um dia, mas filhos de Deus para sempre. Como não há de o Senhor cuidar das nossas coisas? *Não temais*. O nosso Deus deu-nos a vida e no-la deu para sempre. E diz-nos: "A vós, meus amigos, digo-vos: *Não temais*"[12]. "Qualquer homem, contanto que seja amigo de Deus — são palavras de São Tomás —, deve estar muito confiante em que será libertado por Ele de qualquer angústia... E como Deus ajuda de modo especial os seus servos, quem serve a Deus deve viver muito tranquilo"[13]. A única condição é esta: sermos amigos de Deus, vivermos como seus filhos.

III. "DESCANSAI na filiação divina. Deus é um Pai cheio de ternura, de infinito amor"[14]. Em toda a nossa vida, tanto no terreno humano como no sobrenatural, o nosso "descanso" e a nossa segurança não têm outro alicerce firme fora da nossa filiação divina. *Lançai sobre Ele todas as vossas preocupações* — dizia São Pedro aos primeiros cristãos —, *porque Ele cuida de vós*[15].

A filiação divina não pode ser considerada como uma metáfora: não é simplesmente que Deus nos trate como um pai e queira que o tratemos como filhos; o cristão é filho de Deus pela força santificadora do próprio Deus presente no seu ser. Esta realidade é tão profunda que afeta a essência do homem, a tal ponto que São Tomás afirma que por ela o homem *é constituído num novo ser*[16].

A filiação divina é o fundamento da liberdade dos filhos de Deus, e é nela que o homem encontra a proteção de que necessita, o calor paternal e a segurança em relação ao futuro, que lhe permitem um abandono simples nas mãos divinas. Confere-lhe também a certeza de que, por trás de todos os acasos da vida, há sempre uma última razão de bem: *Todas as coisas contribuem para o bem daqueles que amam a Deus*[17]. Os próprios erros e desvios do caminho acabam sendo para bem, porque "Deus encaminha absolutamente todas as coisas para nosso proveito..."[18]

O fato de saber-se filho de Deus faz com que o cristão adquira, em todas as circunstâncias da sua vida, um modo de ser no mundo essencialmente amável, que é uma das principais manifestações da virtude da fé. O homem que se sabe filho de Deus não perde a alegria, assim como não perde a paz. A consciência da filiação divina liberta-o de tensões inúteis e, quando pela sua fraqueza se extravia, é capaz de voltar para Deus, na certeza de ser bem recebido.

A consideração da Providência ajudar-nos-á a dirigir-nos a Deus, não como um Ser longínquo, indiferente e frio, mas como um Pai que está atento a cada um de nós e que colocou um anjo — como esses anjos que anunciaram o nascimento do Senhor aos pastores — para que nos guarde em todos os nossos caminhos.

A serenidade que esta verdade comunica ao nosso modo de ser e de viver não procede de voltarmos as costas à realidade, mas de vê-la com otimismo, porque confiamos sempre na ajuda do Senhor. "Esta é a diferença entre nós e os que não conhecem a Deus. Estes, na adversidade, queixam-se e murmuram; quanto a nós, as coisas adversas não nos afastam da virtude, antes nos fortalecem nela"[19], porque sabemos que até os cabelos da nossa cabeça estão todos contados.

Ao terminarmos a nossa oração, façamos o propósito de recorrer a Jesus, presente no Sacrário, sempre que as oposições, as dificuldades ou a tribulação nos coloquem em situação de perder a alegria e a serenidade. Dirijamo-nos a Maria, que contemplamos no Presépio, tão próxima do seu Filho. Nestes dias cheios da paz do Natal — e sempre —, Ela nos ensinará a comportar-nos como filhos de Deus, mesmo nas circunstâncias mais adversas.

(1) Lc 1, 30; (2) Mt 1, 20; (3) Lc 2, 10; (4) Mt 8, 24; (5) Mc 4, 35; (6) Mt 8, 25-26; (7) Santa Teresa, *Vida*, 11, 4; (8) São Josemaria Escrivá, *Caminho*, n. 730; (9) São Josemaria Escrivá, *Amigos de Deus*, n. 92; (10) Rm 8, 31 e segs.; (11) cf. Mt 8, 26-27; (12) Lc 8, 50; (13) São Tomás, *Exposição sobre o Símbolo dos Apóstolos*, 5; (14) São Josemaria Escrivá, *Amigos de Deus*, 150; (15) 1 Pe 5, 7; (16) São Tomás, *Suma teológica*, 1-2, q. 110, a. 2 ad. 3; (17) Rm 8, 28; (18) Santo Agostinho, *De corresp. et gratia*, 30, 35; (19) São Cipriano, *De moralitate*, 13.

Tempo do Natal. 31 de Dezembro

37. RECUPERAR O TEMPO PERDIDO

— Um dia de balanço. O nosso tempo é breve. É parte muito importante da herança recebida de Deus.

— Atos de contrição pelos erros e pecados que cometemos neste ano que termina. Ações de graças pelos muitos benefícios recebidos.

— Propósitos para o ano que começa.

I. HOJE É UMA BOA OCASIÃO para fazermos um balanço do ano que passou e fixarmos propósitos para o ano que começa. É uma boa oportunidade para pedirmos perdão pelo que não fizemos, pelo amor que nos faltou; um bom momento para agradecermos a Deus todos os benefícios que nos concedeu.

A Igreja recorda-nos que somos peregrinos. Ela mesma está "presente no mundo e é peregrina"[1]. Dirige-se ao seu Senhor "peregrinando, entre as perseguições do mundo e os consolos de Deus"[2].

A nossa vida também é um caminho cheio de tribulações e de "consolos de Deus". Temos uma vida no tempo, na qual nos encontramos agora, e outra para além do tempo, na eternidade, para a qual nos encaminha a nossa peregrinação. O tempo de cada um é uma parte importante da herança recebida de Deus; é a distância que nos separa do momento em que nos apresentaremos diante de Nosso Senhor com as mãos cheias ou vazias.

Só agora, aqui nesta vida, podemos adquirir méritos para a outra. Na realidade, cada um dos nossos dias é um tempo que Deus nos presenteia para enchê-lo de amor por Ele, de caridade para com aqueles que nos rodeiam, de trabalho bem feito, de virtudes e de obras agradáveis aos olhos do Senhor. Este é o momento de amealhar o "tesouro que não envelhece". Este é, para cada um, *o tempo propício, este é o dia da salvação*[3]. Passado este tempo, já não haverá outro.

O tempo de que cada um de nós dispõe é curto, mas suficiente para dizer a Deus que o amamos e para concluir a obra de que o Senhor nos encarregou a cada um. Por isso São Paulo nos adverte: *Vivei com prudência, não como néscios, mas como sábios, aproveitando bem o tempo*[4], pois em breve *vem a noite, quando já ninguém pode trabalhar*[5]. "Verdadeiramente, é curto o nosso tempo para amar, para dar, para desagravar. Não é justo, portanto, que o malbaratemos nem que atiremos irresponsavelmente este tesouro pela janela fora. Não podemos desperdiçar esta etapa do mundo que Deus confia a cada um de nós"[6].

A brevidade do tempo é um contínuo convite para que tiremos dele o máximo rendimento aos olhos de Deus. Hoje, na nossa oração, podemos perguntar-nos se Deus está contente com a forma como vivemos o ano que passou: se foi bem aproveitado ou, pelo contrário, foi um ano de ocasiões perdidas no trabalho, na ação apostólica, na vida familiar; se fugimos com frequência da Cruz, porque nos queixávamos facilmente ao depararmos com a contrariedade e com o inesperado.

Cada ano que passa é um apelo para que santifiquemos a nossa vida diária e um aviso de que estamos um pouco mais perto do encontro definitivo com Deus. *Não nos cansemos de fazer o bem, pois a seu tempo colheremos, se não desfalecermos. Por conseguinte, enquanto dispomos de tempo, façamos o bem a todos*[7].

II. AO EXAMINAR-NOS, é fácil que verifiquemos ter havido, neste ano que termina, omissões na caridade, pouca laboriosidade no trabalho profissional, mediocridade espiritual consentida, pouca esmola, egoísmo, vaidade, faltas de mortificação na comida, graças do Espírito Santo não correspondidas, intemperança, mau humor, mau gênio, distrações mais ou menos voluntárias nas nossas práticas de piedade... São inumeráveis os motivos para terminarmos o ano pedindo perdão a Deus, fazendo atos de contrição e de desagravo. Olhamos para o tempo que passou e "devemos pedir perdão por cada dia, porque cada dia ofendemos"[8]. Nem um só dia escapou a essa realidade: foram muitas as nossas falhas e os nossos erros.

No entanto, são incomparavelmente maiores os motivos de agradecimento, tanto no campo humano como no espiritual. Foram incontáveis as moções do Espírito Santo, as graças recebidas no sacramento da Penitência e na Comunhão eucarística, as intervenções do nosso Anjo da Guarda, os méritos alcançados ao oferecermos o nosso trabalho ou a nossa dor pelos outros, as ajudas que nos prestaram. Pouco importa que agora só percebamos uma pequena parte dessa realidade. Agradeçamos a Deus todos os benefícios recebidos ao longo deste ano.

"É mister conseguirmos novas forças para servir, e que procuremos não ser ingratos, porque o Senhor nos dá essas forças com essa condição; e se não usarmos bem do tesouro e do grande estado em que Ele nos coloca, voltará a tomá-los e ficaremos muito mais pobres, e Sua Majestade dará as joias a quem as faça brilhar e as aproveite para si e para outros. Pois como poderia aproveitá-las e gastá-las generosamente quem não percebe que está rico? No meu modo de ver, é impossível, de acordo com a nossa natureza, que tenha ânimo para coisas grandes quem não pense estar favorecido por Deus; porque somos tão miseráveis e tão inclinados às coisas da terra, que, na verdade, mal poderá rejeitar todas as coisas daqui de baixo, com grande desprendimento, quem não perceba que tem algum penhor do além"[9].

Temos de encerrar o ano pedindo perdão por tantas faltas de correspondência à graça, pelas inúmeras vezes em que Jesus se pôs ao nosso lado e não fizemos nada para vê-lo e o deixamos passar; e, ao mesmo tempo, encerrá-lo agradecendo a Deus a grande misericórdia que teve conosco e os inumeráveis benefícios, muitos deles desconhecidos por nós mesmos, que Ele nos proporcionou.

III. NESTES ÚLTIMOS DIAS do ano que termina e nos primeiros do que se inicia, desejaremos uns aos outros que tenham um bom ano. Ao porteiro, ao farmacêutico, aos vizinhos..., dir-lhes-emos *Feliz Ano Novo!* ou coisa parecida. Ouviremos outras tantas pessoas desejar-nos o mesmo e lhes agradeceremos.

Mas o que é que muita gente entende por "feliz ano novo"? "É, certamente, que vocês não sofram no novo ano nenhuma doença, nenhuma pena, nenhuma contrariedade, nenhuma preocupação, antes pelo contrário, que tudo lhes sorria e lhes seja favorável, que vocês ganhem muito dinheiro e não tenham que pagar muito imposto, que os salários aumentem e o preço dos artigos diminua, que o rádio lhes dê boas notícias todas as manhãs. Em poucas palavras, que vocês não experimentem nenhum contratempo"[10].

É bom desejar estes bens humanos para nós mesmos e para os outros, se não nos separam do nosso fim último. O novo ano nos trará, em proporções desconhecidas, alegrias e contrariedades. Um ano bom, para o cristão, terá sido aquele em que tanto umas como outras lhe serviram para amar um pouco mais a Deus. Ano bom para o cristão não terá sido aquele que veio carregado — na hipótese de que isso fosse possível — de uma felicidade natural à margem de Deus. Ano bom terá sido aquele em que servimos melhor a Deus e aos outros, ainda que do ponto de vista humano tenha sido um completo desastre. Pode ter sido, por exemplo, um ano bom aquele em que apareceu a grave doença tantos anos latente e desconhecida, se soubemos santificar-nos com ela e com ela santificar aqueles que estavam à nossa volta.

Qualquer ano pode ser "o melhor ano" se aproveitarmos as graças que Deus nos reserva e que podem converter em bem a maior das desgraças. Para este ano que começa, Deus preparou-nos todas as ajudas de que necessitamos para que seja "um ano bom". Não desperdicemos nem um só dos seus dias. E quando chegar a queda, o erro ou o desânimo, recomecemos imediatamente. Em muitos casos, através do sacramento da Penitência.

Que todos tenhamos "um bom ano novo"! Oxalá possamos apresentar-nos diante do Senhor, no fim deste ano que começa, com as mãos cheias de horas de trabalho oferecidas a Deus, de empenho apostólico junto dos nossos amigos, de incontáveis pormenores de caridade para com aqueles que nos rodeiam, de muitas pequenas vitórias, de encontros irrepetíveis na Comunhão...

Façamos o propósito de converter as derrotas em vitórias, recorrendo a Deus e começando de novo. E peçamos à Virgem Maria, nossa Mãe, a graça de viver este ano que se inicia lutando como se fosse o último que o Senhor nos concede.

(1) Concílio Vaticano II, Constituição *Sacrosanctum concilium*, 2; (2) Concílio Vaticano II, Constituição *Lumen gentium*, 8; (3) 2 Cor 6, 2; (4) Ef 5, 15-16; (5) Jo 9, 4; (6) São Josemaria Escrivá, *Amigos de Deus*, n. 39; (7) Gl 6, 9-10; (8) Santo Agostinho, *Sermão 256*; (9) Santa Teresa, *Vida*, 10, 3; (10) Georges Chevrot, *O Evangelho ao ar livre*.

Oitava do Natal. Santa Maria, Mãe de Deus.
1º de Janeiro

38. MÃE DE DEUS E MÃE NOSSA

— Santa Maria, Mãe de Deus.
— Mãe nossa. Ajudas que nos presta.
— A devoção à Virgem Maria leva-nos a Cristo. Começar o novo ano junto dEla.

I. NÃO SÃO POUCAS as vezes em que contemplamos Maria com o Menino nos braços, pois a piedade cristã plasmou de mil formas diferentes a festa que celebramos hoje: a Maternidade de Maria, o fato central que ilumina toda a vida da Virgem e é o fundamento dos outros privilégios com que Deus quis adorná-la. Louvamos hoje e damos graças a Deus Pai porque Maria concebeu o seu Filho Único *à sombra do Espírito Santo e, permanecendo virgem, deu ao mundo a luz eterna, Jesus Cristo, Senhor nosso*[1]. E cantamos em nosso coração: *Salve, ó Santa Mãe de Deus*[2], pois realmente *a Mãe deu à luz o Rei cujo nome é eterno; aquela que o gerou tem ao mesmo tempo a alegria da maternidade e a glória da virgindade*[3].

Santa Maria é a Senhora, cheia de graça e de virtudes, concebida sem pecado, que é Mãe de Deus e Mãe nossa, e está nos céus em corpo e alma. A Sagrada Escritura fala-nos dEla como a mais excelsa de todas as criaturas, *a bendita*, a mais louvada entre as mulheres, a *cheia de graça*[4], Aquela que *todas as gerações chamarão bem-aventurada*[5].

A Igreja ensina-nos que Maria ocupa, depois de Cristo, o lugar mais alto e o mais próximo de nós, em função da sua maternidade divina. Ela, "pela graça de Deus, depois do seu Filho, foi exaltada sobre todos os anjos e todos os homens"[6]. *Por ti, ó Virgem Maria, chegaram ao seu cumprimento os oráculos dos profetas que anunciavam Cristo: sendo Virgem, concebeste o Filho de Deus, e permanecendo virgem, geraste-o*[7].

Diz-nos a primeira leitura da Missa de hoje que, *ao chegar a plenitude dos tempos, Deus enviou o seu Filho, nascido de mulher, nascido sob a lei...*[8] Jesus não apareceu de repente na terra vindo do céu, mas fez-se realmente homem, como nós, tomando a nossa natureza humana nas entranhas puríssimas da Virgem Maria. Enquanto Deus, é eternamente gerado, não feito, por Deus Pai. Enquanto homem, nasceu, "foi feito", de Santa Maria. "Muito me admira — diz por isso São Cirilo — que haja alguém que tenha alguma dúvida de que a Santíssima Virgem deva ser chamada Mãe de Deus. Se Nosso Senhor Jesus Cristo é Deus, por que a Santíssima Virgem, que o deu à luz, não há de ser chamada Mãe de Deus? Esta é a fé que os discípulos do Senhor nos transmitiram, ainda que não tenham empregado essa expressão. Assim nos ensinaram também os Santos Padres"[9]. Assim o definiu o Concílio de Éfeso[10].

"Todas as festas de Nossa Senhora são grandes, porque constituem ocasiões que a Igreja nos oferece para demonstrarmos com fatos o nosso amor a Santa Maria. Mas, se dentre essas festividades tivesse que escolher uma, escolheria a de hoje: a da Maternidade divina da Santíssima Virgem.

"Quando a Virgem respondeu livremente *sim* àqueles desígnios que o Criador lhe revelava, o Verbo divino assumiu a natureza humana: a alma racional e o corpo formado no seio puríssimo de Maria. A natureza divina e a natureza humana uniam-se numa única Pessoa: Jesus Cristo, verdadeiro Deus e, desde então, verdadeiro Homem; Unigênito eterno do Pai e, a partir daquele momento, como Homem, filho verdadeiro de Maria. Por isso Nossa Senhora é Mãe do Verbo encarnado, da segunda Pessoa da Santíssima Trindade que uniu a si para sempre — sem confusão — a natureza humana. Podemos dizer bem alto à Virgem Santa, como o melhor dos louvores, estas palavras que expressam a sua mais alta dignidade: Mãe de Deus"[11].

Será muito grato a Nossa Senhora que no dia de hoje lhe repitamos, como jaculatória, as palavras da Ave-Maria: *Santa Maria, Mãe de Deus, rogai por nós.*

II. "MINHA MÃE SANTÍSSIMA" é um título que damos frequentemente à Virgem e que nos é particularmente querido e consolador. Ela é verdadeiramente nossa Mãe, porque nos gera continuamente para a vida sobrenatural.

"Concebendo Cristo, gerando-o, alimentando-o, apresentando-o ao Pai no templo, padecendo com seu Filho quando morria na Cruz, cooperou de forma inteiramente ímpar com a obra do Salvador mediante a obediência, a fé, a esperança e a ardente caridade, a fim de restaurar a vida sobrenatural das almas. Por isso Ela é nossa Mãe na ordem da graça"[12].

Esta maternidade de Maria "perdura sem cessar... até a consumação perpétua de todos os eleitos. Pois, assunta aos céus, não deixou essa missão salvadora; antes, com a sua múltipla intercessão, continua obtendo-nos os dons da salvação eterna. Com o seu amor materno, cuida dos irmãos de seu Filho, que ainda peregrinam e se acham em perigo e ansiedade até que sejam conduzidos à pátria bem-aventurada"[13].

Jesus deu-nos Maria como Mãe nossa no momento em que, pregado na Cruz, dirigiu a sua Mãe estas palavras: *Mulher, eis aí o teu filho. Depois disse ao discípulo: Eis aí a tua mãe*[14]. "Assim, de um modo novo, legou a sua própria Mãe ao homem [...]. Legou-a a todos os homens [...]. Desde aquele dia, toda a Igreja a tem por Mãe; e todos os homens a têm por Mãe. Todos entendemos como dirigidas a cada um de nós as palavras pronunciadas na Cruz"[15].

Jesus olha-nos a cada um: *Eis aí a tua mãe*, diz-nos. João acolheu-a com carinho e cuidou dEla com extrema delicadeza, introduziu-a em sua casa, na sua vida. "Os autores espirituais viram nessas palavras do Santo Evangelho um convite dirigido a todos os cristãos para que todos soubessem também introduzir Maria em suas vidas. Em certo sentido, é um esclarecimento quase supérfluo, porque Maria quer sem dúvida que a invoquemos, que nos aproximemos dEla com confiança, que recorramos à sua maternidade, pedindo-lhe *que se manifeste como nossa Mãe (Monstra te esse Matrem.* Hino litúrgico *Ave maris stella*)"[16]. Quando Cristo dá a sua Mãe por Mãe nossa, manifesta o amor aos seus até o fim[17]. Quando a Virgem Maria aceita o apóstolo João como seu filho, mostra o seu amor de Mãe para com todos os homens.

Ela influiu de uma maneira decisiva na nossa vida. Cada um tem a sua própria experiência. Olhando para trás, percebemos como interveio em nossa ajuda nos momentos de dificuldade, como se empenhou em levar-nos para a frente; descobrimos o empurrão com que nos fez recomeçar definitivamente. "Quando me ponho a considerar todas as graças que recebi de Maria Santíssima, parece-me que sou um desses santuários marianos cujas paredes estão recobertas de *ex-votos* em que se lê somente esta inscrição: «Por graça recebida de Maria». Assim parece que estou eu escrito por todos os lados: «Por graça recebida de Maria». Todos os bons pensamentos, todas as boas vontades, todos os bons sentimentos do meu coração: «Por graça de Maria»"[18].

Poderíamos perguntar-nos nesta festa de Nossa Senhora se temos sabido *acolhê-la* como São João[19], se lhe dizemos muitas vezes: *Monstra te esse matrem!* Mostra que és Mãe!, manifestando com as nossas boas obras que também desejamos ser bons filhos seus.

III. A VIRGEM CUMPRE a sua missão de Mãe dos homens intercedendo continuamente por eles junto de seu Filho. A Igreja dá-lhe os títulos de "Advogada, Auxiliadora, Socorro e Medianeira"[20], e Ela, com amor maternal, encarrega-se de alcançar-nos graças ordinárias e extraordinárias, e aumenta a nossa união com Cristo. Mais ainda, "dado que Maria deve ser justamente considerada como o caminho pelo qual somos conduzidos a Cristo, a pessoa que encontra Maria não pode deixar igualmente de encontrar Cristo"[21].

A devoção filial por Maria é, portanto, parte integrante da vocação cristã. Não deve haver momento algum em que não recorramos como que instintivamente Àquela que "consola o nosso temor, aviva a nossa fé, fortalece a nossa esperança, dissipa os nossos temores e anima a nossa pusilanimidade"[22].

É fácil chegar a Deus através de sua Mãe. Todo o povo cristão, sem dúvida por inspiração do Espírito Santo, teve sempre essa certeza divina. Os cristãos sempre viram em Maria um atalho — uma vereda por onde se encurta o caminho — para chegar ao Senhor.

Com esta solenidade de Nossa Senhora começamos um novo ano. Na realidade, não pode haver melhor maneira de começar o ano — e de viver todos os dias da nossa vida — do que estando muito perto da Virgem. A Ela nos dirigimos com confiança filial, para que nos ajude a viver santamente cada um dos dias deste novo período que o Senhor nos concede; para que nos anime a recomeçar se caímos e perdemos o caminho; para que interceda diante do seu divino Filho, a fim de que nos renovemos interiormente. Em suas mãos colocamos os desejos de identificar-nos com Cristo, de santificar a profissão, de ser fiéis evangelizadores. Repetiremos com mais força o seu nome quando as dificuldades aumentarem. E Ela, que sempre está atenta aos seus filhos, quando ouvir o seu nome nos nossos lábios, virá prontamente em nosso auxílio. Não nos deixará cair no erro ou no desvario.

No dia de hoje, quando contemplarmos alguma imagem da Virgem, poderemos dizer, ao menos mentalmente, sem palavras: *Minha Mãe!* E sentiremos que Ela nos acolhe e nos anima a começar este novo ano com a confiança de quem se sabe bem protegido e ajudado do Céu.

(1) *Missal Romano*, Prefácio da Maternidade de Nossa Senhora; (2) *Antífona de entrada* da Missa do dia 1º de janeiro; (3) *Antífona 3* de Laudes; (4) Lc 1, 28; (5) Lc 1, 48; (6) Concílio Vaticano II, Constituição *Lumen gentium*, 63; (7) *Antífona Magnificat* de 27 de dezembro; (8) Gál 4, 4; (9) São Cirilo de Alexandria, *Carta 1*, 27-30; (10) Denziger-Schoenberg, 252; (11) São Josemaria Escrivá, *Amigos de Deus*, n. 274; (12) Concílio Vaticano II, Constituição *Lumen gentium*, 61; (13) *ibid.*,

62; (14) Jo 19, 26-27; (15) João Paulo II, *Audiência geral*, 10-I-1979; (16) São Josemaria Escrivá, *É Cristo que passa*, n. 140; (17) cf. Jo 13, 1; (18) Masserano, *Vita di San Leonardo da Porto Maurizzio*, II, 4; (19) cf. Jo 19, 27; (20) Concílio Vaticano II, Constituição *Lumen gentium*, 62; (21) Paulo VI, Encíclica *Mense Maio*, 29-IV-1965; (22) São Bernardo, *Homilia na Natividade da Bem-aventurada Virgem Maria*, 7.

SEGUNDO DOMINGO DEPOIS DO NATAL

39. A NOSSA FILIAÇÃO DIVINA

— Em que consiste a nossa filiação divina. Somos realmente filhos de Deus. Agradecimento por este imenso dom.

— O sentido da filiação divina define e encaminha as nossas relações com Deus e com os homens. Consequências.

— A nossa paz e serenidade têm o seu fundamento em que somos filhos de Deus.

I. *A TODOS OS QUE O RECEBERAM, deu-lhes o poder de se tornarem filhos de Deus, àqueles que creem no seu nome; os quais não nasceram do sangue, nem da vontade da carne, nem da vontade do homem, mas de Deus*[1], diz-nos São João no Evangelho da Missa de hoje. Deus Pai, *por sua livre vontade predestinou-nos para sermos seus filhos adotivos por Jesus Cristo*[2].

Deus torna-nos seus filhos. Nunca acabaremos de compreender e de estimar suficientemente este dom inefável. Filhos de Deus! *Vede que grande amor nos mostrou o Pai em querer que fôssemos chamados filhos de Deus e que o sejamos na realidade. Caríssimos, agora nós somos filhos de Deus, embora ainda não se tenha manifestado o que havemos de ser*[3].

Quando dizemos: "Eu sou filho de Deus", não empregamos uma metáfora nem um modo piedoso de falar. Somos filhos. Se a geração humana dá origem à "paternidade" e à "filiação", de modo semelhante aqueles que foram "gerados por Deus" são realmente filhos de Deus. Esta realidade incomparável produz-se mediante o sacramento do Batismo[4], em que, graças à Paixão e Ressurreição de Cristo, tem lugar o nascimento para uma vida nova, que não existia antes. Surgiu *uma nova criatura*[5], e por isso o recém-batizado se chama e é realmente "filho de Deus".

A filiação divina natural dá-se num grau eminente e único apenas em Deus Filho: "Jesus Cristo, Filho unigênito de Deus, nascido do Pai antes de todos os séculos [...], gerado, não criado, consubstancial ao Pai"[6]. Entre a filiação eterna do Filho e a nossa, a diferença é, pois, essencial, e essa é a razão pela qual a nossa se chama adotiva. Mas nem por isso deixa de ser verdadeira realidade porque, enquanto na adoção humana o novo pai não dá vida alguma ao filho, no caso da nossa filiação divina somos filhos de Deus porque a vida de Deus passa a correr pela nossa alma em graça[7].

Há de servir-nos de ajuda considerar na nossa oração de hoje que Deus é mais Pai nosso do que aquele a quem chamamos pai neste mundo por nos ter dado a vida natural. "Designar o cristão como filho de Deus não é usar de uma simples imagem destinada a evocar a proteção ou vigilância paternal de Deus sobre ele; deve-se entender no sentido mais rigoroso da palavra, no mesmo sentido em que se diz que alguém é filho de Fulano [...].

"Pela geração, um novo homem chega à existência; assim como um animal gera outro animal da sua espécie, assim o homem gera outro homem, semelhante a ele. Com frequência a semelhança é grande, e as pessoas se alegram ao reconhecer que tal criança se parece muito com seu pai: nas feições, no modo de olhar e de falar... Pois bem, o cristão nasce de Deus, é seu filho em sentido real, e portanto deve parecer-se com seu Pai do Céu; a sua condição de filho consistirá precisamente em participar da mesma natureza que Ele. Aqui se situam as palavras de São Pedro: *participantes da natureza divina*, que significam mais do que uma analogia, mais do que uma semelhança ou parentesco, pois implicam uma elevação e transformação da natureza humana: a posse daquilo que é próprio do ser divino. O cristão entra num mundo superior (sobrenatural), que está acima da natureza original: o mundo de Deus"[8].

Estes dias de Natal, em que ainda contemplamos o Menino Jesus no presépio, constituem uma grande ocasião para agradecer-lhe o fato de nos ter trazido o imenso dom da filiação divina e de nos ter ensinado a chamar Pai ao nosso Deus: *"Quando orardes, haveis de dizer: Pai..."*

II. "VEIO PORTANTO O FILHO enviado pelo Pai. Foi nEle que, antes da constituição do mundo, o Pai nos escolheu e predestinou para sermos filhos adotivos, porquanto foi do seu beneplácito restaurar nEle todas as coisas (cf. Ef 1, 4-5, 10)"[9].

O primeiro fruto desta restauração realizada por Cristo foi a nossa filiação divina. Cristo não só restaurou a natureza humana caída, como nos deu uma nova vida, uma vida sobrenatural. É a maior graça que podíamos ter recebido: "Quem não se sabe filho de Deus desconhece a sua verdade mais íntima e, na sua atuação, não possui o domínio e o senhorio próprios dos que amam o Senhor acima de todas as coisas"[10].

O sentido da nossa filiação divina define e encaminha as nossas atitudes e, portanto, a nossa oração e a maneira de nos comportarmos em todas as circunstâncias. É um modo de ser e um modo de viver.

Quando vivemos com sentido de filhos de Deus, aprendemos a tratar os nossos irmãos, os homens, sem discriminações. "O Senhor veio trazer a paz, a boa nova, a vida, a todos os homens. Não apenas aos ricos, nem apenas aos pobres. Não apenas aos sábios, nem apenas à gente simples. A todos. Aos irmãos que somos, pois somos filhos de um mesmo Pai-Deus. Não existe, pois, senão uma raça: a raça dos filhos de Deus. Não existe mais do que uma cor: a cor dos filhos de Deus. E não existe senão uma língua: essa que, falando ao coração e à cabeça, sem ruído de palavras, nos dá a conhecer Deus e faz com que nos amemos uns aos outros"[11].

O saber-nos filhos de Deus ensina-nos também a comportar-nos de um modo sereno perante os acontecimentos, por mais duros que possam parecer. A nossa vida converte-se num abandono ativo de filhos que confiam plenamente na bondade de seu Pai; de um Pai que, além disso, tem as rédeas de todos os poderes da criação. A certeza de que Deus quer para nós o melhor leva-nos a uma distensão sossegada e alegre, mesmo nos momentos mais difíceis da nossa vida. São Thomas More escrevia do cárcere à sua filha: "Tem, pois, bom ânimo, minha filha, e não fiques tão preocupada com o que me possa acontecer neste mundo. Não poderá acontecer nada que Deus não queira. E tudo quanto Ele quer, mesmo que nos pareça muito mau, é na verdade o melhor"[12].

Sempre que tenhamos de enfrentar um problema ou uma contrariedade, a nossa atitude há de ser a de pedir mais ajuda ao nosso Pai do Céu, e renovar o empenho por sermos santos em todas as circunstâncias, mesmo naquelas que nos parecem menos favoráveis.

III. A FILIAÇÃO DIVINA é o fundamento seguro da paz e da alegria. Nela, o cristão encontra a proteção de que necessita, o calor paternal e a confiança perante um futuro sempre incerto.

Saber-se filho de Deus em qualquer circunstância é o fundamento de uma grande paz, mesmo no meio da necessidade e da contradição. O Senhor nos dá sempre os meios para irmos adiante, se recorremos a Ele com confiança de filhos. Muitas vezes nos dará esses meios pelos caminhos mais inesperados. Da nossa parte, devemos ter sempre muito presente que, a todo o momento, o essencial na nossa vida é procurarmos a santidade precisamente através dessas circunstâncias.

Seremos bons filhos de Deus Pai se contemplarmos e ganharmos intimidade com Jesus, pois é Ele que nos mostra a cada momento o caminho que leva ao Pai. Lembrar-nos-emos disso com frequência quando nos aproximarmos nestes dias do Menino para beijá-lo e adorá-lo. *Pro nobis egenus et foeno cubantem...*[13], feito pobre por nós, colocado entre palhas. Dar-lhe-emos calor, abraçá-lo-emos com carinho. Falaremos com Ele na nossa oração, olharemos para Ele, escutá-lo-emos e o adoraremos em silêncio. *Sic nos amantem, quis non redamaret*[14]: a quem assim nos ama, quem não corresponderá com amor?

A filiação divina leva-nos a tratar os outros com um grande respeito, com o respeito que se deve a quem é filho de Deus. A Virgem Maria convida-nos a passar longos tempos diante do Presépio olhando para o seu Filho. Pedimos-lhe que torne as nossas maneiras mais finas, de acordo com a altíssima dignidade que recebemos. Suplicamos-lhe também que nos ajude a não esquecer em momento algum do dia, em nenhuma circunstância, que somos, de verdade, filhos de Deus. *E se somos filhos, também herdeiros, co-herdeiros com Cristo*[15]. Somos filhos que têm no Céu um lugar à sua espera, preparado por seu Pai-Deus.

(1) Jo 1, 12-13; (2) Ef 1, 5; *segunda leitura* da Missa do segundo domingo depois do Natal; (3) 1 Jo 3, 1-1; (4) cf. Concílio Vaticano II, Constituição *Sacrosanctum concilium*; (5) 2 Cor 5, 17; (6) Concílio de Niceia, a. 325, *Dz.Sch*, 125; (7) cf. 2 Par 8, 4; (8) C. Spicq, *Teologia moral del Nuevo Testamento*, Pamplona, 1970, vol. 1, pp. 87-88; (9) Concílio Vaticano II, Constituição *Lumen gentium*, 3; (10) São Josemaria Escrivá, *Amigos de Deus*, n. 26; (11) São Josemaria Escrivá, *É Cristo que passa*, n. 106; (12) São Thomas More, *Carta escrita na prisão a sua filha Margareth*; (13) Hino *Adeste fideles*; (14) *ibid.*; (15) Rm 8, 17.

TEMPO DO NATAL ANTES DA EPIFANIA. 2 DE JANEIRO

40. INVOCAR O SALVADOR

— Tratar o Senhor com amizade e confiança.
— O nome de Jesus. Jaculatórias.
— O relacionamento com a Virgem Maria e com São José.

I. NA VIDA COTIDIANA, chamar uma pessoa pelo nome próprio é indício de familiaridade. "Numa amizade, mesmo casual, costuma representar um passo decisivo a circunstância de duas pessoas começarem, sem esforço e sem constrangimento, a chamar-se mutuamente pelo primeiro nome. E quando nos apaixonamos, e todas as nossas experiências se tornam mais agudas e as pequenas coisas significam tanto para nós, há um nome próprio no mundo que lança um feitiço sobre os nossos olhos e ouvidos, quando o vemos escrito na página de um livro ou o ouvimos numa conversa; o simples fato de vê-lo mencionar nos faz estremecer. Este sentido de amor pessoal foi o que homens como São Bernardo deram ao nome de Jesus"[1]. Também para nós o Senhor é tudo, e por isso o tratamos com toda a confiança. Em *Caminho*, São Josemaria Escrivá aconselha-nos: "Perde o medo de chamar o Senhor pelo seu nome — Jesus — e de lhe dizer que O amas"[2].

Chamamos um amigo pelo seu nome. Como é que poderíamos deixar de chamar o nosso melhor Amigo pelo dEle? Ele se chama JESUS; *assim o havia chamado o anjo antes de que fosse concebido no seio materno*[3]. O próprio Deus lhe deu o nome por meio do anjo. E com o nome, ficou caracterizada a sua missão: Jesus significa Salvador. Com Ele nos chegam a salvação, a segurança e a verdadeira paz: *Deus o exaltou e lhe deu um nome que está acima de todo o nome, a fim de que, ao nome de Jesus, todo o joelho se dobre nos céus, na terra e nos abismos*[4]. Com que respeito e ao mesmo tempo com que confiança devemos repeti-lo! De modo particular quando o invocamos na nossa oração pessoal, como agora: "Jesus, preciso...", "Jesus, eu quereria..."

O nome era de grande importância entre os judeus. Quando se dava o nome a um recém-nascido, desejava-se expressar o que ele havia de ser no futuro. Se não se conhecia o nome de uma pessoa, não se podia dizer que fosse realmente conhecida. Riscar um nome era suprimir uma vida, e mudá-lo significava alterar o destino da pessoa: o nome exprimia a realidade profunda do seu ser.

Entre todos os nomes, o de Deus era *o nome por excelência*[5]. Este devia ser *bendito agora e para sempre, desde a aurora até o ocaso*[6], pois *é digno de louvor da manhã até à noite*[7]. Numa das petições do Pai-Nosso, suplicamos precisamente que seja santificado o nome do Senhor.

No povo judeu, o nome era imposto na circuncisão, rito instituído por Deus para identificar como que por uma marca e senha os que pertenciam ao povo eleito. Era o sinal da Aliança que Deus fizera com Abraão e a sua descendência[8]. O incircunciso ficava excluído do pacto e, portanto, do povo de Deus.

De acordo com esse preceito, Jesus *foi circuncidado ao oitavo dia*[9], como dizia a Lei. Maria e José cumpriram o que estava legislado. "Cristo submeteu-se à circuncisão no tempo em que esse rito estava vigente — diz São Tomás —, e assim a sua obra nos é oferecida como exemplo a ser imitado, para que observemos as coisas que no nosso tempo estão preceituadas"[10-11] e não procuremos situações de exceção ou privilégio quando não há motivo para isso.

II. TERMINADA A CIRCUNCISÃO de Jesus, seus pais, Maria e José, devem ter pronunciado pela primeira vez o nome de Jesus, cheios de uma imensa piedade e carinho.

Assim devemos nós também fazer com frequência. Invocar o nome de Jesus é ser salvo[12]; crer nesse nome é chegar a ser filho de Deus[13]; orar nesse nome é ser escutado com toda a certeza: *Em verdade vos digo que tudo quanto pedirdes ao Pai em meu nome, Ele vo-lo concederá*[14]. Em nome de Jesus perdoam-se os pecados[15] e as almas são purificadas e santificadas[16]. Anunciar esse nome constitui a essência de todo o apostolado[17], pois Ele "é o fim da história humana, o ponto para o qual convergem as aspirações da história e da civilização, o centro da humanidade, a alegria de todos os corações e a plenitude de todos os seus desejos"[18]. Em Jesus, os homens encontram aquilo de que mais necessitam e de que estão sedentos: salvação, paz, alegria, perdão dos seus pecados, liberdade, compreensão, amizade.

"Ó Jesus..., como te compadeces dos que te invocam! Como és bom com os que te buscam! O que não serás para os que te encontram!... Só quem o experimentou pode saber o que significa amar-te, ó Jesus!" Assim exclamava São Bernardo[19].

Ao invocarmos o nome do Senhor, haverá ocasiões em que estaremos na situação daqueles leprosos que, de longe, lhe suplicam: *Jesus, Mestre, tem compaixão de nós*. E o Senhor lhes diz que se aproximem, e os cura enviando-os aos sacerdotes[20]. Ou teremos que repetir-lhe, porque também nós estamos cegos em tantas coisas, as palavras do cego de Jericó: *Jesus, Filho de Davi, tem compaixão de mim*. "Não te dá vontade de gritar, a ti, que também estás parado à beira do caminho, desse caminho da vida que é tão curta; a ti, a quem faltam luzes; a ti, que necessitas de mais graças para te decidires a procurar a santidade? Não sentes a urgência de clamar: *Jesus, Filho de Davi, tem compaixão de mim*? Que maravilhosa jaculatória, para que a repitas com frequência!"[21]

Invocando o Santíssimo Nome de Jesus, desaparecerão muitos obstáculos e ficaremos curados de tantas doenças da alma que frequentemente nos afligem. "Desejo que o vosso nome, ó Jesus, esteja sempre no fundo do meu coração e ao alcance das minhas mãos, a fim de que todos os meus afetos e todas as minhas ações se dirijam a Vós [...]. No vosso nome, ó Jesus!, tenho o remédio para me corrigir das minhas más ações e para aperfeiçoar as defeituosas; um medicamento, também, para preservar da corrupção os meus afetos ou curá-los, se já estiverem corrompidos"[22].

As jaculatórias tornarão mais vivo o fogo do nosso amor ao Senhor e aumentarão o sentido da presença de Deus ao longo do nosso dia. Olhando para o Senhor, para Deus feito Menino por amor de nós, dir-lhe-emos cheios de confiança: *Dominus iudex noster, Dominus legifer noster, Dominus rex noster; ipse salvabit nos*[23]. O Senhor é o nosso juiz, o Senhor é o nosso legislador, o Senhor é o nosso rei; Ele nos há de salvar. Senhor, Jesus, confiamos em Ti, confio em Ti.

III. JUNTAMENTE COM O NOME de Jesus, devemos ter em nossos lábios os de Maria e de José: os nomes que mais vezes o Senhor deve ter pronunciado.

A piedade dos primeiros cristãos dá ao nome de Maria diversos significados: *Muito amada, Estrela do Mar, Senhora, Princesa, Luz, Formosa*... É São Jerônimo quem a chama *Stella Maris*, Estrela do Mar; Ela nos guia para o porto seguro no meio de todas as tempestades da vida.

Devemos ter com muita frequência esse nome salvador nos nossos lábios, mas de maneira especial nas nossas necessidades e dificuldades. Na nossa caminhada para Deus, não pode deixar de haver tempestades, que o Senhor permite para purificar a nossa intenção e para que cresçamos nas virtudes; e é possível que, por repararmos demasiado nos obstáculos, surja no nosso íntimo a falta de esperança ou o cansaço na luta. É o momento de recorrer a Maria, invocando o seu nome. "Se se levantarem os ventos das provações, se tropeçares com os obstáculos da tentação, olha para a estrela, chama por Maria. Se te agitarem as ondas da soberba, da ambição ou da inveja, olha para a estrela, chama por Maria. Se a ira, a avareza ou a impureza arrastarem violentamente a nave da tua alma, olha para Maria. Se, perturbado pela recordação dos teus pecados, desorientado com a fealdade da tua consciência, temeroso ante a ideia do Juízo, começares a afundar-te no poço sem fundo da tristeza ou no abismo do desespero, pensa em Maria. Nos perigos, nas angústias, nas dúvidas, pensa em Maria, invoca Maria. Não se afaste Maria da tua boca, não se afaste do teu coração; e para conseguires a sua ajuda intercessora, não te afastes tu dos exemplos da sua virtude. Não te extraviarás se a segues, não desesperarás se lhe rogas, não te perderás se nEla pensas. Se Ela te segurar a mão, não cairás; se te proteger, nada temerás; não te cansarás, se Ela for o teu guia; chegarás felizmente ao porto, se Ela te amparar"[24].

Invocaremos o seu nome especialmente na *Ave-Maria*, e também nas demais orações e jaculatórias que a piedade cristã soube formular ao longo dos séculos, e que talvez as nossas mães nos tenham ensinado.

E além dos nomes de Jesus e Maria, o de José. "Se toda a Igreja está em dívida para com a Virgem Maria, já que por meio dEla recebeu Cristo, de maneira semelhante deve a São José uma especial reverência e gratidão"[25].

Jesus, Maria e José, eu vos dou o meu coração e a minha alma. Jesus, Maria e José, assisti-me na minha última agonia. Quantos milhões de cristãos não terão aprendido dos lábios de suas mães estas jaculatórias ou outras semelhantes, repetindo-as até o fim dos seus dias! Não nos esqueçamos nós de recorrer diariamente, muitas vezes, a esta *trindade da terra*.

(1) Ronald Knox, *Tiempos y fiestas del año litúrgico*, pp. 64-65; (2) São Josemaria Escrivá, *Caminho*, n. 303; (3) cf. Lc 2, 21; (4) Fl 2, 9-10; (5) Zac 14, 9; (6) Sl 113, 2-3; (7) Sl 9, 2; (8) cf. Gn 17, 10-14; (9) Lc 2, 21; (10) São Tomás, *Suma teológica*, 3, q. 37, a. 1; (11) cf. At 15, 1 e segs.; (12) cf. Rm 10, 9; (13) cf. Jo 1, 12; (14) Jo 16, 23; (15) 1 Jo 2, 12; (16) cf. 1 Cor 6, 11; (17) At 8, 12; (18) Concílio Vaticano II, Constituição *Gaudium et spes*, 45; (19) São Bernardo, *Sermões sobre os cânticos*, 15; (20) cf. Lc 17, 13; (21) São Josemaria Escrivá, *Amigos de Deus*, n. 195; (22) São Bernardo, *Sermões sobre os cânticos*, 15; (23) *Antífona da hora terceira*, na Solenidade de Jesus Cristo, Rei do Universo; (24) São Bernardo, *Homilia sobre a Virgem Mãe*, 2; (25) São Bernardino de Sena, *Sermão 2*.

Tempo do Natal Antes da Epifania. 3 de Janeiro

41. A PROFECIA DE SIMEÃO

— A Sagrada Família no Templo. O encontro com Simeão. Os nossos encontros com Jesus.
— Maria, Corredentora com Cristo. O sentido da dor.
— A Virgem nos ensina a corredimir. Oferecer a Deus a dor e as contradições. Desagravar. Apostolado com os que nos rodeiam.

I. QUANDO SE COMPLETARAM os dias da purificação de Maria, a Sagrada Família subiu novamente a Jerusalém para cumprir duas prescrições da Lei de Moisés: a da purificação da mãe e a da apresentação e resgate do primogênito no Templo[1].

Dado o parto virginal de Nossa Senhora e tratando-se do nascimento do Filho de Deus, nenhuma dessas leis obrigava Maria ou Jesus. Mas Maria comporta-se nisso como qualquer mulher judia piedosa da sua época. "Maria foi purificada — diz São Tomás — para dar exemplo de obediência e de humildade"[2].

Jesus é oferecido a seu Pai por mãos de Maria. Nunca se oferecera nada de semelhante naquele Templo, e nunca se tornaria a oferecer. A oferenda seguinte seria feita pelo próprio Jesus, fora da cidade, sobre o Gólgota. Hoje, muitas vezes por dia, Jesus é oferecido na Santa Missa à Santíssima Trindade, num Sacrifício de valor infinito.

Maria e José ofereceram o Menino a Deus e, uma vez resgatado, receberam-no de novo. Como pobres que eram, pagaram o resgate de valor mínimo: *um par de rolas*. Maria cumpriu os ritos da purificação.

Quando chegaram às portas do Templo, apresentou-se diante deles um ancião de nome Simeão, *homem justo e temente a Deus, que esperava a consolação de Israel, e o Espírito Santo estava nele*[3]. Viera ao Templo *movido pelo Espírito Santo*[4]. Tomou o Menino em seus braços e *bendisse a Deus dizendo: Agora, Senhor, já podes levar em paz deste mundo o teu servo, conforme a tua promessa, porque os meus olhos viram o Salvador que preparaste ante a face de todos os povos, luz para iluminar as nações e glória do teu povo Israel*[5]. Maria e José estavam admirados.

Simeão mereceu conhecer a chegada do Messias, universalmente desconhecida, porque toda a sua vida consistiu numa ardente espera de Jesus. Agora dava por realizada a sua existência: *Nunc dimittis servum tuum, Domine*... Agora, Senhor, já podes levar em paz deste mundo o teu servo...

Simeão dá por bem realizada a sua vida: chegou a conhecer o Messias, o Salvador do mundo. Esse encontro foi a coisa realmente importante da sua vida, o instante para o qual vivera. Não se importou de ver somente uma criancinha, que chegava ao Templo levada por uns pais jovens, dispostos a cumprir as prescrições da Lei, da mesma forma que outras dezenas de famílias. Ele sabe que aquele Menino é o Salvador: *Meus olhos viram o Salvador*. Isso lhe basta; já pode morrer em paz. Os dias que viveu depois deste acontecimento não devem ter sido muitos.

Nós não podemos esquecer-nos de que, com esse mesmo Salvador, que *foi posto ante a face de todos os povos como luz*, tivemos não só um, mas muitos encontros; talvez até o tenhamos recebido milhares de vezes ao longo da nossa vida, na Sagrada Comunhão. Encontros mais íntimos e mais profundos que o de Simeão. E doem-nos agora as comunhões que tenhamos feito com menos atenção, e formulamos o propósito de que o próximo encontro com Jesus na Sagrada Eucaristia seja pelo menos como o de Simeão: cheio de fé, de esperança e de amor, para que também nós possamos dizer: *Meus olhos viram o Salvador*.

II. O VELHO SIMEÃO, depois de abençoar os jovens esposos, dirige-se a Maria e, movido pelo Espírito Santo, descobre-lhe os sofrimentos que o Menino virá a padecer um dia e a espada de dor que lhe trespassará a alma: *Ele*, diz-lhe Simeão, apontando para Jesus, *foi posto para ruína e elevação de muitos em Israel, e para sinal de contradição; e uma espada atravessará a tua alma, para que se descubram os pensamentos de muitos corações*[6].

"Virá um tempo — diz São Bernardo — em que Jesus não será oferecido no Templo nem entre os braços de Simeão, mas fora da cidade e entre os braços da cruz. Virá um tempo em que não será redimido com o que é alheio, antes redimirá os outros com o seu próprio sangue, porque Deus Pai o enviou em resgate do seu povo"[7].

O sofrimento da Mãe — a espada que trespassará a sua alma — terá como único motivo as dores do Filho, a sua condenação e morte, e a incerteza do momento em que tudo isso aconteceria, bem como a resistência de muitos à graça da Redenção. O destino de Maria está traçado sobre o de Jesus, em função dele e sem outra razão de ser.

Desde o começo, a vida de Jesus e a de sua Mãe estão marcadas pelo sinal da Cruz. À alegria do Nascimento sobrepõem-se imediatamente a privação e a angústia. Maria sabe já desde esses primeiros momentos a dor que a espera. Quando chegar a *sua hora*, contemplará a paixão e morte do seu Filho sem um protesto, sem uma queixa. Sofrendo como nenhuma mãe é capaz de sofrer, aceitará a dor com serenidade, porque conhece o seu sentido redentor. "Assim avançou também a Bem-Aventurada Virgem na peregrinação da fé. Manteve-se erguida (cf. Jo 19, 25), sofrendo profundamente com o seu Unigênito e associando-se com ânimo materno ao seu sacrifício, consentindo amorosamente na imolação da vítima que ela mesma havia gerado"[8]. A dor de Maria é particular e própria, e está relacionada com o pecado dos homens. É uma dor de corredenção. A Igreja atribuirá à Virgem o título de *Corredentora*.

Nós aprendemos com Maria o valor e o sentido das contrariedades que a vida aqui na terra traz consigo. Com Ela aprendemos a santificar a dor, unindo-a à do seu Filho e oferecendo-a ao Pai. A Santa Missa é o melhor momento para oferecermos tudo o que a nossa vida tem de mais custoso. E ali encontramos Nossa Senhora.

III. POR VONTADE DE DEUS, Simeão iniciou Maria no mistério profundo da Redenção e comunicou-lhe que o Senhor lhe havia designado um lugar especial na paixão de seu Filho. Com a profecia do velho Simeão, passou a fazer parte da vida de Maria um elemento novo, que nEla havia de permanecer até que chegasse o momento de estar ao pé da Cruz de Jesus.

Os apóstolos, apesar das numerosas declarações e ensinamentos do Senhor, não chegaram a compreender inteiramente, a não ser após a Ressurreição, que *era preciso que o Messias padecesse muito por parte dos escribas e dos príncipes dos sacerdotes*[9]; Maria soube desde o início que uma grande dor esperava por Ela, e que essa dor estava relacionada com a redenção do mundo. Ela, que *guardava e meditava tudo em seu coração*[10], deve ter refletido frequentemente sobre as misteriosas palavras de Simeão. Por um processo que nós não podemos compreender inteiramente, o seu coração fez-se semelhante ao de seu Filho.

A sua dor redentora "é sugerida tanto na profecia de Simeão como no relato da Paixão do Senhor. *Ele* — dizia o ancião referindo-se ao Menino que tinha nos seus braços — *foi posto para ruína e elevação de muitos em Israel, e para sinal de contradição; e uma espada trespassará a tua alma...* Com efeito, quando o teu Jesus — que é de todos, mas especialmente teu — entregou o espírito, a lança cruel não alcançou a sua alma. Se lhe abriu impiedosamente o lado, estando já morto, no entanto não lhe pôde causar dor. Mas atravessou a tua alma; naquele momento a dEle não estava ali, mas a tua não podia de maneira nenhuma separar-se dEle"[11].

O Senhor quis associar os cristãos à sua obra redentora no mundo para que cooperassem com Ele na salvação de todos. Cumpriremos esta missão se executarmos com retidão os nossos menores deveres e os oferecermos pela salvação das almas, enfrentando com serenidade e paciência a dor, a doença e a oposição, e realizando um apostolado eficaz à nossa volta. Normalmente, o Senhor nos pede que comecemos por aqueles que estão mais ligados a nós, por vínculos de família, de amizade, de trabalho, de vizinhança ou de estudos etc. Assim procedeu Jesus, como também os seus apóstolos.

Pedimos hoje a Santa Maria, nossa Mãe, que nos ensine a santificar a dor e a contradição, que saibamos uni-las à Cruz, que desagravemos frequentemente pelos pecados do mundo e que cresçam cada dia em nós os frutos da Redenção. *Ó Mãe de piedade e misericórdia, que acompanhastes o vosso Filho quando realizava a redenção do gênero humano no altar da cruz, como nossa Corredentora associada às suas dores [...], conservai e aumentai em nós os frutos da Redenção e da vossa compaixão*[12].

(1) Cf. Lv 12, 2-8; Ex 13, 2; 12-13; (2) São Tomás, *Suma teológica*, 1-2, q. 1, a. 2; (3) cf. Lc 2, 25; (4) Lc 2, 27; (5) Lc 2, 29-32; (6) Lc 2, 34-35; (7) São Bernardo, *Sermão 3, do Menino, de Maria e de José*; PL 183, 370-371; (8) Concílio Vaticano II, Constituição *Lumen gentium*, 58; (9) cf. Mt 16, 21; (10) Lc 2, 19; (11) São Bernardo, *Sermão para o domingo da oitava da Assunção*, 14; (12) Pio XI, *Oração no encerramento do jubileu da Redenção*, em H. Marin, *Doctrina Pontificia*, vol. IV, Madri, 1954, n. 647.

Tempo do Natal antes da Epifania. 4 de Janeiro

42. NATURALIDADE E SIMPLICIDADE

— Simplicidade e naturalidade da Sagrada Família. A simplicidade, manifestação externa da humildade.
— Simplicidade e retidão de intenção. Consequências da "infância espiritual". Simplicidade no trato com Deus, com os outros e na direção espiritual.
— O que se opõe à simplicidade. Frutos desta virtude. Meios para alcançá-la.

I. O MESSIAS CHEGOU ao Templo nos braços de sua Mãe. Ninguém deve ter reparado naquele casal jovem que levava uma criança pequena para apresentar ao Senhor.

As mães tinham que esperar o sacerdote na porta oriental. Para lá foi Maria, junto com as outras mulheres, à espera de que chegasse a sua vez para que o sacerdote tomasse nos braços o seu Filho. A seu lado estava José, pronto para pagar o resgate. A cerimônia da purificação de Maria e do resgate do Menino do serviço do Templo não se distinguiu exteriormente em nada do que costumava acontecer nessas ocasiões.

Toda a vida de Maria está penetrada de uma profunda simplicidade. A sua vocação de Mãe do Redentor realizou-se sempre com naturalidade. Aparece na casa de sua prima Isabel para ajudá-la e servi-la durante meses; prepara os panos e a roupa para o seu Filho; vive trinta anos junto dEle, sem se cansar de olhá-lo, com um relacionamento amabilíssimo, mas cheio de simplicidade. Quando em Caná alcança do seu Filho o primeiro milagre, fá-lo com tal naturalidade que nem sequer os noivos se apercebem do fato portentoso. Em nenhum momento faz alarde de privilégios especiais: "Maria Santíssima, Mãe de Deus, passa despercebida, como mais uma, entre as mulheres do seu povo. — Aprende dEla a viver com «naturalidade»"[1].

Seu Filho, Jesus, é o modelo da simplicidade perfeita, durante os trinta anos da vida oculta e sempre: quando começa a pregar a Boa-nova, não desenvolve uma atividade ruidosa, chamativa, espetacular. Jesus é a própria simplicidade, quer quando nasce ou é apresentado no Templo, quer quando manifesta a sua divindade por meio de milagres que só Deus podia fazer.

O Salvador foge do espetáculo e da vanglória, dos gestos falsos e teatrais; faz-se acessível a todos: aos enfermos desenganados que o procuram cheios de confiança para implorar-lhe remédio para os seus padecimentos; aos apóstolos que lhe perguntam sobre o sentido das parábolas; às crianças que o abraçam com confiança.

A simplicidade é uma das manifestações da humildade. Opõe-se radicalmente a tudo o que é postiço, artificial, enganoso. E é uma virtude especialmente necessária no relacionamento com Deus e no convívio diário.

"Naturalidade. — Que a vossa vida de cavalheiros cristãos, de mulheres cristãs — o vosso sal e a vossa luz — flua espontaneamente, sem esquisitices nem pieguices; levai sempre convosco o vosso espírito de simplicidade"[2].

II. *SE O TEU OLHO for simples, todo o teu corpo estará iluminado*[3]. A simplicidade exige transparência e retidão de intenção, de modo a não termos uma dupla vida, servindo a dois senhores: a Deus e a nós próprios. Requer, além disso, uma vontade forte, que nos leve a escolher o bem, a impor-nos às tendências desordenadas de uma vida exclusivamente voltada para o sensível, e a dominar tudo o que há de turvo e complicado no homem. A alma simples avalia as coisas, as pessoas e os acontecimentos segundo um juízo reto iluminado pela fé, não pelas impressões do momento[4].

A simplicidade é uma consequência e uma característica da chamada "infância espiritual", a que o Senhor nos convida especialmente nestes dias em que contemplamos o seu nascimento e a sua vida oculta: *Em verdade vos digo, se não vos converterdes e vos fizerdes como crianças* — pela simplicidade e inocência —, *não entrareis no Reino dos céus*[5]. Dirigimo-nos ao Senhor como crianças, sem atitudes rebuscadas nem fingidas, porque sabemos que Ele não repara tanto na aparência externa, antes *olha o coração*[6]. Sentimos sobre nós o olhar amável do Senhor, que nos convida a ser autênticos, a conversar com Ele numa oração pessoal, direta, confiante. Por isso temos que fugir de qualquer formalismo no relacionamento com Deus, ainda que deva haver uma "urbanidade da piedade"[7], que nos leve a mostrar-nos delicados com Ele, especialmente no culto, na liturgia; mas o respeito não é convencionalismo nem pura atitude externa, pois mergulha as suas raízes numa sincera piedade do coração.

Na luta ascética, devemos reconhecer-nos tal como somos na realidade e aceitar as nossas limitações, compreendendo que Deus as abarca com o seu olhar e conta com elas. E isto, longe de inquietar-nos, deve levar-nos a confiar mais nEle, a pedir a sua ajuda para vencer os defeitos e para alcançar as metas que nos parecem necessárias em cada momento da nossa vida interior.

Se formos simples com Deus, saberemos sê-lo com aqueles com quem estamos todos os dias, com os nossos parentes, amigos e colegas. É simples quem atua e fala em íntima harmonia com o que pensa e deseja, quem se mostra aos outros tal como é, sem aparentar o que não é ou o que não possui.

É sempre uma grande alegria encontrar uma alma chã, sem pregas nem recantos, em quem se pode confiar, como Natanael, que mereceu o elogio do Senhor: *Eis um verdadeiro israelita, em quem não há duplicidade nem engano*[8]. Em sentido contrário, o Senhor alerta-nos contra *os falsos profetas que vêm a vós disfarçados*[9], contra aqueles que pensam de um modo e atuam de outro.

Na convivência diária, toda a complicação levanta obstáculos entre os outros e nós, e afasta-nos de Deus: "Essa ênfase e esse ar emproado ficam-te mal; vê-se que são postiços. — Procura, pelo menos, não os empregar com o teu Deus, nem com o teu Diretor, nem com os teus irmãos. E haverá uma barreira a menos entre ti e eles"[10].

De maneira especial, devemos mostrar-nos cheios de simplicidade na direção espiritual, abrindo a alma com clareza e transparência, desejosos de que nos conheçam bem, e fugindo das generalidades, dos circunlóquios e das meias verdades, dispostos a não ocultar nada. O Senhor quer que manifestemos de modo direto e simples aquilo que sentimos, as alegrias e as preocupações, os motivos da nossa conduta.

III. A SIMPLICIDADE e a naturalidade são virtudes extraordinariamente atraentes: para compreendê-lo, basta olhar para Jesus, Maria e José. Mas devemos saber que são virtudes difíceis, sobretudo por causa da soberba, que nos leva a formar uma ideia exagerada sobre nós próprios e a querer parecer diante dos outros mais do que somos ou temos.

Sentimo-nos humilhados tantas vezes porque desejamos ser o centro da atenção e da estima dos que nos rodeiam; porque não reconhecemos que há ocasiões em que atuamos mal; porque não nos conformamos com fazer e desaparecer, sem mendigar a recompensa de uma palavra de louvor ou de gratidão. Muitas vezes complicamos a vida porque não aceitamos as nossas limitações, porque nos levamos demasiado a sério. A soberba pode induzir-nos a falar excessivamente de nós mesmos, a pensar quase que exclusivamente nos nossos problemas pessoais, ou a procurar chamar a atenção por caminhos às vezes complexos e retorcidos; pode até fazer-nos simular doenças inexistentes, ou alegrias e tristezas que não correspondem ao nosso estado de ânimo.

O pedantismo, a afetação, a jactância, a hipocrisia e a mentira opõem-se à simplicidade e, portanto, à amizade, dificultando uma convivência amável. São também por isso um verdadeiro obstáculo para a vida de família.

Mas a simplicidade que o Senhor nos ensina não é ingenuidade: *Eis que vos envio como ovelhas para o meio de lobos. Sede, pois, prudentes como as serpentes e simples como as pombas*[11]. Os cristãos devem caminhar pelo mundo com estas duas virtudes — simplicidade e prudência —, que se aperfeiçoam mutuamente.

Para sermos simples, é necessário cuidarmos da retidão de intenção em nossas ações, que devem estar voltadas unicamente para Deus: só assim poderão prevalecer sobre os nossos sentimentos complicados, sobre as impressões do momento ou sobre a confusa vida dos sentidos.

E juntamente com a retidão de intenção, a sinceridade clara, breve — rude até, se for necessário — para expormos as nossas fraquezas, sem tentar dissimulá-las ou negá-las: "Repara: os apóstolos, com todas as suas misérias patentes e inegáveis, eram sinceros, simples..., transparentes. — Tu também tens misérias patentes e inegáveis. — Oxalá não te falte simplicidade"[12].

Para aprendermos a ser simples, contemplemos Jesus, Maria e José em todas as cenas da infância do Senhor, no meio da sua vida normal. Peçamos à Sagrada Família que nos faça como crianças, a fim de podermos relacionar-nos com Deus de forma pessoal, sem anonimato, sem medo.

(1) São Josemaria Escrivá, *Caminho*, n. 499; (2) *ibid.*, n. 379; (3) Mt 6, 22; (4) cf. Ignacio Celaya, verbete *Simplicidad*, em *Gran Enciclopedia Rialp*, Madri, 1971, vol. 21, pp. 173-174; (5) Mt 18, 2-3; (6) 1 Sm 16, 7; (7) cf. São Josemaria Escrivá, *Caminho*, n. 541; (8) Jo 1, 47; (9) Mt 7, 15; (10) São Josemaria Escrivá, *Caminho*, n. 47; (11) Mt 10, 16; (12) São Josemaria Escrivá, *Caminho*, n. 932.

TEMPO DO NATAL ANTES DA EPIFANIA. 5 DE JANEIRO

43. A FÉ DOS MAGOS

— Firmeza na fé. Vencer os respeitos humanos, o comodismo e o apego aos bens para procurar o Senhor.
— Fé e docilidade nos momentos de desorientação. Deixar-se ajudar.
— Chegar até o Senhor é a única coisa importante na nossa vida.

I. *NASCIDO JESUS em Belém da Judeia nos dias do rei Herodes, uns magos chegaram do Oriente a Jerusalém*[1]. Tinham visto uma estrela e, por uma graça especial de Deus, souberam que ela lhes anunciava o nascimento do Messias.

A ocupação destes sábios — estudar o firmamento — foi a circunstância de que Deus se serviu para fazê-los ver a sua vontade. "Deus chamou-os servindo-se daquilo que lhes era mais familiar e mostrou-lhes uma grande e maravilhosa estrela para que lhes chamasse a atenção pela sua própria grandeza e formosura"[2]. Como chegaram a saber exatamente do que se tratava? Ignoramo-lo. Receberam sem dúvida uma inspiração muito extraordinária de Deus, que desejava que estivessem presentes em Belém, como havia anunciado o profeta Isaías: *Levanta os olhos e observa à tua volta...; os teus filhos chegam de longe*[3]. Seriam os primeiros de todos os que iriam chegando no decorrer dos séculos, de todas as partes do mundo. E eles foram fiéis a essa graça.

Deixaram família, comodidades e bens. Não lhes deve ter sido fácil explicar o motivo da viagem. E, provavelmente sem fazer muitos comentários, escolheram o melhor que tinham para levá-lo como oferenda, e puseram-se a caminho para adorar a Deus. A viagem deve ter sido longa e difícil. Mas mantiveram-se firmes no seu propósito.

Estes homens decididos e sem respeitos humanos ensinam-nos o que devemos fazer para chegar até Jesus, deixando de lado tudo o que possa desviar-nos ou atrasar-nos no nosso caminho. "Por vezes, pode deter-nos — no que diz respeito a seguir o Senhor profunda e amorosamente — o medo do que poderão dizer, o medo de que a nossa conduta seja julgada como extrema ou exagerada. Bem se vê que os Magos, que enchem de alegria as festas natalinas, nos dão uma lição de valentia e de ausência desse respeito humano que paralisa muitos homens que podiam estar já perto de Cristo, vivendo com Ele"[4].

Também nós vimos a estrela no íntimo do nosso coração, essa estrela que nos convidava a desprender-nos das coisas que nos atam e a vencer qualquer respeito humano. "Consideremos a delicadeza com que o Senhor nos dirige o convite. Exprime-se com palavras humanas, como um enamorado: *Eu te chamei pelo teu nome... Tu és meu* (Is 43, 1). Deus, que é a Formosura, a Grandeza, a Sabedoria, anuncia-nos que somos seus, que nos escolheu como termo do seu amor infinito. É precisa uma forte vida de fé para não desvirtuarmos esta maravilha que a Providência divina deposita em nossas mãos. Fé como a dos Reis Magos: a convicção de que nem o deserto, nem as tempestades, nem a tranquilidade do oásis nos impedirão de chegar à meta do Presépio eterno: a vida definitiva com Deus"[5].

De tantos homens que devem ter contemplado a estrela, só estes Magos do Oriente descobriram o seu significado profundo. Só eles entenderam o que para os outros não seria senão um prodígio do firmamento. É possível que outros além deles tivessem recebido a graça especial de compreender o significado da estrela. Mas não corresponderam.

Peçamos com a Igreja a Deus nosso Pai: *Vós, que iluminastes os sábios do Oriente e os encaminhastes para que adorassem o vosso Filho, iluminai a nossa fé e aceitai a oferenda da nossa oração*[6].

II. "UM CAMINHO DE FÉ é um caminho de sacrifício. A vocação cristã não nos tira do nosso lugar, mas exige que abandonemos tudo o que estorva o querer de Deus. A luz que se acende é apenas o princípio; temos que segui-la, se desejamos que essa claridade se torne estrela, e depois sol"[7].

Os Magos devem ter passado por caminhos ruins e dormido em lugares incômodos..., mas a estrela indicava-lhes o rumo, apontando-lhes o sentido de suas vidas. A estrela alegra-lhes o caminhar e recorda-lhes a todo o instante que vale a pena passar por incomodidades e perigos, contanto que se chegue a ver Jesus. O importante é isso. Os sacrifícios aceitam-se com garbo e alegria, se o fim vale a pena.

Mas, ao chegarem a Jerusalém, ficam sem a luz que os guiava. A estrela desaparece e eles se desorientam. Que fazem então? Perguntam a quem deve sabê-lo: *Onde está o rei dos judeus que acaba de nascer? Porque vimos a sua estrela no Oriente e viemos adorá-lo*[8]. Nós devemos aprender destes homens sábios e santos. Às vezes, ficamos às escuras e desorientados porque, ao invés de procurarmos a luz da vontade de Deus, vamos iluminando a nossa vida com a luz dos nossos caprichos, que talvez nos levem por caminhos mais fáceis. "Muitas vezes na vida, fazemos as nossas opções não segundo a vontade de Deus, mas segundo o nosso gosto e o nosso capricho, segundo o nosso comodismo e a nossa covardia. Não estamos acostumados a olhar para o alto, para a estrela, e, pelo contrário, temos o costume de iluminar-nos com o nosso próprio candeeiro, que é uma luz pequena, que é uma luz escura, que é uma luz que [...] nos reduz aos limites do nosso egoísmo"[9].

Os Magos perguntam porque querem seguir a luz que Deus lhes dá, ainda que lhes indique caminhos montanhosos e difíceis. Não querem seguir a sua própria luz, que os conduziria por atalhos aparentemente mais suaves e tranquilos, mas que não levariam a Jesus. Agora que não têm a estrela, não desistem, mas esforçam-se por todos os meios para chegar até a gruta de Belém. Porque chegar até Jesus é o que verdadeiramente importa.

Toda a nossa vida é um caminho até Jesus. É um caminho que percorremos à luz da fé. E a fé nos levará a perguntar quando for preciso, e a deixar-nos guiar, a ser dóceis. "Mas nós, cristãos, não temos necessidade de perguntar a Herodes ou aos sábios da terra. Cristo deu à sua Igreja a segurança da doutrina, a corrente de graça dos Sacramentos; e cuidou de que houvesse pessoas que nos pudessem orientar, que nos conduzissem, que nos trouxessem constantemente à memória o nosso caminho [...]. Seja-me permitido um conselho: se alguma vez perdemos a claridade da luz, recorramos sempre ao bom pastor [...]. Iremos ao sacerdote que nos atende, àquele que sabe exigir de nós firmeza na fé, delicadeza de alma, verdadeira fortaleza cristã. A Igreja concede-nos a mais plena liberdade para nos confessarmos com qualquer sacerdote que possua as legítimas licenças; mas um cristão de vida clara procura — livremente — aquele que reconhece como bom pastor, e que pode ajudá-lo a levantar os olhos para tornar a ver no alto a estrela do Senhor"[10].

Os Magos voltaram a encontrar a estrela porque seguiram os conselhos e as indicações daqueles que naquele momento haviam sido postos por Deus para indicar-lhes o caminho. Com muita frequência, a fé concretiza-se para nós em docilidade, na humildade de nos deixarmos ajudar pelo sacerdote, por aquele que sabemos ser especificamente o bom pastor para nós.

III. A NOTÍCIA que os Magos traziam propagou-se por toda a cidade, de porta em porta. Muitos bons israelitas sentiram certamente avivar-se a esperança do Messias e perguntar-se-iam se ele não teria efetivamente chegado. Outros, como o próprio Herodes, apesar de terem maiores conhecimentos, receberam a notícia de maneira muito diferente, porque não estavam interiormente preparados para receber o Rei dos judeus que tinha nascido.

Jesus, o mesmo Menino que nasceu em Belém de Judá, passa continuamente ao nosso lado; passa tal como passou uma vez junto dos Magos ou como cruzou pela vida de Herodes. São duas atitudes em face do Senhor: aceitá-lo, e então tudo o que é nosso é dEle; ou negá-lo — prescindindo dEle, construindo a vida como se Ele não existisse —, e mesmo combatê-lo; foi o que fez Herodes. Nós, tal como os Magos, queremos chegar até Jesus, ainda que tenhamos que deixar coisas que os outros tanto apreciam ou devamos passar por contratempos.

Cada propósito de seguir o Senhor é como uma pequena luz que se acende. A constância no meio das dificuldades, o recomeçar continuamente, transformam numa grande luz aquilo que se iniciou como algo pequeno e titubeante. "Enquanto os Magos estavam na Pérsia, não viam senão uma estrela; mas, depois que deixaram a sua pátria, viram o próprio Sol de justiça"[11].

Hoje, véspera da grande festa da Epifania, podemos perguntar-nos no íntimo do nosso coração: Por que deixo, às vezes, que a minha vida siga as luzes obscuras do meu capricho, dos meus temores, do meu comodismo? Por que não me aproximo sempre da luz do Evangelho, que é onde está a minha estrela e o meu futuro de felicidade? Por que não dou um passo à frente e abandono a minha situação de mediocridade espiritual?

Isaías diz-nos que todos os homens são convidados a vir de longe ao encontro do Salvador[12]. O Senhor também nos diz a nós que somos especialmente convidados a fazer o mesmo neste dia. Ponhamo-nos a caminho. Peçamos ao Senhor, com a liturgia destes dias[13], que nos conceda firmeza na fé ao longo do nosso caminhar: uma fé tão sólida que alcancemos os dons que nos prometeu.

E, muito perto de Jesus, como sempre, encontraremos Maria.

(1) Mt 2, 1; (2) São João Crisóstomo, *Homilias sobre São Mateus*, 6, 3; (3) Is 60, 4; (4) A. M. G. Dorronsoro, *Tiempo para creer*, pp. 76-77; (5) São Josemaria Escrivá, *É Cristo que passa*, n. 32; (6) Vésperas da Epifania. *Preces*; (7) São Josemaria Escrivá, *É Cristo que passa*, n. 33; (8) Mt 2, 2; (9) A. M. G. Dorronsoro, *Tiempo para creer*, p. 78; (10) São Josemaria Escrivá, *É Cristo que passa*, n. 34; (11) São João Crisóstomo, *Homilias sobre São Mateus*, 6; (12) Is 60, 4; (13) cf. *Coleta* da Missa da quinta-feira antes da Epifania.

Epifania do Senhor. 6 de Janeiro

44. A ADORAÇÃO DOS MAGOS

— A alegria de encontrar Jesus. Adoração na Sagrada Eucaristia.
— Os dons dos Magos. As nossas oferendas.
— Manifestação do Senhor a todos os homens. Apostolado.

I. *EIS QUE VEIO o Senhor dos senhores; em suas mãos estão o reino, o poder e a glória*[1].

A Igreja celebra hoje a manifestação de Jesus ao mundo inteiro. Epifania significa "manifestação"; e os Magos representam os povos de todas as línguas e nações que se põem a caminho, chamados por Deus, para adorar Jesus. *Os reis de Társis e das ilhas trar-lhe-ão presentes. Os reis da Arábia e de Sabá oferecer-lhe-ão os seus dons. Todos os reis o hão de adorar, hão de servi-lo todas as nações*[2].

Ao saírem os Magos de Jerusalém, a estrela que tinham visto no Oriente precedia-os, até que se deteve em cima do lugar onde estava o menino. Ao verem a estrela, eles sentiram uma imensa alegria[3].

Não se admiram de terem sido conduzidos a uma aldeia, nem de a estrela se ter detido diante de uma casinha simples. Vêm de tão longe para ver um rei, e são conduzidos a uma casa pequena de uma aldeia! Quantos ensinamentos para nós!

Corremos talvez o perigo de não perceber completamente até que ponto o Senhor está perto das nossas vidas, "porque Deus se apresenta a nós sob a insignificante aparência de um pedaço de pão, porque não se revela na sua glória, porque não se impõe irresistivelmente, porque, enfim, desliza sobre a nossa vida como uma sombra, ao invés de fazer retumbar o seu poder sobre as coisas... Quantas almas oprimidas pela dúvida, porque Deus não se mostra como elas esperam!..."[4]

Muitos dos habitantes de Belém viram em Jesus uma criança semelhante às outras. Os Magos souberam ver nela o Menino-Deus, a quem, desde então, todos os séculos adoram. E a sua fé valeu-lhes um privilégio singular: serem os primeiros entre os gentios a adorá-lo, quando o mundo ainda o desconhecia. Como deve ter sido grande a alegria destes homens, vindos de tão longe, por terem podido contemplar o Messias pouco tempo depois de ter chegado ao mundo! Devemos estar atentos, porque o Senhor também se nos manifesta nas coisas habituais de cada dia. Saibamos recuperar essa luz interior que permite quebrar a monotonia dos dias iguais e encontrar Jesus na nossa vida normal.

E, entrando na casa, viram o Menino com Maria, sua mãe, e prostrando-se o adoraram[5]. "Nós também nos ajoelhamos diante de Jesus, do Deus escondido na humanidade: repetimos-lhe que não queremos dar as costas à sua chamada divina, que não nos afastaremos dEle; que tiraremos do nosso caminho tudo o que for obstáculo à fidelidade; que desejamos sinceramente ser dóceis às suas inspirações"[6].

Adoraram-no. Sabem que é o Messias, Deus feito homem. O Concílio de Trento cita expressamente esta passagem da adoração dos Magos ao tratar do culto que se deve a Cristo na Eucaristia. Jesus presente no Sacrário é o mesmo que estes homens sábios encontraram nos braços de Maria. Talvez devamos ver como o adoramos quando está exposto no ostensório ou escondido no Sacrário, com que devoção nos ajoelhamos durante a Santa Missa nos momentos indicados, ou sempre que passamos por lugares onde está reservado o Santíssimo Sacramento.

II. OS MAGOS, *abrindo os seus tesouros, ofereceram-lhe presentes de ouro, incenso e mirra*[7]: os dons mais preciosos do Oriente; o melhor para Deus.

Oferecem-lhe ouro, símbolo da realeza. Nós, como cristãos, queremos também oferecer-lhe, em sinal de submissão, "o ouro fino do espírito de desprendimento do dinheiro e os meios materiais. Não esqueçamos que são coisas boas, que procedem de Deus. Mas o Senhor dispôs que as utilizássemos sem nelas deixar o coração, fazendo-as render em proveito da humanidade"[8].

Com os Magos, oferecemos-lhe incenso, o perfume que era queimado todas as tardes no altar como símbolo da esperança posta no Messias. São incenso "os desejos — que sobem até o Senhor — de levar uma vida nobre, da qual se desprenda o *bonus odor Christi* (2 Cor 2, 15), o perfume de Cristo [...]. O bom perfume do incenso é o resultado de uma brasa que queima sem espetáculo uma grande quantidade de grãos. *O bonus odor Christi* faz-se sentir entre os homens, não pelas labaredas de um fogo de palha, mas pela eficácia de um rescaldo de virtudes: a justiça, a lealdade, a fidelidade, a compreensão, a generosidade, a alegria"[9].

E, com os Reis Magos, oferecemos também mirra, porque Deus encarnado tomará sobre si as nossas enfermidades e carregará as nossas dores. A mirra é "o sacrifício que não deve faltar na vida cristã. A mirra traz-nos à lembrança a paixão do Senhor: na Cruz, dão-lhe a beber mirra misturada com vinho (cf. Mc 15, 23), e com mirra ungiram o seu corpo para a sepultura (cf. Jo 19, 39). Mas não pensemos que a reflexão sobre a necessidade do sacrifício e da mortificação significa introduzir uma nota de tristeza na festa alegre que hoje celebramos. Mortificação não é pessimismo nem espírito acre"[10]; muito pelo contrário, está intimamente relacionada com a alegria, com a caridade, com a preocupação de tornar agradável a vida aos outros.

Via de regra, "não consistirá em grandes renúncias, que aliás não são frequentes. Há de compor-se de pequenas vitórias: sorrir para quem nos aborrece, negar ao corpo o capricho de uns bens supérfluos, acostumar-se a escutar os outros, fazer render o tempo que Deus põe à nossa disposição... E tantos outros detalhes, aparentemente insignificantes — contrariedades, dificuldades, dissabores — que surgem ao longo do dia sem que os procuremos"[11].

Podemos fazer diariamente a nossa oferenda ao Senhor, porque diariamente podemos ter um encontro com Ele na Santa Missa e na Comunhão: podemos colocar na patena do sacerdote a nossa oblação, feita de coisas pequenas que Jesus aceitará. Se o fizermos com reta intenção, essas pequenas coisas que oferecermos ganharão muito mais valor que o ouro, o incenso e a mirra, porque se unirão ao sacrifício de Cristo, Filho de Deus, que se oferece a si próprio[12].

III. COM A FESTA DE HOJE, a Igreja proclama a manifestação de Jesus a todos os homens, de todos os tempos, sem distinção de raça ou nação. Ele "instituiu a nova aliança no seu sangue, convocando entre os judeus e os gentios um povo que se congregará na unidade... e constituirá o novo povo de Deus"[13]. Nos Reis Magos, vemos milhares de almas de toda a terra que se põem a caminho para adorar o Senhor. Passaram vinte séculos desde aquela primeira adoração, e esse longo desfile do mundo gentio continua chegando a Cristo.

A festa da Epifania incita todos os fiéis a partilharem dos anseios e fadigas da Igreja, que "ora e trabalha ao mesmo tempo, para que a totalidade do mundo se incorpore ao povo de Deus, Corpo do Senhor e Templo do Espírito Santo"[14]. Nós podemos ser daqueles que, estando no mundo, imersos nas realidades temporais, viram a estrela de uma chamada de Deus e são portadores dessa luz interior que se acende em consequência do trato diário com Jesus. Sentimos, pois, a necessidade de fazer com que muitos indecisos ou ignorantes se aproximem do Senhor e purifiquem a sua vida.

A Epifania é a festa da fé e do apostolado da fé. "Participam desta festa tanto os que já chegaram à fé como os que se põem a caminho para alcançá-la [...]. Participa desta festa a Igreja, que cada ano se torna mais consciente da amplitude da sua missão. A quantos homens é necessário levar ainda a fé! Quantos homens é preciso reconquistar para a fé que perderam, numa tarefa que é às vezes mais difícil do que a primeira conversão! No entanto, a Igreja, consciente desse grande dom, o dom da Encarnação de Deus, não pode deter-se, não pode parar nunca. Deve procurar continuamente o acesso a Belém para todos os homens e para todas as épocas. A Epifania é a festa do desafio de Deus"[15].

A Epifania recorda-nos que devemos esforçar-nos por todos os meios ao nosso alcance para que os nossos amigos, familiares e colegas se aproximem de Jesus: para uns, será fazer com que leiam um livro de boa doutrina; para outros, dizer-lhes ao ouvido umas palavras vibrantes a fim de que se decidam a pôr-se a caminho; para outros, enfim, falar-lhes da necessidade de uma formação espiritual.

Ao terminarmos hoje a nossa oração, não pedimos a estes santos Reis que nos deem ouro, incenso e mirra; parece mais lógico que lhes peçamos que nos ensinem o caminho que leva a Cristo, a fim de que cada dia lhe levemos o nosso ouro, incenso e mirra. Peçamos também "à Mãe de Deus, que é nossa Mãe, que nos prepare o caminho que conduz à plenitude do amor: *Cor Mariae dulcissimum, iter para tutum!* Seu doce coração conhece o caminho mais seguro para encontrarmos o Senhor. Os Reis Magos tiveram uma estrela; nós temos Maria, *Stella maris, Stella Orientis*"[16].

(1) *Antífona de entrada* da Missa do dia 6 de janeiro; (2) Sl 71; *Salmo responsorial* da Missa do dia 6 de janeiro; (3) Mt 2, 10; (4) Jacques Leclercq, *Seguindo o ano litúrgico*, p. 100; (5) Mt 2, 11; (6) São Josemaria Escrivá, *É Cristo que passa*, n. 35; (7) Mt 2, 11; (8) São Josemaria Escrivá, *É Cristo que passa*, n. 35; (9) *ibid.*, n. 36; (10) *ibid.*, n. 37; (11) *ibid.*; (12) cf. *Oração sobre as oferendas* da Missa do dia 6 de janeiro; (13) Concílio Vaticano II, Constituição *Lumen gentium*, 9; (14) *ibid.*, 17; (15) João Paulo II, *Homilia*, 6-I-1979; (16) São Josemaria Escrivá, *É Cristo que passa*, n. 38.

45. A FUGA PARA O EGITO. VIRTUDES DE SÃO JOSÉ

— Uma viagem dura e difícil. Obediência e fortaleza de José. Confiança em Deus.
— No Egito. Outras virtudes que devemos imitar no Santo Patriarca.
— Fortaleza na vida diária.

I. QUANDO OS MAGOS se foram embora, a Virgem e José comentaram certamente com alegria os acontecimentos daquele dia. Depois, no meio da noite, Maria acordou, chamada por José, e soube da ordem do anjo: *Levanta-te, toma o menino e sua mãe, foge para o Egito e fica ali até que eu te avise, porque Herodes vai procurar o menino para lhe tirar a vida*[1]. Era o sinal da Cruz no fim de um dia repleto de felicidade.

Maria e José saíram de Belém apressadamente, abandonando muitas coisas necessárias que, numa viagem longa e difícil, não podiam levar consigo, e dominados, além disso, pela inquietação de estarem sob ameaça de morte.

A viagem não podia ser cômoda: vários dias de caminhada por sendas inóspitas, com o temor de serem alcançados na fuga, mais o cansaço e a sede através de regiões desérticas. A fronteira do Egito estava aproximadamente a uma semana de distância, a calcular pelo passo a que podiam avançar, sobretudo se, como é mais provável, enveredaram por atalhos menos frequentados. Foi uma viagem extenuante, que Deus Pai não quis poupar aos seres que mais amava: talvez para que também nós entendêssemos que não há dificuldade de que não possamos tirar muito bem; e para que soubéssemos que estar perto de Deus não significa sermos poupados à dor e às dificuldades. Deus só nos prometeu serenidade e fortaleza para enfrentá-las.

Seguiram apressadamente o caminho que o anjo lhes havia indicado, cumprindo em todas aquelas circunstâncias a vontade de Deus. "José não se escandaliza nem diz [ao anjo]: isto parece um enigma. Ainda há pouco me davas a conhecer que Ele salvaria o seu povo, e agora não só não é capaz de salvar-se a si mesmo, como somos nós que temos de fugir, de empreender uma viagem e suportar um longo deslocamento: isso é contrário à tua promessa. José não raciocina desse modo, porque é um varão fiel"[2].

Simplesmente obedeceu, com a fortaleza necessária para tomar as rédeas da situação e mobilizar todos os meios ao seu alcance para ultrapassá-la, confiando plenamente em que Deus não o deixaria só. Assim devemos nós fazer em situações difíceis, talvez extremas, sempre que nos custe ver a mão providente de Deus Pai na nossa vida ou na daqueles que mais prezamos; ou quando nos pedem uma coisa que pensamos não ser capazes de dar. No dia seguinte à sua eleição como Papa, dizia João Paulo I: "Ontem de manhã fui à Sixtina votar tranquilamente. Nunca teria imaginado o que ia acontecer. Mal começou o perigo para mim, os dois colegas que estavam ao meu lado sussurraram-me palavras de alento. Disse-me um deles: «Ânimo! Se o Senhor nos dá um peso, também nos dá a ajuda necessária para carregá-lo»"[3].

II. DEPOIS DE UMA LONGA e penosa travessia, Maria e José chegaram ao seu novo país. Naquele tempo, viviam no Egito muitos israelitas, que formavam pequenas comunidades dedicadas principalmente ao comércio. É de supor que José se tivesse incorporado com a sua Família a uma dessas comunidades, disposto a refazer mais uma vez a sua vida com o pouco que tinham podido levar de Belém. Mas levava consigo o mais importante: Jesus, Maria, e o firme propósito de sustentá-los à custa de todos os sacrifícios do mundo.

São José é para nós exemplo de muitas virtudes: de obediência inteligente e rápida, de fé, de esperança, de laboriosidade... Mas sobretudo de fortaleza, tanto no meio das grandes dificuldades como nessas situações normais pelas quais passa um bom pai de família. Recomeçou a vida como pôde, passando dificuldades, aceitando qualquer trabalho, procurando um lar para Maria e Jesus, e sustentando-os, como sempre, com o trabalho de suas mãos, com uma laboriosidade incansável.

Ante as contrariedades que nos possam bater à porta, se Deus as permite, devemos contemplar a figura cheia de fortaleza de São José e recomendar-nos a Ele como fizeram muitos santos. A propósito da eficácia da sua intercessão, escreve Santa Teresa: "Não me recordo até agora de haver-lhe encomendado coisa alguma que tenha deixado de fazer. É coisa espantosa ver as grandes mercês que Deus me concedeu através deste bem-aventurado santo, os perigos de que me livrou, tanto do corpo como da alma. Há santos a quem parece que o Senhor deu graça para nos socorrer nesta ou naquela necessidade; quanto a este glorioso santo, tenho experiência de que socorre em todas. O Senhor quer dar-nos a entender que, assim como lhe esteve sujeito na terra — porque, tendo o nome de pai, sendo servo, podia mandar-lhe —, assim, no Céu, faz tudo o que ele lhe pede. Foi o que perceberam algumas outras pessoas — a quem eu dizia que se recomendassem a ele —, também por experiência, e, assim, muitas que lhe são devotas experimentaram esta verdade"[4].

III. DEPOIS DE UM CERTO TEMPO, uma vez passado o perigo, já nada retinha José naquela terra estranha, mas ali se deixou estar sem outro motivo a não ser o cumprimento fiel da ordem do anjo: *Fica ali até que eu te diga*[5]. E permaneceu no Egito sem se mostrar desgostado nem protestar, sem se intranquilizar, realizando o seu trabalho como se nunca fosse sair dali.

Como é importante saber permanecer onde se deve, ocupar-se nas obrigações de cada momento, sem ceder à tentação de mudar continuamente de lugar! Também para isso é necessária verdadeira fortaleza, de modo a "saborearmos a virtude humana e divina da paciência"[6]. "É forte quem persevera no cumprimento do que entende dever fazer, segundo a sua consciência; quem não mede o valor de uma tarefa exclusivamente pelos benefícios que recebe, mas pelo serviço que presta aos outros"[7].

Devemos pedir a São José que nos ensine a ser fortes não só em situações extraordinárias e difíceis, como são a perseguição, o martírio ou uma doença gravíssima e dolorosa, mas também nos assuntos ordinários de cada dia: pela constância com que trabalhamos, pelo sorriso com que quebramos a vontade de ficar sérios, pela palavra amável e cordial que temos para todos. Necessitamos de fortaleza para não ceder perante o cansaço, o comodismo ou o desejo de tranquilidade, para vencer o medo de cumprir deveres que custam. "O homem teme por natureza o perigo, os aborrecimentos e o sofrimento. Por isso é necessário procurar homens valentes não só nos campos de batalha, mas também nos corredores dos hospitais ou junto ao leito da dor"[8]; em suma, na tarefa de cada dia.

Outro aspecto importante da fortaleza é a firmeza interior necessária para vencer obstáculos mais sutis como a vaidade, a timidez e os respeitos humanos. E são também prova de fortaleza o esquecimento próprio, o não dar excessivas voltas aos problemas pessoais para não exagerá-los, o passar oculto e servir os outros sem que se note.

Na ação apostólica, esta virtude tem muitas manifestações, como por exemplo falar de Deus sem medo do "que dirão" ou de como se ficará perante os outros; comportar-se sempre de um modo cristão, ainda que se entre em choque com um ambiente paganizado; arriscar-se a ter iniciativas que ampliem a base do apostolado e esforçar-se por levá-las à prática.

As mães de família deverão praticar com frequência a fortaleza comportando-se habitualmente de modo discreto, amável e paciente. Serão então verdadeiramente a rocha firme em que se apoia toda a casa. "A Bíblia não louva a mulher fraca, mas a mulher forte, quando diz no livro dos Provérbios: *A lei da doçura está na sua língua* (31, 6). Porque a doçura é o ponto mais alto da fortaleza. A mulher maternal tem por privilégio esta função discreta e basilar: saber atender, saber calar-se, ser capaz de fechar os olhos às injustiças ou fraquezas, desculpando-as e cobrindo-as com o manto da compreensão — obra de misericórdia não menos benfazeja do que cobrir a nudez do corpo"[9].

Aprendemos hoje de São José a levar para a frente, com energia e firmeza, tudo o que o Senhor nos confia de modo habitual: família, trabalho, atividade apostólica etc., tendo em conta que os obstáculos são a lei da vida, mas que sempre os podemos vencer com a ajuda da graça.

(1) Mt 2, 13; (2) São João Crisóstomo, *Homilias sobre São Mateus*, 8, 3; (3) João Paulo I, *Angelus*, 27-VIII-1978; (4) Santa Teresa, *Vida*, 6; (5) cf. Mt 2, 13; (6) São Josemaria Escrivá, *Amigos de Deus*, n. 78; (7) *ibid.*, n. 77; (8) João Paulo II, *Sobre a fortaleza*, 15-XI-1978; (9) Gertrud von le Fort, *A mulher eterna*, p. 128.

Tempo do Natal depois da Epifania. 8 de Janeiro

46. A VIDA EM NAZARÉ. TRABALHO

— O Senhor, que trabalhou na oficina de São José, é nosso modelo no trabalho.
— Como foi o trabalho de Jesus. Como deve ser o nosso.
— Devemos ganhar o Céu com o trabalho. Mortificações, detalhes de caridade, competência profissional nas nossas tarefas.

I. QUANDO MEDITAMOS a vida de Jesus, vemos que o Senhor passou a maior parte dos seus dias na obscuridade de um pequeno povoado, praticamente desconhecido dentro da sua própria pátria. Compreendemos que alguns dos seus vizinhos lhe dissessem: *Sai daqui para que vejam as obras que fazes; ninguém faz estas coisas em segredo se pretende manifestar-se*[1]. Mas o valor das obras do Senhor foi sempre infinito, e Ele dava a seu Pai a mesma glória quer quando serrava toros de madeira, quer quando ressuscitava um morto ou quando as multidões o seguiam louvando a Deus.

Durante esses trinta anos da vida de Jesus em Nazaré, o mundo presenciou muitos acontecimentos. A paz de Augusto chegava ao fim e as legiões romanas preparavam-se para conter os invasores bárbaros... Na Judeia, Arquelau era desterrado por causa das suas inúmeras arbitrariedades... Em Roma, o Senado divinizava Otávio Augusto...

Mas o Filho de Deus encontrava-se então numa pequena aldeia, a 140 quilômetros de Jerusalém. Vivia numa casa modesta, talvez feita de adobe, como as outras, com a sua Mãe, Maria, pois José já devia ter falecido. O que fazia ali o Deus-Homem? Trabalhava, como os demais homens da aldeia. Não se distinguia deles por nada de chamativo, pois também era um deles. Era perfeito Deus e homem perfeito. E nós não podemos esquecer que a existência terrena do Filho de Deus se compôs não só dos três anos de vida apostólica, mas destes trinta anos de vida oculta.

Quando, depois de iniciada a vida pública, volta um dia a Nazaré, os seus conterrâneos admiram-se da sua sabedoria e dos fatos prodigiosos que se contavam a seu respeito. Conheciam-no pelo seu ofício: *Que sabedoria é esta que lhe foi dada?... Não é este o artesão, filho de Maria...?*[2] E São Mateus nos dirá também, em outro lugar, o que pensavam de Cristo na sua terra: *Não é este o filho do carpinteiro? A sua mãe não se chama Maria?*[3] Tinham-no visto trabalhar durante muitos anos, dia após dia. Por isso traziam agora à baila o seu ofício. Na sua pregação, pode-se notar, além disso, que Jesus conhece bem o mundo do trabalho; conhece-o como alguém que esteve bem metido nele, e é por isso que apresenta muitos exemplos de gente que trabalha.

Com estes anos de vida oculta em Nazaré, o Senhor quis mostrar-nos o valor da vida diária como meio de santificação. "Porque a vida comum e normal, aquela que vivemos entre os demais concidadãos, nossos iguais, não é nenhuma coisa sem altura e sem relevo. É precisamente nessas circunstâncias que o Senhor quer que a imensa maioria dos seus filhos se santifique"[4].

Os nossos dias podem ser santificados se se assemelharem aos de Jesus nesses seus anos de vida oculta e simples em Nazaré: se trabalharmos conscienciosamente e nos mantivermos na presença de Deus ao longo das nossas ocupações, se vivermos a caridade com os que estão ao nosso lado, se soubermos aceitar os contratempos sem nos queixarmos, se as relações profissionais e sociais forem para nós ocasião de ajudar os outros e aproximá-los de Deus.

II. SE CONTEMPLARMOS a vida de Jesus ao longo destes anos sem relevo externo, vê-lo-emos trabalhar bem, sem dar "jeitos", preenchendo as horas com um trabalho intenso. Não nos custa imaginar o Senhor recolhendo os instrumentos de trabalho no fim do dia, deixando as coisas ordenadas, recebendo afavelmente o vizinho que lhe vai encomendar alguma peça, mesmo aquele que é menos simpático e aquele outro de conversa pouco grata. Jesus devia ter o prestígio de quem trabalha bem, pois *fez tudo bem feito*[5], incluídas as coisas materiais. E todos os que se relacionaram com Ele sentiram-se sem dúvida impelidos a ser melhores e receberam os benefícios da sua oração silenciosa.

O ofício do Senhor não foi brilhante, como também não foi *cômodo* nem de grandes perspectivas humanas. Mas Jesus amou o seu trabalho diário e ensinou-nos a amar o nosso, sem o que é impossível santificá-lo, "pois quando não se ama o trabalho, é impossível encontrar nele qualquer tipo de satisfação, por mais que se mude de tarefa"[6].

Jesus conheceu também o cansaço e a fadiga da faina diária, e experimentou a monotonia dos dias sem relevo e aparentemente sem história. E aí está outro grande benefício para nós, pois "o suor e a fadiga — que o trabalho necessariamente comporta na condição atual da humanidade — oferecem ao cristão e a cada homem, que foi chamado a seguir a Cristo, a possibilidade de participar no amor à obra que Cristo veio realizar. Esta obra de salvação realizou-se precisamente através do sofrimento e da morte na Cruz. Suportando a fadiga do trabalho em união com Cristo crucificado por nós, o homem colabora de certo modo com o Filho de Deus na redenção da humanidade. Mostra-se verdadeiro discípulo de Jesus, levando por sua vez a cruz de cada dia na atividade que foi chamado a realizar"[7].

Jesus, durante os seus trinta anos de vida oculta, é o modelo que devemos imitar na nossa vida de homens comuns que trabalham diariamente. Contemplando a figura do Senhor, compreendemos com maior profundidade a obrigação que temos de trabalhar bem: não podemos pretender santificar um trabalho mal feito. Devemos aprender a encontrar a Deus nas nossas ocupações humanas, a ajudar os nossos concidadãos e a contribuir para elevar o nível de toda a sociedade e da criação[8]. Um mau profissional, um estudante que não estuda, um mau sapateiro..., se não mudam e melhoram, não podem alcançar a santidade no meio do mundo.

III. COM O TRABALHO HABITUAL, temos que ganhar o Céu. Para isso devemos procurar imitar Jesus, "que deu ao trabalho uma dignidade enorme, trabalhando com as suas próprias mãos"[9].

Devemos, pois, ter presente que "todo o trabalho humano honesto, intelectual ou manual, deve ser realizado pelo cristão com a maior perfeição possível: com perfeição humana (competência profissional) e com perfeição cristã (por amor à vontade de Deus e a serviço dos homens). Porque, feito assim, esse trabalho humano, por mais humilde e insignificante que pareça, contribui para a ordenação cristã das realidades temporais — para a manifestação da sua dimensão divina — e é assumido e integrado na obra prodigiosa da Criação e da Redenção do mundo: eleva-se assim o trabalho à ordem da graça, santifica-se, converte-se em obra de Deus..."[10]

No trabalho santificado — tal como o de Jesus — encontramos um campo abundante de pequenos sacrifícios que se traduzem na atenção que pomos naquilo que estamos fazendo, no cuidado e na ordem dos instrumentos que utilizamos, na pontualidade, na maneira como tratamos os outros, no cansaço que ultrapassamos, nas contrariedades que procuramos enfrentar da melhor maneira possível, sem queixas estéreis.

Os deveres profissionais abrir-nos-ão muitas possibilidades de retificar a intenção para que realmente sejam uma obra oferecida a Deus e não uma ocasião de nos procurarmos a nós mesmos. Desta maneira, nem os fracassos nos encherão de pessimismo, nem os êxitos nos afastarão de Deus. A retidão de intenção — que nos leva a executar o trabalho de olhos postos em Deus — dar-nos-á essa estabilidade de ânimo própria das pessoas que estão habitualmente na presença do Senhor.

Podemos perguntar-nos hoje, na nossa oração pessoal, se no nosso trabalho procuramos imitar os anos de vida oculta de Jesus. Sou competente e tenho prestígio profissional entre as pessoas da minha profissão? Cumpro acabadamente os meus deveres profissionais? Pratico as virtudes humanas e as sobrenaturais na minha tarefa diária? O meu trabalho serve para que os meus amigos se aproximem mais de Deus? Falo-lhes da doutrina da Igreja a propósito das verdades sobre as quais há mais ignorância ou confusão no momento atual?

Olhamos para o trabalho de Jesus ao mesmo tempo que examinamos o nosso. E pedimos-lhe: "Senhor, concede-nos a tua graça. Abre-nos a porta da oficina de Nazaré, para que aprendamos a contemplar-te, com a tua Mãe Santa Maria e com o Santo Patriarca José [...], dedicados os três a uma vida de trabalho santo. Comover-se-ão os nossos pobres corações, iremos à tua procura e te encontraremos no trabalho cotidiano, que Tu desejas que convertamos em obra de Deus, em obra de Amor"[11].

(1) Jo 7, 3-4; (2) cf. Mc 6, 2-3; (3) Mt 13, 55; (4) São Josemaria Escrivá, *É Cristo que passa*, n. 110; (5) Mc 7, 37; (6) Federico Suárez, *José, esposo de Maria*, p. 268; (7) João Paulo II, Enc. *Laborem exercens*, 14-IX-1981, 27; (8) cf. Concílio Vaticano II, Const. *Lumen gentium*, 41; (9) Concílio Vaticano II, Const. *Gaudium et spes*, 67; (10) São Josemaria Escrivá, *Entrevistas com Mons. Josemaria Escrivá*, n. 10; (11) São Josemaria Escrivá, *Amigos de Deus*, n. 72.

Tempo do Natal Depois da Epifania. 9 de Janeiro

47. ENCONTRAR JESUS

— Jesus perdido e achado no Templo. A dor e a alegria de Maria e de José. Perdemo-lo por nossa culpa.
— A realidade do pecado e o afastamento de Cristo. Tibieza.
— Empregar os meios para não perder Jesus. Onde podemos achá-lo.

I. JESUS CRESCEU num clima de piedade e de cumprimento da Lei, da qual uma parte importante eram as peregrinações ao Templo. *Três vezes por ano celebrareis uma festa solene em minha honra... Três vezes por ano todo o varão comparecerá diante de Javé, seu Deus*[1]. As três festas eram a da Páscoa, a do Pentecostes e a dos Tabernáculos, e, embora o preceito não obrigasse os que viviam longe, eram muitos os judeus de toda a Palestina que iam a Jerusalém em alguma dessas datas. A Sagrada Família costumava fazê-lo na Páscoa: *Todos os anos seus pais iam a Jerusalém pela festa da Páscoa*[2]. Segundo se vê pelo relato de São Lucas, Maria acompanhava José, apesar de só serem obrigados a fazê-lo os varões maiores de doze anos.

Nazaré dista de Jerusalém um pouco mais de cem quilômetros pelo caminho mais reto. Ao chegar a Páscoa, várias famílias costumavam reunir-se para fazerem o percurso juntas, em quatro ou cinco dias.

Quando o Menino completou doze anos, subiu com os pais a Jerusalém, *conforme costumavam fazer naquela festa*[3], e, findos os ritos pascais, iniciaram o regresso a Nazaré. Nestas viagens, as famílias dividiam-se em dois grupos, um de homens e outro de mulheres. As crianças podiam ir com qualquer dos dois. Isto explica que só se viesse a notar a ausência de Jesus ao cair do primeiro dia, ocasião em que todos se reagrupavam para acampar.

O que foi que Maria e José sentiram e pensaram naquele momento? Parece desnecessário descrevê-lo. Julgaram ter perdido Jesus, ou que Jesus os tinha perdido a eles e vagueava sozinho, Deus sabe por onde. A aglomeração à saída da cidade e pelos caminhos que a ela levavam era muito grande nesses dias. Aquela noite deve ter sido terrível para Maria e José. Pela manhã, muito cedo, começaram a fazer o caminho em sentido contrário. Passaram três dias, cansados, angustiados, perguntando a todos se tinham visto um menino de uns doze anos... Tudo em vão.

Maria e José perderam-no sem culpa deles. Nós o perdemos pelo pecado, pela tibieza, pela falta de espírito de sacrifício; e então a nossa vida sem Jesus fica às escuras. Se alguma vez nos encontrarmos nessa situação, teremos de reagir e procurar o Senhor imediatamente, perguntando a quem pode e deve sabê-lo: "Onde está o Senhor?"

"A Mãe de Deus, que buscou afanosamente o seu Filho, perdido sem culpa dEla, que experimentou a maior alegria ao encontrá-lo, nos ajudará a desandar o andado, a retificar o que for preciso quando pelas nossas leviandades ou pecados não conseguirmos distinguir Cristo. Alcançaremos assim a alegria de abraçá-lo de novo, para lhe dizer que nunca mais o perderemos.

"Maria é Mãe da ciência, porque com Ela se aprende a lição que mais interessa: que nada vale a pena se não estivermos junto do Senhor; que de nada servem todas as maravilhas da terra, todas as ambições satisfeitas, se não nos arder no peito a chama de amor vivo, a luz da santa esperança que é uma antecipação do amor interminável na nossa Pátria definitiva"[4].

II. MARIA E JOSÉ não perderam Jesus, foi Ele que se deixou ficar no Templo.

Conosco é diferente; Jesus nunca nos abandona. Somos nós, os homens, que podemos mandá-lo embora pelo pecado ou pelo menos afastá-lo de nós pela tibieza. Em todo o encontro entre o homem e Cristo, a iniciativa é sempre de Jesus; pelo contrário, em toda a situação de desunião, somos nós que temos sempre a iniciativa. O Senhor não nos abandona nunca.

Quando o homem peca gravemente, perde-se para si mesmo e para Cristo. Vagueia então sem sentido e sem rumo, pois o pecado desorienta essencialmente. O pecado é a maior tragédia que pode acontecer a um cristão. Em poucos instantes, afasta-o radicalmente de Deus pela perda da graça santificante, fá-lo perder os méritos adquiridos ao longo de toda a vida, sujeita-o de algum modo à escravidão do demônio e diminui nele a inclinação para a virtude. O afastamento de Deus "sempre traz consigo uma grande destruição em quem o pratica"[5].

O pior de tudo, infelizmente, é que muitos acham que isso não tem quase nenhuma importância. É a tibieza, o desamor, que leva a ter em tão pouco ou nenhum apreço a companhia de Jesus; Ele, sim, aprecia estar conosco: morreu numa cruz para nos resgatar do demônio e do pecado, e para estar sempre com cada um de nós neste mundo e no outro.

Maria e José amavam profundamente Jesus. Por isso o procuraram incansavelmente, por isso sofreram de um modo que nós não podemos compreender, por isso se alegraram tanto quando tornaram a encontrá-lo. "Hoje em dia, não parece haver muita gente que sofra pela sua ausência; há cristãos para quem a presença ou ausência de Cristo em suas almas não significa praticamente nada. Passam da graça para o pecado, e não experimentam nem sofrimento nem dor, nem aflição nem angústia. Passam do pecado para a graça, e não dão a impressão de serem homens que voltaram do inferno, que passaram da morte para a vida: não se vê neles o alívio, a alegria, a paz e o sossego de quem recuperou Jesus"[6].

Nós devemos pedir hoje a Maria e José que nos ajudem a saber apreciar a companhia de Jesus, a estar dispostos a qualquer coisa menos a perdê-lo. Como estaria às escuras o mundo, o nosso mundo, sem Jesus! Que graça enorme é aperceber-se disso! "Jesus! Que eu nunca mais Te perca..."[7] Usaremos de todos os meios, sobrenaturais e humanos, para não cair em pecado mortal, ou mesmo no pecado venial deliberado: se não nos esforçarmos por detestar o pecado venial, sem a falsa desculpa de que não é "grave", não chegaremos a um trato de intimidade com o Senhor.

III. O TEMPLO DE JERUSALÉM tinha uma série de dependências destinadas ao culto e ao ensino das Escrituras. Foi numa dessas dependências que Maria e José entraram; provavelmente, tratava-se do átrio do Templo, onde se escutavam as explicações dos doutores e se podia intervir com perguntas e respostas; era ali que Jesus se encontrava. As suas perguntas chamaram a atenção dos doutores pela sabedoria e ciência que revelavam. Está como mais um entre tantos ouvintes, sentado no chão, e também intervém como os outros, mas as perguntas que faz descobrem a sua maravilhosa sabedoria. Era um modo de ensinar ajustado à sua idade.

Maria e José maravilham-se contemplando toda a cena. Maria dirige-se a Jesus cheia de alegria por tê-lo encontrado. E nas suas palavras Santo Agostinho vê uma demonstração de humildade e de deferência para com São José. "Pois, ainda que tivesse merecido dar à luz o Filho do Altíssimo, era Ela humilíssima, e, ao nomear-se, não se antepõe ao seu esposo, dizendo: eu e teu pai, mas: *teu pai e eu*. Não levou em conta a dignidade do seu seio, mas a hierarquia conjugal. A humildade de Cristo, com efeito, não haveria de ser para a sua Mãe uma escola de soberba"[8].

Jesus não se perdeu involuntariamente. Plenamente consciente de quem era e da missão que tinha, quis começar de algum modo a cumpri-la. Tal como o fará depois, procura agora cumprir a vontade do Pai celestial sem que a vontade de seus pais terrenos represente um obstáculo. Para eles, deve ter sido uma prova dolorosa, mas também um facho de luz, que lhes iria começando a descobrir o mistério da vida do Senhor. Foi um episódio que nunca haveriam de esquecer.

E quanto a nós, fica muito claro que Jesus tem plena consciência da sua missão e de que é o Filho de Deus. Para penetrarmos um pouco mais na resposta que deu, seria preciso ter ouvido a entonação da sua voz enquanto se dirigia a seus pais. De qualquer forma, as suas palavras permitem-nos compreender que os planos de Deus estão sempre acima dos planos terrenos, e que, no caso de se desenhar um conflito entre ambos, *é preciso obedecer a Deus antes que aos homens*[9].

Se alguma vez perdermos Jesus, lembremo-nos daquele conselho do próprio Senhor: *Buscai e achareis*[10]. Encontrá-lo-emos sempre no Sacrário, bem como nas pessoas que o próprio Deus escolheu para nos indicarem o caminho; e se o ofendermos gravemente, Ele estará sempre à nossa espera no sacramento da Penitência.

Talvez nos possa fazer muito bem — especialmente quando estivermos hoje diante do Sacrário ou virmos uma igreja — dizer como jaculatória e repetir no íntimo do nosso coração: "Jesus! Que eu nunca mais Te perca..."[11] Maria e José serão as nossas ajudas para que não percamos de vista Jesus ao longo do dia e ao longo de toda a nossa vida.

(1) Ex 23, 14-17; cf. Dt 16, 18; (2) Lc 2, 41; (3) Lc 2, 42; (4) São Josemaria Escrivá, *Amigos de Deus*, n. 278; (5) Concílio Vaticano II, Constituição *Gaudium et spes*, 13; (6) Federico Suárez, *José, esposo de Maria*, p. 195; (7) São Josemaria Escrivá, *Santo Rosário*, quinto mistério gozoso; (8) Santo Agostinho, *Sermão 51*, 18; (9) At 5, 9; (10) Lc 11, 9; (11) São Josemaria Escrivá, *Santo Rosário*, quinto mistério gozoso.

TEMPO DO NATAL DEPOIS DA EPIFANIA. 10 DE JANEIRO

48. JESUS, NOSSO MESTRE

— O Senhor é o Mestre de todos os homens. É o nosso único Mestre.
— Aprender dEle. Meditar o Evangelho.
— Jesus ensina-nos no íntimo do nosso coração através dos acontecimentos e pessoas que nos rodeiam e, sobretudo, através do Magistério da Igreja.

I. *AO FIM DE TRÊS DIAS achavam-no no Templo, sentado no meio dos doutores, ouvindo-os e interrogando-os*[1].

Os rabinos costumavam comentar no Templo a Sagrada Escritura. Para os forasteiros de Jerusalém, esta era a única oportunidade de ver e ouvir os mestres mais importantes de Israel. Os ouvintes tomavam assento sobre esteiras à volta do mestre e podiam intervir e também ser perguntados sobre o texto que se explicava. As perguntas e respostas de Jesus, ainda que estivessem de acordo com a sua idade, chamaram muito a atenção de todos: *Todos quantos o ouviam maravilhavam-se da sua inteligência e das suas respostas*.

Quando começar a sua vida pública, o evangelista nos dirá que as multidões *maravilhavam-se da sua doutrina, pois ensinava como quem tem autoridade e não como os escribas*[2]. Ouvindo-o, as multidões esqueciam-se da fome e do frio da intempérie. Nunca se opôs a que o povo o chamasse profeta e mestre[3], e, aos seus discípulos, dizia-lhes: *Vós me chamais mestre e senhor, e dizeis bem, porque o sou*[4].

Com frequência Jesus utilizava a expressão: *Mas eu vos digo...* Queria indicar-nos que a sua doutrina tinha uma força especial: era o Filho de Deus quem falava. *E ouviu-se do céu uma voz que dizia: Este é o meu Filho muito amado, ouvi-o*[5]. Desde então, já não há outro a quem escutar.

Os profetas apresentavam-se como porta-vozes de Deus: *Assim fala Javé*, declaravam depois dos seus discursos. Jesus fala em nome próprio e dá um ensinamento divino. *Moisés vos disse..., mas eu vos digo*. Indica o sentido e o alcance precisos dos mandamentos de Deus recebidos por Moisés no Sinai, corrigindo falsas interpretações. Os seus preceitos seguem a mesma revelação do Antigo Testamento, e, no entanto, são absolutamente novos. Ninguém como Ele mostrou a soberania de Deus e, ao mesmo tempo, a sua qualidade de Pai amorosamente preocupado com as coisas do mundo e, sobretudo, com os seus filhos, os homens. Ninguém como Ele indicou a verdade fundamental do homem: a sua liberdade interior e a sua dignidade intocável.

A vida de Jesus foi uma pregação incessante. Falou nas sinagogas[6], à margem do lago[7], no Templo[8], nos caminhos[9], nas casas, em toda parte. A sua doutrina foi-nos transmitida, fidelíssima e substancialmente completa, através dos Evangelhos. *Muitas outras coisas fez Jesus, as quais, se se escrevessem uma por uma, creio que este mundo não poderia conter os livros que se deveriam escrever*[10], diz-nos São João ao terminar o seu Evangelho. Mas, quanto a tudo o que é essencial, conhecemo-lo tal como aconteceu, tal como o ensinou o Mestre, o nosso único Mestre. Junto dEle, sentimo-nos seguros. Sempre diz a cada um o que precisa ouvir. Lendo o Evangelho uns minutos todos os dias, com um coração leal, meditando-o devagar, sentimo-nos impelidos a repetir com São Pedro: *Senhor, só tu tens palavras de vida eterna*[11]. Só Tu, Senhor. Examinemos como e com que atenção lemos o Evangelho.

II. *UM SÓ é o vosso mestre, Cristo*[12]. Se depois houve mestres e doutores na sua Igreja[13], foi porque *Ele os constituiu*[14], subordinando-os a si; seriam repetidores e testemunhas *do que viram e ouviram*[15]. Através da Igreja, do Evangelho tal como a Igreja no-lo entregou, chega-nos como que por um canal a Boa-nova de Cristo.

Só se verá privado de ouvir a palavra divina quem se fechar a ela voluntariamente. Todos podem compreendê-la. A mais sublime de todas as doutrinas é acessível aos espíritos mais simples. Os humildes, os que se fazem pequenos como as crianças, captam-na sem esforço, ao passo que os "sábios", os que se deixam arrastar pela sua soberba, ficam sem a luz do Espírito Santo e jazem nas trevas, sem nada entender ou deformando a verdade salvadora: *Porque ocultaste estas coisas aos sábios e entendidos e as revelaste aos pequeninos*[16].

Jesus é o Mestre de todos, o nosso Mestre. E pode sê-lo porque Ele próprio sabe o que há dentro de cada homem[17]. Não se engana sobre as nossas misérias e fraquezas: conhece bem toda a maldade que pode esconder-se em cada coração. Mas conhece também, melhor do que nós próprios, as possibilidades de generosidade, de sacrifício, de grandeza que existem também em todo coração, e pode despertá-las com a sua Palavra viva.

Tomar Jesus como Mestre é tomá-lo como guia, andar sobre as suas pegadas, buscar com ânsia a sua vontade sobre nós, sem nos desalentarmos nunca pelas nossas derrotas, das quais Ele nos levanta e que converte em vitórias uma após outra. Tomá-lo como Mestre é querer parecer-se cada vez mais com Ele: que os outros, ao verem o nosso trabalho, o nosso comportamento no seio da família, com os estranhos e sobretudo com os mais necessitados, possam reconhecer Jesus.

Assim como, no relacionamento habitual com uma pessoa que se estima e se admira muito, se acaba por adotar não só a sua maneira de pensar, mas as suas expressões e gestos, da mesma forma, fazendo de Jesus o nosso Mestre inseparável, relacionando-nos diariamente com Ele através da oração e da meditação do Evangelho, acabaremos por parecer-nos com Ele, quase sem o percebermos: "Oxalá fossem tais o teu porte e a tua conversação que todos pudessem dizer, ao ver-te ou ouvir-te falar: «Este lê a vida de Jesus Cristo»"[18].

III. DIZ-NOS SÃO PAULO que a palavra de Deus é *viva e eficaz* (cf. Hb 4, 12). A doutrina de Jesus Cristo é sempre atual, nova, para cada homem; é um ensinamento pessoal porque se destina a cada um de nós. Não nos é difícil reconhecer-nos num determinado personagem de uma parábola ou compreender no mais íntimo da alma que umas palavras de Jesus pronunciadas há vinte séculos foram ditas para nós, como se fôssemos os seus únicos destinatários. *Deus falou muitas vezes e de muitos modos em outros tempos aos nossos pais através dos profetas; nestes últimos dias, falou-nos pelo seu Filho* (cf. Hb 1, 1). Estes *últimos dias* são também os nossos. Jesus Cristo continua a ensinar. As suas palavras, por serem divinas e eternas, são sempre atuais.

Ler o Evangelho com fé é crer que tudo o que nele se diz está de algum modo acontecendo agora. São atuais a partida e o regresso do filho pródigo; são atuais a ovelha que anda perdida e o pastor que sai à sua busca; é atual a necessidade do fermento para transformar a massa e da luz que deve dissipar a grande escuridão que com enorme frequência desce sobre o mundo e sobre o homem. "Nos Livros sagrados, o Pai que está nos céus sai amorosamente ao encontro dos seus filhos para conversar com eles. E é tão grande o poder e a força da sua palavra, que constitui sustento e vigor para a Igreja, firmeza de fé para os seus filhos, alimento da alma, fonte límpida e perene de vida espiritual"[19]. Mas devemos aprender a ouvir Cristo em nossa vida e em nossa alma, nas muitas formas e circunstâncias em que Ele nos fala.

Certo dia, estava o Senhor em casa de um fariseu chamado Simão. *Tomando Jesus a palavra, disse-lhe: Simão, tenho uma coisa a dizer-te*[20]. Cristo sempre tem alguma coisa a dizer-nos; a cada um em particular, pessoalmente. Para ouvi-lo, devemos ter um coração que saiba escutar, um coração atento às coisas de Deus. Ele é o Mestre de sempre. Era o Mestre ontem e sê-lo-á amanhã: *Jesus Cristo é o mesmo ontem, hoje e sempre*[21]. E dirige-se a cada homem em particular, a cada homem que queira escutá-lo. Todo aquele que, com sinceridade de coração, procurar um rumo para a sua vida, encontrá-lo-á; o Senhor não nega a sua graça a quem de verdade o procura.

Quando Salomão, *que amava Javé*, ainda era jovem, o Senhor apareceu-lhe durante a noite em sonhos e disse-lhe: *Pede-me o que queiras que te dê*. E Salomão não pediu riqueza, nem poder, nem uma vida longa..., mas sabedoria para governar o povo de Deus. O pedido foi muito grato ao Senhor, que lhe concedeu um coração sábio e inteligente, *um coração capaz de entender*[22].

Também nós devemos pedir antes de mais nada um coração capaz de escutar e de entender essas moções interiores do Espírito Santo na nossa alma, essa linguagem de Deus que nos fala através do Magistério da Igreja, essa doutrina que nos chega com suma clareza através do Papa e dos bispos unidos ao Papa, e que requer uma resposta prática. Convém que examinemos agora, na nossa meditação, qual o empenho com que procuramos conhecer bem a doutrina do Magistério. E não só conhecê-la, mas também vivê-la pessoalmente e difundi-la entre os católicos e entre todos os homens de boa vontade. O Mestre, Jesus, fala-nos através dessa doutrina.

Pedimos à Virgem Maria um ouvido atento à voz de Deus, que nos fala hoje tal como o fez há vinte séculos.

(1) Lc 2, 46-47; (2) Mc 1, 22; (3) Mt 21, 11; (4) Jo 13, 13; (5) Mc 9, 7; (6) Mt 4, 23 e segs.; (7) Mc 3, 9; (8) Mt 21, 22-23; (9) Jo 4, 5 e segs.; (10) Jo 21, 25; (11) Jo 6, 68; (12) Mt 23, 10; (13) cf. At 13, 1; 1 Cor 12, 28-29; (14) Ef 4, 11; (15) cf. At 10, 39; (16) Mt 11, 25; (17) Jo 2, 24; (18) São Josemaria Escrivá, *Caminho*, n. 2; (19) Concílio Vaticano II, Constituição *Dei verbum*, 21; (20) Lc 7, 40; (21) Hb 13, 8; (22) cf. 1 Rs 3, 4 e segs.

49. A OBEDIÊNCIA DE JESUS. A NOSSA OBEDIÊNCIA

— Jesus, modelo de obediência.
— Frutos da obediência.
— Obediência e liberdade. Obediência por amor.

I. DEPOIS DO ENCONTRO no Templo, Jesus regressou à Galileia com Maria e José. *E desceu com eles, e veio para Nazaré, e era-lhes submisso*[1]. O Espírito Santo quis que esse dado constasse do Evangelho, e a informação só pôde provir de Maria, que presenciou repetidas vezes a obediência silenciosa de seu Filho. É uma das poucas notícias que nos chegaram dos anos de vida oculta do Senhor: Jesus obedecia. "Cristo, a quem todo o universo está submetido — comenta Santo Agostinho —, submeteu-se aos seus"[2]. Por obediência ao Pai, submeteu-se àqueles que na sua vida terrena encontrou investidos de autoridade; em primeiro lugar, aos seus pais.

Nossa Senhora deve ter refletido muitas vezes a respeito da obediência de Jesus, que foi extremamente delicada e ao mesmo tempo simples e cheia de naturalidade. São Lucas diz-nos, imediatamente depois da cena do Templo, que *sua mãe guardava todas estas coisas em seu coração*[3].

Toda a vida de Jesus foi um ato de obediência à vontade do Pai: *Eu faço sempre o que é do seu agrado*[4], afirmará mais tarde. E em outra ocasião dirá claramente aos seus discípulos: *Meu alimento é fazer a vontade daquele que me enviou e concluir a sua obra*[5].

É do alimento que se tiram as energias para viver. E Jesus diz-nos que a obediência à vontade de Deus — manifestada de formas tão diversas — deverá ser o alimento e o sentido das nossas vidas. Sem obediência, não há crescimento na vida interior nem verdadeiro desenvolvimento da pessoa humana; a obediência, "longe de reduzir a dignidade humana, leva-a à maturidade pela mais ampla liberdade dos filhos de Deus"[6].

Não há nenhuma situação em nossa vida que seja indiferente para Deus. Em cada momento Ele espera de nós uma resposta: a que coincide com a sua glória e com a nossa felicidade pessoal. Quando obedecemos, somos felizes porque fazemos o que o Senhor quer para nós, que é o que nos convém, ainda que vez por outra nos custe.

A vontade de Deus a nosso respeito manifesta-se através dos mandamentos, da sua Igreja, dos acontecimentos que se produzem, e também das pessoas a quem devemos obediência.

II. A OBEDIÊNCIA é uma virtude que nos torna muito gratos a Deus. A Sagrada Escritura narra a desobediência de Saul a uma indicação que recebera de Javé. E apesar da sua vitória sobre os amalecitas e dos sacrifícios que ofereceu pessoalmente logo a seguir, o Senhor arrependeu-se de tê-lo feito rei e disse-lhe pela boca do profeta Samuel: *Melhor é a obediência do que as vítimas*[7]. A este propósito, comenta São Gregório: "Com razão se antepõe a obediência aos sacrifícios porque, mediante a obediência, imola-se a própria vontade"[8]. Pela obediência, manifestamos a entrega de nós mesmos ao Senhor.

O Evangelho mostra-nos como é a obediência de nossa Mãe Santa Maria, que a si própria se chama *a escrava do Senhor*[9] e manifesta não ter outra vontade que não a do seu Deus. E São José obedece também, sempre com presteza instantânea, às coisas que lhe são ordenadas da parte do Senhor[10].

Os apóstolos, apesar das suas limitações, sabem obedecer. E, porque confiam no Senhor, lançam a rede *à direita da barca*[11], onde Jesus lhes dissera, e obtêm uma pesca abundante, apesar da inoportunidade da hora e de terem experimentado que naquele dia não parecia haver um só peixe em todo o lago. A obediência e a fé na palavra do Senhor operam milagres.

São muitas as graças e frutos que resultam da obediência. Os dez leprosos são curados por terem obedecido às palavras do Senhor: *Ide e mostrai-vos aos sacerdotes. E aconteceu que, enquanto iam, ficaram limpos*[12]. E o mesmo aconteceu com aquele cego a quem o Senhor pôs lodo nos olhos e disse: *Vai e lava-te na piscina de Siloé, que significa Enviado. Foi, pois, lavou-se e voltou com vista*[13]. "Que exemplo de firmeza na fé nos dá este cego! Uma fé viva, operativa. É assim que te comportas com as indicações que Deus te faz, quando muitas vezes estás cego, quando a luz se oculta por entre as preocupações da tua alma? Que poder continha a água, para que os olhos ficassem curados ao serem umedecidos? Teria sido mais adequado um colírio misterioso, um medicamento precioso preparado no laboratório de um sábio alquimista. Mas aquele homem crê; põe em prática o que Deus lhe ordena, e volta com os olhos cheios de claridade"[14].

Quantas vezes também não iremos nós encontrar a luz nessa pessoa colocada por Deus para que nos guie e nos cure, se formos dóceis em obedecer! *Deus Pai outorga o Espírito Santo aos que obedecem*[15], lê-se nos *Atos dos Apóstolos*. O Evangelho mostra-nos muitos exemplos de pessoas que souberam obedecer: os servos de Caná da Galileia[16], os pastores de Belém[17], os Magos[18]... Todos receberam abundantes graças de Deus.

"A obediência torna meritórios os nossos atos e sofrimentos, de tal modo que, por mais inúteis que possam parecer, chegam a ser muito fecundos. Uma das maravilhas realizadas por Nosso Senhor é ter feito com que fosse proveitosa a coisa mais inútil de todas: a dor. Ele a glorificou mediante a obediência e o amor. A obediência é grande e heroica quando, para cumpri-la, se está disposto a ir até à morte e à ignomínia"[19].

III. "JESUS CRISTO, cumprindo a vontade do Pai, inaugurou na terra o Reino dos céus, revelou-nos o seu mistério e realizou a redenção mediante a sua obediência"[20]. E São Paulo diz-nos que *Ele se humilhou, fazendo-se obediente até à morte, e morte de cruz*[21]. No horto de Getsêmani, a obediência de Jesus alcança o seu ponto culminante, quando renuncia completamente à sua vontade para aceitar o peso de todos os pecados do mundo e assim redimir-nos: *Pai, não se faça o que eu quero, mas o que tu queres*[22].

Não nos admiremos se, ao abraçarmos a obediência, encontramos a Cruz. A obediência exige, por amor a Deus, que renunciemos ao nosso eu, à nossa mais íntima vontade. "Certa vez disse-me o Senhor — conta Santa Teresa — que não se tratava de obedecer, mas de estar determinada a padecer; que pusesse os olhos naquilo que Ele havia padecido e tudo se tornaria fácil"[23].

Cristo obedece por amor. Este é o sentido da obediência cristã: tanto da que se deve a Deus e aos seus mandamentos, da que se deve à Igreja — aos seus preceitos e à doutrina do Magistério —, como da que se deve aos pais e às indicações e conselhos que dizem respeito às coisas mais íntimas da nossa alma. Em todos esses casos, de forma mais ou menos direta, estamos obedecendo a Deus. E o Senhor não quer servidores de má vontade, mas filhos que desejam cumprir a sua vontade.

A obediência, que sempre exige submissão e entrega de si, não é falta de liberdade nem de maturidade. Há vínculos que escravizam e vínculos que libertam. A corda que une o alpinista aos seus companheiros de escalada não é uma corrente que perturba, mas um laço que dá segurança e evita a queda no abismo. E os ligamentos que unem as partes do corpo não são obstáculos que impedem os movimentos, mas garantia de que estes se possam realizar com desenvoltura, harmonia e firmeza.

A obediência é instrumento da verdadeira educação do caráter e fonte de grande paz de alma, que são frutos do sacrifício e da renúncia à vontade própria por um bem mais alto. Quando se serve a Deus através da obediência, adquire-se a verdadeira liberdade: *Deo servire, regnare est.* Servir a Deus é reinar... *Ó Deus, nós vos pedimos que aqueles que nos gloriamos em obedecer aos preceitos de Cristo, Rei do Universo, vivamos eternamente com Ele no Reino dos céus*[24].

Se nos esforçarmos por viver muito unidos à Virgem Maria, aprenderemos facilmente a obedecer com prontidão, alegria e eficácia. "Procuremos aprender também o seu exemplo de obediência a Deus, nessa delicada combinação de escravidão e fidalguia. Em Maria não há nada que lembre a atitude das virgens néscias, que obedecem, mas estouvadamente. Nossa Senhora ouve com atenção o que Deus quer, pondera o que não entende, pergunta o que não sabe. Depois, entrega-se por completo ao cumprimento da vontade divina: *Eis aqui a escrava do Senhor, faça-se em mim segundo a tua palavra* (Lc 1, 38)"[25].

(1) Lc 2, 51; (2) Santo Agostinho, *Sermão 51*, 19; (3) Lc 2, 51; (4) Jo 8, 29; (5) Jo 4, 34; (6) Concílio Vaticano II, Decreto *Perfectae caritatis*, 14; (7) 1 Sm 15, 22; (8) São Gregório Magno, *Moralia*, 14; (9) Lc 1, 38; (10) cf. Mt 2, 13-15; (11) Jo 21, 6; (12) Lc 17, 14; (13) Jo 9, 6-7; (14) São Josemaria Escrivá, *Amigos de Deus*, n. 193; (15) At 5, 32; (16) cf. Jo 2, 3 e segs.; (17) cf. Lc 2, 18; (18) cf. Mt 2, 1-12; (19) R. Garrigou Lagrange, *Las tres edades de la vida interior*, 8ª ed., Palabra, Madri, 1995, vol. II, p. 683; (20) Concílio Vaticano II, Const. *Lumen gentium*, 3; (21) Fl 2, 8; (22) Mc 14, 36; (23) Santa Teresa, *Vida*, 26; (24) *Oração depois da Comunhão* da Missa da Sexta-feira depois da Epifania; (25) São Josemaria Escrivá, *É Cristo que passa*, n. 173.

50. JESUS CRESCIA

— O crescimento de Jesus. A sua Santíssima Humanidade.
— O nosso crescimento sobrenatural. As virtudes teologais e morais.
— A maturidade humana que deve acompanhar a verdadeira vida interior. As virtudes humanas.

I. *JESUS CRESCIA em sabedoria, em idade e em graça diante de Deus e dos homens*[1]. Nesta breve linha, São Lucas resume os anos de Jesus em Nazaré. Porque era homem perfeito, o Senhor quis que a passagem dos anos fosse acompanhada de um crescimento e manifestação progressivos da sua sabedoria e da sua graça.

Segundo a sua natureza humana, Jesus crescia como um de nós. Quanto ao crescimento em sabedoria, deve-se entendê-lo em relação aos conhecimentos adquiridos a partir das coisas que o rodeavam, dos seus mestres, da experiência da vida que todo o ser humano alcança com o passar dos anos. Na pequena escola de Nazaré, o Senhor devia aprender a Sagrada Escritura como os demais ouvintes, assim como os comentários clássicos com que se costumava acompanhar sempre a explicação dos textos. Impressiona ver Jesus lendo o Antigo Testamento e aprendendo o que se dizia do Messias, isto é, dEle próprio. Não nos custa imaginar que comentaria essas passagens com sua Mãe. E José, o homem da casa, escutaria a conversa com uma atenção e um assombro incomparáveis, e ele próprio interviria no diálogo.

Jesus aprendeu de José muitíssimas coisas; entre outras, o ofício com que ganhou a vida e depois manteve a casa, quando o santo Patriarca abandonou este mundo. A Virgem Maria também deve ter deixado uma profunda marca no seu Filho: na sua forma de ser humana, nas frases e nos modos de dizer, nas próprias orações que todos os judeus aprendiam de seus pais.

Além dessa ciência experimental humana, que foi crescendo com a idade, havia em Jesus outros dois tipos de ciência. Em primeiro lugar, a ciência dos bem-aventurados, a visão da essência divina derivada da união da natureza humana de Cristo com a natureza divina na única Pessoa do Filho de Deus, a Segunda Pessoa da Santíssima Trindade. Esta ciência, própria de Deus, não podia crescer porque Ele a tinha em plenitude. E depois, a ciência infusa, que aperfeiçoava a sua inteligência e pela qual conhecia todas as coisas, mesmo as ocultas, como ler os corações dos homens. Esta ciência também não podia aumentar[2].

Por vezes, Jesus fazia perguntas a um ou outro: *Como te chamas?*[3], *Quanto tempo há que sofres desta doença?*[4], *Quantos pães tendes?*[5] Havia também ocasiões, diz-nos o evangelista, em que se surpreendia e admirava[6]. É que, embora possuísse uma ciência divina com um conhecimento perfeitíssimo, Jesus quis viver uma existência plenamente humana. Não finge quando se admira ou pergunta, porque são reações íntimas e profundas, próprias do ser humano.

Também nós devemos crescer no conhecimento de Deus e dos seus desígnios de salvação. Não podemos ficar estancados na nossa formação e nos nossos conhecimentos quanto à doutrina. Conhecendo melhor o Senhor, saberemos chegar a um trato mais íntimo com Ele, e desse trato surgirá um amor cada vez mais fecundo.

II. AO COMENTAR o crescimento de Jesus, diz São Cirilo que a sabedoria divina assim o dispôs para que o Redentor se assemelhasse em tudo a nós[7].

O nosso crescimento em idade deve fazer-se acompanhar de um progressivo aumento das virtudes humanas e da vida sobrenatural. É um crescimento inteiramente peculiar, pois ao invés de nos fazer deixar para trás a juventude, como acontece na vida natural, faz com que tenhamos cada vez mais frescor e louçania. Na vida física, chega um momento em que o "ainda não" da juventude dá passagem ao "já não" da velhice. Na vida sobrenatural, acontece o contrário. A vida cristã jamais murcha; podemos dirigir-nos *ao Deus que alegra a minha juventude*[8] em qualquer época da vida, mesmo que sejamos velhos. Talvez tenhamos conhecido pessoas santas, já muito avançadas em idade, que revelavam uma grande juventude interior, nascida do seu trato fiel com Cristo e manifestada em toda a sua atuação humana. Deus torna jovem a pessoa que o ama.

O crescimento obtém-se por meio da graça, especialmente através dos sacramentos, e pela prática das virtudes. A graça, que foi depositada em nossos corações como uma semente[9], luta por crescer e por levar-nos à plenitude[10]. O obstáculo é o pecado, que "é, em última análise, uma diminuição do próprio homem que o impede de alcançar a plenitude"[11]. Quanto às virtudes, o homem espiritual desenvolve-as pela ação do Espírito Santo[12] e sob a influência dos seus dons, cuja missão é aperfeiçoar a vida sobrenatural incoada pelas virtudes teologais. Os dons do Espírito Santo encontram-se em toda a alma em graça.

A maturidade humana e sobrenatural que devemos alcançar não é coisa de um momento. É tarefa de cada dia, de muitas pequenas vitórias, de uma correspondência à graça nas pequenas coisas e do empenho em praticar repetidamente as virtudes através de atos concretos. Assim forjaremos um verdadeiro caráter, instrumento dócil à ação do Espírito Santo; e alcançaremos uma vontade firmemente centrada nas coisas de Deus e dos outros por Deus.

III. *JESUS CRESCIA*. E Ele quis que o nosso crescimento sobrenatural se fizesse acompanhar de uma maturidade também humana. As virtudes naturais são o fundamento das sobrenaturais. Não se concebe um bom cristão que não seja ao mesmo tempo um bom pai, um bom cidadão, um bom amigo. Nele, com efeito, a própria vocação humana é de certo modo assumida pela sua vocação sobrenatural. "Quando uma alma se esforça por cultivar as virtudes humanas, o seu coração está já muito perto de Cristo. E o cristão percebe que as virtudes teologais — a fé, a esperança, a caridade —, e todas as outras que a graça de Deus traz consigo, o impelem a nunca descurar essas boas qualidades que compartilha com tantos homens"[13].

A graça não atua à margem da natureza, da realidade — física, psicológica e moral — de cada cristão. A vida interior sobrenatural adquire normalmente a sua plenitude enquanto a pessoa se desenvolve humanamente. E, por sua vez, o amor a Deus facilita e fortalece as próprias virtudes naturais.

A maturidade humana "manifesta-se sobretudo numa certa estabilidade de ânimo, na capacidade de tomar decisões ponderadas e no modo reto de julgar os acontecimentos e os homens"[14]. O homem adulto tem uma ideia cheia de realismo e de objetividade acerca de si próprio, distingue as suas conquistas efetivas daquilo que não passa ainda de um projeto, de um puro desejo ou de um sonho. "Raramente um homem sonhador é um lutador; é mais cômodo e divertido refugiar-se num mundo fabricado sob medida pela imaginação — em que sempre se é protagonista — do que agarrar-se à realidade, compreendê-la e dominá-la ou tirar partido dela. Por isso o sonhador acaba por ser um apático"[15], o oposto do que deve ser um discípulo de Jesus.

Tudo isto dá à pessoa amadurecida uma sensação de segurança que lhe permite atuar de modo coerente, responsável e livre. Sabe adaptar-se às circunstâncias sem rigidez e sem fraqueza, concedendo ou exigindo conforme for preciso. Já o imaturo engana-se com frequência a si próprio nos seus planos e projetos, porque desconhece as suas possibilidades reais; vive inseguro, foge com desculpas à responsabilidade dos seus atos e não aceita facilmente as suas derrotas e erros.

O homem de virtudes amadurecidas é um homem sereno, tal como o foi o Senhor; um homem que não perde a compostura em circunstância alguma, que não se deixa levar pelo arrebatamento ou por reações intempestivas e desproporcionadas perante situações das quais sabe sair com um sorriso ou com um pouco de paciência. Possui uma prudente confiança em si mesmo, mas não uma confiança absoluta, porque sabe muito bem que os seus pés são de barro e que pode falhar e enganar-se. Quando o assunto o requer, sabe pedir o conselho oportuno, para depois decidir por si próprio, assumindo a responsabilidade dos seus atos.

A imaturidade está na base de muitas faltas de energia como, por exemplo, a moleza, a incapacidade de sofrer um contratempo sem buscar o consolo da compreensão alheia, o medo ao esforço, as queixas frequentes diante das contrariedades e aborrecimentos que se apresentam em qualquer vida humana, o comodismo e o aburguesamento, a falta de intensidade no estudo ou no trabalho. A maturidade, pelo contrário, leva à tenacidade nas obras começadas, sem desistências em face dos obstáculos que, de uma maneira ou de outra, sempre aparecem pelo caminho.

A nossa Mãe Santa Maria, "modelo e escola viva de todas as virtudes"[16], incluídas as humanas, ajudar-nos-á a chegar *à idade perfeita segundo Cristo*[17].

(1) Lc 2, 52; (2) cf. *Santos Evangelhos*, nota a Lc 2, 52; (3) Mc 5, 9; (4) Mc 9, 20; (5) Mc 6, 38; (6) cf. Mt 8, 10; (7) São Cirilo de Alexandria, *Sermão "Quod unus sit Christus"*, PL 75, 1332; (8) Sl 42, 4; (9) 1 Jo 3, 9; (10) Ef 4, 13; (11) Concílio Vaticano II, Constituição *Gaudium et spes*, 13; (12) Ef 3, 16; (13) São Josemaria Escrivá, *Amigos de Deus*, 91; (14) Concílio Vaticano II, Decreto *Optatam totius*, 11; (15) Federico Suárez, *El sacerdocio y su ministerio*, Rialp, Madri, 1970, p. 139; (16) Santo Ambrósio, *Tratado sobre as virgens*, 2; (17) cf. Ef 4, 13.

DOMINGO DEPOIS DA EPIFANIA. BATISMO DO SENHOR

51. JESUS É BATIZADO. O NOSSO BATISMO

— Jesus quis ser batizado. Instituição do Batismo cristão. Agradecimento.
— Efeitos do Batismo: limpa o pecado original, nova vida, filiação divina etc.
— Incorporação à Igreja. Chamada à santidade e ao apostolado. Batismo das crianças.

I. NA SOLENIDADE DE HOJE, comemoramos o Batismo de Jesus por São João Batista nas águas do rio Jordão. Sem ter mancha alguma que purificar, Jesus quis submeter-se a esse rito tal como se submetera às observâncias da Lei de Moisés, que também não o obrigavam.

O Senhor desejou ser batizado, diz Santo Agostinho, "para proclamar com a sua humildade o que para nós era uma necessidade"[1]. Com o Batismo de Jesus, ficou preparado o Batismo cristão, diretamente instituído por Jesus Cristo e imposto por Ele como lei universal no dia da sua Ascensão: *Todo o poder me foi dado no céu e na terra*, dirá o Senhor; *ide, pois, ensinai a todos os povos, batizando-os em nome do Pai e do Filho e do Espírito Santo*[2].

O dia em que fomos batizados foi o mais importante da nossa vida, pois nele recebemos a fé e a graça. Assim como "a terra árida não dá fruto se não recebe água, assim também nós, que éramos como lenha seca, nunca daríamos frutos de vida sem esta chuva gratuita do alto"[3]. Antes de recebermos o Batismo, todos nós nos encontrávamos com a porta do Céu fechada e sem nenhuma possibilidade de dar o menor fruto sobrenatural.

A nossa oração pode ajudar-nos hoje a agradecer por termos recebido esse dom imerecido e a alegrar-nos por tantos bens que Deus nos concedeu. "A gratidão é o primeiro sentimento que deve nascer em nós da graça batismal"[4]. Devemos agradecer a Deus que nos tenha purificado a alma da mancha do pecado original, bem como de qualquer outro pecado que tivéssemos naquele momento. Todos nós somos membros da família humana, que foi danificada na sua origem pelo pecado dos nossos primeiros pais. Este "pecado original transmite-se juntamente com a natureza humana, por propagação, não por imitação, e está em cada um como algo próprio"[5]. Mas Jesus dotou o Batismo de uma eficácia especialíssima para purificar a natureza humana e libertá-la desse pecado com que nascemos. A água batismal significa e atualiza de um modo real o que é evocado pela água natural: a limpeza e a purificação de toda a mancha e impureza[6].

"Graças ao sacramento do Batismo tu te converteste em templo do Espírito Santo: não te passe pela cabeça — exorta-nos São Leão Magno — afugentar com as tuas más ações um hóspede tão nobre, nem voltar a submeter-te à servidão do demônio, porque o teu preço é o sangue de Cristo"[7].

II. *DEUS ETERNO e todo-poderoso, que, quando Cristo foi batizado no Jordão, e sobre ele pairou o Espírito Santo, o declarastes solenemente vosso Filho, concedei aos vossos filhos adotivos, renascidos da água e do Espírito Santo, a perseverança contínua no vosso amor*[8].

O Batismo iniciou-nos na vida cristã. Foi um verdadeiro nascimento para a vida sobrenatural. É a nova vida pregada pelos apóstolos e da qual Jesus falara a Nicodemos: *Em verdade te digo que quem não nascer do alto não poderá ver o Reino de Deus... O que nasce da carne é carne, mas o que nasce do Espírito é espírito*[9]. O resultado desta nova vida é uma certa divinização do homem e a capacidade de produzir frutos sobrenaturais.

A nossa dignidade mais alta — a condição de filhos de Deus, que nos é comunicada ao sermos batizados — é consequência dessa nova geração. Se a geração humana dá origem à "paternidade" e à "filiação", de maneira semelhante aqueles que são gerados por Deus são realmente seus filhos: *Vede que amor nos teve o Pai em querer que nos chamássemos filhos de Deus, e que o sejamos realmente! Caríssimos, agora nós somos filhos de Deus...*[10]

No momento do Batismo, pela efusão do Espírito Santo, produz-se, pois, o milagre de um novo nascimento. Numa das orações que se rezam quando a água batismal é abençoada na noite da Páscoa, pede-se que *assim como o Espírito Santo desceu sobre Maria e produziu nEla o nascimento de Cristo, da mesma forma desça Ele sobre a sua Igreja e produza no seu seio materno* (a pia batismal) *o renascimento dos filhos de Deus*. Estas palavras tão expressivas correspondem a uma profunda realidade: o batizado renasce para uma vida nova, a vida de Deus, e por isso é seu "filho". *E se somos filhos, também herdeiros, herdeiros de Deus e co-herdeiros com Cristo*[11].

Agradeçamos ao nosso Pai-Deus que tenha querido conceder-nos dons tão incomensuráveis, tão fora de qualquer padrão. Como pode fazer-nos bem considerar frequentemente estas realidades! "«Padre» — dizia-me aquele rapagão (que será feito dele?), bom estudante da [Universidade] Central —, «estava pensando no que o senhor me falou..., que sou filho de Deus! E me surpreendi, pela rua, de corpo «emproado» e soberbo por dentro... Filho de Deus!» — Aconselhei-o, com segura consciência, a fomentar a «soberba»"[12].

III. NA IGREJA, ninguém é um cristão isolado. A partir do Batismo, o cristão passa a fazer parte de um povo, e a Igreja apresenta-se como a verdadeira família dos filhos de Deus. "Foi vontade de Deus que a santificação e a salvação dos homens não se dessem isoladamente, sem nenhuma conexão entre uns e outros, mas constituindo todos um povo que o confessasse em verdade e o servisse santamente"[13]. Ora, o Batismo é a porta por onde se entra na Igreja[14].

"E na Igreja, precisamente pelo Batismo, somos todos chamados à santidade"[15], cada um no seu próprio estado e condição. "A chamada à santidade e a consequente exigência de santificação pessoal são universais: todos, sacerdotes e leigos, estamos chamados à santidade; e todos recebemos, com o Batismo, as primícias dessa vida espiritual que, por sua própria natureza, tende à plenitude"[16].

Outra verdade intimamente unida a esta, a da condição de membros da Igreja, é a do caráter sacramental do Batismo, "um certo sinal espiritual e indelével" impresso na alma[17]. É como um selo que exprime o domínio de Cristo sobre a alma do batizado. Cristo tomou posse da nossa alma no momento em que fomos batizados. Ele nos resgatou do pecado com a sua Paixão e Morte.

Com estas considerações, compreendemos bem por que é de desejar que as crianças recebam sem demora esses dons de Deus[18]. Desde sempre a Igreja pediu aos pais que batizassem os seus filhos quanto antes. É uma demonstração prática de fé. Não é um atentado contra a liberdade da criança, da mesma forma que não foi uma ofensa dar-lhe a vida natural, nem alimentá-la, limpá-la, curá-la, quando ela própria não podia pedir esses bens. Pelo contrário, a criança tem direito a receber essa graça. No Batismo está em jogo um bem infinitamente maior do que qualquer outro: a graça e a fé; talvez a salvação eterna. Só por ignorância e por uma fé adormecida se pode explicar que muitas crianças sejam privadas pelos seus próprios pais, já cristãos, do maior dom da sua vida.

A nossa oração dirige-se hoje a Deus, para que não permita que isso aconteça. Que bom apostolado podemos e devemos fazer, em tantos casos, com amigos, colegas, conhecidos...

(1) Santo Agostinho, *Sermão 51*, 33; (2) Mt 28, 18-19; (3) Santo Irineu, *Tratado contra as heresias*, 3, 17; (4) Columba Marmion, *Le Christ, vie de l'âme*, Abbaye de Maredsous, 1933, pp. 186 e 203-204; (5) Paulo VI, *Credo do povo de Deus*, Roma, 1967, 16; (6) cf. 1 Cor 6, 11; Jo 3, 3-6; (7) São Leão Magno, *Homilia de Natal*, 3; (8) *Coleta* da Missa do domingo depois da Epifania; (9) Jo 3, 3-6; (10) cf. 1 Jo 3, 1-9; (11) cf. Rm 8, 14-17; (12) São Josemaria Escrivá, *Caminho*, n. 274; (13) Concílio Vaticano II, Constituição *Lumen gentium*, 9; (14) cf. *ibid.*, 14; Decreto *Ad Gentes*, 7; (15) cf. *ibid.*, 11 e 42; (16) A. del Portillo, *Escritos sobre o sacerdócio,* 5ª ed., Palabra, Madri, 1979, p. 111; (17) *Dz*, 852; (18) Sagrada Congregação para a Doutrina da Fé, *Instrução*, 20-X-1980; cf. Código de Direito Canônico, c. 867.

Quaresma. Semana Santa. Páscoa

Tempo da Quaresma. Quarta-feira de Cinzas

1. CONVERSÃO E PENITÊNCIA

— Fomentar a conversão do coração, especialmente durante este tempo.
— Obras de penitência: o jejum, a mortificação, a esmola...
— A Quaresma, um tempo para nos aproximarmos mais de Deus.

I. COMEÇA A QUARESMA, tempo de penitência e de renovação interior para prepararmos a Páscoa do Senhor[1]. A liturgia da Igreja convida-nos com insistência a purificar a nossa alma e a recomeçar novamente.

Diz o Senhor Todo-Poderoso: Convertei-vos a mim de todo o vosso coração, com jejum, lágrimas e gemidos de luto. Rasgai os vossos corações, não as vossas vestes; convertei-vos ao Senhor vosso Deus, porque ele é compassivo e misericordioso...[2], lemos na primeira leitura da Missa de hoje. E quando o sacerdote impuser as cinzas sobre as nossas cabeças, recordar-nos-á as palavras do Gênesis, depois do pecado original: "*Memento homo, quia pulvis es...*" Lembra-te, ó homem, de que és pó e em pó te hás de tornar[3].

"*Memento homo...*" Lembra-te... E, não obstante, às vezes esquecemos que sem o Senhor não somos nada. "Sem Deus, nada resta da grandeza do homem senão este montinho de pó sobre um prato, numa ponta do altar, nesta Quarta-feira de Cinzas, com o qual a Igreja nos deposita na testa como que a nossa própria substância"[4].

O Senhor quer que nos desapeguemos das coisas da terra para que possamos dirigir-nos a Ele, e que nos afastemos do pecado, que envelhece e mata, e retornemos à fonte da Vida e da alegria: "O próprio Jesus Cristo é a graça mais sublime de toda a Quaresma. É Ele quem se apresenta diante de nós na simplicidade admirável do Evangelho"[5].

Dirigir o coração a Deus, converter-se, significa estarmos dispostos a empregar todos os meios para viver como Ele espera que vivamos, a não tentar *servir a dois senhores*[6], a afastar da vida qualquer pecado deliberado. Jesus procura em nós um coração contrito, conhecedor das suas faltas e pecados e disposto a eliminá-los. *Então lembrar-vos-eis do vosso proceder perverso e dos vossos dias que não foram bons...*[7] O Senhor deseja uma dor sincera dos pecados, que se manifestará antes de mais nada na Confissão sacramental: "Converter-se quer dizer para nós procurar novamente o perdão e a força de Deus no sacramento da reconciliação e assim recomeçar sempre, avançar diariamente"[8].

Para fomentar em nós a contrição, a liturgia de hoje propõe-nos o Salmo com que o rei Davi manifestou o seu arrependimento, o mesmo com que tantos santos suplicaram o perdão de Deus. *Tende piedade de mim, Senhor, segundo a vossa bondade. E, segundo a imensidão da vossa misericórdia, apagai a minha iniquidade*, dizemos a Jesus com o profeta real.

Lavai-me totalmente da minha falta e purificai-me do meu pecado. Eu reconheço a minha iniquidade e tenho sempre diante de mim o meu pecado. Somente contra Vós pequei.

Ó meu Deus, criai em mim um coração puro e renovai-me o espírito de firmeza. Não me expulseis para longe do vosso rosto, não me priveis do vosso santo espírito.

Restituí-me a alegria da salvação e sustentai-me com uma vontade generosa. Senhor, abri os meus lábios a fim de que a minha boca anuncie os vossos louvores[9].

O Senhor nos atenderá se no dia de hoje repetirmos de todo o coração, como uma jaculatória: *Ó meu Deus, criai em mim um coração puro e renovai-me o espírito de firmeza.*

II. O SENHOR também nos pede hoje um sacrifício um pouco especial: a abstinência e, além dela, o jejum, pois o jejum "fortifica o espírito, mortificando a carne e a sua sensualidade; eleva a alma a Deus; abate a concupiscência, dando forças para vencer e amortecer as suas paixões, e prepara o coração para que não procure outra coisa senão agradar a Deus em tudo"[10].

Além destas manifestações de penitência (a abstinência de carne a partir dos 14 anos e o jejum entre os 18 e os 59 completos), que nos aproximam do Senhor e dão à alma uma alegria especial, a Igreja pede-nos também que pratiquemos a esmola que, oferecida com um coração misericordioso, deseja levar um pouco de consolo aos que passam por privações ou contribuir conforme as possibilidades de cada um para uma obra apostólica em bem das almas. "Todos os cristãos podem praticar a esmola, não só os ricos e abastados, mas mesmo os de posição média e ainda os pobres; deste modo, embora sejam desiguais pela sua capacidade de dar esmola, são semelhantes no amor e afeto com que a praticam"[11].

O desprendimento das coisas materiais, a mortificação e a abstinência purificam os nossos pecados e ajudam-nos a encontrar o Senhor. Porque "quem procura a Deus querendo continuar com os seus gostos, procura-o de noite e, de noite, não o encontrará"[12].

A fonte desta mortificação está principalmente no trabalho diário: nos pormenores de ordem, na pontualidade com que começamos as nossas tarefas, na intensidade com que as realizamos; na convivência com os colegas, que nos deparará ocasiões de mortificar o nosso egoísmo e de contribuir para criar um clima mais agradável à nossa volta. "Mortificações que não mortifiquem os outros, que nos tornem mais delicados, mais compreensivos, mais abertos a todos. Não seremos mortificados se formos suscetíveis, se estivermos preocupados apenas com os nossos egoísmos, se esmagarmos os outros, se não nos soubermos privar do supérfluo e, às vezes, do necessário; se nos entristecermos quando as coisas não correm como tínhamos previsto. Pelo contrário, seremos mortificados se nos soubermos fazer *tudo para todos, para salvar a todos* (1 Cor 9, 22)"[13]. Cada um de nós deve preparar um plano concreto de pequenos sacrifícios para oferecer ao Senhor diariamente nesta Quaresma.

III. NÃO PODEMOS DEIXAR passar este dia sem fomentar na alma um desejo profundo e eficaz de voltar uma vez mais para Deus, como o filho pródigo, a fim de estarmos mais perto dEle. São Paulo, na segunda leitura da Missa, diz que este é um tempo excelente que devemos aproveitar para nos convertermos: *Nós vos exortamos a não receber a graça de Deus em vão [...]. Agora é o tempo favorável, agora é o dia da salvação*[14]. E o Senhor nos repete a cada um, na intimidade do coração: *Convertei-vos. Voltai-vos para mim de todo o coração.*

Abre-se agora um tempo em que este recomeçar em Cristo se irá apoiar numa particular graça de Deus, própria do tempo litúrgico que começamos. Por isso, a mensagem da Quaresma está repassada de alegria e de esperança, ainda que seja uma mensagem de penitência e mortificação.

"Quando algum de nós reconhece estar triste, deve pensar: é que não estou suficientemente perto de Cristo. E o mesmo deve pensar quando reconhece em si uma clara tendência para o mau humor, para a irritação. E não deve pretender jogar a culpa nas coisas que tem à sua volta, pois seria um erro e uma maneira de se desorientar na procura da causa dos seus estados de ânimo"[15]. Às vezes, certa apatia ou tristeza espiritual pode ser motivada pelo cansaço, pela doença..., mas com muito mais frequência procede da falta de generosidade em corresponder ao que o Senhor nos pede, do pouco esforço em mortificar os sentidos, da falta de preocupação pelos outros. Em resumo, de um estado de tibieza.

Em Cristo encontramos sempre o remédio para uma possível tibieza e as forças para vencer defeitos que de outro modo seriam insuperáveis. Quando alguém diz: "Sou irremediavelmente preguiçoso, não sou tenaz, não consigo terminar as coisas que começo, deveria pensar (hoje): Não estou tão perto de Cristo como deveria.

"Por isso, aquilo que cada um de nós possa reconhecer na sua vida como defeito, como doença, deveria ser imediatamente referido a este exame íntimo e direto: Não sou perseverante? Não estou perto de Cristo. Não sinto alegria? Não estou perto de Cristo. Vou deixar de pensar que a culpa é do trabalho, que a culpa é da família, dos pais ou dos filhos... Não. A culpa íntima é do fato de eu não estar perto de Cristo. E Cristo me está dizendo: Volta. *Voltai-vos para mim de todo o coração.*

"[...] Tempo para que cada um se sinta urgido por Jesus Cristo. Para que os que alguma vez se sentiram inclinados a adiar esta decisão saibam que chegou o momento. Para que os que estão dominados pelo pessimismo, pensando que os seus defeitos não têm remédio, saibam que chegou o momento. Começa a Quaresma, vamos encará-la como um tempo de mudança e de esperança"[16].

(1) Cf. Conc. Vat. II, *Const. Sacrossanctum Concilium*, 109; (2) Joel 2, 12; (3) Gn 3, 19; (4) J. Leclercq, *Siguiendo el año litúrgico*, Madri, 1957, p. 117; (5) João Paulo II, *Homilia da Quarta-feira de Cinzas*, 28-II-1979; (6) cf. Mt 6, 24; (7) Ez 36, 31-32; (8) João Paulo II, Carta *Novo incipiente*, 8-IV-1979; (9) Sl 50, 3-6.12-14.17; (10) São Francisco de Sales, *Sermão sobre o jejum*; (11) São Leão Magno, *Liturgia das Horas. Segunda leitura* da quinta-feira depois das Cinzas; (12) São João da Cruz, *Cântico espiritual*, 3, 3; (13) São Josemaria Escrivá, *É Cristo que passa*, 4ª ed., Quadrante, São Paulo, 2014, n. 9; (14) 2 Cor 5, 20; *Segunda leitura* da Missa da Quarta-feira de Cinzas; (15) A. M. García Dorronsoro, *Tiempo para creer*, p. 118; (16) *ib.*

TEMPO DA QUARESMA. QUINTA-FEIRA DEPOIS DAS CINZAS

2. A CRUZ DE CADA DIA

— Sem cruz, não pode haver um cristianismo verdadeiro. A Cruz do Senhor é fonte de paz e alegria.
— A cruz nas pequenas coisas de cada dia.
— Oferecer as contrariedades. Detalhes pequenos de mortificação.

I. ONTEM COMEÇOU a Quaresma e hoje o Evangelho da Missa nos lembra que, para seguirmos o Senhor, temos de carregar a nossa própria cruz: *Também dizia a todos: Se alguém quiser vir após mim, negue-se a si mesmo, tome a sua cruz de cada dia e siga-me*[1].

O Senhor dirige-se *a todos* e fala da *cruz de cada dia*. Estas palavras de Cristo conservam hoje o seu pleno valor. São palavras ditas a todos os homens que queiram segui-lo, pois não existe um cristianismo sem cruz, para cristãos fracos e moles, sem sentido do sacrifício. As palavras do Senhor expressam uma condição imprescindível: *Quem não carrega a sua cruz e me segue, não pode ser meu discípulo*[2]. "Um cristianismo do qual se pretendesse arrancar a cruz da mortificação voluntária e da penitência, sob o pretexto de que essas práticas seriam hoje resíduos obscurantistas, medievalismos impróprios de uma época humanista, esse cristianismo desvirtuado, de cristianismo teria apenas o nome; não conservaria a doutrina do Evangelho nem serviria para dirigir os passos dos homens em seguimento de Cristo"[3].

Seria um cristianismo esvaziado de sentido, sem Redenção, sem Salvação.

Um dos sintomas mais claros de que a tibieza entrou numa alma é precisamente o abandono da cruz, da pequena mortificação, de tudo aquilo que de alguma maneira exige sacrifício e abnegação.

Por outro lado, fugir da cruz é afastar-se da santidade e da alegria, pois um dos frutos da alma mortificada é precisamente a capacidade de relacionar-se com Deus e com os outros, e também uma profunda paz, mesmo no meio da tribulação e das dificuldades externas. A pessoa que abandona a mortificação fica presa aos sentidos e torna-se incapaz de um pensamento sobrenatural.

Sem espírito de sacrifício e de mortificação, não há progresso na vida interior. São João da Cruz diz que, se são poucos os que chegam a um alto estado de união com Deus, é porque muitos não querem submeter-se "a um maior desconsolo e mortificação"[4]. E continua em outro lugar: "E se alguém deseja chegar a possuir Cristo, nunca o procure sem a cruz"[5].

Não esqueçamos, portanto, que a mortificação abre as portas ao relacionamento com Cristo, ao trato íntimo com Ele, e que, quando o coração se purifica, torna-se mais humilde e, por conseguinte, mais alegre. "Este é o grande paradoxo que acompanha a mortificação cristã. Aparentemente, o fato de os cristãos aceitarem e até procurarem o sofrimento deveria torná-los, na prática, as criaturas mais tristes do mundo, os homens mais infelizes. A realidade é bem diferente. A mortificação só produz tristeza onde sobra egoísmo e faltam generosidade e amor de Deus. O sacrifício sempre traz consigo a alegria no meio da dor, a felicidade de cumprir a vontade de Deus, de amá-lo com esforço. Os bons cristãos vivem *quasi tristes, semper autem gaudentes* (1 Cor 8, 10), como se estivessem tristes, mas na realidade sempre alegres"[6].

II. "A CRUZ, *CADA DIA*. *Nulla dies sine cruce!*, nenhum dia sem Cruz: nenhum dia em que não carreguemos a Cruz do Senhor, em que não aceitemos o seu jugo [...]. O caminho da nossa santificação pessoal passa diariamente pela Cruz; e não é um caminho infeliz, porque o próprio Cristo vem em nossa ajuda, e com Ele não há lugar para a tristeza. *In laetitia, nulla dies sine cruce!*, gosto de repetir; com a alma trespassada de alegria, nenhum dia sem Cruz"[7].

A Cruz do Senhor, que temos que carregar todos os dias, não é, certamente, a que produzem os nossos egoísmos, invejas, preguiças etc; não são os conflitos causados pelo "homem velho" e pelo nosso amor desordenado. Isso não é do Senhor e, portanto, não santifica.

De vez em quando, encontraremos a Cruz numa grande dificuldade, numa doença grave e dolorosa, num desastre econômico, na morte de um ser querido, no ataque injusto à nossa honra: "Não esqueçamos que estar com Jesus é, certamente, topar com a sua Cruz. Quando nos abandonamos nas mãos de Deus, é frequente que Ele nos permita saborear a dor, a solidão, as contrariedades, as calúnias, as difamações, os escárnios, por dentro e por fora: porque quer moldar-nos à sua imagem e semelhança, e tolera também que nos chamem loucos e que nos tomem por néscios. É a altura de amar a mortificação passiva, que vem — oculta ou descarada e insolente — quando não a esperamos"[8]. O Senhor nos dará então as forças necessárias para levarmos com garbo essa cruz, e nos cumulará de graça e de frutos inimagináveis. Compreenderemos que Deus abençoa de muitas formas e, frequentemente, aos que queremos ser seus amigos, fazendo-nos participar da sua Cruz e tornando-nos corredentores com Ele.

Não obstante, normalmente encontraremos a cruz de cada dia nas pequenas contrariedades que surgem no decorrer do trabalho e na convivência. Devemos recebê-las com espírito aberto, oferecendo-as ao Senhor com desejos de reparação, sem nos queixarmos, pois a queixa mostra frequentemente que rejeitamos a Cruz. Estas mortificações, que chegam quando não as esperamos, podem ajudar-nos, se as recebemos bem, a crescer no espírito de penitência de que tanto necessitamos, bem como na virtude da paciência, na caridade, na compreensão: quer dizer, na santidade. E se as recebemos mal, podem ser ocasião de rebeldia, de impaciência ou de desalento.

Muitos cristãos perdem a alegria no fim do dia, não por terem deparado com grandes contrariedades, mas por não terem sabido santificar o cansaço inerente ao trabalho, nem as pequenas dificuldades que foram surgindo ao longo da jornada. A cruz — pequena ou grande —, quando é acolhida de bom grado, produz paz e alegria no meio da dor e está repleta de méritos para a vida eterna. "Carregar a cruz é coisa grande, grande... Significa enfrentar a vida com coragem, sem molícies nem vilezas; significa transformar em energia moral as dificuldades que nunca faltarão na nossa existência; significa compreender a dor humana, e, por último, saber amar verdadeiramente"[9]. O cristão que caminha pela vida fugindo sistematicamente do sacrifício não encontrará a Deus, não encontrará a santidade. Fugirá, em última análise, da felicidade a que Deus o chamou.

III. *SE ALGUÉM QUISER vir após mim, negue-se a si mesmo...* Além de aceitarmos a cruz — grande ou pequena — que vem ao nosso encontro, muitas vezes inesperadamente, devemos *procurar* outros pequenos sacrifícios para mantermos vivo o espírito de penitência que o Senhor nos pede. Para progredir na vida interior, é muito útil determinar várias pequenas ocasiões de sacrifício, previstas de antemão, para vivê-las todos os dias.

Estas mortificações habituais, *procuradas por amor de Deus*, serão valiosíssimas para vencermos a preguiça, o egoísmo que aflora a cada instante, o orgulho etc. Umas hão de facilitar-nos o trabalho, ajudando-nos a ter em conta os detalhes, a pontualidade, a ordem, a intensidade e o cuidado com os instrumentos que utilizamos; outras levar-nos-ão a viver melhor a caridade, sobretudo com as pessoas com quem convivemos e trabalhamos: saberemos sorrir ainda que nos custe, teremos detalhes de apreço com os que nos rodeiam, facilitar-lhes-emos o cumprimento das suas tarefas, procuraremos atendê-los amavelmente, servi-los nas pequenas coisas do dia a dia, e jamais derramaremos sobre eles, se o temos, o nosso mau humor; outras terão em vista vencer o comodismo, guardar os sentidos internos e externos, dominar a curiosidade; serão mortificações concretas na comida, na apresentação pessoal etc. Não é necessário que sejam coisas muito grandes; o que importa é que se adquira o hábito de praticá-las com constância e por amor de Deus.

Como a tendência geral da natureza humana é a de fugir do que exige esforço, devemos concretizar muito bem esses pequenos atos de sacrifício, para não ficarmos só nos bons desejos. E pode até ser muito útil anotá-los, para verificá-los no exame de consciência antes de nos deitarmos ou em outros momentos do dia, e não deixar que caiam no esquecimento.

Digamos a Jesus, ao acabarmos este diálogo com Ele, que estamos dispostos a segui-lo carregando a Cruz, hoje e todos os dias.

(1) Lc 9, 23; (2) Lc 14, 27; (3) J. Orlandis, *As oito Bem-aventuranças*, Prumo, Lisboa, 1988, p. 72; (4) São João da Cruz, *Chama de amor viva*, II, 7; (5) idem, *Carta ao pe. Juan de Santa Ana*, 23; (6) R. M. de Balbín, *Sacrificio y alegria*, 2ª ed., Rialp, Madri, 1975, p. 23; (7) São Josemaria Escrivá, *É Cristo que passa*, n. 176; (8) São Josemaria Escrivá, *Amigos de Deus*, 3ª ed., Quadrante, São Paulo, 2014, n. 301; (9) Paulo VI, *Alocução*, 24-III-1967

3. TEMPO DE PENITÊNCIA

— O jejum e outras manifestações de penitência na pregação de Jesus e na vida da Igreja.
— Contemplar a Humanidade Santíssima do Senhor na *Via-Sacra*. Ânsia redentora.
— A fonte das mortificações pequenas que o Senhor nos pede está na tarefa cotidiana. Exemplos. As mortificações passivas. Importância do espírito de penitência na mortificação da imaginação, da inteligência e da memória.

I. NARRA O EVANGELHO da Missa[1] que os discípulos de João Batista perguntaram a Jesus: *Por que é que nós e os fariseus jejuamos com frequência e os teus discípulos não jejuam?*

O jejum era naquela época, como o é também hoje, uma manifestação do espírito de penitência. "No Antigo Testamento, descobre-se com uma riqueza cada vez maior o sentido religioso da penitência, como um ato religioso, pessoal, que tem por termo o amor e o abandono em Deus"[2]. Acompanhado pela oração, serve para manifestar a humildade diante de Deus[3]: aquele que jejua volta-se para o Senhor numa atitude de dependência e abandono total. Na Sagrada Escritura, vemos as pessoas jejuarem e realizarem outras obras de penitência antes de empreenderem uma tarefa difícil[4], para implorarem o perdão de uma culpa[5], obterem o fim de uma calamidade[6], conseguirem a graça necessária para o cumprimento de uma missão[7], prepararem-se para o encontro com Deus[8] etc.

João Batista, conhecedor dos frutos do jejum, ensinou aos seus discípulos a importância e a necessidade desta prática de penitência. Coincidia neste ponto com os fariseus piedosos e amantes da Lei, que, como vimos, se surpreendem de ver que Jesus não incute nos apóstolos esse mesmo espírito. Mas o Senhor explica: *Podem os amigos do esposo afligir-se enquanto o esposo está com eles?*[9] O *esposo*, segundo os profetas, é o próprio Deus, que manifesta o seu amor aos homens[10].

Cristo declara aqui uma vez mais a sua divindade, e chama aos seus discípulos *amigos do esposo*, seus amigos. Estão com Ele e não necessitam de jejuar. Mas *quando o esposo for arrebatado, então jejuarão*. Quando Jesus não estiver visivelmente presente, será necessária a mortificação para se poder vê-lo com os olhos da alma.

Todo o sentido penitencial do Antigo Testamento "não era senão a sombra do que viria a acontecer. A penitência — exigência da vida interior confirmada pela experiência religiosa da humanidade e objeto de um preceito especial da revelação divina — adquire em Cristo e na Igreja dimensões novas, infinitamente mais vastas e profundas"[11].

A Igreja dos primeiros tempos conservou as práticas penitenciais segundo o espírito definido por Cristo. Os *Atos dos Apóstolos* mencionam celebrações do culto acompanhadas de jejum[12]. São Paulo, durante o seu ingente trabalho apostólico, não se contenta com padecer fome e sede quando as circunstâncias o exigem; acrescenta-lhes frequentes jejuns por iniciativa própria[13]. E a Igreja sempre permaneceu fiel a essa prática penitencial, não só fixando os dias em que os fiéis deviam guardar jejum em cada época, mas também recomendando-o como ato de piedade, sob a orientação do sacerdote na direção espiritual.

Mas o jejum é apenas uma das formas de penitência. Existem outras maneiras de mortificar o corpo, que devemos praticar e que nos facilitam a conversão e a união com Deus. Podemos examinar hoje como é que vivemos o sentido penitencial que a nossa Mãe a Igreja deseja que tenhamos em toda a nossa vida e de modo especial neste tempo litúrgico.

II. *FAZEI PENITÊNCIA*, diz Jesus no começo da sua vida pública. Temos necessidade dela para a nossa vida de cristãos e para desagravar o Senhor por tantos pecados pessoais e alheios. Sem um verdadeiro espírito de penitência e de conversão, seria impossível chegarmos à intimidade com Cristo e acabaríamos por ser dominados pelo pecado. Não devemos fugir da penitência por medo, por achá-la inútil ou por falta de espírito de fé. "Tens medo de penitência?... Da penitência, que te ajudará a obter a Vida eterna? No entanto, não vês como os homens, para conservarem esta pobre vida de agora, se submetem às mil torturas de uma cruenta operação cirúrgica?"[14] Fugir da penitência seria também fugir da santidade e talvez, pelas suas consequências, da própria salvação.

A nossa ânsia de identificação com Cristo há de levar-nos a aceitar o convite do Senhor para que padeçamos com Ele. A Quaresma prepara-nos para contemplar os acontecimentos da Paixão e Morte de Jesus; e as sextas-feiras da Quaresma, que lembram especialmente a Sexta-feira Santa em que Cristo consumou a Redenção, podem ser uma boa ocasião para meditarmos nos acontecimentos daquele dia, que se refletem tão bem na devoção tradicional da Via-Sacra. Por isso o conselho: "A Via-Sacra. — Esta é que é devoção vigorosa e substancial! Quem dera que te habituasses a repassar esses catorze pontos da Paixão e Morte do Senhor, às sextas-feiras. — Eu te garanto que obterias fortaleza para toda a semana"[15].

Por meio desta devoção, contemplamos a Humanidade Santíssima de Cristo, a quem vemos sofrer como homem na sua carne, sem perder a majestade de Deus. Podemos assim reviver os momentos centrais da Redenção do mundo e contemplar Jesus condenado à morte, que carrega a Cruz e empreende um caminho que também nós devemos seguir. Cada vez que Jesus cai sob o peso da Cruz, devemos encher-nos de assombro, porque são os nossos pecados — os pecados de todos os homens — que esmagam a Deus. E aflorarão no nosso íntimo profundos desejos de conversão: "A Cruz fende, desfaz com o seu peso os ombros do Senhor [...]. O corpo extenuado de Jesus cambaleia já sob a Cruz enorme. De seu Coração amorosíssimo mal chega um alento de vida aos membros chagados [...]. Tu e eu não podemos dizer nada: agora já sabemos por que pesa tanto a Cruz de Jesus. E choramos as nossas misérias e também a tremenda ingratidão do coração humano. Nasce do fundo da alma um ato de contrição verdadeira, que nos tira da prostração do pecado. Jesus caiu para que nós nos levantássemos: uma vez e sempre"[16].

III. A FONTE DAS MORTIFICAÇÕES que o Senhor nos pede está quase sempre nas tarefas cotidianas. Muitas vezes, essas oportunidades nascem com o próprio dia — levantar-nos à hora prevista, vencendo a preguiça nesse primeiro momento — e estendem-se ao longo das horas de trabalho e relacionamento. Mas, para aproveitá-las, é necessário antes de mais nada seguir este conselho: "Se de verdade desejas ser alma penitente — penitente e alegre —, deves defender, acima de tudo, os teus tempos diários de oração — de oração íntima, generosa, prolongada —, e hás de procurar que esses tempos não sejam quando calhar, mas a hora certa, sempre que te seja possível. Não cedas nestes detalhes. — Sê escravo deste culto cotidiano a Deus, e eu te asseguro que te sentirás constantemente alegre"[17].

Além das mortificações chamadas passivas, que se apresentam sem as procurarmos, existem as mortificações que nos propomos e procuramos, e que se chamam ativas. Dentre estas, têm especial importância para o progresso interior e para conseguirmos a pureza de coração as mortificações que se referem aos sentidos internos.

Em primeiro lugar, a *mortificação da imaginação*, evitando o monólogo interior — em que a fantasia corre à solta — e procurando transformá-lo em diálogo com Deus, presente na nossa alma em graça; ou lutando por dominar essa tendência a remoer um acontecimento que parece ter-nos deixado mal-parados, uma pequena injúria (feita provavelmente sem má intenção) que, se não reagimos a tempo, o amor-próprio e a soberba irão agigantando até nos tirarem a paz e enfraquecerem o esforço por viver continuamente na presença de Deus. Depois, a *mortificação da memória*, evitando lembranças inúteis, que nos fazem perder o tempo[18] e talvez nos possam trazer outras tentações de maior vulto. E por fim a *mortificação da inteligência*, para tê-la colocada no dever do momento presente[19], e para renunciarmos ao juízo próprio sempre que seja necessário a fim de vivermos melhor a humildade e a caridade. Em resumo, trata-se de afastarmos de nós hábitos internos que não estariam bem num homem de Deus[20], numa mulher de Deus.

Decidamo-nos a acompanhar de perto o Senhor nestes dias, contemplando a sua Humanidade Santíssima nas cenas da Via-Sacra, vendo como Ele percorre voluntariamente o caminho da dor por nós.

(1) Mt 9, 14-15; *Evangelho* da Missa da sexta-feira depois das Cinzas; (2) Paulo VI, Const. *Paenitemini*, 17-II-1966; (3) cf. Lv 16, 29-31; (4) cf. Jui 20, 26; Est 4, 16; (5) 1 Rs 21, 27; (6) Jdt 4, 9-13; (7) At 13, 2; (8) Ex 34, 28; Dan 9, 3; (9) Mt 9, 15; (10) cf. Is 54, 5; (11) Paulo VI, *ib.*; (12) cf. At 13, 2 e segs.; (13) cf. 2 Cor 6, 5; 11, 27; (14) São Josemaria Escrivá, *Caminho*, 11ª ed., Quadrante, São Paulo, 2016, n. 224; (15) *ib.*, n. 556; (16) São Josemaria Escrivá, *Via-Sacra*, 5ª ed., Quadrante, 2003, IIIª est.; (17) São Josemaria Escrivá, *Sulco*, 4ª ed., Quadrante, São Paulo, 2016, n. 944; (18) cf. São Josemaria Escrivá, *Caminho*, n. 13; (19) cf. *ib.*, n. 815; (20) cf. *ib.*, n. 938.

TEMPO DA QUARESMA. SÁBADO DEPOIS DAS CINZAS

4. SALVAR O QUE ESTAVA PERDIDO

— Jesus vem como médico para curar toda a humanidade, pois todos estávamos doentes. Humildade para sermos curados.
— Cristo soluciona os nossos males. Eficácia do sacramento da Penitência.
— Esperança no Senhor quando sentimos as nossas fraquezas. *Não têm necessidade de médico os sãos, mas os enfermos*. Esperança no apostolado.

I. O EVANGELHO DA MISSA[1] conta-nos a vocação de Mateus: a chamada que o Senhor lhe dirigiu e a rápida resposta que o cobrador de tributos lhe deu. *Ele, deixando tudo, levantou-se e o seguiu.*

O novo apóstolo quis mostrar o seu agradecimento a Jesus com um banquete que São Lucas qualifica de *grande. Estavam sentados à mesa um grande número de cobradores e outros*. Ali estavam todos os seus amigos.

Os fariseus escandalizaram-se. Perguntavam aos discípulos: *Por que comeis e bebeis com os publicanos e pecadores?* Os publicanos eram considerados pecadores por causa dos benefícios exorbitantes que podiam obter na sua profissão e das relações que mantinham com os gentios.

Jesus respondeu aos fariseus com estas palavras consoladoras: *Não são os que gozam de boa saúde que necessitam de médico, mas os enfermos. Não vim chamar à conversão os justos, mas os pecadores*[2].

Jesus vem oferecer o seu reino a todos os homens; a sua missão é universal. "O diálogo de salvação não ficou condicionado aos méritos daqueles a quem se dirigia; abriu-se a todo os homens, sem discriminação alguma..."[3] Jesus vem para todos, pois todos estamos doentes e somos pecadores: *Ninguém é bom a não ser Deus*[4]. Todos nós devemos recorrer à misericórdia e ao perdão de Deus *para ter a vida*[5] e alcançar a salvação. A humanidade não está dividida em dois blocos: os que já estão justificados pelas suas forças e os pecadores. Todos necessitamos diariamente do Senhor. Os que pensam não ter necessidade de Deus não conseguem a saúde, continuam mergulhados na sua morte ou na sua doença.

As palavras do Senhor, que se apresenta como Médico, animam-nos a pedir humilde e confiadamente perdão dos nossos pecados e também dos das pessoas que parecem querer continuar vivendo afastadas de Deus. Hoje exclamamos com Santa Teresa: "Oh que coisa difícil vos peço, meu Deus verdadeiro: que queirais a quem não vos quer, que abrais a porta a quem não vos chama, que deis saúde a quem gosta de estar doente e anda procurando a doença! Vós dizeis, meu Senhor, que vindes chamar os pecadores: são estes, Senhor, os pecadores verdadeiros. Não olheis a nossa cegueira, meu Deus, mas o muito sangue que o vosso Filho derramou por nós. Resplandeça a vossa misericórdia no meio de tão grande maldade; considerai, Senhor, que somos obra das vossas mãos"[6]. Se recorrermos assim a Jesus, com humildade, Ele sempre terá misericórdia de nós e daqueles que procuramos aproximar dEle.

II. NO ANTIGO TESTAMENTO, o Messias é descrito como o pastor que virá cuidar com solicitude das suas ovelhas e curar as que estão feridas ou doentes[7]. O Senhor veio buscar o que estava perdido, chamar os pecadores, dar a sua vida em resgate por muitos[8]. Como tinha sido profetizado, foi Ele *quem suportou os nossos sofrimentos e carregou as nossas dores, e graças às suas chagas fomos curados*[9].

Cristo é o remédio para os nossos males: todos andamos doentes e por isso temos necessidade de Cristo. Ele "é Médico, e cura o nosso egoísmo se deixarmos que a sua graça penetre até o fundo da alma"[10]. Devemos procurá-lo como o doente procura o médico, dizendo-lhe a verdade sobre o que sentimos, com o desejo de nos curarmos. "Jesus advertiu-nos de que a pior doença é a hipocrisia, o orgulho que leva a dissimular os pecados próprios. Com o Médico, é imprescindível que tenhamos uma sinceridade absoluta, que lhe expliquemos toda a verdade e digamos: *Domine, si vis, potes me mundare* (Mt 8, 2), Senhor, se quiseres — e Tu queres sempre —, podes curar-me. Tu conheces a minha debilidade; sinto estes sintomas e experimento estas outras fraquezas. E descobrimos com simplicidade as chagas; e o pus, se houver pus. Senhor, Tu que curaste tantas almas, faz com que, ao ter-te no meu peito ou ao contemplar-te no Sacrário, te reconheça como Médico divino"[11].

Umas vezes, o Senhor atua diretamente na nossa alma: *Quero, fica limpo*[12], segue adiante, sê mais humilde, não te preocupes. Noutras ocasiões, e sempre que haja um pecado grave, o Senhor diz: *Ide e mostrai-vos ao sacerdote*[13], ide ao sacramento da Penitência, onde a alma encontra sempre o remédio oportuno.

"Refletindo sobre a função deste Sacramento — diz o Papa João Paulo II —, a consciência da Igreja descobre nele, além do caráter judicial [...], um caráter terapêutico ou medicinal. E isto relaciona-se com a comprovação de que, no Evangelho, Cristo se apresenta frequentemente como médico, enquanto a sua obra redentora é muitas vezes chamada, desde a antiguidade cristã, «remédio da salvação» (*medicina salutis*). «Eu quero curar, não acusar» — dizia Santo Agostinho, referindo-se ao exercício da pastoral penitencial —, e é graças ao remédio da Confissão que a experiência do pecado não degenera em desespero"[14]. Desemboca numa grande paz, numa imensa alegria.

Contamos sempre com o alento e a ajuda do Senhor para voltar e recomeçar. É Ele quem dirige a luta, e "um chefe no campo de batalha estima mais o soldado que, depois de ter fugido, volta e ataca o inimigo com mais ardor do que aquele que nunca desertou, mas que também nunca empreendeu uma ação valorosa"[15]. Santifica-se não somente aquele que nunca cai, mas também aquele que sempre se levanta. O mal não está em ter defeitos — porque não há quem não os tenha —, mas em pactuar com eles, em não lutar. E Cristo nos cura como Médico e depois nos ajuda a lutar.

III. SE ALGUMA VEZ nos sentirmos especialmente desanimados por força de alguma doença espiritual que nos pareça incurável, não nos esqueçamos destas consoladoras palavras de Cristo: *Não são os que gozam de boa saúde que necessitam de médico, mas os enfermos*. Tudo tem remédio. O Senhor está sempre muito perto de nós, mas especialmente nesses momentos, por maior que tenha sido a falta, por muitas que sejam as misérias. Basta sermos sinceros de verdade.

"Todas as tuas doenças serão curadas — diz Santo Agostinho —. «Mas são muitas», dirás. Mais poderoso é o Médico. Para o Todo-Poderoso, não há doença incurável; limita-te a deixar-te curar, coloca-te nas suas mãos"[16]. Devemos aproximar-nos do Senhor como aquelas pessoas simples que o rodeavam, como os cegos, os coxos e os paralíticos que o procuravam porque desejavam ardentemente a sua cura. Só aquele que sabe e se sente manchado experimenta a necessidade profunda de ficar limpo; só quem é consciente das suas feridas e das suas chagas experimenta a urgência de ser curado. Devemos sentir a profunda preocupação de curar todos os pontos que o nosso exame de consciência nos mostre que devem ser curados.

No dia em que foi chamado, Mateus deixou a sua antiga vida para recomeçar outra nova ao lado de Cristo. Hoje, podemos fazer nossa esta oração de Santo Ambrósio: "Como ele, eu também quero deixar a minha antiga vida e não seguir outro que não sejas Tu, Senhor, Tu que curas as minhas feridas. Quem poderá separar-me do amor de Deus que se manifesta em Ti?... Estou atado à fé, pregado nela; estou atado pelos santos vínculos do amor. Todos os teus mandamentos serão como um cautério que terei sempre aplicado ao meu corpo...; o remédio arde, mas afasta a infecção da chaga. Corta, pois, Senhor Jesus, a podridão dos meus pecados. Enquanto me tens unido a ti com os vínculos do amor, corta tudo o que está infectado. Apressa-te a lancetar as minhas paixões escondidas, secretas e múltiplas; abre a ferida, para que a doença não se propague por todo o corpo... Achei um médico que mora no Céu, mas que distribui os seus remédios na terra. Só Ele pode curar as minhas feridas, porque não as padece; só ele pode tirar do coração a pena, e da alma o temor, porque conhece as coisas mais íntimas"[17].

Não nos esqueçamos disto quando nos sentirmos esmagados pelo peso das nossas fraquezas. Mas também não o esqueçamos se alguma vez, no nosso apostolado pessoal, nos parecer que alguém tem uma doença da alma sem aparente solução. Existe solução; sempre existe.

(1) Lc 5, 27-32; (2) Lc 5, 31-32; (3) Paulo VI, Enc. *Ecclesiam suam*, 6-VIII-1964; (4) Mc 10, 18; (5) cf. Jo 10, 28; (6) Santa Teresa, *Exclamações*, 8; (7) cf. Is 61, 1 e segs.; Ez 34, 16 e segs.; (8) cf. Lc 19, 10; (9) Is 53, 4 e segs.; (10) São Josemaria Escrivá, *É Cristo que passa*, n. 93; (11) *ib.*; (12) Mt 8, 3; (13) Lc 17, 14; (14) João Paulo II, Exort. apost. *Reconciliatio et paenitentia*, 2-XII-1984, 31, II; (15) São Gregório Magno, *Homilia sobre os Evangelhos*, 4, 4; (16) Santo Agostinho, *Comentário ao Salmo 102*; (17) Santo Ambrósio, *Comentário ao Evangelho segundo Lucas*, 5, 27.

TEMPO DA QUARESMA. PRIMEIRO DOMINGO

5. AS TENTAÇÕES DE JESUS

— O Senhor permite que sejamos tentados para que cresçamos nas virtudes.
— As tentações de Jesus. O demônio prova-nos de maneira semelhante.
— O Senhor está sempre ao nosso lado. Armas para vencer.

I. "A QUARESMA COMEMORA os quarenta dias que Jesus passou no deserto, como preparação para esses anos de pregação que culminam na Cruz e na glória da Páscoa. Quarenta dias de oração e de penitência que, ao findarem, desembocam na cena que a liturgia de hoje oferece à nossa consideração no Evangelho da Missa: as tentações de Cristo (cf. Mt 4, 1-11). É uma cena cheia de mistério, que o homem em vão pretende entender — Deus que se submete à tentação, que deixa agir o Maligno —, mas que pode ser meditada se pedirmos ao Senhor que nos faça compreender a lição que encerra"[1].

É a primeira vez que o demônio intervém na vida de Jesus, e fá-lo abertamente. Põe à prova Nosso Senhor; talvez queira averiguar se chegou a hora do Messias. Jesus deixa-o agir para nos dar exemplo de humildade e para nos ensinar a vencer as tentações que sofreremos ao longo da nossa vida: "Como o Senhor fazia todas as coisas para nos ensinar — diz São João Crisóstomo —, quis também ser conduzido ao deserto e ali travar combate com o demônio a fim de que os batizados, se depois do Batismo sofrem maiores tentações, não se assustem com isso, como se fosse algo de inesperado"[2]. Se não contássemos com as tentações que temos de sofrer, abriríamos a porta a um grande inimigo: o desalento e a tristeza.

Jesus quis ensinar-nos com o seu exemplo que ninguém deve considerar-se dispensado de passar por provas. "As tentações de Nosso Senhor — diz Knox — são também as tentações dos seus servidores individualmente. Mas, como é natural, o grau é diferente: o demônio não nos oferecerá a vós e a mim todos os reinos do mundo. Conhece o mercado e, como bom vendedor, oferece exatamente o que calcula que o comprador quererá. Suponho que pensará, com bastante razão, que quase todos nós podemos ser comprados por cinco mil libras por ano, e muitos de nós por muito menos. Também não nos oferece as suas vantagens de modo tão aberto, antes envolve as suas ofertas em toda a espécie de formas plausíveis. Mas se vê a menor oportunidade, não demora muito em mostrar-nos como podemos conseguir aquilo que queremos, se concordamos em ser infiéis a nós mesmos e, muitas vezes, à nossa fé católica"[3].

Como nos lembra o Prefácio da Missa de hoje, o Senhor ensina-nos com a sua conduta como devemos vencer as tentações e como tirar proveito das provas por que iremos passar. Ele "permite as tentações e serve-se delas, providencialmente, para te purificar, para te fazer santo, para te desprender melhor das coisas da terra, para te conduzir aonde Ele quer e por onde quer, para te fazer feliz numa vida que não seja cômoda e para te dar maturidade, compreensão e eficácia no teu trabalho apostólico com as almas, e..., sobretudo, para te fazer humilde, muito humilde!"[4] *Feliz o homem que suporta a tentação* — diz o apóstolo Tiago — *porque, depois de provado, receberá a coroa da vida que Deus prometeu aos que o amam*[5].

II. O DEMÔNIO TENTA-NOS aproveitando as necessidades e fraquezas da natureza humana.

O Senhor, depois de ter jejuado durante quarenta dias e quarenta noites, teve fome, como qualquer homem nas mesmas circunstâncias. Foi este o momento em que o tentador se aproximou dEle propondo-lhe que convertesse as pedras que havia por ali no pão de que tanto necessitava e que desejava.

E Jesus "não só rejeita o alimento que o corpo lhe pedia, como afasta de si uma incitação maior: a de usar do poder divino para remediar, digamos assim, um problema pessoal [...]. Generosidade do Senhor que se humilhou, que aceitou plenamente a condição humana, que não se serve do seu poder de Deus para fugir das dificuldades ou do esforço; que nos ensina a ser fortes, a amar o trabalho, a apreciar a nobreza humana e divina de saborear as consequências da entrega"[6].

Esta passagem do Evangelho ensina-nos também a estar especialmente vigilantes nesses momentos de fraqueza ou cansaço que nos podem atingir, a nós e àqueles a quem temos obrigação de ajudar. São momentos ruins, em que o demônio talvez intensifique a tentação para que as nossas vidas tomem outros rumos, alheios à vontade de Deus.

Na segunda tentação, *o demônio transportou-o à Cidade Santa, situou-o no pináculo do templo e disse-lhe: Se és Filho de Deus, lança-te daqui abaixo, pois está escrito: Ele ordenou aos seus anjos que te tomassem nas suas mãos, com cuidado, para não machucares o teu pé nalguma pedra. Respondeu Jesus: Também está escrito: Não tentarás o Senhor teu Deus.*

Era uma tentação aparentemente capciosa: se te recusas, demonstrarás que não confias em Deus plenamente; se aceitas, obrigas Deus a enviar em proveito pessoal os seus anjos para que te salvem. O demônio não sabe que Jesus não teria necessidade de anjo algum. No fim da sua vida terrena, Jesus ouvirá uma proposta parecida e com palavras quase idênticas: *Se é o rei de Israel, desça agora da cruz e creremos nele*[7].

Cristo nega-se a fazer milagres inúteis, por vaidade ou por vanglória. Nós devemos estar atentos para saber rejeitar tentações semelhantes: o desejo de ficar bem, que pode surgir até nas coisas mais santas; o prurido de montar em benefício próprio falsas argumentações que pretendem fundar-se na Sagrada Escritura; a atitude cética de quem pede (e até exige) provas ou sinais extraordinários para crer, esquecido de que o Senhor nos dá no meio da nossa vida cotidiana graças e testemunhos suficientes para iluminarem o caminho da fé.

Na última das tentações, o demônio oferece a Jesus toda a glória e poder terreno que um homem pode ambicionar. *Mostrou-lhe todos os reinos do mundo e a sua glória, e disse--lhe: Dar-te-ei tudo isto se, prostrando-te diante de mim, me adorares*. O Senhor rechaça definitivamente o tentador.

O demônio promete sempre mais do que pode dar. A felicidade está muito longe das suas mãos. Toda a tentação é sempre um logro miserável. Mas, para nos experimentar, o demônio conta com as nossas ambições. E a pior delas é desejar a todo o custo a glória pessoal: a ânsia de nos procurarmos sistematicamente a nós mesmos nas coisas que fazemos e projetamos. Muitas vezes, o pior dos ídolos é o nosso próprio eu. Temos que vigiar, em luta constante, porque dentro de nós permanece a tendência de desejar a glória humana, apesar de termos dito ao Senhor repetidamente que não queremos outra glória que não a dEle. Jesus também se dirige a nós quando diz: *Adorarás o Senhor teu Deus e só a Ele servirás*. E é isto o que nós desejamos e pedimos: servir a Deus alicerçados na vocação a que Ele nos chamou.

III. O SENHOR está sempre ao nosso lado, em cada tentação, e nos diz afetuosamente: *Confiai: Eu venci o mundo*[8]. E nós nos apoiamos nEle porque, se não o fizéssemos, pouco conseguiríamos sozinhos. *Tudo posso nAquele que me conforta*[9]. *O Senhor é a minha luz e a minha salvação; a quem temerei?*[10]

Podemos prevenir as tentações mediante a mortificação constante, mediante a prática da caridade e a guarda dos sentidos internos e externos. Devemos também fugir das ocasiões de pecar, por pequenas que sejam, pois *aquele que ama o perigo nele perecerá*[11].

E juntamente com a mortificação, a oração: *Vigiai e orai para que não entreis em tentação*[12]. "É necessário repetir muitas vezes e com confiança a oração do Pai Nosso: *Não nos deixeis cair em tentação*. Já que o próprio Senhor põe nos lábios humanos esse pedido, é bom repeti-lo incessantemente. E também combatemos a tentação manifestando-a abertamente ao diretor espiritual, pois expô-la é vencê-la. Quem revela as suas tentações ao diretor espiritual pode estar certo de que Deus lhe concede a graça necessária para ser bem orientado"[13].

Contamos sempre com a graça de Deus para vencer qualquer tentação. "Não te esqueças, meu amigo, de que precisas de armas para vencer nesta batalha espiritual. As tuas armas serão: a oração contínua, a sinceridade e franqueza com o teu diretor espiritual, a Santíssima Eucaristia e o Sacramento da Penitência, um generoso espírito de mortificação cristã — que te levará a fugir das ocasiões e a evitar a ociosidade —, a humildade de coração e uma devoção terna e filial à Santíssima Virgem — *Consoladora dos aflitos* e *Refúgio dos pecadores*. Dirige-te sempre a Ela com confiança e diz-lhe: «*Mater mea, fiducia mea*»; Minha Mãe, confiança minha!"[14]

(1) São Josemaria Escrivá, *É Cristo que passa*, n. 61; (2) São João Crisóstomo, *Homilias sobre São Mateus*, 13, 1; (3) R. A. Knox, *Sermões pastorais*, p. 79; (4) S. Canals, *Reflexões espirituais*, Quadrante, São Paulo, 1988, p. 98; (5) Tg 1, 12; (6) São Josemaria Escrivá, *É Cristo que passa*, n. 61; (7) Mt 27, 42; (8) Jo 16, 33; (9) Fl 4, 13; (10) Sl 26, 1; (11) Ecl 3, 27; (12) Mt 26, 41; (13) B. Baur, *A vida espiritual*, Quadrante, São Paulo, 2004, p. 107; (14) S. Canals, *op. cit.*, pp. 98-99.

TEMPO DA QUARESMA. PRIMEIRA SEMANA. SEGUNDA-FEIRA

6. EXISTÊNCIA E AÇÃO DO DEMÔNIO

— O demônio existe e atua nas pessoas e na sociedade. A sua ação é misteriosa, mas real e eficaz.
— Quem é o demônio. O seu poder é limitado. Necessidade da ajuda divina para vencer.
— Jesus Cristo é o vencedor do demônio. Confiança nEle. Meios que devemos utilizar. A água benta.

I. *O DEMÔNIO TRANSPORTOU-O de novo a um monte alto... Então Jesus respondeu-lhe: Afasta-te, Satanás...*, líamos no Evangelho da Missa de ontem[1].

O demônio existe. A Sagrada Escritura fala dele desde o primeiro até o último dos livros revelados: do Gênesis ao Apocalipse. Na parábola do trigo e do joio, o Senhor afirma que a má semente, cuja finalidade é sufocar o trigo, foi lançada *pelo inimigo*[2]. Na parábola do semeador, *vem o Maligno e arranca o que se tinha semeado*[3].

Alguns, inclinados a um otimismo superficial, pensam que o mal é meramente uma imperfeição incidental num mundo em contínua evolução a caminho de dias melhores. Não obstante, a história do homem sofre a influência do demônio. Podemos ver nos nossos dias manifestações de uma intensa malícia que não se explica unicamente pela ação do homem. O demônio, de formas muito diversas, causa estragos na humanidade. Não há dúvida de que "através de toda a história humana, existe uma dura batalha contra o poder das trevas, e essa batalha, iniciada nas origens do mundo, durará, como diz o Senhor, até o último dia"[4]. Pode-se, pois, dizer que o demônio "provoca numerosos danos de natureza espiritual e até, indiretamente, de natureza física, tanto nos indivíduos como na sociedade"[5].

A ação do demônio é misteriosa, real e eficaz. Desde os primeiros séculos, os cristãos tiveram consciência dessa atividade diabólica. São Pedro prevenia os primeiros cristãos: *Sede sóbrios e vigiai. O vosso adversário, o demônio, anda ao redor de vós como leão que ruge, buscando a quem devorar. Resisti-lhe fortes na fé*[6].

Com Jesus Cristo, o poder do demônio reduziu-se consideravelmente, pois Ele "nos libertou do poder de Satanás"[7]. Graças à obra redentora de Cristo, o demônio só pode causar verdadeiros danos a quem livremente lho permitir, consentindo no mal e afastando-se de Deus.

O Senhor manifesta-se em numerosas passagens do Evangelho como vencedor do demônio, livrando muitos infelizes da possessão diabólica. NEle está posta toda a nossa confiança, pois Ele não permite que sejamos tentados acima das nossas forças[8]. Portanto, ninguém peca por necessidade. Consideremos com profundidade, nesta Quaresma, o que isso significa.

II. O DEMÔNIO é um ser pessoal, real e concreto, de natureza espiritual e invisível, que, pelo seu pecado, se afastou de Deus para sempre, "porque o diabo e os outros demônios foram criados por Deus naturalmente bons; mas eles, por si mesmos, se tornaram maus"[9]. Ele é *o pai da mentira*[10], do pecado, da discórdia, da desgraça, do ódio, do absurdo e do mal que há em toda a terra[11]. É a serpente astuta e invejosa que traz a morte ao mundo[12], que semeia o mal no coração do homem[13], o único inimigo que devemos temer se não estamos perto de Deus.

Seu único fim no mundo, ao qual não renunciou, é a nossa perdição. E tentará diariamente alcançar esse fim por todos os meios ao seu alcance. "Tudo começou com a rejeição de Deus e do seu reino, com a usurpação dos seus direitos soberanos, na tentativa de alterar a economia da salvação e a própria ordem de toda a criação. Encontramos um reflexo dessa atitude nas palavras do tentador aos nossos primeiros pais: *Sereis como deuses*. Assim, o espírito maligno trata de transplantar para o homem a atitude de rivalidade, de insubordinação e de oposição a Deus que se converteu no motivo de toda a sua existência"[14].

O demônio é o primeiro causador do mal e dos desconcertos e rupturas que se produzem nas famílias e na sociedade. "Suponhamos — diz o Cardeal Newman — que sobre as ruas de uma cidade populosa se abatia de repente uma total escuridão; podem imaginar, sem que eu lhes descreva, o ruído e o clamor que se produziriam. Transeuntes, carruagens, carros, cavalos, todos mergulhariam no caos. Assim é o estado do mundo. O espírito maligno que atua sobre os filhos da incredulidade, o deus deste mundo, como diz São Paulo, cegou os olhos dos que não creem, e eis que se veem forçados a brigar e a discutir porque perderam o caminho; e disputam uns com os outros, uns dizendo isto, outros aquilo, porque não enxergam"[15].

Nas suas tentações, o demônio utiliza a fraude, já que só pode apresentar bens falsos e uma felicidade fictícia, que se converte sempre em solidão e amargura. Fora de Deus não existem, não podem existir, nem o bem nem a felicidade verdadeira. Fora de Deus só existe escuridão, vazio e a maior das tristezas. Mas o poder do demônio é limitado, e também ele está sob o domínio e a soberania de Deus, que é o único Senhor do universo.

O demônio — como também o anjo — não chega a penetrar na nossa intimidade, se nós não o queremos. "Os espíritos imundos não podem conhecer a natureza dos nossos pensamentos. Só lhes é dado pressenti-los por indícios sensíveis, ou então examinando as nossas disposições, as nossas palavras ou as coisas para as quais percebem que nos inclinamos. É-lhes totalmente inacessível o que não exteriorizamos e permanece oculto nas nossas almas. Mesmo os pensamentos que eles próprios nos sugerem, a acolhida que lhes damos, a reação que provocam em nós, nada disso o conhecem pela própria essência da alma [...], mas, quando muito, pelos movimentos e manifestações externas"[16].

O demônio não pode violentar a nossa liberdade a fim de incliná-la para o mal. "É um fato certo que o demônio não pode seduzir ninguém, a não ser os que lhe prestam o consentimento da sua vontade"[17]. O santo Cura d'Ars diz que "o demônio é um grande cão acorrentado que arremete, que faz muito barulho, mas que só morde os que se aproximam dele em demasia"[18]. No entanto, "nenhum poder humano pode ser comparado ao seu, e somente o poder divino o pode vencer e somente a luz divina pode desmascarar as suas artimanhas. A alma que queira vencer a potência do demônio não o poderá conseguir sem oração, nem poderá entender os seus enganos sem mortificação e sem humildade"[19].

III. OS ATOS DOS APÓSTOLOS resumem a vida de Cristo com estas palavras: *Ele passou fazendo o bem e curando todos os oprimidos do demônio*[20]. E São João, referindo-se ao motivo da Encarnação, explica: *Para isso veio o Filho de Deus, para desfazer as obras do demônio*[21].

Cristo é o verdadeiro vencedor do demônio: *Agora será lançado fora o príncipe deste mundo*[22], dirá Jesus na Última Ceia, poucas horas antes da Paixão. Deus "decide entrar na história humana de um modo novo e definitivo, enviando o seu Filho, na nossa carne, a fim de por Ele arrancar os homens do poder das trevas e de Satanás"[23].

Não obstante, o demônio continua a deter certo poder sobre o mundo, na medida em que os homens rejeitam os frutos da Redenção. Exerce o seu domínio sobre aqueles que, de uma forma ou de outra, se entregam voluntariamente a ele, preferindo o reino das trevas ao reino da graça[24]. Por isso não nos devemos surpreender se tantas vezes vemos triunfar o mal e ser lesada a justiça.

Deve dar-nos uma grande confiança saber que o Senhor nos deixou muitos meios para vencer e para viver no mundo com a paz e a alegria de um bom cristão. Entre esses meios contam-se a oração, a mortificação, a frequente recepção da Sagrada Eucaristia e a Confissão, bem como o amor à Virgem Maria. Com Nossa Senhora caminhamos sempre seguros.

O uso da água benta é também uma proteção eficaz contra a ação do demônio. "Perguntas-me por que te recomendo sempre, com tanto empenho, o uso diário da água benta. — Podia dar-te muitas razões. Bastará, com certeza, esta da Santa de Ávila: «De nenhuma coisa fogem tanto os demônios, para não voltar, como da água benta»"[25].

João Paulo II exorta-nos a rezar com plena consciência as palavras que dizemos no último pedido do Pai Nosso: "Não nos deixeis cair em tentação, mas livrai-nos do mal, do Maligno. Fazei, ó Senhor, que não cedamos ante a infidelidade a que nos induz aquele que foi infiel desde o começo"[26]. O nosso esforço por viver melhor nestes dias da Quaresma a fidelidade àquilo que sabemos que Deus nos pede é a melhor manifestação de que, ao *non serviam* — não servirei — do demônio, queremos opor o nosso *serviam* pessoal: Eu te servirei, Senhor.

(1) Cf. Mt 4, 8-11; (2) Mt 13, 25; (3) Mt 13, 19; (4) Conc. Vat. II, Const. *Gaudium et spes*, 37; (5) João Paulo II, *Audiência geral*, 20-VIII-1986; (6) 1 Pe 5, 8; (7) Conc. Vat. II, Const. *Sacrossanctum Concilium*, 6; (8) cf. 1 Cor 10, 13; (9) *Conc. Lat. IV*, 1215; Dz 800 (428); (10) Jo 8, 44; (11) cf. Hb 2, 14; (12) cf. Sb 2, 24; (13) cf. Mt 13, 28-39; (14) João Paulo II, *Audiência geral*, 13-VIII-1986; (15) São John Henry Newman, *Sermão para o Domingo II da Quaresma. Mundo e pecado*; (16) Cassiano, *Colationes*, 7; (17) *ib.*; (18) Cura d'Ars, *Sermão sobre as tentações*; (19) São João da Cruz, *Cântico espiritual*, 3, 9; (20) At 10, 39; (21) 1 Jo 3, 8; (22) Jo 12, 31; (23) Conc. Vat. II, Decr. *Ad gentes*, 3; (24) cf. João Paulo II, *op. cit.*; (25) São Josemaria Escrivá, *Caminho*, n. 572; (26) João Paulo II, *op. cit.*

TEMPO DA QUARESMA. PRIMEIRA SEMANA. TERÇA-FEIRA

7. A AJUDA DOS ANJOS DA GUARDA

— Existência dos Anjos da Guarda. Devoção dos primeiros cristãos.
— Ajudas que podem prestar-nos.
— Amizade e devoção aos Anjos da Guarda.

I. SÃO MATEUS termina a narração das tentações do Senhor com este versículo: *Então o demônio o deixou e os anjos aproximaram-se dele e o serviam*[1].

"Contemplemos brevemente esta intervenção dos anjos na vida de Jesus, pois assim entenderemos melhor o seu papel — a missão angélica — em toda a vida humana. A tradição cristã descreve os Anjos da Guarda como grandes amigos, colocados por Deus ao lado de cada homem para o acompanharem em seus caminhos. Por isso nos convida a procurar a sua intimidade, a recorrer a eles.

"Ao fazer-nos meditar nestas passagens da vida de Cristo, a Igreja recorda-nos que, neste tempo da Quaresma, em que nos reconhecemos pecadores, cheios de misérias, necessitados de purificação, também há lugar para a alegria. Porque a Quaresma é simultaneamente tempo de fortaleza e de júbilo: temos que encher-nos de esperança, já que a graça do Senhor não nos há de faltar; Deus estará ao nosso lado e enviará os seus anjos, para que sejam nossos companheiros de viagem, nossos prudentes conselheiros ao longo do caminho, nossos colaboradores em todas as nossas tarefas"[2].

"A Sagrada Escritura e a Tradição chamam propriamente *anjos* àqueles espíritos puros que, na prova fundamental da liberdade, escolheram Deus, a sua glória e o seu reino"[3]. A eles está encomendada a tutela dos homens. *Porventura* — lê-se na Epístola aos Hebreus — *não são todos os anjos espíritos ao serviço de Deus, que lhes confia missões para o bem daqueles que devem herdar a salvação?*[4]

É doutrina comum que todos e cada um dos homens, batizados ou não, têm o seu Anjo da Guarda. A sua missão começa no instante da concepção de cada homem e prolonga-se até o momento da morte. Os Atos dos Apóstolos registram numerosos episódios em que se manifesta a intervenção destes santos anjos, como também a confiança com que os primeiros cristãos os tratavam[5]. Vemo-lo especialmente no episódio da libertação de São Pedro da prisão: *De repente, apresentou-se um anjo do Senhor e uma luz brilhou no recinto. Tocando no ombro de Pedro, o anjo despertou-o: "Levanta-te depressa", disse-lhe. Caíram-lhe as cadeias das mãos e o anjo ordenou: "Cinge-te e calça as tuas sandálias". Ele assim o fez. O anjo acrescentou: "Cobre-te com a tua capa e segue-me"*[6].

E Pedro, uma vez livre, dirigiu-se à casa de Maria, mãe de Marcos, *onde muitos se tinham reunido em oração. Quando bateu à porta do vestíbulo, uma criada chamada Rode adiantou-se para ver quem era. Mal reconheceu a voz de Pedro, ficou fora de si de tanta alegria e, sem abrir a porta, correu para dentro e anunciou que era Pedro quem estava à porta. Disseram-lhe: "Estás louca!" Mas ela insistia em afirmar que era verdade. Diziam eles: "Então é o seu anjo"*[7]. Este episódio mostra-nos a grande afeição que os primeiros fiéis sentiam por Pedro e a naturalidade da fé que tinham nos Anjos da Guarda. "Olha a confiança com que os primeiros cristãos tratavam os seus anjos. — E tu?"[8]

Nós devemos também tratar os anjos com naturalidade e confiança, e serão muitas as vezes em que nos surpreenderemos com o auxílio que nos prestam nas lutas contra o maligno. "Estamos bem ajudados pelos anjos bons, mensageiros do amor de Deus, e a eles dirigimos a nossa oração, ensinados pela tradição da Igreja: «Santo Anjo do Senhor, meu zeloso guardador, pois que a ti me confiou a piedade divina, sempre me rege, guarda e ilumina. Amem»"[9].

II. *E OS ANJOS aproximaram-se dele e o serviam.* Os Anjos da Guarda têm a missão de ajudar cada homem a alcançar o seu fim sobrenatural. *Enviarei um anjo adiante de ti* — diz o Senhor a Moisés — *para que te proteja no caminho e te conduza ao lugar que te preparei*[10]. E o *Catecismo romano* comenta: "Porque assim como os pais, quando os filhos necessitam de viajar por caminhos maus e perigosos, procuram alguém que os possa acompanhar para defendê-los dos perigos e cuidar deles, de igual modo o nosso Pai dos Céus, nesta viagem que empreendemos para a pátria celestial, nos dá anjos a cada um de nós para que, fortificados pelo seu poder e auxílio, nos livremos das ciladas furtivamente preparadas pelos nossos inimigos e afastemos os terríveis ataques que eles nos dirigem; e para que, com tais guias, sigamos pelo caminho reto, sem que erro algum interposto pelo inimigo seja capaz de separar-nos da senda que conduz ao Céu"[11].

Portanto, é missão dos Anjos da Guarda auxiliar o homem contra todas as tentações e perigos e suscitar no seu coração boas inspirações. Eles são nossos intercessores, nossos protetores, e prestam-nos a sua ajuda quando os invocamos. "Os Santos intercedem pelos homens, ao passo que os Anjos da Guarda não só pedem pelos homens mas também atuam à sua volta. Se os bem-aventurados intercedem, os anjos intercedem e intervêm diretamente: são ao mesmo tempo advogados dos homens junto de Deus e ministros de Deus junto dos homens"[12].

O Anjo da Guarda pode prestar-nos também ajudas materiais, se forem convenientes para o nosso fim sobrenatural ou para o dos outros. Não tenhamos receio de pedir-lhes o seu favor nas pequenas coisas materiais de que necessitamos diariamente: encontrar uma vaga para estacionar o carro, não perder o ônibus, sair bem de uma prova para a qual estudamos etc. Podem ainda colaborar conosco no apostolado, e especialmente na oração e na luta contra as tentações e contra o demônio. "Os anjos, além de levarem a Deus notícias nossas, trazem o auxílio de Deus às nossas almas e as apascentam como bons pastores, com doces comunicações e inspirações divinas. Os anjos defendem-nos dos lobos, que são os demônios, e nos amparam"[13].

O nosso relacionamento com o Anjo da Guarda deve ser igual ao que temos com um amigo íntimo. Ele está sempre atento, constantemente disposto a prestar-nos o seu auxílio, se lhe pedimos que intervenha. Seria uma pena que, por esquecimento, por tibieza ou por ignorância, não nos sentíssemos acompanhados por tão fiel companheiro ou não lhe pedíssemos ajuda em tantas ocasiões em que precisamos dela. Nunca estamos sós na tentação ou na dificuldade; assiste-nos o nosso anjo. E estará ao nosso lado até o momento em que abandonarmos este mundo. No fim da vida, acompanhar-nos-á até o tribunal de Deus, como manifesta a liturgia da Igreja nas orações para a recomendação da alma no momento da morte.

III. "TEM CONFIANÇA com o teu Anjo da Guarda. Trata-o como amigo íntimo — porque de fato o é —, e ele saberá prestar-te mil e um serviços nos assuntos correntes de cada dia"[14].

Para que o Anjo da Guarda nos preste a sua ajuda, é necessário que lhe manifestemos de algum modo as nossas intenções e os nossos desejos. Apesar da grande perfeição da sua natureza, os anjos não têm o poder de Deus nem a sua sabedoria infinita, de maneira que não podem conhecer o interior das consciências. Basta, porém, que lhes falemos mentalmente para que nos entendam e até para que cheguem a deduzir do que lhes dizemos mais do que aquilo que nós mesmos somos capazes de expressar. Por isso é tão importante manter um trato de amizade com o Anjo da Guarda. E além de lhe manifestarmos amizade, devemos venerá-lo, pois é alguém que está sempre na presença de Deus, contemplando-o diretamente.

A devoção ao nosso Anjo da Guarda será uma ajuda eficaz nas nossas relações com Deus, no trabalho, no convívio com as pessoas que temos sempre ao nosso lado, nos pequenos e nos grandes conflitos que se podem apresentar ao longo dos nossos dias.

Neste tempo da Quaresma, podemos ter especialmente presente — e deve comover-nos — a cena no Horto das Oliveiras, em que a Humanidade Santíssima do Senhor é confortada por um anjo do Céu. "Temos que saber tratar os anjos com intimidade: recorrer a eles agora, dizer ao nosso Anjo da Guarda que estas águas sobrenaturais da Quaresma não resvalaram sobre a nossa alma, mas penetraram nela até o fundo, porque temos o coração contrito. Peçamos-lhe que leve até o Senhor a boa vontade que a graça faz germinar sobre a nossa miséria, como um lírio nascido no meio do esterco. *Sancti Angeli Custodes nostri, defendite nos in proelio, ut non pereamus in tremendo iudicio*. Santos Anjos da Guarda, defendei-nos no combate, para que não pereçamos no tremendo Juízo"[15]. Peçamos à Virgem, *Regina Angelorum*, que nos ensine a relacionar-nos com os anjos, particularmente nesta Quaresma.

(1) Mt 4, 11; (2) São Josemaria Escrivá, *É Cristo que passa*, n. 63; (3) João Paulo II, *Audiência geral*, 6-VIII-1986; (4) Hb 1, 14; (5) cf. At 5, 19-20; 8, 26; 10, 3-6; (6) At 12, 7-11; (7) At 12, 13-17; (8) cf. São Josemaria Escrivá, *Caminho*, n. 570; (9) João Paulo II, *Audiência geral*, 20-VIII-1986; (10) Ex 23, 20; (11) *Catecismo romano*, IX, n. 4; (12) G. Huber, *Mi ángel marchará delante de ti*, 6ª ed., Palabra, Madri, 1980, p. 43; (13) São João da Cruz, *Cântico espiritual*, 2, 3; (14) São Josemaria Escrivá, *Caminho*, n. 562; (15) São Josemaria Escrivá, *É Cristo que passa*, n. 63.

8. CONFESSAR OS PECADOS

— A Confissão, um encontro com Cristo.
— No sacramento da Penitência pedimos o perdão dos nossos pecados. Qualidades de uma boa confissão: "concisa, concreta, clara e completa".
— Luzes e graças que recebemos neste sacramento. Importância das disposições interiores.

I. *LEMBRAI-VOS, SENHOR, de que a vossa misericórdia e a vossa bondade são eternas*[1], lemos na antífona de entrada da Missa.

A Quaresma é um tempo oportuno para nos esmerarmos no modo de receber o sacramento da Penitência, esse encontro com Cristo presente no sacerdote, encontro sempre único e diferente. Cristo acolhe-nos como Bom Pastor, cura-nos, limpa-nos, fortalece-nos. Cumpre-se neste sacramento o que o Senhor prometera pela voz dos profetas: *Eu mesmo apascentarei as minhas ovelhas, eu mesmo as farei repousar. Procurarei a ovelha perdida; reconduzirei a desgarrada; tratarei da que estiver ferida; curarei a que estiver doente e guardarei a que estiver gorda e robusta*[2].

Quando nos aproximamos deste sacramento, devemos pensar sobretudo em Cristo. Ele deve ser o centro do ato sacramental. E a glória e o amor a Deus devem contar mais do que os pecados que tenhamos cometido. Trata-se de olhar muito mais para Jesus do que para nós mesmos; para a sua bondade mais do que para a nossa miséria, pois a vida interior é um diálogo de amor em que Deus é sempre o ponto de referência.

O filho pródigo — que é o que nós somos quando resolvemos confessar-nos — empreende o caminho de volta abalado pela triste situação de pecado em que se encontra: *Não sou digno de ser chamado teu filho*; mas, à medida que se aproxima da casa paterna, vai reconhecendo comovidamente todas as coisas do seu lar, do lar de sempre, e, por último, vê ao longe a figura inconfundível de seu pai, que se dirige ao seu encontro. Isso é o importante: o encontro. Cada confissão contrita é "um aproximar-se da santidade de Deus, um reencontro com a verdade interior, obscurecida e transtornada pelo pecado, um libertar-se no mais profundo de si próprio e, por isso, um reconquistar a alegria perdida, a alegria de ser salvo, que a maioria dos homens do nosso tempo deixou de saborear"[3].

Devemos sentir desejos de encontrar-nos pessoalmente com o Senhor quanto antes — como o desejariam os seus discípulos quando se ausentavam por uns dias —, para descarregarmos nEle toda a dor experimentada ao verificarmos as nossas fraquezas, os erros, as imperfeições e os pecados cometidos tanto ao realizarmos os nossos deveres profissionais como no nosso relacionamento familiar e social, na atividade apostólica e na própria vida de piedade.

Este esforço por colocar Cristo no centro das nossas confissões é muito importante para não cairmos na rotina, para tirarmos do fundo da alma tudo aquilo que mais nos pesa e que somente virá à tona à luz do amor de Deus. *Lembrai-vos, Senhor, de que a vossa misericórdia e a vossa bondade são eternas*.

II. *TENDE PIEDADE DE MIM, Senhor, segundo a vossa bondade, e, conforme a vossa imensa misericórdia, apagai a minha iniquidade. Lavai-me por inteiro da minha falta e purificai-me do meu pecado*[4].

Ao longo da nossa vida, tivemos que pedir perdão muitas vezes, e o Senhor nos perdoou outras tantas. Ao fim de cada dia, quando fazemos o balanço das nossas obras, poderíamos dizer: *Tende piedade de mim, Senhor...*. Cada um de nós sabe quanto precisa da misericórdia divina.

Vamos, pois, à Confissão para pedir a absolvição das nossas culpas como quem pede uma esmola que está longe de merecer. Mas aproximamo-nos com confiança, fiados não nos nossos méritos, mas na misericórdia divina, que é eterna e infinita, sempre inclinada ao perdão: *Senhor, Tu não desprezarás um coração contrito e humilhado*[5].

O Senhor só nos pede que reconheçamos humildemente as nossas culpas. Não nos confessamos para pedir àquele que está no lugar de Deus que nos compreenda e nos reanime. Vamos antes para pedir perdão. Por isso, a acusação dos pecados não consiste simplesmente em *declará-los*, em fazer um relato histórico das nossas faltas, mas em acusar nos delas: *Eu me acuso de...*

É igualmente uma acusação *dolorida* de coisas que desejaríamos que *nunca* tivessem acontecido, e em que não têm cabimento as desculpas com o fim de dissimularmos as nossas faltas ou de diminuirmos a responsabilidade pessoal. *Senhor..., pela vossa imensa misericórdia, apagai a minha iniquidade. Lavai-me por inteiro do meu delito e purificai-me do meu pecado.*

Mons. Josemaria Escrivá, o Fundador do Opus Dei, aconselhava com critério simples e prático que as nossas confissões fossem *concisas, concretas, claras* e *completas*.

Confissão *concisa*, sem muitas palavras: apenas as necessárias para dizermos com humildade o que fizemos ou omitimos, sem nos estendermos desnecessariamente, sem adornos. A abundância de palavras denota às vezes o desejo, inconsciente ou não, de fugir da sinceridade direta e plena; para evitá-lo, temos que fazer bem o exame de consciência.

Confissão *concreta*, sem divagações, sem generalidades. O penitente "indicará oportunamente a sua situação e o tempo que decorreu desde a sua última confissão, bem como as dificuldades que teve para levar uma vida cristã"[6], declarando os seus pecados e o conjunto de circunstâncias que tenham caracterizado as suas faltas a fim de que o confessor possa julgar, absolver e curar[7].

Confissão *clara*, para sermos bem entendidos, declarando a natureza precisa das faltas e manifestando a nossa própria miséria com a necessária modéstia e delicadeza.

Confissão *completa*, íntegra. Sem deixar de dizer nada por falsa vergonha, para "não ficar mal" diante do confessor.

Vejamos se, ao preparar-nos para receber este sacramento, procuramos que aquilo que vamos dizer ao confessor satisfaça esses requisitos.

III. "A QUARESMA é um tempo particularmente adequado para despertar e educar a consciência. A Igreja recorda-nos precisamente neste período a necessidade inderrogável da Confissão sacramental, para que todos possamos viver a ressurreição de Cristo não só na liturgia, mas também na nossa própria alma"[8].

A Confissão faz-nos participar da Paixão de Cristo e, pelos seus méritos, da sua Ressurreição. Sempre que recebemos este sacramento com as devidas disposições, opera-se na nossa alma um renascimento para a vida da graça. O Sangue de Cristo, amorosamente derramado, purifica e santifica a alma, e a sua virtude faz com que este sacramento nos confira a graça — se porventura a tivermos perdido — ou a aumente, ainda que em graus diversos, segundo as disposições do penitente. "Umas vezes, a intensidade do arrependimento é proporcional a uma graça maior do que aquela que o pecador tinha quando decaiu pelo seu pecado; outras, pode ser proporcional a uma graça igual; enfim, outras, a uma menor. Por isso, o penitente umas vezes ressurge com maior graça do que a que tinha antes; outras, com graça igual; e outras, enfim, com uma graça menor. E o mesmo se passa com as virtudes que dependem e resultam da graça"[9].

Na Confissão, a alma recebe maiores luzes de Deus e um aumento de forças para a sua luta diária: graças particulares para combater as inclinações confessadas, para evitar as ocasiões de pecar, para não reincidir nas faltas cometidas... "Vede como Deus é bom e como perdoa facilmente os pecados: não somente devolve o perdoado, mas concede coisas inesperadas"[10]. Quantas vezes as maiores graças que recebemos são as que nos chegam depois de uma confissão, depois de termos dito ao Senhor que nos comportamos mal! Jesus concede sempre o bem em troca do mal, para nos animar a ser fiéis. O castigo que merecemos pelos nossos pecados — como o que mereciam os habitantes de Nínive, segundo nos relata hoje a primeira leitura da Missa[11] — é apagado por Deus quando vê o nosso arrependimento e as nossas obras de penitência e desagravo.

A confissão sincera das nossas culpas deixa sempre na alma uma grande paz e uma grande alegria. A tristeza do pecado ou da falta de correspondência à graça converte-se em júbilo. "Talvez os momentos de uma confissão sincera — diz o Papa Paulo VI — estejam entre os mais doces, os mais reconfortantes e os mais decisivos da vida"[12].

(1) Sl 24, 6; *Antífona de entrada* da Missa da quarta-feira da primeira semana da Quaresma; (2) Ez 34, 15-16; (3) João Paulo II, Exort. apost. *Reconciliatio et paenitentia*, 2-XII-1984, 31, III; (4) Sl 50, 4; *Salmo responsorial* da Missa da quarta-feira da primeira semana da Quaresma; (5) *ib.*; (6) Paulo VI, *Ordo Paenitentiae*, 16; (7) cf. *ib.*; (8) João Paulo II, *Carta aos fiéis de Roma*, 28-II-1979; (9) São Tomás, *Suma teológica*, 3, q. 89, a. 2 c.; (10) Santo Ambrósio, *Trat. sobre o Evangelho de S. Lucas*, 2, 73; (11) Jon 3, 1-10; *Primeira leitura* da Missa da quarta-feira da primeira semana da Quaresma; (12) Paulo VI, *Alocução*, 27-II-1975.

TEMPO DA QUARESMA. PRIMEIRA SEMANA. QUINTA-FEIRA

9. A ORAÇÃO DE PETIÇÃO

— Pedir e agradecer, duas formas de nos relacionarmos com Deus. Dois modos de oração muito gratos a Deus. Retidão de intenção ao pedir.
— Humildade e perseverança na oração.
— O Senhor sempre nos atende. Procurar também a intercessão da Virgem, nossa Mãe, e do Anjo da Guarda.

I. *PEDI E DAR-SE-VOS-Á. Buscai e achareis. Batei e abrir-se-vos-á*[1].

Passamos uma boa parte da nossa vida pedindo coisas a outras pessoas que possuem mais ou que têm conhecimentos superiores aos nossos. Pedimos, porque somos pessoas necessitadas. E é, em muitas ocasiões, a única possibilidade de nos relacionarmos com os outros. Se nunca pedíssemos nada a ninguém, terminaríamos numa espécie de vazio e de falsa e empobrecida autossuficiência. Pedir e dar: nisso consiste a maior parte da nossa vida e do nosso ser. Ao pedir, reconhecemo-nos pessoas necessitadas. Ao dar, podemos tomar consciência da riqueza sem fim que Deus colocou no nosso coração.

O mesmo acontece com respeito a Deus. Grande parte das nossas relações com Ele situam-se no âmbito da petição: as restantes, no do agradecimento. Ao pedir, manifestamos a nossa radical insuficiência. Pedir torna-nos humildes; além disso, é uma oportunidade que damos a Deus de mostrar-se Pai e de conhecermos assim o amor que Ele tem por nós. *Quem dentre vós, se um filho lhe pedir pão, lhe dará uma pedra? [...] Quanto mais vosso Pai celestial dará coisas boas aos que lhe pedirem*[2].

Não pedimos por egoísmo, nem levados pela soberba, pela avareza ou pela inveja. Se pedimos, por exemplo, um favor material, devemos examinar na presença de Deus qual o verdadeiro motivo que nos leva a fazê-lo. Será necessário que perguntemos a Deus, na intimidade da nossa alma, se isso que lhe solicitamos nos ajudará a amá-lo mais e a realizar melhor a sua vontade. E em muitas ocasiões perceberemos imediatamente que esse assunto que nos parecia questão de vida ou morte não tinha qualquer valor, ou ao menos não era tão importante. Saberemos alinhar a nossa vontade pela de Deus e, então, a nossa petição estará muito mais bem encaminhada.

Podemos pedir ao Senhor que nos cure rapidamente de uma doença; mas devemos pedir ao mesmo tempo que, se isso não acontecer porque os seus planos são outros — planos misteriosos e desconhecidos de nós, mas que vêm de um Pai —, nos conceda então a graça necessária para enfrentar com paciência essas dores, e a sabedoria para tirar dessa doença frutos que beneficiem a nossa alma e toda a Igreja.

A primeira condição de toda a petição eficaz é, pois, conformar a nossa vontade com a de Deus, que por vezes quer ou permite coisas e acontecimentos que nós não queremos nem entendemos, mas que acabarão por ser de grande proveito para nós e para os outros. Sempre que fizermos este ato de identificação do nosso querer com o de Deus, estaremos identificando-nos com a oração de Cristo: Não se faça a minha vontade, mas a tua[3].

II. PROCUREMOS ORAR sempre com a confiança de filhos. O Evangelho apresenta-nos muitos casos desta oração filial, humilde e perseverante. São Mateus narra o pedido de uma mulher que pode servir de exemplo para todos nós[4]. Jesus chegou à região de Tiro e Sidon, terra de gentios. Devia estar procurando algum lugar onde os seus apóstolos pudessem descansar, já que não o conseguira encontrar na região desértica de Betsaida; queria passar uns dias a sós com eles.

Enquanto caminhavam, aproximou-se uma mulher, com um pedido insistente. E, apesar da sua perseverança na súplica, Jesus permaneceu calado: *Jesus não lhe respondeu palavra alguma*, diz o evangelista.

Os discípulos pedem-lhe que a despeça, pois a sua insistência já começava a incomodar. Mas Jesus pensa de outro modo. Passados uns momentos, quebra o seu silêncio e, enternecido pela humildade da pobre mulher, conversa com ela. Explica-lhe o plano divino da salvação: *Não fui enviado senão às ovelhas perdidas da casa de Israel*. Era o plano divino desde a eternidade. Jesus Cristo redimiria com a sua vida e a sua morte todos os homens; mas a evangelização começaria por Israel; depois, os apóstolos de todos os tempos levá-la-iam *até os confins da terra*.

Mas esta mulher cananeia, que certamente não compreendeu o que o Senhor lhe dizia, não desanimou diante da sua resposta: Mas ela veio prostrar-se diante dele e disse-lhe: Senhor, ajuda-me! Sabe o que quer e sabe que pode consegui-lo de Jesus.

O Senhor explica-lhe novamente, com uma parábola, a mesma coisa que lhe acabava de dizer: *Não convém jogar aos cachorrinhos o pão dos filhos*. Mas a mulher não cede no seu empenho. A sua fé e a sua confiança crescem e transbordam. E ela *introduz-se* na parábola, com grande humildade, como um personagem mais: *É verdade, Senhor, mas também os cachorrinhos comem das migalhas que caem da mesa dos seus donos*.

Tanta fé, tanta humildade, tanta persistência fazem o Senhor exclamar: *Ó mulher, grande é a tua fé!* E num tom solene e ao mesmo tempo cheio de compaixão, acrescenta: *Faça-se conforme desejas*. O evangelista terá o cuidado de anotar: *E desde aquela hora a sua filha ficou curada*. Para este milagre excepcional, foram necessárias também uma fé, uma humildade e uma perseverança excepcionais.

Jesus ouve-nos sempre: mesmo quando parece calar-se. Talvez seja então que mais atentamente nos escuta. Com esse silêncio aparente, talvez queira provocar em nós as condições necessárias para que o milagre se realize: que peçamos com confiança, sem desanimar, com fé.

Quantas vezes a nossa oração perante necessidades urgentes não será a mesma: *Senhor, ajuda-me!* Que bonita jaculatória para tantas necessidades — sobretudo da alma — que nos são tão urgentes!

Mas não basta pedir; temos que fazê-lo com perseverança, como essa mulher, sem nos cansarmos, para que a constância alcance aquilo que os nossos méritos não conseguem. *Muito vale a oração perseverante do justo*[5]. Deus previu todas as graças e ajudas de que necessitamos, mas previu também a nossa oração.

Pedi e dar-se-vos-á... Batei e abrir-se-vos-á. E lembramo-nos agora das nossas muitas necessidades pessoais e das daqueles que vivem junto de nós. O Senhor não nos abandona.

III. EXISTEM INÚMEROS BENS que o Senhor espera que lhe peçamos para que nos sejam concedidos: bens espirituais e materiais, todos eles orientados para a nossa salvação e para a do próximo. "Não concordais comigo em que, se não alcançamos o que pedimos a Deus, é porque não oramos com fé, com o coração suficientemente puro, com uma confiança suficientemente grande, ou porque não perseveramos na oração como deveríamos? Deus jamais negou nem negará nada aos que lhe pedem as suas graças da maneira devida"[6].

Se numa ou noutra ocasião não nos foi concedida alguma coisa que pedíamos confiadamente, era porque não nos convinha: "Vela pelo teu bem Aquele que não te concede o que lhe pedes, quando lhe pedes o que não te convém"[7]. Jesus sabe perfeitamente o que nos convém. Essa oração, que talvez tivéssemos feito com tanta insistência, foi com certeza eficaz para outros bens ou para outra ocasião mais necessária. O nosso Pai-Deus encaminhou-a bem! "Ele sempre dá mais do que lhe pedimos"[8]. *Sempre*.

Para que a nossa petição seja atendida com mais rapidez, podemos solicitar as orações de outras pessoas que estejam próximas de Deus, como fez o centurião de Cafarnaum:

enviou a Jesus alguns anciãos dos judeus, para suplicar-lhe que viesse curar o seu criado. Estes amigos cumpriram bem a sua tarefa: foram até o Senhor e rogaram-lhe com grande insistência que condescendesse: *É uma pessoa* — diziam-lhe — *que merece que lhe faças este favor...*[9] O Senhor atendeu o pedido.

Em momentos como esse, pode ser útil lembrarmo-nos de que "depois da oração do Sacerdote e das virgens consagradas, a oração mais grata a Deus é a das crianças e a dos doentes"[10]. E pediremos também ao nosso Anjo da Guarda que interceda por nós e apresente as nossas súplicas ao Senhor, pois "o anjo particular de cada um de nós — mesmo que sejamos dos mais insignificantes dentro da Igreja —, *por estar contemplando sempre o rosto de Deus que está nos Céus* e vendo a divindade do nosso Criador, une a sua oração à nossa e colabora na medida do que lhe é possível em favor do que pedimos"[11].

Temos, por último, um caminho que a Igreja sempre nos ensinou, para que as nossas orações cheguem à presença de Deus. Este caminho é a intercessão de Maria, Mãe de Deus e Mãe nossa. A Ela recorremos agora e sempre: "Lembrai-vos, ó piíssima Virgem Maria, de que nunca se ouviu dizer que algum daqueles que tivesse recorrido à vossa proteção, implorado a vossa assistência, reclamado o vosso socorro, fosse por Vós desamparado. Animado eu, pois, de igual confiança, a Vós, Virgem entre todas singular, como a Mãe recorro..."[12]

(1) Mt 7, 7-12; *Evangelho* da Missa da quinta-feira da primeira semana da Quaresma; (2) Mt 7, 9 e 11; (3) Lc 22, 42; (4) Mt 15, 21-28; (5) Ti 5, 17; (6) Cura d'Ars, *Sermão sobre a oração*; (7) Santo Agostinho, *Sermão 126*; (8) Santa Teresa, *Caminho de perfeição*, 37; (9) Lc 7, 3-4; (10) São Josemaria Escrivá, *Caminho*, n. 98; (11) Orígenes, *Trat. sobre a oração*, 10; (12) São Bernardo, oração *Lembrai-vos*.

10. A QUARESMA. TEMPO DE PENITÊNCIA

— O pecado é pessoal. Sinceridade para reconhecermos os nossos erros e fraquezas. Necessidade da penitência.

— O pecado pessoal produz efeitos nos outros. Reparar pelos pecados do mundo. Penitência e Comunhão dos Santos.

— Penitência na vida quotidiana, no serviço às pessoas que estão ao nosso lado.

I. A EFICÁCIA da autêntica penitência, que é a conversão do coração a Deus, pode perder-se se se cai na tentação, que não é só de épocas remotas, de tentar esquecer que o pecado é pessoal.

Na primeira leitura da Missa de hoje, o profeta Ezequiel adverte os judeus do seu tempo de que não esqueçam a grande lição do desterro, pois encaravam-no como algo inevitável, gerado pelos pecados cometidos antigamente por outros. O profeta declara que esse castigo é consequência dos pecados atuais de cada indivíduo. Através das suas palavras, o Espírito Santo fala-nos de uma responsabilidade individual e, portanto, de uma penitência e de uma salvação pessoais. *Assim diz o Senhor: O pecador deve perecer. O filho não responderá pelas faltas do pai nem o pai pelas faltas do filho. É ao justo que se imputará a sua justiça e ao mau a sua malícia*[1].

Deus quer que o pecador se converta e viva[2], mas este deve cooperar com o arrependimento e com as obras de penitência. "No seu sentido próprio e verdadeiro, o pecado — diz João Paulo II — é sempre um ato da pessoa, porque é um ato de um homem, individualmente considerado, e não propriamente de um grupo ou de uma comunidade"[3]. Descarregar o homem dessa responsabilidade "seria obliterar a dignidade e a liberdade da pessoa, que também se revelam — se bem que negativa e desastrosamente — nessa responsabilidade pelo pecado cometido. Por isso, em todos e em cada um dos homens, não há nada tão pessoal e intransferível como o mérito da virtude ou a responsabilidade da culpa"[4].

Por isso, é uma graça do Senhor não deixarmos de arrepender-nos dos nossos pecados passados nem mascararmos os presentes, mesmo que não passem de imperfeições. Que também nós possamos dizer: *Eu reconheço a minha iniquidade e o meu pecado está sempre diante de mim*[5].

É verdade que um dia confessamos as nossas culpas e o Senhor nos disse: *Vai e não tornes a pecar*[6]. Mas os pecados deixam um vestígio na alma. "Perdoada a culpa, permanecem as relíquias do pecado, disposições causadas pelos atos anteriores, embora fiquem debilitadas e diminuídas, de maneira que não dominam o homem e permanecem mais em forma de disposição que de hábito"[7]. Além disso, existem pecados e faltas que não chegamos a perceber por falta de espírito de exame, por falta de delicadeza de consciência... São como más raízes que ficaram na alma e que é necessário arrancar mediante a penitência para impedir que produzam frutos amargos.

São, pois, muitos os motivos que temos para fazer penitência neste tempo da Quaresma, e devemos concretizá-la em pequenas coisas: em mortificar os nossos gostos nas refeições — em viver a abstinência que a Igreja manda —, em ser pontuais, em vigiar a imaginação... E também em procurar, com o conselho do diretor espiritual, do confessor, outros sacrifícios de maior importância, que nos ajudem a purificar a alma e a reparar os pecados próprios e alheios.

II. AINDA QUE O PECADO seja sempre uma ofensa pessoal a Deus, não deixa de produzir efeitos nos demais homens. Para bem ou para mal, estamos sempre influindo naqueles que estão ao nosso lado, na Igreja e no mundo, e não apenas pelo bom ou mau exemplo que lhes damos ou pelos resultados diretos das nossas ações. "Esta é a outra face daquela solidariedade que, em nível religioso, se desenvolve no profundo e magnífico mistério da *Comunhão dos Santos*, graças à qual se pode dizer que «cada alma que se eleva, eleva o mundo».

"A esta lei da elevação corresponde, infelizmente, a *lei da descida*, de tal modo que se pode falar de uma *comunhão do pecado*, em virtude da qual uma alma que se rebaixa pelo pecado rebaixa a Igreja e, de certa maneira, o mundo inteiro. Por outras palavras, não há pecado algum, mesmo o mais íntimo e secreto, o mais estritamente individual, que afete exclusivamente aquele que o comete. Todo o pecado repercute com maior ou menor intensidade, com maior ou menor dano, em toda a estrutura eclesial e em toda a família humana"[8].

O Senhor pede-nos que sejamos motivo de alegria e luz para toda a Igreja. No meio do nosso trabalho e das nossas tarefas, ser-nos-á de grande ajuda pensar nos outros, saber que somos apoio — também mediante a penitência — para todo o Corpo Místico de Cristo, e em especial para aqueles que, ao longo da vida, o Senhor foi colocando ao nosso lado: "Se sentires a Comunhão dos Santos — se a viveres —, serás de bom grado um homem penitente. — E compreenderás que a penitência é *gaudium etsi laboriosum* — alegria, embora trabalhosa. E te sentirás «aliado» de todas as almas penitentes que foram, são e serão"[9]. "Terás mais facilidade em cumprir o teu dever, se pensares na ajuda que te prestam os teus irmãos e na que deixas de prestar-lhes se não és fiel"[10].

A penitência que o Senhor nos pede, como cristãos que vivem no meio do mundo, deve ser discreta, alegre..., uma penitência que quer permanecer inadvertida, mas que não deixa de traduzir-se em atos concretos. Além disso, não faz mal que vez por outra se percebam as nossas penitências. "Se foram testemunhas das tuas fraquezas e misérias, que importa que o sejam da tua penitência?"[11]

III. UMA PENITÊNCIA muito agradável a Deus é aquela que se manifesta em atos de caridade e que tende a facilitar aos outros o caminho que conduz a Deus, tornando-o mais amável. No Evangelho da Missa de hoje, o Senhor nos diz: *Se estás para fazer a tua oferenda diante do altar e te lembras de que teu irmão tem alguma coisa contra ti, deixa a tua oferenda diante do altar e vai primeiro reconciliar-te com o teu irmão: só então vem fazer a tua oferenda*[12].

As nossas oferendas ao Senhor devem caracterizar-se pela caridade: saber pedir perdão àqueles a quem ofendemos; assumir plenamente o sacrifício que supõe cuidar da formação de alguém que está sob a nossa responsabilidade; ser pacientes; saber perdoar com prontidão e generosidade... A este respeito, diz São Leão Magno: "Ainda que sempre seja necessário aplicar-se à santificação do corpo, agora sobretudo, durante os jejuns da Quaresma, deveis aperfeiçoar-vos pela prática de uma piedade mais ativa. Dai esmola, que é muito eficaz para nos corrigirmos das nossas faltas; mas perdoai também as ofensas e abandonai as queixas contra aqueles que vos fizeram algum mal"[13].

"Perdoemos sempre, com o sorriso nos lábios. Falemos com clareza, sem rancor, quando nos parecer em consciência que devemos falar. E deixemos tudo nas mãos do nosso Pai-Deus, com um divino silêncio — *Iesus autem tacebat* (Mt 26, 63), Jesus calava-se —, se se trata de ataques pessoais, por mais brutais e indecorosos que sejam"[14].

Aproximemo-nos do altar de Deus sem carregar conosco o menor sentimento de inimizade ou de rancor. Pelo contrário, procuremos apresentar ao Senhor muitos atos de compreensão, de cortesia, de generosidade, de misericórdia. Assim o seguiremos pela Via-Sacra que Ele nos traçou e que o levou a deixar-se pregar na Cruz.

"*Pai, perdoa-lhes porque não sabem o que fazem* (Lc 23, 34). Foi o Amor que levou Jesus ao Calvário. E já na Cruz, todos os seus gestos e todas as suas palavras são de amor, de amor sereno e forte. E nós, despedaçada de dor a alma, dizemos sinceramente a Jesus: Sou teu, e entrego-me a Ti, e prego-me na Cruz de bom grado, sendo nas encruzilhadas do mundo uma alma que se entregou a Ti, à tua glória, à Redenção, à corredenção da humanidade inteira"[15].

Santa Maria, nossa Mãe, ensinar-nos-á a descobrir muitas ocasiões de sermos generosos na dedicação aos que estão ao nosso lado nas tarefas de cada dia.

(1) Ez 18, 21; (2) cf. Ez 18, 23; (3) João Paulo II, Exort. apost. *Reconciliatio et paenitentia*, 2-XII-1984, 16; (4) *ib.*; (5) Sl 50, 5; (6) cf. Jo 8, 11; (7) São Tomás, *Suma teológica*, 3, q. 86, a. 5 c.; (8) João Paulo II, *op. cit.*; (9) São Josemaria Escrivá, *Caminho*, n. 548; (10) *ib.*, n. 549; (11) *ib.*, n. 197; (12) Mt 5, 23-24; (13) São Leão Magno, *Sermão 45 sobre a Quaresma*; (14) São Josemaria Escrivá, *É Cristo que passa*, n. 72; (15) São Josemaria Escrivá, *Via Sacra*, XIª est.

TEMPO DA QUARESMA. PRIMEIRA SEMANA. SÁBADO

11. CHAMADOS À SANTIDADE

— O Senhor chama todos os homens à santidade, sem distinção de profissão, idade, condição social etc., no lugar que cada um ocupa na sociedade.
— "Santificar o trabalho", "santificar-se no trabalho", "santificar os outros com o trabalho". Necessidade de pessoas santas para transformar a sociedade.
— Santidade e apostolado no meio do mundo. Exemplo dos primeiros cristãos.

I. *SEDE, POIS, PERFEITOS como vosso Pai celestial é perfeito*[1]. Assim termina o Evangelho da Missa de hoje. Nestes quarenta dias de preparação para a Páscoa, a Igreja recorda-nos de muitas maneiras que o Senhor espera muito mais de nós: uma preocupação séria pela santidade.

Sede perfeitos... E o Senhor dirige-se não somente aos apóstolos, mas a todos os que de verdade queiram ser seus discípulos. O Evangelho menciona expressamente que *quando Jesus terminou estes discursos, a multidão ficou impressionada com a sua doutrina*[2]. Essa multidão que o escutava devia estar formada por mães de família, pescadores, artesãos, doutores da lei, jovens... Todos o entendem e *ficam impressionados*, porque o Senhor se dirige a todos.

O Mestre chama à santidade sem distinção de idade, profissão, raça ou condição social. Não há seguidores de Cristo sem vocação cristã, sem uma chamada pessoal à santidade. *Deus nos escolheu para sermos santos e imaculados na sua presença*[3], repetirá São Paulo aos primeiros cristãos de Éfeso; e para conseguirmos esta meta, é necessário que nos empenhemos num esforço que se prolongará por todos os nossos dias aqui na terra: *O justo justifique-se mais e o santo mais e mais se santifique*[4].

Esta doutrina do chamamento universal à santidade é, desde 1928, por inspiração divina, um dos pontos centrais da pregação de Mons. Josemaria Escrivá, que voltou a recordar nos nossos tempos que o cristão, pelo seu Batismo, é chamado à plenitude da vida cristã, à santidade. E o Concílio Vaticano II anunciou a toda a Igreja essa velha doutrina evangélica: o cristão é chamado à santidade no lugar que ocupa na sociedade: "Todos os cristãos, seja qual for a sua condição ou estado, são chamados pelo Senhor, cada um no seu caminho, à perfeição da santidade pela qual é perfeito o próprio Pai"[5]. *Todos e cada um dos cristãos*.

O Senhor convida todos os cristãos que estão absorvidos nas suas ocupações profissionais a encontrá-lo precisamente nessas ocupações, realizando-as com perfeição humana e, ao mesmo tempo, com sentido sobrenatural: oferecendo-as a Deus, vivendo nelas a caridade e o espírito de sacrifício, elevando no meio delas o coração a Deus...

Hoje podemos perguntar-nos na nossa oração com o Senhor se lhe agradecemos frequentemente esta chamada que nos convida a segui-lo de perto, se correspondemos às graças recebidas mediante uma luta interior clara e vibrante por adquirir virtudes, se estamos vigilantes para não pactuar com o aburguesamento que mata os desejos de santidade e deixa a alma sumida na mediocridade espiritual e na tibieza. Não basta querermos ser *bons*: temos de esforçar-nos decididamente por ser *santos*.

II. *SEDE, POIS, PERFEITOS como vosso Pai celestial é perfeito*. A santidade — amor crescente por Deus e pelos outros por Deus — pode e deve ser adquirida através das coisas de todos os dias, que se repetem muitas vezes numa aparente monotonia. "Para amar a Deus e servi-lo, não é necessário fazer coisas estranhas. Cristo pede a todos os homens sem exceção que sejam perfeitos como seu Pai celestial é perfeito (Mt 5, 48). Para a grande maioria dos homens, ser santo significa santificar o seu próprio trabalho, santificar-se no trabalho e santificar os outros com o trabalho, e assim encontrar a Deus no caminho da vida"[6].

Para que o trabalho possa converter-se em meio de santidade, é necessário que seja humanamente bem feito, pois não podemos oferecer a Deus *nada de defeituoso, porque não seria aceito*[7]. Um trabalho bem realizado exige não só que cuidemos dos pequenos deveres próprios de qualquer profissão, mas ainda que pratiquemos fidelissimamente a virtude da justiça para com as outras pessoas e para com a sociedade: que retifiquemos prontamente os erros que tenhamos cometido em relação às pessoas com quem ou para quem trabalhamos; que nos esforcemos constantemente por melhorar a nossa competência profissional. São aspectos que devem ter muito presentes tanto o empresário como o operário ou o estudante, o médico ou a mãe de família que se dedica ao cuidado da casa.

Santificar-se no trabalho significa convertê-lo em ocasião e lugar de trato com Deus. Para isso, podemos oferecer ao Senhor as nossas tarefas antes de começá-las, e depois renovar esse oferecimento com frequência, aproveitando uma ou outra circunstância. Ao longo das nossas horas de trabalho, sempre se apresentarão ocasiões de procurar ou aceitar pequenos sacrifícios que enriquecem a vida interior e a própria tarefa que nos ocupa; como também surgirão inúmeras ocasiões de praticar as virtudes humanas (a laboriosidade, a tenacidade, a alegria...), bem como as sobrenaturais (a fé, a esperança, a caridade, a prudência...).

Por último, o trabalho pode e deve ser meio de dar a conhecer a figura e a doutrina de Cristo a muitas pessoas. Há profissões que têm uma repercussão imediata na vida social: as tarefas de docência, as que se relacionam com os meios de informação, os cargos públicos... Mas não existem tarefas que não tenham nada a ver com a doutrina de Jesus Cristo. Mesmo os problemas especificamente técnicos de uma empresa ou as ocupações de uma mãe de família no seu lar podem ter soluções diversas, por vezes radicalmente diversas, conforme se tenha uma visão pagã ou cristã da vida. Um homem sem fé terá sempre uma visão incompleta do mundo, e o estilo cristão de comportar-se, se por vezes pode chocar com as modas do momento, com as práticas correntes entre colegas de uma mesma profissão, pode oferecer-nos, precisamente por isso, ocasiões especialmente propícias para darmos a conhecer a figura de Cristo, sendo exemplares na maneira cristã de atuar e conduzindo-nos com naturalidade e firmeza.

O mundo necessita de Deus, tanto mais quanto mais afirma que não necessita dEle. Nós, cristãos, esforçando-nos por seguir a Cristo seriamente, temos por missão dá-lo a conhecer. "Um segredo. — Um segredo em voz alta: estas crises mundiais são crises de santos. — Deus quer um punhado de homens «seus» em cada atividade humana. — Depois... «*pax Christi in regno Christi*» — a paz de Cristo no reino de Cristo"[8].

Santificar o trabalho. Santificar-se no trabalho. Santificar os outros com o trabalho.

III. OS PRIMEIROS CRISTÃOS superaram muitos obstáculos através do seu esforço e do seu amor por Cristo, e mostraram-nos o caminho: a firmeza com que perseveraram na doutrina do Senhor levou de vencida a atmosfera materialista e frequentemente hostil que os rodeava. Inseridos no seio de uma sociedade pagã, não procuraram no isolamento o remédio contra um possível contágio e a sua própria sobrevivência. Estavam plenamente convencidos de serem fermento de Deus, e a sua ação silenciosa mas eficaz acabou por transformar aquela massa informe. "Souberam sobretudo estar serenamente presentes no mundo, sem desprezar os seus valores nem as realidades terrenas. E esta presença — "já ocupamos o mundo e todas as vossas coisas", proclamava Tertuliano —, uma presença que se estendia a todos os ambientes, que se interessava por todas as realidades honestas e valiosas, impregnou-as de um espírito novo"[9].

O cristão, com a ajuda de Deus, procurará tornar nobre e valioso o que é vulgar e corrente, esforçar-se-á por converter tudo o que toca não tanto em ouro, como na lenda do rei Midas, mas em graça e glória. A Igreja recorda-nos a necessidade urgente de estarmos presentes no meio do mundo, para reconduzir a Deus todas as realidades terrenas. Isto só será possível se nos mantivermos unidos a Deus mediante a oração e os sacramentos. Como os ramos estão unidos à videira[10], assim devemos nós estar unidos ao Senhor em todos os instantes.

"São necessários arautos do Evangelho, peritos em humanidade, que conheçam a fundo o coração do homem de hoje, participem das suas alegrias e esperanças, das suas angústias e tristezas, e ao mesmo tempo sejam contemplativos, enamorados de Deus. Para isso são precisos novos santos. Devemos suplicar ao Senhor que aumente o espírito de santidade na Igreja e nos envie santos para evangelizar o mundo de hoje"[11]. Destas palavras do Papa fazia-se eco o Sínodo Extraordinário dos Bispos, no seu balanço global sobre a situação da Igreja: "Hoje em dia, precisamos de pedir a Deus — com força, com assiduidade — santos"[12].

O cristão deve ser "outro Cristo". Esta é a grande força do testemunho cristão. De Jesus se dizia, como resumo da sua vida, que *passou pela terra fazendo o bem*[13], e isso deveria dizer-se de cada um de nós, se de verdade queremos imitá-lo. "O Senhor Jesus, Mestre e Modelo divino de toda a perfeição, pregou a todos e cada um dos discípulos, de qualquer condição, a santidade de vida da qual Ele mesmo é o autor e o consumador: *Sede, pois, perfeitos* [...]. É assim evidente que todos os fiéis cristãos de qualquer estado ou condição de vida são chamados à plenitude da vida cristã e à perfeição da caridade. Por esta santidade, promove-se também na sociedade terrestre um modo mais humano de viver"[14].

(1) Mt 5, 48; (2) Mt 7, 28; (3) Ef 1, 4; (4) Ap 22, 11; (5) Conc. Vat. II, Const. *Lumen gentium*, 11; (6) São Josemaria Escrivá, *Entrevistas com Mons. Josemaria Escrivá*, 4ª ed., Quadrante, São Paulo, 2016, n. 55; (7) cf. Lv 22, 20; (8) São Josemaria Escrivá, *Caminho*, n. 301; (9) J. Orlandis, *La vocación cristiana del hombre de hoy*, 3ª ed., Rialp,

Madri, 1973, p. 48; (10) cf. Jo 15, 1-7; (11) João Paulo II, *Discurso*, 11-X-1985; (12) Sínodo extraordinário dos Bispos, 1985, *Relação final*, II, A, n. 4; (13) At 10, 38; (14) Conc. Vat. II, Const. *Lumen gentium*, 40.

Tempo da Quaresma. Segundo Domingo

12. DO TABOR AO CALVÁRIO

— O que importa é estar sempre com Cristo. Ele nos dá a ajuda necessária para continuarmos a caminhar.
— Fomentar com frequência, e especialmente nos momentos mais difíceis, a esperança do Céu.
— O Senhor não se separa de nós. Atualizar essa presença de Deus.

I. *ESCUTO NO MEU CORAÇÃO: procurai a minha face. Eu procurarei a tua face, Senhor, não me escondas a tua face*, rezamos na antífona de entrada da Missa de hoje[1].

O Evangelho relata-nos o que aconteceu no Tabor. Pouco antes, Jesus havia declarado aos seus discípulos, em Cesareia de Filipe, que iria sofrer e padecer em Jerusalém, e que morreria às mãos dos príncipes dos sacerdotes, dos anciãos e dos escribas. Os apóstolos tinham ficado aflitos e tristes com a notícia. Agora Jesus toma consigo Pedro, Tiago e João, e leva-os a um lugar à parte[2] para orar[3]. São os três discípulos que serão testemunhas da sua agonia no Horto das Oliveiras. *Enquanto orava, o seu rosto transformou-se e as suas vestes tornaram-se resplandecentes*[4]. E veem-no conversar com Elias e Moisés, que aparecem nimbados de glória e lhe falam da sua morte, que havia de ocorrer em Jerusalém[5].

São Leão Magno diz que "o fim principal da transfiguração foi desterrar das almas dos discípulos o escândalo da

Cruz"[6]. Os apóstolos jamais esquecerão esta "gota de mel" que Jesus lhes oferecia no meio da sua amargura. Muitos anos mais tarde, São Pedro ainda recordará de modo nítido esses momentos:... *quando do seio daquela glória magnífica lhe foi dirigida esta voz: Este é o meu Filho muito amado, em quem pus todo o meu afeto. Esta voz, que vinha do céu, nós a ouvimos quando estavámos com Ele no monte santo*[7]. Jesus sempre atua assim com os que o seguem. No meio dos maiores padecimentos, dá-lhes o consolo necessário para continuarem a caminhar.

Esta centelha da glória divina inundou os apóstolos de uma felicidade tão grande que fez Pedro exclamar: *Senhor, é bom permanecermos aqui. Façamos três tendas...* Pedro quer prolongar a situação. Mas, como dirá mais adiante o evangelista, *não sabia o que dizia*; pois o que é bom, o que importa, não é estar aqui ou ali, mas estar sempre com Cristo, em qualquer parte, e vê-lo por trás das circunstâncias em que nos encontramos. Se estamos com Ele, tanto faz que estejamos rodeados dos maiores consolos do mundo ou prostrados na cama de um hospital, padecendo dores terríveis. O que importa é somente isto: vê-lo e viver sempre com Ele. Esta é a única coisa verdadeiramente boa e importante na vida presente e na outra. *Vultum tuum, Domine, requiram*: Desejo ver-te, Senhor, e procurarei o teu rosto nas circunstâncias habituais da minha vida.

II. COMENTANDO A PASSAGEM do Evangelho da Missa, São Beda diz que o Senhor, "numa piedosa autorização, permitiu que Pedro, Tiago e João fruíssem durante um tempo muito curto da contemplação da felicidade que dura para sempre, a fim de fortalecê-los perante a adversidade"[8]. A lembrança desses momentos ao lado do Senhor no Tabor foi sem dúvida uma grande ajuda nas várias situações difíceis por que estes três apóstolos viriam a passar.

A vida dos homens é uma caminhada para o Céu, que é a nossa morada[9]. Uma caminhada que, às vezes, se torna áspera e difícil, porque com frequência devemos remar contra a corrente e lutar com muitos inimigos interiores ou de fora. Mas o

Senhor quer confortar-nos com a esperança do Céu, de modo especial nos momentos mais duros ou quando se torna mais patente a fraqueza da nossa condição: "À hora da tentação, pensa no Amor que te espera no Céu. Fomenta a virtude da esperança, que não é falta de generosidade"[10].

No Céu, "tudo é repouso, alegria, regozijo; tudo é serenidade e calma, tudo paz, resplendor e luz. Não é uma luz como esta de que gozamos agora, a qual, comparada com aquela, não passa de uma lâmpada ao lado do sol... Porque lá não há noite nem tarde, frio nem calor, mudança alguma no modo de ser, mas um estado tal que somente o entendem os que são dignos de gozá-lo. Não há ali velhice, nem achaques, nem nada que se assemelhe à corrupção, porque é o lugar e aposento da glória imortal... E, acima de tudo, é o convívio e o gozo eterno com Cristo, com os anjos..., todos perpetuamente unidos num sentir comum, sem medo das investidas do demônio nem das ameaças do inferno e da morte"[11].

A nossa vida no Céu estará definitivamente livre de qualquer possível temor. Não passaremos pela inquietação de perder o que temos, nem desejaremos ter nada de diferente. Então poderemos dizer verdadeiramente com São Pedro: *Mestre, é bom estarmos aqui!* "Vamos pensar no que será o Céu. *Nem olho algum viu, nem ouvido algum ouviu, nem passaram pelo pensamento do homem as coisas que Deus preparou para os que o amam.* Imaginamos o que será chegar ali, e encontrar-nos com Deus, e ver aquela formosura, aquele amor que se derrama sobre os nossos corações, que sacia sem saciar? Eu me pergunto muitas vezes ao dia: o que será quando toda a beleza, toda a bondade, toda a maravilha infinita de Deus se derramar sobre este pobre vaso de barro que sou eu, que somos todos nós? E então compreendo bem aquela frase do Apóstolo: *Nem olho algum viu, nem ouvido algum ouviu...* Vale a pena, meus filhos, vale a pena"[12].

O pensamento da glória que nos espera deve espicaçar-nos na nossa luta diária. Nada vale tanto como ganhar o Céu. "E se fordes sempre avante com esta determinação de antes morrer do que desistir de chegar ao termo da jornada, o Senhor, mesmo que vos mantenha com alguma sede nesta vida, na outra, que durará para sempre, vos dará de beber com toda a abundância e sem perigo de que vos venha a faltar"[13].

III. UMA NUVEM OS ENCOBRIU[14]. Essa nuvem evoca-nos aquela que acompanhava a presença de Deus no Antigo Testamento: *Então a nuvem cobriu a tenda de reunião e a glória do Senhor encheu o tabernáculo*[15]. Era o sinal que acompanhava as intervenções divinas: *Então o Senhor disse a Moisés: Eis que vou aproximar-me de ti na obscuridade de uma nuvem, a fim de que o povo veja que Eu falo contigo e também confie em ti para sempre*[16]. Essa nuvem envolve agora Cristo no Tabor e dela surge a voz poderosa de Deus Pai: *Este é o meu Filho muito amado; ouvi-o.*

E Deus Pai fala através de Jesus Cristo a todos os homens de todos os tempos. A sua voz faz-se ouvir em todas as épocas, sobretudo através dos ensinamentos da Igreja, que "procura continuamente as vias para tornar próximo do gênero humano o mistério do seu Mestre e Senhor: próximo dos povos, das nações, das gerações que se sucedem e de cada um dos homens em particular"[17].

Eles levantaram os olhos e não viram mais ninguém a não ser Jesus[18]. Elias e Moisés já não estavam presentes. Só veem o Senhor: o Jesus de sempre, que por vezes passa fome, que se cansa, que se esforça por ser compreendido... Jesus sem especiais manifestações gloriosas. Normalmente, os apóstolos viam o Senhor assim; vê-lo transfigurado foi uma exceção.

Nós devemos encontrar esse Jesus na nossa vida corrente, no meio do trabalho, na rua, nos que nos rodeiam, na oração, quando nos perdoa no sacramento da Penitência, e sobretudo na Sagrada Eucaristia, onde se encontra *verdadeira, real e substancialmente* presente. Devemos aprender a descobri-lo *nas coisas ordinárias*, correntes, fugindo da tentação de desejar o extraordinário.

Não devemos esquecê-lo nunca: esse Jesus que esteve no Tabor com aqueles três privilegiados é o mesmo que está ao nosso lado diariamente. "Quando Deus vos concede a graça de sentir a sua presença e deseja que lhe faleis como ao amigo mais querido, esforçai-vos por expor os vossos sentimentos com toda a liberdade e confiança. Ele antecipa-se a dar-se a conhecer aos que o procuram (Sb 6, 14). Sem esperar que vos aproximeis, antecipa-se quando desejais o seu amor, e apresenta-se concedendo-vos as graças e remédios de que necessitais. Só espera de vós uma palavra para demonstrar que está ao vosso lado e disposto a escutar e consolar: seus ouvidos estão atentos à oração (Sl 33, 16). Há momentos que os amigos deste mundo passam juntos conversando, mas há horas em que estão separados; entre Deus e vós, se quiserdes, jamais haverá um momento de separação"[19].

Não é verdade que a nossa vida seria diferente, nesta Quaresma e sempre, se atualizássemos com mais frequência essa presença divina no quotidiano, se procurássemos dizer mais jaculatórias, mais atos de amor e de desagravo, mais comunhões espirituais...? "Para o teu exame diário: deixei passar alguma hora sem falar com meu Pai-Deus?... Conversei com Ele, com amor de filho? — Podes!"[20]

(1) Sl 26, 8-9; *Antífona de entrada* da Missa do segundo domingo da Quaresma; (2) cf. Mc 9, 2; (3) cf. Lc 9, 28; (4) Lc 9, 29; (5) cf. Lc 9, 31; (6) São Leão Magno, *Sermão 51 sobre a Quaresma*, 3; (7) 2 Pe 1, 17-18; (8) São Beda, *Comentário sobre São Marcos*, 8, 30; 1, 3; (9) cf. 2 Cor 5, 2; (10) São Josemaria Escrivá, *Caminho*, n. 139; (11) São João Crisóstomo, *Epístola I a Teodoro*, 11; (12) São Josemaria Escrivá, in *Folha Informativa*, n. 1, Vice-postulação da causa de beatificação e canonização de Mons. Escrivá, p. 5; (13) Santa Teresa, *Caminho de perfeição*, 20, 2; (14) cf. Mc 9, 7; (15) Ex 40, 34-35; (16) Ex 19, 9; (17) João Paulo II, Enc. *Redemptor hominis*, 7; (18) Mt 17, 8; (19) S. Afonso Maria de Ligório, *Como conversar familiarmente com Deus*, Crítica, Roma, 1933, n. 63; (20) São Josemaria Escrivá, *Sulco*, n. 657.

TEMPO DA QUARESMA. SEGUNDA SEMANA. SEGUNDA-FEIRA

13. A CONSCIÊNCIA, LUZ DA ALMA

— A consciência ilumina toda a vida. Pode deformar-se e endurecer.
— A consciência bem formada. Doutrina e vida.
— Ser luz para os outros. Responsabilidade.

I. *HOJE, SE OUVIRDES a voz do Senhor, não endureçais os vossos corações*[1], repete-nos a liturgia durante todos os dias deste tempo litúrgico. E todos os dias, de formas muito diversas, Deus fala ao coração de cada um de nós.

"A nossa oração durante a Quaresma tem em vista despertar a consciência e torná-la sensível à voz de Deus. Não endureçais o coração, diz o salmista. Com efeito, a morte da consciência, a sua indiferença em relação ao bem e ao mal, os seus desvios, são grandes ameaças para o homem. E indiretamente são também uma ameaça para a sociedade porque, em última instância, é da consciência humana que depende o nível de moralidade da sociedade"[2]. A consciência é a luz da alma, do que há de mais profundo no ser humano, e, se se apaga, o homem fica às escuras e pode cometer todos os desvios imagináveis contra si próprio e contra os outros.

A lâmpada do teu corpo são os teus olhos[3], diz o Senhor. A consciência é a lâmpada da alma e, se estiver bem formada, ilumina o caminho, o caminho que termina em Deus, e o homem pode avançar por ele. Ainda que tropece e caia, pode levantar-se e prosseguir. Quem deixa que a sua sensibilidade interior "adormeça" ou "morra" para as coisas de Deus, fica sem qualquer ponto de referência pelo qual orientar-se. É a maior desgraça que pode acontecer a uma alma nesta vida. *Ai daqueles que ao mal chamam bem, e ao bem, mal* — anuncia o profeta Isaías —, *ai daqueles que mudam as trevas em luz e a luz em trevas, que tornam doce o que é amargo, e amargo o que é doce*[4].

Jesus compara a função da consciência à do olho na nossa vida. *Se o teu olho for são, todo o teu corpo estará bem iluminado; se, porém, estiver em mau estado, o teu corpo estará em trevas. Cuida, pois, de que a luz que há em ti não sejam trevas*[5]. Quando o olho está bom, veem-se as coisas tal como são, sem deformações. Um olho doente engana a pessoa e pode levá-la a pensar que os acontecimentos são como ela os vê com a sua visão distorcida.

A consciência pode ficar deformada por não se ter procurado alcançar a ciência devida a respeito da fé, ou então por uma má vontade dominada pela soberba, pela sensualidade, pela preguiça... Quando o Senhor se queixava de que os judeus não se abriam à sua mensagem, não atribuía a causa a nenhuma dificuldade involuntária: a dificuldade era antes uma consequência da sua livre negativa: *Por que não compreendeis a minha linguagem? Porque não podeis suportar a minha doutrina*[6].

As paixões e a falta de sinceridade consigo próprio podem chegar a forçar o entendimento e levá-lo a pensar de outra forma, mais de acordo com um teor de vida ou com uns defeitos e maus hábitos que não se querem abandonar. Não existe então boa vontade, o coração se endurece e a consciência adormece e já não indica a direção certa que conduz a Deus: é como uma bússola avariada que desorienta aquele que a consulta. "O homem que tem o coração endurecido e a consciência deformada, ainda que possa estar na plenitude das suas forças e das suas capacidades físicas, é um doente espiritual e é preciso fazer alguma coisa para que recupere a saúde da alma"[7].

A Quaresma é um tempo muito propício para pedirmos ao Senhor que nos ajude a formar muito bem a nossa consciência e para examinar se somos radicalmente sinceros conosco, com Deus e com as pessoas que em seu nome têm por missão aconselhar-nos.

II. A LUZ QUE EXISTE em nós não brota do nosso interior, da nossa subjetividade, mas de Jesus Cristo. *Eu sou a luz do mundo*, disse Jesus; *aquele que me segue não anda nas trevas*[8]. A sua luz esclarece as nossas consciências e, mais ainda, pode converter-nos em luz que ilumine a vida dos outros: *Vós sois a luz do mundo*[9]. O Senhor coloca-nos no mundo para que com a luz de Cristo mostremos aos outros o caminho.

Levaremos a cabo essa tarefa com a nossa palavra e sobretudo com a nossa conduta no cumprimento dos deveres profissionais, familiares e sociais. É por isso que devemos conhecer muito bem quais as normas que hão de reger a nossa atuação, segundo os ditames da honestidade humana e da moral de Cristo. Devemos ser conscientes do bem que podemos fazer, e depois fazê-lo efetivamente; ter clara consciência daquilo que, no exercício da profissão, é vedado a um homem de bem e a um bom cristão, e depois evitá-lo; se cometemos um erro, devemos pedir perdão, corrigi-lo e reparar o mal causado, sempre que isso seja possível. E assim por diante.

A mãe de família que tem como tarefa santificadora o seu lar, deve averiguar na sua oração se é exemplar nos seus deveres para com Deus, se tem hábitos de sobriedade, se domina o mau-humor, se dedica o tempo necessário aos filhos e à casa... O empresário deve considerar com frequência se se esforça por conhecer a doutrina social da Igreja e por praticá-la nos seus negócios, no mundo da sua empresa, se paga salários justos...

A vida cristã se enriquece quando se põem em prática nos assuntos diários os ensinamentos que o Senhor nos transmite através da Igreja. A doutrina adquire assim toda a sua força. Quando por ignorância mais ou menos culposa se desconhece a doutrina ou quando, conhecendo-a, não se põe em prática, torna-se impossível ter uma vida cristã e avançar pelo caminho que conduz à santidade.

Todos nós precisamos ter e formar uma consciência reta e delicada, que compreenda com facilidade a voz de Deus nos assuntos da vida cotidiana. Em face de situações menos claras que possam apresentar-se na nossa profissão, devemos considerá-las na presença de Deus e, quando for necessário, procurar o conselho oportuno de pessoas que possam esclarecer-nos; a seguir, poremos em prática as decisões que tivermos tomado, com responsabilidade pessoal; ninguém nos pode substituir no exercício dessa responsabilidade nem a podemos delegar.

No nosso exame de consciência, aprendemos a ser sinceros conosco e chamamos os nossos erros, fraquezas e faltas de generosidade pelos seus nomes, sem mascará-los com falsas justificações ou com ideias em voga no ambiente. A consciência que não quer reconhecer as suas faltas deixa o homem à mercê do seu próprio capricho.

III. PARA O CAMINHANTE que deseja verdadeiramente chegar ao seu destino, o importante é saber claramente por onde avançar. Essa pessoa agradece as sinalizações claras, ainda que vez por outra indiquem sendas um pouco mais estreitas e difíceis, e fugirá das vias que, embora amplas e cômodas, não conduzem a lugar nenhum... ou levam a um precipício. Devemos ter o máximo interesse em formar bem a nossa consciência, pois é a luz que nos faz distinguir o bem do mal, e que nos leva a pedir perdão e a recuperar o caminho do bem, se o tivermos perdido. A Igreja oferece-nos os meios para isso, mas não nos exime do esforço por aproveitá-los com responsabilidade.

Na nossa oração de hoje, podemos perguntar-nos: Tenho um plano de leituras, combinado com o meu orientador espiritual, que me ajude a progredir na minha formação doutrinal de acordo com a minha idade e cultura? Sou fiel às indicações do Magistério da Igreja, sabendo que nelas encontro a luz da verdade que me há de guiar no meio das opiniões contraditórias com que deparo em matéria de fé, de doutrina social, etc? Retifico com frequência a intenção com que trabalho, oferecendo as minhas obras a Deus e tendo em conta que tendemos a procurar o aplauso, a vaidade, o louvor naquilo que fazemos, e que por essa fresta entra muitas vezes a deformação da consciência?

Necessitamos de luz e critério para nós e para os que estão ao nosso lado. É muito grande a nossa responsabilidade. O cristão é colocado por Deus como tocha que ilumina os passos dos outros em direção a Deus. Devemos formar-nos "com vistas a essa avalanche de gente que se jogará sobre nós, com a pergunta precisa e exigente: «Bom, o que há que fazer?»"[10] Os filhos, os parentes, os colegas, os amigos reparam no nosso comportamento, e nós temos obrigação de levá-los a Deus. E para que o guia de cegos não seja também cego[11], não basta que saiba das coisas "meio por cima", por palpites; para conduzirmos os nossos amigos e parentes a Deus, não nos basta um conhecimento vago e superficial do caminho; é necessário que o percorramos, isto é, que nos relacionemos com o Senhor, que conheçamos cada vez mais profundamente a sua doutrina, que travemos uma luta concreta contra os nossos defeitos; numa palavra: que caminhemos na frente na nossa luta interior e no exemplo; que sejamos exemplares na profissão, na família... "Quem tem a missão de dizer coisas grandes — diz São Gregório Magno —, está igualmente obrigado a praticá-las"[12]. E só se as praticar é que as suas palavras serão eficazes.

Cristo, quando quis ensinar aos seus discípulos como deveriam praticar o espírito de serviço, cingiu-se com uma toalha e lavou-lhes os pés[13]. É o que nós devemos fazer: dar a conhecer o Senhor sendo exemplares nas tarefas diárias, convertendo em vida a sua doutrina.

(1) Sl 94, 8; *Invitatório para a Quaresma*, Liturgia das Horas da segunda-feira da segunda semana da Quaresma; (2) João Paulo II, *Angelus*, 15-III-1981; (3) Lc 11, 34; (4) Is 5, 20-21; (5) Lc 11, 34-35; (6) Jo 8, 43; (7) João Paulo II, *ib.*; (8) Jo 8, 12; (9) Mt 5, 14; (10) São Josemaria Escrivá, *Sulco*, n. 221; (11) cf. Mt 15, 14; (12) São Gregório Magno, *Regra pastoral*, 2, 3; (13) cf. Jo 13, 15.

TEMPO DA QUARESMA. SEGUNDA SEMANA. TERÇA-FEIRA

14. HUMILDADE E ESPÍRITO DE SERVIÇO

— Sem humildade, é impossível servir os outros, e podemos tornar infelizes os que nos rodeiam.

— Imitar o serviço de Jesus, exemplo supremo de humildade e de entrega aos outros.

— De modo particular, devemos servir àqueles que o Senhor colocou ao nosso lado. Aprender da Virgem Maria.

I. NO EVANGELHO DA MISSA de hoje, o Senhor descreve na sua crua realidade como os escribas e fariseus *se sentaram na cátedra de Moisés* e, preocupados somente consigo próprios, abandonaram os que lhes haviam sido confiados, as pessoas simples que andavam *maltratadas e abatidas como ovelhas sem pastor*[1]. Só lhes interessavam os primeiros lugares nos banquetes, os seus filactérios e as suas franjas, os cumprimentos nas praças e que os chamassem mestres[2]. Haviam sido constituídos como *sal e luz* do povo de Israel, e tinham deixado o povo sem sal e sem luz. Eles próprios estavam às escuras. Tinham trocado a glória de Deus pela sua própria glória: *Fazem todas as suas obras para serem vistos pelos homens*. A soberba pessoal e a busca da vanglória tinham feito com que perdessem a humildade e o espírito de serviço que caracteriza os que desejam seguir o Senhor.

Cristo previne os seus discípulos: *Vós, porém, não vos façais chamar mestres... O maior dentre vós seja o vosso servo*[3]. E Ele mesmo mostrou constantemente o caminho: *Pois quem é o maior: aquele que está sentado à mesa ou aquele que serve? Não é aquele que está sentado à mesa? No entanto, eu estou no meio de vós como quem serve*[4].

Sem humildade e espírito de serviço, não é possível viver a caridade. Sem humildade, não há santidade, pois Jesus não quer ao seu serviço amigos de peito inchado: "Os instrumentos de Deus são sempre humildes"[5].

Na ação apostólica e nos pequenos serviços que prestamos aos outros, não há lugar nem motivo algum para a autocomplacência ou para a altanaria, pois quem verdadeiramente faz as coisas é o Senhor. Sem a graça, de nada serviriam os maiores esforços: *Ninguém pode dizer "Jesus é o Senhor" senão sob a ação do Espírito Santo*[6]. Somente a graça pode potenciar os nossos talentos humanos e levar-nos a realizar obras que estão claramente acima das nossas possibilidades. E Deus *resiste aos soberbos e dá a sua graça aos humildes*[7].

Devemos estar vigilantes, porque a pior ambição é a de procurarmos a nossa própria excelência, como fizeram os escribas e os fariseus; a de nos procurarmos a nós mesmos nas coisas que fazemos ou projetamos." Arremete (a soberba) por todos os flancos, e o seu vencedor encontra-a em tudo o que o circunda"[8].

Se não formos humildes, podemos desgraçar a vida dos que nos rodeiam, porque a soberba infecciona tudo. Onde há um soberbo, tudo acaba por ser vítima da sua autossuficiência: a família, os amigos, o lugar de trabalho... O soberbo exigirá que o tratem com atenções especiais, porque se julga diferente, e será necessário tomar muito cuidado para evitar ferir a sua suscetibilidade... A sua atitude dogmática nas conversas, as suas intervenções irônicas — não interessa que os outros fiquem mal, desde que ele fique bem —, a sua tendência para cortar conversas que surgiram naturalmente etc., são manifestações de algo mais profundo: um grande egoísmo que se apodera das pessoas quando situam o horizonte da vida em si mesmas.

Estes momentos de oração podem servir-nos para examinar na presença do Senhor como é o nosso relacionamento com os outros e se está repleto de um humilde espírito de serviço.

II. JESUS É O EXEMPLO supremo de humildade e de dedicação aos outros. Ninguém teve jamais dignidade comparável à sua, ninguém serviu os homens com tanta solicitude: *Eu estou no meio de vós como quem serve*. E essa continua a ser a sua atitude para com cada um de nós: Ele está sempre disposto a servir-nos, a ajudar-nos, a levantar-nos das nossas quedas. Como é que nós servimos os outros, na família, no trabalho, nesses favores anônimos que talvez nunca despertem o menor agradecimento? O Senhor nos diz hoje na primeira leitura da Missa[9], por meio do profeta Isaías:

Discite benefacere. Aprendei a fazer o bem... E só o aprenderemos se pusermos os olhos em Cristo, nosso Modelo, se meditarmos frequentemente o seu exemplo constante e os seus ensinamentos.

Dei-vos o exemplo — diz o Senhor depois de lavar os pés aos discípulos — *para que, como eu vos fiz, assim façais vós também*[10]. Deixa-nos uma lição suprema para que entendamos que, se não formos humildes, se não estivermos dispostos a servir, não poderemos segui-lo. E deixa-nos também uma regra simples, mas exata, para vivermos a caridade com humildade e espírito de serviço: *Tudo o que quiserdes que os homens vos façam, fazei-o vós a eles*[11].

A experiência das coisas que nos agradam ou nos aborrecem, que nos ajudam ou prejudicam, é uma boa norma para avaliarmos o que devemos fazer ou evitar no trato com os outros. Todos desejamos ouvir uma palavra de ânimo quando as coisas não nos correm bem, uma palavra compreensiva quando, apesar da nossa boa vontade, tornamos a errar; que tenham em conta as coisas positivas que fazemos, mais do que as negativas; que exista um ambiente de cordialidade no lugar onde trabalhamos ou ao chegarmos a casa; que nos exijam no trabalho, sem dúvida, mas com bons modos; que ninguém fale mal de nós pelas costas; que haja alguém que nos defenda quando nos criticam e não estamos presentes; que se preocupem verdadeiramente de nós quando estamos doentes; que nos advirtam quando fazemos mal alguma coisa, ao invés de a comentarem com outros; e que rezem por nós e... Estas são as coisas que, com humildade e espírito de serviço, devemos fazer pelos outros. *Aprendei a fazer o bem.*

Se nos comportarmos assim, continua a dizer o profeta Isaías, então: *Ainda que os vossos pecados sejam escarlates, tornar-se-ão brancos como a neve; ainda que sejam vermelhos como a púrpura, ficarão brancos como a lã*[12].

III. *O MAIOR ENTRE VÓS seja o vosso servo*, diz-nos o Senhor[13]. Para isso, devemos deixar de lado o nosso egoísmo e descobrir essas manifestações da caridade que tornam felizes os outros. Se não lutarmos por esquecer-nos de nós mesmos, estaremos dia e noite ao lado dos que nos rodeiam e não perceberemos que precisam que lhes digamos umas palavras de alento, que apreciemos o que fazem, que os animemos a ser melhores e que os sirvamos.

O egoísmo cega e não permite que vejamos os outros; a humildade abre caminho à caridade em detalhes práticos e concretos de serviço. Este *espírito alegre*, de abertura aos outros e de *disponibilidade*, é capaz de transformar qualquer ambiente. A caridade penetra como a água pelas fendas das pedras e acaba por quebrar as resistências mais duras: "Amor traz amor", dizia Santa Teresa[14], e São João da Cruz aconselhava: "Onde não há amor, põe amor e tirarás amor"[15].

Como a mãe que acaricia os seus filhinhos, assim, levados pela nossa ternura para convosco, desejávamos não só comunicar-vos o Evangelho de Deus, mas ainda a nossa própria vida[16], manifestava São Paulo aos cristãos de Tessalônica. Se o imitarmos, teremos frutos parecidos aos seus.

De modo especial, devemos viver este espírito do Senhor com os que estão mais perto de nós, no seio da própria família: "O marido não procure unicamente os seus interesses, mas também os da esposa, e esta os do marido; os pais procurem os interesses dos filhos, e estes por sua vez procurem os interesses dos seus pais. A família é a única comunidade em que todo o homem «é amado por si mesmo», pelo que é e não pelo que *possui* [...]. Como ensina o Apóstolo, a observância desta norma fundamental explica que não se faça nada por espírito de rivalidade ou por vanglória, mas com humildade, por amor. E este amor, que se abre aos outros, possibilita que os membros da família sejam autênticos servidores da "igreja doméstica", onde todos desejam o bem e a felicidade de cada um; onde todos e cada um dão vida a esse amor com a urgente busca de tal bem e tal felicidade"[17].

Se atuarmos assim, não veremos, como sucede em tantas ocasiões, *a palha no olho alheio* sem ver a *viga no próprio*[18]. As menores faltas dos outros deixarão de ser observadas com uma lente de aumento, e as nossas maiores faltas deixarão de tender a reduzir-se e a justificar-se. A humildade far-nos-á reconhecer em primeiro lugar os nossos próprios erros e as nossas misérias. Estaremos então em condições de ver com compreensão os defeitos dos outros e de lhes prestar ajuda. E estaremos também em condições de estimá-los e aceitá-los com essas deficiências.

A Virgem, Nossa Senhora, *Escrava do Senhor*, ensinar-nos-á a entender que servir os outros é uma das formas de encontrarmos a alegria nesta vida e um dos caminhos mais curtos para encontrarmos Jesus. Para isso vamos pedir-lhe que nos faça verdadeiramente humildes.

(1) Mt 9, 36; (2) cf. Mt 23, 1-12; (3) cf. Mt 23, 8-11; (4) Lc 22, 27; (5) São João Crisóstomo, *Homilias sobre São Mateus*, 15; (6) 1 Cor 12, 3; (7) Tg 4, 6; (8) Cassiano, *Instituições*, 11, 3; (9) Is 1, 17; (10) Jo 13, 15; (11) Mt 7, 12; (12) Is 1, 18; (13) Mt 23, 11; (14) Santa Teresa, *Vida*, 22, 14; (15) São João da Cruz, *Carta à M. Mª. da Encarnação*, em *Vida*; (16) 1 Ts 2, 7-8; (17) João Paulo II, *Homilia na Missa para as famílias*, Madri, 2-XI-1982; (18) Mt 7, 3-5.

15. BEBER O CÁLICE DO SENHOR

— Identificar em tudo a nossa vontade com a do Senhor. Corredimir com Ele.
— Oferecimento da dor e da mortificação voluntária. Penitência na vida corrente. Alguns exemplos de mortificação.
— Mortificações que nascem do serviço aos outros.

I. JESUS FALA pela terceira vez aos seus discípulos da sua Paixão e Morte, bem como da sua Ressurreição gloriosa, enquanto se dirige a Jerusalém. A certa altura do caminho, perto já de Jericó, uma mulher, a mãe de Tiago, aproxima-se dEle para lhe fazer um pedido em favor dos seus filhos. *Prostrou-se diante de Jesus*, conta São Mateus, *para lhe fazer uma súplica*. Com toda a simplicidade, diz a Jesus: *Ordena que estes meus dois filhos se sentem no teu reino, um à tua direita e outro à tua esquerda*[1]. O Senhor responde-lhe imediatamente: *Não sabeis o que pedis. Podeis beber o cálice que eu hei de beber? Eles disseram: Podemos*[2].

Os dois irmãos não deviam ter uma noção muito exata do alcance das palavras do Senhor, pois São Lucas nos diz que, pouco antes, quando Jesus falava da sua Paixão, *eles nada disso compreendiam, e essas palavras eram para eles um enigma cujo sentido não podiam entender*[3]. No entanto, ainda que movidos por uma intenção apenas geral, mostraram-se dispostos a querer tudo o que Jesus quisesse; não puseram limite algum ao seu Senhor.

Nós também não os pusemos e por isso, quando pedimos alguma coisa na nossa oração, devemos estar dispostos a aceitar, acima de tudo, a vontade de Deus, mesmo que não coincida com os nossos desejos. “Sua Majestade — diz Santa Teresa — sabe melhor o que nos convém. Para que havemos de aconselhá-lo sobre o modo de nos distribuir os seus dons? Poderia com razão dizer-nos que não sabemos o que pedimos”[4]. O Senhor quer que lhe peçamos o que precisamos e desejamos mas, sobretudo, que conformemos a nossa vontade com a sua. Ele nos dará sempre o melhor.

João e Tiago pedem um lugar de honra no novo Reino, e Jesus fala-lhes da Redenção. Pergunta-lhes se estão dispostos a padecer com Ele. Utiliza a imagem hebraica do cálice, que simboliza a vontade de Deus sobre um homem[5]. O do Senhor é um cálice amarguíssimo, que se converterá em *cálice de benção*[6] para todos os homens.

Beber o cálice de outro era sinal de uma profunda amizade e da disposição de partilhar de um destino comum. É a esta íntima participação que o Senhor convida os que o queiram seguir. Para participar na sua Ressurreição gloriosa, é necessário compartilhar a Cruz com Ele. Estais dispostos a padecer comigo? Podeis beber o cálice comigo? *Podemos*, responderam aqueles dois apóstolos. Tiago morreu poucos anos depois, decapitado por ordem de Herodes Agripa[7]. São João passou por inúmeros sofrimentos e perseguições por amor ao seu Senhor.

O Senhor “também nos chama a nós e nos pergunta, como a Tiago e a João: *Potestis bibere calicem quem ego bibiturus sum?* (Mt 20, 22); estais dispostos a beber o cálice — este cálice da completa entrega ao cumprimento da vontade do Pai — que eu vou beber? *Possumus* (Mt 20, 22). Sim, estamos dispostos, é a resposta de João e de Tiago... Vós e eu estamos dispostos seriamente a cumprir, em tudo, a vontade do nosso Pai-Deus? Demos ao Senhor o nosso coração inteiro, ou continuamos apegados a nós mesmos, aos nossos interesses, à nossa comodidade, ao nosso amor próprio? Há em nós alguma coisa que não corresponda à nossa condição de cristãos e que nos impeça de nos purificarmos? Hoje apresenta-se-nos a ocasião de retificar”[8].

II. "O SENHOR SABIA que os dois apóstolos poderiam imitá-lo na sua paixão, mas mesmo assim faz-lhes a pergunta, para que todos ouçamos que ninguém pode reinar com Cristo se não o imitar antes na sua paixão; porque as coisas de grande valor só se conseguem a um preço muito alto"[9].

Não existe vida cristã sem mortificação; é o seu preço. "O Senhor salvou-nos pela Cruz; com a sua morte, voltou a dar-nos a esperança, o direito à vida. Não o podemos honrar se não o reconhecermos como nosso Salvador, se não o honrarmos no mistério da Cruz... O Senhor fez da dor um meio de redenção; com a sua dor redimiu-nos, sempre que não nos recusemos a unir a nossa dor à sua e a fazer dela, com a sua, um meio de redenção"[10].

O espírito de penitência e de mortificação manifesta-se na nossa vida corrente, nas tarefas de cada dia, sem termos de esperar por ocasiões extraordinárias. "Penitência é o cumprimento exato do horário que marcaste, ainda que o corpo resista ou a mente pretenda evadir-se em sonhos quiméricos. Penitência é levantar-se na hora. É também não deixar para mais tarde, sem um motivo justificado, essa tarefa que te é mais difícil ou trabalhosa.

"A penitência está em saberes compaginar todas as tuas obrigações — com Deus, com os outros e contigo próprio —, sendo exigente contigo de modo que consigas encontrar o tempo de que cada coisa necessita. És penitente quando te submetes amorosamente ao teu plano de oração, apesar de estares esgotado, sem vontade ou frio.

"Penitência é tratar sempre com a máxima caridade os outros, começando pela tua própria casa. É atender com a máxima delicadeza os que sofrem, os doentes, os que padecem. É responder com paciência aos maçantes e inoportunos. É interromper ou modificar os programas pessoais, quando as circunstâncias — sobretudo os interesses bons e justos dos outros — assim o requerem.

"A penitência consiste em suportar com bom humor as mil pequenas contrariedades da jornada; em não abandonares a tua ocupação, ainda que de momento te tenha passado o gosto com que a começaste; em comermos com agradecimento o que nos servem, sem importunar ninguém com caprichos.

"Penitência, para os pais e, em geral, para os que têm uma missão de governo ou educativa, é corrigir quando é preciso fazê-lo, de acordo com a natureza do erro e com as condições de quem necessita dessa ajuda, sem fazer caso de subjetivismos néscios e sentimentais.

"O espírito de penitência leva a não nos apegarmos desordenadamente a esse bosquejo monumental de projetos futuros, em que já previmos quais serão os nossos traços e pinceladas mestras. Que alegria damos a Deus quando sabemos renunciar às nossas garatujas e broxadas de mestrinhos, e permitimos que seja Ele a acrescentar os traços e as cores que mais lhe agradem!"[11]

III. OS OUTROS DISCÍPULOS, que tinham ouvido o diálogo de Jesus com os dois irmãos, começaram a indignar-se. Então o Senhor disse-lhes: *Sabeis que os chefes das nações as subjugam, e que os grandes as governam com autoridade. Não seja assim entre vós. Todo aquele que quiser tornar-se grande entre vós faça-se vosso servo. E aquele que quiser tornar-se entre vós o primeiro faça-se vosso escravo. Pois o Filho do homem não veio para ser servido, mas para servir e dar a sua vida em resgate por uma multidão*[12].

O serviço de Cristo à humanidade tem em vista a salvação. A nossa atitude deve ser a de servir a Deus e aos outros com sentido sobrenatural, especialmente no que se refere à salvação, mas também em todas as ocasiões que se apresentem em cada dia. Devemos servir mesmo àqueles que não no-lo agradecem, sem esperar nada em troca. É a melhor maneira de darmos a vida pelos outros, de um modo eficaz e discreto, e de combatermos o nosso egoísmo, que tende a roubar-nos a alegria.

A maior parte das profissões é um serviço direto aos outros: as donas de casa, os comerciantes, os professores, as empregadas domésticas, todos eles, de um modo mais ou menos direto, realizam um serviço. Oxalá não percamos de vista este aspecto, que contribuirá para nos santificar no trabalho.

O espírito de serviço exige mortificação e esquecimento próprio, e por isso haverá ocasiões em que colidirá com a mentalidade de muitos que só pensam em si mesmos. Para nós, cristãos, servir é o "nosso orgulho" e a nossa dignidade, porque assim imitamos Cristo, e porque, para servirmos voluntariamente, por amor, temos de pôr em prática muitas virtudes humanas e sobrenaturais. "Esta dignidade manifesta-se pela disposição de servir segundo o exemplo de Cristo, o qual *não veio para ser servido, mas para servir*. Se, portanto, à luz da atitude de Cristo, é só *servindo* que se pode verdadeiramente *reinar*, por outro lado o *servir* reclama tal maturidade espiritual que se torna necessário defini-lo precisamente como *reinar*. Para se poder servir digna e eficazmente os outros, é necessário saber dominar-se, é necessário possuir as virtudes que tornam possível tal domínio"[13].

Não nos importemos de servir e ajudar muito os que estão ao nosso lado, mesmo que não recebamos em troca nenhum pagamento ou recompensa. Servir, com Cristo e por Cristo, é reinar com Ele. A nossa Mãe Santa Maria, que serviu a seu Filho e a São José, nos ajudará a dar-nos sem medida nem cálculo.

(1) Mt 20, 21-22; (2) Mt 20, 22; (3) Lc 18, 34; (4) Santa Teresa, *Moradas*, II, 8; (5) cf. Sl 16, 5; (6) Is 51, 17-22; (7) cf. At 12, 2; (8) São Josemaria Escrivá, *É Cristo que passa*, n. 15; (9) São João Crisóstomo, *Homilias sobre São Mateus*, 35; (10) Paulo VI, *Alocução*, 24-II-67; (11) São Josemaria Escrivá, *Amigos de Deus*, n. 138; (12) Mt 20, 24-28; (13) João Paulo II, Enc. *Redemptor hominis*, 21.

16. DESPRENDIMENTO

— O desprendimento das coisas confere-nos a necessária liberdade para seguir a Cristo. Os bens são somente meios.
— Desprendimento e generosidade. Alguns exemplos.
— Desprendimento do supérfluo e do necessário, da saúde, dos dons que Deus nos deu, do que temos e usamos.

I. NESTE TEMPO DA QUARESMA, a Igreja nos faz repetidas chamadas para que nos desprendamos das coisas da terra e assim cumulemos o nosso coração de Deus. Diz-nos o profeta Jeremias na primeira leitura da Missa de hoje: *Bendito o homem que deposita a sua confiança no Senhor e põe nEle a sua esperança. Assemelha-se à árvore plantada perto da água, que estende as suas raízes para o arroio. Quando chegar o estio, não o temerá, e a sua folhagem continuará verdejante. Não a inquieta o ano de seca; continua a produzir frutos*[1]. O Senhor cuida da alma que colocou nEle o seu coração.

Quem deposita a sua confiança nas coisas da terra, *afastando o seu coração do Senhor*, está condenado à esterilidade e à ineficácia naquilo que realmente interessa: *assemelha-se ao cardo da charneca e nem percebe a chegada do bom tempo, habitando o solo calcinado do deserto, terra salobra e inóspita*[2].

O Senhor deseja que nos ocupemos das coisas da terra e as amemos corretamente: *Enchei a terra e submetei-a*[3]. Mas uma pessoa que ame "desordenadamente" as coisas da terra não deixa lugar na sua alma para o amor a Deus. São incompatíveis o "apego" aos bens e o amor ao Senhor: *Não podeis servir a Deus e às riquezas*[4]. As coisas podem converter-se numa amarra que nos impeça de chegar a Cristo. E se não o alcançamos, para que serve a nossa vida?

"Para chegar a Deus, Cristo é o caminho. Mas Cristo está na Cruz; e, para subir à Cruz, é preciso ter o coração livre, desprendido das coisas da terra"[5]. Ele nos deu o exemplo: passou pelos bens desta terra com perfeito senhorio e com a mais plena liberdade. *Sendo rico, fez-se pobre por nós*[6]. Para segui-lo, estabeleceu-nos uma condição indispensável: *Qualquer um de vós que não renuncie a tudo o que possui não pode ser meu discípulo*[7]. Este não renunciar aos bens encheu de tristeza o jovem rico, que tinha posses[8] e estava muito apegado a elas. Quanto não perdeu nesse dia este homem jovem que tinha "meia dúzia de coisas" que em breve lhe fugiriam das mãos!

Os bens materiais são bons, porque são de Deus. São meios que Deus pôs à disposição do homem desde a criação, para que se desenvolvesse em sociedade com os outros. Somos administradores desses bens por um breve espaço de tempo. Tudo nos deve servir para amar a Deus — Criador e Pai — e aos outros. Se nos apegamos às coisas que temos e não praticamos atos de desprendimento efetivo, se os bens não nos servem para fazer o bem, se nos separam do Senhor, então não são bens, convertem-se em males.

Exclui-se do Reino dos céus todo aquele que põe as riquezas como centro da sua vida; idolatria, é como chama São Paulo à avareza[9]. Um ídolo ocupa o lugar que só Deus deve ocupar. Exclui-se de uma verdadeira vida interior, de um relacionamento de amor com o Senhor, todo aquele que não quebra as amarras, ainda que finas, que o atam de um modo desordenado às coisas, às pessoas e a si próprio. "Porque tanto faz — diz São João da Cruz — que uma ave esteja presa por um fio muito fino ou por uma corda, porque, mesmo que seja um fio, tão presa estará a ele como à corda, enquanto não o quebrar para poder voar. É verdade que o fio é mais fácil de quebrar; mas, por mais fácil que seja, se não o quebrar, não voará"[10].

II. O EVANGELHO DA MISSA fala-nos de um homem que fazia mau uso dos seus bens. *Havia um homem rico que se vestia de púrpura e linho finíssimo, e que todos os dias se banqueteava e se regalava. Havia também um mendigo, por nome Lázaro, todo coberto de chagas, que estava deitado à porta do rico e desejava avidamente matar a fome com as migalhas que caíam da sua mesa*[11].

Este homem rico tem um claro estilo de vida, uma maneira de viver: "banqueteava-se". Vive para si, como se Deus não existisse, como se não precisasse dEle. Vive como quer, na abundância. A parábola não diz que estivesse contra Deus nem contra o pobre: apenas está cego para ver a Deus e para ver alguém que precise dele. Vive para si próprio. Quer encontrar a felicidade no egoísmo, não na generosidade. E o egoísmo cega e degrada a pessoa.

Seu pecado? Não se preocupou com Lázaro, não o viu. Não utilizou os bens conforme o querer de Deus. "Porque não foi a pobreza que conduziu Lázaro ao Céu, mas a humildade, nem foram as riquezas que impediram o rico de entrar no grande descanso, mas o seu egoísmo e infidelidade"[12], diz São Gregório Magno com grande profundidade.

O egoísmo e o aburguesamento impedem de ver as necessidades alheias. Então tratam-se as pessoas como coisas (é grave ver as pessoas como coisas, que se apanham ou se abandonam conforme o interesse). Todos temos muito que dar: afeto, compreensão, cordialidade e ânimo, trabalho bem feito e acabado, esmola às pessoas necessitadas ou às obras de caridade, o sorriso cotidiano, um bom conselho, a ajuda aos amigos para que se aproximem dos sacramentos...

Com o bom uso que fizermos dos bens materiais — muitos ou poucos — que Deus pôs nas nossas mãos, ganharemos a vida eterna. A vida é o tempo de ganhar méritos. Se formos generosos e tratarmos os outros como filhos de

Deus, seremos felizes aqui na terra e depois na outra vida. A caridade, nas suas diversas formas, é sempre realização do Reino de Deus, bem como a única bagagem que nos sobrará deste mundo que passa.

O nosso desprendimento deve ser *efetivo*, com resultados bem determinados, que não se conseguem sem sacrifício; e também *natural* e *discreto*, como é próprio de cristãos correntes que devem servir-se de bens materiais no seu trabalho ou nas tarefas apostólicas. Trata-se de um desprendimento *positivo*, porque todas as coisas da terra são ridiculamente pequenas e insuficientes em comparação com o bem imenso e infinito que pretendemos alcançar; e ainda *interno*, pois diz respeito aos desejos; *atual*, porque exige que examinemos com frequência onde pomos o coração e tomemos resoluções concretas que assegurem a liberdade interior; e *alegre*, porque temos os olhos postos em Cristo, bem incomparável, e porque não é uma mera privação, mas riqueza espiritual, domínio das coisas e plenitude.

III. O DESPRENDIMENTO nasce do amor a Cristo e, ao mesmo tempo, possibilita que esse amor cresça e viva. Deus não habita numa alma cheia de bugigangas. Por isso é necessário um firme trabalho de vigilância e de limpeza interior.

Este tempo da Quaresma é muito oportuno para examinarmos a nossa atitude em face das coisas e em face de nós mesmos: Tenho coisas desnecessárias ou supérfluas? Evito tudo o que para mim significa luxo e mero capricho, ainda que não o seja para outros? Estou apegado às coisas ou instrumentos que devo utilizar no meu trabalho? Queixo-me quando não disponho do necessário? Levo uma vida sóbria, própria de uma pessoa que quer ser santa? Faço gastos inúteis por precipitação ou por falta de previsão? Pratico habitualmente a esmola, generosamente, sem avareza? Contribuo para a manutenção de alguma obra apostólica e para o culto da Igreja com uma ajuda proporcionada aos meus ganhos e despesas?

O desprendimento necessário para seguir de perto o Senhor inclui, além dos bens materiais, o *desprendimento de nós mesmos*: da saúde, do que os outros pensam de nós, das ambições nobres, dos triunfos e êxitos profissionais. "Refiro-me também [...] a esses anseios límpidos com que procuramos exclusivamente dar toda a glória a Deus e louvá-lo, ajustando a nossa vontade a esta norma clara e precisa: Senhor, só quero isto ou aquilo se for do teu agrado, porque, senão, para que me interessa? Assestamos assim um golpe mortal no egoísmo e na vaidade, que serpenteiam por todas as consciências; ao mesmo tempo, alcançamos a verdadeira paz na nossa alma, com um desprendimento que acaba na posse de Deus, cada vez mais íntima e mais intensa"[13]. É assim que estamos desprendidos dos frutos do nosso trabalho?

Os cristãos devem possuir as coisas *como se nada possuíssem*[14]. Diz São Gregório Magno que "possui como se nada possuísse aquele que ajunta todas as coisas necessárias para o seu uso, mas prevê cautamente que logo as há de deixar. Usa deste mundo como se não usasse aquele que dispõe do necessário para viver, mas não permite que nada disso domine o seu coração, para assim estar a serviço do bom andamento da alma, que tende para coisas mais altas"[15].

Desprendimento da saúde corporal. "Punha-me a considerar quanto importa não nos amedrontarmos com a nossa fraca disposição quando se trata claramente de servir o Senhor [...]. Para quê a vida e a saúde, senão para as perder por tão grande Rei e Senhor? Crede-me, irmãs, nunca vos fará mal seguir por este caminho"[16].

Os nossos corações são para Deus, porque foram feitos para Ele e somente nEle saciarão as suas ânsias de felicidade e de infinito. "Jesus não se satisfaz «compartilhando»; quer tudo"[17]. Todos os outros amores nobres e limpos que compõem a nossa vida aqui na terra, cada um segundo a específica vocação recebida de Deus, ordenam-se para esse grande Amor: Jesus Cristo Nosso Senhor, e dele se alimentam.

Senhor, Vós que amais a inocência e a devolvei aos que a perderam, atraí para Vós os nossos corações e queimai-os no fogo do vosso Espírito[18].

Santa Maria, nossa Mãe, ajudar-nos-á a limpar e ordenar os afetos do nosso coração para que só o seu Filho reine nele.

Agora e por toda a eternidade. Coração dulcíssimo de Maria, guardai o nosso coração e preparai-lhe um caminho seguro.

(1) Jr 17, 7-8; (2) Jr 17, 6; (3) cf. Gn 1, 28; (4) Mt 6, 24; (5) São Josemaria Escrivá, *Via Sacra*, Xª est.; (6) cf. 2 Cor 8, 9; (7) Lc 14, 33; (8) Mc 10, 22; (9) Col 3, 5; (10) São João da Cruz, *Chama de amor viva*, 11, 4; (11) Lc 16, 19-21; (12) São Gregório Magno, *Homilias sobre o Evangelho de São Lucas*, 40, 2; (13) São Josemaria Escrivá, *Amigos de Deus*, n. 114; (14) 1 Cor 7, 30; (15) São Gregório Magno, *Homilias sobre o Evangelho*, 36; (16) Santa Teresa, *Fundações*, 28, 18; (17) São Josemaria Escrivá, *Caminho*, n. 155; (18) *Oração coleta* da Missa da quinta-feira da segunda semana da Quaresma.

TEMPO DA QUARESMA. SEGUNDA SEMANA. SEXTA-FEIRA

17. DETESTAR O PECADO

— Os nossos pecados e a Redenção. O verdadeiro mal do mundo.
— A Quaresma, ocasião propícia que a Igreja nos oferece para aumentarmos a luta contra o pecado. A malícia do pecado venial.
— A luta contra o pecado venial deliberado. Sinceridade. Exame. Contrição.

I. *DEUS AMOU-NOS e enviou o seu Filho para expiar os nossos pecados*[1].

A liturgia destes dias aproxima-nos pouco a pouco do mistério central da Redenção. Propõe-nos personagens do Antigo Testamento que são imagens de Nosso Senhor. Hoje, a primeira leitura da Missa fala-nos de José, que, pela traição dos seus irmãos, chegou a ser providencialmente o salvador da família e de toda a região[2]. É figura de Cristo Redentor.

José era o filho predileto de Jacó, e por incumbência do pai vai à procura dos seus irmãos. Percorre um longo caminho até encontrá-los: leva-lhes boas notícias do pai e alimentos. A princípio, os irmãos — que o invejam e odeiam por ser o predileto — pensam em matá-lo; mas depois vendem-no como escravo, e assim José é levado para o Egito. Deus serviu-se dessa circunstância para lhe dar, anos mais tarde, um alto cargo naquele país. Em tempos de grande fome, será o salvador dos seus irmãos, esquecendo o crime que cometeram, e a terra do Egito, onde as tribos israelitas se estabelecem por benevolência de José, converte-se no berço do povo eleito. Todos os que recorrem ao Faraó com pedidos de ajuda são por ele enviados a José: *Ide a José*, dizia-lhes sempre.

O Senhor também foi enviado pelo Pai para ser a luz do mundo: *Veio para o que era seu, e os seus não o receberam*[3]*... Enviou o seu próprio filho, dizendo: Hão de respeitar o meu filho. Os lavradores, porém, quando viram o filho, disseram entre si: É o herdeiro; matemo-lo e teremos a sua herança. E, agarrando-o, arrastaram-no para fora da vinha e mataram-no*[4]. A mesma coisa fizeram com o Senhor: conduziram-no para fora da cidade e o crucificaram.

Os pecados dos homens foram a causa da morte de Jesus Cristo. Todo o pecado está íntima e misteriosamente relacionado com a Paixão de Jesus. Só reconheceremos a sua malícia se, com a ajuda da graça, soubermos relacioná-lo com o mistério da Redenção. Só assim poderemos purificar verdadeiramente a alma e fazer crescer a contrição pelas nossas faltas e pecados.

A conversão que o Senhor nos pede insistentemente, e de modo especial neste tempo da Quaresma, enquanto nos aproximamos da Semana Santa, deve ter, pois, como ponto de partida uma recusa firme de todo o pecado e de todas as circunstâncias que nos ponham em perigo de ofender a Deus. A renovação moral, tão necessária para o mundo, parte da convicção profunda de que "[...] na terra, só há um mal que deverás temer e evitar com a graça divina: o pecado"[5]. Pelo contrário, "a perda do sentido do pecado é uma forma ou um fruto da *negação de Deus* [...]. Se o pecado é a ruptura da relação filial com Deus, imbuída do propósito de levar uma vida à margem da obediência que lhe devemos, então pecar não é só negar a Deus, mas também viver como se Ele não existisse, bani-lo do próprio quotidiano"[6]. Nós não queremos apagar o Senhor da nossa vida, mas empenhar-nos em que esteja cada vez mais presente nela.

"Podemos afirmar muito bem — diz o santo Cura d'Ars — que a Paixão a que os judeus submeteram o Senhor era quase nada, comparada com a que os cristãos lhe fazem suportar com os ultrajes do pecado mortal [...]. Qual não será o nosso horror quando Jesus Cristo nos mostrar as coisas pelas quais o abandonamos!"[7] Quantas estupidezes em troca de tanto bem! Pela misericórdia divina, com a ajuda da sua graça, nós não deixaremos o Senhor, e procuraremos que muitos que estão longe se aproximem dEle.

II. PARA COMPREENDERMOS melhor a malícia do pecado, devemos contemplar o que Jesus sofreu pelas nossas faltas. Na agonia de Getsêmani, vemo-lo padecer o indizível. *Aquele que não conheceu o pecado fez-se pecado por nós*[8], diz São Paulo; carregou com todos os nossos horrores, chegando a derramar suor de sangue. "Jesus, só e triste, sofria e empapava a terra com o seu sangue. De joelhos sobre a terra dura, persevera na oração... Chora por ti... e por mim: esmaga-o o peso dos pecados dos homens"[9] É uma cena que devemos recordar muitas vezes, diariamente, e muito especialmente quando as tentações se tornam mais fortes.

A conversão pessoal que o Senhor nos pede depende da atitude que tomemos em face do pecado venial deliberado, pois os pecados veniais, quando não se luta por evitá-los ou não há suficiente contrição depois de cometê-los, causam um grande mal à alma, tornando-a insensível e indiferente às inspirações e moções do Espírito Santo. Debilitam a vida da graça, tornam mais difícil o exercício das virtudes e inclinam-nos para o pecado mortal.

"Muitas almas piedosas — diz um autor dos nossos dias — andam num contínuo mau humor, enfermam de pouco cuidado nos pormenores, são impacientes ou pouco caritativas nos seus pensamentos, juízos e palavras, falsas nas suas conversas e atitudes, lentas e relaxadas na sua piedade, não se dominam a si mesmas, são frívolas na linguagem, tratam com ligeireza a boa fama do próximo. Conhecem os seus defeitos e infidelidades, talvez se acusem deles em Confissão, mas não se arrependem seriamente de os ter cometido nem empregam os meios com que os poderiam evitar. Não compreendem que cada uma dessas imperfeições é um peso de chumbo que as arrasta para baixo, não reparam que estão começando a pensar de uma maneira puramente humana, a agir unicamente por razões naturais, nem que resistem habitualmente às inspirações da graça ou que abusam dela. A alma perde assim o esplendor da sua beleza, e Deus vai-se afastando dela cada vez mais. Pouco a pouco, a alma perde os seus pontos de contacto com o Senhor: já não vê nele o Pai amoroso e amado a quem se entregava com ternura filial; algo se interpôs entre os dois"[10]. É o caminho, já iniciado, da tibieza.

Demonstraremos o nosso amor a Deus, a nossa correspondência à graça, na luta decidida por desterrar da nossa vida todo o pecado: "Que pena me dás enquanto não sentires dor dos teus pecados veniais! — Porque, até então, não terás começado a ter verdadeira vida interior"[11].

Peçamos hoje à Virgem que nos conceda a graça de detestar, não só o pecado mortal, mas também o pecado venial deliberado.

III. "RESTABELECER o *justo sentido do pecado* é a primeira forma de combater a grave crise espiritual que pende sobre o homem do nosso tempo"[12].

Também para empreender decididamente a luta contra o pecado venial é preciso reconhecê-lo como tal, como ofensa a Deus que retarda a união com Ele. É preciso chamá-lo pelo seu nome, sem desculpas, sem diminuir a importância transcendental que tem para os que verdadeiramente desejam ir para Deus. Os movimentos de ira, inveja ou sensualidade não afastados com rapidez; o desejo de ser o centro de tudo, de chamar a atenção; a preocupação exclusiva com o próprio eu, com as coisas e interesses próprios, que leva à perda da capacidade de interessar-se pelos outros; as práticas de piedade feitas com rotina, com pouca atenção e pouco amor; os juízos levianos e pouco caritativos sobre o próximo..., tudo isso são pecados veniais, e não apenas faltas ou imperfeições.

Devemos pedir ao Espírito Santo que nos ajude a reconhecer com sinceridade as nossas faltas e pecados, a ter uma consciência delicada, que pede perdão e não justifica os seus erros. "Aquele que estiver com o olfato da alma em boas condições — dizia Santo Agostinho — perceberá como fedem os seus pecados"[13].

Os santos compreenderam com absoluta clareza, à luz da fé e do amor, que um só pecado — sobretudo mortal, mas também o venial — constitui uma desordem maior que o pior cataclismo que possa assolar a terra, "pois o bem da graça de um só homem é maior que o bem natural do universo inteiro"[14].

Fomentemos um sincero arrependimento das nossas faltas e pecados, lutemos por tirar toda a rotina ao recorrermos ao sacramento da Misericórdia divina. "Deves ter verdadeira dor dos pecados que confessas, por mais leves que sejam — aconselha São Francisco de Sales —, e fazer um firme propósito de emenda para o futuro. Muitos perdem grandes bens e muito aproveitamento espiritual porque, confessando-se dos pecados veniais por costume e mero cumprimento, sem pensar em emendar-se, permanecem durante toda a vida com eles"[15].

A Virgem Santa Maria, *Refúgio dos pecadores*, ajudar-nos-á a cultivar uma consciência delicada, a ser sinceros conosco próprios e nas nossas confissões, e a saber arrepender-nos prontamente das nossas fraquezas.

(1) 1 Jo 4, 10; *Antífona da comunhão* da Missa da sexta-feira da segunda semana da Quaresma; (2) Gn 3-4; 12-13; 17-28; (3) Jo 1, 11; (4) Mt 21, 33-43; 45-46; *Evangelho* da Missa da sexta-feira da segunda semana da Quaresma; (5) São Josemaria Escrivá, *Caminho*, n. 386; (6) João Paulo II, Exort. apost. *Reconciliatio et paenitentia*, 2-XII-1984, 18; (7) Cura d'Ars, *Sermão sobre o pecado*; (8) cf. 2 Cor 5, 21; (9) São Josemaria Escrivá, *Santo Rosário*, 4ª ed., Quadrante, São Paulo, 2014, 1º mist. doloroso; (10) B. Baur, *A vida espiritual*, p. 65; (11) São Josemaria Escrivá, *Caminho*, n. 330; (12) João Paulo II, *op. cit.*; (13) Santo Agostinho, *Coment. sobre o Salmo 37*; (14) São Tomás, *Suma teológica*, 1-2, q. 113, a. 9, ad. 2; (15) São Francisco de Sales, *Introdução à vida devota*, II, 19.

TEMPO DA QUARESMA. SEGUNDA SEMANA. SÁBADO

18. TODOS SOMOS O FILHO PRÓDIGO

— O pecado, a maior tragédia do homem. Consequências do pecado na alma. Fora de Deus, é impossível a felicidade.
— A volta a Deus. Sinceridade e exame de consciência.
— O encontro com o nosso Pai-Deus na Confissão sincera e contrita. A alegria na casa paterna.

I. *O SENHOR é clemente e compassivo, longânime e cheio de bondade; o Senhor é bom para com todos, e a sua misericórdia se estende a todas as suas obras*[1], rezamos na antífona de entrada da Missa. No Evangelho, narra São Lucas[2] que, certo dia, tendo-se aproximado de Jesus muitos publicanos e pecadores, os fariseus começaram a murmurar porque Ele acolhia a todos. Então o Senhor lhes propôs esta parábola: *Um homem tinha dois filhos. O mais novo disse a seu pai: Pai, dá-me a parte da herança que me cabe.*

Todos somos filhos de Deus e, sendo filhos, somos também herdeiros[3]. A herança que nos cabe é um conjunto de bens incalculáveis e de felicidade sem limites, que só no Céu alcançará a sua plenitude e a sua segurança completa. Até esse momento, temos a possibilidade de fazer com essa herança o mesmo que o filho menor da parábola: *Poucos dias depois, ajuntando tudo o que lhe pertencia, o filho mais novo partiu para um país muito distante e lá dissipou a sua fortuna vivendo dissolutamente.* "Quantos homens ao longo dos séculos e quantos do nosso tempo podem encontrar nesta parábola as características principais da sua própria história pessoal!"[4] Temos a possibilidade de abandonar a casa paterna e gastar os bens que recebemos de um modo indigno da nossa condição de filhos de Deus.

Quando o homem peca gravemente, perde-se para Deus, e também para si mesmo, pois o pecado tira-o do caminho que o conduz ao Céu; é a maior tragédia que pode acontecer a um cristão. A sua vida honrada, as esperanças que Deus tinha posto nele, a sua vocação para a santidade, o seu passado e o seu futuro desabam. Afasta-se radicalmente do princípio da vida, que é Deus, pela perda da graça santificante. Perde os méritos adquiridos ao longo de toda a vida e torna-se incapaz de adquirir outros, ficando sujeito de algum modo à escravidão do demônio. E quando peca venialmente, lembra-nos João Paulo II que, ainda que não lhe sobrevenha a morte da alma, esse homem detém-se e distancia-se do caminho que o leva ao conhecimento e amor de Deus, razão pela qual as faltas veniais não devem ser consideradas como coisa secundária nem como pecado de pouca importância[5].

"O afastamento do Pai traz sempre consigo uma grande destruição em quem o leva a cabo, em quem quebranta a vontade divina e dissipa em si mesmo a herança: a dignidade da própria pessoa humana, a herança da graça"[6]. Aquele que um dia, ao sair de casa, pensou que encontraria a felicidade fora dos limites da sua propriedade, *em breve começou a passar necessidade.* A satisfação acaba rapidamente e o pecado não produz verdadeira felicidade, uma vez que o demônio não a possui. Vêm logo a solidão e "o drama da dignidade perdida, a consciência da filiação divina posta a perder"[7]: o filho da parábola teve que começar a cuidar de porcos, o ofício mais infamante que havia para um judeu. *Ó céus, pasmai, tremei de espanto e horror, diz o Senhor. Porque o meu povo cometeu uma dupla perversidade: abandonou-me a mim, fonte de água viva, e cavou para si cisternas gretadas que não retêm a água*[8]. Longe de Deus, é impossível a felicidade, mesmo que por algum tempo possa parecer o contrário.

II. LONGE DA CASA PATERNA, o filho sente fome. Então, *caindo em si*, decidiu iniciar o caminho de volta. Assim começa também toda a conversão, todo o arrependimento do homem: *caindo em si*, fazendo uma pausa, considerando aonde o levou a sua infeliz aventura; fazendo, em resumo, um exame de consciência, que vai desde o momento em que abandonou a casa paterna até a lamentável situação em que se encontra. "Não são suficientes [...] as análises sociológicas para conseguir a justiça e a paz. A raiz do mal está no interior do homem. Por isso, o remédio também brota do coração"[9].

Quando se justifica ou se ignora o pecado, tornam-se impossíveis o arrependimento e a conversão, que têm a sua origem no interior, no que há de mais profundo no ser humano. É necessário, pois, que nos coloquemos diante das nossas ações com valentia e sinceridade, sem tentar falsas justificações: "Aprendei a chamar branco ao branco e negro ao negro; mal ao mal e bem ao bem. Aprendei a chamar pecado ao pecado"[10], pede-nos o Papa João Paulo II.

No exame de consciência, confrontamos a nossa vida com o que Deus esperava — e espera — dela. Muitos autores espirituais comparam a alma a um quarto fechado. Quando se abrem as janelas e se deixa entrar a luz, distinguem-se todas as imperfeições, a sujeira, tudo o que de feio e quebrado está ali acumulado. Mediante o exame de consciência, com a ajuda da luz da graça, conhecemo-nos como na realidade somos, quer dizer, como somos diante de Deus. Os santos sempre se reconheceram pecadores porque, pela sua correspondência à graça, abriram de par em par as janelas à luz de Deus, e puderam conhecer bem todo o local, a sua alma.

Mediante o exame, descobrimos também as omissões no cumprimento do nosso compromisso de amor para com Deus e para com os homens, e nos perguntamos: a que se devem tantos descuidos? Quando não encontramos nada de que arrepender-nos, não costuma ser por não termos faltas e pecados, mas por rejeitarmos essa luz de Deus que nos indica a todo o momento a verdadeira situação da nossa alma. Se fechamos a janela, o quarto fica às escuras e deixamos de ver o pó, a cadeira mal colocada, o quadro torto e outras imperfeições e descuidos..., talvez graves.

Não esqueçamos, por último, que a soberba também tentará impedir que nos vejamos tal como somos: *Taparam os ouvidos e fecharam os olhos para não ver*[11]. Os fariseus, a quem Jesus aplica estas palavras, tornaram-se voluntariamente surdos e cegos, porque no fundo não estavam dispostos a mudar.

III. *LEVANTOU-SE, pois, e foi ter com seu pai.*

Desfazer o que se fez. Voltar. O homem continua saudoso do calor do seu lar, do semblante de seu pai, do carinho que o rodeava. A dor torna-se mais nobre, e mais sincera a frase que preparou: *Pai, pequei contra o céu e contra ti; já não sou digno de ser chamado teu filho; trata-me como a um dos teus jornaleiros.*

Todos nós, chamados à santidade, somos também o filho pródigo. "De certo modo, a vida humana é um constante retorno à casa do nosso Pai. Retorno mediante a contrição, mediante a conversão do coração, que se traduz no desejo de mudar, na decisão firme de melhorar de vida, e que, portanto, se manifesta em obras de sacrifício e de doação. Retorno à casa do Pai por meio desse sacramento do perdão em que, ao confessarmos os nossos pecados, nos revestimos de Cristo e nos tornamos assim seus irmãos, membros da família de Deus"[12].

Aproximamo-nos deste sacramento com o desejo de confessar a nossa falta, sem desfigurá-la, sem justificações: *Pequei contra o céu e contra ti.* Com humildade e simplicidade, sem circunlóquios. É pela sinceridade que se manifesta o arrependimento das faltas cometidas.

O filho chega faminto, sujo e esfarrapado. *Estava ainda longe, quando seu pai o viu e, movido de compaixão, correu-lhe ao encontro, lançou-se-lhe ao pescoço e cobriu-o de beijos.*

Correu-lhe ao encontro... Enquanto o arrependimento costuma formar-se lentamente, a misericórdia do nosso Pai-Deus corre para nós logo que percebe de longe o nosso menor desejo de voltar. Por isso a Confissão está impregnada de alegria e de esperança. "É a alegria do perdão de Deus, mediante os seus sacerdotes, quando por desgraça ofendemos o seu infinito amor e, arrependidos, voltamos para os seus braços de Pai"[13].

As palavras de Deus, que recuperou o seu filho perdido e aviltado, também transbordam de alegria. *Trazei-me depressa a túnica mais rica e vesti-lha, e ponde-lhe um anel no dedo e sandálias nos pés. Trazei também um novilho gordo e matai--o; comamos e façamos uma festa, pois este meu filho estava morto e reviveu; tinha-se perdido e foi achado. E puseram-se a celebrar a festa.*

A *túnica mais rica* converte-o em hóspede de honra; o *anel* devolve-lhe o poder de selar, isto é, a autoridade, todos os direitos; e as *sandálias* declaram-no homem livre. "É no Sacramento da Penitência que tu e eu nos revestimos de Jesus Cristo e dos seus merecimentos"[14].

Na Confissão, o Senhor devolve-nos o que tínhamos perdido por culpa própria: a graça e a dignidade de filhos de Deus. Ele estabeleceu este sacramento da sua misericórdia para que pudéssemos voltar sempre ao lar paterno. E o retorno acaba sempre numa festa cheia de alegria. *Digo-vos que haverá júbilo entre os anjos de Deus por um só pecador que se arrependa*[15].

Depois de receber a absolvição e cumprir a penitência imposta pelo confessor, "o penitente, *esquecendo-se do que fica para trás*[16], integra-se novamente no mistério da salvação e encaminha-se para os bens futuros"[17].

(1) Sl 144, 8-9; *Antífona de entrada* da Missa do sábado da segunda semana da Quaresma; (2) Lc 15, 1-3; 11-32; (3) Rm 8, 17; (4) João Paulo II, *Homilia*, 16-III-1980; (5) cf. João Paulo II, Exort. apost. *Reconciliatio et paenitentia*, 17; (6) Conc. Vat. II, *op. cit.*; (7) João Paulo II, Enc. *Dives in misericordia*, 5; (8) Jr 2, 12-13; (9) João Paulo II, *Disc. a UNIV em Roma*, 11-IV-1979; (10) João Paulo II, *Hom. para universitários em Roma*, 26-III-1981; (11) Mt 13, 15; (12) São Josemaria Escrivá, *É Cristo que passa*, n. 64; (13) João Paulo II, *Alocução a peregrinos napolitanos*, Roma, 24-III-1979; (14) São Josemaria Escrivá, *Caminho*, n. 310; (15) Lc 15, 10; (16) Fl 3, 13; (17) Ritual da Penitência.

19. O SENTIDO DA MORTIFICAÇÃO

— Para seguir de verdade a Cristo, é necessário ter uma vida mortificada e estar perto da Cruz. Quem recusa o sacrifício afasta-se da santidade.
— Com a mortificação, elevamo-nos até o Senhor. Perder o medo ao sacrifício.
— Outros motivos da mortificação.

I. TODOS OS ATOS da vida de Cristo são redentores, mas a redenção do gênero humano culmina na Cruz, para a qual o Senhor orienta toda a sua vida na terra: *Tenho que receber um batismo, e como me sinto ansioso até que se cumpra!*[1], dirá aos seus discípulos a caminho de Jerusalém. Revela-lhes as ânsias irreprimíveis de dar a sua vida por nós, e dá-nos exemplo do seu amor à vontade do Pai morrendo na Cruz. E é na Cruz que a alma alcança a plenitude da identificação com Cristo. Este é o sentido mais profundo que têm os atos de mortificação e penitência.

Para sermos discípulos do Senhor, temos de seguir o seu conselho: *Se alguém quiser vir após mim, renuncie a si mesmo, tome a sua cruz e siga-me*[2]. Não é possível seguir o Senhor sem a Cruz. As palavras de Jesus Cristo têm plena vigência em todos os tempos, uma vez que foram dirigidas a todos os homens, pois *quem não carrega a sua cruz e me segue* — diz-nos Ele a cada um — *não pode ser meu discípulo*[3].

Carregar a cruz — aceitar a dor e as contrariedades que Deus permite para nossa purificação, cumprir com esforço os deveres próprios, assumir voluntariamente a mortificação cristã — é condição indispensável para seguir o Mestre.

"Que seria de um Evangelho, de um cristianismo sem Cruz, sem dor, sem o sacrifício da dor?, perguntava-se Paulo VI. Seria um Evangelho, um cristianismo sem Redenção, sem Salvação, da qual — devemos reconhecê-lo com plena sinceridade — temos necessidade absoluta. O Senhor salvou-nos por meio da Cruz; com a sua morte, devolveu-nos a esperança, o direito à Vida..."[4] Seria um cristianismo desvirtuado que não serviria para alcançar o Céu, pois "o mundo não pode salvar-se senão por meio da Cruz de Cristo"[5].

Unidas ao Senhor, a mortificação voluntária e as mortificações passivas adquirem o seu sentido mais profundo. Não são atos dirigidos primariamente à nossa perfeição, ou uma maneira de suportarmos com paciência as contrariedades desta vida, mas participação no mistério divino da Redenção.

Aos olhos de alguns, a mortificação pode não passar de loucura ou insensatez, de um resíduo de outras épocas que não combinam com os avanços e o nível cultural do nosso tempo; como também pode ser pedra de escândalo para aqueles que vivem esquecidos de Deus. Mas nenhuma dessas atitudes deve surpreender-nos: São Paulo escrevia que a Cruz é *escândalo para os judeus, loucura para os gentios*[6]. E mesmo os cristãos, na medida em que perdem o sentido sobrenatural das suas vidas, não conseguem entender que só possamos seguir o Senhor através de uma vida de sacrifício, junto da Cruz.

Os próprios apóstolos, que seguem o Senhor quando é aclamado pelas multidões, ainda que o amassem profundamente e estivessem dispostos a dar a vida por Ele, não o seguem até o Calvário, pois ainda eram fracos por não terem recebido o Espírito Santo. Há uma diferença muito grande entre seguir o Senhor quando isso não exige muito, e identificar-se plenamente com Ele através das tribulações, pequenas e grandes, de uma vida sacrificada.

O cristão que vive fugindo sistematicamente do sacrifício, que se revolta com a dor, afasta-se também da santidade e da felicidade, que se encontra muito perto da Cruz, muito perto de Cristo Redentor. "Se não te mortificas, nunca serás alma de oração"[7]. E Santa Teresa ensina: "Pensar que (o Senhor) admite na sua amizade gente regalada e sem trabalhos é disparate"[8].

II. O SENHOR PEDE a cada cristão que o siga de perto, e para isso é necessário acompanhá-lo até o Calvário. Nunca deveríamos esquecer estas palavras: *Quem não toma a sua cruz e me segue não é digno de mim*[9]. Muito tempo antes de padecer na Cruz, Jesus já tinha dito aos seus seguidores que teriam de carregá-la.

Há um paradoxo na mortificação, um mistério, que só se pode compreender quando há amor: por trás da aparente morte, encontra-se a Vida; e aquele que, dominado pelo egoísmo, procura conservar a vida para si, esse acaba por perdê-la: *Aquele que quiser salvar a sua vida perdê-la-á; e aquele que a perder por minha causa achá-la-á*[10]. Para podermos dar fruto, amando a Deus e ajudando os outros de uma maneira efetiva, é necessário que nos abramos ao sacrifício. Não há colheita sem plantio: *Se o grão de trigo que cai na terra não morre, fica só; mas se morre, produz muito fruto*[11]. Para sermos sobrenaturalmente eficazes, devemos morrer mediante a contínua mortificação, esquecendo-nos completamente da nossa comodidade e do nosso egoísmo. "Não queres ser grão de trigo, morrer pela mortificação e dar espigas bem graúdas? — Que Jesus abençoe o teu trigal!"[12]

Devemos perder o medo ao sacrifício, à mortificação voluntária, pois quem quer a Cruz para cada um de nós é um Pai que nos ama e que sabe o que mais nos convém. O Senhor quer sempre o melhor para nós: *Vinde a mim todos os que estais fatigados e sobrecarregados, e eu vos aliviarei. Tomai sobre vós o meu jugo e aprendei de mim, que sou manso e humilde de coração, e achareis paz para as vossas almas. Pois o meu jugo é suave e o meu peso leve*[13]. Ao lado de Cristo, as tribulações e penas não oprimem, não pesam, e, pelo contrário, levam a alma a orar, a ver a Deus nos acontecimentos da vida.

Pela mortificação, elevamo-nos até o Senhor; sem ela, ficamos grudados à terra. Pelo sacrifício voluntário, pela dor oferecida e assumida com paciência, simplicidade e amor, unimo-nos firmemente ao Senhor. "É como se Ele nos dissesse: vós todos que andais atormentados, aflitos e sobrecarregados com o fardo das vossas preocupações e apetites, deixai-os, vinde a mim, e eu vos recrearei, e encontrareis para as vossas almas o descanso que os vossos apetites vos tiram"[14].

III. PARA NOS DECIDIRMOS a viver com generosidade a mortificação, convém que compreendamos bem as razões que lhe dão sentido: quando nos custa ser mais mortificados, é porque ainda não descobrimos ou não entendemos a fundo esse sentido.

Os motivos que impelem o cristão a ter uma vida mortificada são vários. O primeiro é esse que considerávamos anteriormente: o desejo de nos identificarmos com o Senhor e de segui-lo nas suas ânsias de redimir por meio da Cruz, oferecendo-se a Si mesmo em sacrifício ao Pai. A nossa mortificação tem assim os mesmos fins da Paixão de Cristo e da Santa Missa, e traduz-se numa união cada vez mais plena com a vontade de Deus.

Mas a mortificação é também *meio de progredir nas virtudes*. No diálogo que precede o Prefácio da Missa, o sacerdote levanta as mãos ao céu enquanto diz: *Corações ao alto*, e o povo fiel responde: *O nosso coração está em Deus*. O nosso coração deve estar permanentemente voltado para Deus, deve estar cheio de amor e com a esperança sempre posta no seu Senhor. É necessário, pois, que não esteja agarrado e preso às coisas da terra, que se vá purificando cada vez mais. E isto não é possível sem penitência, sem a contínua mortificação, que é "meio de progredir"[15]. Sem ela, a alma *enreda-se* nas mil coisas pelas quais os sentidos tendem a espalhar-se: apegos, impurezas, aburguesamento, desejos imoderados de conforto... A mortificação liberta-nos de muitos laços e capacita-nos para o amor.

A mortificação é *meio indispensável de apostolado*: "A ação nada vale sem a oração; a oração valoriza-se com o sacrifício"[16]. Estaríamos enganados se quiséssemos atrair os outros para Deus sem apoiar essa ação numa oração intensa, e se essa oração não fosse *reforçada* pela mortificação alegremente oferecida. Foi por isso que se afirmou de mil maneiras diferentes que a vida interior, manifestada especialmente na oração e na mortificação, é *a alma de todo o apostolado*[17].

Não esqueçamos, finalmente, que a mortificação serve também de *reparação pelas nossas faltas passadas*, pequenas ou grandes. Em muitas orações, a Igreja nos faz pedir ao Senhor que nos ajude a corrigir a vida passada: "*Emendationem vitae, spatium verae paenitentiae... tribuat nobis omnipotens et misericors Dominus*": que o Senhor onipotente e misericordioso nos conceda a emenda da nossa vida e um tempo de verdadeira penitência[18]. Deste modo, pela mortificação, até mesmo as faltas passadas se convertem em fonte de nova vida. "Enterra com a penitência, no fosso profundo que a tua humildade abrir, as tuas negligências, ofensas e pecados. — Assim enterra o lavrador, ao pé da árvore que os produziu, frutos apodrecidos, ramos secos e folhas caducas. — E o que era estéril, melhor, o que era prejudicial, contribui eficazmente para uma nova fecundidade. Aprende a tirar das quedas, impulso; da morte, vida"[19].

Peçamos vivamente ao Senhor que, a partir de agora, saibamos aproveitar melhor a nossa vida: "Quando recordares a tua vida passada, passada sem pena nem glória, considera quanto tempo tens perdido e como o podes recuperar: com penitência e com maior entrega"[20]. E, quando alguma coisa nos custar, virá à nossa mente algum destes pensamentos que nos moverão à mortificação generosa: "Motivos para a penitência? Desagravo, reparação, petição, ação de graças; meio para progredir...; por ti, por mim, pelos outros, pela tua família, pelo teu país, pela Igreja... E mil motivos mais"[21].

(1) Cf. Lc 12, 50; (2) Mt 16, 24; (3) Lc 14, 27; (4) Paulo VI, *Alocução*, 24-III-1967; (5) São Leão Magno, *Sermão 51*; (6) 1 Cor 1, 23; (7) São Josemaria Escrivá, *Caminho*, n. 172; (8) Santa Teresa, *Caminho de perfeição*, 18, 2; (9) Mt 10, 38; (10) Mt 16, 24 e segs.; (11) Jo 12, 24-25;

(12) São Josemaria Escrivá, *Caminho*, n. 199; (13) Mt 11, 28-30; (14) São João da Cruz, *Subida do Monte Carmelo*, I, 7, 4; (15) cf. São Josemaria Escrivá, *Caminho*, n. 232; (16) São Josemaria Escrivá, *op. cit.*, n. 81; (17) cf. J. B. Chautard, *El alma de todo apostolado*, 5ª ed., Palabra, Madri, 1978; (18) Missal Romano, *fórmula da intenção da Missa*; (19) São Josemaria Escrivá, *op. cit.*, n. 211; (20) São Josemaria Escrivá, *Sulco*, n. 996; (21) São Josemaria Escrivá, *Caminho*, n. 232.

Tempo da Quaresma. Terceira Semana. Segunda-feira

20. DISPOSIÇÕES PARA ENCONTRAR JESUS

— Fé e correspondência à graça. Purificar a alma para ver Jesus.
— A cura de Naamã. Docilidade e humildade.
— Docilidade na direção espiritual.

I. *A MINHA ALMA desfalecida consome-se suspirando pelos átrios do Senhor. O meu coração e a minha carne exultam pelo Deus vivo*, lemos no Intróito da Missa[1]. E para penetrar na morada de Deus, é necessário ter uma alma limpa e humilde; para ver Jesus, são necessárias boas disposições. O Evangelho da Missa no-lo mostra uma vez mais.

O Senhor, depois de um tempo dedicado à pregação pelas aldeias e cidades da Galileia, volta a Nazaré, *onde se tinha criado*. Ali todos o conhecem: é filho de José e Maria. No sábado, foi à sinagoga, *conforme era seu costume*[2], *levantou-se para a leitura* do texto sagrado e escolheu um trecho messiânico do profeta Isaías. São Lucas capta a densa expectativa que havia no ambiente: *Enrolando o livro, deu-o ao ministro e sentou-se; todos quantos estavam na sinagoga tinham os olhos fixos nele*. Tinham ouvido maravilhas sobre o filho de Maria e esperavam ver coisas ainda mais extraordinárias em Nazaré.

Não obstante, ainda que a princípio *todos lhe davam testemunho e se admiravam das palavras de graça que pro-*

cediam da sua boca[3], não têm fé. Jesus explica-lhes que os planos de Deus não se baseiam na pátria ou no parentesco: não basta ter convivido com Ele, é necessária uma fé grande. E serve-se de alguns exemplos do Antigo Testamento: *Havia muitos leprosos em Israel no tempo do profeta Eliseu, mas nenhum deles foi curado a não ser Naamã, o sírio*. As graças do Céu são concedidas sem qualquer limitação por parte de Deus, sem levar em conta a raça — Naamã não pertencia ao povo judeu —, a idade ou a posição social. Mas Jesus não encontrou boas disposições nos ouvintes, na terra onde se havia criado, e por isso não fez ali nenhum milagre. Aquelas pessoas só viram nEle o *filho de José*, aquele que fabricava mesas e consertava portas. *Não é este o filho de José?*, perguntavam[4]. Não souberam ir além disso. Não descobriram o Messias que os visitava.

Nós, para podermos contemplar o Senhor, também devemos purificar a nossa alma. “Esse Cristo que tu vês não é Jesus. — Será, quando muito, a triste imagem que podem formar teus olhos turvos... — Purifica-te. Clarifica o teu olhar com a humildade e a penitência. Depois... não te hão de faltar as luzes límpidas do Amor. E terás uma visão perfeita. A tua imagem será realmente a sua: Ele!”[5]

A Quaresma é uma boa ocasião para intensificarmos o nosso amor com obras de penitência que preparem a alma para receber as luzes de Deus.

II. NA PRIMEIRA LEITURA da Missa, narra-se a cura de Naamã, general do exército sírio[6], a quem o Senhor se refere no Evangelho. Este leproso ouvira dizer, a uma escrava hebreia, que vivia em Israel um profeta com poder para curá-lo. Depois de uma longa viagem, *Naamã veio com o seu carro e os seus cavalos e parou à porta de Eliseu. Este mandou-lhe dizer por um mensageiro: Vai, lava-te sete vezes no Jordão e a tua carne ficará limpa*.

Mas Naamã não entendeu esse caminho de Deus, tão diferente do que havia imaginado. *Eu pensava que ele viria em pessoa e, diante de mim, invocaria o Senhor, seu Deus, poria a mão no lugar infetado e me curaria da lepra. Porventura os rios de Damasco, o Abana e o Farfar, não são melhores que todas as águas de Israel? Não poderia eu lavar-me neles e ficar limpo?*

O general sírio queria curar-se, e tinha feito um longo trajeto para isso; mas levava consigo a sua própria solução sobre o modo de ser curado. E quando já regressava, dando por inútil a viagem, os seus servidores disseram-lhe: *Mesmo que o profeta te tivesse mandado uma coisa difícil, não a deverias tu fazer? Quanto mais agora que ele te disse: Lava-te e ficarás curado.*

Naamã refletiu sobre as palavras dos seus acompanhantes e, retornando, prontificou-se com humildade a cumprir o que o profeta Eliseu lhe havia dito. *Desceu ao Jordão e banhou-se ali sete vezes, como lhe ordenara o homem de Deus, e a sua carne tornou-se tenra como a de uma criança.* Acabou por aceitar com docilidade um conselho que podia parecer inútil. E ficou curado. As suas novas disposições interiores tornaram eficaz a oração de Eliseu.

Não poucas vezes nós também andamos doentes da alma, cheios de erros e defeitos que não acabamos de arrancar. O Senhor espera que sejamos humildes e dóceis às indicações e conselhos das pessoas por Ele estabelecidas para nos ajudarem a procurar a santidade. Não tenhamos soluções próprias quando o Senhor nos indica outras, talvez contrárias aos nossos gostos e desejos.

No que diz respeito à alma, ninguém é bom conselheiro nem bom médico de si próprio. Ordinariamente, o Senhor serve-se de outras pessoas. "Cristo chamou e falou diretamente com São Paulo. Mas, embora pudesse revelar-lhe naquele momento o caminho da santidade, preferiu encaminhá-lo a Ananias e ordenou-lhe que aprendesse a verdade dos lábios deste: *Levanta-te, entra na cidade e lá te será dito o que deves fazer*"[7]. São Paulo deixar-se-á guiar. A sua forte personalidade, manifestada de tantos modos e em tantas ocasiões, serve-lhe agora para ser dócil. Primeiro os seus companheiros de viagem o levam a Damasco; depois Ananias devolve-lhe a vista, e só a partir desse momento é que será já um homem útil para as batalhas do Senhor.

Mediante a direção espiritual, a alma prepara-se para encontrar o Senhor e para reconhecê-lo nas situações correntes do seu dia.

III. A FÉ NOS MEIOS que o Senhor nos oferece opera milagres. Certa vez, Jesus pediu a um homem que fizesse uma coisa que esse homem sabia por experiência que não podia fazer: estender a sua mão *seca*, sem movimento. E a docilidade, sinal de uma fé operativa, tornou possível o milagre: *Estendeu-a e ela tornou-se tão sã como a outra*[8]. Haverá ocasiões em que nos pedirão coisas que nos sentiremos incapazes de fazer, mas que serão possíveis se deixarmos que a graça atue em nós. E essa graça chegar-nos-á frequentemente como consequência da docilidade que manifestemos na direção espiritual.

Houve dez homens, segundo narra o Evangelho, que ficaram curados por terem sido dóceis. Jesus Cristo dissera-lhes somente: *Ide, mostrai-vos ao sacerdote. E enquanto eles iam andando, ficaram curados*[9]. Em outra ocasião, o Senhor compadeceu-se de um mendigo que era cego de nascença, e diz-nos São João que *Jesus cuspiu no chão, fez um pouco de lodo com a saliva e com o lodo ungiu os olhos do cego. Depois disse-lhe: Vai, lava-te na piscina de Siloé*. O mendigo não duvidou um instante. *O cego foi, lavou-se e voltou com vista*[10].

"Que exemplo de firmeza na fé nos dá este cego! Uma fé viva, operativa [...]. Que poder continha a água, para que os olhos ficassem curados ao serem umedecidos? Teria sido mais adequado um colírio misterioso, um medicamento precioso preparado no laboratório de um sábio alquimista. Mas aquele homem crê; põe em prática o que Deus lhe ordena, e volta com os olhos cheios de claridade"[11].

A cegueira, os defeitos, as fraquezas são males que têm remédio. Nós não podemos nada, mas Jesus Cristo é onipotente. A água daquela piscina continuou a ser água; e o barro, barro. Mas o cego recuperou a vista, e depois, além disso, alcançou uma fé mais viva no Senhor. É assim que a fé dos que encontram Jesus se mostra tantas vezes ao longo do Evangelho.

Sem docilidade, a direção espiritual é estéril. E não poderá ser dócil quem se empenhe em ser teimoso, obstinado, incapaz de assimilar uma ideia diferente da que já tem ou da que lhe dita uma experiência que foi negativa por não ter contado com a ajuda da graça. O soberbo é incapaz de ser dócil, porque, para aprender, é necessário estarmos convencidos de que há coisas que ainda não conhecemos e de que precisamos de alguém que nos ensine. E para melhorarmos espiritualmente, devemos estar convencidos de que não somos ainda tão bons quanto Deus espera que sejamos.

Nos assuntos da nossa vida interior, devemos estar prevenidos e manter uma prudente desconfiança em relação aos nossos próprios juízos, para podermos aceitar outro critério diferente ou oposto ao nosso. E devemos deixar que Deus nos faça e refaça através dos acontecimentos e das inspirações e luzes que venhamos a receber na direção espiritual: com a docilidade do barro nas mãos do oleiro, sem oferecer resistência, com espírito de fé, vendo e ouvindo o próprio Cristo na pessoa que orienta a nossa alma. Assim nos diz a Sagrada Escritura: *Desci então à casa do oleiro e encontrei-o ocupado a trabalhar no torno. Quando o vaso que estava a modelar não lhe saiu bem, como costuma acontecer nos trabalhos de cerâmica, pôs-se a trabalhar em outro do modo que lhe aprouve [...]. Sabei que o que é a argila nas mãos do oleiro, isso sois vós nas minhas*[12].

Disponibilidade, docilidade, deixar-se modelar e remodelar por Deus quantas vezes for necessário. Este pode ser o propósito da nossa oração de hoje, que poremos em prática com a ajuda da Virgem.

(1) Sl 83, 3; *Introito* da Missa da segunda-feira da terceira semana da Quaresma; (2) Lc 2, 16; (3) Lc 4, 22; (4) *ib.*; (5) São Josemaria Escrivá, *Caminho*, n. 212; (6) cf. 2 Rs 5, 1-15; (7) Cassiano, *Colações*, 2; (8) cf. Mt 12, 9 e segs.; (9) Lc 17, 11-19; (10) Jo 9, 1 e segs.; (11) São Josemaria Escrivá, *Amigo de Deus*, n. 193; (12) Jer 18, 1-7.

21. PERDOAR E DESCULPAR

— Perdoar e esquecer as pequenas ofensas que às vezes se produzem na convivência diária.
— O nosso perdão em comparação com o do Senhor.
— Desculpar e compreender. Aprender a ver as coisas boas dos outros.

I. NO TRATO com os outros, no meio do trabalho, nas relações sociais, na convivência de todos os dias, é praticamente inevitável que se produzam atritos. É também possível que alguém nos ofenda ou se porte conosco de uma maneira pouco leal, que nos prejudica. E isto, talvez de forma habitual. *Devo perdoar até sete vezes?* Quer dizer, devo perdoar sempre? Esta é a questão que Pedro propõe ao Senhor no Evangelho da Missa de hoje[1]. É também o tema da nossa oração.

Conhecemos a resposta do Senhor a Pedro e a nós: *Não digo até sete vezes, mas até setenta vezes sete*. Quer dizer, sempre. O Senhor pede aos que o seguem, a ti e a mim, uma disposição ilimitada de perdoar e desculpar. Quer que o imitemos. "A onipotência de Deus — diz São Tomás — manifesta-se sobretudo em perdoar e usar de misericórdia, porque a maneira que Deus tem de demonstrar o seu poder supremo é perdoar livremente"[2]; é por isso que "nada nos assemelha tanto a Deus como estarmos sempre dispostos a perdoar"[3]. E é aqui que mostramos também a nossa maior grandeza de alma.

"Longe da nossa conduta, portanto, a lembrança das ofensas que nos tenham feito, das humilhações que tenhamos padecido — por muito injustas, descorteses e rudes que tenham sido —, porque é impróprio de um filho de Deus ter preparado um registro para apresentar uma lista de agravos"[4]. Ainda que o próximo não se corrija, ainda que recaia constantemente na mesma ofensa ou em coisas que me magoam, devo renunciar a todo o rancor. O meu interior deve conservar-se são e limpo do menor assomo de inimizade.

O nosso perdão deve ser sincero, de coração, à semelhança do perdão de Deus, conforme dizemos todos os dias no Pai-Nosso: *Perdoai-nos as nossas ofensas assim como nós perdoamos a quem nos tem ofendido*. Perdão rápido, sem deixar que o rancor ou a separação corroam o coração nem por um momento; sem humilhar a outra parte, sem assumir ares teatrais nem dramatizar. A maior parte das vezes, na convivência habitual, nem sequer será necessário dizer: "Eu te perdoo"; bastará sorrir, voltar naturalmente à conversa, ter um detalhe amável; em suma, desculpar.

Não é necessário que soframos grandes injúrias para nos exercitarmos nestas manifestações de caridade. São suficientes esses pequenos incidentes que acontecem todos os dias: discussões no lar por questões de pouca importância, respostas grosseiras ou gestos desabridos ocasionados muitas vezes pelo cansaço das pessoas e que acontecem no trabalho, no trânsito das grandes cidades, nos meios de transporte coletivo...

Viveríamos mal a nossa vida de cristãos se, ao menor atrito, a nossa caridade esfriasse e nos distanciássemos dos outros ou ficássemos de mau-humor. Ou se uma injúria grave nos fizesse esquecer a presença de Deus e a nossa alma perdesse a paz e a alegria. Ou se fôssemos suscetíveis. Devemos examinar-nos para ver como são as nossas reações ante os pequenos aborrecimentos que, às vezes, se produzem na convivência diária. Seguir o Senhor de perto é encontrar também neste ponto, tanto nas pequenas contrariedades como nas ofensas graves, um caminho de santidade.

II. *SE PECAR SETE VEZES no dia contra ti..., sete vezes lhe perdoarás*[5]. *Sete vezes*, isto é, muitas vezes. Até no mesmo dia e na mesma coisa. A caridade *é paciente, não se irrita*[6].

Vez por outra, o perdão pode custar-nos. Em coisas grandes ou em coisas pequenas. O Senhor sabe disso e anima-nos a recorrer a Ele. E, quando o fazemos, explica-nos como este perdão sem limite, compatível com a defesa justa sempre que necessário, tem a sua origem na humildade; e lembra-nos a parábola narrada pelo Evangelho da Missa de hoje: *Um rei quis ajustar contas com os seus servos. E trouxeram-lhe um que lhe devia dez mil talentos*[7]. Uma quantia enorme! Uns sessenta milhões de denários (um denário era o salário de um dia de um trabalhador do campo).

Quando uma pessoa é sincera consigo própria e com Deus, não é difícil que se reconheça na posição desse servo *que não tinha com que pagar*. Não somente porque deve a Deus tudo o que é e tem, mas porque são muitas as ofensas que lhe foram perdoadas. Só lhe resta uma saída: recorrer à misericórdia de Deus, para que faça com ele o que fez com aquele servo: *Cheio de compaixão, o senhor deixou-o ir-se embora e perdoou-lhe a dívida*.

Mas quando este servo encontrou um dos seus companheiros que lhe devia cem denários, não lhe soube perdoar nem esperar que estivesse em condições de pagar-lhe, apesar de o companheiro lhe ter pedido que se apiedasse dele. Então o senhor chamou-o e disse-lhe: *Servo mau, eu te perdoei toda a dívida porque me suplicaste. Não devias também tu compadecer-te do teu companheiro, como eu tive compaixão de ti?* A humildade de reconhecermos as nossas inúmeras dívidas para com Deus ajuda-nos a perdoar e a desculpar os outros. Se tivermos em conta tudo o que o Senhor nos perdoou, perceberemos que aquilo que devemos perdoar aos outros — mesmo nos casos mais graves — é pouco: não chega a *cem denários*. Comparados com sessenta milhões, são nada.

A nossa atitude ante os pequenos agravos deve ser a de não lhes dar muita importância (na realidade, na maioria das vezes, não a têm) e desculpá-los com elegância humana. Quando perdoamos e esquecemos, somos nós que mais lucramos. A nossa vida torna-se mais alegre e serena, e não sofremos por ninharias. "Verdadeiramente a vida — que já de per si é estreita e insegura — às vezes se torna difícil. — Mas isso contribuirá para fazer-te mais sobrenatural, para te fazer ver a mão de Deus: e assim serás mais humano e compreensivo com os que te rodeiam"[8].

"Temos que compreender a todos, temos que conviver com todos, temos que desculpar a todos, temos que perdoar a todos. Não diremos que o injusto é justo, que a ofensa a Deus não é ofensa a Deus, que o mau é bom. No entanto, perante o mal, não responderemos com outro mal, mas com a doutrina clara e com a ação boa: afogando o mal em abundância de bem (cf. Rm 12, 21)"[9]. Não cometeremos o erro daquele servo mesquinho que, tendo-lhe sido perdoado tanto, não foi capaz de perdoar tão pouco.

III. A CARIDADE dilata o coração para que caibam nele todos os homens, mesmo aqueles que não nos compreendem ou não correspondem ao nosso amor. Ao lado do Senhor, não nos sentiremos inimigos de ninguém. A seu lado, aprenderemos a não julgar as intenções íntimas das pessoas.

Das intenções dos outros, não captamos senão umas poucas manifestações externas, que muitas vezes ocultam os verdadeiros motivos da sua conduta. "Ainda que vejais algo de errado, não julgueis imediatamente o vosso próximo — aconselha São Bernardo —, mas desculpai-o no vosso interior. Desculpai a intenção, se não puderdes desculpar a ação. Pensai que terá sido levado a ela por ignorância, por surpresa ou por fragilidade. Se a coisa for tão clara que não vos seja possível dissimulá-la, ainda assim procurai crer desse modo e dizei no vosso interior: a tentação deve ter sido muito forte"[10].

Quantos erros cometemos nos pequenos atritos da convivência diária! Muitos deles se devem a que nos deixamos levar por juízos e suspeitas temerárias. Quantas tensões familiares se converteriam em atenções, se compreendêssemos que esse pormenor indelicado ou esse gesto inoportuno se deveu ao cansaço daquela pessoa depois de um dia longo e difícil! Além disso, "enquanto interpretares com má-fé as intenções alheias, não terás o direito de exigir compreensão para ti mesmo"[11].

A compreensão inclina-nos a viver amavelmente abertos aos outros, a olhá-los com simpatia; alcança as profundezas do coração e sabe encontrar a parte de bondade que há sempre em todas as pessoas.

Só é capaz de compreender quem é humilde. Caso contrário, até as menores faltas dos outros se veem aumentadas, ao mesmo tempo que se tende a diminuir e justificar as maiores faltas e erros pessoais. A soberba assemelha-se a esses espelhos curvos que deformam a verdadeira realidade das coisas. Quem é humilde é objetivo; e então desculpa com facilidade os defeitos alheios.

O humilde não se escandaliza. "Não há pecado nem crime cometido por outro homem — escreve Santo Agostinho — que eu não seja capaz de cometer pela minha fragilidade; e, se ainda não o cometi, é porque Deus, na sua misericórdia, não o permitiu e me preservou no bem"[12]. Além disso, sendo humildes, "aprenderemos também a descobrir muitas virtudes naqueles que nos rodeiam — dão-nos lições de trabalho, de abnegação, de alegria... —, e não nos deteremos demasiado nos seus defeitos, a não ser quando for imprescindível para os ajudarmos com a correção fraterna"[13].

Se assim o pedirmos à Virgem, Ela nos ensinará a saber desculpar — em Caná, Nossa Senhora não critica a falta de vinho, mas ajuda a resolvê-la —, como nos ensinará também a lutar por adquirir essas mesmas virtudes que, por vezes, nos pode parecer que faltam aos outros. Então estaremos em excelentes condições de poder prestar a todos a nossa ajuda.

(1) Mt 18, 21-35; (2) São Tomás, *Suma teológica*, 1, q. 25, a. 3, ad. 3; (3) São João Crisóstomo, *Homilia sobre São Mateus*, 30, 5; (4) São Josemaria Escrivá, *Amigos de Deus*, n. 309; (5) cf. Lc 17, 4; (6) 1 Cor 13, 7; (7) cf. Mt 18, 24 e segs.; (8) São Josemaria Escrivá, *Sulco*, n. 762; (9) São Josemaria Escrivá, *É Cristo que passa*, n. 182; (10) São Bernardo, *Sermão 40 sobre o Cântico dos Cânticos*; (11) São Josemaria Escrivá, *Sulco*, n. 635; (12) Santo Agostinho, *Confissões*, 2, 7; (13) São Josemaria Escrivá, *Amigos de Deus*, n. 20.

TEMPO DA QUARESMA. TERCEIRA SEMANA. QUARTA-FEIRA

22. AS VIRTUDES E O CRESCIMENTO ESPIRITUAL

— As virtudes e a santidade.
— Virtudes humanas e virtudes sobrenaturais. O seu exercício na vida diária.
— O Senhor dá sempre a sua graça para vivermos a fé cristã na sua plenitude.

I. *SENHOR, VÓS ME ENSINAREIS o caminho da vida; há abundância de alegria junto de Vós*[1].

Por meio de diversas imagens, Jesus nos ensina que o caminho que conduz à Vida, à santidade, consiste no pleno desenvolvimento da vida espiritual: fala-nos do grão de mostarda, que cresce até se transformar num grande arbusto, onde vêm pousar as aves do céu; do trigo, que chega à maturidade e produz espigas graúdas... Esse crescimento, não isento de dificuldades e que às vezes pode parecer lento, corre paralelamente ao desabrochar das virtudes. A santificação de cada dia comporta o exercício de muitas virtudes humanas e sobrenaturais: a fé, a esperança, a caridade, a justiça, a fortaleza, a laboriosidade, a lealdade, o otimismo...

Para que possam crescer, as virtudes exigem muitos atos repetidos, pois cada um deles semeia na alma uma disposição que facilita o seguinte. A pessoa que, por exemplo, já ao levantar-se vive o "minuto heroico", vencendo a preguiça desde o primeiro momento do dia[2], conseguirá com maior facilidade ser diligente nos outros deveres que a aguardam, sejam pequenos ou grandes, do mesmo modo que o esportista melhora a sua forma física e a capacidade de repetir os seus exercícios quando se treina com constância. As virtudes aperfeiçoam cada vez mais o homem, ao mesmo tempo que lhe permitem realizar mais facilmente boas obras e corresponder rápida e adequadamente à vontade de Deus em cada momento.

Sem as virtudes, cada ato bom se torna custoso e difícil, não passa de um ato isolado e não impede que venhamos a cair em faltas e pecados que nos afastam de Deus. A repetição de atos numa mesma direção deixa na alma um rasto que, conforme esses atos tenham sido bons ou maus, nos predispõe para o bem ou para o mal nas ações futuras. Daquele que se comporta bem *habitualmente*, pode-se esperar que, em face de uma dificuldade, continuará a comportar-se bem: esse hábito, essa virtude sustenta-o.

O exercício das virtudes indica-nos em cada instante o caminho que conduz ao Senhor. Quando um cristão, com a ajuda da graça, se esforça não só por afastar-se das ocasiões de pecado e resistir com firmeza às tentações, mas também por alcançar a santidade que Deus lhe pede, torna-se cada vez mais consciente de que a vida cristã lhe exige o desenvolvimento das virtudes. E é a isso que a Igreja nos convida, especialmente neste tempo da Quaresma: a crescer em hábitos operativos bons.

II. A SANTIDADE É EXERCÍCIO constante das virtudes humanas e sobrenaturais, um dia após outro, no ambiente e nas circunstâncias em que vivemos.

As "virtudes humanas [...] são o fundamento das sobrenaturais; e estas proporcionam sempre um novo impulso para nos desenvolvermos como homens de bem"[3]. Ainda que a santificação se deva inteiramente a Deus, Ele quis, na sua bondade infinita, que fosse necessária a correspondência humana, e pôs na nossa natureza a capacidade de acolher a ação sobrenatural da graça. Mediante o exercício das virtudes humanas — a rijeza, a lealdade, a serenidade, a veracidade, a pontualidade, a afabilidade... —, preparamos a nossa alma, da melhor maneira possível, para a ação do Espírito Santo. Percebe-se assim que "não é possível acreditar na santidade dos que falham nas virtudes humanas mais elementares"[4].

Por outro lado, as virtudes do cristão devem ser praticadas na vida ordinária, em todas as circunstâncias: fáceis, difíceis ou muito difíceis. "Hoje, como ontem, do cristão espera-se heroísmo. Heroísmo em grandes contendas, se for preciso. Heroísmo — e será o normal — nas pequenas pendências de cada dia"[5]. Da mesma maneira que a planta se alimenta da terra em que está enraizada, assim as virtudes do cristão se enraízam no mundo concreto em que está imerso: no trabalho, na família, em face das alegrias e desgraças, das boas e más notícias... Tudo lhe deve servir para crescer nas virtudes. Uns acontecimentos fomentarão nele as ações de graças, outros a humildade de coração; determinadas circunstâncias fá-lo-ão crescer em fortaleza e outras em confiança em Deus; certos incidentes levá-lo-ão a trabalhar sem esperar o agradecimento dos homens, outros a empenhar-se com mais brio no cumprimento do dever... E terá em conta que as virtudes se entrelaçam: quando se cresce numa, adianta-se em todas as demais. E "a caridade é a que dá unidade a todas as virtudes que tornam perfeito o homem"[6].

Não podemos ficar à espera de situações ideais, de circunstâncias mais propícias para progredir nas virtudes: isso equivaleria a ir deixando passar a vida de modo vazio e estéril. "Portanto, deixem-se de sonhos, de falsos idealismos, de fantasias, disso que costumo chamar *mística do oxalá:* oxalá não me tivesse casado, oxalá não tivesse esta profissão, oxalá tivesse mais saúde, oxalá fosse jovem, oxalá fosse velho...; e atenham-se, pelo contrário, sobriamente, à realidade mais material e imediata, que é onde o Senhor está"[7].

Este tempo de oração no dia de hoje pode servir-nos para nos perguntarmos na presença do Senhor: É real o meu desejo de identificar-me cada vez mais com Cristo? Aproveito verdadeiramente as incidências de cada dia para exercitar-me nas virtudes humanas e, com a graça de Deus, nas sobrenaturais?

Procuro amar mais a Deus, fazendo cada vez melhor as mesmas coisas, com uma intenção mais reta?

III. O SENHOR NÃO PEDE impossíveis. E espera que todos os cristãos vivam as virtudes cristãs em toda a sua integridade, ainda que se encontrem em ambientes que parecem afastá-los cada vez mais de Deus. Ele lhes dará as graças necessárias para serem fiéis nessas situações difíceis. E, além disso, essa exemplaridade será em muitas ocasiões o meio de tornar atraente a doutrina de Jesus Cristo e de reevangelizar o mundo.

Não são poucos os cristãos que, ao perderem o sentido sobrenatural e, portanto, a influência real da graça nas suas vidas, pensam que o ideal proposto por Cristo necessita de adaptações para poder ser vivido por homens correntes do nosso tempo. Acabam cedendo no campo da moral profissional, ou em temas de moral matrimonial, ou ante a pressão do ambiente de permissivismo e de sensualidade, do aburguesamento mais ou menos generalizado etc. Com a nossa vida — que pode ter falhas, mas que não se conforma com elas —, devemos mostrar que as virtudes cristãs podem ser vividas no meio de todas as tarefas nobres; e que ser compassivo com os defeitos e erros alheios não significa que se devam rebaixar as exigências do Evangelho.

Para crescermos nas virtudes sobrenaturais e humanas, necessitamos, juntamente com a graça, de um grande esforço pessoal por praticar essas virtudes, até conseguirmos realmente autênticos *hábitos* e não simples *aparência* de virtude: "A fachada é de energia e rijeza. Mas, quanta moleza e falta de vontade por dentro! — Fomenta a decisão de que as tuas virtudes não se transformem num disfarce, mas em hábitos que definam o teu caráter"[8].

São João Crisóstomo anima-nos a lutar na vida interior como fazem "as crianças na escola. Primeiro — diz o Santo — aprendem a forma das letras; depois começam a distinguir as curvas e assim, passo a passo, acabam aprendendo a ler. Dividindo a virtude em partes, aprendamos primeiro, por exemplo, a não falar mal; depois, passando para outra letra, a não invejar ninguém, a não ser escravos do corpo em nenhuma situação, a não nos deixarmos arrastar pela gula... Depois, passando daí para as letras espirituais, estudemos a continência, a mortificação dos sentidos, a castidade, a justiça, o desprezo da glória vã; procuremos ser modestos, contritos de coração. Entrelaçando umas virtudes nas outras, escrevamo-las na nossa alma. E temos que exercitar-nos nisto na nossa própria casa: com os amigos, com a mulher, com os filhos"[9].

O importante é que nos decidamos com firmeza e com amor a procurar as virtudes nas nossas tarefas cotidianas. Quanto mais nos exercitarmos nesses atos bons, maior facilidade teremos para realizar os seguintes, identificando-nos assim cada vez mais com Cristo.

Nossa Senhora, "modelo e escola de todas as virtudes"[10] para os seus filhos, ensinar-nos-á a levar até o fim o nosso esforço, se recorrermos a Ela pedindo-lhe ajuda e conselho, e ajudar-nos-á a alcançar os resultados que desejamos no nosso exame particular de consciência, que frequentemente terá por objeto a aquisição de uma virtude *bem concreta e determinada*.

(1) Sl 15, 11; *Antífona da comunhão* da Missa da quarta-feira da terceira semana da Quaresma; (2) cf. São Josemaria Escrivá, *Caminho*, n. 206; (3) São Josemaria Escrivá, *Amigos de Deus*, n. 91; (4) A. del Portillo, *Escritos sobre el sacerdócio*, 4ª ed., Palabra, Madri, p. 28; (5) São Josemaria Escrivá, *É Cristo que passa*, n. 82; (6) Santo Afonso Maria de Ligório, *Prática de amor a Jesus Cristo*; (7) São Josemaria Escrivá, *Entrevistas com Mons. Josemaria Escrivá*, n. 116; (8) São Josemaria Escrivá, *Sulco*, n. 777; (9) São João Crisóstomo, *Homilias sobre os Salmos*, 11, 8; (10) Santo Ambrósio, *Tratado sobre as virgens*, 2.

23. SINCERIDADE E VERACIDADE

— O "demônio mudo". Necessidade da sinceridade.
— Amor à verdade. Sinceridade em primeiro lugar conosco próprios. Sinceridade com Deus. Sinceridade na direção espiritual e na Confissão. Meios para adquirir esta virtude.
— Sinceridade e veracidade com os outros. A palavra do cristão. A lealdade e a fidelidade, virtudes relacionadas com a veracidade. Outras consequências do amor à verdade.

I. O EVANGELHO DA MISSA diz-nos que *Jesus estava expulsando um demônio que era mudo, e, mal o demônio saiu, o mudo se pôs a falar e a multidão ficou admirada*[1].

A doença, um mal físico normalmente sem relação alguma com o pecado, é um símbolo do estado em que se encontra o homem pecador; espiritualmente, é cego, surdo, paralítico... As curas que Jesus realiza, além do fato concreto e histórico da cura, são também um símbolo: representam a cura espiritual que Ele veio realizar nos homens. Muitos dos gestos de Jesus para com os doentes são como que uma imagem dos sacramentos.

A propósito do relato evangélico que se lê na Missa, São João Crisóstomo comenta que o homem em questão "não podia apresentar por si mesmo a sua súplica, pois era mudo; e também não podia pedir aos outros que a apresentassem por ele, pois o demônio, juntamente com a língua, tinha-lhe atado a alma"[2]. O demônio trazia-o bem aprisionado.

Quando, na oração pessoal, não falamos ao Senhor sobre as nossas misérias e não lhe suplicamos que as cure, ou quando não expomos essas nossas misérias na direção espiritual, quando ficamos calados porque a soberba fechou os nossos lábios, a doença torna-se praticamente incurável. Calar os danos sofridos pela alma é uma atitude que costuma fazer-se acompanhar pela surdez; a alma torna-se surda aos apelos de Deus, rejeita os argumentos e razões que lhe poderiam dar luz para retornar ao bom caminho. Pelo contrário, ser-lhe-á fácil abrir com sinceridade o coração se procurar viver este conselho: "Não te assustes ao notares o lastro do pobre corpo e das humanas paixões: seria tolo e ingenuamente pueril que descobrisses agora que «isso» existe. A tua miséria não é obstáculo, mas acicate para que te unas mais a Deus, para que o procures com constância, porque Ele nos purifica"[3].

Ao dizermos hoje, no Salmo responsorial da Missa: *Oxalá escuteis hoje a sua voz: não endureçais o vosso coração*[4], formulemos o propósito de não resistir à graça, sendo sempre muito sinceros.

II. PARA VIVERMOS UMA VIDA autenticamente humana, temos de amar muito a verdade, que é, de certo modo, um valor sagrado e requer, portanto, que seja tratada com respeito e amor. A verdade fica às vezes tão obscurecida pelo pecado, pelas paixões e pelo materialismo que, se não a amássemos, não nos seria possível reconhecê-la. É tão fácil aceitar a mentira quando vem em ajuda da preguiça, da vaidade, da sensualidade, do falso prestígio!

O Senhor ama tanto esta virtude que declarou a respeito de si mesmo: *Eu sou a Verdade*[5]. O demônio é *mentiroso e pai da mentira*[6]: tudo o que promete é falso. Jesus pedirá ao Pai para os seus, para nós, que sejamos *santificados na verdade*[7].

Hoje fala-se muito de sermos sinceros, autênticos; não obstante, os homens tendem a ocultar-se no anonimato e, com frequência, disfarçam os verdadeiros motivos dos seus atos diante de si próprios e dos outros. Tentam também passar anonimamente diante de Deus e recusam o encontro pessoal com Ele na oração e no exame de consciência. E, no entanto, não poderemos ser bons cristãos se não houver sinceridade conosco próprios, com Deus e com os outros.

A sinceridade conosco próprios leva-nos a reconhecer as nossas faltas sem dissimulá-las, sem procurar falsas justificações; faz-nos estar sempre alerta diante da tentação de "fabricar" a verdade, de pretender que seja verdade aquilo que nos convém, como é o caso daqueles que pretendem enganar-se a si próprios dizendo que, "para eles", não é pecado isto ou aquilo que é proibido pela Lei de Deus. O subjetivismo, as paixões e a tibieza podem contribuir para a insinceridade conosco próprios. A pessoa que não vive essa sinceridade radical deforma com facilidade a sua consciência e chega à cegueira interior a respeito das coisas de Deus.

Outro modo frequente de nos enganarmos é não querer chegar às consequências da verdade para não ter que enfrentá-las ou para não dizer *toda* a verdade: "Nunca queres esgotar a verdade. — Umas vezes, por correção. Outras — a maioria —, para não passares um mau bocado. Algumas, para evitá-lo aos outros. E, sempre, por covardia. — Assim, com esse medo de aprofundar, jamais serás homem de critério"[8].

Para sermos sinceros, o primeiro meio que temos de empregar é a oração: pedir ao Senhor que nos ajude a ver os erros, os defeitos do caráter..., que nos dê fortaleza para reconhecê-los como tais, e valentia para pedir ajuda e lutar. Em segundo lugar, o exame de consciência diário, breve mas eficaz, para nos conhecermos. Depois, a direção espiritual e a Confissão, abrindo de verdade a alma, dizendo *toda a verdade*, com desejos de que conheçam a nossa intimidade para que nos possam ajudar no nosso caminho para Deus. "Não permitais que se aninhe na vossa alma um foco de podridão, por muito pequeno que seja. Falai. Quando a água corre, é límpida; quando se estanca, forma um charco cheio de porcaria repugnante, e de água potável converte-se em caldo de bichos"[9]. Com frequência, dizer em primeiro lugar aquilo que mais nos custa é um propósito que nos ajudará a ser sinceros.

Se afastarmos esse *demônio mudo* com a ajuda da graça, verificaremos que um dos frutos imediatos da sinceridade é a alegria e a paz da alma. Por isso pedimos a Deus essa virtude, para nós e para os outros.

III. SINCEROS COM DEUS, conosco próprios e com os outros.

Se não o formos com Deus, não poderemos amá-lo nem servi-lo; se não o formos conosco próprios, não poderemos ter uma consciência bem formada, que ame o bem e rejeite o mal; se não o formos com os outros, a convivência tornar-se-á impossível e não agradaremos a Deus.

Os que nos rodeiam devem saber que somos pessoas verazes, que nunca mentem ou enganam. A nossa palavra de cristãos e de homens e mulheres honrados deve ter um grande valor diante dos outros: *Dizei "sim" se for sim; "não" se for não, pois tudo o que passa disso vem do Maligno*[10]. O Senhor quer realçar a palavra do homem de bem que se sente comprometido pelo que diz.

O amor à verdade deve levar-nos a retificar, se nos enganamos. "Acostuma-te a não mentir nunca de maneira consciente, nem para te desculpares nem por outro motivo qualquer, e para isso, lembra-te de que Deus é o Deus da verdade. Se por acaso faltas à verdade por um erro, retifica-o imediatamente, se podes, com alguma explicação ou reparação; faze-o assim, pois uma verdadeira explicação tem mais graça e força para desculpar do que a mentira"[11].

Outra virtude relacionada com a veracidade e a sinceridade é a *lealdade*, que é a veracidade na conduta: manter a palavra dada, as promessas, os acordos. Os nossos amigos e as pessoas com quem nos relacionamos devem conhecer-nos como homens e mulheres leais. A *fidelidade* é a lealdade a um compromisso estrito que se contrai com Deus ou diante dEle. Jesus Cristo foi conhecido como *aquele que é fiel e veraz*[12]. E a Sagrada Escritura fala constantemente de Deus como Aquele que é fiel ao pacto com o seu povo, Aquele que cumpre com fidelidade o plano de salvação que prometeu[13]. A deslealdade é sempre uma fraude, ao passo que a lealdade é uma virtude indispensável na vida pessoal e na vida social. É sobre ela que assentam, por exemplo, a vida conjugal, o cumprimento dos contratos, a atuação dos governantes...

O amor à verdade há de levar-nos também a não fazer juízos precipitados, baseados numa informação superficial sobre as pessoas ou os fatos. É necessário ter um sadio espírito crítico em relação às notícias divulgadas pelo rádio, televisão, jornais ou revistas, que muitas vezes são tendenciosas ou simplesmente incompletas. Com frequência, os fatos objetivos aparecem envoltos em opiniões ou interpretações que podem dar uma visão deformada da realidade. Devemos ter um cuidado extremo com as notícias que se referem direta ou indiretamente à Igreja. Por amor à verdade, devemos pôr de parte os canais informativos sectários que turvam as águas, e procurar uma informação objetiva, veraz e criteriosa, ao mesmo tempo que contribuímos para a reta informação dos outros. Então se tornará realidade a promessa de Jesus: *A verdade vos fará livres*[14].

(1) Lc 11, 14; Mt 9, 32-33; (2) São João Crisóstomo, *Homilias sobre os Evangelhos*, 32, 1; (3) São Josemaria Escrivá, *Sulco*, n. 134; (4) Sl 94; (5) Jo 14, 6; (6) Jo 8, 44; (7) cf. Jo 17, 17 e segs.; (8) São Josemaria Escrivá, *Caminho*, n. 33; (9) São Josemaria Escrivá, *Amigos de Deus*, n. 181; (10) Mt 5, 37; (11) São Francisco de Sales, *Introdução à vida devota*, III, 30; (12) Ap 19, 11; (13) cf. Rm 3, 7; (14) Jo 8, 32.

24. O AMOR DE DEUS

— O infinito amor de Deus por cada homem.
— O Senhor ama-nos sempre. Quando o ofendemos, tem misericórdia de nós.
— A nossa correspondência. O primeiro mandamento. O amor de Deus nos acontecimentos de cada dia.

I. TODA A SAGRADA ESCRITURA nos fala continuamente do amor de Deus por nós. Os textos revelados asseguram-nos que, ainda que uma mãe venha a esquecer-se do filho das suas entranhas, Deus jamais se esquece de nós, pois os nossos nomes *estão escritos na palma da sua mão*, para nos ter sempre sob os seus olhos[1].

A primeira leitura da Missa, do livro do profeta Oseias, é um desses textos que mostram o triunfo emocionante do amor de Deus sobre as infidelidades e as conversões hipócritas do seu povo. Israel reconhece finalmente que não será salvo pelas alianças humanas, nem por deuses fabricados pelas suas mãos[2], nem por holocaustos vazios, mas pelo amor, manifestado na fidelidade à Aliança.

A própria conversão é fruto do amor de Deus, pois tudo nasce dAquele que nos ama sem medida. *Eu os curarei dos seus extravios* — lemos —, *amá-los-ei de todo o coração, porque a minha cólera se apartou deles. Serei para Israel como o orvalho, e ele florescerá como o lírio, e lançará raízes como o álamo. Os seus ramos estender-se-ão até longe, a sua opulência igualará a da oliveira, e o seu perfume será como o odor do Líbano. Voltarão a sentar-se à sua sombra: cultivarão o trigo, crescerão como a vinha e a sua fama será como a do vinho do Líbano*[3].

Nunca poderemos imaginar quanto Deus nos ama. Para nos salvar, quando estávamos perdidos, Ele nos enviou o seu Unigênito a fim de que, dando a sua vida por nós, nos redimisse do estado em que havíamos caído: *Tanto amou Deus o mundo que lhe deu o seu Filho único, para que todo o que nele crer não pereça, mas tenha a vida eterna*[4]. Este mesmo amor move-o a dar-se inteiramente a cada um de nós, vindo habitar de um modo permanente na nossa alma em graça: *Se alguém me ama, guardará a minha palavra, e meu Pai o amará, e viremos a ele e nele faremos a nossa morada*[5]; e move-o também a comunicar-se conosco na intimidade do nosso coração, durante estes minutos de oração e em qualquer momento do dia.

"Eu até te servirei, porque vim *para servir e não para ser servido*. Eu sou amigo, membro e cabeça, irmão e irmã, e mãe; sou tudo e só quero chegar à intimidade contigo. Eu, pobre por ti, mendigo por ti, crucificado por ti, sepultado por ti; no Céu intercedo por ti diante de Deus Pai; e na terra sou seu legado diante de ti. Tu és tudo para mim, irmão e co-herdeiro, amigo e membro. Que mais queres?"[6] Que mais podemos desejar? Quando contemplamos o Senhor em cada uma das cenas da Via-Sacra, é fácil que nos suba do coração aos lábios este grito: "Saber que me amas tanto, meu Deus, e... não enlouqueci!"[7]

II. *NÃO HÁ ENTRE OS DEUSES nenhum que se vos compare, Senhor, porque Vós sois grande e operais maravilhas, Vós sois o único Deus*[8]. Uma das maiores maravilhas é o amor que Deus nos tem. Ama-nos com um amor pessoal e individual, a cada um em particular. Nunca deixou de amar-nos, de ajudar-nos, de proteger-nos, de comunicar-se conosco, nem sequer nos momentos de maior ingratidão da nossa parte ou quando cometíamos os pecados mais graves. Talvez tenha sido nessas tristes circunstâncias que recebemos mais atenções de Deus, como Ele nos mostra nas parábolas em que quis revelar-nos de modo tão expressivo a sua misericórdia: a ovelha perdida é a única que é levada aos ombros do bom pastor; a festa do pai de família é para o filho que dilapidou a herança, mas que soube voltar arrependido; a dracma perdida é cuidadosamente procurada pela dona de casa até ser encontrada...[9]

Ao longo da nossa vida, a atenção de Deus e o seu amor por cada um de nós têm sido constantes. Ele teve presentes todas as circunstâncias e acontecimentos pelos quais tínhamos que passar. Está ao nosso lado em todas as situações e em cada momento: *Eis que estou convosco todos os dias, até o fim do mundo*[10], até o último instante da nossa vida.

Tantas vezes se fez encontrar por nós! Na alegria, na dor, através de acontecimentos que a princípio nos pareciam uma grande desgraça, num amigo, num colega de trabalho, no sacerdote que nos atendia... "Consideremos juntos esta maravilha do amor de Deus: o Senhor vem ao nosso encontro, espera por nós, coloca-se à beira do caminho, para que tenhamos que vê-lo necessariamente. E chama-nos pessoalmente, falando-nos das nossas coisas, que são também suas, movendo a nossa consciência à compunção, abrindo-a à generosidade, imprimindo em nossas almas o desejo de ser fiéis, de nos podermos chamar seus discípulos"[11].

Como prova de amor, deixou-nos os sacramentos, "canais da misericórdia divina". Dentre eles, porque os recebemos com maior frequência, agradecemos-lhe agora de modo particular a Confissão, em que nos perdoa os pecados, e a Sagrada Eucaristia, onde quis permanecer como prova singularíssima de amor pelos homens.

Por amor, deu-nos a sua Mãe por Mãe nossa. E como manifestação desse amor, deu-nos também um anjo para que nos proteja, nos aconselhe e nos preste imensos favores até que chegue o fim da nossa passagem pela terra, onde Ele nos espera para nos dar o Céu prometido, uma felicidade sem limites e sem fim. Ali temos já um lugar preparado à nossa espera.

Dizemos-lhe, com uma das orações da Missa de hoje: *Senhor, que a ação do vosso Espírito em nós penetre intimamente o nosso ser, para que cheguemos um dia à plena posse daquilo que agora recebemos na Eucaristia*[12]. E lhe damos graças por tanto amor, por tantas atenções que não merecemos. E procuramos inflamar-nos em desejos: amor com amor se paga. Assim expressa alguém poeticamente esta ideia: "Mil vidas, se as tivesse, daria para Te possuir, e mil... e mil... mais eu daria..., para Te amar, se pudesse..., com esse amor puro e forte com que Tu, sendo quem és, nos amas continuamente"[13].

III. DIZ-NOS O EVANGELHO da Missa: *Aproximou-se dele um dos escribas e perguntou-lhe: Qual é o primeiro de todos os mandamentos? Jesus respondeu-lhe: O primeiro de todos os mandamentos é este: Ouve, Israel, o Senhor nosso Deus é o único Senhor; amarás o Senhor teu Deus com todo o teu coração, com toda a tua alma, com todo o teu espírito e com todas as tuas forças*[14]. Ele espera de cada homem uma resposta sem condições ao seu amor por nós.

O nosso amor a Deus revela-se nos mil pequenos acontecimentos de cada dia: amamos a Deus através do trabalho bem feito, da vida familiar, das relações sociais, do descanso... Tudo pode converter-se em obras de amor. "Enquanto realizamos com a maior perfeição possível, dentro dos nossos erros e limitações, as tarefas próprias da nossa condição e do nosso ofício, a alma anseia por escapar. Vai-se rumo a Deus, como o ferro atraído pela força do imã. Começa-se a amar Jesus de forma mais eficaz, com um doce sobressalto"[15].

Quando se corresponde ao amor de Deus, transpõem-se todos os obstáculos; e, pelo contrário, sem amor, até as menores dificuldades parecem insuperáveis. Tudo se torna mais fácil de enfrentar se há união com o Senhor. "Todas estas coisas, não obstante, parecem difíceis aos que não amam; aos que amam, pelo contrário, isso mesmo lhes parece leve. Não há padecimento, por mais cruel e insolente que seja, que o amor não torne fácil ou quase inexistente"[16]. A alegria mantida no meio das dificuldades é o sinal mais claro de que o amor de Deus informa todas as nossas ações, porque — comenta Santo Agostinho — "naquilo que se ama, ou não se sente a dificuldade ou ama-se a própria dificuldade [...]. Os trabalhos dos que amam nunca são penosos"[17].

O amor a Deus deve ser supremo e absoluto. Dentro deste amor cabem todos os amores nobres e limpos da terra, cada um deles na sua ordem, conforme a peculiar vocação recebida por cada qual. "Não seria justo dizer: «Ou Deus ou o homem». Devem amar-se «Deus e o homem»; este último, nunca mais do que a Deus ou contra Deus ou mesmo na mesma medida que a Deus. Por outras palavras: o amor a Deus prevalece, mas não é exclusivo. A Bíblia declara Jacó santo e amado por Deus; mostra-o despendendo sete anos em conquistar Raquel como esposa, e parecem-lhe poucos, tão grande era o seu amor por ela. A este propósito, São Francisco de Sales faz este comentário: «Jacó ama Raquel com todas as suas forças, e com todas as suas forças ama a Deus: mas nem por isso ama Raquel como a Deus, nem a Deus como a Raquel. Ama a Deus como seu Deus sobre todas as coisas e mais que a si próprio; ama Raquel como sua mulher sobre todas as outras mulheres e como a si mesmo. Ama a Deus com um amor absoluto e soberanamente sumo, e a Raquel com o seu amor marital; um amor não é contrário ao outro, porque o de Raquel não viola os supremos benefícios do amor a Deus!»"[18]

O amor a Deus manifesta-se necessariamente no amor aos outros. O sinal externo da nossa união com Deus é o modo como vivemos a caridade com os que estão ao nosso lado. *Nisto conhecerão todos que sois meus discípulos...*[19], disse-nos o Senhor. Peçamos hoje à Virgem que nos ensine a corresponder ao amor do seu Filho, e que saibamos amar com obras os nossos irmãos, seus filhos também.

(1) Is 49, 15-17; (2) cf. Os 14, 4; (3) Os 14, 2-10; *Primeira leitura* da Missa da sexta-feira da terceira semana da Quaresma; (4) Jo 3, 16; (5) Jo 14, 23; (6) São João Crisóstomo, *Homilias sobre São Mateus*, 76; (7) São Josemaria Escrivá, *Caminho*, n. 425; (8) Sl 85, 8-10; *Antífona de entrada* da Missa da sexta-feira da terceira semana da Quaresma; (9) cf. Lc 15, 1 e segs.; (10) Mt 28, 20; (11) São Josemaria Escrivá, *É Cristo que passa*, n. 59; (12) *Oração depois da comunhão* da Missa da sexta-feira da terceira semana da Quaresma; (13) Francisca Javiera del Valle, *Decenário ao Espírito Santo*; (14) Mc 12, 28-30; (15) São

Josemaria Escrivá, *Amigos de Deus*, n. 296; (16) Santo Agostinho, *Sermão 70*; (17) idem, *De bono viduitatis*, 21, 26; (18) João Paulo I, *Audiência geral*, 27-IX-78; (19) Jo 13, 35.

TEMPO DA QUARESMA. TERCEIRA SEMANA. SÁBADO

25. O FARISEU E O PUBLICANO

— Necessidade da humildade. A soberba tudo perverte.
— A hipocrisia dos fariseus. Manifestações da soberba.
— Aprender do publicano da parábola. Pedir a humildade.

I. *TENDE PIEDADE DE MIM, Senhor... Os sacrifícios não vos satisfazem e, se eu oferecesse um holocausto, não o aceitarias. Meu sacrifício, ó Deus, é um espírito arrependido: um coração contrito e humilhado, não o haveis de desprezar*[1]. O Senhor comove-se diante de um coração humilde, e nele derrama as suas graças.

São Lucas apresenta-nos no Evangelho da Missa de hoje[2] dois homens que subiram ao Templo para orar: um era fariseu, o outro publicano. Os fariseus consideravam-se puros e perfeitos cumpridores da Lei; os publicanos, que se encarregavam de arrecadar os impostos, eram tidos por homens que amavam mais os seus negócios do que o cumprimento da Lei. Antes de narrar a parábola, o evangelista preocupa-se de sublinhar que Jesus se dirige a *certos homens que se vangloriavam como se fossem justos e desprezavam os outros*.

Já pelo início da parábola se percebe que o fariseu entrou no Templo sem humildade nem amor. Ele é o centro dos seus próprios pensamentos e o objeto da sua estima: *Graças te dou, ó Deus, pois não sou como os demais homens, ladrões, injustos e adúlteros, nem como esse publicano. Jejuo duas vezes por semana e pago a décima parte de todos os meus proventos.* Ao invés de louvar a Deus, começa, talvez de modo sutil, a louvar-se a si próprio. Tudo o que fazia eram coisas boas: jejuar, pagar o dízimo...; mas a bondade dessas obras ficou destruída pela soberba: atribui o mérito a si próprio e despreza os outros. Reza, dá graças pelo que faz, mas há nele muita autocomplacência; está "satisfeito". Compara-se com os outros e considera-se superior, mais justo, melhor cumpridor da Lei.

A soberba é o maior obstáculo que o homem opõe à graça de Deus. E é o pecado capital mais perigoso: insinua-se e tende a infiltrar-se até nas boas obras, fazendo-as perder essa condição e o mérito sobrenatural; a sua raiz está nas profundezas do homem (no amor próprio desordenado), e não há nada mais difícil de desarraigar e até de se chegar a reconhecer com clareza.

"«A mim mesmo, com a admiração que me devo». — Foi o que escreveu na primeira página de um livro. E o mesmo poderiam estampar muitos outros coitados, na última página da sua vida. — Que pena se tu e eu vivêssemos ou terminássemos assim! — Vamos fazer um exame sério"[3].

Peçamos ao Senhor que tenha sempre compaixão de nós e não nos deixe cair nesse estado. Imploremos todos os dias a virtude da humildade e façamos hoje o propósito de estar atentos às diversas e variadas expressões em que a soberba se pode manifestar, e de retificar a intenção nas nossas obras tantas vezes quantas for necessário.

II. ALGUNS FARISEUS converteram-se e foram amigos e fiéis discípulos do Senhor, mas muitos outros não souberam reconhecer o Messias, que passava pelas suas ruas e praças. A soberba fez com que perdessem o rumo da sua existência e que a sua vida religiosa — de que tanto se gabavam — se tornasse vazia e oca. As suas práticas piedosas consumiam-se em formalismos e meras aparências realizadas de olhos postos na plateia. Quando jejuavam, desfiguravam o rosto para que os outros o soubessem[4]; quando oravam, gostavam de fazê-lo de pé e ostensivamente nas sinagogas ou no meio das praças[5]; quando davam esmola, anunciavam-no com trombetas[6].

O Senhor recomendará aos seus discípulos: *Não façais como os fariseus*. E explica-lhes por que não devem seguir esse exemplo: *Fazem todas as suas obras para serem vistos pelos homens*[7]. Com palavras duras, para que reajam, chama-os hipócritas e compara-os a sepulcros caiados: limpos por fora, repletos de podridão por dentro[8].

"Foi a vanglória que os afastou de Deus; ela os fez procurar outro cenário para a sua luta e os arruinou. Porque, quando se procura agradar aos espectadores, conforme são os espectadores, assim são os combates que se realizam"[9]. Para sermos humildes, não podemos esquecer nunca que quem presencia a nossa vida e as nossas obras é o Senhor, a quem temos de procurar agradar em cada momento.

Os fariseus, pela sua soberba, tornaram-se duros, inflexíveis e exigentes com os seus semelhantes, e fracos e compreensivos consigo próprios. *Atam pesados fardos nos outros e eles nem sequer com um dedo os querem levantar*[10]. O Senhor diz-nos: *O maior dentre vós faça-se vosso servo*[11].

Talvez uma das censuras mais duras que o Senhor dirige aos fariseus seja esta: *Nem vós entrastes nem deixastes que o fizessem os que vinham dispostos a entrar*[12]. Fecharam o caminho àqueles que deveriam guiar. *Guias cegos!*[13], chamá-los-á o Senhor em outra ocasião. A soberba faz perder a luz sobrenatural tanto em relação à própria pessoa como aos outros.

A soberba tem manifestações em todos os aspectos da vida. "Nas relações com os outros, o amor próprio faz-nos suscetíveis, inflexíveis, soberbos, impacientes, exagerados na afirmação do próprio eu e dos direitos pessoais, indiferentes, frios, injustos nos juízos e nas palavras. Compraz-se em falar escusadamente das suas ações, das luzes e das experiências interiores, das dificuldades e sofrimentos. Nas práticas de piedade, deleita-se em olhar os outros, em observá-los e julgá-los; gosta de se comparar, para se julgar melhor do que os outros, para lhes descobrir somente os defeitos e negar-lhes as boas qualidades, chegando até a desejar-lhes o mal [...]. O amor próprio faz com que nos sintamos ofendidos quando somos humilhados, insultados ou postergados, ou quando não nos consideram, estimam e obsequiam como esperávamos"[14].

Temos que fugir do exemplo e da oração do fariseu e aprender do publicano: *Ó Deus, tem piedade de mim, que sou um pecador*. É uma jaculatória que podemos repetir muitas vezes, pois fomenta na alma o amor à humildade, também quando rezamos.

III. *O SENHOR ESTÁ PERTO dos contritos de coração e salva os que têm o espírito abatido*[15]. O publicano dirige a Deus uma oração humilde e não confia nos seus méritos, mas na misericórdia divina: *Mantendo-se à distância, não ousava sequer levantar os olhos ao céu, mas batia no peito dizendo: Ó Deus, tem piedade de mim, que sou um pecador*. O Senhor, *que resiste aos soberbos, mas dá a sua graça aos humildes*[16], perdoa e justifica esse homem. *Digo-vos: este voltou para casa justificado, e não o outro*.

O publicano "*manteve-se à distância*, e por isso Deus se aproximou dele mais facilmente... Que Ele esteja longe ou não, depende de ti. Ama, e Ele se aproximará; ama, e Ele morará em ti"[17]. Podemos aprender deste publicano como deve ser a nossa oração: humilde, atenta, confiada; procurando que não seja um *monólogo* em que damos voltas em torno de nós mesmos, das virtudes que julgamos possuir.

No fundo de toda a parábola, está latente uma ideia que o Senhor quer inculcar-nos: a necessidade da humildade como base de toda a nossa relação com Deus e com os outros. É a primeira pedra desse edifício em construção que é a nossa vida interior. "Não queiras ser como aquele catavento dourado do grande edifício; por muito que brilhe e por mais alto que esteja, não conta para a solidez da obra. — Oxalá sejas como um velho silhar oculto nos alicerces, debaixo da terra, onde ninguém te veja; por ti não desabará a casa"[18].

Quando alguém se sente postergado, ferido em detalhes mínimos, deve pensar que ainda não é humilde de verdade: é o momento de aceitar a sua pequenez e de ser menos soberbo: "Não és humilde quando te humilhas, mas quando te humilham e o aceitas por Cristo"[19].

A ajuda da Santíssima Virgem é a nossa melhor garantia para progredirmos nesta virtude. "Maria é, ao mesmo tempo, uma Mãe de misericórdia e de ternura, a quem ninguém recorreu em vão; abandona-te cheio de confiança no seu seio materno, pede-lhe que te alcance esta virtude (da humildade) que ela tanto apreciou: não tenhas medo de não ser atendido, pois Maria a pedirá para ti a esse Deus que exalta os humildes e reduz ao nada os soberbos; e como Maria é onipotente junto do seu Filho, será ouvida com toda a certeza"[20].

Depois de considerarmos os ensinamentos do Senhor e de contemplarmos o exemplo humilde de Santa Maria, podemos acabar a nossa oração com esta súplica: "Senhor, tira a soberba da minha vida; destrói o meu amor próprio, este desejo de me afirmar e me impor aos outros; faz com que o fundamento da minha personalidade seja a identificação contigo"[21].

(1) *Salmo responsorial* da Missa do sábado da terceira semana da Quaresma; (2) Lc 18, 9-14; (3) São Josemaria Escrivá, *Sulco*, n. 719; (4) cf. Mt 6, 16; (5) cf. Mt 6, 5; (6) cf. Mt 6, 2; (7) Mt 23, 5; (8) cf. Mt 23, 27; (9) São João Crisóstomo, *Homilia sobre São Mateus*, 72, 1; (10) Lc 11, 46; (11) Mt 23, 11; (12) Lc 11, 53; (13) Mt 15, 14; (14) B. Baur, *A vida espiritual*, p. 79; (15) Sl 33; (16) Tg 4, 6; (17) Santo Agostinho, *Sermão 9*, 21; (18) São Josemaria Escrivá, *Caminho*, n. 590; (19) *ib.*, n. 594; (20) Leão XIII, *Prática da humildade*, 56; (21) São Josemaria Escrivá, *É Cristo que passa*, n. 31.

TEMPO DA QUARESMA. QUARTO DOMINGO

26. A ALEGRIA DA CRUZ

— A alegria é compatível com a mortificação e a dor. Opõe-se à tristeza, não à penitência.
— A alegria tem uma origem espiritual, surge de um coração que ama e se sente amado por Deus.
— Deus ama aquele que dá com alegria.

I. *REGOZIJA-TE, JERUSALÉM; e alegrai-vos com ela, vós que a amais; regozijai-vos com a sua alegria*..., rezamos na antífona de entrada da Missa: *Laetare, Ierusalem*...[1]

A alegria é uma característica essencial do cristão, e a Igreja não deixa de no-la recordar neste tempo litúrgico, para que não esqueçamos que ela deve estar presente em todos os momentos da nossa vida.

Existe uma alegria que sobressai na esperança do Advento, outra viva e radiante no tempo de Natal; mais tarde, a alegria de estar com Cristo ressuscitado; e hoje, já avançada a Quaresma, meditamos na alegria da Cruz. É sempre o mesmo júbilo de estar com Cristo: "Somente dEle é que cada um de nós pode dizer com plena verdade, juntamente com São Paulo: *Amou-me e entregou-se por mim* (Gl 2, 20). Daí deve partir a vossa alegria mais profunda, daí deve advir também a vossa força e o vosso ponto de apoio. Se, por desgraça, deveis encontrar amarguras, padecer sofrimentos, experimentar incompreensões e até cair em pecado, que o vosso pensamento se dirija rapidamente para Aquele que vos ama sempre e que, com o seu amor ilimitado, faz vencer todas as provas, preenche todos os nossos vazios, perdoa todos os nossos pecados e nos impele com entusiasmo para um caminho novamente seguro e alegre"[2].

Este domingo é tradicionalmente conhecido por Domingo *"Laetare"*, em vista da primeira palavra do Introito da Missa. Interrompe-se a severidade da liturgia quaresmal, que é substituída pela alegria. Hoje permite-se que os paramentos do sacerdote — se se dispõe deles — sejam de cor rosa ao invés de roxos[3], e que se enfeite o altar com flores, coisa que não se faz nos outros dias da Quaresma[4].

A Igreja quer recordar-nos assim que a alegria é perfeitamente compatível com a mortificação e a dor. O que se opõe à alegria é a tristeza, não a penitência. Vivendo com profundidade este tempo litúrgico que conduz à Paixão — e portanto à dor —, compreendemos que aproximar-se da Cruz significa também aproximar-se do momento da Redenção, e por isso a Igreja e cada um dos seus filhos se enchem de alegria: *Laetare: Rogozija-te, Jerusalém, e alegrai-vos com ela, vós que a amais*.

A mortificação que procuramos viver nestes dias não deve ensombrar a nossa alegria interior, mas, pelo contrário, deve fazê-la crescer, porque está prestes a realizar-se essa sobreabundância de amor pelos homens que é a Paixão, e é iminente o júbilo da Páscoa. Por isso queremos estar muito unidos ao Senhor, para que também na nossa vida se repita o mesmo processo da sua: chegarmos, pela sua Paixão e Cruz, à glória e à alegria da sua Ressurreição.

II. *ALEGRAI-VOS SEMPRE no Senhor; digo-vos mais uma vez: alegrai-vos*[5]. Devemos alegrar-nos com uma alegria que há de ser sinônimo de júbilo interior, de felicidade, e que logicamente se manifestará também exteriormente.

"Como se sabe — diz Paulo VI —, existem diversos graus de «felicidade». A sua expressão mais elevada é a alegria ou «felicidade» no sentido estrito da palavra, quando o homem, no nível das suas faculdades superiores, encontra a sua satisfação na posse de um bem conhecido e amado

[...]. Com muito mais razão chega ele a conhecer a alegria e a felicidade espiritual quando o seu espírito entra na posse de Deus, conhecido e amado como bem supremo e imutável"[6]. E o Papa continua: "A sociedade técnica conseguiu multiplicar as ocasiões de prazer, mas é-lhe muito difícil engendrar a alegria, pois a alegria provém de outra fonte: é espiritual. Muitas vezes, não faltam, com efeito, o dinheiro, o conforto, a higiene e a segurança material; apesar disso, o tédio, o mau humor e a tristeza continuam infelizmente a ser a sorte de muitos"[7].

O cristão entende perfeitamente estas ideias expressas pelo Sumo Pontífice. E sabe que a alegria surge de um coração que se sente amado por Deus e que, por sua vez, ama com loucura o Senhor; de um coração que, além disso, se esforça por traduzir esse amor *em obras*, porque sabe — com o ditado castelhano — que "obras é que são amores, não as boas razões".

Os sofrimentos e as tribulações acompanham todos os homens na terra, mas o sofrimento, por si só, não transfor-ma nem purifica; pode até causar revolta e ódio. Alguns cristãos separam-se do Mestre quando chegam até a Cruz, porque esperavam uma felicidade puramente humana, que estivesse isenta de dor e acompanhada de bens naturais.

Para o amarmos com obras, o Senhor pede-nos que percamos o medo à dor, às tribulações, e o procuremos onde Ele nos espera: na Cruz. A nossa alma ficará então mais purificada e o nosso amor mais forte. Então compreenderemos que a alegria está muito perto da Cruz. Mais ainda: que nunca seremos felizes se não amarmos o sacrifício.

Essas tribulações que, à luz exclusiva da razão, nos parecem injustas e sem sentido, são necessárias para a nossa santidade pessoal e para a salvação de muitas almas. No mistério da corredenção, a nossa dor, unida aos sofrimentos de Cristo, adquire um valor incomparável para toda a Igreja e para toda a humanidade. O Senhor faz-nos ver que tudo — mesmo aquilo que não tem muita explicação humana — concorre para o bem daqueles que o amam[8]. A dor, quando lhe damos o seu verdadeiro sentido, quando serve para amar mais, produz uma paz íntima e uma profunda alegria. Por isso, em muitas ocasiões, o Senhor abençoa-nos com a Cruz.

Assim temos que percorrer "o caminho da entrega: a Cruz às costas, com um sorriso nos lábios, com uma luz na alma"[9].

III. O CRISTÃO DÁ-SE A DEUS e aos outros, mortifica-se e é exigente consigo próprio, suporta as contrariedades... e tudo isso, realiza-o com alegria, porque sabe que essas coisas perdem muito do seu valor se as faz arreganhando os dentes: *Deus ama aquele que dá com alegria*[10]. Não deve surpreender-nos o fato de a mortificação e a penitência nos custarem; o importante é que saibamos abraçá-las com decisão, com a alegria de agradar a Deus, que nos vê.

"«Contente?» — A pergunta deixou-me pensativo. — Ainda não se inventaram as palavras para exprimir tudo o que se sente — no coração e na vontade — quando se sabe que se é filho de Deus"[11]. É lógico que quem se sente filho de Deus experimente esse júbilo interior.

Neste sentido, a experiência que os santos nos transmitem é unânime. Basta recordar a confidência do apóstolo São Paulo aos fiéis de Corinto: *...Estou cheio de consolação, transbordo de gozo em todas as nossas tribulações*[12]. E convém lembrar-se de que a vida de São Paulo não foi fácil nem cômoda: *Cinco vezes recebi dos judeus quarenta açoites menos um; três vezes fui açoitado com varas; uma vez apedrejado; três vezes naufraguei; passei uma noite e um dia à beira do abismo no mar alto. Nas minhas viagens sem conta, expus-me a perigos nos rios, perigos de salteadores, perigos por parte dos da minha raça, perigos dos pagãos, perigos na cidade, perigos no deserto, perigos no mar, perigos entre falsos irmãos. Trabalhos e fadigas, repetidas vigílias, com fome e com sede, frequentes jejuns, com frio e nudez*[13]. Pois bem, depois de toda esta enumeração, São Paulo é veraz quando nos diz: *Estou cheio de consolação, transbordo de gozo em todas as nossas tribulações*.

Aproximam-se a Semana Santa e a Páscoa, e portanto o perdão, a misericórdia, a compaixão divina, a superabundância da graça. Mais uns dias, e consumar-se-á o mistério da nossa salvação. Se alguma vez tivemos medo da penitência, da expiação, enchamo-nos de coragem, lembrando-nos de que o tempo é breve e grande o prêmio, sem proporção com a pequenez do nosso esforço. Sigamos Jesus com alegria, até Jerusalém, até o Calvário, até a Cruz. Além disso, "não é verdade que, mal deixas de ter medo à Cruz, a isso que a gente chama de cruz, quando pões a tua vontade em aceitar a Vontade divina, és feliz, e passam todas as preocupações, os sofrimentos físicos ou morais?"[14]

(1) Is 66, 10-11; (2) João Paulo II, *Alocução*, 1-III-80; (3) Missal Romano, *Ordo generalis*, n. 308; (4) *Caeremoniale episcoporum*, 1984, n. 48; (5) Fl 4, 4; (6) Paulo VI, Exort. apost. *Gaudete in Domino*, 9-V-1975, 1; (7) *ib.*; (8) cf. Rm 8, 28; (9) São Josemaria Escrivá, *Via Sacra*, IIª est., n. 3; (10) 2 Cor 9, 7; (11) São Josemaria Escrivá, *Sulco*, n. 61; (12) 2 Cor 7, 4; (13) 2 Cor 11, 24-27; (14) São Josemaria Escrivá, *Via Sacra*, IIª est.

TEMPO DA QUARESMA. QUARTA SEMANA. SEGUNDA-FEIRA

27. A ORAÇÃO PESSOAL

— Necessidade da oração. O exemplo de Jesus.
— Oração pessoal: diálogo confiante com Deus.
— Empregar os meios para rezar com recolhimento e evitar as distrações.

I. *JESUS ESTAVA ORANDO em certo lugar...*[1] Muitas passagens do Evangelho nos mostram Jesus que se retira e fica a sós para rezar[2]; e o fato ganha destaque nos momentos mais importantes do seu ministério público: por ocasião do Batismo[3], da escolha dos apóstolos[4], na primeira multiplicação dos pães[5], na Transfiguração[6] etc. Era uma atitude habitual em Jesus. "Às vezes, passava a noite inteira ocupado num colóquio íntimo com seu Pai. Como cativou os primeiros discípulos a figura de Cristo em oração!"[7] E como nos ajuda a cada um de nós!

Nesta Quaresma, podemos deter-nos especialmente numa cena que se contempla no Santo Rosário: a oração de Jesus no Horto das Oliveiras. Imediatamente antes de se entregar à Paixão, o Senhor dirige-se com os apóstolos ao Horto de Getsêmani, um lugar onde tinha rezado muitas vezes, pois São Lucas diz: *Jesus saiu e dirigiu-se como de costume ao monte das Oliveiras*[8]. Mas desta vez a sua oração terá um matiz muito particular, pois chegou a hora da sua agonia.

Chegado ao Horto, disse aos que o acompanhavam: *Orai para não cairdes em tentação*[9]. Antes de retirar-se para orar, o Senhor pede, pois, aos apóstolos que permaneçam também em oração. Sabe que dentro de breves horas se verão a braços com uma forte tentação de escândalo, quando virem o Mestre aprisionado. Anunciara-o durante a Última Ceia, e agora previne-lhes que não poderão resistir à prova se não permanecerem vigilantes e orando.

A oração nos é indispensável, porque, se abandonamos o trato com Deus, a nossa vida espiritual enlanguidece pouco a pouco. "Se se abandona a oração, primeiro vive-se das reservas espirituais..., e depois, da trapaça"[10]. Em contrapartida, a oração une-nos a Deus, que nos diz: *Sem mim não podeis fazer nada*[11]. Convém orar perseverantemente[12], sem nunca desfalecer. Temos que falar com o Senhor e procurá-lo com insistência, em todas as circunstâncias da nossa vida. Além disso, agora, durante este tempo da Quaresma, estamos indo com Jesus Cristo a caminho da Cruz, e "sem oração, como é difícil acompanhá-Lo!"[13]

O Senhor ensina-nos com o exemplo da sua vida qual deve ser a nossa atitude fundamental: dialogar sempre filialmente com Deus. "Pois outra coisa, em meu parecer, não é a oração mental, senão tratar intimamente com Aquele que sabemos que nos ama e estar muitas vezes conversando a sós com Ele"[14]. Temos que procurar manter-nos habitualmente na presença de Deus e contemplar os mistérios da nossa fé; é um diálogo com o Senhor que não só não deve interromper-se, como deve ser alimentado no meio de todas as atividades. Mas é indispensável que seja mais intenso nos tempos que dedicamos diariamente à oração mental, pois nesses momentos meditamos na presença do Senhor, conversamos com Ele, sabendo que Ele *nos vê e nos ouve* verdadeiramente. A par do preceito da caridade, talvez seja a oração um dos pontos em que Jesus mais vezes insistiu na sua pregação.

II. *AFASTOU-SE DELES à distância de um tiro de pedra e, ajoelhando-se, orava: Pai, se é do teu agrado, afasta de mim este cálice. Não se faça, porém, a minha vontade, mas a tua*[15].

Quando o sofrimento espiritual se torna de tal modo intenso que o faz entrar em agonia, o Senhor dirige-se ao Pai numa oração cheia de confiança. Chama-o *Abba*, Pai, e dirige-lhe palavras íntimas. Este é o caminho que também nós devemos seguir. Na nossa vida, haverá momentos de paz espiritual e outros de luta mais intensa, talvez de escuridão e de dor profunda, com tentações de desalento... A imagem de Jesus no Horto mostra-nos como devemos proceder nesses casos: com uma oração perseverante e confiada. Para avançar no caminho da santidade, especialmente quando sentimos o peso da nossa fraqueza, temos que recolher-nos em oração e em conversa íntima com o Senhor.

A oração pública (ou em comum), em que participam todos os fiéis, é santa e necessária — pois Deus quer ver os seus filhos rezarem juntos[16] —, mas nunca pode substituir o preceito do Senhor: *Entra no teu quarto, fecha a porta e ora a teu Pai*[17]. A liturgia é a oração pública por excelência, "é o cume para o qual tende toda a atividade da Igreja e ao mesmo tempo a fonte de que brota toda a sua força [...]. Mas a vida espiritual não se contém unicamente na participação da Sagrada Liturgia. Pois o cristão, chamado a orar em comum, deve não obstante entrar também no seu quarto e orar a seu Pai em segredo, e, além disso, conforme ensina o Apóstolo, deve rezar sem interrupções (1 Ts 5, 17)"[18]. Por outro lado, as orações feitas em comum com os outros cristãos também devem ser oração pessoal, enquanto os lábios as recitam com as pausas oportunas e a mente põe nelas toda a sua atenção.

Na oração pessoal, fala-se com Deus como se conversa com um amigo, sabendo-o presente e sempre atento ao que lhe dizemos, ouvindo-nos e respondendo. É nessa conversa íntima, como a que agora procuramos manter com Deus, que abrimos a nossa alma ao Senhor, para adorá-lo, dar-lhe graças, pedir-lhe ajuda e aprofundar — como os apóstolos — nos ensinamentos divinos. "Escreveste-me: «Orar é falar com Deus. Mas de quê?» — De quê? DEle e de ti: alegrias, tristezas, êxitos e malogros, ambições nobres, preocupações diárias..., fraquezas!; e ações de graças e pedidos; e Amor e desagravo. — Em duas palavras: conhecê-Lo e conhecer-te — ganhar intimidade!"[19]

A nossa oração nunca pode ser anônima, impessoal, porque Deus, que redimiu todos os homens, deseja manter um diálogo com cada um deles. No fim, a salvação ou condenação dependerá da correspondência pessoal de cada um. Deve, pois, a oração ser o diálogo de uma pessoa concreta — que tem um ideal e uma profissão concreta, e determinadas amizades, e umas graças de Deus específicas — com seu Pai-Deus.

III. *DEPOIS DE TER REZADO, levantou-se, foi ter com os discípulos e achou-os adormecidos de tristeza. Disse-lhes: Por que dormis? Levantai-vos e orai para não cairdes em tentação*[20].

Os apóstolos não seguiram a recomendação do Senhor. Ele os deixara ali, perto dEle, para que velassem e orassem, e assim não caíssem em tentação; mas ainda não amavam o suficiente, e deixaram-se vencer pelo sono e pela fraqueza, abandonando Jesus naqueles momentos de agonia. O sono, imagem da fraqueza humana, permitiu que se apoderasse deles uma tristeza má: desfalecimento, desistência do espírito de luta.

Não cairemos nessa situação se mantivermos vivo o diálogo com Deus em cada tempo do nosso dia que dedicamos à oração. Para isso, teremos que recorrer frequentemente aos Santos Evangelhos ou a outro livro — como este —, para que nos ajudem a aproximar-nos mais do Senhor, a centrar esse diálogo em que nada nem ninguém nos pode substituir. Assim fizeram muitos santos: "A não ser logo após a comunhão — diz Santa Teresa —, jamais ousava começar a oração sem um livro; a minha alma temia tanto estar sem ele como se fosse lutar contra muitas pessoas. Com este remédio, que era como uma companhia ou um escudo que teria que receber o ataque dos muitos pensamentos, ficava consolada"[21].

Temos que empregar os meios necessários para podermos entregar-nos a essa oração mental com recolhimento: no lugar mais adequado, de acordo com as circunstâncias pessoais — sempre que seja possível, diante do Senhor no Sacrário —, e na hora que tivermos determinado no nosso plano de vida. Devemos prevenir-nos também contra as distrações, o que exige, em grande parte, a mortificação da memória e da imaginação; temos que evitar ter "os sentidos despertos e a alma adormecida"[22].

Se lutarmos decididamente contra as distrações, o Senhor ajudar-nos-á a retornar ao diálogo com Ele; além disso, o Anjo da Guarda tem, entre outras, a missão de interceder por nós. O importante é não querermos estar distraídos e não nos distrairmos voluntariamente. As distrações involuntárias, que se devem à fraqueza da nossa natureza, e que procuramos afastar assim que tomamos consciência delas, não tiram o proveito nem o mérito da nossa oração. O pai e a mãe não se aborrecem quando a criança que não sabe falar fica balbuciando coisas sem sentido. Deus conhece a nossa fraqueza e tem paciência, mas nós devemos pedir-lhe: "Concedei-nos o espírito de oração"[23].

Será muito grato ao Senhor ver-nos fazer o propósito de progredir na oração mental todos os dias da nossa vida, incluídos aqueles em que nos parece mais custosa, difícil e árida, pois "a oração não é problema de falar ou de sentir, mas de amar. E ama-se quando se faz o esforço de tentar dizer alguma coisa ao Senhor, ainda que não se diga nada"[24]. Se agirmos assim, toda a nossa vida ficará enriquecida e fortalecida. A oração é um farol potentíssimo que dá luz para iluminar melhor os nossos problemas, para conhecer melhor as pessoas e desse modo poder ajudá-las no seu caminhar para Cristo. A oração deixa na alma uma atmosfera de serenidade e de paz que se transmite aos outros. A alegria que produz é uma antecipação da felicidade celestial.

Nenhuma pessoa deste mundo soube conviver com Jesus como sua Mãe Santa Maria, que passou longas horas olhando-o, falando com Ele, tratando-o com toda a simplicidade e veneração. Se recorrermos à nossa Mãe do Céu, em breve aprenderemos a falar com Jesus cheios de confiança, e a segui-lo de perto, muito de perto, até à sua Cruz.

(1) Lc 11, 1-3; (2) cf. Mt 14, 23; Mc 1, 35; Lc 5, 16; etc.; (3) cf. Lc 3, 21; (4) cf. Lc 6, 12; (5) cf. Mc 6, 46; (6) cf. Lc 9, 29; (7) São Josemaria Escrivá, *É Cristo que passa*, n. 119; (8) Lc 22, 39; (9) Lc 22, 40; (10)

São Josemaria Escrivá, *Sulco*, n. 445; (11) Jo 15, 5; (12) cf. Lc 18, 1; (13) São Josemaria Escrivá, *Caminho*, n. 89; (14) Santa Teresa, *Vida*, 8, 2; (15) Lc 22, 41-42; (16) cf. Mt 18, 19-20; (17) Mt 6, 6; (18) Conc. Vat. II, Const. *Sacrossanctum Concilium*, 10, 12; (19) São Josemaria Escrivá, *Caminho*, n. 91; (20) Lc 22, 45-46; (21) Santa Teresa, *Vida*, 6, 3; (22) cf. São Josemaria Escrivá, *Caminho*, n. 368; (23) *Preces de laudes*, Liturgia das Horas da segunda-feira da quarta semana da Quaresma; (24) São Josemaria Escrivá, *Sulco*, n. 464.

TEMPO DA QUARESMA. QUARTA SEMANA. TERÇA-FEIRA

28. LUTA PACIENTE CONTRA OS DEFEITOS

— O paralítico de Betesda. Constância na luta e nos desejos de melhorar.
— Ser pacientes na luta interior. Voltar para o Senhor todas as vezes que for preciso.
— Paciência com os outros. Contar com os seus defeitos. Pacientes e constantes no apostolado.

I. O EVANGELHO DA MISSA de hoje apresenta-nos um homem que estava doente havia trinta e oito anos, e que esperava a sua cura milagrosa das águas da piscina de Betesda[1]. *Jesus, vendo-o deitado e sabendo que já havia muito tempo que estava enfermo, perguntou-lhe: Queres ficar curado?*

O enfermo falou-lhe com toda a simplicidade: *Senhor, não tenho ninguém que me meta no tanque, quando a água é agitada; enquanto vou, já outro desceu antes de mim. Ordenou-lhe Jesus: Levanta-te, toma o teu leito e anda*. O paralítico obedeceu: *E no mesmo instante aquele homem ficou curado, tomou o seu leito e começou a andar*.

O Senhor está sempre disposto a escutar-nos e a dar-nos em cada situação aquilo de que precisamos. A sua bondade supera sempre os nossos cálculos; mas quer a nossa correspondência pessoal, o nosso desejo de sair da situação em que nos encontramos, que não pactuemos com os nossos defeitos ou erros e que nos esforcemos por superá-los. Não podemos "conformar-nos" nunca com deficiências e fraquezas que nos separam de Deus e dos outros, dizendo que fazem parte da nossa maneira de ser, que já tentamos combatê-los outras vezes e não tivemos resultados positivos...

Cristo pede-nos perseverança para lutar e recomeçar quantas vezes for necessário, sabendo que é nessa luta que está o amor. "O Senhor não pergunta ao paralítico para saber — era supérfluo —, mas para mostrar a paciência daquele homem que, durante trinta e oito anos, sem se deixar abater, insistiu, esperando ver-se livre da sua doença"[2].

O nosso amor a Cristo manifesta-se na decisão e no esforço por arrancar quanto antes o defeito dominante ou por alcançar determinada virtude difícil de conseguir. Mas também se manifesta *na paciência* com que devemos lutar interiormente: é possível que o Senhor nos peça um longo período de luta, talvez *trinta e oito anos*, para crescer em determinada virtude ou para superar certo aspecto negativo da nossa vida interior.

Um conhecido autor espiritual indica a importância de sabermos ter paciência com os nossos defeitos; diz ele que devemos cultivar *a arte de aproveitar as nossas faltas*[3]. Não podemos surpreender-nos se, tendo lançado mão de todos os meios que estão razoavelmente ao nosso alcance, não acabamos de atingir determinada meta espiritual que nos tínhamos proposto. Não devemos "acostumar-nos" às nossas faltas, mas podemos aproveitá-las para crescer em verdadeira humildade, em experiência, em maturidade de juízo...

Este homem que o Evangelho da Missa nos apresenta foi perseverante durante trinta e oito anos, e não nos custa admitir que continuaria a sê-lo até o fim da vida. O prêmio dado à sua constância foi, antes de mais nada, o encontro com Cristo.

II. *TENDE, POIS, PACIÊNCIA, meus irmãos, até que o Senhor chegue. Vede como o lavrador aguarda com esperança o precioso fruto da terra, e tem paciência até receber as chuvas do outono e da primavera*[4].

É necessário saber esperar e lutar com paciente perseverança, convencidos de que assim agradamos a Deus. "É preciso sofrer com paciência — diz São Francisco de Sales — as demoras na nossa perfeição, fazendo sempre o que possamos por progredir e com bom ânimo. Esperemos com paciência, e, ao invés de nos inquietarmos por termos feito tão pouco no passado, procuremos com diligência fazer mais no futuro"[5].

Além disso, normalmente, não se consegue adquirir uma virtude com violentos esforços esporádicos, mas com a continuidade na luta, com a constância nas nossas tentativas diárias, ajudados pela graça. "Nas batalhas da alma, a estratégia é muitas vezes questão de tempo, de aplicar o remédio conveniente, com paciência, com teimosia. Aumentai os atos de esperança. Quero lembrar-vos que, na vida interior, sofrereis derrotas, ou passareis por altos e baixos — Deus permita que sejam imperceptíveis —, porque ninguém está livre desses percalços. Mas o Senhor, que é onipotente e misericordioso, concedeu-nos os meios idôneos para vencer. Basta que os utilizemos [...] com a resolução de começar a cada instante, se for preciso"[6].

A alma da constância é o amor; só por amor se pode ser paciente[7] e lutar, sem aceitar os defeitos e as falhas como coisa inevitável e sem remédio. Não podemos ser como aqueles a quem, depois de muitas batalhas e pelejas, "acabou-se-lhes o esforço, faltou-lhes o ânimo" quando estavam "a dois passos da fonte de água viva"[8].

Ser paciente no trabalho de arrancar as más tendências e os defeitos do caráter significa também apresentar-se muitas vezes diante do Senhor como aquele servo *que não tinha com que pagar*[9]: humildemente, pedindo novas graças. Na nossa caminhada para o Senhor, sofreremos abundantes derrotas, mas o desagravo e a contrição nos aproximarão ainda mais de Deus. Esta dor e arrependimento pelos nossos pecados e deficiências não são tristes, porque são dor e lágrimas de amor. São o pesar de não estarmos retribuindo ao Senhor todo o Amor de que Ele nos cerca, a dor de estarmos devolvendo mal por bem Àquele que nos ama tanto.

III. ALÉM DE SERMOS PACIENTES conosco próprios, temos que sê-lo com as pessoas das nossas relações, sobretudo se temos mais obrigação de ajudá-las na sua formação, numa doença etc. Devemos contar com os defeitos dos que nos rodeiam. A compreensão e a fortaleza ajudar-nos-ão a ter calma, a esperar um pouco de tempo antes de corrigi-los, a dar uma resposta afetuosa, a sorrir... Tudo isso pode permitir que as nossas palavras consigam chegar ao coração dessas pessoas, que de outra forma permaneceriam fechadas, e que as ajudemos muito mais, com maior eficácia.

A impaciência dificulta a convivência e inutiliza a possível ajuda e a correção. "Continua a fazer as mesmas exortações — recomenda-nos São João Crisóstomo —, e nunca com preguiça; atua sempre com amabilidade e graça. Não vês com que esmero os pintores ora apagam os traços que fazem, ora os retocam, quando retratam um belo rosto? Não te deixes superar pelos pintores. Pois se eles põem tanto cuidado na pintura de uma imagem corporal, com maior razão nós, que procuramos formar a imagem de uma alma, devemos pôr todo o empenho em terminá-la com perfeição"[10].

Devemos ser especialmente constantes e pacientes na ação apostólica. As pessoas necessitam de tempo para chegar a Deus, e Deus tem paciência: Ele nos dá a cada momento a sua graça, perdoa-nos e anima-nos a continuar. Se teve e tem conosco essa paciência sem limites, nós devemos tê-la com os amigos que queremos levar ao Senhor, ainda que algumas vezes pareça que não nos escutam, que não se interessam pelas coisas de Deus. Não os abandonemos por isso. Nessas ocasiões, ser-nos-á necessário intensificar a oração e a mortificação, como também a nossa caridade e a nossa amizade sincera.

Nenhum dos nossos amigos, em momento algum da sua vida, deveria poder fazer sua a resposta daquele homem paralítico ao Senhor: *Não tenho ninguém* que me ajude. Porque "é o que poderiam afirmar — infelizmente! — muitos doentes e paralíticos do espírito, que podem servir... e devem servir. — Senhor: que eu nunca fique indiferente diante das almas"[11], pedimos-lhe hoje.

Examinemos agora na nossa oração se nos preocupamos com as pessoas que nos acompanham ao longo da nossa vida: se nos preocupamos pela sua formação ou se, pelo contrário, nos acostumamos aos seus defeitos como se não tivessem remédio; e, ao mesmo tempo, vejamos se somos *pacientes*.

Para todos os males da humanidade, o remédio é Jesus Cristo. Todos podemos encontrar nEle a salvação e a vida. Ele é a fonte das águas que tudo vivificam. É o que nos diz o profeta Ezequiel na leitura da Missa: *Estas águas, disse-me ele, correm para a parte oriental; elas descerão até à planície do Jordão e se lançarão ao mar de águas pútridas e o purificarão. Por toda a parte onde desembocar a corrente, todos os animais que se movem na água poderão viver, e haverá lá grande quantidade de peixes. Lá onde esta água chegar, o mar ficará limpo, e onde a corrente chegar, haverá vida*[12]. Cristo converte em vida o que antes era morte, e em virtude as deficiências e os erros.

(1) Jo 5, 1-16; (2) São João Crisóstomo, *Homilias sobre o Evangelho de São João*, 36; (3) J. Tissot, *A arte de aproveitar as próprias faltas*, 4ª ed., Quadrante, São Paulo, 2015; (4) Tg 5, 7; (5) J. Tissot, *op. cit.*, p. 32; (6) São Josemaria Escrivá, *Amigos de Deus*, n. 219; (7) cf. São Tomás, *Suma teológica*, 2-2, q. 136, a. 3; (8) cf. Santa Teresa, *Caminho de perfeição*, 19, 2; (9) cf. Mt 18, 23 e segs.; (10) São João Crisóstomo, *Homilias sobre o Evangelho de São Mateus*, 30; (11) São Josemaria Escrivá, *Sulco*, n. 212; (12) Ez 47, 8-9.

Tempo da Quaresma. Quarta Semana. Quarta-feira

29. UNIDADE DE VIDA

— O cristão, luz do mundo, sal da terra.
— Consequências do pecado original no mundo. A Redenção. Reconduzir a Cristo todas as realidades terrenas.
— A vida de piedade e o trabalho. A santidade no meio do mundo.

I. *DEUS NÃO ENVIOU o seu Filho ao mundo para condená-lo, mas para que o mundo seja salvo por Ele*[1]. Veio à terra para que os homens tivessem luz e deixassem de se debater nas trevas[2], e, ao terem luz, pudessem fazer do mundo um lugar onde todas as coisas servissem para dar glória a Deus e ajudassem o homem a atingir o seu último fim.

Mas a luz resplandece nas trevas e as trevas não a compreenderam[3]. São palavras atuais para uma boa parte do mundo, que continua na escuridão mais absoluta, pois sem Cristo os homens jamais alcançarão a paz, nem a felicidade, nem a salvação. Fora de Cristo, só existem as trevas e o pecado. Quem rejeita Cristo permanece sem luz e já não sabe por onde vai o caminho.

Durante séculos, muitos homens separaram a sua vida (trabalho, estudo, negócios, pesquisas, lazer) da fé. E, como consequência dessa separação, as realidades temporais ficaram desvirtuadas, e muitos chegaram a considerar o mundo como um fim em si mesmo, sem nenhuma referência a Deus, acabando por tergiversar as próprias verdades mais fundamentais e básicas. De modo especial, é preciso corrigir essa separação nos países ocidentais, "porque, nestes anos, muitas gerações se estão perdendo para Cristo e para a Igreja, e porque, infelizmente, desses lugares se envia ao mundo inteiro o joio de um novo paganismo.

"Este paganismo contemporâneo caracteriza-se pela busca do bem-estar material a qualquer preço, e pelo correspondente esquecimento — seria melhor dizer medo, autêntico pavor — de tudo o que possa causar sofrimento. Dentro desta perspectiva, palavras como Deus, pecado, cruz, mortificação, vida eterna... tornam-se incompreensíveis para uma grande parte das pessoas, que desconhecem o seu significado e o seu conteúdo. Essa espantosa realidade está à vista de todos: muitos começaram talvez por pôr Deus entre parêntesis em algum aspecto da sua vida pessoal, familiar, profissional; mas, como Deus exige, ama, pede, acabam por expulsá-lo — como um intruso — das leis civis e da vida dos povos. Com uma soberba ridícula e presunçosa, querem colocar no seu lugar a pobre criatura, sem dignidade sobrenatural e humana, e reduzida — não é um exagero: está à vista de todos — ao ventre, ao sexo, ao dinheiro"[4].

O mundo continuará nas trevas se os cristãos, por falta de *unidade de vida*, não iluminarem e derem sentido às realidades concretas da vida. Sabemos que a atitude que se exige dos verdadeiros discípulos de Cristo, e de modo específico dos leigos, não é a de se isolarem, mas a de estarem mergulhados nas entranhas do mundo, como o fermento dentro da massa, para transformá-lo. O cristão *coerente com a sua fé* é sal que dá sabor e preserva da corrupção. E para isso deve contar sobretudo com o seu testemunho no meio das tarefas habituais, realizadas exemplarmente. "Se nós, os cristãos, vivêssemos verdadeiramente de acordo com a nossa fé, produzir-se-ia a maior revolução de todos os tempos... A eficácia da corredenção depende também de cada um de nós! — Medita nisto"[5]. Vivo a *unidade de vida* em cada momento da minha existência?

II. TODAS AS CRIATURAS foram postas a serviço do homem, dentro da ordem estabelecida pelo Criador. Adão, com a sua soberba, introduziu o pecado no mundo, quebrando a harmonia de todas as coisas criadas e do próprio homem. Desde então, a inteligência ficou obscurecida e propensa a cair no erro; a vontade, debilitada; e enferma — não corrompida — a liberdade para amar o bem prontamente. O homem ficou profundamente ferido, incapaz de reconhecer e alcançar com facilidade o seu verdadeiro bem. "Rompeu a Aliança com Deus e, como consequência disso, chegou, por um lado, à desintegração interior e, por outro, à incapacidade de construir a comunhão com os outros"[6].

A desordem introduzida pelo pecado foi além do homem, afetando a própria natureza. O mundo é bom, pois foi feito por Deus de modo a contribuir para que o homem alcançasse o seu fim último. Mas, depois do pecado original, as coisas materiais, o talento, a técnica, as leis..., podem ser desviadas da sua reta ordem e converter-se em males para o homem, obscurecendo o seu fim último e separando-o de Deus, ao invés de aproximá-lo. Nascem assim muitos desequilíbrios, injustiças, opressões, que têm a sua origem no pecado. "O pecado do homem, isto é, a sua ruptura com Deus, é a causa radical das tragédias que marcam a história da liberdade. Para compreendê-lo, muitos dos nossos contemporâneos deverão começar por redescobrir o sentido do pecado"[7].

Deus, na sua misericórdia infinita, compadeceu-se deste estado em que a criatura havia caído e redimiu-nos em Jesus Cristo: devolveu-nos a sua amizade e, mais ainda, reconciliou-nos com Ele até o extremo de *podermos chamar-nos filhos de Deus e que o sejamos de verdade*[8]; destinou-nos à vida eterna, para que pudéssemos morar com Ele para sempre no Céu.

Cabe agora aos cristãos, principalmente através do trabalho convertido em oração, fazer com que todas as realidades terrenas se tornem meio de salvação, porque só assim estarão verdadeiramente a serviço do homem. "Temos que impregnar de espírito cristão todos os ambientes da sociedade. Não fiqueis somente no desejo: cada uma, cada um, lá onde estiver trabalhando, deve dar conteúdo divino às suas tarefas, e — com a sua oração, com a sua mortificação, com o seu trabalho profissional bem acabado — deve preocupar-se com a sua formação e com a dos outros na Verdade de Cristo, para que Ele seja proclamado Senhor de todos os afazeres humanos"[9].

III. A MISSÃO QUE O SENHOR nos confiou é a de infundir sentido cristão na sociedade, porque só então as estruturas, as instituições, as leis, o descanso, terão um espírito cristão e estarão verdadeiramente a serviço do homem. "Os discípulos de Jesus Cristo têm que ser semeadores de fraternidade em todos os momentos e em todas as circunstâncias da vida. Quando um homem ou uma mulher vivem intensamente o espírito cristão, todas as suas atividades e relações refletem e comunicam a caridade de Deus e os bens do Reino. É preciso que os cristãos saibam pôr nas suas relações cotidianas de família, amizade, vizinhança, trabalho e lazer, a marca do amor cristão, que é simplicidade, veracidade, fidelidade, mansidão, generosidade, solidariedade e alegria[10].

As práticas pessoais de piedade não devem ser isoladas do resto das nossas tarefas, mas devem ser momentos em que a referência contínua a Deus se torne mais intensa e profunda, de modo que depois seja mais alto o tom das atividades diárias. É evidente que procurar a santidade no meio do mundo não consiste simplesmente em cumprir ou multiplicar as devoções ou práticas de piedade, mas em chegar à unidade efetiva com o Senhor que esses atos promovem e para a qual estão ordenados. E quando há uma união efetiva com o Senhor, isso influi em toda a atuação da pessoa: "Essas práticas hão de levar-te, quase sem o perceberes, à oração contemplativa. Brotarão da tua alma mais atos de amor, jaculatórias, ações de graças, atos de desagravo, comunhões espirituais. E isto enquanto cuidas das tuas obrigações: quando atendes ao telefone, quando tomas um meio de transporte, quando fechas ou abres uma porta, quando passas diante de uma igreja, quando começas uma nova tarefa, enquanto a realizas e quando a concluis"[11].

Procuremos viver assim, com Cristo e em Cristo, todos e cada um dos instantes da nossa existência: no trabalho, na família, na rua, com os amigos... Consiste nisso a *unidade de vida*. Então a piedade pessoal passará a orientar-se para a ação, e dar-lhe-á impulso e conteúdo até convertê-la num contínuo ato de amor a Deus. E, por sua vez, as ocupações de cada dia passarão a facilitar o trato com Deus e serão o campo em que se exercitam todas as virtudes. Se procurarmos trabalhar bem e introduzir nas nossas tarefas a dimensão transcendente que resulta do amor a Deus, essas tarefas servirão para a salvação dos homens e tornaremos o mundo mais humano, pois não é possível respeitar o homem — e muito menos amá-lo — se se nega ou se combate a Deus, uma vez que o homem só é homem quando é verdadeiramente imagem de Deus. Pelo contrário, "a presença de Satanás na história da humanidade aumenta na proporção em que o homem e a sociedade se afastam de Deus"[12].

Nesta tarefa de santificar as realidades terrenas, os cristãos não estão sozinhos. Restabelecer a ordem querida por Deus e conduzir o mundo à sua plenitude é principalmente fruto da ação do Espírito Santo, verdadeiro Senhor da história: "*Non est abbreviata manus Domini*, não se tornou mais curta a mão de Deus (Is 59, 1): Deus não é hoje menos poderoso do que em outras épocas, nem é menos verdadeiro o seu amor pelos homens. A nossa fé ensina que a criação inteira, o movimento da terra e dos astros, as ações retas das criaturas e tudo quanto há de positivo no curso da história, tudo, numa palavra, veio de Deus e para Deus se ordena"[13].

Pedimos ao Espírito Santo que mova as almas de muitas pessoas — homens e mulheres, anciãos e jovens, sãos e doentes... — para que sejam sal e luz nas realidades terrenas.

(1) Jo 3, 17; *Antífona da comunhão* da Missa da quarta-feira da quarta semana da Quaresma; (2) cf. Jo 8, 12; (3) Jo 1, 5; (4) A. del Portillo, *Carta pastoral*, 25-XII-1985, n. 4; (5) São Josemaria Escrivá, *Sulco*, n. 945; (6) João Paulo II, *Audiência geral*, 6-VIII-1983; (7) S. C. para a doutrina da fé, Instr. *Libertatis contientiae*, 22-III-1986; (8) cf. 1 Jo 3, 1; (9) A. del Portillo, *op. cit.*, n. 10; (10) Conferência Episcopal Espanhola, Instr. pastoral *Os católicos na vida pública*, 22-IV-1986; (11) São Josemaria Escrivá, *Amigo de Deus*, n. 149; (12) João Paulo II, *Audiência geral*, 20-VIII-1986; (13) São Josemaria Escrivá, *É Cristo que passa*, n. 130.

Tempo da Quaresma. Quarta Semana. Quinta-feira

30. A SANTA MISSA E A ENTREGA PESSOAL

— O sacrifício de Jesus Cristo no Calvário. Ofereceu-se a si mesmo por todos os homens. A entrega pessoal.

— A Santa Missa, renovação do sacrifício da Cruz.

— Valor infinito da Santa Missa. A nossa participação no Sacrifício. A Santa Missa, centro da vida da Igreja e de cada cristão

I. A PRIMEIRA LEITURA da Missa relata-nos como Moisés intercede diante de Javé para que não castigue a infidelidade do seu povo. Aduz argumentos comovedores: o bom nome do Senhor entre os gentios, a fidelidade à Aliança feita com Abraão e seus descendentes... Apesar das dificuldades e desvios do povo eleito, o Senhor perdoa uma vez mais. Mais ainda, o amor de Deus pelo seu povo e, por meio dele, por todo o gênero humano alcançará a manifestação suprema: *De tal modo amou Deus o mundo que lhe entregou o seu Filho único, para que todo aquele que nele crer não pereça, mas tenha a vida eterna*[1].

A entrega plena de Cristo por nós, que culmina no Calvário, constitui o apelo mais premente para que correspondamos ao seu grande amor por cada um de nós. Na Cruz, Jesus consumou a entrega plena à vontade do Pai e o amor por todos os homens, por cada um: *Ele me amou e se entregou por mim*[2].

Em todo o sacrifício verdadeiro, existem quatro elementos essenciais, e todos eles se encontram presentes no Sacrifício da Cruz: *sacerdote, vítima, oferecimento interior e manifestação externa do sacrifício*. A manifestação externa deve ser expressão da atitude interior. Jesus, ao morrer na Cruz, manifesta exteriormente — através das suas palavras e atos — a sua amorosa entrega interior. *Pai, nas tuas mãos entrego o meu espírito*[3]: a missão que me confiaste está concluída, cumpri a tua vontade.

Ele é, então e agora, o Sacerdote e a Vítima: *Tendo, pois, um sumo sacerdote, grande, que penetrou nos céus, Jesus, o filho de Deus, conservemos firme a nossa fé. Porque não temos nele um pontífice incapaz de compadecer-se das nossas enfermidades; antes pelo contrário, ele passou pelas mesmas provações que nós, fora o pecado*[4]. O Sacrifício da Cruz é único. Sacerdote e Vítima são uma só e a mesma pessoa divina: o Filho de Deus encarnado. Jesus não foi oferecido ao Pai por Pilatos ou Caifás, ou pela multidão reunida em torno do Calvário. Foi Ele que se entregou a si mesmo, em perfeita identificação com a vontade do Pai.

Nós, que queremos imitar Jesus, que só desejamos que a nossa vida seja reflexo da sua, devemos perguntar-nos na nossa oração de hoje se sabemos unir-nos ao oferecimento de Jesus ao Pai, aceitando a vontade de Deus em cada momento, nas alegrias e nas contrariedades, nas coisas que nos ocupam diariamente, nos momentos mais difíceis, como podem ser o fracasso, a dor ou a doença, e nos momentos fáceis, em que sentimos a alma cheia de felicidade.

"Minha Mãe e Senhora, ensina-me a pronunciar um *sim* que, como o teu, se identifique com o clamor de Jesus perante seu Pai: *Non mea voluntas*... (Lc 22, 42): não se faça a minha vontade, mas a de Deus"[5].

II. A SANTA MISSA e o Sacrifício da Cruz são o mesmo e único sacrifício, embora estejam distanciados no tempo; volta a fazer-se presente a total submissão amorosa do Senhor à vontade do Pai, embora não se repitam as circunstâncias dolorosas e cruentas do Calvário. Esse oferecimento interior é, pois, idêntico no Calvário e na Missa: é *a oblação de Cristo*. Estamos diante do mesmo Sacerdote, da mesma Vítima e da mesma oblação através da Paixão e Morte de Jesus; simplesmente, na Missa, a separação do Corpo e do Sangue de Cristo é sacramental, não cruenta, mediante a transubstanciação do pão e do vinho.

O sacerdote que celebra a Missa é apenas o instrumento de Cristo, Sumo e Eterno Sacerdote. Cristo oferece-se a si mesmo em cada uma das Missas, exatamente como o fez no Calvário, ainda que agora o faça através do sacerdote, que atua *in persona Christi*. Por isso "toda a Missa, ainda que celebrada privadamente por um sacerdote, não é ação privada, mas ação de Cristo e da Igreja. Esta, no sacrifício que oferece, aprende a oferecer-se a si mesma como sacrifício universal, e aplica à salvação do mundo inteiro a única e infinita eficácia redentora do Sacrifício da Cruz"[6].

A nossa oração de hoje é um bom momento para ver como assistimos e participamos da Santa Missa. "Estais ali com as mesmas disposições com que a Virgem Maria esteve no Calvário, já que se trata da presença do mesmo Deus e da consumação do mesmo sacrifício?"[7] Amor, identificação plena com a vontade de Deus, oferecimento de si mesmo, ânsia de corredimir.

III. SENDO ESSENCIALMENTE IDÊNTICO ao Sacrifício da Cruz, o Sacrifício da Missa tem um valor infinito. Em cada Missa, oferece-se a Deus Pai uma adoração, uma ação de graças e uma reparação infinitas, independentemente das disposições concretas dos que assistem e do celebrante, porque o Ofertante principal e a Vítima que se oferece são o próprio Cristo. Portanto, não existe um modo mais perfeito de *adorar* a Deus que o oferecimento da Missa.

Também não existe um modo mais perfeito de *dar graças* a Deus por tudo o que Ele é e pelas suas contínuas misericórdias para conosco: nada na terra pode ser mais grato a Deus que o Sacrifício do altar. E, ao mesmo tempo, de cada vez que se celebra a Santa Missa, dada a infinita dignidade do Sacerdote e da Vítima, repara-se por todos os pecados do mundo: a Missa é a única perfeita e adequada *reparação*, e a ela devemos unir os nossos atos de desagravo; ela é realmente "o coração e o centro do mundo cristão"[8]. Neste Santo Sacrifício, "está gravado o que há de mais profundo na vida de cada um dos homens: a vida do pai, da mãe, da criança, do ancião, do jovem e da jovem adolescente, do professor e do estudante, do homem culto e do homem simples, da religiosa e do sacerdote. De todos, sem exceção. É assim que a vida do homem se insere, mediante a Eucaristia, no mistério do Deus vivo"[9].

Os frutos de cada Missa são infinitos, mas, em nós, estão condicionados pelas nossas disposições pessoais. É por isso que a nossa Mãe a Igreja nos convida a participar de uma forma consciente, ativa e piedosa[10] nesse ato que é o mais sublime que acontece em cada dia. De modo especial, temos de procurar estar atentos e recolhidos no momento da Consagração; nesses instantes, devemos procurar penetrar na alma dAquele que é ao mesmo tempo Sacerdote e Vítima, na sua amorosa oblação a Deus Pai, como sucedeu no Calvário.

Este Sacrifício será então o ponto central da nossa vida diária, como o é de toda a liturgia e da vida da Igreja. A nossa união com Cristo no momento da Consagração será tanto mais plena quanto maior for a nossa identificação com a vontade de Deus, ao longo das nossas jornadas. Em união com o Filho, não só oferecemos ao Pai a Santa Missa como nos oferecemos a nós mesmos por Ele, com Ele e nEle. Este ato de união deve ser tão profundo e verdadeiro que influa decisivamente no nosso trabalho, nas nossas relações com os outros, nas nossas alegrias e fracassos, em tudo.

Contamos com muitas ajudas para viver bem a Santa Missa. Entre outras, a dos anjos, que "sempre estão ali presentes em grande número para honrar este santo mistério. Unindo-nos a eles e animados da mesma intenção, receberemos necessariamente muitas influências favoráveis dessa companhia. Os coros da Igreja triunfante unem-se e juntam-se a Nosso Senhor, neste ato divino, para cativarem, nEle, com Ele e por Ele o coração de Deus Pai, e para tornarem eternamente nossa a sua misericórdia"[11]. Recorramos a eles para evitar as distrações e esforcemo-nos por cuidar com mais amor desse tempo único em que participamos do Sacrifício da Cruz.

(1) Jo 3, 16; (2) Gl 2, 20; (3) Lc 23, 46; (4) Hb 4, 14-15; (5) São Josemaria Escrivá, *Via Sacra*, IVª est., n. 1; (6) Paulo VI, Enc. *Mysterium Fidei*, 3-IX-1965, n. 4; (7) Cura d'Ars, *Sermão sobre o pecado*; (8) João Paulo II, *Homilia no Seminário de Venegono*, 21-V-1983; (9) idem, *Homilia no encerramento do XX Congresso Eucarístico Nac. da Itália*, 22-V--1983; (10) cf. Conc. Vat. II, Const. *Sacrossanctum Concilium*, 48 e 11; (11) São Francisco de Sales, *Introdução à vida devota*.

TEMPO DA QUARESMA. QUARTA SEMANA. SEXTA-FEIRA

31. RECONHECER CRISTO NOS DOENTES E NA DOENÇA

— Jesus fez-se presente nos doentes.
— Santificar a doença. Aceitação. Aprender a ser bons doentes.
— O sacramento da Unção dos Enfermos. Frutos deste sacramento na alma. Preparar os doentes para recebê-lo é uma prova especial de caridade e, às vezes, de justiça.

I. *DEPOIS QUE O SOL se pôs, todos os que tinham enfermos de diversas moléstias traziam-nos à sua presença; e Ele, impondo as mãos sobre cada um, curava-os*[1].

Os doentes eram tão numerosos que *toda a cidade se acotovelou à sua porta*[2]. Trazem os doentes *depois do pôr-do-sol*[3]. Por que não antes? Certamente porque era sábado. Depois do pôr do sol começava um novo dia, em que cessava a obrigação do descanso sabático que os judeus piedosos cumpriam com tanta fidelidade.

O Evangelho de São Lucas anota este detalhe de Cristo: curou-os *impondo as mãos sobre cada um deles*. Jesus olha atentamente para cada um dos doentes e dedica-lhes toda a sua atenção, porque cada pessoa, e de modo especial cada pessoa que sofre, é muito importante para Ele. A sua presença caracteriza-se por *pregar o Evangelho do Reino e curar todo o mal e toda a enfermidade*[4]; *de sorte que o povo estava admirado ante o espetáculo dos mudos que falavam, dos aleijados que ficavam curados, dos coxos que andavam, dos cegos que viam; e todos glorificavam o Deus de Israel*[5].

"Na sua atividade messiânica no meio de Israel — lembra-nos João Paulo II —, Cristo aproximou-se incessantemente do mundo do sofrimento humano. *Passou fazendo o bem* (At 10, 38), e essa sua forma de agir exercia-se principalmente com os doentes e com os que esperavam a sua ajuda. Curava os doentes, consolava os aflitos, alimentava os famintos, livrava os homens da surdez, da cegueira, da lepra, do demônio e de diversas incapacidades físicas; três vezes devolveu a vida aos mortos. Era sensível a todo o sofrimento humano, tanto do corpo como da alma. Ao mesmo tempo instruía, colocando no centro dos seus ensinamentos as oito bem-aventuranças, que se dirigem aos homens provados por diversos sofrimentos na sua vida temporal"[6].

Nós, que queremos ser fiéis discípulos de Cristo, devemos aprender com Ele a tratar e amar os doentes. Temos que aproximar-nos deles com grande respeito, carinho e misericórdia, alegrando-nos quando podemos prestar-lhes algum serviço, visitando-os, fazendo-lhes companhia, ajudando-os a receber os sacramentos no momento oportuno. Neles, de modo especial, vemos Cristo. "Criança. — Doente. — Ao escrever estas palavras, não sentis a tentação de as pôr com maiúsculas? — É que, para uma alma enamorada, as crianças e os doentes são Ele"[7].

Na nossa vida, haverá momentos em que talvez estejamos doentes, ou o estejam pessoas que vivem ao nosso lado. Isso é um tesouro de Deus que temos que cuidar. O Senhor coloca-se ao nosso lado para que amemos mais e para que saibamos também encontrá-lo a Ele. No trato com os que estão doentes e sofrem, tornam-se realidade as suas palavras: *Todas as vezes que fizestes isto a um destes meus irmãos mais pequeninos, foi a mim que o fizestes*[8].

II. A DOENÇA, enfrentada por amor de Deus, é um meio de santificação e de apostolado; é um modo excelente de participar na Cruz redentora do Senhor.

A dor física, que tantas vezes acompanha a vida do homem, pode ser um meio de que Deus se serve para purificar as nossas culpas e imperfeições, para levar-nos a praticar e fortalecer as virtudes, e uma oportunidade especial de nos unirmos aos padecimentos de Cristo que, sendo inocente, chamou a si o castigo que os nossos pecados mereciam[9].

Especialmente na doença, temos que estar perto de Cristo. "Diz-me, amigo — perguntou o Amado —, terás paciência se Eu duplicar as tuas dores? Sim — respondeu o amigo —, desde que dupliques os meus amores"[10]. Quanto mais dolorosa for a doença, maior terá de ser o nosso amor. Também receberemos mais graças de Deus. As doenças são ocasiões muito singulares que o Senhor permite para nos fazer corredimir com Ele e para nos purificar das sequelas que os nossos pecados deixaram na alma.

Se adoecemos, devemos aprender a ser bons doentes. Em primeiro lugar, aceitando a doença. "É necessário sofrer com paciência não só a doença, mas também a doença que Deus quer, entre as pessoas que Ele quer, com as incomodidades que quer, e a mesma coisa digo a respeito das outras tribulações"[11].

Temos que pedir ajuda ao Senhor para enfrentar a doença com galhardia, procurando não reclamar, obedecendo ao médico. Pois "enquanto estamos doentes, podemos ser maçantes: «Não me atendem bem, ninguém se preocupa comigo, não cuidam de mim como mereço, ninguém me compreende...» O diabo, que anda sempre à espreita, ataca por qualquer flanco; e, na doença, a sua tática consiste em fomentar uma espécie de psicose que afaste de Deus, que azede o ambiente ou que destrua esse tesouro de méritos que, para bem de todas as almas, se alcança quando se assume com otimismo sobrenatural — quando se ama! — a dor. Portanto, se é vontade de Deus que sejamos atingidos pelas garras da aflição, encarai-o como sinal de que Ele nos considera amadurecidos para nos associar mais estreitamente à sua Cruz redentora"[12].

Aquele que sofre em união com o Senhor *completa* com o seu sofrimento o que falta aos padecimentos de Cristo[13].

"O sofrimento de Cristo criou o bem da Redenção do mundo. Este bem é, em si mesmo, inesgotável e infinito. Nenhum homem pode acrescentar-lhe nada. Mas, ao mesmo tempo, no mistério da Igreja como seu corpo, Cristo em certo sentido abriu o seu sofrimento redentor a todo o sofrimento do homem"[14].

Com Cristo, a dor e a doença atingem o seu sentido pleno. Senhor, *fazei com que os vossos servos participem da vossa Paixão, mediante os sofrimentos da sua vida, a fim de que se manifestem neles os frutos da vossa Salvação*[15].

III. ENTRE AS MISSÕES confiadas aos apóstolos, sobressai a de curar os doentes. *Reunindo Jesus os doze apóstolos, deu-lhes poder e autoridade sobre todos os demônios e para curar doenças... Partiram, pois, e percorriam as aldeias, anunciando o Evangelho e fazendo curas por toda a parte*[16]. A missão confiada pelo Senhor aos discípulos depois da Ressurreição contém esta promessa: *Imporão as mãos aos enfermos, e eles ficarão curados*[17]. Os discípulos cumpriram essa missão, seguindo o exemplo do Mestre.

O sacramento da Unção dos Enfermos, instituído por Jesus Cristo e proclamado pelo apóstolo Tiago na sua Epístola[18], torna presente de modo eficaz a solicitude com que o Senhor se abeirava de todos os que padeciam de alguma doença grave. "A presença do presbítero ao lado do doente é sinal da presença de Cristo, não só porque ele é ministro da Unção, da Penitência e da Eucaristia, mas também porque é um especial servidor da paz e do consolo de Cristo"[19].

A doença, que entrou no mundo por causa do pecado, é também vencida por Cristo na medida em que se pode converter num bem maior que a própria saúde física. Com a Unção dos Enfermos, são inúmeros os bens que se recebem, bens que o Senhor estabeleceu para santificar a doença grave.

O primeiro efeito deste sacramento é *aumentar* a graça santificante na alma; por isso, antes de recebê-lo, é conveniente confessar-se. Não obstante, mesmo que não se esteja em graça e seja impossível confessar-se (por exemplo, no caso de uma pessoa que sofreu um acidente e está inconsciente), esta santa Unção apaga também o pecado mortal: basta que o doente faça ou tenha feito antes um ato de contrição, ainda que imperfeito.

Além de aumentar a graça, a Unção dos Enfermos limpa as marcas do pecado na alma, confere uma graça especial para vencer as tentações que possam apresentar-se nessa situação e outorga a saúde do corpo, se for conveniente para a salvação[20]. Assim prepara a alma para entrar no Céu. E não poucas vezes produz no doente uma grande paz e uma serena alegria, fazendo-o considerar que já está muito perto de encontrar o seu Pai-Deus.

A nossa Mãe a Igreja recomenda que os doentes e as pessoas de idade avançada recebam este sacramento no momento oportuno, e que não se adie a sua administração por falsas razões de misericórdia, compaixão etc, nas fases terminais da vida aqui na terra. Seria uma pena que pessoas que poderiam ter recebido a Unção viessem a morrer sem ela, por ignorância, por descuido ou por um carinho mal entendido dos parentes e amigos. Preparar os doentes para recebê-la é uma prova especial de caridade e, às vezes, de justiça.

A nossa Mãe Santa Maria está sempre muito perto. "A presença de Maria e a sua ajuda maternal nesses momentos (de doença grave) não deve ser encarada como uma coisa marginal e simplesmente paralela ao sacramento da Unção. É antes uma presença e uma ajuda que se atualizam e se transmitem por meio da própria Unção"[21].

Estamos na Quaresma. Especialmente neste tempo litúrgico, abramos os nossos olhos à dor que nos rodeia. Cristo que sofre na sua Paixão quer tornar-se presente nessa dor, nessa doença própria ou alheia, e dar-lhe um valor redentor.

(1) Lc 4, 10; (2) Mc 1, 33; (3) Mc 1, 32; (4) Mt 9, 35; (5) Mt 15, 31; (6) João Paulo II, Carta apost. *Salvifici doloris*, 11-II-1984, 16; (7) São Josemaria Escrivá, *Caminho*, n. 419; (8) Mt 25, 40; (9) cf. 1 Jo 4, 10; (10) R. Llull, *Livro do Amigo e do Amado*, 8; (11) São Francisco de Sales, *Introdução à vida devota*, III, 3; (12) São Josemaria Escrivá, *Amigos*

de Deus, n. 124; (13) cf. Col 1, 24; (14) João Paulo II, *op. cit.*, 24; (15) *Preces das Vésperas*, Liturgia das Horas da sexta-feira da quarta semana da Quaresma; (16) Lc 9, 1-6; (17) Mc 16, 18; (18) Tg 5, 14-15; (19) *Ritual da Unção dos Enfermos*, 6; (20) cf. Conc. de Trento, Dz 909; *Ritual da Unção dos Enfermos*, 6; (21) A. Bandera, *La Virgen María y los Sacramentos*, Rialp, Madri, 1978, p. 184.

TEMPO DA QUARESMA. QUARTA SEMANA. SÁBADO

32. DIFUNDIR A DOUTRINA DE CRISTO

— Os ensinamentos de Cristo. Todos os cristãos devem dar testemunho da sua doutrina.
— Imitar o Senhor. Exemplaridade. Aproveitar as ocasiões.
— Diversidade de formas de difundir os ensinamentos de Cristo. Contar com situações difíceis.

I. *ESTE É REALMENTE o profeta que havia de vir... Jamais homem algum falou como ele*[1]. O Senhor fala com grande simplicidade das coisas mais profundas, e sempre o faz de modo atraente e sugestivo. As suas palavras são compreendidas tanto por um doutor da Lei como pelos pescadores da Galileia.

A palavra de Jesus é grata e oportuna. Insiste com frequência na mesma doutrina, mas procura as comparações mais adequadas aos que o ouvem: o grão de trigo que deve morrer para dar fruto, a alegria de encontrar umas moedas perdidas, a descoberta de um tesouro escondido... E foi com imagens e parábolas que mostrou de modo insuperável a soberania de Deus Criador e, ao mesmo tempo, a sua condição de Pai que trata amorosamente cada um dos seus filhos. Ninguém como Ele proclamou a verdade fundamental do homem, a sua liberdade e a sua dignidade sobrenatural, pela graça da filiação divina.

As multidões procuravam-no para ouvi-lo, e muitas vezes era necessário despedi-las para que se retirassem.

Também hoje as pessoas estão sedentas das palavras de Cristo, as únicas que podem dar paz à alma, as únicas que ensinam o caminho do Céu. E todos os cristãos participam dessa missão de dar a conhecer o Senhor. "Todos os fiéis, desde o Papa até o último batizado, participam da mesma vocação, da mesma fé, do mesmo Espírito, da mesma graça [...]. Todos participam ativa e corresponsavelmente — dentro da necessária pluralidade de ministérios — da única missão de Cristo e da Igreja"[2].

A urgência de dar a conhecer a doutrina de Cristo é muito grande, porque a ignorância é um poderoso inimigo de Deus no mundo e é "a causa e como que a raiz de todos os males que envenenam os povos"[3]. Cada cristão deve dar testemunho — não só com o exemplo, mas também com a palavra — da mensagem evangélica. E para isso devemos aproveitar todas as oportunidades — sabendo também provocá-las prudentemente — que se apresentem no convívio com os nossos familiares, amigos, colegas de profissão, vizinhos; com as pessoas com quem nos relacionamos, mesmo que seja por pouco tempo, durante uma viagem, num congresso, ao sair de compras...

Para quem deseja percorrer o caminho que conduz à santidade, a sua vida não pode ser como uma grande avenida de ocasiões perdidas, pois o Senhor quer que as nossas palavras sirvam de eco aos seus ensinamentos para sacudir os corações. "É certo que Deus respeita a liberdade humana, e pode haver pessoas que *não queiram* dirigir os seus olhos para a luz do Senhor. Mas muito mais forte, e abundante, e generosa, é a graça que Jesus Cristo quer derramar sobre a terra, servindo-se — agora, como antes e como sempre — da colaboração dos apóstolos que Ele mesmo escolheu para que levem a sua luz a toda a parte"[4].

II. AO EMPREENDERMOS este apostolado da doutrina, teremos de insistir com frequência nas mesmas ideias, e de esforçar-nos por apresentar os ensinamentos do Senhor de forma atraente (não há nada mais atraente!). O Senhor está à espera das multidões, que também hoje andam *como ovelhas sem pastor*[5], sem guia e sem rumo, confundidas entre tantas ideologias caducas. Nenhum cristão deve permanecer passivo — inibir-se — nesta tarefa que é a única verdadeiramente importante no mundo. Não há lugar para desculpas: não valho nada, não presto, não tenho tempo... A vocação cristã é vocação apostólica, e Deus dá a graça suficiente para podermos corresponder-lhe.

Somos verdadeiramente um foco de luz, no meio de tanta escuridão, ou estamos ainda amordaçados pela preguiça ou pelos respeitos humanos? Se considerarmos na presença do Senhor que as pessoas que até hoje se cruzaram conosco no caminho da nossa vida tinham direito a que as ajudássemos a conhecer melhor Jesus, certamente nos sentiremos espicaçados a ser mais apostólicos e a vencer os obstáculos daqui por diante. Oxalá não haja nunca pessoas que nos possam censurar — nesta vida e na outra — por as termos privado dessa ajuda; e que ninguém nos possa dizer: *Hominem non habeo*[6], não tive quem me desse um pouco de luz no meio de tanta escuridão.

A palavra de Deus é viva e eficaz, mais penetrante que espada de dois gumes[7], chega até o mais fundo da alma, à fonte da vida e dos costumes dos homens. Certo dia — narra o Evangelho da Missa de hoje —, os judeus enviaram os guardas do Templo para prender Jesus. Quando regressaram e os seus chefes lhes perguntaram: *Por que não o trouxestes?*, os guardas responderam: *Jamais homem algum falou como esse homem*[8]. É de supor que esses homens simples tivessem permanecido um pouco de tempo entre os ouvintes, à espera do momento oportuno para prender o Senhor, mas ficaram maravilhados com a doutrina que escutaram. Quantos mudariam de atitude se nós conseguíssemos dar-lhes a conhecer a figura de Cristo, a sua verdadeira imagem, tal como a nossa Mãe a Igreja a professa! Que ignorância tão grande, depois de vinte séculos, a do nosso mundo e mesmo a de muitos cristãos!

São Lucas diz do Senhor que Ele começou *a fazer e a ensinar*[9]; e que as pessoas simples comentavam: *Vimos coisas incríveis*[10]. O Concílio Vaticano II ensina que a Revelação se realizou *gestis verbisque*, com obras e palavras intrinsecamente ligadas[11]. Nós, cristãos, devemos mostrar com a ajuda da graça o que significa seguir de verdade o Senhor. "Quem tem a missão de dizer coisas grandes (e todos os cristãos têm a doce obrigação de falar do seguimento de Cristo), está igualmente obrigado a praticá-las", dizia São Gregório Magno[12]. Os nossos amigos, parentes, colegas de trabalho e conhecidos devem ver que somos alegres, leais, sinceros, otimistas, bons profissionais, enérgicos, afáveis, valentes..., ao mesmo tempo que lhes mostramos com naturalidade e simplicidade a nossa fé em Cristo. "São necessários — diz João Paulo II — arautos do Evangelho, peritos em humanidade, que conheçam a fundo o coração do homem de hoje, participem das suas alegrias e esperanças, das suas angústias e tristezas, e ao mesmo tempo sejam contemplativos, enamorados de Deus. Para isso são precisos novos santos [...]. Devemos suplicar ao Senhor que aumente o espírito de santidade na Igreja e nos envie novos santos para evangelizar o mundo de hoje"[13].

III. "ALGUNS NÃO SABEM nada de Deus..., porque não lhes falaram em termos compreensíveis"[14]. São muitas as maneiras de dar a conhecer amavelmente a figura e os ensinamentos de Cristo e da Igreja: com uma conversa em família, participando numa catequese, defendendo com clareza, caridade e firmeza o dogma cristão numa conversa, elogiando um bom livro ou um bom artigo... Ou, em certas ocasiões, com o nosso silêncio, que os outros apreciam; ou escrevendo uma carta simples de agradecimento aos jornais por um artigo de bom critério: sempre faz bem a alguém, talvez de um modo que nunca nos tenha passado pela cabeça. Em qualquer caso, todos devemos perguntar-nos neste tempo de oração: "Como posso ser mais eficaz, melhor instrumento? De que ambientes, de que pessoas poderia aproximar-me, se fosse menos comodista — mais enamorado de Deus! — e tivesse mais espírito de sacrifício?"[15]

Devemos ter presente que muitas vezes teremos que avançar *contra a corrente*, como também o fizeram tantos bons cristãos ao longo dos séculos. Com a ajuda do Senhor, seremos fortes para não nos deixarmos arrastar por erros que estejam em voga ou por costumes permissivos que contradigam a lei moral natural e a lei cristã. E também nesses casos falaremos de Deus aos nossos irmãos os homens, sem perder uma só oportunidade: "Vejo todos os acontecimentos da vida — os de cada existência individual e, de algum modo, os das grandes encruzilhadas da História — como outras tantas chamadas que Deus dirige aos homens para que encarem de frente a verdade; e como ocasiões que se oferecem aos cristãos para que anunciem com as suas próprias obras e palavras, ajudados pela graça, o Espírito a que pertencem (cf. Lc 9, 55).

"Cada geração de cristãos tem que redimir e santificar o seu próprio tempo: para isso, precisa compreender e compartilhar os anseios dos outros homens, seus iguais, a fim de lhes dar a conhecer, com *dom de línguas*, como devem corresponder à ação do Espírito Santo, à efusão permanente das riquezas do Coração divino. Compete-nos a nós, cristãos, anunciar nestes dias, a esse mundo a que pertencemos e em que vivemos, a mensagem antiga e nova do Evangelho"[16].

O Espírito Santo nunca deixará de iluminar-nos, sobretudo nas situações mais difíceis, e sempre saberemos o que dizer e como comportar-nos[17].

(1) Jo 7, 46; (2) A. Del Portillo, *Fieles y laicos en la Iglesia*, EUNSA, Pamplona, 1969, p. 38; (3) João XXIII, Enc. *Ad Petri cathedram*, 29-VI-1959; (4) A. Del Portillo, *Carta pastoral*, 25-XII-1985, n. 7; (5) Mc 6, 34; (6) Jo 5, 7; (7) Hb 4, 12; (8) Jo 7, 45-46; (9) At 1, 1; (10) Lc 5, 26; (11) Conc. Vat. II, Const. *Dei Verbum*, 2; (12) São Gregório Magno, *Regra pastoral*, 2, 3; (13) João Paulo II, *Discurso ao Simpósio de Bispos Europeus*, 11-X-1985; (14) São Josemaria Escrivá, *Sulco*, n. 941; (15) A. del Portillo, *Carta pastoral*, 25-XII-1985, n. 9; (16) São Josemaria Escrivá, *É Cristo que passa*, n. 132; (17) cf. Lc 12, 11-12.

TEMPO DA QUARESMA. QUINTO DOMINGO

33. UM CLAMOR DE JUSTIÇA

— Desejo de justiça e de maior paz no mundo. Respeitar as exigências da justiça na nossa vida pessoal e no âmbito em que ela se desenvolve.
— Cumprimento dos deveres profissionais e sociais.
— Santificar a sociedade a partir de dentro. Virtudes que ampliam e aperfeiçoam o campo da justiça.

I. *FAZEI-ME JUSTIÇA, ó Deus, e defendei a minha causa... Pois Vós, ó meu Deus, sois a minha fortaleza*[1], rezamos na antífona de entrada da Missa.

Grande parte da humanidade clama aos brados por uma maior justiça, por "uma paz melhor assegurada num ambiente de respeito mútuo entre os homens e entre os povos"[2]. Este desejo de construir um mundo mais justo, em que se respeite mais o homem criado por Deus à sua imagem e semelhança, é parte fundamental da *fome e sede de justiça*[3] que deve palpitar no coração cristão.

Toda a pregação de Jesus Cristo é um apelo à justiça (na sua plenitude, sem reducionismos) e à misericórdia. O próprio Senhor condena os fariseus *que devoram as casas das viúvas, enquanto fingem longas orações*[4]. E é o apóstolo Tiago quem dirige esta severa censura aos que se enriquecem mediante a fraude e a injustiça: *As vossas riquezas estão podres [...]. Eis que brada aos céus o salário que defraudastes aos trabalhadores que ceifavam os vossos campos, e os gritos dos ceifadores chegaram aos ouvidos do Senhor dos exércitos*[5].

Fiel ao ensinamento da Sagrada Escritura, a Igreja pede-nos que nos unamos urgentemente a este clamor do mundo e o convertamos numa oração que chegue até o nosso Pai-Deus. Ao mesmo tempo, anima-nos e concita-nos a observar as exigências da justiça na vida pessoal, profissional e social, e a sair em defesa daqueles que — por serem mais fracos — não podem fazer valer os seus direitos. Não são próprias do cristão as lamentações estéreis. O Senhor, ao invés de queixas inúteis, quer que o desagravemos pelas injustiças que todos os dias se cometem no mundo, e que procuremos remediar todas as que possamos, começando pelas que estão ao nosso alcance, no âmbito em que se desenvolve a nossa vida: a mãe de família no seu lar e com as pessoas com quem se relaciona, o empresário na empresa, o professor na Universidade...

A solução definitiva para instaurar e promover a justiça em todos os níveis está no coração de cada homem, pois é nele que se forjam todas as injustiças existentes e que está a possibilidade de tornar retas todas as relações humanas. "O homem, negando e tentando negar a Deus, seu Princípio e Fim, altera profundamente a sua ordem e equilíbrio interior, o da sociedade e também o da criação visível. É em conexão com o pecado que a Escritura considera o conjunto das calamidades que oprimem o homem no seu ser individual e social"[6].

Por isso, nós, cristãos, não podemos esquecer que quando, mediante o apostolado pessoal, aproximamos os homens de Deus, estamos construindo um mundo mais humano e mais justo. Além disso, a nossa fé intima-nos urgentemente a nunca eludir o compromisso pessoal de sair em defesa da justiça, particularmente no âmbito dos direitos fundamentais da pessoa: o direito à vida, ao trabalho, à educação, à boa fama... "Cumpre-nos defender o direito, que todos os homens têm, de viver, de possuir o necessário para desenvolver uma existência digna, de trabalhar e descansar, de escolher o seu estado, de formar um lar, de trazer filhos ao mundo dentro do matrimônio e de poder educá-los, de passar serenamente o tempo da doença ou da velhice, de ter acesso à cultura, de associar-se com os demais cidadãos para atingir fins lícitos, e, em primeiro lugar, de conhecer e amar a Deus com plena liberdade"[7].

Na nossa esfera pessoal, devemos perguntar-nos se executamos com perfeição e intensidade o trabalho pelo qual nos pagam, se remuneramos devidamente as pessoas que nos prestam serviços, se exercemos responsavelmente os direitos e deveres que podem influir na configuração das instituições de que fazemos parte, se defendemos o bom nome dos outros, se saímos em defesa dos fracos, se fazemos silenciar as críticas difamatórias que podem surgir à nossa volta... É assim que amaremos a justiça.

II. OS DEVERES PROFISSIONAIS são um campo excelente para vivermos a virtude da justiça. Dar a cada um o que é seu — característica própria dessa virtude — significa neste caso cumprir aquilo a que nos comprometemos. O patrão, a dona de casa, o chefe, obrigam-se a remunerar as pessoas que trabalham às suas ordens de acordo com as leis civis justas e com os ditames de uma consciência reta, que muitas vezes irá mais longe que a própria lei.

Por seu turno, os operários e empregados têm o grave dever de trabalhar responsavelmente, com espírito profissional, aproveitando o tempo. A laboriosidade apresenta-se assim como uma manifestação prática da justiça. "Não acredito na justiça dos folgazões, porque com o seu *dolce far niente* — como dizem na minha querida Itália — faltam, e às vezes de modo grave, ao mais fundamental dos princípios da equidade: o do trabalho"[8].

O mesmo princípio se pode aplicar aos estudantes. Têm o grave dever de estudar — é o seu trabalho — e contraíram uma obrigação de justiça para com a família e a sociedade, que os sustentam economicamente para que se preparem e possam vir a prestar serviços eficazes.

Os deveres profissionais são, por outro lado, o caminho mais à mão com que contamos ordinariamente para colaborar na resolução dos problemas sociais e para intervir na construção de um mundo mais justo. No seu desejo de construir esse mundo, o cristão deve ser exemplar no cumprimento das legítimas leis civis, porque, se essas leis são justas, são queridas por Deus e constituem a base da própria convivência humana. Como cidadãos correntes que são, os cristãos devem ser exemplares no pagamento dos impostos justos, necessários para que a sociedade organizada possa chegar aonde o indivíduo pessoalmente seria ineficaz. *Pagai a todos o que lhes é devido: a quem imposto, imposto; a quem tributo, tributo; a quem respeito, respeito; a quem honra, honra*[9]. *É necessário, pois, submeter-se, não só por temor do castigo, mas por dever de consciência*[10]. Assim viveram os cristãos desde o começo as suas obrigações sociais, mesmo no meio das perseguições e do paganismo dos poderes públicos. "Tal como aprendemos dEle (de Cristo) — escrevia São Justino, nos meados do século II —, nós procuramos pagar os tributos e contribuições, integralmente e com prontidão, aos vossos encarregados"[11].

Entre os deveres sociais do cristão, o Concílio Vaticano II recorda "o direito e ao mesmo tempo o dever [...] de votar para promover o bem comum"[12]. Desinteressar-se de manifestar a própria opinião nos diferentes níveis em que devemos exercer os nossos direitos sociais e cívicos seria uma falta contra a justiça, às vezes grave, se essa abstenção favorecesse candidaturas (tanto na composição dos parlamentos como na das associações de pais e mestres de um colégio, na direção de uma escola profissional etc.) cujo programa se opusesse aos princípios da doutrina cristã. Com maior razão, seria uma irresponsabilidade, e talvez uma grave falta contra a justiça, apoiar organizações ou pessoas que não respeitassem na sua atuação os fundamentos da lei natural e da dignidade humana (aborto, divórcio, liberdade de ensino, respeito à família...)

III. "O CRISTÃO que queira viver a sua fé numa ação política concebida como serviço, não pode aderir — sem contradizer-se — a sistemas ideológicos que se oponham, radicalmente ou em pontos substanciais, à sua fé e à sua concepção do homem. Não é lícito, portanto, favorecer a ideologia marxista, o seu materialismo ateu, a sua dialética de violência e a maneira como entende a liberdade individual dentro da sociedade, negando ao mesmo tempo qualquer transcendência ao homem e à sua história pessoal e coletiva. O cristão também não apoia a ideologia liberal, que julga exaltar a liberdade individual subtraindo-a a qualquer limitação, estimulando-a mediante a procura exclusiva do interesse e do poder, e considerando as solidariedades sociais como consequências mais ou menos automáticas das iniciativas individuais, e não como fim e motivo primário do valor da organização social"[13].

Unimo-nos hoje a esse desejo de uma maior justiça, que é uma das características do nosso tempo[14]. Pedimos ao Senhor uma maior justiça e uma maior paz, rezamos pelos governantes, como sempre se fez na Igreja[15], para que sejam promotores da justiça, da paz e de um maior respeito pela dignidade da pessoa. E, dentro daquilo que está nas nossas mãos, fazemos o propósito de introduzir as exigências do Evangelho na nossa vida pessoal, na família, no mundo em que cada dia nos movemos e do qual participamos.

Além do que cabe em sentido estrito à virtude da justiça, viveremos também aquelas outras manifestações de virtudes naturais e sobrenaturais que a completam e enriquecem: a lealdade, a afabilidade, a alegria... E sobretudo a fé, que nos dá a conhecer o verdadeiro valor da pessoa, bem como a caridade, que nos leva a comportar-nos com os outros muito além do que nos pediria a estrita justiça, porque vemos nos outros filhos de Deus, o próprio Cristo que nos diz: *Todas as vezes que fizestes isto a um destes meus irmãos mais pequeninos, foi a mim que o fizestes*[16].

(1) Sl 42, 1; (2) Paulo VI, Carta apost. *Octogesima adveniens*, 14-V-1971; (3) cf. Mt 5, 6; (4) Mc 12, 40; (5) Tg 5, 2-4; (6) S. C. para a doutrina da fé, *Instr. sobre a liberdade cristã e a libertação*, 22-III-1986,

n. 38; (7) São Josemaria Escrivá, *Amigos de Deus*, n. 171; (8) *ib.*, n. 169; (9) Rm 13, 7; (10) cf. Rm 13, 7; (11) São Justino, *Apologética I*, 7; (12) Conc. Vat. II, Const. *Gaudium et spes*, 75; (13) Paulo VI, Carta apost. *Octogesima adveniens*, 14-V-1971; (14) cf. S. C. para a doutrina da fé, *op. cit.*, 1; (15) cf. 1 Tm 2, 1-2; (16) cf. Mt 25, 40.

Tempo da Quaresma. Quinta Semana. Segunda-feira

34. VAI E NÃO PEQUES MAIS

— No sacramento da Penitência, é Cristo quem perdoa.
— Gratidão pela absolvição: o apostolado da Confissão.
— Necessidade da penitência imposta pelo confessor. Ser generosos na reparação.

I. *MULHER, NINGUÉM TE CONDENOU? Respondeu ela: Ninguém, Senhor. Disse-lhe então Jesus: Nem eu te condeno. Vai e não tornes a pecar*[1].

Tinham levado à presença de Jesus uma mulher surpreendida em adultério. Trouxeram-na para o meio da multidão, diz o Evangelho[2]. Humilharam-na e envergonharam-na até esse extremo, sem a menor consideração. Lembram ao Senhor que a Lei impunha para este pecado o severo castigo da lapidação: *Que dizes tu a isso?*, perguntam-lhe com má-fé, a fim de pô-lo à prova *e poderem acusá-lo*. Mas Jesus surpreende a todos. Não diz nada: *Inclinando-se, escrevia com o dedo na terra*.

A mulher está aterrorizada no meio de todos. E os escribas e fariseus insistem nas suas perguntas. Então *Jesus ergueu-se e disse-lhes: Quem de vós estiver sem pecado atire-lhe a primeira pedra. E inclinando-se novamente, continuou a escrever na terra*.

Todos se foram retirando, um após outro, *a começar pelos mais velhos*. Não tinham a consciência limpa e o que queriam era armar uma cilada ao Senhor. Todos se foram embora: *Jesus ficou sozinho, com a mulher em pé, diante dele. Jesus ergueu-se e, vendo ali apenas a mulher, perguntou-lhe: Mulher, onde estão os que te acusavam? Ninguém te condenou?*

As palavras de Jesus estão cheias de ternura e de indulgência. E a mulher respondeu: *Ninguém, Senhor. Jesus disse-lhe: Nem eu te condeno. Vai e não tornes a pecar*. Não é difícil imaginar a enorme alegria daquela mulher, o seu profundo agradecimento, os seus desejos de recomeçar. Na sua alma, manchada pelo pecado e pela humilhação a que fora submetida, operou-se uma mudança tão profunda que só podemos entrevê-la à luz da fé. Cumpriam-se as palavras do profeta Isaías: *Não vos lembreis mais dos acontecimentos de outrora, não recordeis mais as coisas antigas; porque eis que vou fazer uma obra nova... Abrirei um caminho através do deserto e farei correr rios pela estepe..., para saciar a sede do meu povo eleito, o povo que formei para que proclamasse os meus feitos*[3].

Todos os dias, em todos os recantos do mundo, através dos sacerdotes, seus ministros, Jesus continua a dizer: "Eu te absolvo dos teus pecados...", vai e não tornes a pecar. É o próprio Cristo que perdoa. "A fórmula sacramental: «Eu te absolvo...», a imposição das mãos e o sinal da cruz traçado sobre o penitente, manifestam que *naquele momento* o pecador contrito e convertido entra em contacto com o poder e a misericórdia de Deus. É o momento em que, em resposta ao penitente, a Santíssima Trindade se torna presente para apagar-lhe o pecado e restituir-lhe a inocência, o momento em que a força salvífica da Paixão, Morte e Ressurreição de Jesus Cristo é comunicada ao penitente [...]. Deus é sempre o principal ofendido pelo pecado — *tibi soli peccavi!*, só contra Vós pequei! — e só Deus pode perdoar"[4].

As palavras que o sacerdote pronuncia não são somente uma oração de súplica para pedir a Deus que perdoe os nossos pecados, nem um mero certificado de que Deus se dignou conceder-nos o seu perdão, antes nesse mesmo instante causam e comunicam verdadeiramente o perdão: "*Nesse momento*, todos e cada um dos pecados são perdoados e apagados pela misteriosa intervenção do Salvador"[5].

Poucas palavras no mundo têm produzido tanta alegria como as da absolvição. Santo Agostinho afirma que o prodígio que realizam supera a própria criação do mundo[6]. Com que alegria as recebemos, quando nos aproximamos do sacramento do perdão? Quantas vezes temos dado graças a Deus por termos tão ao alcance da mão este sacramento? Na nossa oração de hoje, podemos manifestar a nossa gratidão ao Senhor por esse dom tão grande.

II. PELA ABSOLVIÇÃO, o homem une-se a Cristo Redentor, que quis carregar com os nossos pecados. E por essa união, o pecador participa novamente da fonte de graças que brota sem cessar do lado aberto de Cristo.

No momento em que recebemos a absolvição, devemos intensificar a dor pelos nossos pecados, dizendo talvez alguma das orações previstas no Ritual, como estas palavras de São Pedro: "Senhor, Tu sabes tudo, Tu sabes que eu te amo"; e renovamos o propósito de emenda e escutamos com atenção as palavras do sacerdote que nos concede o perdão de Deus.

É o momento de recordar a alegria que significa recuperar a graça (se a tivermos perdido) ou sabê-la aumentada na nossa alma. Santo Ambrósio diz assim: "Eis que (o Pai) vem ao teu encontro; inclina-se sobre o teu ombro, dá-te um beijo, penhor de amor e ternura; faz com que te entreguem uma túnica nova, sandálias... Tu ainda temes a repreensão..., tens medo de uma palavra irritada, e Ele prepara-te um banquete"[7]. O nosso *Amém* converte-se então num grande desejo de recomeçar, mesmo que só nos tenhamos confessado de faltas veniais.

Depois de cada confissão, devemos *dar graças a Deus* pela misericórdia que teve conosco e deter-nos, ainda que brevemente, a *concretizar o modo de pôr em prática* os conselhos ou indicações recebidas ou de tornar mais eficaz o nosso propósito de emenda e melhora.

Outra manifestação dessa gratidão é procurar que os nossos amigos recorram a essa fonte de graças, aproximá-los de

Cristo, como fez a Samaritana: transformada pela graça, correu a anunciar a boa nova aos seus conterrâneos, para que também eles se beneficiassem da especial oportunidade que a passagem de Jesus pela cidade lhes oferecia[8]. Dificilmente descobriremos uma obra de caridade tão valiosa como a de anunciar, àqueles que estão cobertos de lama e sem forças, a fonte de salvação que encontramos e em que somos purificados e reconciliados com Deus. Fazemos todos os possíveis para levar a cabo um apostolado eficaz da Confissão Sacramental? Aproximamos os nossos amigos desse tribunal da misericórdia divina? Começamos nós mesmos por não adiar esse encontro com a misericórdia de Deus?

III. "A *SATISFAÇÃO* é o ato final que coroa o sinal sacramental da Penitência. Em alguns países, chama-se precisamente *penitência* àquilo que o penitente perdoado e absolvido aceita cumprir depois de ter recebido a absolvição"[9].

Os nossos pecados, mesmo depois de perdoados, merecem uma pena temporal de reparação que deve ser satisfeita nesta vida ou, depois da morte, no purgatório, para onde vão as almas dos que morrem em graça, mas sem terem expiado plenamente os seus pecados[10].

Além disso, depois da reconciliação com Deus, permanecem na alma as *relíquias* do pecado: a fraqueza da vontade em aderir ao bem, certa facilidade para nos enganarmos nos nossos juízos, desordem no apetite sensível... São as feridas do pecado e as tendências desordenadas que o pecado original deixou no homem, e que se infetam com os pecados pessoais. "Não basta retirar a flecha do corpo — diz São João Crisóstomo —; também é preciso curar a chaga produzida pela flecha. Coisa semelhante acontece na alma: depois de ter recebido o perdão dos pecados, tem de curar por meio da penitência a chaga que ficou"[11].

Depois de recebida a absolvição — ensina João Paulo II —, "permanece no cristão uma zona de sombra devida às feridas do pecado, à imperfeição do amor no arrependimento, ao enfraquecimento das faculdades espirituais, que continuam a manter ativo um foco infeccioso de pecado que é preciso combater sempre com a mortificação e a penitência. Tal é o significado da humilde, mas sincera satisfação"[12].

Por todos estes motivos, devemos cumprir com muito amor e humildade a penitência que o sacerdote nos impõe antes de dar a absolvição. Costuma ser fácil e, se amamos de verdade o Senhor, perceberemos como é grande a desproporção entre ela e os nossos pecados. É mais um motivo para aumentarmos o nosso espírito de penitência neste tempo da Quaresma, em que a Igreja nos convida especialmente a fazê-lo.

"«*Cor Mariae perdolentis, miserere nobis!*» — invoca o Coração de Santa Maria, com ânimo e decisão de te unires à sua dor, em reparação pelos teus pecados e pelos de todos os homens de todos os tempos. — E pede-lhe — para cada alma — que essa sua dor aumente em nós a aversão ao pecado, e que saibamos amar, como expiação, as contrariedades físicas ou morais de cada jornada"[13].

(1) Jo 8, 10-11; (2) cf. Jo 8, 1-11; (3) Is 43, 16-21; (4) João Paulo II, Exort. apost. *Reconciliatio et paenitentia*, 2-XII-1984, n. 31, III; (5) *ib.*; (6) cf. Santo Agostinho, *Coment. sobre o Ev. de São João*, 72; (7) Santo Ambrósio, *Coment. sobre o Ev. de São Lucas*, 7; (8) cf. Jo 4, 28; (9) João Paulo II, *op. cit.*; (10) Conc. de Florença, *Decreto para os gregos*, Dz 673; (11) São João Crisóstomo, *Hom. sobre São Mateus*, 3, 5; (12) João Paulo II, *op. cit.*; cf. também *Audiência geral*, 7-III-1984; (13) São Josemaria Escrivá, *Sulco*, n. 258.

35. OLHAR PARA CRISTO. VIDA DE PIEDADE

— Os inimigos da graça. O remédio: olhar para Cristo.
— Ter consciência da presença do Senhor no mundo. "Expedientes humanos".
— Vida de piedade. Jaculatórias.

I. *QUANDO EU FOR LEVANTADO sobre a terra, atrairei todos os homens a mim*, diz o Senhor[1].

A primeira leitura da Missa de hoje traz-nos uma passagem do *Livro dos Números*[2] em que se narra como o povo de Israel começou a murmurar contra o Senhor e contra Moisés porque, embora tivesse sido libertado e tirado do Egito, estava cansado de caminhar em direção à Terra Prometida. O Senhor, como castigo, *enviou contra o povo serpentes venenosas que morderam e mataram muitos*. Então recorreram a Moisés reconhecendo o seu pecado, e Moisés intercedeu junto de Deus para que os livrasse das serpentes. O Senhor disse: *Faz uma serpente e coloca-a no alto de um poste. Todo aquele que for mordido será salvo ao olhar para ela. Moisés fez, pois, uma serpente de bronze e fixou-a sobre um poste. Quando alguém era mordido por uma serpente, olhava para a serpente de bronze e ficava curado.*

Esta passagem do Antigo Testamento, além de ser um relato histórico, é imagem e figura do que haveria de acontecer mais tarde com a chegada do Filho de Deus. Na conversa íntima de Jesus com Nicodemos, o Senhor faz uma referência direta a esse relato: *Assim como Moisés levantou a serpente no deserto, assim é preciso que o Filho do homem seja levantado, a fim de que todo o homem que nele crer tenha a vida eterna*[3]. Cristo na Cruz é a salvação do gênero humano, o remédio para os nossos males. Dirigiu-se voluntariamente para o Calvário, a fim de que *todo o homem que nele crer tenha a vida eterna*.

As serpentes e o veneno que em todas as épocas atacam o povo de Deus, peregrino em direção à Terra Prometida que é o Céu, são muito parecidos: egoísmo, sensualidade, confusões e erros doutrinários, preguiça, inveja, murmurações, calúnias... A graça recebida no Batismo, chamada a desenvolver-se plenamente, está ameaçada pelos mesmos inimigos de sempre. Em todas as épocas se podem notar as feridas produzidas pelo pecado original e pelos pecados pessoais.

Nós, cristãos, devemos procurar o remédio e o antídoto no único lugar em que se encontra: em Jesus Cristo e na sua doutrina salvadora. Não podemos deixar de olhar para o Senhor, elevado sobre a terra na Cruz, se de verdade desejamos chegar à Terra Prometida que está no final deste curto caminho que é a vida.

Olhar para Jesus: pôr diante dos olhos a sua Humanidade Santíssima, contemplando-o nos mistérios do Rosário, na Via Sacra, nas cenas narradas pelo Evangelho ou no Sacrário. Só com uma grande piedade seremos fortes ante as investidas de um mundo que parece querer distanciar-se cada vez mais de Deus, arrastando consigo os que não se encontram em terra firme e segura.

Não podemos afastar os olhos do Senhor, porque vemos os estragos que o inimigo faz à nossa volta todos os dias. E ninguém está imune por si mesmo. *Vultum tuum, Domine, requiram*: Procurarei a vossa face, Senhor; desejo ver-vos[4]. Devemos procurar a fortaleza na amizade com Jesus, através da oração, dos atos de presença de Deus fomentados ao longo do dia e na visita ao Santíssimo Sacramento. Além disso, o Senhor, Jesus, não é só o remédio para a nossa fraqueza; é também o nosso Amor.

II. O SENHOR QUER ver os cristãos metidos no âmago da sociedade, laboriosos nas suas tarefas, ocupados num trabalho que normalmente vai da manhã até à noite. Jesus espera de nós que, além de olhá-lo e conversar com Ele nos momentos dedicados expressamente à oração, não o esqueçamos enquanto trabalhamos, da mesma forma que não nos esquecemos das pessoas que amamos nem das coisas importantes da nossa vida. Jesus é o que temos de mais importante no nosso dia. Por isso, cada um de nós deve ser "alma de oração sempre!, em qualquer ocasião e nas circunstâncias mais díspares, porque Deus nunca nos abandona. Não é cristão pensar na amizade divina exclusivamente como um recurso extremo. Pode parecer-nos normal ignorar ou desprezar as pessoas que amamos? É evidente que não. Vão constantemente para os que amamos as palavras, os desejos, os pensamentos: há como que uma presença contínua. Pois bem, com Deus também é assim"[5].

Para termos Jesus presente durante o dia, precisamos de lançar mão com frequência de "«expedientes humanos»: jaculatórias, atos de Amor e desagravo, comunhões espirituais, «olhares» à imagem de Nossa Senhora"[6], e de alguns meios humanos que nos lembrem que já se passou um período de tempo (longo para quem ama) em que não recorremos ao Senhor, à Virgem, ao Anjo da Guarda... Quando queremos lembrar-nos de alguma coisa durante o dia, todos procuramos algum expediente para não nos esquecermos. Se pusermos o mesmo interesse em lembrar-nos do Senhor, o nosso dia se encherá de pequenas lembranças, de pequenas associações de ideias, que nos levarão a tê-lo presente.

O pai ou mãe de família leva no carro uma fotografia da família para se lembrar dela durante o seu trajeto pela cidade ou quando viaja. Por que não podemos levar uma imagem de Nossa Senhora na carteira, para lhe dizer ao olhá-la: Mãe! Minha Mãe!? Por que não ter ao alcance da mão um crucifixo que possamos beijar discretamente, que nos ajude a fazer atos de reparação, que possamos olhar quando o estudo ou o trabalho se tornam mais pesados?

Esses *recordatórios*, esses expedientes para avivarmos em nós a presença de Deus, são inúmeros, porque o amor é inventivo. Serão diferentes conforme se trate de um médico que vai começar uma operação ou de uma mãe de família que, à mesma hora, talvez comece a pôr a casa em ordem. O motorista de um ônibus terá também os seus "expedientes humanos" (saberá muito bem quando está mais perto de Jesus porque já vai divisando os muros de certa igreja), e a costureira, que permanece praticamente no mesmo lugar durante o dia todo, terá os seus. Tudo isso vivido com espírito esportivo e alegre, sem afobações, mas com amor: "As jaculatórias não dificultam o trabalho, como o bater do coração não estorva o movimento do corpo"[7].

Pouco a pouco, se perseverarmos, chegaremos a conservar-nos na presença de Deus com toda a naturalidade e como coisa normal. O que não quer dizer que não tenhamos que lutar e empenhar-nos sempre.

III. MUITAS VEZES, conta-nos o evangelista, o Senhor retirava-se para orar, talvez durante horas: *De manhã, tendo-se levantado muito antes do amanhecer, saiu e foi a um lugar solitário, e ali se pôs em oração*[8]; mas outras vezes dirigia-se a seu Pai-Deus com uma oração curta, amorosa, como uma jaculatória: *Eu te glorifico, Pai, Senhor do céu e da terra...*[9]; *Pai, dou-te graças porque me ouviste...*[10];

O evangelista mostra-nos ainda como Jesus se comovia com os pedidos dos que o procuravam. Eram súplicas que também nos podem servir a nós de jaculatórias. É o leproso que diz: *Senhor, se queres, podes curar-me...*[11]; e o cego de Jericó que brada: *Jesus, filho de Davi, tem compaixão de mim...*[12]; e o bom ladrão que murmura: *Senhor, lembra-te de mim quando estiveres no teu reino...*[13] Jesus, comovido com essas orações cheias de fé, não os fazia esperar.

Muitas vezes, estas e outras expressões podem servir-nos para pedir perdão, como fez o publicano que voltou para casa justificado: *Senhor, tem piedade de mim que sou pecador*[14]; ou como fez São Pedro, depois das negações: *Senhor, tu sabes tudo, tudo sabes que eu te amo*[15], apesar das minhas faltas. Ou podem ajudar-nos a pedir mais fé: *Creio, Senhor, mas ajuda a minha incredulidade*[16], fortalece a minha fé; ou como diz Tomé — *Meu Senhor e meu Deus*[17] — quando Jesus lhe aparece ressuscitado: é um ato maravilhoso de fé e de entrega, que talvez nos tenham ensinado a repetir quando dobramos o joelho diante do Sacrário.

Existem, pois, muitas jaculatórias e orações breves que podemos dizer do fundo da alma, e que traduzem necessidades ou situações concretas pelas quais passamos. Por vezes, nem sequer será necessário pronunciá-las: bastará um olhar, ou uma só palavra, ou um pensamento um pouco desalinhavado, mas cheio de amor ou de desagravo..., um pedido que não aflora, mas que o Senhor capta imediatamente. Para uma alma unida a Deus, as jaculatórias, os atos de amor surgem naturalmente, são quase espontâneos, como um respirar sobrenatural que alimenta a sua união com Deus. E isto no meio das ocupações mais absorventes, porque o Senhor *espera de todos esta vida de oração e de união com Ele*.

Santa Teresa recorda a marca que certa jaculatória deixou na sua vida: "Acontecia estar muitos momentos tratando disto e gostávamos de dizer muitas vezes: «Para sempre, para sempre, para sempre!» Pronunciando-o durante muito tempo, foi o Senhor servido que me ficasse impresso nessa infância o caminho da verdade"[18].

Sempre teremos inúmeras ocasiões de dizer uma jaculatória. A leitura do Evangelho e a própria oração serão muitas vezes uma fonte de jaculatórias, que servirão de veículo para manifestarmos o nosso amor ao Senhor e à sua Mãe Santíssima.

Ao terminarmos a nossa oração, dizemos com os discípulos de Emaús: *Mane nobiscum, Domine, quoniam advesperascit*[19]. Fica conosco, Senhor, porque, quando Tu não estás presente, faz-se noite para nós. Tudo é escuridão quando Tu não estás.

E recorremos à Virgem, a quem também sabemos dirigir essas jaculatórias e atos de amor: *Ave, Maria..., bendita sois vós entre as mulheres*.

(1) Jo 12, 32; *Antífona da comunhão* da Missa da terça-feira da quinta semana da Quaresma; (2) Nm 21, 4-9; *Primeira leitura* da Missa da terça-feira da quinta semana da Quaresma; (3) Jo 3, 14-15; (4) Sl 26;

(5) São Josemaria Escrivá, *Amigos de Deus*, n. 247; (6) São Josemaria Escrivá, cf. *Caminho*, n. 272; (7) São Josemaria Escrivá, *Sulco*, n. 516; (8) Mc 1, 35; (9) Mt 11, 25; (10) Mt 11, 25; (11) Mt 8, 2-3; (12) Lc 18, 38-39; (13) Lc 23, 42-43; (14) cf. Lc 18, 13; (15) Jo 21, 17; (16) Mc 9, 23; (17) Jo 20, 28; (18) Santa Teresa, *Vida*, 1, 4; (19) Lc 24, 29.

TEMPO DA QUARESMA. QUINTA SEMANA. QUARTA-FEIRA

36. CORREDIMIR COM CRISTO

— Jesus Cristo redimiu-nos e libertou-nos do pecado, raiz de todos os males. Valor de corredenção da dor sofrida por amor a Cristo.

— Jesus Cristo trouxe-nos a salvação. Todos os demais bens devem ordenar-se para a vida eterna.

— Os méritos que Cristo alcançou na Cruz aplicam-se a todos os homens. Necessidade de corresponder. A Redenção atualiza-se de modo singular na Santa Missa. Corredentores com Cristo.

I. *ELE NOS TRANSFERIU para o reino do seu Filho muito amado, no qual temos a redenção, a remissão dos pecados*[1].

Redimir significa libertar através de um resgate. Redimir um cativo era pagar um resgate por ele, para devolver-lhe a liberdade. *Em verdade vos digo* — são palavras de Jesus Cristo no Evangelho da Missa de hoje — *que quem comete pecado é escravo do pecado*[2]. Depois do pecado original, todos nós estávamos como que numa cadeia, éramos escravos do pecado e do demônio, e não podíamos alcançar o Céu. Jesus Cristo, perfeito Deus e perfeito Homem, resgatou-nos com o seu Sangue derramado na Cruz. Satisfez superabundantemente a dívida contraída por Adão ao cometer o pecado original, bem como a de todos os pecados pessoais cometidos e a serem cometidos pelos homens até o fim dos tempos. Ele é o nosso Redentor e a sua obra chama-se *Redenção* e

Libertação, pois verdadeiramente nos conquistou a liberdade de filhos de Deus[3].

Jesus libertou-nos do pecado e assim matou a raiz de todos os males; dessa forma tornou possível a libertação integral do homem. Agora ganham o seu pleno sentido as palavras do Salmo que a Igreja reza hoje na liturgia das Horas: *Dominus illuminatio mea et salus mea, quem timebo?, o Senhor é a minha luz e a minha salvação, a quem temerei? [...]. Se se levantarem contra mim os exércitos, não temerá meu coração; se me declararem a guerra, aguardarei serenamente*[4]. Se não se tivesse curado o mal na sua raiz, que é o pecado, o homem nunca teria podido ser verdadeiramente livre e sentir-se forte perante o mal. O próprio Jesus quis padecer voluntariamente a dor e viver pobre para nos mostrar que o mal físico e a carência de bens materiais não são verdadeiros males. Só existe um mal verdadeiro, que devemos temer e evitar com a graça de Deus: o pecado[5]; essa é a escravidão mais profunda, a única desgraça para toda a humanidade e para cada homem em concreto.

Os outros males que afligem o homem só podem ser vencidos — parcialmente nesta vida e totalmente na outra — a partir da libertação do pecado. Mais ainda, os males físicos — a dor, a doença, o cansaço —, quando acolhidos por amor de Deus, convertem-se em verdadeiros tesouros para o homem. Esta é a maior revolução realizada por Cristo, e só se pode entendê-la na oração, mediante a luz que a fé nos dá. "Eu te vou dizer quais são os tesouros do homem na terra, para que não os desperdices: fome, sede, calor, frio, dor, desonra, pobreza, solidão, traição, calúnia, cárcere..."[6]

Podemos examinar hoje se realmente consideramos a dor, física ou moral, como um tesouro que nos une a Cristo. Aprendemos a santificá-la ou, pelo contrário, queixamo-nos? Sabemos oferecer a Deus com prontidão e serenamente os pequenos sacrifícios a que nos dispomos voluntariamente e os que surgem ao longo do dia?

II. HOJE A LITURGIA das Horas proclama: *Vultum tuum, Domine, requiram*: Procurarei, Senhor, o teu rosto[7]. A contemplação de Deus saciará as nossas ânsias de felicidade.

E isso acontecerá quando *acordarmos*, porque a vida não passa de um sono. Esta é a imagem que São Paulo emprega muitas vezes[8].

O meu reino não é deste mundo, dissera o Senhor. Por isso, quando declarou: *Eu vim para que tenham vida, e a tenham em abundância*[9], não se referia a uma vida terrena cômoda e sem dificuldades, mas à vida eterna, que começa já nesta. Ele veio libertar-nos principalmente do que nos impede de alcançar a felicidade definitiva: do pecado, único mal absoluto, e da condenação a que o pecado conduz. *Se, portanto, o Filho vos libertar, sereis verdadeiramente livres*, diz-nos o Senhor no Evangelho de hoje[10]. E poderemos também vencer as outras consequências do pecado: a opressão, as injustiças, as diferenças econômicas gritantes, a inveja, o ódio..., ou saberemos sofrê-las por Deus, com alegria, quando não as pudermos evitar.

O preço que Cristo pagou pelo nosso resgate foi a sua própria vida. Mostrou-nos assim a gravidade do pecado e o valor da salvação eterna, bem como os meios para alcançá-la. São Paulo lembra-nos: *Fostes comprados por um grande preço*; e a seguir acrescenta, como consequência: *glorificai, pois, a Deus e trazei-o no vosso corpo*[11].

Mas se o Senhor quis chegar tão longe, foi sobretudo para nos demonstrar o seu amor, pois ninguém tem maior amor do que aquele que *dá a vida pelos seus amigos*[12], e a vida é o que o homem tem de mais precioso. Cristo chegou até esse ponto por nós. Não se contentou com tornar-se um de nós, mas quis dar a sua vida em resgate por nós: amou-nos e entregou-se a si mesmo por nós[13]. "Ele nos transferiu para o reino do seu Filho muito amado, no qual temos a redenção, a remissão dos pecados"[14]. Qualquer homem pode dizer: *O Filho de Deus amou-me e entregou-se por mim*[15].

Que valor dou, pois, à vida da graça que Cristo nos conquistou no Calvário? Esforço-me por aumentá-la por meio dos sacramentos, da oração e das boas obras?

III. O APARENTE "FRACASSO" de Cristo na Cruz converte-se em redenção gozosa para todos os homens, quando estes assim o querem. Precisamente neste momento chegam até nós, copiosamente, os frutos daquele amor de Jesus na Cruz. "Na própria história da humanidade, que é o cenário do mal, se vai tecendo a obra da salvação eterna"[16], através da nossa correspondência cheia de amor.

A Quaresma é uma boa ocasião para nos lembrarmos de que a Redenção continua a realizar-se dia após dia, e para nos determos a considerar os momentos em que ela se torna mais patente: "Sempre que se celebra no altar o sacrifício da Cruz, pelo qual Cristo, nossa Páscoa, se imolou, realiza-se a obra da nossa Redenção"[17]. Cada Missa possui um valor infinito, mas os seus frutos em cada fiel dependem das suas disposições pessoais. Podemos dizer com Santo Agostinho, aplicando-o à Missa, que "não é permitido amar com amor minguado [...], pois deveis trazer gravado no vosso coração Aquele que por vós morreu pregado na Cruz"[18]. A Redenção teve lugar uma única vez mediante a Paixão, Morte e Ressurreição de Jesus Cristo, mas atualiza-se agora em cada homem, de modo particularmente intenso, quando participa intimamente do Sacrifício da Missa.

Realiza-se ainda a Redenção, embora de um modo diferente do da Missa, em cada uma das nossas conversões interiores, quando fazemos uma boa confissão, quando recebemos com piedade os sacramentos, que são como que "canais da graça".

Por último, a dor oferecida a Deus em reparação pelos nossos pecados — que mereciam um castigo muito maior —, pela nossa salvação eterna e pela de todo o mundo, torna-nos também corredentores com Cristo. O que era inútil e destrutivo converte-se em algo de valor incalculável. Um doente no leito de um hospital, uma mãe de família a braços com problemas que parecem ultrapassar as suas forças, a notícia de uma desgraça que nos fere profundamente, os obstáculos com que tropeçamos todos os dias, as mortificações que fazemos, servem para a Redenção do mundo, se colocamos tudo isso na patena, ao lado do pão que o sacerdote oferece na Santa Missa.

Podem parecer-nos coisas muito pequenas, de pouco valor, como as gotas de água que o sacerdote acrescenta ao vinho no Ofertório. Não obstante, assim como essas gotas de água se unem ao vinho que se converterá no Sangue de Cristo, assim as nossas ações alcançarão um valor imenso, de corredenção, se as unirmos ao Sacrifício de Jesus Cristo.

Recorremos à Virgem para que nos ensine a viver a nossa vocação de corredentores com Cristo no meio da nossa vida diária. "Que sentiste, Senhora, ao veres assim o teu Filho?, perguntamos-lhe na intimidade da nossa oração. Olho para ti, e não encontro palavras para falar da tua dor. Mas entendo que, ao veres o teu Filho que necessita dessa tua dor, ao compreenderes que os teus filhos necessitamos dela, aceitas tudo sem vacilar. É um novo «faça-se» na tua vida, um novo modo de aceitares *a corredenção*. Obrigado, minha Mãe! Dá-me essa atitude decidida de entrega, de esquecimento próprio absoluto. Que diante das almas, ao aprender de ti até onde chegam as exigências da corredenção, tudo me pareça pouco. Mas lembra-te de vir ao meu encontro, no caminho, porque sozinho não saberei seguir adiante"[19].

(1) Col 1, 13-14; *Antífona da comunhão* da Missa da quarta-feira da quinta semana da Quaresma; (2) Jo 8, 34; (3) cf. Gl 4, 31; (4) Sl 26; (5) cf. São Josemaria Escrivá, *Caminho*, n. 386; (6) São Josemaria Escrivá, *op. cit.*, n. 194; (7) Sl 26; (8) cf. 1 Ts 4, 14; (9) Jo 10, 10; (10) Jo 8, 36; (11) 1 Cor 6, 20; (12) Jo 15, 13; (13) cf. Gl 2, 20; (14) Col 1, 13-14; *Antífona da comunhão* da Missa da quarta-feira da quinta semana da Quaresma; (15) Gl 2, 2; (16) São Josemaria Escrivá, *É Cristo que passa*, n. 186; (17) Conc. Vat. II, Const. *Lumen gentium*, 3; (18) Santo Agostinho, *Sobre a santa virgindade*, 55; (19) M. Montenegro, *Vía Crucis*, 3ª ed., Palabra, Madri, 1976, IVª est.

37. CONTEMPLAR A PAIXÃO

— O costume de meditar a Paixão de Nosso Senhor. Amor e devoção ao Crucifixo.
— Como meditar a Paixão.
— Frutos dessa meditação.

I. *Ó MEU POVO, que te fiz eu, em que te contristei? Responde-me. Eu te dei de beber a água salvadora que brotou do rochedo; tu me deste de beber fel e vinagre. Ó meu povo, que te fiz eu...?*[1]

A liturgia destes dias aproxima-nos do mistério fundamental da nossa fé: a Ressurreição do Senhor. Se todo o ano litúrgico se centra na Páscoa, este tempo da Quaresma "exige de nós uma maior devoção, dada a sua proximidade com os sublimes mistérios da misericórdia divina"[2]. "Mas não devemos percorrer com excessiva pressa esse caminho; não devemos deixar cair no esquecimento uma coisa muito simples, que talvez nos escape de vez em quando: é que não poderemos participar da Ressurreição do Senhor se não nos unirmos à sua Paixão e à sua Morte (cf. Rm 8, 17). Para acompanharmos Cristo na sua glória, no fim da Semana Santa, é preciso que penetremos antes no seu holocausto e nos sintamos uma só coisa com Ele, morto no Calvário"[3]. Por isso, durante estes dias, acompanhemos Jesus com a nossa oração, na sua via dolorosa e na sua morte na Cruz. E enquanto lhe fazemos companhia, não esqueçamos que nós fomos protagonistas daqueles horrores, porque o Senhor *carregou com os nossos pecados*[4], com cada um deles. Fomos resgatados do jugo do demônio e da morte eterna por *um grande preço*[5], o Sangue de Cristo.

O costume de meditar a Paixão tem a sua origem nos próprios começos do cristianismo. Muitos dos fiéis de Jerusalém da "primeira hora" deviam guardar uma lembrança inesquecível dos padecimentos de Jesus, pois tinham estado presentes no Calvário. Jamais esqueceriam a passagem de Cristo pelas ruas da cidade na véspera daquela Páscoa. Os evangelistas dedicaram uma boa parte dos seus escritos à narração detalhada daqueles acontecimentos. "Leiamos constantemente a Paixão do Senhor, recomendava São João Crisóstomo. Que grande lucro, quanto proveito tiraremos! Porque, ao contemplá-Lo sarcasticamente adorado, com gestos e atos, e feito alvo de zombarias, e depois de tudo esbofeteado e submetido aos últimos tormentos, mesmo que sejas mais duro do que uma pedra, ficarás mais mole do que a cera e expulsarás da tua alma toda a soberba"[6]. Muitos se converteram meditando atentamente a Paixão do Senhor.

São Tomás de Aquino dizia: "Basta a Paixão de Cristo para servir de guia e modelo para toda a nossa vida"[7]. Conta-se que, visitando um dia São Boaventura, o "Doutor Angélico" lhe perguntou de que livros tinha ele tirado a doutrina tão boa que expunha nas suas obras. São Boaventura mostrou-lhe um Crucifixo já enegrecido pelos muitos beijos que lhe tinha dado e disse-lhe: "Este é o livro que me dita tudo o que escrevo; o pouco que sei, aprendi-o aqui"[8]. Nele, os santos aprenderam a sofrer e a amar de verdade. Nele devemos nós aprender. "O teu Crucifixo. — Como cristão, deverias trazer sempre contigo o teu Crucifixo. E colocá-lo sobre a tua mesa de trabalho. E beijá-lo antes de te entregares ao descanso e ao acordar. — E quando o pobre corpo se rebelar contra a tua alma, beija-o também"[9].

II. "NA MEDITAÇÃO, a Paixão de Cristo sai do marco frio da história ou da consideração piedosa, para se apresentar diante dos olhos, terrível, opressiva, cruel, sangrante..., cheia de Amor"[10]. Contemplar a Paixão de Cristo — na nossa meditação pessoal, ao lermos o Evangelho, na Via Sacra... — faz-nos um bem enorme.

Imaginamo-nos a nós mesmos presentes entre os espectadores que foram testemunhas daqueles momentos. Ocupamos um lugar entre os apóstolos durante a Última Ceia, quando Nosso Senhor lhes lavou os pés e lhes falou com aquela ternura infinita, no momento supremo da instituição da Sagrada Eucaristia. E somos um daqueles três que adormeceram no Getsêmani, quando o Senhor mais esperava que o acompanhássemos na sua infinita solidão; um dos que presenciaram a sua prisão; um dos que ouviram Pedro jurar que não conhecia Jesus; um dos que ouviram as falsas testemunhas naquele simulacro de julgamento e viram como o sumo-sacerdote rasgava as vestes ao ouvir as palavras de Jesus; um do meio da turba que pedia aos gritos a sua morte e dos que o contemplaram suspenso da Cruz do Calvário. Situamo-nos entre os espectadores e vemos o rosto deformado, mas nobre, do Senhor, a sua infinita paciência...

Com a ajuda da graça, podemos tentar ir mais longe e contemplar a Paixão tal como a viveu o próprio Cristo[11]. Parece-nos impossível consegui-lo e sempre será uma visão terrivelmente pobre em comparação com a realidade, com o que de fato sucedeu, mas para nós pode ser uma oração de extraordinária riqueza. São Leão Magno diz que "quem quiser de verdade venerar a Paixão do Senhor deve contemplar de tal maneira Jesus crucificado com os olhos da alma, que chegue a reconhecer a sua própria carne na carne de Jesus"[12].

Que experimentaria a santidade infinita de Jesus no Getsêmani, assumindo todos os pecados do mundo, as infâmias, as deslealdades, os sacrilégios...? Que solidão a sua diante daqueles três discípulos que levara consigo para que lhe fizessem companhia, e que por três vezes encontrou dormindo? Ele também vê, em todos os séculos, esses amigos seus que adormecerão nos seus postos, enquanto os inimigos permanecem em vigília.

III. PARA PODERMOS CONHECER e seguir o Senhor, devemos comover-nos ante a sua dor e desamparo, sentir-nos protagonistas, não apenas espectadores, dos açoites, dos espinhos, dos insultos, dos escarros, dos abandonos, pois foram os nossos pecados que o levaram ao Calvário.

"Quereria sentir o que sentes, Senhor, mas não é possível. A tua sensibilidade — és perfeito homem — é muito mais aguda que a minha. Ao teu lado, verifico uma vez mais que não sei sofrer. Por isso me assusta a tua capacidade de dar tudo sem ficar com nada. Jesus, preciso dizer-te que sou covarde, muito covarde. Mas, ao contemplar-te cravado no lenho, "sofrendo tudo o que se pode sofrer, com os braços estendidos com gesto de sacerdote eterno" (*Santo Rosário*, São Josemaria Escrivá), vou pedir-te uma loucura: quero imitar-te, Senhor. Quero entregar-me de uma vez, de verdade, e estar disposto a chegar até onde tu me queiras levar. Sei que é um pedido que está acima das minhas forças. Mas sei, Jesus, que te amo"[13].

"Aproximemo-nos, em suma, de Jesus morto, dessa Cruz que se recorta sobre o cume do Gólgota. Mas aproximemo-nos com sinceridade, sabendo encontrar esse recolhimento interior que é sinal de maturidade cristã. Desta forma, os acontecimentos divinos e humanos da Paixão tomarão conta da nossa alma, como palavra que Deus nos dirige para desvendar os segredos do nosso coração e revelar-nos o que espera das nossas vidas"[14].

A meditação da Paixão de Cristo trar-nos-á inúmeros frutos. Em primeiro lugar, ajudar-nos-á a ter uma grande aversão por todo o pecado, pois *Ele foi trespassado por nossas iniquidades, por nossos crimes é que foi torturado*[15]. Jesus Cristo crucificado deve ser o livro pelo qual, a exemplo dos santos, leiamos continuamente para aprender a detestar o pecado e a inflamar-nos no amor de um Deus que nos amou tanto; porque nas chagas de Cristo leremos toda a malícia do pecado e as provas de amor que Ele teve conosco, sofrendo tantas dores precisamente para declarar quanto nos amava[16].

E então sentiremos que "o pecado não se reduz a uma pequena «falta de ortografia»: é crucificar, rasgar a marteladas as mãos e os pés do Filho de Deus, e fazer-Lhe saltar o coração"[17]. Um pecado é muito mais do que "um erro humano".

Os padecimentos de Cristo animam-nos a fugir de tudo o que possa significar aburguesamento, apatia, preguiça. Avivam o nosso amor e afastam a tibieza. Tornam a nossa alma mortificada, ajudam-nos a guardar melhor os sentidos.

Se alguma vez o Senhor permite doenças, dores ou contradições especialmente intensas e graves, ser-nos-á de grande ajuda e alívio considerar as dores de Cristo na sua Paixão. Ele experimentou todos os sofrimentos físicos e morais, pois "padeceu dos gentios e dos judeus, dos homens e das mulheres, como se vê nas criadas que acusaram São Pedro. Padeceu também dos príncipes e dos seus ministros, e da plebe... Padeceu dos parentes e conhecidos, pois sofreu por causa de Judas, que o atraiçoou, e de Pedro, que o negou. Além disso, padeceu tanto quanto o homem pode padecer. Pois Cristo padeceu dos amigos, que o abandonaram; padeceu na fama, pelas blasfêmias que se proferiram contra Ele; padeceu na honra, pelas irrisões e zombarias que lhe infligiram; nos bens, pois foi despojado até das vestes; na alma, pela tristeza, pelo tédio e pelo temor; no corpo, pelas feridas e pelos açoites"[18].

Façamos o propósito de estar mais perto da Virgem nestes dias que precedem a Paixão de seu Filho, e peçamos-lhe que nos ensine a contemplá-lo nesses momentos em que tanto sofreu por nós.

(1) *Impropérios*, Ofícios da Sexta-feira Santa; (2) São Leão Magno, *Sermão 47*; (3) São Josemaria Escrivá, *É Cristo que passa*, n. 95; (4) cf. 1 Pe 2, 24; (5) cf. 1 Cor 6, 20; (6) São João Crisóstomo, *Homilias sobre São Mateus*, 87, 1; (7) São Tomás, *Sobre o Credo*, 6; (8) citado por Santo Afonso Maria de Ligório, *Meditações sobre a Paixão*, I, 4; (9) São Josemaria Escrivá, *Caminho*, n. 302; (10) São Josemaria Escrivá, *Sulco*, n. 993; (11) cf. R. A. Knox, *Ejercicios para seglares*, Rialp, Madri, 1956, p. 137 e segs.; (12) São Leão Magno, *Sermão 15 sobre a Paixão*; (13) M. Montenegro, *Vía Crucis*, XIª est.; (14) São Josemaria Escrivá, *É Cristo que passa*, n. 101; (15) Is 53, 5; (16) Santo Afonso Maria de Ligório, *op. cit.*, I, 4; (17) São Josemaria Escrivá, *Sulco*, n. 993; (18) São Tomás, *Suma teológica*, 3, q. 46, a. 5.

38. A ORAÇÃO EM GETSÊMANI

— Jesus em Getsêmani. Cumprimento da Vontade do Pai.
— Necessidade da oração para seguir de perto o Senhor.
— Primeiro mistério doloroso do Santo Rosário. A contemplação desta cena ajudar-nos-á a ser fortes no cumprimento da vontade de Deus.

I. DEPOIS DA ÚLTIMA CEIA, Jesus e os apóstolos recitaram os Salmos de ação de graças, como era costume. A seguir, a pequena comitiva dirigiu-se a um horto vizinho, chamado das Oliveiras. Jesus tinha prevenido Pedro e os demais apóstolos de que, nessa noite, todos — de um modo ou de outro — o negariam deixando-o só.

Foram em seguida ao lugar chamado Getsêmani, e Jesus disse aos seus discípulos: Sentai-vos aqui enquanto vou orar. Levou consigo Pedro, Tiago e João; e começou a sentir pavor e a angustiar-se. Disse-lhes: A minha alma está triste até à morte; ficai aqui e vigiai[1]. Depois *afastou-se deles à distância de um tiro de pedra*[2].

Jesus sente uma enorme necessidade de orar. Detém-se junto de uma pedra e cai abatido: *Prostrou-se por terra*, escreve São Marcos[3]. São Lucas diz: *Ajoelhou-se*[4], e São Mateus pormenoriza: *prostrou-se com a face por terra*[5], embora normalmente os judeus rezassem de pé.

Jesus dirige-se ao Pai com uma oração cheia de confiança e ternura, na qual se entrega totalmente a Ele: *Meu Pai*, diz-lhe, *se é possível, afasta de mim este cálice. Não se faça, porém, como eu quero, mas como tu queres*. Poucos minutos antes, tinha comunicado aos seus discípulos que se sentia possuído de uma tristeza capaz de lhe causar a morte. Assim sofre Jesus: Ele, que é a própria inocência, carrega sobre si o fardo de todos os pecados dos homens: dos já cometidos, dos que se estavam cometendo naquele momento e dos que se cometeriam até o fim dos tempos.

O Senhor não só se tornou fiador das culpas alheias, mas fez-se uma só coisa conosco, como acontece com a cabeça e o corpo: "Ele quis que as nossas culpas se chamassem suas; por isso não pagou somente com o seu sangue, mas com a vergonha desses pecados"[6]. Todas estas causas de sofrimento eram captadas em toda a sua intensidade pela alma de Cristo.

Contemplamos em silêncio como Jesus sofre: *Entrando em agonia, orava mais intensamente*[7], e como chega a derramar um suor de sangue. "Jesus, só e triste, sofria e empapava a terra com o seu sangue. De joelhos sobre a terra dura, persevera em oração... Chora por ti... e por mim: esmaga-O o peso dos pecados dos homens"[8]. Mas a sua confiança no Pai não desfalece, e persevera na oração. Quando parece que o corpo não pode resistir mais, vem um anjo confortá-lo. A natureza humana do Senhor mostra-se nesta cena em toda a sua capacidade de sofrimento.

Na nossa vida, pode haver momentos de luta mais intensa, talvez de escuridão e de dor profunda, em que nos custe aceitar a vontade de Deus e sejamos assaltados pela tentação do desalento. A imagem de Cristo no Horto das Oliveiras há de mostrar-nos então o que devemos fazer: abraçar-nos à vontade de Deus, sem lhe estabelecer limites nem condições de tipo algum, e identificar-nos com o querer de Deus por meio de uma oração perseverante.

"Jesus ora no horto: *Pater mi*, meu Pai (Mt 26, 39), *Abba, Pater*, Abba, Pai! (Mc 14, 36). Deus é meu Pai, ainda que me envie sofrimento. Ama-me com ternura, mesmo que me fira. Jesus sofre, para cumprir a Vontade do Pai... E eu, que quero também cumprir a Santíssima Vontade de Deus, seguindo os passos do Mestre, poderei queixar-me se encontro por companheiro de caminho o sofrimento?"[9]

II. JESUS CONTEMPLA-NOS nessa noite num simples olhar. Vê as almas e os corações à luz da sua sabedoria divina. Desfila diante dos seus olhos o espetáculo de todos os pecados dos homens, seus irmãos. Vê a deplorável oposição de tantos que desprezam a reparação que oferece por eles, a inutilidade em tantos casos do seu sacrifício generoso. Sente uma grande solidão e dor moral pela rebeldia e falta de correspondência ao Amor divino.

Por três vezes procura a companhia na oração daqueles três discípulos. Velai *comigo*, ficai a meu lado, não me deixeis só, tinha-lhes pedido. *E, voltando, achou-os de novo dormindo, pois tinham os olhos carregados e não sabiam o que responder-lhe*[10]. No seu terrível desamparo, Jesus procura talvez um pouco de companhia, de calor humano. Mas os amigos abandonaram o Amigo. Era uma noite para permanecerem velando e orando; e dormem. Ainda não amam bastante, e são vencidos pela debilidade e pela tristeza, deixando Jesus sozinho. O Senhor não encontra apoio neles; tinham sido escolhidos para isso e falharam.

Temos de rezar sempre, mas há momentos em que essa oração deve intensificar-se. Abandoná-la equivaleria a deixar Cristo abandonado e ficar à mercê do inimigo. *Por que dormis?*, diz-lhes Jesus, e repete-o a cada um de nós. *Levantai--vos e orai, para não cairdes em tentação*[11]. Por isso dizemos ao Senhor: "Se vês que durmo, se descobres que a dor me assusta, se notas que fico paralisado ao ver de perto a Cruz, não me abandones! Diz-me, como a Pedro, como a Tiago, como a João, que necessitas da minha correspondência, do meu amor. Diz-me que, para seguir-te, para não tornar a abandonar-te às mãos dos que tramam a tua morte, tenho que vencer o sono, as minhas paixões, o comodismo"[12].

A nossa meditação diária, se for verdadeira oração, manter--nos-á vigilantes diante do inimigo que não dorme. E dar-nos--á a coragem de que necessitamos para enfrentar e vencer as tentações e dificuldades. Quem a desleixa cai nas mãos do inimigo, perde a alegria e vê-se sem forças para acompanhar Jesus: "Sem oração, como é difícil acompanhá-Lo!"[13]; sabemo-lo por experiência. Mas, se nos fizermos fortes pelo nosso relacionamento diário com Ele, poderemos dizer-lhe sem hesitar: *Ainda que seja preciso morrer contigo, não te negarei*[14]. Pedro não pôde cumprir a sua promessa naquela noite, entre outros motivos porque não perseverou na oração que o Senhor lhe pedia.

III. A CONTEMPLAÇÃO desta cena da Paixão pode ajudar-nos muito a ser fortes para nunca omitirmos a nossa oração diária e para cumprirmos a Vontade de Deus nas coisas que nos custam. *Senhor, não se faça como eu quero, mas como tu queres*. "Jesus, o que Tu «quiseres»..., eu o amo"[15], dizemos-lhe hoje com uma sinceridade total.

Os santos tiraram muito proveito para as suas almas desta passagem da vida do Senhor. São Thomas More comenta que a oração de Jesus no Horto de Getsêmani fortaleceu muitos cristãos diante de grandes dificuldades e tribulações. Ele também se fortaleceu com a contemplação dessas cenas, enquanto esperava o momento de ser decapitado pela sua fidelidade à fé. Escrevia na prisão: "Cristo sabia que muitas pessoas de constituição débil se encheriam de terror ante a ameaça de serem torturadas, e quis dar-lhes ânimo com o exemplo da sua dor, da sua própria tristeza, do seu abatimento e medo inigualáveis [...].

"A quem estiver nessa situação, é como se Cristo se servisse da sua própria agonia para lhe falar com voz vivíssima: Tem coragem, tu que es débil e fraco, e não desesperes. Estás atemorizado e triste, abatido pelo cansaço e pelo temor do tormento. Tem confiança. Eu venci o mundo, e apesar disso sofri muito mais sob o medo, e estava cada vez mais atemorizado à medida que o sofrimento se avizinhava [...].

"Olha como caminho à tua frente nesta via cheia de dores. Agarra-te à orla das minhas vestes e sentirás fluir delas um poder que não permitirá que o sangue do teu coração se derrame em vãos temores e angústias; o teu espírito ficará mais alegre, sobretudo quando te lembrares de que segues os meus passos muito de perto — sou fiel e não permitirei que sejas tentado além das tuas forças, antes te darei, juntamente com a prova, a graça necessária para suportá-la —, e alegra o teu ânimo quando te lembrares de que esta tribulação leve e momentânea se converterá num peso de glória imensa"[16]. Estas palavras foram escritas por alguém que sabia que seria executado poucos dias depois.

Nós podemos fazer hoje o propósito de contemplar muitas vezes, talvez todos os dias, este momento da vida do Senhor, no primeiro mistério doloroso do Santo Rosário. De modo particular, pode ser tema da nossa oração sempre que nos custe um pouco mais saber descobrir a vontade de Deus por trás de acontecimentos que talvez não entendamos. Podemos então rezar com frequência estas palavras como jaculatória: "*Volo quidquid vis, volo quia vis*... Senhor, quero o que queres, quero porque o queres, quero como o queres, quero enquanto o quiseres"[17].

(1) Mc 14, 32-34; (2) Lc 22, 41; (3) Mc 14, 35; (4) Lc 22, 41; (5) Mt 26, 39; (6) L. de la Palma, *La Pasión del Señor*, 6ª ed., Palabra, Madri, 1971, p. 48; (7) Lc 22, 43; (8) São Josemaria Escrivá, *Santo Rosário*, Iº mist. doloroso; (9) São Josemaria Escrivá, *Via Sacra*, Iª est., n. 1; (10) Mc 14, 40; (11) Lc 22, 46; (12) M. Montenegro, *Vía Crucis*, p. 22; (13) São Josemaria Escrivá, *Caminho*, n. 89; (14) Mc 14, 31; (15) São Josemaria Escrivá, *Caminho*, n. 773; (16) São Thomas More, *A agonia de Cristo*; (17) Missal Romano, *Ação de graças depois da Missa*, oração universal de Clemente XI.

TEMPO DA QUARESMA. QUINTA SEMANA. SÁBADO

39. A PRISÃO DE JESUS

— A traição de Judas. Perseverança no caminho que Deus estabeleceu para cada um. A fidelidade diária nas coisas pequenas.
— O pecado na vida do cristão. Retornar ao Senhor mediante a contrição e com esperança.
— A fuga dos discípulos. Necessidade da oração.

I. TERMINADA A SUA ORAÇÃO no Horto de Getsêmani, o Senhor levantou-se e despertou uma vez mais os discípulos, que dormiam de cansaço e de tristeza. *Levantai-vos, vamos*, diz-lhes, *eis que chega aquele que vai entregar-me. Jesus ainda falava quando chegou Judas, um dos doze, e com ele uma multidão de gente armada de espadas e varapaus*[1].

Consuma-se a traição com um sinal de amizade: *Aproximou-se de Jesus e disse-lhe: Salve, Mestre. E beijou-o*[2]. Custa a crer que um homem que privara tanto com Cristo pudesse ser capaz de entregá-lo. Que foi que aconteceu na alma de Judas? Presenciara muitos milagres, conhecera de perto a bondade do coração do Senhor para com todos, sentira-se atraído pela sua palavra e, sobretudo, experimentara a predileção de Jesus, chegando a ser um dos doze mais íntimos. Fora escolhido e chamado pelo próprio Cristo para ser apóstolo. Quando, depois da Ascensão, for preciso preencher a sua vaga, Pedro recordará que *ele era um dos nossos e teve parte no nosso ministério*[3]. Também fora enviado a pregar e vira o fruto copioso do seu apostolado; talvez tivesse feito milagres como os outros apóstolos. E teria mantido diálogos íntimos e pessoais com o Mestre, como os outros. Que aconteceu na sua alma para que entregasse o Senhor por trinta moedas de prata?

A traição desta noite deve ter tido por trás uma longa história. Judas devia encontrar-se longe de Cristo já desde muito tempo antes, embora continuasse na sua companhia. Nada se passaria exteriormente, mas os seus pensamentos deviam andar longe. A fenda aberta na sua fé e na sua vocação, a ruptura com o Mestre, produziu-se provavelmente pouco a pouco, por uma cadeia de transigências em coisas cada vez mais importantes. Em certo momento, reclama porque lhe parecem *excessivas* as provas de afeto que os outros têm para com o Senhor, e ainda por cima disfarça o seu protesto invocando o *amor aos pobres*. Mas São João diz qual foi a verdadeira razão: *era ladrão, e, como tinha a bolsa, furtava o que nela lançavam*[4].

Permitiu que o seu amor por Cristo se fosse esfriando e então ficou num mero seguimento externo. A sua vida de entrega amorosa a Deus converteu-se numa farsa; mais de uma vez deve ter considerado que teria sido muito melhor se não tivesse seguido o Senhor.

Agora já não se lembra dos milagres, das curas, dos seus momentos felizes ao lado do Mestre, da sua amizade com os apóstolos. Agora é um homem desorientado, descentrado, capaz de cometer deliberadamente a loucura a que acaba de entregar-se. O ato que agora se consuma foi precedido por infidelidades e faltas de lealdade cada vez maiores. Este é o resultado último de um longo processo interior.

Por contraste, a perseverança é a fidelidade diária nas pequenas coisas, apoiada na humildade de recomeçar quando por fragilidade tenha havido algum extravio. "Uma casa não desaba por um movimento momentâneo. Na maioria dos casos, esse desastre é consequência de um antigo defeito de construção. Mas, por vezes, o que motiva a penetração da água é o prolongado desleixo dos moradores: a princípio, a água infiltra-se gota a gota e vai insensivelmente roendo o madeirame e apodrecendo a armação; com o decorrer do tempo, o pequeno orifício vai ganhando proporções cada vez maiores, ocasionando fendas e desmoronamentos consideráveis; por fim, a chuva penetra na casa como um rio caudaloso"[5]. Perseverar é responder positivamente às pequenas e constantes chamadas que o Senhor faz ao longo de uma vida, ainda que não faltem obstáculos e dificuldades e, às vezes, erros isolados, covardias e derrotas.

Enquanto contemplamos estas cenas da Paixão, examinemos como tem sido nos seus pequenos detalhes a nossa fidelidade à vocação de cristãos. Insinua-se em algum aspecto como que uma dupla vida? Sou fiel aos deveres do meu estado? Cuido de manter um relacionamento sincero com o Senhor? Evito o aburguesamento e o apego aos bens materiais — às trinta moedas de prata?

II. "O SENHOR NÃO PERDEU a ocasião de fazer o bem a quem lhe fazia mal. Depois de ter beijado sinceramente Judas, admoestou-o, não com a dureza que merecia, mas com a suavidade com que se trata um doente. Chamou-o pelo nome, o que é um sinal de amizade... *Judas, com um beijo entregas o Filho do homem?* (Lc 22, 48). Com manifestações de paz fazes-me a guerra? E, para levá-lo a reconhecer a sua culpa, fez-lhe ainda outra pergunta cheia de amor: *Amigo, com que propósito vieste?* (Mt 26, 50). Amigo, é maior a injúria que me fazes porque foste amigo, e por isso dói mais o mal que me fazes. *Se o ultraje viesse de um inimigo, eu o teria suportado..., mas eras tu, meu companheiro, meu amigo íntimo, a quem me ligava amável companhia...* (Sl 54, 13). Tu, que foste amigo e devias continuar a sê-lo! Por mim, podes sê-lo novamente. Eu estou disposto a sê-lo de ti. Amigo, ainda que não me queiras, Eu te quero. Amigo, por que fizeste isto, com que propósito vieste?"[6]

A traição consuma-se no cristão pelo pecado mortal. Qualquer pecado, mesmo venial, está íntima e misteriosamente relacionado com a Paixão do Senhor. A nossa vida ou é uma afirmação ou é uma negação de Cristo. Mas Ele está disposto a readmitir-nos sempre na sua amizade, mesmo depois das maiores infâmias que possamos cometer. Judas recusou a mão que o Senhor lhe estendia. A sua vida, sem Jesus, ficou desconjuntada e sem sentido.

Depois de entregá-lo, Judas deve ter seguido com profundo desassossego o desenrolar do processo contra Jesus. Em que acabaria tudo aquilo? Não demoraria a saber que os príncipes dos sacerdotes tinham decidido a morte do Senhor. Talvez não imaginasse que o desfecho pudesse ser tão grave, talvez tivesse visto o Mestre maltratado... O que sabemos com certeza é que *vendo-o sentenciado, tomou-se de remorsos e foi devolver as trinta moedas de prata*. Arrependeu-se da sua loucura, mas faltou-lhe a virtude da esperança — de que poderia conseguir o perdão — e a humildade para voltar a Cristo. Poderia ter sido um dos doze fundamentos da Igreja, apesar da sua enorme culpa, se tivesse pedido perdão a Deus.

O Senhor espera-nos, apesar dos nossos pecados e falhas, na oração confiante e na Confissão. "Aquele que antes da culpa nos proibiu de pecar, uma vez que a cometemos, não cessa de nos esperar para conceder-nos o perdão. Vede que nos chama precisamente Aquele que nós desprezamos. Afastamo-nos dEle, mas Ele não se afasta de nós"[7].

Por muito grandes que sejam os nossos pecados, o Senhor espera-nos sempre para nos perdoar, e conta com a fraqueza humana, com os defeitos e os erros. Está sempre disposto a chamar-nos *amigos*, a dar-nos as graças necessárias para continuarmos em frente, se há sinceridade de vida e desejos de lutar. Ante o aparente fracasso de muitas das nossas tentativas, devemos lembrar-nos de que Deus não nos pede tanto o êxito, mas a humildade de recomeçar, sem nos deixarmos levar pelo desalento e pelo pessimismo, pondo em prática a virtude teologal da esperança.

III. EMOCIONA CONTEMPLAR nesta cena como Jesus está preocupado com os discípulos, quando era Ele quem corria perigo: *Se é pois a mim que buscais*, diz aos que acompanhavam Judas, *deixai ir estes*[8]. O Senhor cuida dos seus.

Prenderam-no então e conduziram-no à casa do príncipe dos sacerdotes[9]. São João diz que *o ataram*[10]. E fizeram-

-no certamente sem a menor consideração, com violência. A chusma vai empurrando-o entre gritos e insultos. Os discípulos, assustados e desnorteados, esquecem-se das suas promessas de fidelidade naquela Ceia memorável, e *todos o abandonaram e fugiram*[11].

Jesus fica só. Os discípulos foram desaparecendo um após outro. "O Senhor foi flagelado, e ninguém o ajudou; foi cuspido, e ninguém o amparou; foi coroado de espinhos, e ninguém o protegeu; foi crucificado, e ninguém o desprendeu"[12]. Encontra-se só diante de todos os pecados e baixezas de todos os tempos. Ali estavam também os nossos.

Pedro seguia o Senhor *de longe*[13]. E, como ele mesmo deve ter compreendido logo depois das suas negações, não se pode seguir Jesus de longe. Também nós o sabemos. Ou se segue o Senhor de perto ou se acaba por negá-lo. "É suficiente mudar um advérbio na pequena frase do Evangelho para descobrir a origem das nossas deserções: quedas graves ou faltas ligeiras, relaxamentos passageiros ou longos períodos de tibieza. *Sequebatur eum a longe*: nós seguimo-lo de longe [...]. A humanidade segue o Senhor com uma lentidão exasperante, porque há muitos cristãos que apenas o seguem de longe, de muito longe"[14].

Mas agora asseguramos-lhe que queremos segui-lo de perto; queremos permanecer com Ele, não deixá-lo sozinho, mesmo nos momentos e nos ambientes em que não seja "popular" declarar-se seu discípulo. Queremos segui-lo de perto no meio do trabalho e do estudo, quando caminhamos pela rua e quando estamos no templo, na família, no meio de uma sã diversão. Mas sabemos que por nós mesmos nada podemos; com a nossa oração diária, sim.

Talvez algum dos discípulos tivesse ido procurar a Santíssima Virgem para lhe contar que tinham prendido o seu Filho. E Ela, apesar da sua imensa dor, transmitir-lhe-ia paz naquelas horas amargas. Também nós encontraremos refúgio nAquela que é *Refugium peccatorum*, se, apesar dos nossos bons desejos, nos tiver faltado coragem para defender o Senhor quando Ele contava conosco. Em Maria encontraremos as forças necessárias para permanecer ao lado do Senhor, com ânsias de desagravo e corredenção nos momentos difíceis.

(1) Mt 26, 46-47; (2) Mt 26, 49; (3) At 1, 17; (4) Jo 12, 6; (5) Cassiano, *Colações*, 6; (6) L. de la Palma, *La Pasión del Señor*, p. 59-60; (7) São Gregório Magno, *Homilia 34 sobre os Evangelhos*; (8) Jo 18, 8; (9) Lc 22, 54; (10) Jo 18, 12; (11) Mc 14, 50; (12) Santo Agostinho, *Comentário ao Salmo 21*, 2, 8; (13) Lc 22, 54; (14) G. Chevrot, *Simão Pedro*, Quadrante, São Paulo, 1990, p. 157.

SEMANA SANTA. DOMINGO DE RAMOS
E DA PAIXÃO DO SENHOR

40. ENTRADA TRIUNFAL EM JERUSALÉM

— Entrada solene e ao mesmo tempo simples em Jerusalém. Jesus cumpre as antigas profecias.
— O Senhor chora sobre a cidade. Correspondência à graça.
— Alegria e dor neste dia: coerência para seguir o Senhor até a Cruz.

I. "VINDE e, ao mesmo tempo que subimos ao monte das Oliveiras, saiamos ao encontro de Cristo, que volta hoje de Betânia e, por vontade própria, apressa o passo rumo à sua venerável e feliz paixão, para levar à plenitude o mistério da salvação dos homens"[1].

Jesus parte muito cedo de Betânia. Desde a tarde anterior, tinham-se congregado nessa aldeia muitos dos seus discípulos; uns eram seus conterrâneos da Galileia, chegados em peregrinação para celebrar a Páscoa; outros eram habitantes de Jerusalém, convencidos pelo recente milagre da ressurreição de Lázaro. Acompanhado por essa numerosa comitiva e por outros que se foram juntando pelo caminho, Jesus toma uma vez mais a velha estrada de Jericó a Jerusalém, em direção ao monte das Oliveiras.

As circunstâncias eram propícias para uma grande recepção, pois era costume que as pessoas saíssem ao encontro dos grupos de peregrinos mais importantes, para fazê-los entrar na cidade entre cantos e manifestações de alegria. O Senhor não manifesta nenhuma oposição aos preparativos dessa entrada jubilosa. Ele mesmo escolhe a cavalgadura: um simples asno que manda trazer de Betfagé, aldeia muito próxima de Jerusalém. Na Palestina, o asno tinha sido a cavalgadura de personagens notáveis já desde o tempo de Balaão[2].

O cortejo organizou-se rapidamente. Alguns cobriram com os seus mantos o dorso do animal e ajudaram Jesus a montar; outros, pondo-se à frente, estendiam as suas vestes no chão para que o jumentinho as pisasse como se fossem um tapete; e muitos outros corriam pelo caminho, à medida que o cortejo avançava, espalhando ramos verdes ao longo do trajeto e agitando ramos de oliveira e de palma arrancados das árvores das cercanias. E quando se aproximava da cidade, *já na descida do monte das Oliveiras, toda a multidão dos discípulos, tomada de alegria, começou a louvar a Deus em altas vozes, por todas as maravilhas que tinha visto. E diziam: Bendito o rei que vem em nome do Senhor! Paz no céu e glória nas alturas*[3].

Jesus faz a sua entrada em Jerusalém, como Messias, montado num burrinho, segundo fora profetizado muitos séculos antes[4]. E os cânticos do povo eram claramente messiânicos. Estas pessoas simples conheciam bem essas profecias, e manifestam-se cheias de júbilo. Jesus aceita a homenagem, e quando os fariseus, que também conheciam as profecias, tentaram sufocar aquelas manifestações de fé e alegria, o Senhor disse-lhes: *Digo-vos que, se estes se calarem, clamarão as pedras*[5].

Mas o triunfo de Jesus é um triunfo simples: "Contenta-se com um pobre animal por trono. Não sei o que se passa convosco; quanto a mim, não me humilha reconhecer-me aos olhos do Senhor como um jumento: *Sou como um burrinho diante de Ti; mas estarei sempre a teu lado, porque me tomaste pela tua mão direita* (Sl 72, 23), Tu me conduzes pelo cabresto"[6].

Hoje Jesus quer também entrar triunfante na vida dos homens, sobre uma montaria humilde: quer que demos testemunho dEle com a simplicidade do nosso trabalho bem feito, com a nossa alegria, com a nossa serenidade, com a nossa sincera preocupação pelos outros. Quer fazer-se presente em nós através das circunstâncias do viver humano. Também nós podemos dizer-lhe agora: *Ut iumentum factus sum apud te...* "Como um burriquinho estou diante de Ti. Mas Tu estás sempre comigo, tomaste-me pelo cabresto, fizeste-me cumprir a tua vontade; *et cum gloria suscepisti me*, e depois me darás um abraço muito forte"[7]. *Ut iumentum...* Estou como um burrinho diante de Ti, Senhor..., como um burrinho de carga, e estarei sempre contigo. Podemos servir-nos destas palavras como uma jaculatória para o dia de hoje.

II. O CORTEJO TRIUNFAL de Jesus transpôs o cume do monte das Oliveiras e desceu pela vertente ocidental a caminho do Templo, que se podia avistar dali. Toda a cidade surgiu diante dos olhos de Jesus. E, ao contemplar aquele panorama, Jesus chorou[8].

Esse pranto, no meio de tantos gritos alegres e em tão solene entrada, deve ter sido completamente inesperado. Os discípulos devem ter ficado desconcertados. Tanta alegria que se quebrava subitamente, num instante!

Jesus vê como Jerusalém se afunda no pecado, na ignorância e na cegueira: *Oh! Se ao menos neste dia, que te é dado, conhecesses o que te pode trazer a paz! Mas agora tudo está oculto aos teus olhos*[9]. O Senhor vê como virão outros dias que já não serão como este, um dia de alegria e de salvação, mas de desgraça e ruína. Poucos anos mais tarde, a cidade será arrasada. Jesus chora a impenitência de Jerusalém. Como são eloquentes estas lágrimas de Cristo! Cheio de misericórdia, compadece-se da cidade que o rejeita.

Não ficou nada por tentar: nem milagres, nem obras, nem palavras, em tom severo umas vezes, indulgentes outras... Jesus tentou tudo com todos: na cidade e no campo, com pessoas simples e com sábios, na Galileia e na Judeia... Como também na nossa vida nada ficou por tentar, remédio algum por oferecer. Tantas vezes Jesus saiu ao nosso encontro, tantas graças ordinárias e extraordinárias derramou sobre a nossa vida! "De certo modo, o próprio Filho de Deus se uniu a cada homem pela sua Encarnação. Trabalhou com mãos humanas, pensou com mente humana, amou com coração de homem. Nascido de Maria Virgem, fez-se verdadeiramente um de nós, igual a nós em tudo menos no pecado. Cordeiro inocente, mereceu-nos a vida derramando livremente o seu sangue, e nEle o próprio Deus nos reconciliou consigo e entre nós mesmos e nos arrancou da escravidão do demônio e do pecado, e assim cada um de nós pode dizer com o Apóstolo: *O Filho de Deus amou-me e entregou-se por mim* (Gl 2, 20)"[10].

A história de cada homem é a história da contínua solicitude de Deus para com ele. Cada homem é objeto da predileção do Senhor. Jesus tentou tudo com Jerusalém, e a cidade não quis abrir as portas à misericórdia. É o profundo mistério da liberdade humana, que tem a triste possibilidade de rejeitar a graça divina. "Homem livre, sujeita-te a uma voluntária servidão, para que Jesus não tenha que dizer por tua causa aquilo que contam ter dito, por causa de outros, à Madre Teresa: «Teresa, Eu quis..., mas os homens não quiseram»"[11].

Como é que estamos correspondendo às inúmeras instâncias do Espírito Santo para que sejamos santos no meio das nossas tarefas, no nosso ambiente? Quantas vezes em cada dia dizemos *sim* a Deus e *não* ao egoísmo, à preguiça, a tudo o que significa falta de amor, mesmo em pormenores insignificantes?

III. "QUANDO O SENHOR entrou na Cidade Santa, os meninos hebreus profetizaram a ressurreição de Cristo ao proclamarem com ramos de palmas: Hosana nas alturas"[12].

Nós sabemos agora que aquela entrada triunfal foi bastante efêmera para muitos. Os ramos verdes murcharam rapidamente. O *hosana* entusiástico transformou-se, cinco dias mais tarde, num grito furioso: *Crucifica-o!* Por que foi tão brusca a mudança, por que tanta inconsistência? Para podermos entender um pouco do que se passou, talvez tenhamos que consultar o nosso coração.

"Como eram diferentes umas vozes e outras! — comenta São Bernardo —: *Fora, fora, crucifica-o* e *bendito o que vem em nome do Senhor, hosana nas alturas!* Como são diferentes as vozes que agora o aclamam *Rei de Israel* e dentro de poucos dias dirão: *Não temos outro rei além de César!* Como são diferentes os ramos verdes e a Cruz, as flores e os espinhos! Àquele a quem antes estendiam as próprias vestes, dali a pouco o despojam das suas e lançam a sorte sobre elas"[13].

A entrada triunfal de Jesus em Jerusalém pede-nos coerência e perseverança, aprofundamento na nossa fidelidade, para que os nossos propósitos não sejam luz que brilha momentaneamente e logo se apaga. Muito dentro do nosso coração, há profundos contrastes: somos capazes do melhor e do pior. Se queremos ter em nós a vida divina, triunfar com Cristo, temos de ser constantes e matar pela penitência o que nos afasta de Deus e nos impede de acompanhar o Senhor até a Cruz.

"A liturgia do Domingo de Ramos põe na boca dos cristãos este cântico: *Levantai, portas, os vossos dintéis; levantai-vos, portas antigas, para que entre o Rei da glória* (antífona da distribuição dos ramos). Quem permanece recluído na cidadela do seu egoísmo não descerá ao campo de batalha. Mas, se levantar as portas da fortaleza e permitir que entre o Rei da paz, sairá com Ele a combater contra toda essa miséria que embaça os olhos e insensibiliza a consciência"[14].

Maria também está em Jerusalém, perto do seu Filho, para celebrar a Páscoa: a última Páscoa judaica e a primeira Páscoa em que o seu Filho é o Sacerdote e a Vítima. Não nos separemos dEla. Nossa Senhora ensinar-nos-á a ser constantes, a lutar até o pormenor, a crescer continuamente no amor por Jesus. Permaneçamos a seu lado para contemplar com Ela a Paixão, a Morte e a Ressurreição do seu Filho. Não encontraremos lugar mais privilegiado.

(1) Santo André de Creta, *Sermão 9 sobre o Domingo de Ramos*; (2) cf. Num 22, 21 e segs.; (3) Lc 19, 37-38; (4) Zac 9, 9; (5) Lc 19, 39; (6) São Josemaria Escrivá, *É Cristo que passa*, n. 181; (7) Andrés Vázquez

de Prada, *O Fundador do Opus Dei*, Quadrante, São Paulo, 1989, p. 141; (8) Lc 19, 41; (9) Lc 19, 42; (10) Conc. Vat. II, Const. *Gaudium et spes*, 22; (11) São Josemaria Escrivá, *Caminho*, n. 761; (12) *Hino à Cristo Rei*, Missa do Domingo de Ramos; (13) São Bernardo, *Sermão no Domingo de Ramos*, 2, 4; (14) São Josemaria Escrivá, *É Cristo que passa*, n. 82.

SEMANA SANTA. SEGUNDA-FEIRA

41. AS NEGAÇÕES DE PEDRO

— São Pedro nega conhecer o Senhor. As nossas negações.
— O olhar de Jesus e a contrição de Pedro.
— O verdadeiro arrependimento. Atos de contrição.

I. ENQUANTO SE DESENROLAVA o processo contra Jesus diante do Sinédrio, tinha lugar a cena mais triste da vida de Pedro. Ele, que deixara tudo para seguir o Senhor, que vira tantos prodígios e recebera tantas provas de afeto, agora nega-o rotundamente. Sente-se encurralado e, sob juramento, nega conhecer Jesus.

Estando Pedro em baixo no átrio, chegou uma das criadas do sumo sacerdote. Fixou os olhos em Pedro, que se aquecia, e disse-lhe: Também tu estavas com Jesus de Nazaré. Ele negou-o: Não o conheço nem sei de que falas. E saiu para a entrada do pátio; e um galo cantou. A criada que o vira começou a dizer aos circunstantes: Este faz parte do grupo deles. Mas Pedro negou-o por segunda vez. Pouco depois, os que ali estavam diziam a Pedro: Certamente tu és um deles, pois também és galileu. Então ele começou a praguejar e a jurar: Não conheço esse homem de quem falais[1].

Pedro negou conhecer o seu Senhor, e com isso negou também o sentido profundo da sua existência: o de ser apóstolo, testemunha da vida de Cristo, o de confessar que Jesus é o Filho do Deus vivo. A sua vida honrada, a sua vocação de apóstolo, as esperanças que Jesus depositara nele, o seu passado, o seu futuro — tudo começa a ruir. Como foi possível que dissesse: *Não conheço esse homem*?

Uns anos antes, um milagre realizado por Jesus tivera para ele um significado especial e profundo. Ao presenciar a pesca milagrosa (a primeira delas), Pedro compreendera tudo: *Caiu aos pés de Jesus e disse-lhe: Afasta-te de mim, Senhor, porque sou um homem pecador. Tanto ele como os seus companheiros estavam assombrados*[2]. Foi como se num instante tivesse visto tudo claramente: a santidade de Cristo e a sua condição de homem pecador. O preto percebe-se em contraste com o branco, a escuridão em contraste com a luz e o pecado em contraste com a santidade. E então, enquanto os seus lábios diziam que pelos seus pecados se sentia indigno de estar ao lado do Senhor, os seus olhos e toda a sua atitude pediam a Jesus que jamais o deixasse separar-se dEle. Foi um dia muito feliz. Ali começou realmente tudo: *Então Jesus disse a Simão: Não temas; doravante serás pescador de homens. E trazendo as barcas para terra, deixaram tudo e o seguiram*[3]. A vida de Pedro teria desde então um objetivo maravilhoso: amar a Cristo e ser *pescador de homens*. O resto seria meio e instrumento para esse fim. E agora, por fragilidade, por se ter deixado dominar pelo medo e pelos respeitos humanos, Pedro desaba.

O pecado, a infidelidade em maior ou menor grau, é sempre uma negação de Cristo e do que há de mais nobre em nós, dos melhores ideais que o Senhor semeou no nosso íntimo. O pecado é a grande ruína do homem. Por isso, temos de lutar com afinco, com a ajuda da graça, para evitar todo o pecado grave — os que resultam da malícia, da fragilidade ou da ignorância culposa — e todo o pecado venial deliberado.

Mas, se tivermos a desgraça de cometê-lo, temos de tirar proveito do próprio pecado, pois a contrição fortalece a amizade com o Senhor. Os nossos erros não devem desanimar-nos nunca, se reagimos com humildade. Um arrependimento sincero é sempre ocasião de um encontro novo com o Senhor, e dele podem derivar consequências inesperadas para a nossa vida interior. “Pedro levou uma hora para cair, mas levanta-

-se num minuto e sobe mais alto do que estava antes da sua queda"[4].

O Céu está cheio de grandes pecadores que souberam arrepender-se. Jesus recebe-nos sempre e alegra-se quando recomeçamos o caminho que havíamos abandonado.

II. MALTRATADO, O SENHOR é levado para outro lugar através de um dos átrios. Então, *voltando-se, o Senhor olhou para Pedro*[5]. "Os seus olhares cruzaram-se. Pedro quereria baixar a cabeça, mas não pôde afastar os seus olhos dAquele que acabava de negar. Conhece muito bem os olhares do Salvador: aquele olhar que decidira da sua vocação e a cuja autoridade e encanto não pudera resistir anos atrás; aquele olhar delicado do dia em que Jesus afirmara, ao contemplar os seus discípulos: *Eis os meus irmãos, as minhas irmãs e a minha mãe*; e o olhar que o fizera estremecer quando ele, Simão, pretendera suprimir a Cruz do caminho de Cristo; e o olhar afetuosamente compassivo com que recebera o jovem demasiado rico para segui-Lo; e o olhar velado pelas lágrimas diante do sepulcro de Lázaro... Não há dúvida de que Pedro conhecia os olhares do Salvador! No entanto, nunca tinha visto no rosto do Senhor essa expressão que agora descobria nEle, esses olhos impregnados de tristeza, mas sem severidade. Olhar de censura, sem dúvida, mas que, ao mesmo tempo, suplicava e parecia repetir: *Simão, eu orei por ti!* Esse olhar só se deteve nele por um instante fugidio, porque Jesus não demorou a ser violentamente arrastado pelos soldados, mas Pedro nunca o esqueceria"[6].

Vê o olhar indulgente sobre a chaga profunda da sua culpa. Compreende então a gravidade do seu pecado e recorda-se da profecia do Senhor sobre a sua traição: *Hoje, antes que o galo cante, ter-me-ás negado três vezes. Saiu dali e chorou amargamente*[7]. Sair "era confessar a sua culpa. Chorou amargamente porque sabia amar, e bem cedo as doçuras do amor substituíram nele as amarguras da dor"[8].

Saber que Jesus o olhara impediu o apóstolo de chegar ao desespero. Foi um olhar alentador e Pedro sentiu-se compreendido e perdoado. Como deve ter recordado então as parábolas do Bom Pastor, do filho pródigo, da ovelha perdida!

Na vida de Pedro, vemos refletida a nossa própria vida. "Dor de Amor. — Porque Ele é bom. — Porque é teu Amigo, que deu a sua Vida por ti. — Porque tudo o que tens de bom é dEle. — Porque O tens ofendido tanto... Porque te tem perdoado... Ele!... a ti! — Chora, meu filho, de dor de Amor"[9].

A contrição dá à alma uma particular fortaleza, devolve-lhe a esperança, faz com que o cristão se esqueça de si mesmo e se aproxime novamente de Deus, num ato de amor mais profundo. A contrição enriquece a qualidade da vida interior e atrai sempre a misericórdia divina. *Os meus olhares deixam-se atrair pelo humilde, pelo coração contrito que teme a minha palavra*[10]. Cristo não terá inconveniente em edificar a sua Igreja sobre um homem que podia cair e que caiu. Deus conta também com os instrumentos débeis para realizar — se se arrependem — as suas grandes obras: a salvação dos homens.

III. ALÉM DE NOS DAR uma grande fortaleza, a verdadeira contrição prepara-nos para ser eficazes entre os outros. "O Mestre passa, uma vez e outra vez, muito perto de nós. Olha-nos... E se o olhas, se o escutas, se não o repeles, Ele te ensinará o modo de dares sentido sobrenatural a todas as tuas ações... E então também tu semearás, onde quer que te encontres, consolo e paz e alegria"[11].

O olhar do Senhor recaiu também sobre Judas e incitou-o a mudar quando, no momento da sua traição, ouviu o Mestre chamá-lo amigo. *Amigo! Com que propósito vieste?* Não se arrependeu naquele momento, mas mais tarde: *Vendo-o sentenciado, tomou-se de remorsos e foi devolver as trinta moedas de prata*[12].

Mas que diferença entre Pedro e Judas! Os dois foram infiéis ao Senhor, embora de modo diferente. Os dois se arrependeram. Mas, enquanto Pedro viria a ser a rocha sobre a qual se levantaria a Igreja de Cristo até o fim dos tempos, Judas *foi e enforcou-se*. O mero arrependimento humano não basta; produz angústia, amargura e desespero.

Junto de Cristo, o arrependimento transforma-se numa dor gozosa, porque se recupera a amizade perdida. Num instante, pela dor em face das suas negações, Pedro uniu-se ao Senhor muito mais fortemente do que jamais o estivera. As suas negações foram o ponto de partida de uma fidelidade que o levaria até o testemunho supremo do martírio. Judas, pelo contrário, ficou só: *Que nos importa? Isso é lá contigo!*, dizem-lhe os príncipes dos sacerdotes. Judas, no isolamento produzido pelo pecado, não soube ir até Cristo, faltou-lhe a esperança, e por isso o seu arrependimento foi estéril.

Devemos despertar com frequência no nosso coração a dor de Amor pelos nossos pecados, sobretudo ao fazermos o exame de consciência no fim do dia, e ao prepararmos a nossa confissão. "A ti, que te desmoralizas, vou-te repetir uma coisa muito consoladora: a quem faz o que pode, Deus não lhe nega a sua graça; Nosso Senhor é Pai, e, se um filho lhe diz na quietude do seu coração: «Meu Pai do Céu, aqui estou eu, ajuda-me...», se recorre à Mãe de Deus, que é Mãe nossa, vai para a frente"[13]. E a sua dor levada a Cristo transforma-se numa dor gozosa, sobre a qual o Senhor edifica.

(1) Mc 14, 66-67; (2) cf. Lc 5, 8-9; (3) Lc 5, 10-11; (4) G. Chevrot, *Simão Pedro*, p. 176; (5) Lc 22, 61; (6) G. Chevrot, *op. cit.*, p. 173; (7) Lc 22, 61-62; (8) Santo Agostinho, *Sermão 295*; (9) São Josemaria Escrivá, *Caminho*, n. 436; (10) Is 66, 2; (11) São Josemaria Escrivá, *Via Sacra*, VIIIª est., n. 4; (12) cf. Mt 27, 3-10; (13) São Josemaria Escrivá, *Via Sacra*, Xª est., n. 3.

SEMANA SANTA. TERÇA-FEIRA

42. DIANTE DE PILATOS. JESUS CRISTO REI

— Jesus condenado à morte.
— O Rei dos judeus. Um reino de graça.
— O Senhor quer reinar nas nossas almas.

I. COM AS MÃOS ATADAS, o Senhor é conduzido à residência do procurador Pôncio Pilatos. Todos têm pressa em acabar. Jesus, em silêncio, e com essa dignidade que se reflete no seu porte, passa por algumas ruelas a caminho da casa de Pilatos. "Já nascera o dia, e os habitantes da cidade tinham acordado e acorriam às portas e janelas para ver um preso tão conhecido e admirado pela sua santidade e obras. O Senhor ia com as mãos atadas, e a corda que lhe atava as mãos unia-se ao pescoço: esta era a pena que se impunha aos que haviam usado mal da sua liberdade contra o seu povo. Sentiria frio naquela madrugada, e sono; a cara, desfigurada pelas pancadas e escarros; o cabelo despenteado pelos últimos puxões que lhe tinham dado; entumecido o rosto e o sangue coagulado e seco. Foi assim que o Senhor apareceu em público pelas ruas, e todos o olhavam espantados e atemorizados. Ninguém duvidava de que, se o tinham tratado e o conduziam assim, era porque iria ser condenado"[1].

Jesus passa da jurisdição do Sinédrio para a romana, pois as autoridades judaicas podiam condenar à morte, mas não executar a sentença. E recorrem à autoridade romana quanto antes — nas primeiras horas da manhã — porque querem acabar com Jesus antes das festas. Começa a cumprir-se ao pé da letra o que Ele havia anunciado: *O Filho do homem será entregue aos gentios; escarnecerão dele, e será ultrajado e cuspido; e depois de açoitá-lo, matá-lo-ão, e ao terceiro dia ressuscitará*[2].

Conduziram Jesus à praça do pretório. Mas os que o acusavam *não entraram no pretório, para não se contaminarem e poderem comer a Páscoa*[3], pois os judeus ficavam legalmente impuros se entravam em casa de estrangeiros. "Oh cegueira ímpia!, exclama Santo Agostinho. Parece-lhes que ficarão contaminados com uma casa estranha, e não temem ficar impuros com um crime"[4]. Cumprem-se uma vez mais as palavras duríssimas que o Senhor lhes dissera tempos atrás: *Guias cegos! Filtrais um mosquito e engolis um camelo*[5].

Saiu, pois, Pilatos para ter com eles[6]. Jesus encontra-se de pé diante de Pilatos[7]; o procurador pode contemplar a paz e a serenidade do acusado, em contraste com a agitação e a pressa dos que querem a sua morte.

Disse-lhe Pilatos: *És tu o rei dos judeus?*[8] Jesus respondeu-lhe: *O meu reino não é deste mundo. Se o meu reino fosse deste mundo, os meus súditos lutariam para que eu não fosse entregue aos judeus. Mas o meu reino não é daqui. Perguntou-lhe então Pilatos: És portanto rei? Respondeu Jesus: Sim, tu o dizes: eu sou rei*[9]. Esta foi a última declaração que o Senhor fez perante os seus acusadores; depois ficou *calado como ovelha muda diante dos tosquiadores*[10].

O Mestre encontra-se só; os seus discípulos já não ouvem os seus ensinamentos: abandonaram-no agora que tanto podiam aprender. Nós queremos acompanhá-lo na sua dor e aprender dEle a ter paciência diante das contrariedades de cada dia e a oferecê-las com amor.

II. PILATOS, PENSANDO TALVEZ que com isso aplacava o ódio dos judeus, *mandou flagelar Jesus*[11]. É a cena que contemplamos no segundo mistério doloroso do Rosário:

"Atado à coluna. Cheio de chagas.

"Ouvem-se os golpes dos azorragues na sua carne rasgada, na sua carne sem mancha, que padece pela tua carne pecadora. — Mais golpes. Mais sanha. Mais ainda... É o cúmulo da crueldade humana.

"Por fim, rendidos, desprendem Jesus. E o corpo de Cristo rende-se também à dor e cai, como um verme, truncado e meio morto.

"Tu e eu não podemos falar. — Não são precisas palavras. Olha para Ele, olha para Ele... devagar.

"Depois... serás capaz de ter medo à expiação?"[12]

A seguir, *os soldados teceram uma coroa de espinhos e puseram-na sobre a sua cabeça e cobriram-no com um manto de púrpura. E aproximavam-se dele e diziam-lhe: Salve, rei dos judeus! E davam-lhe bofetadas*[13]. Hoje, ao contemplarmos Jesus que proclama a sua realeza diante de Pilatos, convém que meditemos também nesta cena narrada no terceiro mistério doloroso do Rosário:

"A coroa de espinhos, cravada a marteladas, faz dEle um Rei de comédia... [...]. E, à força de pancadas, ferem-lhe a cabeça. E esbofeteiam-no... e cospem nEle [...].

"— Tu e eu não teremos voltado a coroá-lo de espinhos, a esbofeteá-lo e a cuspir-lhe?

"Nunca mais, Jesus, nunca mais..."[14]

Pilatos saiu outra vez e disse-lhes: Eis que vo-lo trago cá para fora, para que saibais que não acho nele culpa alguma. Apareceu então Jesus, trazendo a coroa de espinhos e o manto de púrpura. Pilatos disse-lhes: "Ecce homo". Eis o homem![15]

Vestido com as insígnias reais sob uma chuvarada de zombarias, o Senhor esconde e ao mesmo tempo faz vislumbrar sob aquela trágica aparência a grandeza do Rei dos reis. A criação inteira depende de um gesto de suas mãos. O seu reino é *o reino da Verdade e da Vida, o reino da Santidade e da Graça, o reino da Justiça, do Amor e da Paz*[16]. Enquanto contemplamos estas cenas da Paixão, nós, cristãos, não podemos esquecer que Jesus Cristo é "um Rei com um coração de carne, como o nosso"[17].

Também não podemos esquecer que são muitos os que o ignoram e rejeitam. "Diante desse triste espetáculo, sinto-me inclinado a desagravar o Senhor. Ao escutar esse clamor que não cessa, e que se compõe não tanto de palavras como de obras pouco nobres, experimento a necessidade de gritar bem alto: *Oportet illum regnare!* (1 Cor 15, 25), convém que Ele reine"[18].

Muitos ignoram que Cristo é o único Salvador, Aquele que dá sentido às nossas vidas e aos acontecimentos humanos, Aquele que constitui a alegria e a plenitude dos desejos de todos os corações, o verdadeiro modelo, o irmão de todos, o Amigo insubstituível, o Único digno de toda a confiança.

Ao contemplarmos o Rei coroado de espinhos, dizemos-lhe que queremos que reine na nossa vida, nos nossos corações, nas nossas obras, nos nossos pensamentos, nas nossas palavras, em tudo o que é nosso.

III. JESUS CRISTO É O REI de toda a criação, *pois tudo foi feito por Ele*[19], e dos homens em particular, que foram *comprados por um grande preço*[20]. Já o anjo dissera a Maria: *Darás à luz um filho... e o Senhor Deus lhe dará o trono de seu pai Davi... e o seu reino não terá fim*[21].

Mas o seu Reino não é como os da terra. Durante o seu ministério público, o Senhor nunca cedeu ao entusiasmo das multidões, um entusiasmo demasiado humano e misturado com esperanças meramente temporais: *Percebendo que queriam arrebatá-lo e fazê-lo rei, retirou-se*[22].

No entanto, aceita o ato de fé messiânica de Natanael: *Tu és o Filho de Deus, tu és o rei de Israel!*[23]. Mais ainda, evoca uma antiga profecia[24] para confirmar e dar profundidade às suas palavras: *Vereis o céu aberto e os anjos de Deus subirem e descerem em torno do Filho do homem*[25]. O seu reinado é de paz, de justiça, de amor: Deus Pai *arrancou-nos do poder das trevas e transferiu-nos para o reino do seu Filho muito amado, no qual temos a redenção*[26].

Não obstante, também hoje são muitos os que o rejeitam. Em muitos ambientes, parece tornar-se a ouvir aquele grito pavoroso: *Não queremos que Ele reine sobre nós*. Que dor tão grande não seria a do Senhor quando comentava a parábola que reflete a atitude de muitos homens: *Mas os homens daquela região odiavam-no* — diz Jesus na parábola — *e enviaram atrás dele embaixadores para dizer: Não queremos que ele reine sobre nós*[27]. Que mistério de iniquidade tão grande é o pecado!

O reino do pecado — onde habita o pecado — é um reino de trevas, de tristeza, de solidão, de engano, de mentira. Todas as tragédias e calamidades do mundo, bem como as nossas misérias, têm a sua origem nessas palavras: *Nolumus hunc regnare super nos*, não queremos que Ele reine sobre nós. Nós, agora, acabamos a nossa oração dizendo a Jesus novamente que "Ele é o Rei do meu coração. Rei desse mundo íntimo dentro de mim mesmo, em que ninguém penetra e em que eu sou o único senhor. Jesus é o Rei aí, no meu coração. Tu o sabes bem, Senhor"[28].

(1) L. de la Palma, *La Pasión del Señor*, p. 90; (2) Lc 18, 32; (3) Jo 18, 28; (4) Santo Agostinho, *Comentário ao Evangelho de São João*, 114, 2; (5) Mt 23, 24; (6) Jo 18, 29; (7) Mt 27, 11; (8) Jo 18, 33; (9) Jo 18, 36-37; (10) Is 53, 7; (11) Jo 19, 1; (12) São Josemaria Escrivá, *Santo Rosário*, II° mist. doloroso; (13) Jo 19, 2-3; (14) São Josemaria Escrivá, *Santo Rosário*, III° mist. doloroso; (15) Jo 19, 4-5; (16) *Prefácio* da Missa de Cristo Rei; (17) São Josemaria Escrivá, *É Cristo que passa*, n. 179; (18) *ib.*; (19) Jo 1, 3; (20) 1 Cor 6, 20; (21) Lc 1, 32-33; (22) Jo 6, 15; (23) Jo 1, 49; (24) Dn 7, 13; (25) Jo 1, 51; (26) Cl 1, 13; (27) Lc 19, 14; (28) J. Leclercq, *Siguiendo el año litúrgico*, Rialp, Madri, 1957, p. 357.

SEMANA SANTA. QUARTA-FEIRA

43. A CAMINHO DO CALVÁRIO

— Jesus com a Cruz às costas pelas ruas de Jerusalém. Simão de Cirene.
— Jesus acompanhado por dois ladrões no seu caminho para o Calvário. Modos de carregar a cruz.
— O encontro com sua Mãe Santíssima.

I. DEPOIS DE UMA NOITE de dor, de escárnios e de desprezo, Jesus, debilitado pelo terrível tormento da flagelação, é conduzido para ser crucificado. *Libertou-lhes então Barrabás; e a Jesus, depois de tê-lo mandado açoitar, entregou-o às mãos deles para que fosse crucificado*[1], diz sobriamente o Evangelho de São Mateus. Jesus é condenado a sofrer uma morte reservada aos criminosos.

Mal iniciada a caminhada, todos percebem que o Senhor está muito fraco para levar a Cruz sobre os seus ombros até o Calvário. Um homem, Simão de Cirene, que voltava para casa, é forçado a carregá-la. Onde estão os seus discípulos? Jesus falara-lhes de carregar a cruz[2], e todos eles tinham afirmado solenemente que estavam dispostos a segui-lo até à morte[3]. Agora, não encontra um único que o ajude sequer a carregar o lenho da Cruz até o lugar da execução. Terá de fazê-lo um estranho, e obrigado à força. Em torno do Senhor não há rostos amigos e ninguém quis comprometer-se. Até os que tinham recebido de suas mãos benefícios e curas querem agora passar despercebidos. Cumpriu-se ao pé da letra o que

Isaías profetizara muitos séculos antes: *Pisei sozinho o lagar, sem que ninguém dentre a multidão me ajudasse... Olhei, e não houve pessoa alguma que me auxiliasse; espantei-me de que ninguém viesse amparar-me*[4]. Simão segurou a Cruz pela extremidade e colocou-a sobre os seus ombros. A outra, a mais pesada, a do amor não correspondido, a dos pecados de cada homem, essa, Cristo a levou sozinho.

Neste desamparo em que o Senhor se encontrava, segundo nos foi transmitido pela tradição, houve uma exceção: uma mulher — conhecida pelo nome de Verônica — aproximou-se de Jesus com um pano para limpar-lhe o rosto, e o rosto do Senhor ficou impresso no tecido. "O véu da Verônica é o símbolo do comovedor diálogo entre Cristo e a alma reparadora. Verônica correspondeu ao amor de Cristo com a sua reparação; uma reparação admirável, porque veio de uma débil mulher que não temeu as iras dos inimigos de Cristo [...]. Imprime-se na minha alma [...] o rosto de Jesus, como no véu da Verônica?"[5]

O Senhor retoma a marcha, um pouco mais aliviado fisicamente. Mas o caminho é sinuoso e o chão irregular. As suas energias diminuem cada vez mais, e não é de estranhar que caia. Cai, e mal consegue levantar-se. Poucos metros adiante, torna a cair. Uma, duas, três vezes. Ao levantar-se, quer dizer-nos quanto nos ama; ao cair, quer manifestar a grande necessidade que sente de que o amemos.

"Não é tarde, nem tudo está perdido... Ainda que assim te pareça. Ainda que o repitam mil vozes agoureiras. Ainda que te assediem olhares trocistas e incrédulos... Chegaste num bom momento para carregar a Cruz: a Redenção está-se fazendo — agora! —, e Jesus necessita de muitos cireneus"[6].

II. EM OUTRO MOMENTO dessa caminhada até o Calvário, Jesus passa por um grupo de mulheres que choram por Ele. Consola-as e faz uma "chamada ao arrependimento, ao verdadeiro arrependimento, ao pesar sincero pelo mal cometido. Jesus diz às filhas de Jerusalém que choram ao vê-lo: *Não choreis por mim; chorai antes por vós e pelos vossos filhos* (Lc 23, 28). Não podemos ficar na superfície do mal, temos que chegar à sua raiz, às causas, à mais profunda verdade da consciência [...]. Senhor, que eu saiba viver e andar na verdade!"[7]

Para tornar a sua morte mais humilhante, fazem parte do cortejo dois ladrões que ladeiam Jesus. Um espectador recém-chegado, que não soubesse de nada, veria três homens a caminho da morte, cada um carregando a sua cruz. Mas apenas um deles é o Salvador do mundo, e uma só a Cruz redentora. Hoje também se pode carregar a cruz de diferentes maneiras.

Há uma cruz que se carrega com raiva, contra a qual o homem se revolta cheio de ódio ou, ao menos, de um profundo mal-estar; é uma cruz sem sentido e sem explicação, inútil, que chega até a afastar de Deus. É a cruz dos que neste mundo só procuram a comodidade e o bem-estar material, dos que não suportam nem a dor nem o fracasso, porque não querem compreender o sentido sobrenatural do sofrimento. *É uma cruz que não redime*: é a que carrega um dos ladrões.

Vai também a caminho do Calvário uma segunda cruz, esta conduzida com resignação, talvez até com dignidade humana, que é aceita porque não há modo algum de evitá-la. Assim a carrega o outro ladrão, até que pouco a pouco percebe a seu lado a figura soberana de Cristo, que mudará completamente os últimos instantes da sua vida aqui na terra, como também a eternidade, e o converterá no *bom ladrão*.

Há por fim um terceiro modo de carregá-la: é o de Jesus, que se abraça à Cruz salvadora e nos ensina como devemos carregar a nossa — com amor, corredimindo com Ele todas as almas, reparando pelos pecados próprios. O Senhor deu um sentido profundo à dor. Podendo redimir-nos de muitas maneiras, fê-lo através do sofrimento, porque *ninguém tem maior amor do que aquele que dá a vida pelos seus amigos*[8].

As pessoas santas descobriram que, quando já não se vê a cruz em si, mas aos ombros de Jesus que passa e vem ao nosso encontro, a dor, o sofrimento e a contrariedade deixam de ser algo de sinal negativo. Simão de Cirene conheceu Jesus através da Cruz. O Senhor recompensá-lo-á pela ajuda que lhe prestou dando a fé aos seus dois filhos,

Alexandre e Rufo[9], que em breve seriam cristãos muitos conhecidos na primitiva comunidade. E nada nos impede de pensar que Simão de Cirene viria também a ser mais tarde um discípulo fiel.

"Tudo começou por um encontro inopinado com a Cruz. *Apresentei-me aos que não perguntavam por mim, acharam-me os que não me procuravam* (Is 65, 1). Às vezes, a Cruz aparece sem a procurarmos: é Cristo que pergunta por nós. E se por acaso, perante essa Cruz inesperada, e talvez por isso mais escura, o coração manifesta repugnância..., não lhe dês consolos. E, cheio de uma nobre compaixão, quando os pedir, segreda-lhe devagar, como em confidência: «Coração: coração na Cruz, coração na Cruz»"[10].

A meditação de hoje é uma boa oportunidade para nos perguntarmos como encaramos as contrariedades e a dor, se elas nos aproximam de Cristo, se nos ajudam a expiar as nossas culpas, se nos levam a corredimir com Ele.

III. "O SALVADOR CAMINHAVA com o corpo vergado sob o peso da Cruz, os olhos inchados e obnubilados pelas lágrimas e pelo sangue, o andar lento e difícil pela debilidade; seus joelhos tremiam, e Ele quase que se arrastava atrás dos seus dois companheiros de suplício. E os judeus riam, e os verdugos e os soldados o empurravam"[11].

No quarto mistério doloroso do Rosário contemplamos Jesus com a Cruz às costas a caminho do Calvário. "Estamos tristes, vivendo a Paixão de Jesus, Nosso Senhor. — Olha com que amor se abraça à Cruz. — Aprende com Ele. — Jesus leva a Cruz por ti; tu... leva-a por Jesus.

"Mas não leves a Cruz de rastos... Leva-a erguida a prumo, porque a tua Cruz, levada assim, não será uma Cruz qualquer: será... a Santa Cruz [...].

"E, com toda a certeza, tal como Ele, encontrarás Maria no caminho"[12].

Num dos passos da Via Sacra, consideramos o encontro entre Jesus e sua Mãe numa daquelas ruas estreitas. Jesus deteve-se um instante. "Com imenso amor, Maria olha para Jesus, e Jesus olha para sua Mãe; e os olhos de ambos se encontram, e cada coração derrama no outro a sua própria dor. A alma de Maria fica submersa em amargura, na amargura de Jesus Cristo.

"*Ó vos que passais pelo caminho, olhai e vede se há dor como a minha dor!* (Lm 1, 12).

"Mas ninguém percebe, ninguém repara; só Jesus [...].

"Na obscura soledade da Paixão, Nossa Senhora oferece a seu Filho um bálsamo de ternura, de união, de fidelidade; um *sim* à Vontade divina"[13].

O Senhor continua o seu caminho e Maria acompanha-o a poucos metros de distância, até o Calvário. A profecia de Simeão cumpre-se ao pé da letra.

"*Que homem não choraria ao ver a Mãe de Cristo em tão atroz suplício?*

"Seu Filho ferido... E nós longe, covardes, resistindo à Vontade divina.

"Minha Mãe e Senhora, ensina-me a pronunciar um *sim* que, como o teu, se identifique com o clamor de Jesus perante seu Pai: *Non mea voluntas*... (Lc 22, 42): Não se faça a minha vontade, mas a de Deus"[14].

Quando a dor e a aflição nos atingirem, quando se tornarem mais penetrantes, recorramos a Santa Maria, *Mater dolorosa*, para que nos faça fortes e para que aprendamos a santificá-las com paz e serenidade.

(1) Mt 27, 26; (2) Mt 16, 24; (3) Mt 26, 35; (4) Is 63, 3 e 5; (5) J. Ablewicz, *Seréis mis testigos, Vía Crucis*, VIª est., Madri, 1983, pp. 334-335; (6) São Josemaria Escrivá, *Via Sacra*, Vª est., n. 2; (7) K. Wojtyla, *Signo de contradicción, Vía Crucis*, VIIIª est., Madri, 1978, pp. 244-245; (8) cf. Jo 15, 13; (9) cf. Mc 15, 21; (10) São Josemaria Escrivá, *op. cit.*, Vª est.; (11) L. de la Palma, *La Pasión del Señor*, p. 168; (12) São Josemaria Escrivá, *Santo Rosário*, IVº mist. doloroso; (13) São Josemaria Escrivá, *Via Sacra*, IVª est.; (14) *ib.*, IVª est., n. 1.

44. A ÚLTIMA CEIA DO SENHOR

— Jesus celebra a Última Ceia com os apóstolos.
— Instituição da Sagrada Eucaristia e do sacerdócio ministerial.
— O *mandamento novo* do Senhor.

I. A QUINTA-FEIRA SANTA recorda-nos a Última Ceia do Senhor com os apóstolos. Como nos anos anteriores, Jesus celebra a Páscoa rodeado dos mais íntimos. Mas, desta vez, a celebração tem características muito especiais, por ser a última Páscoa do Senhor antes do seu *trânsito para o Pai* e em vista dos acontecimentos que nela têm lugar. Todos os momentos desta Última Ceia refletem a Majestade de Jesus, que sabe que morrerá no dia seguinte, e o seu grande amor e ternura pelos homens.

A Páscoa era a principal festa judaica e fora instituída para comemorar a libertação do povo judeu da escravidão do Egito. *Conservareis a memória deste dia, celebrando-o como uma festa em honra do Senhor: fá-lo-eis de geração em geração, pois é uma instituição perpétua*[1]. Todos os judeus têm obrigação de celebrar esta festa para manter viva a memória do seu nascimento como povo de Deus.

Jesus encarregou os seus discípulos prediletos, Pedro e João, de preparar as coisas necessárias. Os dois apóstolos fazem esses preparativos com todo o cuidado. Depois de terem levado o cordeiro ao Templo a fim de imolá-lo, vão à casa onde terá lugar a ceia para assá-lo. Preparam também a água para as abluções[2], as "ervas amargas" (que representavam a amargura da escravidão), os "pães ázimos" (que recordavam que os seus antepassados não os tinham cozido pela pressa com que tinham saído do Egito), o vinho etc. Estes cuidadosos preparativos recordam-nos o esmero com que devemos preparar-nos para participar da Santa Missa. Não nos esqueçamos de que em cada Missa se renova o mesmo Sacrifício de Cristo, que se entregou por nós, e de que nós também somos seus discípulos e ocupamos, portanto, o lugar de Pedro e João.

A Última Ceia começa com o pôr do sol. Jesus recita os Salmos com voz firme e num tom particularmente expressivo. São Lucas diz-nos que Jesus desejava ardentemente comer essa Páscoa com os seus discípulos[3].

Nessas horas aconteceram coisas singulares, que os evangelistas tiveram o cuidado de transmitir-nos em pormenor: a rivalidade entre os apóstolos, que começaram a discutir qual deles seria o maior; o exemplo surpreendente de humildade e de serviço que Jesus dá quando se ajoelha e executa uma tarefa que se deixava aos servos mais ínfimos: *começou a lavar-lhes os pés*; o amor e a ternura que manifesta pelos seus discípulos: *Filhinhos meus...*, chega a dizer-lhes. "O próprio Senhor quis dar àquela reunião tal plenitude de significado, tal riqueza de recordações, tal comoção de palavras e sentimentos, tal novidade de atos e preceitos, que nunca acabaremos de meditá-los e explorá-los. É uma ceia testamentária; é uma ceia afetuosa e imensamente triste, e ao mesmo tempo misteriosamente reveladora de promessas divinas, de perspectivas supremas. Está próxima a morte, com inauditos presságios de traição, de abandono, de imolação; a conversa decai logo, enquanto a palavra de Deus flui aos borbotões, nova, extremamente doce, tensa em confidências supremas, pairando assim entre a vida e a morte"[4].

O que Cristo fez pelos seus pode resumir-se nestas breves palavras de São João: *amou-os até o fim*[5]. Hoje é um dia especialmente apropriado para meditarmos nesse amor de Jesus por cada um de nós e no modo como lhe estamos correspondendo.

II. E AGORA, ENQUANTO COMIAM, muito provavelmente no fim da ceia, Jesus tem um gesto transcendente e ao mesmo tempo simples, numa atitude que os apóstolos conheciam tão bem: permanece em silêncio por uns instantes e, a seguir, institui a Eucaristia.

O Senhor antecipa de forma sacramental o sacrifício que consumará no dia seguinte no Calvário. Até aquele momento, a Aliança de Deus com o seu povo estava representada pelo cordeiro pascal sacrificado no altar dos holocaustos, pelo banquete de toda a família na ceia pascal. Agora o Cordeiro imolado é o próprio Cristo[6]: *Esta é a nova aliança no meu sangue*... O Corpo de Cristo é o novo banquete que congrega todos os irmãos: *Tomai e comei*... Com a imolação e oferenda de Si próprio — Corpo e Sangue — ao Pai, como Cordeiro sacrificado, o Senhor inaugura a nova e definitiva Aliança entre Deus e os homens, e com ela redime-os a todos da escravidão do pecado e da morte eterna.

Jesus dá-se-nos na Eucaristia para nos fortalecer na nossa fraqueza, para nos acompanhar na nossa solidão e como antecipação do Céu. Na véspera da sua paixão e morte, dispôs as coisas de modo a que nunca faltasse esse Pão até o fim do mundo. Porque, nessa noite memorável, Jesus deu aos apóstolos e aos seus sucessores, os bispos e sacerdotes, o poder de renovarem o prodígio até o fim dos tempos: *Fazei isto para celebrar a minha memória*[7]. Com a Sagrada Eucaristia, que durará *até que o Senhor venha*[8], instituiu o sacerdócio ministerial.

Jesus permanece conosco para sempre na Sagrada Eucaristia, com uma presença real, verdadeira e substancial. Ele é o mesmo no Cenáculo e no Sacrário. Naquela noite, os discípulos gozaram da presença sensível de Jesus, que se entregava a eles e a todos os homens. Nós, nesta tarde, quando formos adorá-lo publicamente no *Monumento*, também nos encontraremos novamente com Ele; Ele nos vê e nos reconhece. Poderemos falar-lhe como faziam os apóstolos e contar-lhe os nossos sonhos e as nossas preocupações, e agradecer-lhe por permanecer conosco, e acompanhá-lo recordando a sua entrega de amor. Jesus sempre nos espera no Sacrário.

III. *NISTO CONHECERÃO todos que sois meus discípulos, se vos amardes uns aos outros*[9].

Jesus fala aos apóstolos da sua iminente partida, e é então que anuncia o mandamento novo, proclamado também em todas as páginas do Evangelho: *Este é o meu mandamento: que vos ameis uns aos outros como eu vos amei*[10]. Desde então, sabemos que "a caridade é o caminho para seguir a Deus mais de perto"[11] e para encontrá-lo com maior prontidão. Deus é Amor, e a alma entende-o melhor quando pratica a caridade com maior finura, e torna-se mais nobre na medida em que cresce nessa virtude teologal.

O modo como tratarmos e servirmos os que nos rodeiam será o sinal pelo qual nos hão de reconhecer como discípulos do Senhor. "Ele não fala em ressuscitar mortos nem em qualquer outra prova evidente, mas nesta: *que vos ameis uns aos outros*"[12]. "Muitos querem saber se amam a Cristo e procuram sinais pelos quais possam descobri-lo. O sinal que nunca engana é a caridade fraterna [...]. E essa é também a medida do estado da nossa vida interior, especialmente da nossa vida de oração"[13].

Dou-vos um mandamento novo: que vos ameis...[14] É um mandamento novo porque são novos os seus motivos: o próximo é uma só coisa com Cristo, e por isso é objeto de um especial amor do Pai. É um mandamento novo porque o Modelo é sempre atual. É um mandamento novo porque estabelece relações novas entre os homens; porque o modo de cumpri-lo será sempre novo: *como eu vos amei*; porque se dirige a um povo novo e requer corações novos; porque estabelece os alicerces de uma ordem diferente e desconhecida até então. É novo porque sempre será uma novidade para os homens, acostumados aos seus egoísmos e às suas rotinas.

Nesta Quinta-feira Santa, ao cabo deste tempo de oração, podemos perguntar-nos se, nos lugares em que se desenvolve a maior parte da nossa vida, as pessoas sabem que somos discípulos de Cristo pela forma amável, compreensiva e acolhedora com que as tratamos. Podemos perguntar-nos se procuramos não cometer faltas contra a caridade por pensamentos, palavras ou atos; se sabemos pedir desculpas quando tratamos mal a alguém; se temos manifestações de carinho com os que estão ao nosso lado: cordialidade, estima, umas palavras animadoras, a correção fraterna quando for necessária, o sorriso habitual e o bom humor, serviços que prestamos, preocupação verdadeira pelos problemas dos outros, pequenas ajudas que passam despercebidas...

Agora que está já tão próxima a Paixão do Senhor, recordamos a entrega de Maria ao cumprimento da Vontade de Deus e ao serviço dos outros. "A imensa caridade de Maria pela humanidade faz com que também nEla se cumpra a afirmação de Cristo: *Ninguém tem maior amor do que aquele que dá a vida pelos seus amigos* (Jo 15, 13)"[15].

(1) Ex 12, 14; (2) Jo 13, 5; (3) Lc 22, 15; (4) Paulo VI, *Homilia da Missa da Quinta-feira Santa*, 27-III-1975; (5) Jo 13, 1; (6) 1 Cor 5, 7; (7) Lc 22, 19; (8) 1 Cor 2, 26; (9) Jo 13, 35; (10) Jo 15, 12; (11) São Tomás, *Coment. à Epístola aos Efésios*, 5, 1; (12) idem, *Opúsculo sobre a caridade*; (13) B. Baur, *A vida espiritual*; (14) Jo 13, 34; (15) São Josemaria Escrivá, *Amigos de Deus*, n. 287.

TRÍDUO PASCAL. SEXTA-FEIRA DA PAIXÃO DO SENHOR

45. JESUS MORRE NA CRUZ

— No Calvário. Jesus pede perdão pelos que o maltratam e crucificam.
— Cristo crucificado: consuma-se a obra da nossa Redenção.
— Jesus dá-nos a sua Mãe como Mãe nossa. Os frutos da Cruz. O *bom ladrão*.

I. JESUS É PREGADO na Cruz. E a liturgia canta: *Doces cravos, doce árvore onde a Vida começa...!*[1]

Toda a vida de Jesus está orientada para este momento supremo. Muito a custo, consegue chegar ofegante e exausto ao cimo daquela pequena colina chamada "lugar da caveira". A seguir, estendem-no no chão e começam a pregá-lo no madeiro. Introduzem primeiro os ferros nas mãos, desfibrando-lhe nervos e carne. Depois, é içado até ficar erguido sobre a trave vertical fixada no chão. Por fim, pregam-lhe os pés. Maria, sua Mãe, contempla a cena.

O Senhor está firmemente pregado na Cruz. "Tinha esperado por ela durante muitos anos, e naquele dia cumpria-se o seu desejo de redimir os homens [...]. Aquilo que até Ele tinha sido um instrumento infame e desonroso, convertia-se em árvore de vida e escada de glória. Invadia-o uma profunda alegria ao estender os braços sobre a Cruz, para que todos soubessem que era assim que teria sempre os braços para os pecadores que dEle se aproximassem: abertos.

"Viu — e isso o cumulou de alegria — como a Cruz seria amada e adorada, porque Ele iria morrer nela. Viu os mártires que, por seu amor e para defender a verdade, iriam padecer um martírio semelhante ao seu. Viu o amor dos seus amigos, viu as suas lágrimas diante da Cruz. Viu o triunfo e a vitória que os cristãos alcançariam com a arma da Cruz. Viu os grandes milagres que, pelo sinal da Cruz, se iriam realizar em todo o mundo. Viu tantos homens que, com a sua vida, iriam ser santos por terem sabido morrer como Ele e por terem vencido o pecado"[2]. Viu como nós iríamos beijar tantas vezes um crucifixo; viu o nosso recomeçar em tantas ocasiões...

Jesus está suspenso da Cruz. Ao seu redor, o espetáculo é desolador: alguns passam e injuriam-no; os príncipes dos sacerdotes, mais ferinos e mordazes, zombam dEle; e outros, indiferentes, simplesmente observam o que está acontecendo. Muitos dos presentes o tinham visto abençoar, pregar uma doutrina salvadora e mesmo fazer milagres. Não há censura alguma nos olhos de Jesus; apenas piedade e compaixão.

Oferecem-lhe vinho com mirra. *Dai licor àquele que desfalece e vinho àquele que traz amargura no seu coração: que bebam e esquecerão a sua miséria e não voltarão a lembrar-se das suas mágoas*[3]. Era costume ter esses gestos de humanidade com os condenados. A bebida — um vinho forte com um pouco de mirra — adormecia e aliviava o sofrimento. O Senhor provou-a por gratidão para com aquele que lha oferecia, mas não quis tomá-la, para esgotar o cálice da dor.

Por que tanto padecimento?, pergunta-se Santo Agostinho. E responde: "Tudo o que Ele padeceu é o preço do nosso resgate"[4]. Não se contentou com sofrer alguma coisa: quis esgotar o cálice para que compreendêssemos a grandeza do seu amor e a baixeza do pecado; para que fôssemos generosos na entrega, na mortificação, no espírito de serviço.

II. A CRUCIFIXÃO era a execução mais cruel e afrontosa que a Antiguidade conhecia. Um cidadão romano não podia ser crucificado. A morte sobrevinha depois de uma longa agonia. Às vezes, os verdugos aceleravam o fim do crucificado quebrando-lhe as pernas. Desde os tempos apostólicos até os nossos dias, são muitos os que se negam a aceitar um

Deus feito homem que morre num madeiro para salvar-nos: o drama da cruz continua a ser *escândalo para os judeus e loucura para os gentios*[5]. Desde sempre existiu a tentação de desvirtuar o sentido da Cruz.

A união íntima de cada cristão com o seu Senhor necessita do conhecimento completo da sua vida, incluído o capítulo da Cruz. Aqui se consuma a nossa Redenção, aqui a dor do mundo encontra o seu sentido, aqui conhecemos um pouco a malícia do pecado e o amor de Deus por cada um dos homens. Não permaneçamos indiferentes diante de um crucifixo.

"Já pregaram Jesus ao madeiro. Os verdugos executaram impiedosamente a sentença. O Senhor deixou que o fizessem, com mansidão infinita.

"Não era necessário tanto tormento. Ele podia ter evitado aquelas amarguras, aquelas humilhações, aqueles maus tratos, aquele juízo iníquo, e a vergonha do patíbulo, e os pregos, e a lança... Mas quis sofrer tudo isso por ti e por mim. E nós não havemos de saber corresponder?

"É muito possível que nalguma ocasião, a sós com um crucifixo, te venham as lágrimas aos olhos. Não te contenhas... Mas procura que esse pranto acabe num propósito"[6].

III. OS FRUTOS DA CRUZ não se fizeram esperar. Um dos ladrões, depois de reconhecer os seus pecados, dirige-se a Jesus: *Senhor, lembra-te de mim quando tiveres entrado no teu reino*. Fala-lhe com a confiança que lhe outorga o fato de ser seu companheiro de suplício. Viu o seu comportamento desde que empreenderam a caminhada para o Calvário: o seu silêncio impressionante; o seu olhar cheio de compaixão sobre a multidão que o cercava; a sua grande majestade no meio de tanto cansaço e dor. As palavras que agora pronuncia não são improvisadas: exprimem o resultado final de um processo que se iniciou no seu íntimo desde o momento em que se encontrou ao lado de Jesus. Não necessitou de nenhum milagre para converter-se em discípulo de Cristo; bastou-lhe contemplar de perto o sofrimento do Senhor, como tantos outros que, ao longo dos tempos, também se converteriam ao meditarem nos episódios da Paixão relatados pelos evangelistas.

No meio de tantos insultos, o Senhor escutou emocionado essa voz que o reconhecia como Deus. Deve-lhe ter causado uma grande alegria, depois de tanto sofrimento. *Em verdade te digo que hoje mesmo estarás comigo no Paraíso*[7], disse-lhe.

A eficácia da Paixão não tem fim. Vem inundando constantemente o mundo de paz, de graça, de perdão, de felicidade nas almas, de salvação. A Redenção realizada uma vez por Cristo aplica-se a cada homem, com a cooperação da sua liberdade. Cada um de nós pode dizer de verdade: O Filho de Deus *amou-me e entregou-se por mim*[8]. Não por "nós" de modo genérico, mas por mim, como se eu fosse o único.

"Jesus Cristo quis submeter-se por amor, com plena consciência, inteira liberdade e coração sensível [...]. Ninguém morreu como Jesus Cristo, porque Ele era a própria Vida. Ninguém expiou o pecado como Ele, porque Ele era a própria Pureza"[9]. Nós recebemos agora copiosamente os frutos daquele amor de Jesus na Cruz. Só o nosso "não querer" pode tornar vã a Paixão de Cristo.

Muito perto de Jesus está sua Mãe, com outras santas mulheres. Também ali está João, o mais jovem dos apóstolos. *Quando Jesus viu sua Mãe e, perto dela, o discípulo que amava, disse à sua mãe: Mulher, eis aí o teu filho. Depois disse ao discípulo: Eis aí a tua mãe. E dessa hora em diante o discípulo a levou para sua casa*[10]. Jesus, depois de dar-se a si próprio na Última Ceia, dá-nos agora o que mais ama na terra, o que lhe resta de mais precioso. Despojaram-no de tudo. E Ele nos dá Maria como nossa Mãe.

Este gesto tem um duplo sentido. Por um lado, o Senhor preocupa-se com a Virgem, cumprindo com toda a fidelidade o quarto mandamento do Decálogo. Por outro, declara que Ela é nossa Mãe. "A Santíssima Virgem avançou também na peregrinação da fé e manteve fielmente a sua união com o Filho até a Cruz, junto da qual, não sem um desígnio divino, permaneceu de pé (Jo 19, 25), sofrendo profundamente com o seu Unigênito e associando-se com entranhas de mãe ao seu sacrifício, consentindo amorosamente na imolação da Vítima que Ela mesma tinha gerado; e, finalmente, foi dada como mãe ao discípulo pelo próprio Cristo Jesus, agonizante na Cruz"[11].

"Apagam-se as luminárias do céu, e a terra fica sumida em trevas. São perto das três, quando Jesus exclama:

"Eli, Eli, lamma sabachtani?! Isto é: Meu Deus, meu Deus, por que me abandonaste? (Mt 27, 46).

"Depois, sabendo que todas as coisas estão prestes a ser consumadas, para que se cumpra a Escritura diz:

"— *Tenho sede* (Jo 19, 28).

"Os soldados embebem em vinagre uma esponja e, pondo-a numa haste de hissopo, aproximam-na da sua boca. Jesus sorve o vinagre e exclama:

"— *Tudo está consumado* (Jo 19, 30).

"Rasga-se o véu do templo e a terra treme, quando o Senhor clama em voz forte:

"— *Pai, em tuas mãos encomendo o meu espírito* (Lc 23, 46).

"E expira.

"Ama o sacrifício, que é fonte de vida interior. Ama a Cruz, que é altar do sacrifício. Ama a dor, até beberes, como Cristo, o cálice até a última gota"[12].

Com Maria, nossa Mãe, ser-nos-á mais fácil consegui-lo, e por isso cantamos-lhe com o hino litúrgico: "Ó doce fonte de amor! Faz-me sentir a tua dor para que chore contigo. Faz-me chorar contigo e doer-me deveras das tuas penas enquanto vivo; porque desejo acompanhar o teu coração compassivo na Cruz em que o vejo. Faz com que a Cruz me enamore e que nela viva e habite..."[13]

(1) Hino *Crux fidelis*, Adoração da Cruz, Ofício da Sexta-feira da Semana Santa; (2) L. de la Palma, *La Pasión del Señor*, p. 168-169; (3) Pr 31, 6-7; (4) Santo Agostinho, *Coment. sobre o Salmo 21*, 11, 8; (5) cf. 1 Cor 1, 23; (6) São Josemaria Escrivá, *Via Sacra*, XIª est., n. 1; (7) Lc 23, 43; (8) Gl 2, 20; (9) R. Guardini, *O Senhor*; (10) Jo 19, 26-27; (11) Conc. Vat. II, Const. *Lumen gentium*, 58; (12) São Josemaria Escrivá, *Via Sacra*, XIIª est.; (13) hino *Stabat Mater*.

TRÍDUO PASCAL. SÁBADO SANTO

46. A SEPULTURA DO CORPO DE CRISTO

— Sinais que se seguiram à morte de Cristo. Atravessado pela lança. Jesus é despregado da Cruz.
— Preparação para a sepultura. Valentia e generosidade de Nicodemos e José de Arimateia.
— Os apóstolos ao lado da Virgem.

I. DEPOIS DE TRÊS HORAS de agonia, Jesus morreu. Os evangelistas narram que, enquanto o Senhor esteve pregado na Cruz, o céu escureceu e ocorreram coisas extraordinárias, pois era o Filho de Deus que morria. *O véu do templo rasgou-se de alto a baixo*[1], dando a entender que, com a morte de Cristo, ficava abolido o culto da Antiga Aliança[2]; agora, o culto agradável a Deus passava a ser tributado através da Humanidade de Cristo, que é Sacerdote e Vítima.

A tarde da sexta-feira avançava e era necessário retirar os corpos. Não podiam ficar ali no sábado; deviam estar enterrados antes de que brilhasse a primeira estrela no firmamento. Como era a Parasceve (o dia da preparação da Páscoa), para que os corpos não ficassem na cruz, *porque esse sábado era particularmente solene, os judeus rogaram a Pilatos que lhes quebrassem as pernas e os retirassem*[3]. Pilatos encarregou alguns soldados de quebrarem as pernas dos ladrões a fim de que morressem mais rapidamente. Quando chegaram a Jesus e viram que já estava morto, *um dos soldados abriu-lhe o lado com uma lança, e imediatamente saiu sangue e água*[4].

Este episódio, além do fato histórico presenciado por São João, tem um significado profundo. Santo Agostinho e a tradição cristã veem brotar os sacramentos e a própria Igreja do lado aberto de Jesus: "Ali abria-se a porta da vida, e dali manaram os sacramentos da Igreja, sem os quais não se entra na verdadeira vida..."[5] A Igreja "cresce visivelmente pelo poder de Deus. O seu começo e crescimento estão simbolizados no sangue e na água que brotaram do lado aberto de Cristo crucificado"[6]. A morte de Cristo significou a vida sobrenatural que recebíamos através da Igreja.

Esta ferida, que chega ao coração de Cristo e o trespassa, é uma ferida que se acrescenta às demais e que resulta da superabundância do seu amor. É uma maneira de expressar o que nenhuma palavra pode dizer. Maria compreende e sofre, como Corredentora. Seu Filho já não pode sentir o golpe da lança, mas Ela pode. E desse modo cumpre-se até o fim a profecia de Simeão: *Uma espada trespassará a tua alma*[7].

Desceram Cristo da Cruz com carinho e veneração, e depositaram-no com todo o cuidado nos braços de sua Mãe. Ainda que o seu corpo seja uma pura chaga, o seu rosto está sereno e cheio de majestade. Olhemos devagar e com piedade para Jesus, como a Virgem Santíssima o deve ter olhado. O Senhor não só nos resgatou do pecado e da morte, mas nos ensinou a cumprir a vontade de Deus por cima de todos os planos próprios, a viver desprendidos de tudo, a saber perdoar quando aqueles que nos ofendem nem sequer se arrependem, a ser apóstolos até o momento da morte, a sofrer sem queixas estéreis... "Não estorves a obra do Paráclito; une-te a Cristo, para te purificares, e sente, com Ele, os insultos, e os escarros, e as bofetadas..., e os espinhos, e o peso da Cruz..., e os ferros rasgando a tua carne, e as ânsias de uma morte ao desamparo... E mete-te no lado aberto de Nosso Senhor Jesus, até encontrares refúgio seguro em seu coração chagado"[8].

Ali encontraremos a paz. Diz-nos São Boaventura, falando desse viver misticamente dentro das Chagas de Cristo:

"Oh que boa coisa é estar com Jesus Cristo crucificado! Quero fazer nEle três moradas: uma, nos pés; outra, nas mãos; e outra, perpétua, no seu lado aberto. Aqui quero sossegar e descansar, e dormir e orar. Aqui falarei ao seu coração..."[9]

Olhamos para Jesus devagar e, na intimidade do nosso coração, dizemos-lhe: *Ó bom Jesus, ouvi-me. Dentro das vossas chagas, escondei-me. Não permitais que me separe de Vós. Do inimigo maligno, defendei-me. Na hora da minha morte, chamai-me. E mandai-me ir para Vós, para que Vos louve com os vossos Santos, por todos os séculos dos séculos"*[10].

II. JOSÉ DE ARIMATEIA, discípulo de Jesus, homem rico, influente no Sinédrio, que permanecera no anonimato quando o Senhor era aclamado por toda a Palestina, apresenta-se a Pilatos e faz-lhe "o maior pedido que jamais se fez: o Corpo de Jesus, o Filho de Deus, o tesouro da Igreja, sua riqueza, seu ensinamento e exemplo, seu consolo, o Pão com que havia de alimentar-se até à vida eterna. Naquele momento, José representava com o seu pedido o desejo de todos os homens, de toda a Igreja, que necessitava dEle para manter-se viva eternamente"[11].

Nestes momentos de desconcerto, em que os discípulos, exceto João, fugiram, aparece ainda outro discípulo de grande relevo social, que também não estivera presente nas horas de triunfo. *Chegou Nicodemos, aquele que outrora havia ido ter com Jesus de noite, levando umas cem libras de uma mistura de mirra e aloés*[12]. Como a Virgem agradeceria a ajuda destes dois homens, a sua generosidade, a sua valentia, a sua piedade! Como também nós lhes estamos agradecidos!

O pequeno grupo que, junto com a Virgem e as mulheres que o Evangelho menciona expressamente, se encarregou de sepultar o corpo de Jesus, dispõe de pouco tempo para fazê-lo, pois a festa do dia seguinte começava ao entardecer desse dia. Lavaram o corpo do Senhor com extrema piedade, perfumaram-no, envolveram-no num lençol novo que José comprou[13] e depositaram-no num sepulcro escavado na rocha que era do próprio José e que não tinha sido utilizado por ninguém[14]. Cobriram a sua cabeça com um sudário[15].

Como invejamos José de Arimateia e Nicodemos! Como gostaríamos de ter estado presentes naqueles momentos, para cuidar com imensa piedade do corpo do Senhor! "Eu subirei com eles até junto da Cruz, apertar-me-ei ao Corpo frio, cadáver de Cristo, com o fogo do meu amor..., despregá-lo-ei com os meus desagravos e mortificações..., envolvê-lo-ei com o lençol novo da minha vida limpa, e o enterrarei em meu peito de rocha viva, donde ninguém o poderá arrancar — e aí, Senhor, descansai! Quando todo o mundo Vos abandonar e desprezar..., *serviam*!, eu Vos servirei, Senhor!"[16]

Não devemos esquecer nem por um só dia que Jesus está nos nossos sacrários, vivo!, mas tão indefeso como na Cruz ou como depois no sepulcro. Cristo entrega-se à sua Igreja e a cada cristão para que o *fogo do nosso amor* o atenda e cuide da melhor maneira que possamos, e para que a *nossa vida limpa* o envolva como o lençol comprado por José. Mas, além dessas manifestações do nosso amor, deve haver outras que talvez exijam parte do nosso tempo, do nosso esforço, dos nossos recursos econômicos: José de Arimateia e Nicodemos não regatearam essas outras provas de amor.

III. O CORPO DE JESUS jaz no sepulcro. O mundo foi envolvido pelas trevas. Maria é a única luz acesa sobre a terra.

"A Mãe do Senhor — minha Mãe — e as mulheres que tinham seguido o Mestre desde a Galileia, depois de observarem tudo atentamente, vão-se embora também. Cai a noite.

"Agora tudo passou. Conclui-se a obra da nossa Redenção. Já somos filhos de Deus, porque Jesus morreu por nós e a sua morte nos resgatou.

"*Empti enim estis pretio magno!* (1 Cor 6, 20), tu e eu fomos comprados por um grande preço.

"Temos de converter em vida nossa a vida e a morte de Cristo. Morrer pela mortificação e pela penitência, para que Cristo viva em nós pelo Amor. E seguir então os passos de Cristo, com ânsias de corredimir todas as almas"[17].

Não sabemos onde estavam os apóstolos naquela tarde, enquanto sepultavam o corpo do Senhor. Deviam andar perdidos, desorientados e confusos, sem rumo fixo, cheios de tristeza. Se já no domingo os vemos novamente unidos[18], é porque no sábado, ou talvez na própria tarde da sexta, procuraram com certeza a Virgem. Ela protegeu com a sua fé, com a sua esperança e o seu amor esta Igreja nascente, débil e assustada. Assim nasceu a Igreja: ao abrigo da nossa Mãe. Já desde o princípio Maria foi a *Consoladora dos aflitos*, dos que estavam em dificuldades. Este sábado, em que todos cumpriam o descanso festivo *segundo mandava a lei*[19], não foi um dia triste para Nossa Senhora: seu Filho tinha deixado de sofrer. Ela aguardava serenamente o momento da Ressurreição; por isso não acompanhou as santas mulheres que foram embalsamar o corpo morto de Jesus, e por isso certamente consolou e tranquilizou os apóstolos.

Em qualquer circunstância — mas de modo particular se alguma vez abandonamos Jesus e nos encontramos desorientados e perdidos por termos fugido do sacrifício e da Cruz, como os apóstolos —, devemos recorrer sem qualquer demora a essa luz continuamente acesa na nossa vida que é a Virgem Santíssima. Ela nos devolverá a esperança. "Nossa Senhora é descanso para os que trabalham, consolo para os que choram, remédio para os doentes, porto para aqueles que a tempestade maltrata, perdão para os pecadores, doce alívio para os que estão tristes, socorro para os que lhe imploram"[20]. Ao lado dEla, preparamo-nos para viver a imensa alegria da Ressurreição.

(1) Cf. Mt 27, 51; (2) cf. Hb 9, 1-14; (3) Jo 19, 31; (4) Jo 19, 33; (5) Santo Agostinho, *Coment. ao Evang. de São João*, 120, 2; (6) Conc. Vat. II, Const. *Lumen gentium*, 3; (7) Lc 2, 35; (8) São Josemaria Escrivá, *Caminho*, n. 58; (9) Oração de São Boaventura, citada por Frei Luis de Granada, *Vida de Jesus Cristo*; (10) Missal Romano, *Ação de graça depois da Missa*; (11) L. de la Palma, *La Pasión del Señor*, p. 244; (12) Jo 19, 39; (13) Mc 15, 46; (14) cf. Mt 27, 60; (15) cf. Jo 20, 5-6; (16) São Josemaria Escrivá, *Via Sacra*, XIVª est., n. 1; (17) *ib.*; (18) cf. Lc 24, 9; (19) cf. Lc 23, 56; (20) São João Damasceno, *Homilia sobre a*

dormição de Nossa Senhora.

VIGÍLIA PASCAL.
DOMINGO DA PÁSCOA NA RESSURREIÇÃO DO SENHOR

47. RESSUSCITOU DOS MORTOS

— A Ressurreição do Senhor, fundamento da nossa fé. Jesus Cristo vive: esta é alegria de todos os cristãos.
— A luz de Cristo. A ressurreição, uma forte chamada ao apostolado.
— Aparições de Jesus: o encontro com sua Mãe, a quem aparece em primeiro lugar. Viver este tempo litúrgico muito perto da Virgem.

I. *O SENHOR RESSUSCITOU verdadeiramente, aleluia. A Ele a glória e o poder pelos séculos dos séculos*[1].

"Ao cair a tarde de Sábado, Maria Madalena, e Maria, mãe de Tiago, e Salomé compraram perfumes para irem embalsamar o corpo morto de Jesus. — No outro dia, de manhã cedo, chegaram ao sepulcro, nascido já o sol (Mc 16, 1 e 2). E entrando, ficam consternadas, porque não encontram o corpo do Senhor. — Um jovem, coberto de vestes brancas, diz-lhes: Não temais; sei que procurais Jesus Nazareno. *Non est hic, surrexit enim sicut dixit* — não está aqui porque ressuscitou, como tinha anunciado (Mt 28, 5). — Ressuscitou! — Jesus ressuscitou. Não está no sepulcro. A vida pôde mais do que a morte"[2].

A Ressurreição gloriosa do Senhor é a chave para interpretarmos toda a sua vida e o fundamento da nossa fé. Sem essa vitória sobre a morte, diz São Paulo, toda a pregação seria inútil e a nossa fé vazia de conteúdo[3]. Além disso, na Ressurreição de Cristo apoia-se a nossa ressurreição futura. Porque Deus, *rico em misericórdia, impelido pelo grande amor com que nos amou, deu-nos a vida ao mesmo tempo que a Cristo, quando estávamos mortos em consequência dos nossos pecados... Com Ele nos ressuscitou*[4].

A Ressurreição do Senhor é uma realidade central da nossa fé católica, e como tal foi pregada desde os começos do cristianismo. A importância deste milagre é tão grande que os apóstolos são, antes de mais nada, *testemunhas da Ressurreição de Jesus*[5]. Este é o núcleo de toda a sua pregação, e isto é o que, depois de vinte séculos, nós anunciamos ao mundo: Cristo vive! A Ressurreição é a prova suprema da divindade de Nosso Senhor.

Depois de ressuscitar pelo seu próprio poder, Jesus glorioso foi visto pelos discípulos, que puderam certificar-se de que era Ele mesmo: puderam falar com Ele, viram-no comer, verificaram as marcas dos pregos e da lança no seu corpo... Os apóstolos declaram que Jesus se manifestou *com muitas provas*[6], e muitos deles morreram em testemunho dessa verdade.

"Apareceu a sua Mãe Santíssima. — Apareceu a Maria de Magdala, que está louca de amor. — E a Pedro e aos demais apóstolos. — E a ti e a mim, que somos seus discípulos e mais loucos que Madalena. Que coisas lhe dissemos!

"Que nunca morramos pelo pecado; que seja eterna a nossa ressurreição espiritual. — E, antes de terminar a dezena, beijaste as chagas dos seus pés..., e eu, mais atrevido — por ser mais criança —, pus os meus lábios no seu lado aberto"[7].

II. SÃO LEÃO MAGNO diz de uma forma muito bela que Jesus se apressou a ressuscitar porque tinha pressa em consolar sua Mãe e os discípulos[8]: esteve no sepulcro o tempo estritamente necessário para cumprir os três dias profetizados. Ressuscitou ao terceiro dia, mas o mais cedo que pôde, ao amanhecer, *quando ainda estava escuro*[9], antecipando o amanhecer com a sua própria luz.

O mundo tinha ficado às escuras. Só a Virgem Maria era um farol no meio de tantas trevas. A Ressurreição é a grande luz para todo o mundo: *Eu sou a luz*[10], tinha dito Jesus; luz para o mundo, para cada época da história, para cada sociedade, para cada homem.

Ontem à noite, enquanto participávamos — se nos foi possível — na liturgia da Vigília pascal, vimos como no começo da cerimônia reinava no templo uma escuridão total, que era imagem das trevas em que a humanidade jaz sem Cristo, sem a revelação de Deus. Pouco depois, o celebrante proclamou a comovedora e feliz notícia: *A luz de Cristo, que ressuscita glorioso, dissipe as trevas do coração e do espírito*[11]. E da chama do círio pascal, que simbolizava Cristo, todos os fiéis receberam a luz: o templo ficou iluminado com a luz do círio pascal e a de todos os fiéis. É a luz que a Igreja derrama generosamente sobre a terra mergulhada em trevas.

A Ressurreição de Cristo é uma forte chamada ao apostolado, isto é, a que sejamos luz a fim de levarmos a luz aos outros. Para isso devemos estar unidos a Cristo. "*Instaurare omnia in Christo*, é o lema que São Paulo dá aos cristãos de Éfeso (Ef 1, 10): informar o mundo inteiro com o espírito de Jesus, colocar Cristo na entranha de todas as coisas. *Si exaltatus fuero a terra, omnia traham ad meipsum* (Jo 12, 32), quando for levantado ao alto sobre a terra, tudo atrairei a mim. Cristo, com a sua encarnação, com a sua vida de trabalho em Nazaré, com a sua pregação e milagres pelas terras da Judeia e da Galileia, com a sua morte na Cruz, com a sua Ressurreição, é o centro da Criação, Primogênito e Senhor de toda a criatura.

"A nossa missão de cristãos é proclamar essa realeza de Cristo, anunciá-la com a nossa palavra e as nossas obras. O Senhor quer os seus em todas as encruzilhadas da terra. Chama alguns ao deserto, para que se desentendam dos avatares da sociedade dos homens e com o seu testemunho recordem aos demais que Deus existe. Confia a outros o ministério sacerdotal. Mas quer a grande maioria dos homens no meio do mundo, nas ocupações terrenas. Estes cristãos devem, pois, levar Cristo a todos os ambientes em que as suas tarefas humanas se desenvolvem: à fábrica, ao laboratório, ao cultivo da terra, à oficina do artesão, às ruas das grandes cidades e aos caminhos de montanha"[12].

III. A VIRGEM MARIA, que esteve acompanhada pelas santas mulheres nas horas terríveis da crucifixão do seu Filho, não as acompanhou na piedosa tentativa de acabar de embalsamar o corpo morto de Jesus. Maria Madalena e as outras mulheres que haviam seguido Jesus desde a Galileia tinham esquecido as suas palavras sobre a Ressurreição ao terceiro dia. Mas a Virgem Santíssima sabe que Ele ressuscitará. Num clima de oração que nós não podemos descrever, Maria espera o seu Filho glorificado.

"Os Evangelhos não nos falam de uma aparição de Jesus ressuscitado a Maria. De qualquer maneira, assim como Ela esteve de modo especial junto da Cruz do Filho, também deve ter tido uma experiência privilegiada da sua Ressurreição"[13]. Uma tradição antiquíssima da Igreja diz-nos que Jesus apareceu em primeiro lugar e a sós à sua Mãe Santíssima. Em primeiro lugar, porque Ela era a primeira e principal corredentora do gênero humano, em perfeita união com o seu Filho. A sós, já que esta aparição tinha uma razão de ser muito diferente da das demais aparições às mulheres e aos discípulos. A estes, o Senhor tinha que reconfortá-los e conquistá-los definitivamente para a fé. A Virgem, que já havia sido constituída Mãe do gênero humano reconciliado com Deus, não deixara em momento algum de estar em perfeita união com a Santíssima Trindade. Toda a esperança na Ressurreição de Jesus que restava sobre a terra tinha-se refugiado no seu coração.

Não sabemos de que maneira Jesus apareceu à sua Mãe. Apareceu a Maria Madalena de uma forma que não permitiu que ela o reconhecesse a princípio. Juntou-se aos dois discípulos de Emaús como um viajante. Apareceu aos apóstolos reunidos no Cenáculo estando as portas fechadas... À sua Mãe, numa intimidade que nos é impossível imaginar, mostrou-se de uma forma tal que Ela pôde reconhecer o seu estado glorioso e perceber que o seu Filho já não continuaria a mesma vida de antes sobre a terra[14].

Depois de tanta dor, a Virgem encheu-se de uma imensa alegria. "A estrela da manhã — diz Frei Luis de Granada — não surge com tanta formosura como a que resplandeceu aos olhos da Mãe naquele rosto cheio de graças e naquele espelho da glória divina. Maria vê o corpo do Filho ressuscitado e glorioso, livre já de todos os maus tratos passados, recuperada a graça daqueles olhos divinos e ressuscitada e aumentada a sua primeira formosura. As feridas das chagas, que tinham sido para a Mãe como espadas de dor, viu-as Ela convertidas em fontes de amor; àquele que vira padecer entre ladrões, vê-o agora acompanhado de anjos e santos; àquele que a confiara do alto da Cruz ao discípulo, vê-o agora estender-lhe os seus braços, vê-o ressuscitado diante dos seus olhos. Ela o possui e não o deixa; abraça-o e pede-lhe que não parta; junto da Cruz, emudecida de dor, não soubera o que dizer; agora, emudecida de alegria, não consegue falar"[15]. Nós nos unimos a essa imensa alegria da nossa Mãe.

Conta-se que, nesta festa, São Tomás de Aquino aconselhava todos os anos os seus ouvintes a não deixarem de felicitar a Virgem pela Ressurreição do seu Filho[16]. É o que nós fazemos a partir de agora, começando hoje a rezar o *Regina Coeli*, que ocupará o lugar do *Angelus* durante o tempo pascal: *Rainha do céu, alegrai-vos, aleluia! Porque aquele que merecestes trazer no vosso seio ressuscitou como disse, aleluia!...* E lhe pedimos que nos alcance a graça de ressuscitar para sempre de todo o pecado, a fim de permanecermos em íntima união com Jesus Cristo. Façamos o propósito de viver este tempo pascal muito unidos a Santa Maria.

(1) Cf. Lc 24, 34; *Antífona de entrada* da Missa do Domingo da Páscoa; cf. Ap 1, 6; (2) São Josemaria Escrivá, *Santo Rosário*, Iº mist. glorioso; (3) cf. 1 Cor 15, 14-17; (4) Ef 2, 4-6; (5) cf. At 1, 22; 2, 32; 3, 15; etc.; (6) At 1, 3; (7) São Josemaria Escrivá, *Santo Rosário*, Iº mist. glorioso; (8) São Leão Magno, *Sermão 71*, 2; (9) Jo 20, 1; (10) Jo 8, 12; (11) Missal Romano, *Vigília Pascal*; (12) São Josemaria Escrivá, *É Cristo*

que passa, n. 105; (13) João Paulo II, *Discurso no Santuário de Nuestra Señora de la Alborada*, Guayaquil, 31-I-1985; (14) cf. F. M. Willam, *Vida de Maria*; (15) Frei Luís de Granada, *Livro da oração e meditação*, 26, 4, 16; (16) cf. Fr. J. F. P., *Vida e misericórdia da Santíssima Virgem, segundo os textos de São Tomás de Aquino*, Segóvia, 1935, pp. 181-182.

TEMPO PASCAL. OITAVA DA PÁSCOA. SEGUNDA-FEIRA

48. A ALEGRIA DA RESSURREIÇÃO

— A alegria verdadeira tem a sua origem em Cristo.
— A tristeza nasce do descaminho e do afastamento de Deus. Ser pessoas otimistas, serenas, alegres, mesmo no meio da tribulação.
— Dar paz e alegria aos outros.

I. *O SENHOR RESSUSCITOU dos mortos, como havia anunciado, alegremo-nos e regozijemo-nos todos, porque Ele reina para sempre. Aleluia!*[1]

A alegria está sempre presente no decorrer do ano litúrgico, porque tudo nele está relacionado de um modo ou de outro com a solenidade pascal, mas é nestes dias que esse júbilo se manifesta especialmente. Pela Morte e Ressurreição de Cristo, fomos resgatados do pecado, do poder do demônio e da morte eterna. A Páscoa lembra-nos o nosso nascimento sobrenatural através do Batismo, por meio do qual fomos constituídos filhos de Deus, e que é figura e penhor da nossa própria ressurreição. *Deus nos deu a vida por Cristo e nos ressuscitou com Ele*[2], diz-nos São Paulo. Cristo, que é o primogênito dos homens, converteu-se em exemplo e princípio da nossa glorificação futura.

A nossa Mãe a Igreja introduz-nos nestes dias na alegria pascal através dos textos da liturgia — leituras, Salmos, antífonas... — e neles pede sobretudo que essa alegria seja antecipação e penhor da nossa felicidade eterna no Céu. Suprimem-se neste tempo os jejuns e outras mortificações corporais, como sinal externo dessa alegria da alma e do corpo. "Os cinquenta dias do tempo pascal — diz Santo Agostinho — excluem os jejuns porque se trata de uma antecipação do banquete que nos espera lá em cima"[3]. Mas de nada serviria o convite litúrgico à alegria se não se produzisse na nossa vida um verdadeiro encontro com o Senhor. Os evangelistas fazem constar em cada uma das aparições que os apóstolos *se alegraram vendo o Senhor*. A sua alegria brotou de terem visto o Senhor, de saberem que Ele vivia, de terem estado com Ele.

A alegria verdadeira não depende do bem-estar material, da ausência de dificuldades, do estado de saúde... A alegria profunda tem a sua origem em Cristo, no encontro com Ele, no amor de que Deus nos rodeia e na nossa correspondência a esse amor. Cumpre-se — também agora — aquela promessa do Senhor: *E o vosso coração se alegrará e ninguém vos tirará a vossa alegria*[4]. Ninguém nem nada: nem a dor, nem a calúnia, nem o desespero..., nem as fraquezas próprias, se retornamos prontamente ao Senhor. Esta é a única condição da verdadeira alegria: não nos separarmos de Deus, não deixar que as coisas nos separem dEle; sabermo-nos em todos os momentos filhos seus.

II. DIZ-NOS O EVANGELHO da Missa de hoje: *As mulheres afastaram-se a toda a pressa do sepulcro e, impressionadas e cheias de alegria, correram a dar a boa nova aos discípulos. De repente, Jesus apresentou-se diante delas e disse-lhes: Alegrai-vos! Elas aproximaram-se e, prostradas, beijaram-lhe os pés*[5].

A liturgia do tempo pascal repete-nos em mil textos diferentes essas mesmas palavras: *Alegrai-vos*, não percais nunca a paz e a alegria; *servi o Senhor com alegria*[6], pois não existe outra forma de servi-lo. "Estás passando uns dias de alvoroço, com a alma inundada de sol e de cor. E, coisa estranha, os motivos da tua felicidade são os mesmos que em outras ocasiões te desanimavam! — É o que acontece sempre: tudo depende do ponto de mira. — "*Laetetur cor quaerentium Dominum!*" — Quando se procura o Senhor, o coração transborda sempre de alegria"[7].

Na Última Ceia, o Senhor não tinha ocultado aos apóstolos as contradições que os esperavam; mas prometera-lhes que a sua tristeza se converteria em alegria: *Assim também vós, sem dúvida, agora estais tristes, mas hei de ver-vos outra vez, e o vosso coração se alegrará e ninguém vos tirará a vossa alegria*[8]. Estas palavras, que naquela ocasião lhes podiam ter parecido incompreensíveis, cumpriam-se agora ao pé da letra. E, pouco tempo depois, os que até então estavam acovardados sairiam do Sinédrio alegres por terem padecido alguma coisa pelo Senhor[9]. A origem da alegria profunda do cristão está no amor a Deus, que é nosso Pai, e no amor aos outros, com o consequente esquecimento próprio[10]. Esta é a condição normal dos que seguem a Cristo. O pessimismo e a tristeza devem ser sempre algo absolutamente estranho ao cristão, algo que, se viesse a acontecer, necessitaria de um remédio urgente.

O afastamento de Deus, a perda do caminho, é a única coisa que poderia intranquilizar-nos e tirar-nos esse dom valioso. Lutemos, portanto, por procurar o Senhor no meio do trabalho e de todas as nossas tarefas, por mortificar os nossos caprichos e egoísmos. Este esforço mantém-nos atentos às coisas de Deus e a tudo o que pode tornar a vida mais amável aos outros. É uma luta interior que confere à alma uma especial juventude de espírito, pois não há maior juventude que a daquele que se sabe filho de Deus e procura comportar-se de maneira consequente.

Se alguma vez tivermos a desgraça de afastar-nos de Deus, lembremo-nos do filho pródigo e, com a ajuda do Senhor, voltemos novamente para Ele com o coração arrependido. Nesse dia, haverá uma grande festa no Céu e na nossa alma. É o que acontece todos os dias quando fraquejamos em pequenas escaramuças e nos levantamos com muitos atos de contrição; a alma está então habitualmente cheia de paz e serenidade.

III. ESTAR ALEGRE é uma forma de dar graças a Deus pelos inumeráveis dons que Ele nos concede; a alegria é "o primeiro tributo que devemos a Deus, a maneira mais simples e sincera de demonstrar que temos consciência dos benefícios da natureza e da graça, e que os agradecemos"[11]. O nosso Pai-Deus está contente conosco quando nos vê felizes e alegres, com a felicidade e a alegria verdadeiras.

Com a nossa alegria, fazemos muito bem à nossa volta, pois essa alegria leva os outros a Deus. Comunicar alegria será, com frequência, a melhor maneira de sermos caridosos com os que estão ao nosso lado. Reparemos nos primeiros cristãos; a sua vida atraía pela paz e alegria que irradiavam. "Famílias que viveram de Cristo e que deram a conhecer Cristo. Pequenas comunidades cristãs que atuaram como centros de irradiação da mensagem evangélica. Lares iguais aos outros lares daqueles tempos, mas animados de um espírito novo, que contagiava os que os conheciam e com eles se relacionavam. Assim foram os primeiros cristãos e assim havemos de ser nós, os cristãos de hoje: semeadores de paz e de alegria, da paz e da alegria que Jesus nos trouxe"[12].

São muitas as pessoas que podem encontrar a Deus através do nosso otimismo, do nosso sorriso habitual, da nossa atitude cordial. Esta prova de caridade — a de nos esforçarmos por afastar sempre o mau-humor e a tristeza, removendo as suas causas — deve manifestar-se especialmente com os que temos mais perto de nós. Concretamente, Deus quer que o lar em que vivemos seja um lar alegre, nunca um lugar sombrio e triste, cheio de tensões geradas pela incompreensão e pelo egoísmo. Uma casa cristã deve ser alegre porque a vida sobrenatural leva a viver as virtudes da generosidade, da cordialidade, do espírito de serviço..., que estão intimamente unidas à alegria. Um lar cristão dá a conhecer Cristo de modo atraente, entre as demais famílias e na sociedade.

Devemos procurar também levar esta alegria serena e amável ao nosso lugar de trabalho, à rua, às relações sociais. O mundo está triste, inquieto, e tem necessidade, antes de mais nada, do *gaudium cum pace*[13], da paz e da alegria que o Senhor nos legou. Quantos não encontraram na conduta sorridente de um bom cristão o caminho que os conduziu a Deus! A alegria é uma enorme ajuda na ação apostólica, porque nos leva a apresentar a mensagem de Cristo de uma forma amável e positiva, como fizeram os apóstolos depois da Ressurreição.

Necessitamos também de alegria para nós mesmos, para crescer na vida interior. São Tomás diz expressamente que "todo aquele que deseja progredir na vida espiritual necessita de estar alegre"[14]. A tristeza deixa-nos sem forças; é como o barro grudado às botas do caminhante que, além de manchá-las, o impede de caminhar.

Esta alegria interior é também o estado de ânimo necessário para o perfeito cumprimento das nossas obrigações. Quanto maiores forem as nossas responsabilidades (de sacerdotes, pais, superiores, professores...), maior há de ser também a nossa obrigação de ter paz e alegria para dá-la aos outros, maior a urgência de recuperá-la se se nublou.

Pensemos na alegria da Santíssima Virgem. Ela está "aberta sem reservas à alegria da Ressurreição [...]. Ela recapitula todas as alegrias, vive a perfeita alegria prometida à Igreja: *Mater plena sanctae laetitiae*. E é com toda a razão que os seus filhos na terra, voltando os olhos para a Mãe da esperança e Mãe da graça, a invocam como causa da sua alegria: *Causa nostrae laetitiae*"[15].

(1) *Antífona de entrada* da Missa da segunda-feira do Tempo Pascal; (2) Ef 2, 6; (3) Santo Agostinho, *Sermão 252*; (4) Jo 16, 22; (5) Mt 28, 8-9; (6) Sl 99, 2; (7) São Josemaria Escrivá, *Sulco*, n. 72; (8) Jo 16, 22; (9) At 5, 40; (10) cf. *Santos Evangelhos*, Edições Theologica, Braga, 1985; (11) P. A. Reggio, *Espíritu sobrenatural y buen humor*, Rialp, Madri, 1966, p. 12; (12) São Josemaria Escrivá, *É Cristo que passa*, n. 30; (13) Missal Romano, *Preparação da Missa, Formula intentionis*; (14) São Tomás, *Comentário à carta aos Filipenses*, 4, 1; (15) Paulo VI, Exort. apost. *Gaudete in Domino*, 9-V-1975, IV.

49. JESUS CRISTO VIVE PARA SEMPRE

— O Senhor aparece a Maria Madalena. Jesus na nossa vida.
— Presença de Cristo entre nós.
— Procurar e manter um trato íntimo com Cristo. O exemplo de Maria Madalena nos ensina que quem procura com sinceridade o Senhor acaba por encontrá-lo.

I. MARIA MADALENA voltou ao sepulcro. Comovem-nos o carinho e a devoção desta mulher por Jesus, mesmo depois de morto. O amor daquela que estivera possuída por sete demônios[1] continuava a ser muito grande. A graça havia arraigado e frutificado no seu coração depois de ter sido libertada de tantos males. Vimo-la fiel nos momentos duríssimos do Calvário.

Agora Maria permanece fora do sepulcro chorando. Uns anjos, que ela não reconhece como tais, perguntam-lhe por que chora. *Porque levaram o meu Senhor e não sei onde o puseram*[2]. Era a única coisa que lhe importava no mundo.

Ditas estas palavras — prossegue o Evangelho da Missa de hoje —, *voltou-se para trás e viu Jesus em pé, mas não o reconheceu*. Maria não tinha parado de chorar a ausência do Senhor, e as suas lágrimas não lhe permitem vê-lo quando o tem tão perto. Disse-lhe Jesus: *Mulher, por que choras?*

Quem procuras? Vemos Cristo ressuscitado que se apresenta sorridente, amável e acolhedor. Ela, pensando que era o jardineiro, disse-lhe: *Senhor, se tu o tiraste, dize-me onde o puseste e eu o levarei.*

Bastou uma só palavra de Cristo para que se fizesse luz nos seus olhos e no seu coração. *Jesus disse-lhe: Maria!* A palavra tem essa inflexão única que Jesus dá a cada nome e que traz consigo uma vocação, uma amizade muito singular. Jesus também nos chama pelo nosso nome, num tom de voz inconfundível. E a sua voz não mudou. Cristo ressuscitado conserva os traços humanos de Jesus passível: a cadência da voz, o modo de partir o pão, as marcas dos pregos nas mãos e nos pés.

Maria voltou-se, reconheceu Jesus, lançou-se aos seus pés e exclamou em arameu: *Rabboni!, que quer dizer Mestre*. As suas lágrimas, agora irreprimíveis como rio que transborda, são de alegria e felicidade. O apóstolo São João quis conservar-nos a palavra hebraica original — *Rabboni* — com que tantas vezes tinham chamado o Senhor. É uma palavra familiar, insubstituível. Jesus não é um "mestre" entre tantos, mas *o Mestre*, o único capaz de mostrar-nos o sentido da vida, o único que tem palavras de vida eterna.

Maria vai ter com os apóstolos para cumprir a indicação que Jesus lhe acabava de dar, e diz-lhes: *Vi o Senhor!*

Ressoa nas suas palavras uma imensa alegria. Agora que sabe que Cristo ressuscitou, como mudou a sua vida em comparação com os momentos anteriores, em que só procurava honrar o corpo morto do Senhor! Como se torna diferente também a nossa existência quando procuramos comportar-nos de acordo com esta consoladora realidade: Jesus continua entre nós!, exatamente como naquela manhã em que Maria Madalena o confundiu com o jardineiro do lugar. "Cristo vive. Não é Cristo uma figura que passou, que existiu num tempo e que se retirou, deixando-nos uma lembrança e um exemplo maravilhosos [...]. A sua Ressurreição revela-nos que Deus não abandona os seus. *Pode a mulher esquecer-se do fruto do seu ventre, não se compadecer do filho de suas entranhas? Pois ainda que ela se esqueça, eu não me esquecerei de ti* (Is 49, 14-15), tinha Ele prometido. E cumpre a sua promessa. Deus continua a achar as suas delícias entre os filhos dos homens (cf. Pr 8, 31)"[3].

Jesus chama-nos muitas vezes pelo nosso nome, no seu tom de voz inconfundível. Está muito perto de cada um. Que as circunstâncias externas — talvez as lágrimas, como aconteceu com Maria Madalena, provocadas pela dor, pelo fracasso, pela decepção, pelas penas, pelo desconsolo — não nos impeçam de ver Jesus que nos chama. Que saibamos purificar tudo aquilo que possa turvar o nosso olhar.

II. CRISTO JESUS, a Segunda Pessoa da Santíssima Trindade, que se fez homem no seio virginal de Maria, está no Céu com o mesmo Corpo que assumiu na Encarnação, que morreu na Cruz e ressuscitou ao terceiro dia. Também nós, como Maria Madalena, contemplaremos um dia a Humanidade Santíssima do Senhor, e, enquanto não chega esse momento, temos que fomentar o desejo de vê-lo: *Ouço no meu coração: "Procurai o meu rosto". Eu procuro, Senhor, o vosso rosto*[4]. No Céu veremos Jesus como é, sem imagens obscuras; será o encontro com Alguém que nos conhece e a quem conhecemos porque já teremos estado com Ele muitas vezes, num trato íntimo de amizade.

Além de estar no Céu, Cristo está realmente presente na Eucaristia. "A única e indivisível existência de Cristo, o Senhor glorioso nos céus, não se multiplica, mas, pelo Sacramento, torna-se presente nos vários lugares do orbe da terra em que se realiza o sacrifício eucarístico. Essa mesma existência, depois de celebrado o sacrifício, permanece presente no Santíssimo Sacramento, o qual, no tabernáculo do altar, é como que o coração vivo dos nossos templos. Por isso estamos obrigados, por uma obrigação certamente suavíssima, a honrar e adorar na Hóstia Santa, que os nossos olhos veem, o próprio Verbo encarnado, que os nossos olhos não podem ver, e que, não obstante, se tornou presente diante de nós sem ter deixado os céus"[5]. "A presença de Jesus vivo na Hóstia Santa é a garantia, a raiz e a consumação da sua presença no mundo"[6].

Cristo vive e está também presente com a sua virtude nos sacramentos; está presente na sua Palavra, quando se lê na Igreja a Sagrada Escritura; está presente quando a Igreja ora e se reúne em seu nome[7]. E está também presente no cristão, de uma maneira íntima, profunda e inefável. Cumpriu-se a promessa que fez aos apóstolos quando se despedia deles na Última Ceia: *Se alguém me ama, guardará a minha palavra, e meu Pai o amará, e viremos a ele e nele faremos a nossa morada*[8]. Deus habita na nossa alma em graça e aí devemos procurá-lo, aí devemos escutá-lo, pois nos fala; e poderemos entendê-lo se tivermos o ouvido atento e o coração limpo. São Paulo refere-se a esta in-habitação quando afirma que cada um de nós é templo do Espírito Santo[9].

Santo Agostinho, ao considerar a presença inefável de Deus na alma, exclamava: "Tarde te amei, Beleza tão antiga e tão nova, tarde te amei! Tu estavas dentro de mim e eu te buscava fora [...]. Tu estavas comigo, mas eu não estava contigo. Mantinham-me atado, longe de ti, essas coisas que, se não fossem sustentadas por Ti, deixariam de ser. Chamaste-me, gritaste-me, rompeste a minha surdez. Brilhaste e resplandeceste diante de mim, e expulsaste dos meus olhos a cegueira"[10].

Na alma em graça, o Senhor está mais perto de nós do que qualquer pessoa que esteja ao nosso lado, mais perto do que o filho ou o irmão que tendes nos vossos braços ou conduzis pela mão; está mais presente que o nosso próprio coração. Não deixemos de manter sempre um trato de intimidade com Ele.

III. CRISTO VIVE e está presente de diversos modos no meio de nós e mesmo dentro de nós. Por isso devemos sair ao seu encontro, esforçar-nos por ter maior consciência da sua proximidade inefável para que, tendo-o mais presente, procuremos conviver mais com Ele e fazer com que o seu amor cresça em nós.

"É preciso procurar Cristo na Palavra e no Pão, na Eucaristia e na Oração. E tratá-lo como se trata um amigo, um ser real e vivo como é Cristo, porque ressuscitou. *Cristo*, lemos na Epístola aos Hebreus, *como permanece sempre, possui eternamente o sacerdócio. Daí que pode perpetuamente salvar aqueles que por seu intermédio se apresentam a Deus, posto que está sempre vivo para interceder por nós* (Heb 7, 24-25). Cristo, Cristo ressuscitado, é o companheiro, o Amigo. Um companheiro que se deixa ver apenas entre sombras, mas cuja realidade inunda toda a nossa vida e nos faz desejar a sua companhia definitiva"[11]. Se contemplarmos Cristo ressuscitado, se nos esforçarmos por olhá-lo com olhar limpo, compreenderemos profundamente que também agora nos é possível segui-lo de perto, viver a nossa vida ao seu lado e assim engrandecê-la e dotá-la de um sentido novo.

Com o decorrer do tempo, ir-se-á estabelecendo entre Cristo e nós uma relação pessoal — uma fé amorosa — que hoje, depois de vinte séculos, pode ser tão autêntica e certa como a daqueles que o contemplaram ressuscitado e glorioso, com os sinais da Paixão no seu Corpo. Notaremos que, cada vez com mais naturalidade, referiremos ao Senhor todas as coisas da nossa existência, e que já não poderíamos viver sem Ele. Encontrar o Senhor exigirá, por vezes, uma busca paciente e laboriosa, um recomeço diário, talvez sob a impressão de ainda estarmos nos primeiros passos da vida interior. Mas se lutarmos, sem desanimar ante os possíveis retrocessos, muitas vezes aparentes, estaremos sempre mais próximos de Jesus.

O exemplo de Maria Madalena, que persevera na fidelidade ao Senhor nos momentos difíceis, ensina-nos que quem procura o Senhor com sinceridade e constância acaba por encontrá-lo. E em qualquer circunstância da nossa vida, encontrá-lo-emos muito mais facilmente se iniciarmos a nossa busca levados pela mão da Virgem, nossa Mãe, a quem dizemos na Salve-Rainha: *Mostrai-nos Jesus, bendito fruto do vosso ventre*.

(1) Cf. Lc 8, 2; (2) Jo 20, 13; (3) São Josemaria Escrivá, *É Cristo que passa*, n. 102; (4) Sl 26, 8; (5) Paulo VI, *Credo do povo de Deus*; (6) São Josemaria Escrivá, *op. cit.*; (7) cf. Conc. Vat. II, Const. *Sacrossanctum*

Concilium, 7; (8) Jo 14, 23; (9) cf. 2 Cor 6, 16-17; (10) Santo Agostinho, *Confissões*, 10, 27-38; (11) São Josemaria Escrivá, *É Cristo que passa*, n. 116.

TEMPO PASCAL. OITAVA DA PÁSCOA. QUARTA-FEIRA

50. DEIXAR-SE AJUDAR

— No caminho de Emaús. Jesus vive e está ao nosso lado.
— Cristo nunca abandona os que são seus; que nós não o abandonemos. A virtude da fidelidade. Ser fiéis nas pequenas coisas.
— A virtude da fidelidade deve impregnar todas as manifestações da vida do cristão.

I. O EVANGELHO DA MISSA relata-nos outra aparição de Jesus na própria tarde do dia da Páscoa.

Dois discípulos regressam à sua aldeia, Emaús, profundamente desanimados porque Cristo, em quem haviam posto todo o sentido das suas vidas, tinha morrido. O Senhor, como se também Ele estivesse a caminho, alcança-os e junta-se a eles sem ser reconhecido[1]. A conversa tem um tom entrecortado, como quando se fala enquanto se caminha.

Contam a Jesus o que os preocupa: os acontecimentos ocorridos em Jerusalém na tarde da sexta-feira, que tinham culminado com a morte de Jesus de Nazaré. A crucifixão do Senhor fora uma grave prova para as esperanças de todos aqueles que se consideravam seus discípulos e que, num grau ou noutro, tinham depositado nEle a sua confiança. Tudo se tinha passado com grande rapidez, e ainda estavam muito abalados com o que tinham visto.

A conversa que mantêm com o Senhor revela a imensa tristeza, a desesperança e o desconcerto de que estavam possuídos: *Nós esperávamos que fosse ele quem haveria de restaurar Israel*, dizem. Falam de Jesus como de uma realidade passada: [...] *Jesus de Nazaré, que era um profeta poderoso...*

"Reparai no contraste. Dizem *era!*... E, no entanto, têm-no ao seu lado, caminha com eles, está na sua companhia perguntando-lhes pela razão, pelas raízes íntimas da sua tristeza! «Era»... dizem eles. Nós, se fizéssemos um exame sincero e detido da nossa tristeza, dos nossos desalentos, dos nossos altos e baixos, compreenderíamos que estamos incluídos nessa passagem do Evangelho. Verificaríamos que dizemos espontaneamente: «Jesus foi...», «Jesus disse...», porque esquecemos que, como no caminho de Emaús, Jesus está vivo e ao nosso lado agora mesmo. Esta redescoberta aviva a fé, ressuscita a esperança, mostra-nos Cristo como uma felicidade presente: Jesus é, Jesus prefere, Jesus diz, Jesus manda, agora, agora mesmo"[2]. Jesus vive.

Os dois discípulos sabiam da promessa de Cristo sobre a sua Ressurreição ao terceiro dia, e naquela mesma manhã tinham ouvido as santas mulheres dizer que tinham visto o sepulcro vazio e os anjos; não lhes faltavam luzes suficientes para alimentar a sua fé e a sua esperança. Não obstante, falam de Cristo como de um fato passado, como de uma ocasião perdida. São a imagem viva do desalento. As suas inteligências estão mergulhadas na escuridão e os seus corações embotados.

E é o próprio Cristo — a quem a princípio não reconhecem, mas cuja companhia e conversa acolhem — quem lhes interpreta aqueles acontecimentos à luz das Escrituras. Com toda a paciência, o Senhor devolve-lhes a fé e a esperança. E, com a fé e a esperança, os dois recuperam a alegria e o amor: *Não é verdade que o nosso coração se abrasava enquanto ele nos falava pelo caminho e nos explicava as Escrituras?*[3]

É possível que nós também mergulhemos alguma vez no desalento e na falta de esperança, ao vermos os defeitos que não acabamos de vencer, as dificuldades na ação apostólica ou no trabalho, que nos parecem insuperáveis... Nessas ocasiões, se nos deixarmos ajudar, Jesus não permitirá que nos afastemos dEle. Talvez seja na direção espiritual, ao abrirmos a alma com sinceridade, que vejamos novamente o Senhor. E com Ele chegam sempre a alegria e os desejos de recomeçar quanto antes: *Levantaram-se na mesma hora e voltaram a Jerusalém*. Mas é necessário que nos deixemos ajudar, que estejamos dispostos a ser dóceis aos conselhos que recebemos.

II. A ESPERANÇA É A VIRTUDE do caminhante, daquele que, como nós, ainda não chegou à meta, mas sabe que sempre terá ao seu alcance os meios necessários para ser fiel ao Senhor e perseverar na vocação a que foi chamado, no cumprimento dos seus deveres. Mas temos que estar atentos a Cristo, que se aproxima de nós no meio das nossas ocupações, e "agarrar-nos a essa mão forte que Deus nos estende sem cessar, a fim de não perdermos o «ponto de mira» sobrenatural, mesmo quando as paixões se levantam e nos acometem, para nos aferrolharem no reduto mesquinho do nosso eu, ou quando — com vaidade pueril — nos sentimos o centro do universo. Eu vivo persuadido de que, sem olhar para cima, sem Jesus, nunca conseguirei nada; e sei que a minha fortaleza, para me vencer e para vencer, nasce de repetir aquele grito: *Tudo posso nAquele que me conforta* (Fl 4, 13), que encerra a promessa segura que Deus nos faz de não abandonar os seus filhos, se os seus filhos não o abandonam"[4].

Ao longo do Evangelho, o Senhor fala-nos com frequência de *fidelidade*: aponta-nos o exemplo do servo fiel e prudente, do criado bom e leal nas menores coisas, do administrador fiel etc. A ideia da fidelidade está tão enraizada no cristão que bastará o título de "fiéis" para designar os discípulos de Cristo[5].

À perseverança opõe-se a inconstância, que incita a desistir facilmente da prática do bem ou do caminho empreendido, quando surgem as dificuldades e as tentações. Opõe-se também, e em primeiríssimo lugar, a soberba, que vai minando os próprios alicerces da fidelidade e debilita a vontade na luta contra os obstáculos; sem humildade, a perseverança torna-se frágil e quebradiça. Opõe-se ainda o meio ambiente, a conduta de pessoas que deveriam ser exemplares e não o são, e, por isso mesmo, parecem querer dar a entender que a fidelidade não é um valor fundamental da pessoa.

Os obstáculos à lealdade aos compromissos adquiridos podem, enfim, ter a sua origem no descuido habitual dos pormenores. O próprio Senhor nos disse: *Aquele que for fiel nas pequenas coisas também o será nas grandes*[6]. O cristão que não se desleixa nos pequenos deveres em que se desdobra o seu trabalho profissional, que luta por manter-se na presença de Deus durante a jornada, que guarda com naturalidade os sentidos; o marido que é leal à sua esposa nos pequenos incidentes da vida diária; o estudante que prepara as suas aulas todos os dias..., esses estão a caminho de ser fiéis quando os seus compromissos lhes reclamarem um autêntico heroísmo.

A fidelidade até o fim da vida exige que se saiba recomeçar quando por fragilidade tenha havido algum tropeço, que se persevere no esforço ao longo da vida, ainda que não faltem momentos isolados de covardia ou derrota. A chamada de Cristo exige uma persistência firme e "teimosa", buscada numa compreensão sempre mais profunda da grandeza e das exigências do caminho que Deus traçou para cada homem.

III. A VIRTUDE DA FIDELIDADE deve estar presente em todas as manifestações da vida do cristão: nas relações com Deus, com a Igreja e com o próximo, no trabalho, nos deveres de estado e de cada um consigo próprio. Acima de tudo, o homem vive a fidelidade em todas as suas formas quando é fiel à sua vocação, e é da sua fidelidade ao Senhor que se deduz — e a ela se reduz — a fidelidade a todos os seus compromissos verdadeiros. Fracassar, pois, na vocação que Deus quis para nós é fracassar em tudo. Quando se quebra a fidelidade ao Senhor, tudo se desconjunta e desmorona. Se bem que, na sua misericórdia, Deus pode recompor tudo, se o homem assim lhe pede humildemente.

Não esqueçamos que é o próprio Deus quem sustenta constantemente a nossa fidelidade, e que Ele conta sempre com a fragilidade da natureza humana, com os seus defeitos e erros. O Senhor está disposto a dar-nos as graças necessárias, como àqueles dois de Emaús, para que continuemos sempre a caminhar, se houver em nós sinceridade de vida e desejos de luta. E diante do aparente fracasso de muitas das nossas tentativas, devemos lembrar-nos de que Deus, mais do que o "êxito", o que olha com olhos amorosos é o esforço perseverante na luta.

Deste modo, se nos esmerarmos com a ajuda de Deus em ser-lhe fiéis nas constantes batalhas de cada dia, conseguiremos ouvir no fim da nossa vida, com imensa alegria, aquelas palavras do Senhor: *Muito bem, servo bom e fiel, já que foste fiel no pouco, eu te confiarei o muito. Vem regozijar-te com o teu Senhor*[7].

Ao terminarmos a nossa oração, dizemos ao Senhor com os discípulos de Emaús: *Fica conosco, porque já é tarde e o dia declinou.* Fica conosco, Senhor, porque, sem Ti, tudo é escuridão e a nossa vida carece de sentido. Sem Ti, andamos desorientados e perdidos. E contigo, tudo tem um sentido novo; até a própria morte é uma realidade radicalmente diferente. *Mane nobiscum, quoniam advesperascit et inclinata est iam dies*. Fica conosco, Senhor..., lembra-nos sempre as coisas essenciais da nossa existência, ajuda-nos a ser fiéis e a saber escutar com atenção o conselho sábio das pessoas em quem Tu te fazes presente no nosso contínuo caminhar para Ti.

"«Fica conosco, porque escureceu...» Foi eficaz a oração de Cléofas e do seu companheiro. — Que pena se tu e eu não soubéssemos «deter» Jesus que passa! Que dor, se não lhe pedimos que fique!"[8]

(1) Lc 24, 13-35; (2) A. G. Dorronsoro, *Dios y la gente*, Rialp, Madri, 1973, p. 103; (3) Lc 24, 32; (4) São Josemaria Escrivá, *Amigos de Deus*, n. 213; (5) cf. At 10, 45; 2 Cor 6, 15; Ef 1, 1; (6) Lc 16, 10; (7) Mt 25, 21-23; (8) São Josemaria Escrivá, *Sulco*, n. 671.

TEMPO PASCAL. OITAVA DA PÁSCOA. QUINTA-FEIRA

51. AO ENCONTRO DO SENHOR

— Aparição aos Onze. Jesus conforta os apóstolos. Presença de Jesus Cristo nos nossos sacrários.
— A *Visita ao Santíssimo*, continuação da ação de graças da Comunhão e preparação da seguinte. O Senhor espera-nos a cada um de nós.
— Frutos deste ato de piedade.

I. DEPOIS DE TER APARECIDO a Maria Madalena, às demais mulheres, a Pedro e aos discípulos de Emaús, Jesus aparece aos Onze, conforme narra o Evangelho da Missa[1]. *Por que estais perturbados, e por que duvidais nos vossos corações? Vede as minhas mãos e pés: sou eu mesmo; apalpai e vede que um fantasma não tem carne nem ossos, como vedes que eu tenho.*

Mostrou-lhes as mãos e os pés e comeu com eles. Os apóstolos teriam assim, para sempre, a certeza de que a sua fé no Ressuscitado não era efeito da credulidade, do entusiasmo ou da autossugestão, mas de fatos repetidamente comprovados por eles mesmos. Jesus, nas suas aparições, adapta-se com admirável condescendência ao estado de ânimo e às diferentes situações daqueles a quem se manifesta. Não trata a todos da mesma maneira, mas, por caminhos diversos, conduz todos à certeza da Ressurreição, que é a pedra angular sobre a qual assenta a fé cristã. O Senhor quis dar todas as garantias aos que constituíam aquela Igreja nascente para que, através dos séculos, a nossa fé se apoiasse num fundamento sólido: *O Senhor ressuscitou verdadeiramente!* Jesus vive!

A paz esteja convosco, diz o Senhor ao apresentar-se aos seus discípulos cheios de medo. A seguir, mostra-lhes as suas chagas e eles enchem-se de alegria e de admiração. Esse deve ser também o nosso refúgio. Nas chagas do Senhor encontraremos sempre a paz e as forças necessárias para segui-lo até o fim da nossa vida. "Faremos como as pombas que, no dizer da Escritura (cf. Ct 2, 14), se abrigam nas fendas das rochas durante a tempestade. Ocultamo-nos nesse refúgio para achar a intimidade de Cristo: e vemos que o seu modo de conversar é afável e o seu rosto formoso (cf. Ct 2, 14), *porque só sabem que a sua voz é suave e grata aqueles que receberam a graça do Evangelho, que os faz dizer: Tu tens palavras de vida eterna* (São Gregório de Nissa, *In Canticum Canticorum homiliae*, V)"[2].

Temos Jesus muito perto de nós. Nas nações cristãs, onde existem tantos sacrários, a distância que nos separa dEle não ultrapassa alguns quilômetros. Não é difícil ver os muros ou o campanário de uma igreja, quando vivemos numa cidade populosa ou viajamos por uma estrada ou de trem... Ali está Cristo! É o Senhor![3], gritam a nossa fé e o nosso amor. É o mesmo que apareceu aos seus discípulos e se mostrou solícito com todos.

Jesus ficou na Sagrada Eucaristia. Neste memorável sacramento, contêm-se verdadeira, real e substancialmente o Corpo e o Sangue do Senhor, juntamente com a sua Alma e a sua Divindade; por conseguinte, Cristo inteiro. Esta presença de Cristo na Sagrada Eucaristia é *real e permanente*, porque, terminada a Santa Missa, o Senhor permanece em cada uma das hóstias consagradas que não tenham sido consumidas[4]. É o mesmo que nasceu, morreu e ressuscitou na Palestina, o mesmo que está à direita de Deus Pai.

No Sacrário encontramo-nos com Alguém que nos conhece. Podemos falar com Ele, como faziam os apóstolos, e contar-lhe os nossos anseios e as nossas preocupações. Ali encontramos sempre a paz verdadeira, que perdura por cima da dor e de qualquer obstáculo.

II. A PIEDADE EUCARÍSTICA, diz João Paulo II, "deve centrar-se antes de mais nada na celebração da Ceia do Senhor, que perpetua o seu amor imolado na cruz. Mas tem um prolongamento lógico [...] na adoração a Cristo neste divino sacramento, na visita ao Santíssimo, na oração diante do Sacrário, bem como nos outros exercícios de devoção, pessoais e coletivos, privados e públicos, que tendes praticado durante séculos [...]. Jesus espera-nos neste Sacramento do Amor. Não regateemos o nosso tempo para ir encontrar-nos com Ele na adoração, na contemplação cheia de fé e aberta à reparação das graves faltas e delitos do mundo"[5].

Jesus está ali, nesse Sacrário vizinho. Talvez a poucos quilômetros, ou talvez a poucos metros. Como não havemos de ir vê-lo, para amá-lo, contar-lhe as nossas coisas e suplicar-lhe? Que falta de coerência se não o fazemos com fé! Como entendemos bem o costume secular das "quotidianas visitas aos divinos sacrários!"[6] O Mestre espera-nos ali há vinte séculos[7], e poderemos estar ao seu lado como Maria, a irmã de Lázaro — aquela que escolheu a melhor parte[8] —, na sua casa de Betânia. "Devo dizer-vos — são palavras de Mons. Josemaria Escrivá — que, para mim, o Sacrário foi sempre Betânia, o lugar tranquilo e aprazível onde está Cristo, onde lhe podemos contar as nossas preocupações, os nossos sofrimentos, os nossos anseios e as nossas alegrias, com a mesma simplicidade e naturalidade com que lhe falavam aqueles seus amigos Marta, Maria e Lázaro. Por isso, ao percorrer as ruas de uma cidade ou de uma aldeia, alegra-me descobrir, mesmo de longe, a silhueta de uma igreja: é um novo Sacrário, uma nova ocasião de deixar que a alma se escape para estar em desejo junto do Senhor Sacramentado"[9].

Jesus espera a nossa visita. É, de certo modo, devolver-lhe aquela que Ele nos fez na Comunhão, e "é prova de gratidão, sinal de amor e dever de adoração a Cristo Senhor, ali presente"[10]. É continuação da ação de graças após a Comunhão anterior e preparação para a próxima.

Sempre que nos encontramos diante do Sacrário, bem podemos dizer com toda a verdade e realidade: *Deus está aqui*. E diante desse mistério de fé, não é possível outra atitude que não a adoração: *Adoro te devote... Adoro-te com devoção, Deus escondido*; uma atitude de respeito e admiração; e, ao mesmo tempo, de confiança sem limites. "Permanecendo diante de Cristo, o Senhor, os fiéis usufruem do seu convívio íntimo, abrem-lhe o coração pedindo por si mesmos e por todos os seus, e oram pela paz e pela salvação do mundo. Oferecendo com Cristo toda a sua vida ao Pai no Espírito Santo, obtêm deste convívio admirável um aumento da sua fé, da sua esperança e da sua caridade. Assim fomentam as devidas disposições que lhes permitem celebrar com a devoção conveniente o memorial do Senhor e receber frequentemente o pão que o Pai nos deu"[11].

III. "COMEÇASTE com a tua visita diária... — Não me admira que me digas: começo a amar com loucura a luz do Sacrário"[12].

A Visita ao Santíssimo é um ato de piedade que demora poucos minutos, e, não obstante, quantas graças, quanta fortaleza e paz o Senhor nos dá! Com ela melhora a nossa presença de Deus ao longo do dia, e dela tiramos forças para enfrentar com garbo as contrariedades da jornada; nela se acende a vontade de trabalhar melhor e se armazena uma boa provisão de paz e de alegria para a vida familiar. O Senhor, que é bom pagador, sempre se mostra agradecido quando vamos visitá-lo. "É tão agradecido que não deixa sem prêmio um simples levantar de olhos lembrando-nos dEle"[13].

Na Visita ao Santíssimo, fazemos companhia a Jesus Sacramentado durante uns minutos. Talvez nesse dia não tenham sido muitos os que o visitaram, ainda que Ele os esperasse. É por isso que o alegra muito mais ver-nos ali. Dirigiremos ao Senhor alguma oração além da comunhão espiritual, e não deixaremos de pedir-lhe ajuda — em coisas espirituais e materiais —, de contar-lhe o que nos preocupa e o que nos alegra, de lhe dizer que, apesar das nossas misérias, pode contar conosco para evangelizar de novo o mundo, e de falar-lhe talvez de um amigo que queremos aproximar dEle... "Que devemos fazer — perguntais algumas vezes — na presença de Deus Sacramentado? Amá-lo, louvá-lo, agradecer-lhe e pedir-lhe. Que faz um homem sedento diante de uma fonte cristalina?"[14]

Podemos ter a certeza de que, ao deixarmos o templo depois desses momentos de oração, terá crescido em nós a paz, a decisão de ajudar os outros, e um vivo desejo de comungar, pois a intimidade com Jesus só se realiza completamente na Comunhão. E teremos encontrado estímulo para aumentar o sentido da presença de Deus no nosso trabalho e nas nossas ocupações diárias; ser-nos-á mais fácil manter com o Senhor um trato de amizade e de confiança ao longo do dia.

Os primeiros cristãos já viviam este piedoso costume a partir do momento em que tiveram igrejas e se passou a reservar nelas o Santíssimo Sacramento. São João Crisóstomo comenta assim esta prática de piedade: "*E Jesus entrou no templo*. Fez o que era próprio de um bom filho: ir logo a casa de seu pai, para ali tributar-lhe a honra devida. Assim tu, que deves imitar Jesus Cristo, quando entrares numa cidade, deves em primeiro lugar ir a uma igreja"[15].

Uma vez dentro da igreja, podemos localizar facilmente o Sacrário — que é para onde deve dirigir-se antes de mais nada a nossa atenção —, pois tem que estar situado num lugar "verdadeiramente destacado" e "apto para a oração privada". E, nesse lugar, a presença da Santíssima Eucaristia estará assinalada pela pequena lamparina que, em sinal de honra ao Senhor, arderá continuamente junto do tabernáculo[16].

Ao terminarmos a nossa oração, pedimos a nossa Mãe Santa Maria que nos ensine a tratar Jesus realmente presente no Sacrário como Ela o tratou nos anos da sua vida em Nazaré.

(1) Cf. Lc 24, 35-48; (2) São Josemaria Escrivá, *Amigos de Deus*, n. 302; (3) cf. Jo 21, 7; (4) cf. Concílio de Trento, *Can 4 sobre a Eucaristia*, Dz 886; (5) João Paulo II, *Alocução*, 31-X-1982; (6) Pio XII, Enc. *Mediator Dei*, 20-XI-1947; (7) cf. São Josemaria Escrivá, *Caminho*, n. 537; (8) cf. Lc 10, 42; (9) São Josemaria Escrivá, *É Cristo que passa*, n.

154; (10) Paulo VI, Enc. *Mysterium Fidei*, 3-IX-1965; (11) cf. *Instrução sobre o Mistério Eucarístico*, 50; (12) São Josemaria Escrivá, *Sulco*, n. 688; (13) Santa Teresa, *Caminho de perfeição*, 23, 3; (14) Santo Afonso Maria de Ligório, *Visitas ao Santíssimo Sacramento*, 1; (15) São João Crisóstomo, *Catena aurea*, III, p. 14; (16) cf. *Instrução sobre o Mistério Eucarístico*, 53 e 57; cf. *CIC*, can 938 e 940.

TEMPO PASCAL. OITAVA DA PÁSCOA. SEXTA-FEIRA

52. CONSTÂNCIA NO APOSTOLADO

— A pesca milagrosa. Quando estamos unidos ao Senhor, os frutos são sempre abundantes. Saber reconhecer o Senhor no meio dos acontecimentos da vida.
— O apostolado exige um trabalho paciente.
— Contar com o tempo. Quanto maior a resistência de uma alma, mais necessários os meios humanos e sobrenaturais.

I. *JESUS CRISTO [...] é a pedra angular. Em nenhum outro há salvação, porque debaixo do céu não nos foi dado nenhum outro nome pelo qual possamos ser salvos*[1].

Os apóstolos partiram de Jerusalém e foram à Galileia, como o Senhor lhes havia indicado[2]. Estão junto do lago, no mesmo lugar ou perto daquele em que um dia Jesus os encontrara e os convidara a segui-lo. Agora voltaram à sua antiga profissão, àquela que tinham quando o Senhor os chamara. Jesus acha-os novamente entregues às suas lides. *Estavam juntos Simão Pedro, Tomé, chamado Dídimo, Natanael, que era de Caná da Galileia, os filhos de Zebedeu e outros dois discípulos*[3]. É a hora do crepúsculo. As outras barcas já saíram para a pesca. *Disse-lhes Simão Pedro: Vou pescar. Responderam-lhe eles: Nós também vamos contigo. Partiram e entraram na barca. Naquela noite, porém, nada apanharam.*

Ao romper da aurora, *Jesus apareceu na praia*. Jesus ressuscitado vai em busca dos seus discípulos para fortalecê-los na fé e na amizade que lhe dedicam, e para continuar a explicar-lhes a grande missão que os espera. *Mas os discípulos não o reconheceram*. Estão a uns duzentos côvados, a uns cem metros. Dessa distância, no lusco-fusco, não se distinguem bem os traços de um homem, mas pode-se ouvi-lo se levantar a voz.

Tendes alguma coisa que comer?, pergunta-lhes o Senhor. *Não, responderam-lhe. Disse-lhes ele: Lançai a rede à direita da barca e achareis*. E Pedro obedece. *Lançaram-na, pois, e já não podiam arrastá-la por causa da grande quantidade de peixes*. João confirma a certeza interior de Pedro. Inclinando-se para ele, diz-lhe: *É o Senhor!* Pedro, que se contivera até aquele momento, salta como que impelido por uma mola. Não espera que as barcas cheguem à praia.

Na ausência de Cristo, tinham trabalhado inutilmente em plena noite, por conta própria; tinham perdido o tempo. Pela manhã, já com luz, quando Jesus está presente, quando é Ele que ilumina com a sua palavra, quando é Ele que orienta a faina, as redes chegam à margem cheias de peixes.

Acontece o mesmo em cada um dos nossos dias. Na ausência de Cristo, o dia se faz noite; e o trabalho, estéril: não passa de mais uma noite, de uma noite vazia na vida. Para obtermos frutos, não bastam os nossos esforços; necessitamos de Deus. Ao lado de Cristo, quando o temos presente, os nossos dias enriquecem-se. A dor e a doença convertem-se num tesouro que perdura além da morte; e a convivência com os que nos rodeiam torna-se um mundo de possibilidades de fazer o bem.

O drama de um cristão começa quando deixa de ver Cristo na sua vida; quando a tibieza, o pecado ou a soberba nublam o seu horizonte; quando faz as coisas como se Jesus não estivesse a seu lado, como se Ele não tivesse ressuscitado. Devemos pedir muito à Virgem que nos ajude a reconhecer o seu Filho no meio dos acontecimentos da vida; que possamos dizer muitas vezes: *É o Senhor!*

II. QUANDO TOMARAM TERRA, viram umas brasas preparadas, com um peixe posto em cima e pão. Jesus disse-lhes: *Trazei alguns dos peixes que acabais de apanhar. Subiu Simão Pedro e puxou a rede para terra, cheia de cento e cinquenta e três peixes grandes. Apesar de serem tantos, a rede não se tinha rompido.*

Os Santos Padres detêm-se com frequência neste episódio e comentam-no assim: a barca representa a Igreja, simbolizada na sua unidade pela rede que não se rompe; o mar é o mundo; Pedro, na barca, simboliza a suprema autoridade da Igreja; o número de peixes é uma referência aos que são chamados[4]. Nós, como os apóstolos, somos os pescadores que devem levar as pessoas a Cristo, porque as almas são de Deus[5].

"Por que o Senhor contou com tantos pescadores entre os seus apóstolos? Que qualidades viu neles? Penso que havia uma coisa que Ele apreciou particularmente naqueles que viriam a ser os seus enviados: uma paciência inquebrantável [...]. Tinham trabalhado toda a noite, e nada haviam pescado; muitas horas de espera, em que as luzes cinzentas da aurora lhes trariam o prêmio, e não tinha havido prêmio nenhum [...].

"Quanto a Igreja de Cristo não esperou através dos séculos [...], oferecendo pacientemente o seu convite e deixando que a graça completasse a sua obra! [...] Que importância tem se num lugar ou noutro trabalhou duramente e recolheu muito pouco para o seu Mestre? Apoiada na sua palavra, apesar de tudo, voltará a lançar as redes, até que a graça divina, cuja eficácia ultrapassa o poder do esforço humano, lhe traga uma nova pesca"[6]. Sem sabermos quando nem como, todo o nosso esforço apostólico acabará por dar o seu fruto, ainda que muitas vezes nós não o vejamos. O Senhor pede aos cristãos a paciente espera dos pescadores. Devemos ser constantes no apostolado pessoal com os nossos amigos e conhecidos, não abandoná-los nunca, não deixar ninguém de lado por parecer-nos impossível que nos escutem.

A paciência é parte principal da virtude da fortaleza e leva-nos a saber esperar quando a situação o requer, a empregar mais meios humanos e sobrenaturais, a recomeçar muitas vezes, a contar com os nossos defeitos e com os das pessoas que queremos levar para Deus. "A fé é um requisito imprescindível no apostolado, que muitas vezes se manifesta na constância em falar de Deus, ainda que os frutos demorem a vir.

"Se perseverarmos, se insistirmos, bem convencidos de que o Senhor assim o quer, também à tua volta, por toda a parte, se irão notando sinais de uma revolução cristã: uns haverão de entregar-se, outros tomarão a sério a sua vida interior, e outros — os mais fracos — ficarão pelo menos alertados"[7].

III. JESUS CHAMOU OS APÓSTOLOS apesar de conhecer os seus defeitos. Depois de ter comido com eles naquela manhã, diz a Pedro: *Simão, filho de João, amas-me mais do que estes? Apascenta os meus cordeiros... Apascenta as minhas ovelhas*[8]. Conta com eles para fundar a sua Igreja: dá-lhes o poder de realizar em seu nome o Sacrifício do altar e o de perdoar os pecados, torna-os depositários da sua doutrina e dos seus ensinamentos... Confia neles e forma-os com paciência; conta com o tempo para torná-los idôneos para a missão que irão desempenhar.

O Senhor também previu os momentos e o modo de nos santificar a cada um, respeitando o ritmo da nossa correspondência pessoal. Cabe-nos ser bons canais da graça do Senhor, facilitar a ação do Espírito Santo nos nossos amigos, parentes, conhecidos, colegas... Se o Senhor não se cansa de nos ajudar, como podemos nós desanimar, se somos simples instrumentos? Se a mão do carpinteiro continua a trabalhar com afinco sobre a madeira, como pode ser rebelde na sua tarefa a plaina que lhe serve de instrumento?

O caminho que conduz ao Céu não é curto. E Deus não costuma conceder graças que permitam alcançar a santidade de modo instantâneo e definitivo. Normalmente, os nossos amigos aproximar-se-ão do Senhor pouco a pouco. Oferecerão resistência, por força muitas vezes do pecado original — que deixou as suas sequelas na natureza humana —, bem como dos pecados pessoais. Cabe-nos facilitar a ação de Deus nessas almas, com a nossa oração e o nosso sacrifício, com o nosso afeto, com o exemplo e a palavra oportuna...

E se demoram em corresponder à graça, isso significa que devemos multiplicar as manifestações de amizade, tornar mais sólida a base humana sobre a qual se apoia a ação apostólica. O trato cordial com quem parece não querer comprometer-se a dar o passo que pode aproximá-lo de Cristo é sinal, da nossa parte, de amizade verdadeira e de pureza de intenção, isto é, de que só queremos verdadeiramente que Deus tenha muitos amigos na terra, e de que só desejamos o bem desses nossos amigos.

A cena descrita pelo Evangelho de hoje mostra-nos como o Senhor era amigo dos seus discípulos e lhes dedicava todo o tempo necessário: inicia o diálogo com eles perguntando-lhes se têm alguma coisa que comer, depois prepara-lhes uma pequena refeição nas margens do lago, a seguir retira-se com Pedro, enquanto João os segue, e diz-lhe que continua a confiar nele. Não nos pode surpreender que uns amigos, assim tratados pelo Amigo, deem depois a sua vida até o martírio por Ele e pela salvação do mundo.

Peçamos a Santa Maria que nos ajude a imitar Jesus, de tal modo que, no nosso relacionamento, não sejamos "apenas um elemento passivo. Tens de converter-te em verdadeiro amigo dos teus amigos: «ajudá-los». Primeiro com o exemplo da tua conduta. E depois com o teu conselho e com o ascendente que a intimidade dá"[9].

(1) At 4, 12; *Primeira leitura* da Missa da sexta-feira do Tempo Pascal; (2) cf. Mt 28, 7; (3) Jo 21, 2 e segs.; (4) cf. Santo Agostinho, *Comentários sobre São João*; (5) cf. São Josemaria Escrivá, *Amigos de Deus*, n. 267; (6) R. A. Knox, *Sermão pregado na festividade de São Pedro e São Paulo*, 29-VI-1947; (7) São Josemaria Escrivá, *Sulco*, n. 207; (8) Jo 21, 15-17; (9) São Josemaria Escrivá, *Sulco*, n. 731.

TEMPO PASCAL. OITAVA DA PÁSCOA. SÁBADO

53. IDE POR TODO O MUNDO

— O Senhor envia-nos ao mundo para que anunciemos a sua doutrina.
— Como os apóstolos, encontraremos obstáculos. Remar contra a corrente. A reevangelização do mundo.
— "Tratar as almas uma a uma". Otimismo sobrenatural.

I. A RESSURREIÇÃO DO SENHOR é um apelo ao apostolado até o fim dos tempos. Cada uma das aparições de Cristo ressuscitado termina com a atribuição de uma tarefa apostólica. Jesus diz a Maria Madalena: *...Vai aos meus irmãos e diz-lhes: Subo para meu Pai e vosso Pai*[1]; e às outras mulheres: *Ide e dizei aos meus irmãos que se dirijam à Galileia, pois é lá que me verão*[2]. Os próprios discípulos de Emaús sentem a necessidade de comunicar aos demais, naquela mesma noite, que Cristo vive[3]. No Evangelho da Missa de hoje, São Marcos relata-nos a grande missão que Cristo confia aos apóstolos e que permanecerá vigente para sempre: *Por fim apareceu aos onze, quando estavam sentados à mesa [...]. E disse-lhes: Ide por todo o mundo e pregai o Evangelho a todas as criaturas*[4].

A partir de então, os apóstolos começaram a dar testemunho do que *viram e ouviram*, e a pregar *no nome de Jesus a penitência e a remissão dos pecados a todas as nações, começando por Jerusalém*[5]. Não pregam nem certificam especulações, mas fatos salvíficos de que foram testemunhas. Quando Judas morreu e foi necessário substituí-lo para completar o número dos apóstolos, exigiu-se como condição que o escolhido tivesse testemunhado a Ressurreição[6].

A Igreja inteira estava representada naqueles Onze. Neles, todos os cristãos de todos os tempos receberam a feliz missão de comunicar aos que encontrassem no seu caminho que Cristo vive, que nEle foram vencidos o pecado e a morte, que Ele nos convida a partilhar da vida divina, que todos os nossos males têm solução... Foi o próprio Cristo que nos deu esse direito e esse dever. "A vocação cristã é, pela sua própria natureza, vocação apostólica"[7], e "todos os fiéis, do Papa até o último batizado, participam da mesma vocação, da mesma fé, do mesmo Espírito, da mesma graça [...]. Todos participam ativa e corresponsavelmente [...] da única missão de Cristo e da Igreja"[8].

Ninguém nos deve impedir o exercício deste direito e o cumprimento deste dever. A primeira leitura da Missa de hoje relata-nos a reação dos apóstolos quando os sumos sacerdotes e os doutores os proibiram terminantemente de pregar e ensinar no nome de Jesus. Pedro e João replicaram: *Julgai vós mesmos se é justo diante de Deus obedecermos a vós mais do que a Deus. Não podemos deixar de falar das coisas que vimos e ouvimos*[9].

Nós também não podemos ficar calados. A ignorância à nossa volta é muito grande, como é grande também o erro e incontáveis os que andam perdidos e desorientados por não conhecerem o Senhor. Devemos comunicar a todas as pessoas do nosso meio a fé e a doutrina que recebemos. "*Não se acende a luz para colocá-la debaixo de um alqueire, mas sobre um candeeiro, a fim de que alumie todos os da casa; assim brilhe a vossa luz diante dos homens, de maneira que vejam as vossas boas obras e glorifiquem o vosso Pai que está nos céus*. E, no final da sua passagem pela terra, Ele ordena: *Euntes docete* — ide e ensinai. Quer que a sua luz brilhe na conduta e na palavra dos seus discípulos — nas tuas também"[10].

II. QUANDO, CHEIOS DE VALENTIA, os apóstolos começaram a ensinar a verdade sobre Cristo, começaram também os obstáculos, e mais tarde a perseguição e o martírio. Mas em pouco tempo a fé em Cristo ultrapassaria as fronteiras da Palestina e alcançaria a Ásia Menor, a Grécia e a Itália, chegando a homens de todas as culturas, posições sociais e raças.

Nós também devemos contar com as incompreensões, que são sinal certo de predileção divina e de que seguimos os passos do Senhor, *pois não é o discípulo mais do que o Mestre*[11]. Recebê-las-emos com alegria, como algo permitido por Deus; acolhê-las-emos como oportunidades de atualizar a fé, a esperança e o amor; ajudar-nos-ão a intensificar a oração e a mortificação, persuadidos de que a oração e o sacrifício sempre dão fruto[12], pois *os eleitos do Senhor não trabalharão em vão*[13]. E sempre trataremos bem os outros, com compreensão, afogando o mal em abundância de bem[14].

Não devemos estranhar que em muitas ocasiões tenhamos que remar contra a corrente num mundo que parece afastar-se cada vez mais de Deus, que tem como fim o bem-estar material e que desconhece ou relega para segundo plano os valores espirituais; num mundo que alguns querem construir completamente de costas para Deus. À profunda e desmedida atração que os bens materiais exercem sobre os que perderam todo o contacto com Deus, acrescenta-se o mau exemplo de alguns cristãos que, "por negligência na sua educação religiosa, ou por uma exposição falaz da doutrina, ou mesmo pelas faltas que cometem na sua vida religiosa, moral e social, se poderia dizer que mais velam do que revelam a face genuína de Deus e da religião"[15].

O campo em que os apóstolos e os primeiros cristãos tinham que lançar a semente era um terreno duro, com abrolhos, cardos e espinhos. Não obstante, a semente que espalharam frutificou abundantemente. Numas terras deu cem, noutras sessenta, noutras trinta. Basta que haja uma pequena correspondência, por menor que seja, para que o fruto não se faça esperar, pois a semente é de Deus, e é Ele quem faz crescer a vida divina nas almas[16]. Cabe-nos o trabalho apostólico de preparar essas almas: em primeiro lugar, mediante a oração, a mortificação e as obras de misericórdia, que sempre atraem o favor divino; depois, pela amizade, pela compreensão e pelo exemplo.

O Senhor espera que estejamos dispostos a recristianizar o mundo, na família, na Universidade, na fábrica, nas mais diversas associações: *Ide por todo o mundo e pregai o Evangelho a toda a criatura*, continua a dizer-nos o Senhor. Estamos numa época em que Cristo necessita de homens e mulheres que saibam estar junto da Cruz, que sejam fortes, audazes, trabalhadores, sem respeitos humanos à hora de fazer o bem, alegres, que tenham como alicerce das suas vidas a oração, um trato cheio de amizade com Cristo.

O Senhor conta com os nossos propósitos de sermos melhores, de lutar mais contra os defeitos e contra tudo aquilo que, por ínfimo que seja, nos separe dEle; conta com um apostolado intenso entre as pessoas com quem nos relacionamos mais frequentemente. Devemos pensar agora se à nossa volta, como acontecia com os primeiros cristãos, há um bom grupo de pessoas que se estão aproximando mais firmemente de Deus. Devemos perguntar-nos se a nossa vida influi — para bem — naqueles que estão ligados a nós por laços de amizade, de trabalho, de parentesco.

III. A IGREJA NASCE do mistério pascal de Cristo e apresenta-se aos homens do seu tempo com uma aparência pequena, à semelhança do fermento, mas dotada de uma força divina capaz de transformar o mundo e torná-lo mais humano e mais próximo do seu Criador. Nos nossos dias, também há muitos homens de boa vontade que têm correspondido às frequentes chamadas do sucessor de Pedro para darem luz a tantas consciências que caminham na escuridão em terras onde em outros tempos se amava a Cristo e hoje apenas se traz o seu nome.

Como fizeram os primeiros cristãos, "o que verdadeiramente importa é procurar as almas uma a uma, para aproximá-las de Deus"[17]. Para isso, nós mesmos devemos estar muito perto do Senhor, unidos a Ele como o sarmento à videira[18]. Sem santidade pessoal, não é possível nenhuma ação apostólica, e o fermento vivo converte-se em massa inerte; seríamos absorvidos pelo ambiente de absoluta indiferença que com frequência encontramos naqueles que talvez em outros tempos tenham sido bons cristãos.

A primeira leitura da Missa diz-nos que *os sumos sacerdotes, os anciãos e os escribas estavam surpreendidos vendo a coragem de Pedro e de João, pois sabiam que eram homens sem estudos e sem instrução. Descobriram que eles tinham sido companheiros de Jesus*[19]. Vemos os apóstolos mostrarem-se seguros, sem complexos, otimistas, com o otimismo que decorria de serem amigos de Cristo.

Se estiver unido ao Senhor, o cristão será sempre otimista, "com um otimismo sobrenatural que se enraíza na fé, que se alimenta da esperança e a que o amor empresta asas [...]. Fé: evitai o derrotismo e as lamentações estéreis sobre a situação religiosa dos vossos países, e aplicai-vos a trabalhar com empenho, arrastando [...] muitas outras pessoas. Esperança: *Deus não perde batalhas* (São Josemaria Escrivá, *passim*) [...]. Se os obstáculos são grandes, também é mais abundante a graça divina: Ele os removerá, servindo-se de cada um de vós como de uma alavanca. Caridade: trabalhai com muita retidão, por amor a Deus e às almas. Tende carinho e paciência com o próximo, procurai novos modos de atuar, iniciativas novas: o amor aguça o engenho. Aproveitai todos os meios [...] para esta tarefa de edificar uma sociedade mais cristã e mais humana"[20].

Santa Maria, *Rainha dos Apóstolos*, acender-nos-á na fé, na esperança e no amor do seu Filho para que colaboremos eficazmente, no nosso próprio ambiente e com base nele, na tarefa de recristianizar o mundo de hoje, tal como o Papa nos pede. Continuam a ecoar nos nossos ouvidos as palavras do Senhor: *Ide por todo o mundo...* Naquele tempo, eram somente onze homens; agora somos muitos mais... Peçamos a fé e o amor daqueles Onze.

(1) Jo 20, 17; (2) Mt 28, 10; (3) cf. Lc 24, 35; (4) Mc 14, 15-16; (5) cf. Lc 24, 44-47; (6) cf. At 1, 21-22; (7) Conc. Vat. II, Decr. *Apostolicam actuositatem*, 2; (8) A. del Portillo, *Fieles y laicos en la Iglesia*,

EUNSA, Pamplona, 1969, p. 38; (9) At 4, 20; (10) São Josemaria Escrivá, *Sulco*, n. 930; (11) Mt 10, 24; (12) cf. São Josemaria Escrivá, *Caminho*, n. 694-697; (13) Is 65, 23; (14) cf. Rm 12, 21; (15) cf. Conc. Vat. II, Const. *Gaudium et spes*, 19; (16) cf. 1 Cor 3, 6; (17) A. del Portillo, *Carta pastoral*, 25-XII-1985, n. 9; (18) cf. Jo 15, 5; (19) At 4, 13; (20) A. del Portillo, *ib.*, n. 10.

Tempo Pascal. Segundo Domingo

54. A FÉ DE TOMÉ

— Aparição de Jesus aos apóstolos quando Tomé estava ausente. Comunicam-lhe que Jesus ressuscitou. Apostolado com os que conheceram o Senhor, mas não procuram relacionar-se com Ele.

— O ato de fé do apóstolo Tomé. A nossa fé deve ser operativa: *atos de fé*, confiança no Senhor, apostolado.

— A Ressurreição é um apelo para que manifestemos com a nossa vida que Cristo vive. Necessidade de nos formarmos bem.

I. *O PRIMEIRO DIA da semana*[1], o dia em que o Senhor ressuscitou, o primeiro dia do novo mundo, está repleto de acontecimentos: desde a manhã, *muito cedo*[2], quando as mulheres vão ao sepulcro, até à noite, *muito tarde*[3], quando Jesus vem confortar os amigos mais íntimos: *A paz esteja convosco*, disse-lhes. *Depois mostrou-lhes as mãos e o lado*. Nesta ocasião, Tomé não estava com os demais apóstolos; não pôde, pois, ver o Senhor nem ouvir as suas palavras consoladoras.

Fora este apóstolo que dissera uma vez: *Vamos também nós e morramos com Ele*[4]. E na Última Ceia manifestara ao Senhor a sua ignorância com a maior simplicidade: *Senhor, não sabemos para onde vais. Como podemos conhecer o caminho?*[5] Cheios de um profundo júbilo, os apóstolos devem ter procurado Tomé por toda a Jerusalém naquela mesma noite ou no dia seguinte. Mal o encontraram, disseram-lhe: *Vimos o Senhor!* Mas Tomé continuava profundamente abalado com a crucifixão e a morte do Mestre. Não dá nenhum crédito ao que lhe dizem: *Se não vir nas suas mãos o sinal dos pregos, e não puser o meu dedo no lugar dos pregos e a minha mão no seu lado, não acreditarei*[6]. Os que tinham compartilhado com ele aqueles três anos, e que lhe estavam unidos por tantos laços, devem ter-lhe repetido então, de mil maneiras diferentes, a mesma verdade que era agora a sua alegria e a sua certeza: *Vimos o Senhor!*

Nós temos que fazer o mesmo: para muitos homens e para muitas mulheres, é como se Cristo estivesse morto, porque pouco significa para eles e quase não conta nas suas vidas. A nossa fé em Cristo ressuscitado anima-nos a ir ao encontro dessas pessoas e a dizer-lhes de mil maneiras diferentes que Cristo vive, que estamos unidos a Ele pela fé e permanecemos com Ele todos os dias, que Ele orienta e dá sentido à nossa vida.

Desta maneira, cumprindo essa exigência da fé que é difundi-la com o exemplo e a palavra, contribuímos pessoalmente para a edificação da Igreja, como aqueles primeiros cristãos de que falam os Atos dos Apóstolos: *Cada vez mais aumentava o número dos homens e mulheres que acreditavam no Senhor*[7].

II. *OITO DIAS DEPOIS, encontravam-se os seus discípulos outra vez no mesmo lugar e Tomé com eles. Estando trancadas as portas, veio Jesus, pôs-se no meio deles e disse: A paz esteja convosco. Depois disse a Tomé: Mete aqui o teu dedo e vê as minhas mãos; aproxima também a tua mão e mete-a no meu lado; e não sejas incrédulo, mas fiel*[8].

A resposta de Tomé é um ato de fé, de adoração e de entrega sem limites: *Meu Senhor e meu Deus!* São quatro palavras inesgotáveis. A fé do apóstolo brota, não tanto da evidência de Jesus, mas de uma dor imensa. O que o leva à adoração e ao retorno ao apostolado não são tanto as provas como o amor. Diz a Tradição que o apóstolo Tomé morreu mártir pela fé no seu Senhor. Consumiu a vida a seu serviço.

As dúvidas de Tomé viriam a servir para confirmar a fé dos que mais tarde haviam de crer nEle. "Porventura pensais — comenta São Gregório Magno — que foi um simples acaso que aquele discípulo escolhido estivesse ausente, e que depois, ao voltar, ouvisse relatar a aparição e, ao ouvir, duvidasse, e, duvidando, apalpasse, e, apalpando, acreditasse? Não foi por acaso, mas por disposição divina que isso aconteceu. A divina clemência agiu de modo admirável quando este discípulo que duvidava tocou as feridas da carne do seu Mestre, pois assim curava em nós as chagas da incredulidade [...]. Foi assim, duvidando e tocando, que o discípulo se tornou testemunha da verdadeira ressurreição"[9].

Se a nossa fé for firme, também haverá muitos que se apoiarão nela. É necessário que essa virtude teologal vá crescendo em nós de dia para dia, que aprendamos a olhar as pessoas e os acontecimentos como o Senhor os olha, que a nossa atuação no meio do mundo esteja vivificada pela doutrina de Jesus. Por vezes, ver-nos-emos faltos de fé, como o apóstolo. Teremos então de crescer em confiança no Senhor, seja em face das dificuldades no apostolado, ou de acontecimentos que não sabemos interpretar do ponto de vista sobrenatural, ou de momentos de escuridão, que Deus permite para que se firmem em nós outras virtudes.

A virtude da fé é a que nos dá a verdadeira dimensão dos acontecimentos e a que nos permite julgar retamente todas as coisas. "Somente com a luz da fé e a meditação da palavra divina é que é possível reconhecer Deus sempre e por toda a parte, esse Deus em quem *vivemos e nos movemos e existimos* (At 17, 28). Somente assim é possível procurar a vontade divina em todos os acontecimentos, ver Cristo em todos os homens, sejam parentes ou estranhos, proferir juízos corretos sobre o verdadeiro significado e valor das coisas temporais, tanto em si mesmas como em relação ao fim do homem"[10].

Meditemos o Evangelho da Missa de hoje. "Fixemos de novo o olhar no Mestre. Talvez também nós escutemos neste momento a censura dirigida a Tomé: *Mete aqui o teu dedo e vê as minhas mãos; aproxima também a tua mão e mete-a no meu lado; e não sejas incrédulo, mas fiel* (Jo 20, 27).

E, com o apóstolo, sairá da nossa alma, com sincera contrição, aquele grito: *Meu Senhor e meu Deus!* (Jo 20, 28), eu te reconheço definitivamente por Mestre, e já para sempre — com o teu auxílio — vou entesourar os teus ensinamentos e esforçar-me por segui-los com lealdade"[11].

Meu Senhor e meu Deus! Estas palavras têm servido de jaculatória a muitos cristãos, e como ato de fé na presença real de Jesus Cristo na Sagrada Eucaristia, quando se passa diante de um sacrário ou no momento da Consagração da Missa... Também nos podem ajudar a nós a tornar atual a nossa fé e o nosso amor por Cristo ressuscitado.

III. *O SENHOR RESPONDEU a Tomé: Creste porque me viste. Felizes os que creem sem terem visto*[12]. "É uma frase — diz São Gregório Magno — que se refere sem dúvida a nós, que confessamos com a alma Aquele que não vimos na carne. Mas refere-se a nós se vivermos de acordo com a fé, pois só crê verdadeiramente aquele que nas suas ações pratica o que crê"[13]. A Ressurreição do Senhor é um apelo para que manifestemos com a nossa vida que Ele vive. As obras do cristão devem ser fruto e manifestação da sua fé em Cristo.

Nos primeiros séculos, a difusão do cristianismo realizou-se principalmente pelo testemunho pessoal dos cristãos que se convertiam. Era uma pregação singela da Boa-nova: de homem para homem, de família para família; entre os que tinham o mesmo ofício, entre vizinhos; nos bairros, nos mercados, nas ruas. Hoje também o Senhor quer que o mundo, a rua, o trabalho, as famílias sejam veículo para a transmissão da fé.

Para confessarmos a nossa fé com a palavra, é necessário que conheçamos o seu conteúdo com clareza e precisão. Por isso, a nossa Mãe a Igreja tem feito tanto finca-pé ao longo dos séculos em que se estudasse o *Catecismo*, pois contém de uma maneira breve e simples as verdades essenciais que temos de conhecer para podermos depois vivê-las. Já Santo Agostinho insistia com os catecúmenos que estavam prestes a receber o Batismo: "No próximo sábado, em que, se Deus quiser, celebraremos a vigília, recitareis não a oração (o Pai-

-Nosso), mas o símbolo (o Credo); porque, se não o aprenderdes agora, depois, na Igreja, não o ouvireis todos os dias da boca do povo. E, aprendendo-o bem, dizei-o diariamente para não o esquecerdes: ao levantar-vos da cama, ao ir dormir, recitai o vosso símbolo, oferecei-o a Deus, procurando memorizá-lo e repetindo-o sem preguiça. Para não esquecer, é bom repetir. Não digais: «Já o disse ontem, e digo-o hoje, e repito-o diariamente; tenho-o bem gravado na memória». Que seja para ti como um recordatório da tua fé e um espelho em que te possas olhar. Olha-te nele, verifica se continuas a acreditar em todas as verdades que de palavra dizes crer, e alegra-te diariamente na tua fé. Que essas verdades sejam a tua riqueza; que sejam como que o adorno da tua alma"[14]. Teríamos que dizer estas mesmas palavras a muitos cristãos, pois são muitos os que andam esquecidos do conteúdo essencial da sua fé.

Jesus Cristo pede-nos também que o confessemos com obras diante dos homens. Por isso, pensemos: não teríamos que ser mais valentes nesta ou naquela ocasião? Pensemos no nosso trabalho, no ambiente à nossa volta: somos conhecidos como pessoas que têm vida de fé? Não nos faltará audácia no apostolado?

Terminamos a nossa oração pedindo à Virgem, *Sede da Sabedoria, Rainha dos Apóstolos*, que nos ajude a manifestar com a nossa conduta e com as nossas palavras que Cristo vive.

(1) Jo 20, 1; (2) Mc 16, 2; (3) Jo 20, 19; (4) Jo 11, 16; (5) Jo 14, 5; (6) Jo 20, 25; (7) At 5, 14; (8) Jo 20, 26-27; (9) São Gregório Magno, *Homilias sobre os Ev.*, 26, 7; (10) Conc. Vat. II, Decr. *Apostolicam actuositatem*, 4; (11) São Josemaria Escrivá, *Amigos de Deus*, n. 145; (12) Jo 20, 29; (13) São Gregório Magno, *op. cit.*, 26, 9; (14) Santo Agostinho, *Sermão 58*, 15.

Tempo Pascal. Segunda Semana. Segunda-feira

55. A IMAGINAÇÃO

— Necessidade da mortificação para ter vida sobrenatural.
— Mortificação da imaginação.
— O bom uso da imaginação na oração.

I. O EVANGELHO DA MISSA[1] relata-nos o comovente diálogo entre Jesus e Nicodemos na calada da noite. Este homem sente-se impressionado pela pregação e pelos milagres do Mestre e experimenta a necessidade de saber mais. Mostra uma grande delicadeza para com Jesus: *Rabbi*, meu Mestre, é como o chama.

Nicodemos interroga o Senhor sobre a sua missão, talvez ainda sem saber ao certo se está diante de mais um profeta ou do próprio Messias: *Sabemos* — diz ele — *que és um mestre vindo da parte de Deus, pois ninguém pode fazer os prodígios que fazes se Deus não estiver com ele*. E o Senhor responde-lhe de uma maneira inesperada; Nicodemos pergunta-lhe pela sua missão e Jesus revela-lhe uma verdade assombrosa: *É preciso nascer de novo*. Trata-se de um nascimento espiritual pela água e pelo Espírito Santo: é um mundo inteiramente novo que se abre ante os olhos de Nicodemos.

As palavras do Senhor constituem também um horizonte sem limites para o progresso espiritual de qualquer cristão que se deixe conduzir docilmente pelas inspirações e moções do Espírito Santo. Porque a vida interior não consiste somente em adquirir uma série de virtudes naturais ou em praticar determinados atos de piedade. O que o Senhor nos pede é uma transformação radical: *Renunciai à vida passada, despojai-vos do homem velho*[2], anunciava São Paulo aos fiéis de Éfeso.

Esta transformação interior é acima de tudo obra da graça na alma, mas requer também a nossa colaboração, através de uma séria mortificação da inteligência e das recordações — da imaginação —, que terá como fruto a purificação das nossas potências, necessária para que a vida de Cristo se desenvolva plenamente em nós. Muitos cristãos não avançam no seu relacionamento com Deus, na oração, por descurarem esta mortificação interior, sem a qual a mortificação externa perde o seu ponto de apoio.

A imaginação é, sem dúvida, uma faculdade muito útil, porque a alma, que está unida ao corpo, não pode pensar sem imagens. O Senhor falava às pessoas por meio de parábolas, servindo-se de imagens para transmitir-lhes as verdades mais profundas; acabamos de ver que foi esse o caminho que seguiu na conversa com Nicodemos. Neste sentido, a imaginação pode ser de grande utilidade para a vida interior, pois ajuda a contemplar a vida do Senhor, os mistérios do Rosário... "Mas, para que seja proveitosa e útil, deve ser governada pela reta razão esclarecida pela fé. Caso contrário, pode converter-se, como já foi chamada, na *louca da casa*; afasta-nos da consideração das coisas divinas e arrasta-nos para as coisas vãs, insubstanciais, fantásticas e mesmo proibidas. No melhor dos casos, leva-nos para o mundo dos sonhos, de onde brota o sentimentalismo tão oposto à verdadeira piedade"[3].

Dada a nossa condição depois do pecado original, a submissão da imaginação à razão só pode ser alcançada habitualmente pela mortificação, que fará com que "deixe de ser a louca da casa e se concentre no seu fim próprio, que é servir a inteligência iluminada pela fé"[4].

II. DEIXAR A IMAGINAÇÃO à solta significa em primeiro lugar perder o tempo, que é um dom de Deus e parte do patrimônio que o Senhor nos confiou. "Afasta de ti esses pensamentos inúteis que, pelo menos, te fazem perder o tempo", aconselha-nos o autor de *Caminho*[5]. Além disso, a imaginação perdida em sonhos fantásticos e estéreis é um campo bem adubado para que nele apareça um bom número de tentações voluntárias, que convertem os pensamentos inúteis em verdadeira ocasião de pecado[6].

Quando não há essa mortificação interior, os sonhos da imaginação giram frequentemente em torno dos nossos talentos, de uma determinada atuação em que nos saímos bem, da admiração — talvez também irreal — que provocamos em certas pessoas ou no nosso ambiente... E assim, aquilo que principiou por ser um pensamento inútil começa a correr à deriva, até chegar a comprometer a retidão de intenção que se tinha mantido até aquele momento; e a soberba, sempre à espreita, vai ganhando corpo à custa daquilo que inicialmente parecia inocente. Depois, se não a detemos, essa soberba tende a destruir as coisas boas que encontra à sua passagem. De modo especial, destrói uma boa parte da atenção que os outros merecem, impedindo de ver as suas necessidades e de praticar a caridade. "O horizonte do orgulhoso é terrivelmente limitado: esgota-se em si mesmo. O orgulhoso não consegue olhar para além da sua pessoa, das suas qualidades, das suas virtudes, do seu talento. O seu horizonte é um horizonte sem Deus. E neste panorama tão mesquinho, nunca aparecem os outros, não há lugar para eles"[7].

Em outros casos, quando se entretém a julgar o modo de agir dos outros, é fácil que a imaginação comece a emitir juízos negativos e pouco objetivos, porque, quando não se olha para os outros com compreensão, com desejo de ajudá-los, passa-se a ter deles uma visão injustamente parcial, julga-se a sua conduta com frieza, sem perceber que podem ter tido motivos para agir como agiram, ou atribuem-se gratuitamente a essas pessoas intenções retorcidas ou menos boas. Somente Deus penetra nas coisas ocultas, só Ele lê a verdade dos corações e dá o verdadeiro valor a todas as circunstâncias. Por leviandade culposa, esses pensamentos inúteis conduzem ao juízo temerário, que nasce de um coração pouco reto. A mortificação interior teria evitado esse tipo de faltas contra a caridade, que afasta de Deus e dos outros. "A causa de que haja tantos juízos temerários é que se consideram como coisa de pouca importância; e, não obstante, se se trata de matéria grave, pode-se chegar ao pecado grave"[8].

Frequentemente, se não nos vigiarmos de modo a cortar esses pensamentos inúteis e a oferecer ao Senhor essa mortificação, a imaginação girará em torno de nós mesmos e criará situações fictícias, pouco ou nada compatíveis com a vocação cristã de um filho de Deus, que deve ter o coração posto nEle. Esses pensamentos esfriam a alma, afastam de Deus e depois tornam mais difícil o clima de diálogo com o Senhor no meio das ocupações diárias.

Examinemos hoje na nossa oração como vivemos essa mortificação interior que tanto nos ajuda a conservar-nos sempre na presença do Senhor, e que evita tantos inconvenientes, tentações e pecados. Vale a pena meditar nisto seriamente, com profundidade e com desejos de chegar a propósitos eficazes.

III. A MORTIFICAÇÃO da imaginação traz inúmeros bens à alma; não é tarefa puramente negativa, não está na fronteira do pecado, mas no terreno do Amor.

Em primeiro lugar, purifica-nos a alma e inclina-nos a viver melhor na presença de Deus, leva-nos a aproveitar bem o tempo dedicado à oração, e a evitar as distrações quando mais atentos devemos estar, como por exemplo na Santa Missa, na Comunhão... Permite-nos ainda aproveitar melhor o tempo no trabalho, executá-lo conscienciosamente, santificá-lo; no terreno da caridade, ajuda-nos a pensar nos outros, em vez de ficar ensimesmados, submersos num clima de sonhos e fantasias.

Por outro lado, a imaginação deve ocupar um lugar importante na vida interior, no trato com Deus: ajuda-nos a meditar as cenas do Evangelho, a acompanhar Jesus nos seus anos de Nazaré, junto de José e Maria, na sua vida pública, seguido pelos apóstolos. De modo especial, ajuda-nos a contemplar frequentemente a Paixão do Senhor.

"Misturai-vos com frequência entre as personagens do Novo Testamento. Saboreai aquelas cenas comoventes em que o Mestre atua com gestos divinos e humanos, ou relata com modos de dizer humanos e divinos a história sublime do perdão, do Amor ininterrupto que tem pelos seus filhos. Esses translados do Céu renovam-se agora também, na perenidade atual do Evangelho"[9].

"Se alguma vez não nos sentirmos com forças para seguir as pegadas de Jesus Cristo, troquemos palavras amigas com aqueles que o conheceram de perto, enquanto permaneceu nesta nossa terra. Com Maria, em primeiro lugar, que foi quem o trouxe até nós. Com os apóstolos. *Alguns gentios chegaram-se a Filipe, que era natural de Betsaida da Galileia, e fizeram-lhe este pedido: Desejamos ver Jesus. Filipe foi e disse-o a André; e André e Filipe disseram-no a Jesus* (Jo 12, 20-22). Não é verdade que isto nos anima? Aqueles estrangeiros não se atrevem a apresentar-se ao Mestre, e procuram um bom intercessor [...].

"Meu conselho é que, na oração, cada um intervenha nas passagens do Evangelho, como mais um personagem. Primeiro, imaginamos a cena ou o mistério, que servirá para nos recolhermos e meditar. Depois, empregamos o entendimento para considerar este ou aquele traço da vida do Mestre: o seu Coração enternecido, a sua humildade, a sua pureza, o seu cumprimento da Vontade do Pai. Depois, contamos-lhe o que nos costuma ocorrer nessas matérias, o que sentimos, o que nos está acontecendo. É preciso permanecermos atentos, porque talvez Ele nos queira indicar alguma coisa: e surgirão essas moções interiores, o cair em si, essas reconvenções"[10].

Assim imitaremos a Santíssima Virgem, que *conservava todas estas coisas* — os acontecimentos da vida do Senhor — *e as meditava no seu coração*[11].

(1) Jo 3, 1-8; (2) Ef 4, 22; (3) R. Garrigou-Lagrange, *Las tres edades de la vida interior*, Palabra, Madri, 1975, vol. I, p. 398; (4) *ib.*, p. 399; (5) São Josemaria Escrivá, *Caminho*, n. 13; (6) cf. São Josemaria Escrivá, *Sulco*, n. 135; (7) S. Canals, *Reflexões espirituais*, p. 65; (8) Cura d'Ars, *Sermão sobre o juízo temerário*; (9) São Josemaria Escrivá, *Amigos de Deus*, n. 216; (10) *ib.*, nn. 252-253; (11) Lc 2, 19.

TEMPO PASCAL. SEGUNDA SEMANA. TERÇA-FEIRA

56. OS PRIMEIROS CRISTÃOS. UNIDADE

— A unidade entre os cristãos, querida por Cristo, é um dom de Deus. Pedi-la.
— O que quebra a unidade fraterna.
— A caridade une, a soberba separa. A fraternidade dos primeiros cristãos. Evitar aquilo que possa prejudicar a unidade.

I. *A MULTIDÃO DOS FIÉIS era um só coração e uma só alma*[1]. Estas palavras dos Atos dos Apóstolos são como que um resumo da profunda unidade e do amor fraterno que havia entre os primeiros cristãos, e que chamou tanto a atenção dos seus concidadãos. "Os discípulos davam testemunho da Ressurreição não só com a palavra, mas também com as suas virtudes"[2]. Resplandece entre eles a atitude — nascida da caridade — de quem procura sempre a concórdia.

A unidade da Igreja, manifestada desde o princípio, é vontade expressa de Cristo. O Senhor fala-nos da existência de um só pastor[3], sublinha a unidade de um reino que não pode estar dividido[4], de um edifício que tem um único alicerce[5]... Esta unidade baseou-se sempre na profissão de uma só fé, na prática de um mesmo culto e na profunda adesão à única autoridade hierárquica, instituída pelo próprio Jesus Cristo. "Só há uma Igreja de Jesus Cristo — ensinava João Paulo II na sua catequese pela Espanha —, que é como uma grande árvore na qual estamos enxertados. Trata-se de uma unidade profunda, vital, que é um dom de Deus. Não é somente nem sobretudo uma unidade exterior; é um mistério e um dom [...]. A unidade manifesta-se, portanto, em torno daquele que, em cada diocese, foi constituído pastor, isto é, do bispo. E, no conjunto da Igreja, manifesta-se em torno do Papa, sucessor de Pedro"[6].

Entre os primeiros cristãos, a unidade da fé era o sustentáculo da fortaleza e da vitalidade que manifestavam. A vida cristã foi vivida desde então por pessoas muito diferentes, cada uma com as suas peculiares características individuais e sociais, raciais e linguísticas. Lá onde houvesse cristãos, "participavam, exprimiam e transmitiam uma só doutrina com a mesma alma, com o mesmo coração e com idêntica voz"[7].

Em defesa dessa unidade, os primeiros fiéis chegaram a enfrentar perseguições e até o martírio. E a Igreja animou constantemente os seus filhos a velar por ela, pois o Senhor a tinha pedido na Última Ceia para toda a Igreja: *Ut omnes unum sint... que todos sejam um, como tu, Pai, em mim e eu em ti; que também eles sejam um em nós*[8].

A unidade é um bem imenso que devemos implorar todos os dias, pois *todo o reino dividido contra si mesmo será destruído, e toda a cidade ou casa dividida contra si mesma não subsistirá*[9]. A este propósito, comenta São João Crisóstomo: "A casa e a cidade, uma vez divididas, destroem-se rapidamente; e o mesmo acontece com um reino, pois é a união dos súditos que dá firmeza aos reinos e às casas"[10]. Unidade com o Papa, unidade com os bispos em união com o Papa, unidade com os nossos irmãos na fé e com todos os homens para atraí-los à fé de Cristo.

II. "A UNIDADE — ensina São Tomás — não se opõe à multiplicidade, mas à divisão, e a multiplicidade não exclui a unidade, mas a divisão de cada uma das coisas que a compõem"[11]. É fator de divisão tudo o que separa de Cristo: qualquer pecado, seja de que natureza for, divide, embora essa divisão seja mais tangível nas faltas de caridade que isolam dos outros e nas faltas de obediência aos pastores que Cristo constituiu para reger a Igreja.

A variedade de caracteres, de raças, de modos de ser não se opõe à unidade... Por isso a Igreja pode ser católica, universal, e simultaneamente uma e a mesma em qualquer tempo e lugar. É "essa unidade interior — afirmava Paulo VI — que lhe confere a surpreendente capacidade de reunir os homens mais diversos, respeitando, mais ainda, revalorizando as suas características específicas, desde que sejam positivas, quer dizer, verdadeiramente humanas; é isso o que lhe confere a capacidade de ser católica, de ser universal"[12].

Os apóstolos e seus sucessores tiveram que sofrer a dor provocada pelos que difundiam erros e divisões. "Falam de paz e fazem a guerra — doía-se Santo Irineu —, engolem um camelo e coam um mosquito. As reformas que pregam jamais poderão curar as chagas da desunião"[13].

A unidade está intimamente ligada à nossa luta ascética, ao esforço por sermos melhores, por estarmos mais unidos a Cristo. "Muito pouco poderemos fazer no trabalho por toda a Igreja [...] se não conseguirmos esta intimidade com o Senhor Jesus; se não estivermos realmente, com Ele e como Ele, santificados na verdade; se não guardarmos a sua palavra em nós, procurando descobrir todos os dias a sua riqueza escondida"[14].

A unidade da Igreja, cujo princípio vital é o Espírito Santo, tem como ponto central a Eucaristia, que é "sinal de unidade e vínculo de amor"[15]. Temos que afastar as discórdias e pedir pela unidade, coisas que "nunca se conseguem mais oportunamente que quando o corpo de Cristo, que é a Igreja, oferece o mesmo Corpo e o mesmo Sangue de Cristo no sacramento do pão e do vinho"[16].

III. SÃO PAULO faz frequentes apelos à unidade. Na Epístola aos Efésios, diz assim: *Exorto-vos, pois [...], que leveis uma vida digna da vocação a que fostes chamados, com toda a humildade e mansidão, com grandeza de alma, suportando-vos mutuamente com caridade, solícitos em conservar a unidade do Espírito pelo vínculo da paz.* A seguir, alude a uma antiga aclamação — possivelmente utilizada na liturgia primitiva durante as cerimônias batismais — em que se destaca a unidade da Igreja como fruto da unicidade da essência divina: *Sede um só corpo e um só espírito, assim como fostes chamados pela vossa vocação a uma só esperança. Há um só Senhor, uma só fé, um só batismo. Há um só Deus e Pai de todos, que atua acima de todos, por todos e em todos*[17].

São Paulo enumera também diversas virtudes que são outras tantas manifestações do vínculo da perfeição e da unidade que é a caridade: humildade, mansidão, longanimidade... "O templo do Rei não está arruinado, nem rachado, nem dividido; o alicerce das pedras vivas é a caridade"[18]. A caridade une, o orgulho separa.

Os primeiros cristãos manifestaram o seu amor à Igreja mediante a prática de uma caridade que venceu todas as barreiras sociais, econômicas, raciais e culturais. Aquele que tinha bens materiais repartia-os com os que careciam deles[19], e todos rezavam uns pelos outros, animando-se mutuamente a perseverar na fé de Cristo. Um dos primeiros apologistas, do século II, descrevia assim o comportamento dos cristãos: "Amam-se uns aos outros, não desprezam as viúvas e libertam o órfão dos que o tratam com violência; e aquele que tem, dá sem inveja àquele que não tem..."[20]

Não obstante, a melhor caridade era a que se propunha fortalecer os irmãos na fé. As *Atas dos Mártires* descrevem em quase todas as suas páginas episódios concretos dessa preocupação pela fidelidade de todos. Verdadeiramente "foi por meio do amor que eles abriram caminho naquele mundo pagão e corrompido"[21]. Amor pelos irmãos na fé e amor pelos pagãos.

Nós também levaremos o mundo a Deus se soubermos imitar os primeiros cristãos na sua compreensão e estima por todos, ainda que às vezes os nossos desvelos e atenções pelos outros não sejam correspondidos. E fortaleceremos na fé os que fraquejam, mediante o exemplo, a palavra e um trato sempre amável e acolhedor: *O irmão ajudado por seu irmão é como uma cidade amuralhada*, ensina a Sagrada Escritura[22].

Por amor à Igreja, lutaremos por todos os meios para não prejudicar, nem de longe, a unidade dos cristãos. "Evita sempre a queixa, a crítica, as murmurações... Evita à risca tudo o que possa introduzir discórdia entre irmãos"[23]. Antes pelo contrário, fomentaremos sempre tudo aquilo que for ocasião de entendimento mútuo e de concórdia. Se alguma vez não pudermos louvar, fecharemos a boca[24]. E pediremos ao Senhor com a liturgia: *Que saibamos repelir hoje o pecado de discórdia e de inveja*[25].

Recorremos à nossa Mãe Santa Maria para aprender a viver bem a unidade dentro da Igreja. "Ela, Mãe do Amor e da unidade, nos une profundamente para que, como a primeira comunidade nascida no Cenáculo, sejamos um só coração e uma só alma. Que Ela, que é «Mãe da unidade», e em cujo seio o Filho de Deus se uniu à humanidade, inaugurando misticamente a união esponsalícia do Senhor com todos os homens, nos ajude a ser *um* e a converter-nos em instrumentos de unidade entre os cristãos e entre todos os homens"[26].

(1) At 4, 32; *Primeira leitura* da Missa da terça-feira da segunda semana do Tempo Pascal; (2) São João Crisóstomo, *Homilias sobre os Atos dos Apóstolos*, 11; (3) cf. Jo 10, 16; (4) cf. Mt 12, 25; (5) cf. Mt 16, 18; (6) João Paulo II, *Homilia na paróquia de Orcasitas*, Madri, 3-XI-1982; (7) Santo Irineu, *Contra as heresias*, 1, 10, 2; (8) Jo 17, 21; (9) Mt 12, 25; (10) São João Crisóstomo, *Homilias sobre São Mateus*, 48; (11) São Tomás, *Suma teológica*, 1, q. 30, a. 3; (12) Paulo VI, *Alocução*, 30-III-1965; (13) Santo Irineu, *Contra as heresias*, 4, 33, 7; (14) João Paulo II, *Mensagem para a união dos cristãos*, 23-I-1981; (15) Santo Agostinho, *Trat. sobre o Ev. de São João*, 26; (16) São Fulgêncio de Ruspe, in *Segunda leitura* da Liturgia das Horas da terça-feira da segunda semana do Tempo Pascal; (17) Ef 4, 1-6; (18) Santo Agostinho, *Comentário sobre o Salmo 44*; (19) cf. At 4, 32 e segs.; (20) Aristides, *Apologia* XV, 5-7; (21) São Josemaria Escrivá, *Amigos de Deus*, n. 172; (22) Pr 18, 19; (23) São Josemaria Escrivá, *Sulco*, n. 918; (24) cf. São Josemaria Escrivá, *Caminho*, n. 443; (25) *Preces de laudes* da terça-feira da segunda semana do Tempo Pascal; (26) João Paulo II, *Homilia*, 24-III-1980.

TEMPO PASCAL. SEGUNDA SEMANA. QUARTA-FEIRA

57. AMOR COM ATOS

— O Senhor amou-nos primeiro. Amor com amor se paga. Santidade nas tarefas de cada dia.
— Amor efetivo. A vontade de Deus.
— Amor e sentimento. Abandono em Deus. Cumprimento dos deveres próprios.

I. *TANTO AMOU DEUS o mundo que lhe deu o seu Filho Unigênito, para que todo aquele que nele crer não pereça, mas tenha a vida eterna*[1].

Com estas palavras, o Evangelho da Missa mostra como a Paixão e Morte de Jesus Cristo é a suprema manifestação do amor de Deus pelos homens. Foi Deus quem tomou a iniciativa no amor, entregando-nos Aquele que mais ama, Aquele que é objeto das suas complacências[2]: o seu próprio Filho. A nossa fé "é uma revelação da bondade, da misericórdia, do amor de Deus por nós. *Deus é amor* (cf. 1 Jo 4, 16), quer dizer, amor que se difunde e se dá com prodigalidade; e tudo se resume nesta grande verdade que tudo explica e tudo ilumina. É necessário olhar a história de Jesus sob essa luz. *Ele me amou*, escreve São Paulo, e cada um de nós pode e deve repetir a si próprio: *Ele me amou e se entregou por mim* (Gl 2, 20)"[3].

O amor de Deus por nós culmina no Sacrifício do Calvário. Deus deteve o braço de Abraão quando estava prestes a sacrificar o seu único filho, mas não deteve o braço dos que pregaram o seu Filho unigênito na Cruz. Por isso São Paulo exclama cheio de esperança: *Aquele que não poupou o seu próprio Filho [...], como não nos dará também com Ele todas as coisas?*[4]

A entrega de Cristo constitui um apelo urgente para que correspondamos a esse amor: *amor com amor se paga*. O homem foi criado à imagem e semelhança de Deus[5], e *Deus é amor*[6]. Por isso o coração do homem foi feito para amar, e, quanto mais ama, mais se identifica com Deus. A santificação pessoal não tem, pois, por centro a luta contra o pecado, mas o amor a Cristo, que se nos mostra profundamente humano, conhecedor de tudo o que é nosso.

O amor de Deus pelos homens e dos homens por Deus é um amor de mútua amizade. E uma das características próprias da amizade é o trato. Para amar o Senhor, é necessário conhecê-lo, conversar com Ele... Conhecemo-lo quando meditamos a sua vida nos Evangelhos. Conversamos com Ele quando oramos.

A consideração da Santíssima Humanidade do Senhor alimenta continuamente o nosso amor a Deus e é um ensinamento vivo sobre o modo de santificarmos os nossos dias. Na sua vida oculta em Nazaré, Jesus Cristo quis assumir aquilo que há de mais corriqueiro na existência humana: a vida cotidiana de um trabalhador manual que sustenta uma família. E assim, vemo-lo durante quase toda a sua vida trabalhando dia após dia, mantendo em bom estado os instrumentos da pequena oficina, atendendo com simplicidade e cordialidade os vizinhos que vinham encomendar-lhe uma mesa ou uma viga para a nova casa, cuidando com carinho de sua Mãe... Assim cumpriu a vontade de seu Pai-Deus nesses anos da sua existência. Contemplando a sua vida, aprendemos a santificar a nossa: o trabalho, a família, as amizades... Tudo o que é verdadeiramente humano pode ser santo, pode ser veículo do nosso amor a Deus, porque o Senhor, ao assumi-lo, o santificou.

II. SABER QUE DEUS nos ama, com um amor infinito, é a boa nova que alegra e dá sentido à nossa existência. Nós também podemos afirmar que *conhecemos e cremos no amor que Deus tem por nós*[7]. E, perante esse amor, sentimo-nos incapazes de exprimir o que também o nosso coração não consegue abarcar: "Saber que me amas tanto, meu Deus, e... não enlouqueci!"[8]

Tudo o que o Senhor fez e faz por nós é um esbanjamento de atenções e graças: a sua Encarnação, a sua Paixão e Morte na Cruz, que pudemos contemplar nos dias passados, o perdão constante das nossas faltas, a sua presença contínua no Sacrário, os auxílios que nos envia diariamente... Considerando o que fez e faz pelos homens, nunca nos deve parecer suficiente a nossa correspondência a tanto amor.

A maior prova de correspondência é a *fidelidade*, a *lealdade*, a adesão incondicional à Vontade de Deus. É o que Jesus nos ensina quando nos dá a conhecer os seus desejos infinitos de fazer a vontade do Pai e nos diz que o seu alimento é cumprir a vontade dAquele que o enviou[9]. *Eu guardei os mandamentos de meu Pai* — diz o Senhor — *e permaneço no seu amor*[10].

A vontade de Deus reside, antes de mais nada, no cumprimento fiel dos Mandamentos e demais preceitos que a Igreja nos propõe. É neles que descobrimos o que Deus quer para nós. E é no seu cumprimento, realizado com nobreza humana e na presença de Deus, que encontramos o amor a Deus, a santidade.

O amor a Deus *não consiste em sentimentos sensíveis*, ainda que o Senhor os possa dar para nos ajudar a ser mais generosos. Consiste essencialmente *na plena identificação do nosso querer com o de Deus*. Por isso devemos perguntar-nos com frequência: faço neste momento o que devo fazer?[11]

"Amor com amor se paga". Mas há de ser um amor efetivo, que se manifeste em atos concretos, no cumprimento dos nossos deveres para com Deus e para com os outros, ainda que o sentimento esteja ausente e tenhamos que caminhar a contragosto. "É evidente que a suma perfeição não consiste em regalos interiores nem em grandes arroubamentos — escrevia Santa Teresa —, mas em termos a nossa vontade tão conforme com a de Deus, que não haja coisa alguma que entendamos que Ele quer, e não a queiramos nós com toda a nossa vontade"[12].

III. NO SERVIÇO A DEUS, o cristão deve deixar-se conduzir pela fé, nunca pelos estados de ânimo. "Guiar-se pelo sentimento seria o mesmo que entregar o governo da casa ao criado e depor o dono. O mal não está no sentimento, mas na importância que se lhe concede [...]. Há almas para quem as emoções constituem toda a piedade, a tal ponto que se persuadem de tê-la perdido quando o sentimento desaparece [...]. Se essas almas soubessem compreender que esse é justamente o momento de começar a tê-la!"[13]

O verdadeiro amor, sensível ou não, estende-se a todos os aspectos da nossa existência, numa verdadeira *unidade de vida*; leva a "pôr Deus em todas as coisas, pois sem Ele se tornariam insípidas. Uma pessoa piedosa, com uma piedade sem beatice, procura cumprir o seu dever: a piedade sincera leva ao trabalho, ao cumprimento prazeroso — ainda que custe — do dever de cada dia... Há uma íntima união entre essa realidade sobrenatural interior e as manifestações externas dos afazeres humanos. O trabalho profissional, as relações humanas de amizade e de convivência, o empenho em promover — lado a lado com os nossos concidadãos — o bem e o progresso da sociedade são frutos naturais, consequência lógica, dessa seiva de Cristo que é a vida da nossa alma"[14]. A falsa piedade não se reflete na vida ordinária do cristão. Não se traduz numa melhora da conduta, numa ajuda aos outros.

O cumprimento da vontade de Deus nos deveres de cada dia — a maior parte das vezes pequenos — é o caminho mais seguro para o cristão se santificar no meio das realidades terrenas. Podemos cumprir esses deveres de maneiras muito diferentes: com resignação, como quem não tem outra saída senão executá-los; aceitando-os, o que revela uma adesão mais profunda e meditada; mostrando-nos de acordo, querendo o que Deus quer porque, ainda que não o compreenda nesse momento, o cristão sabe que Deus é nosso Pai e quer o melhor para os seus filhos; ou com *pleno abandono*, abraçando sempre a vontade do Senhor, sem lhe estabelecer limites de nenhum gênero.

Esta última é a atitude que o Senhor nos pede: que o amemos sem condições, sem ficar à espera de situações mais favoráveis, nas coisas correntes de cada dia e, se Ele assim o quiser, em circunstâncias mais difíceis e extraordinárias. "Quando te abandonares de verdade no Senhor, aprenderás a contentar-te com o que vier, e a não perder a serenidade se as tarefas — apesar de teres posto todo o teu empenho e utilizado os meios oportunos — não correm a teu gosto... Porque terão «corrido» como convém a Deus que corram"[15].

Com palavras de uma oração que a Igreja nos propõe para depois da Missa, digamos ao Senhor: *Volo quidquid vis, volo quia vis, volo quomodo vis, volo quamdiu vis*[16]: quero o que queres, quero porque o queres, quero como o queres, quero enquanto o quiseres.

A Santíssima Virgem, que pronunciou e levou à prática aquele *faça-se em mim segundo a tua palavra*[17], ajudar-nos-á a cumprir em tudo a vontade de Deus.

(1) Jo 3, 15; (2) cf. Mt 3, 17; (3) Paulo VI, *Homilia na festa do Corpus Christi*, 13-VI-1975; (4) Rm 8, 32; (5) cf. Gn 1, 27; (6) 1 Jo 4, 8; (7) 1 Jo 4, 16; (8) São Josemaria Escrivá, *Caminho*, n. 425; (9) cf. Jo 15, 10; (10) Jo 15, 10; (11) cf. São Josemaria Escrivá, *Caminho*, n. 772; (12) Santa Teresa, *Fundações*, 5, 10; (13) J. Tissot, *A vida interior*, p. 100; (14) São Josemaria Escrivá, *In memoriam*, EUNSA, Pamplona, 1976, pp. 51-52; (15) São Josemaria Escrivá, *Sulco*, n. 860; (16) Missal Romano, *Oração do Papa Clemente XI*; (17) Lc 1, 38.

58. FAZER O BEM E RESISTIR AO MAL

— Resistência dos apóstolos em cumprir ordens injustas. Firmeza na fé.
— Todas as realidades, cada uma na sua ordem, devem ser orientadas para Deus. Unidade de vida. Exemplaridade.
— Não se pode prescindir da fé à hora de avaliar as realidades terrenas. Resistência ao mal.

I. APESAR DA SEVERA PROIBIÇÃO do Sumo Sacerdote e do Sinédrio de que *não voltassem a pregar e a ensinar em nome de Jesus*[1], os apóstolos pregavam cada vez com mais liberdade e firmeza a doutrina da fé. E eram muitos os que se convertiam. Então — narra-nos a primeira leitura da Missa — *levaram-nos de novo ao Sinédrio e o Sumo Sacerdote os interrogou dizendo: Não vos ordenamos expressamente que não ensinásseis nesse nome? Mas vós enchestes Jerusalém com a vossa doutrina! [...] Pedro e os apóstolos replicaram: Importa obedecer antes a Deus do que aos homens*[2]. E continuaram a anunciar a Boa-nova.

A resistência dos apóstolos em obedecer às ordens do Sinédrio não era orgulho nem desconhecimento dos seus deveres sociais para com a autoridade legítima. Opõem-se porque se pretende impor-lhes uma ordem injusta, que atenta contra a lei de Deus. Lembram aos seus juízes, com valentia e simplicidade, que a obediência a Deus é a primeira das obrigações. Estão convencidos de que "não há perigo para os que temem a Deus, mas para os que não o temem"[3], e que é pior cometer uma injustiça do que ser vítima dela.

Também nos nossos dias o Senhor pede aos que são seus a fortaleza e a convicção daqueles primeiros, quando, em alguns ambientes, se respira um clima de indiferença ou de ataques frontais aos verdadeiros valores humanos e cristãos. Uma consciência bem formada incitará o cristão a cumprir as leis como o melhor dos cidadãos, e urgi-lo-á também a tomar posição sempre que se pretenda promulgar normas contrárias à lei natural. O Estado não é juridicamente onipotente; não é a fonte do bem e do mal.

"É obrigação dos católicos presentes nas instituições públicas — ensinam os bispos espanhóis — exercer uma ação crítica dentro das suas próprias instituições para que os seus programas e atuações correspondam cada vez melhor às aspirações e critérios da moral cristã. Em alguns casos, pode até ser obrigatória a objeção de consciência em face de atuações e decisões que contrariem diretamente alguns preceitos da moral cristã"[4].

A proteção efetiva dos bens fundamentais da pessoa, o direito à vida desde o momento da concepção, a proteção ao casamento e à família, a igualdade de oportunidades na educação e no trabalho, a liberdade de ensino e de expressão, a liberdade religiosa, a segurança pública, a contribuição para a paz mundial etc., fazem parte do bem comum pelo qual os cristãos devem lutar[5].

A *passividade* em face de assuntos tão importantes seria na realidade uma lamentável claudicação e uma omissão, por vezes grave, do dever de contribuir para o bem comum. Seria um desses *pecados de omissão* dos quais — além dos que cometemos por pensamentos, palavras e atos — pedimos perdão todos os dias no começo da Santa Missa. "Muitas realidades materiais, técnicas, econômicas, sociais, políticas, culturais..., abandonadas a si mesmas, ou em mãos dos que não possuem a luz da nossa fé, convertem-se em obstáculos formidáveis para a vida sobrenatural: formam como que um campo fechado e hostil à Igreja. — Tu, por seres cristão — pesquisador, literato, cientista, político, trabalhador... —, tens o dever de santificar essas realidades. Lembra-te de que o universo inteiro — assim o escreve o Apóstolo — está gemendo como que com dores de parto, à espera da libertação dos filhos de Deus"[6].

II. MOVE-SE À NOSSA VOLTA um contínuo fluxo e refluxo de correntes de opinião, de doutrinas, de ideologias, de teorias muito diferentes sobre o homem e a vida. E isso não somente através de publicações especializadas, mas de romances que estão na moda, de revistas gráficas, de programas de televisão ao alcance de adultos e crianças... E no meio dessa confusão doutrinal, é necessária uma norma de discernimento, um critério claro, firme e profundo, que nos permita encarar tudo com a unidade e coerência de uma visão cristã da vida, que sabe que tudo procede de Deus e se ordena para Deus.

A fé nos dá critérios estáveis, bem como a firmeza dos apóstolos para levá-los à prática. Dá-nos uma visão clara do mundo, do valor das coisas e das pessoas, dos verdadeiros e falsos bens... Sem Deus e sem o conhecimento do fim último do homem, o mundo torna-se incompreensível ou passa a ser visto sob um prisma parcial e deformado. Precisamente "o aspecto mais sinistramente típico da época moderna consiste na absurda tentação de construir uma ordem temporal sólida e fecunda sem Deus, único fundamento em que pode sustentar-se"[7].

O cristão não deve prescindir da sua fé em nenhuma circunstância. "Aconfessionalismo. Neutralidade. Velhos mitos que tentam sempre remoçar. — Tens-te dado ao trabalho de meditar no absurdo que é deixar de ser católico ao entrar na Universidade, ou na Associação profissional, ou na sábia Academia, ou no Parlamento, como quem deixa o chapéu à porta?"[8] Esta atitude equivale a dizer, tanto na política como nos negócios, no modo de descansar e distrair-me, quando estou com os amigos ou quando escolho o colégio para os meus filhos: aqui, nesta situação concreta, Deus não é chamado para nada; a minha fé cristã não influi nestes assuntos, nada disto vem de Deus nem se ordena para Deus.

A fé ilumina toda a vida. Tudo se ordena para Deus. É bem verdade que essa ordenação deve respeitar a natureza própria de cada coisa; não se trata de converter o mundo numa imensa sacristia, nem os lares em conventos, nem a economia em beneficência... Mas, sem simplificações ingênuas, a fé deve informar o pensamento e a ação do cristão porque nunca, seja em que circunstância for, em momento algum do dia, se deve deixar de ser cristão e, portanto, de agir e pensar como tal.

Por isso, "os cristãos exercerão as suas respectivas profissões movidos pelo espírito evangélico. Não é bom cristão quem submete a sua forma de atuar profissionalmente ao desejo de ganhar dinheiro ou de alcançar poder como valor supremo e definitivo. Os profissionais cristãos, em qualquer área da vida, devem ser exemplo de laboriosidade, competência, honestidade, responsabilidade e generosidade"[9].

III. UM CRISTÃO não pode prescindir da luz da fé à hora de avaliar um programa político ou social, uma obra de arte ou cultural. Não pode restringir-se à consideração de *um só* aspecto — econômico, político, técnico, artístico... — para julgar da bondade ou malícia de uma realidade. Se nesse acontecimento político ou social ou nessa obra não se respeita a devida ordenação para Deus — manifestada nas exigências da Lei divina —, a sua avaliação definitiva não pode deixar de ser negativa, seja qual for a avaliação parcial de outros aspectos dessa realidade.

Não se pode aplaudir determinada política, determinada ordenação social ou obra cultural, quando se transformam em instrumento do mal. É uma questão de estrita moralidade e, portanto, de bom senso. Quem louvaria um insulto à sua própria mãe, simplesmente por estar vazado num verso de grande perfeição rítmica? Quem difundiria esse verso, louvando as suas perfeições, mesmo fazendo a ressalva de que eram perfeições apenas "formais"? É evidente que a perfeição técnica dos meios só contribui para *agravar a maldade* de uma coisa desordenada em si, pois de outro modo passaria despercebida ou teria menos virulência.

Diante de *crimes abomináveis*, que é como o Concílio Vaticano II qualifica os abortos, a consciência cristã retamente formada exige que não se participe na sua prática, que se desaconselhem vivamente, que se impeçam, se for possível, e, além disso, que se trabalhe ativamente por evitar ou subsanar essa aberração moral no ordenamento jurídico. Diante desses fatos gravíssimos e de outros semelhantes que se opõem frontalmente à moral, ninguém deve pensar que não pode fazer nada. O pouco que cada um pode fazer, deve fazê-lo: especialmente mediante uma participação *responsável* na vida pública. "Mediante o exercício do voto, confiamos a umas instituições determinadas e a pessoas concretas a gestão dos assuntos públicos. Desta decisão coletiva dependem aspectos muito importantes da vida social, familiar e pessoal, não somente na ordem econômica e material, mas também na moral"[10].

Está nas mãos de todos, de cada um de nós, se atuarmos com sentido sobrenatural e senso comum, a tarefa de fazer deste mundo, que Deus nos deu para habitar, um lugar mais humano e meio de santificação pessoal. Se nos esforçarmos por cumprir os nossos deveres sociais, quer vivamos numa grande cidade ou num povoado perdido, quer tenhamos um cargo importante ou uma ocupação humilde na sociedade, mesmo que pensemos que o nosso contributo é minúsculo, seremos fiéis ao Senhor, e também o seremos se um dia o Senhor nos pedir uma atuação mais heroica: *Aquele que é fiel no pouco também será fiel no muito*[11].

(1) Cf. At 4, 18; (2) At 5, 27-29; (3) São João Crisóstomo, *Homilias sobre os Atos dos Apóstolos*, 13; (4) Conferência Episcopal Espanhola, *Testigo de Dios vivo*, 28-VI-1985, n. 64; (5) idem, *Los católicos en la vida pública*, 22-IV-1986, n. 119-121; (6) São Josemaria Escrivá, *Sulco*, n. 311; (7) João XXIII, Enc. *Mater et Magistra*, 15-V-1961, 72; (8) São Josemaria Escrivá, *Caminho*, n. 353; (9) Conferência Episcopal Espanhola, *Testigo de Dios vivo*, n. 63; (10) idem, *Los católicos en la vida pública*, n. 118; (11) Lc 16, 10.

59. MEIOS HUMANOS E MEIOS SOBRENATURAIS

— Fazer o que está ao nosso alcance, ainda que seja muito pouco. O Senhor dará o incremento.

— Otimismo sobrenatural: contar com o Senhor e com o seu poder.

— Os frutos do apostolado dependem da conjunção dos meios humanos e dos sobrenaturais. Somos instrumentos do Senhor para empreender obras que ultrapassam a nossa capacidade.

I. NO EVANGELHO DA MISSA[1] lemos que Jesus se retirou para um lugar solitário na outra margem do lago de Tiberíades. Mas, como sabemos por outros relatos evangélicos, quando a multidão o percebeu, foi atrás dEle. O Senhor acolheu essas pessoas que o procuravam: *falava-lhes do Reino de Deus e restabelecia a saúde dos enfermos*[2]. Jesus compadece-se da dor e da ignorância.

O dia começava a declinar[3]. O Senhor falou longamente, desvendando os mistérios do Reino dos céus, dando paz e consolo. Inquietos porque caía a noite e estavam num lugar isolado, os apóstolos veem-se na necessidade de prevenir o Mestre: *Despede as turbas, para que vão pelas aldeias e povoados da vizinhança e procurem alimento e hospedagem, porque aqui estamos num lugar deserto*[4].

O Senhor surpreende-os com a pergunta que lhes faz: *Onde compraremos pão para dar de comer a todos estes?* Leva-os a tomar consciência de que não dispõem de meios econômicos: *Filipe respondeu-lhe: Duzentos denários de pão não bastariam para que cada um recebesse um pedaço*[5]. Os apóstolos não deixam de fazer o que podem: encontram cinco pães e dois peixes. Mas havia *uns cinco mil homens*. Muita gente para o que tinham conseguido.

Às vezes, Jesus também nos faz ver que os problemas estão acima da nossa capacidade, que nada ou pouco podemos fazer diante de certas situações. E pede-nos que não olhemos muito para os recursos humanos, porque nos levariam ao pessimismo, mas que nos apoiemos mais nos meios sobrenaturais. Pede que sejamos sobrenaturalmente realistas; quer dizer, que contemos com Jesus e com o seu poder.

Não obstante, naquela ocasião, o Senhor serviu-se dos únicos víveres que os apóstolos tinham podido conseguir. Não quis prescindir dos meios humanos, ainda que fossem poucos. Assim faz o Senhor na nossa vida: não quer que fiquemos de braços cruzados por serem nulos ou insuficientes os instrumentos com que contamos. Pede-nos fé, obediência, audácia, e que façamos sempre aquilo que está ao nosso alcance, ao mesmo tempo que nos apoiamos nEle, conscientes de que as nossas possibilidades são sempre muito pequenas. "Também o agricultor, quando vai sulcando o campo com o arado ou espalhando a semente, passa frio, suporta as incomodidades da chuva, olha para o céu e vê-o triste, e, não obstante, continua a semear. O que receia é deter-se a considerar as tristezas da vida presente e que depois passe o tempo e não tenha nada que ceifar. Não deixeis o trabalho para mais tarde, semeai agora"[6], ainda que pareça que o campo não vai produzir nada. Não fiquemos na expectativa até termos nas mãos todos os meios humanos, não esperemos que todas as dificuldades desapareçam. No plano sobrenatural, sempre há fruto: o Senhor encarrega-se disso, o Senhor abençoa os nossos esforços e os multiplica.

II. QUANDO JESUS ENVIA os seus discípulos pela primeira vez em missão apostólica, diz-lhes: *Não leveis nem ouro, nem prata, nem dinheiro nos vossos cintos, nem mochila para a viagem, nem duas túnicas, nem sandálias, nem bastão; pois o operário merece o seu sustento*[7]. Insta-os a partir sem demora. E para que desde o princípio aprendam a apoiar-se nos meios sobrenaturais, tira-lhes toda a ajuda humana.

Os apóstolos partem assim — sem nada —, para que compreendam que as curas não serão deles, como também não o serão as conversões e milagres que realizarem; que as suas qualidades humanas não são suficientes para que as pessoas se disponham a receber o Reino de Deus. Não devem preocupar-se por não terem bens materiais e qualidades humanas extraordinárias; Deus proverá, na medida necessária, ao que lhes faltar.

Esta audácia santa acompanhou constantemente toda a ação apostólica dos homens de Deus ao longo dos séculos. Quantas coisas grandes não foram empreendidas sem que se dispusesse dos meios humanos mais imprescindíveis! Assim agiram os santos. Tiveram plena consciência de que "Cristo, enviado pelo Pai, é a fonte e a origem de todo o apostolado na Igreja"[8]. Quando o cristão está persuadido daquilo que Deus quer, deve deter-se apenas o mínimo necessário para passar em revista os meios humanos de que dispõe. "Nos empreendimentos de apostolado, está certo — é um dever — que consideres os teus meios terrenos (2 + 2 = 4).

Mas não esqueças — nunca! — que tens de contar, felizmente, com outra parcela: Deus + 2 + 2..."[9]

O mesmo ensinamento podemos tirar da primeira leitura da Missa de hoje, que nos traz as palavras de Gamaliel aos membros do Sinédrio, aconselhando-lhes o que devem fazer com os apóstolos. Depois de evocar alguns exemplos de iniciativas puramente humanas — as insurreições de Teudas e Judas o Galileu —, fracassadas com a morte dos seus promotores, acrescenta: *Agora, pois, eu vos aconselho: Não vos metais com esses homens; deixai-os ir. Se isso é projeto ou obra de homens, hão de dispersar-se; mas se provém de Deus, não podereis destruí-los e vos arriscareis a entrar em luta com o próprio Deus*[10]. A nossa segurança e otimismo ao trabalharmos por Deus baseiam-se no fato de que Ele não nos abandona: *Si Deus pro nobis, quis contra nos?*

Se Deus está conosco, quem será contra nós?[11]

Contar sempre com Deus em primeiro lugar é bom sinal de humildade. Os apóstolos aprenderam-no bem e puseram-no em prática na sua ação evangelizadora depois da Ressurreição. *Quem é Apolo? Quem é Paulo? Simples servos por cujo intermédio abraçastes a fé [...]. Eu plantei, Apolo regou, mas foi Deus quem deu o crescimento*[12], dirá São Paulo.

III. POR OCASIÃO da primeira missão apostólica, o Senhor indicou claramente: *Não leveis bolsa nem sandálias...* Os apóstolos compreenderam então que era Jesus quem dava a eficácia: as curas, as conversões e os milagres não se deviam às suas qualidades humanas, mas à força divina do seu Mestre.

Mas, antes da última viagem a Jerusalém, Jesus complementa o ensinamento daquela primeira missão. Pergunta-lhes: *Quando vos mandei sem bolsa, sem mochila e sem sandálias, faltou-vos porventura alguma coisa? Eles responderam: nada. Mas agora, disse-lhes ele, quem tiver uma bolsa tome-a, e quem tiver uma mochila tome-a igualmente, e aquele que não tiver espada, venda a sua capa e compre uma*[13]. Sendo os meios sobrenaturais o mais importante em toda a ação apostólica, o Senhor quer, no entanto, que mobilizemos todas as possibilidades humanas ao nosso alcance.

A graça não prescinde da natureza, e não podemos pedir a Deus ajudas extraordinárias quando, pelos canais ordinários, Ele nos colocou nas mãos os instrumentos de que necessitamos. Uma pessoa "que não se esforçasse por fazer o que está ao seu alcance, esperando todas as coisas do auxílio divino, tentaria a Deus"[14], e a graça divina deixaria de atuar nela.

Daí a importância de cultivar as virtudes humanas, sustentáculo das sobrenaturais e meio necessário para aproximar os outros de Deus. Como havemos de apresentar a vida cristã de modo atraente se não somos alegres, trabalhadores, sinceros, bons amigos...? "Há alguns que, quando falam de Deus ou do apostolado, é como se sentissem a necessidade de se defender. Talvez porque não descobriram o valor das virtudes humanas e, pelo contrário, sobra-lhes deformação espiritual e covardia"[15].

Na nossa ação apostólica, temos que valer-nos também de meios materiais, que são bons porque Deus os fez para que estivessem a serviço do homem: *Todas as coisas são vossas* — diz-nos São Paulo —: *o mundo, a vida, a morte, o presente, o futuro*[16]. E, ao mesmo tempo, seremos conscientes de que nos propomos um resultado que ultrapassa infinitamente a capacidade desses meios, pois trata-se de levar os homens a Cristo, de ajudá-los a converter-se e a começar uma vida nova.

Por isso, não esperaremos pelo momento de ter todos os meios (talvez nunca cheguemos a tê-los), nem deixaremos de executar certos trabalhos ou de começar outros novos. "Começa-se como se pode"[17]. E o Senhor nos abençoará, especialmente ao ver a nossa fé, a confiança que temos nEle e o interesse e esforço com que trabalhamos por obter tudo o que é necessário. Deus, se quisesse, poderia prescindir desses meios, mas conta, no entanto, com a nossa vontade de pô-los a seu serviço.

"Viste? — Com Ele, pudeste! De que te admiras? Convence-te: não tens por que maravilhar-te. Confiando em Deus — confiando deveras! —, as coisas tornam-se fáceis. E, além disso, ultrapassa-se sempre o limite do imaginado"[18].

(1) Jo 6, 1-15; (2) Lc 9, 11; (3) Lc 9, 12; (4) *ib.*; (5) Jo 6, 5-7; (6) Santo Agostinho, *Comentário sobre o Salmo 125*, 5; PL 36, 164; (7) Mt 10, 9-10; (8) Conc. Vat. II, Decr. *Apostolicam actuositatem*, 4; (9) São Josemaria Escrivá, *Caminho*, n. 471; (10) At 5, 38-39; (11) Rm 8, 31; (12) 1 Cor 3, 5-6; (13) Lc 22, 35-36; (14) São Tomás, *Suma teológica*, 2-2, q. 53, a. 4, ad. 1; (15) São Josemaria Escrivá, *Sulco*, n. 37; (16) 1 Cor 3, 22; (17) cf. São Josemaria Escrivá, *Caminho*, n. 488; (18) São Josemaria Escrivá, *Sulco*, n. 123.

TEMPO PASCAL. SEGUNDA SEMANA. SÁBADO

60. PERMANECERÁ ATÉ O FIM DOS TEMPOS

— Indefectibilidade da Igreja, apesar das perseguições, heresias e infidelidades.
— Os ataques à Igreja devem levar-nos a amá-la mais e a desagravar.
— Na nossa vida, também não faltarão momentos de escuridão, de tribulação e de prova. Segurança ao lado do Senhor. Ajuda da Virgem.

I. LOGO DEPOIS da multiplicação dos pães e dos peixes, quando a multidão já se havia saciado, o próprio Jesus a despediu e a seguir ordenou aos seus discípulos que embarcassem. Estavam já no final da tarde.

O Evangelho da Missa[1] narra que os apóstolos se dirigiram à outra margem, em direção a Cafarnaum. Já tinha escurecido e Jesus não estava com eles. Pelo Evangelho de São Mateus, sabemos que se despediu deles também e subiu a um monte para orar[2]. O mar estava agitado devido ao forte vento que soprava[3], e a barca era sacudida pelas ondas, pois o vento lhe era contrário[4].

A tradição viu nesta barca a imagem da Igreja no meio do mundo[5], sacudida ao longo dos séculos pelas ondas das perseguições, das heresias e das infidelidades. "Esse vento — comenta São Tomás — é figura das tentações e das perseguições que a Igreja sofrerá em consequência da falta de amor. Porque, como diz Santo Agostinho, quando o amor esfria, aumentam as ondas... No entanto, o vento, a tempestade, as ondas e as trevas não conseguirão que a nave se afaste do seu rumo e soçobre"[6].

A Igreja sempre teve que enfrentar oposições de dentro e de fora. Mal tinha nascido, começaram a persegui-la. E, nos nossos dias, continua a sofrer essas investidas. "Não é nada de novo. Desde que Jesus Cristo Nosso Senhor fundou a Santa Igreja, esta nossa Mãe tem sofrido uma perseguição constante. Talvez em outras épocas as agressões se organizassem abertamente; hoje, em muitos casos, trata-se de uma perseguição disfarçada. Hoje como ontem, continua-se combatendo a Igreja [...].

"Quando ouvimos vozes de heresia [...], quando observamos que se ataca impunemente a santidade do matrimônio e a do sacerdócio, a conceição imaculada de Nossa Mãe Santa Maria e a sua virgindade perpétua — com todos os outros privilégios e excelências com que Deus a adornou —, o milagre perene da presença real de Jesus Cristo na Sagrada Eucaristia, o primado de Pedro, a própria Ressurreição de Nosso Senhor, como não havemos de sentir a alma cheia de tristeza? Mas tende confiança: a Santa Igreja é incorruptível"[7].

Os ataques à Igreja fazem-nos sofrer, mas, ao mesmo tempo, o sabermos que Cristo está dentro da barca nos dá uma imensa segurança e uma grande paz; Ele vive para sempre na Igreja, e por isso as portas do inferno não prevalecerão contra ela[8]. Tudo o que é humano passará, mas a Igreja permanecerá até o fim dos tempos tal como Cristo a quis. O Senhor está presente nela, e a barca não se afundará, ainda que se veja jogada de um lado para outro. Esta assistência divina é o fundamento da nossa fé inquebrantável: a Igreja permanecerá sempre fiel a Cristo no meio de todas as tempestades, e será o sacramento universal de salvação. A sua história é um milagre moral permanente.

Já nos tempos de Santo Agostinho os pagãos afirmavam: "A Igreja vai perecer, os cristãos já tiveram a sua época". Ao que o bispo de Hipona respondia: "No entanto, são eles que morrem todos os dias e a Igreja continua de pé, anunciando o poder de Deus às gerações que se sucedem"[9].

Que pouca fé a nossa se se insinua a dúvida porque se intensificou a tempestade contra Ela, contra as suas instituições ou contra o Sumo Pontífice! Não nos deixemos impressionar pelas circunstâncias adversas, porque perderíamos a serenidade, a paz e o espírito de fé. Cristo está sempre bem junto de nós e pede-nos confiança. Não devemos temer nada. O que temos de fazer é rezar mais pela Igreja, ser mais fiéis à nossa própria vocação, ser mais apostólicos no trato com os nossos amigos, desagravar mais.

II. A *INDEFECTIBILIDADE* DA IGREJA significa que ela tem um caráter imperecível, quer dizer, que durará até o fim do mundo, e que também não sofrerá nenhuma mudança substancial na sua doutrina, na sua constituição ou no seu culto. O Concílio Vaticano I diz que a Igreja possui "uma estabilidade invicta" e que, "edificada sobre rocha, subsistirá firmemente até o fim dos tempos"[10].

A Igreja dá provas da sua fortaleza resistindo, inabalável, a todos os choques das perseguições e das heresias. O próprio Senhor cuida dela, "quer quando ilumina e fortalece os sagrados pastores para que fiel e frutuosamente desempenhem os seus ofícios, quer quando — em circunstâncias particularmente graves — faz surgir no seio da Igreja homens e mulheres de santidade insigne, que sirvam de exemplo aos outros fiéis, para incremento do seu Corpo Místico. Acresce ainda que Cristo, do Céu, vela sempre com particular amor por sua Esposa imaculada, que labuta neste terrestre exílio, e, quando a vê em perigo, então, ou por si mesmo, ou pelos seus anjos, ou por Aquela que invocamos como Auxílio dos cristãos e pelos outros celestes protetores, salva-a das ondas procelosas e, uma vez serenado e abonançado o mar, consola-a com aquela paz «que excede toda a inteligência» (Fil 4, 7)"[11]. A fé nos dá testemunho de que esta firmeza na sua constituição e na sua doutrina durará para sempre, até que Ele venha[12].

"Em certos ambientes, sobretudo nos da esfera intelectual, percebe-se e apalpa-se como que uma palavra de ordem de seitas, servida às vezes até por católicos, que — com cínica perseverança — mantém e propaga a calúnia, para lançar sombras sobre a Igreja ou sobre pessoas e entidades, contra toda a verdade e toda a lógica.

"Reza diariamente, com fé: *Ut inimicos Sanctae Ecclesiae* — inimigos porque são eles que se proclamam assim — *humiliare digneris, te rogamus audi nos!* Confunde, Senhor, os que te perseguem, com a claridade da tua luz, que estamos decididos a propagar"[13].

Os ataques à Igreja, os maus exemplos e os escândalos devem levar-nos a amá-la mais, a rezar pelas pessoas que os causam e a desagravar. Permaneçamos sempre em comunhão com Ela, fiéis à sua doutrina, unidos aos seus sacramentos, dóceis à Hierarquia.

III. QUANDO OS APÓSTOLOS já haviam remado umas três milhas, Jesus chegou inesperadamente caminhando sobre as águas, para robustecer-lhes a fé e dar-lhes ânimos no meio da tempestade. Aproximou-se e disse-lhes: *Sou eu, não temais. Eles quiseram recebê-lo na barca, e pouco depois a barca chegou ao seu destino*[14].

Na nossa vida pessoal, talvez não faltem tempestades — momentos de escuridão, de perturbação interior, de incompreensões... — e, com maior ou menor frequência, situações em que deveremos retificar o rumo por nos termos desviado. Procuremos então ver o Senhor que vem sempre ao nosso encontro no meio da tormenta dos sofrimentos, e saibamos aceitar as contrariedades com fé, como bênçãos do Céu para nos purificarmos e nos aproximarmos mais de Deus.

Sou eu, não temais. Quem reconhece a voz tranquilizadora de Cristo no meio dos seus dissabores sente imediatamente a segurança de quem chegou a terra firme: *Eles quiseram recebê-lo na barca, e pouco depois a barca chegou ao seu destino*, ao lugar para onde iam, para onde o Senhor queria que fossem. Basta estar na sua companhia para nos sentirmos seguros sempre. A insegurança aparece quando a nossa fé se debilita, quando não recorremos ao Senhor por parecer-nos que não nos ouve ou que não se preocupa conosco. Ele sabe muito bem o que nos acontece, e quer que o procuremos em busca de ajuda. Nunca nos deixará em dificuldades. As suas palavras, referidas na antífona da Comunhão, devem dar-nos muita confiança: *Pai, quero que, onde eu estou, estejam comigo aqueles que me deste...*[15]

Pode haver tempos mais ou menos longos em que pareça que Cristo se ausentou e nos deixou sós ou não escuta a nossa oração. Mas Ele nunca nos abandona. *Eis os olhos do Senhor* — escutamos no Salmo responsorial — *pousados sobre os que o temem, a fim de livrar-lhes a alma da morte*[16].

Se permanecermos junto do Senhor, mediante a oração pessoal e os sacramentos, não haverá nada que não possamos conseguir. Com Ele, as tempestades, interiores e exteriores, tornam-se ocasiões de crescer na fé, na esperança, na caridade, na fortaleza... Com o decorrer do tempo, talvez venhamos a compreender o sentido dessas dificuldades.

De todas as provas, tentações e tribulações que possamos experimentar, de todas elas sairemos mais humildes, mais purificados, com mais amor de Deus, se estivermos com Cristo. E sempre contaremos com a ajuda da nossa Mãe do Céu. "Não estás só. — Aceita com alegria a tribulação. — Não sentes na tua mão, pobre criança, a mão da tua Mãe: é verdade. — Mas... não tens visto as mães da terra, de braços estendidos, seguirem os seus meninos quando se aventuram, temerosos, a dar os primeiros passos sem ajuda de ninguém? — Não estás só; Maria está junto de ti"[17]. Ela está ao nosso lado em todos os instantes, mas especialmente quando, por uma razão ou por outra, passamos por um mau momento. Não deixemos de implorar-lhe que nos ajude.

(1) Cf. Jo 6, 16-21; (2) cf. Mt 14, 23; (3) cf. Jo 6, 18; (4) cf. Mt 14, 24; (5) cf. Tertuliano, *De Batismo*, 12; (6) São Tomás, *Coment. sobre São João*; (7) São Josemaria Escrivá, *El fin sobrenatural de la Iglesia*, Palabra, Madri, 1980; (8) Mt 16, 18; (9) citado por G. Chevrot, *Simão Pedro*, pp. 72; (10) Dz 1824; (11) Pio XII, Enc. *Mystici Corporis*, 29-VI-1943; (12) cf. 1 Cor 11; (13) São Josemaria Escrivá, *Sulco*, n. 936; (14) Jo 6, 20-21; (15) Jo 17, 24; (16) Sl 32; (17) São Josemaria Escrivá, *Caminho*, n. 900.

TEMPO PASCAL. TERCEIRO DOMINGO

61. O DIA DO SENHOR

— O domingo, *dia do Senhor*.
— As festas cristãs. Sentido das festas. A Santa Missa, centro da festa cristã.
— O culto público a Deus. O descanso dominical e festivo.

I. "NO DIA CHAMADO DO SOL, reúnem-se num mesmo lugar todos os que moram nas cidades ou nos campos [...]. E reunimo-nos todos no dia do Sol porque é o primeiro da semana, aquele em que Deus criou o mundo, e porque nesse mesmo dia Jesus Cristo nosso Salvador ressuscitou dos mortos"[1]. O sábado judeu deu lugar ao domingo cristão desde os começos da Igreja. A partir de então, comemoramos em cada domingo a Ressurreição de Cristo.

No Antigo Testamento, o sábado era o dia dedicado a Javé. Foi o próprio Deus que o instituiu[2], ordenando que nesse dia o povo israelita se abstivesse de certos trabalhos, para dedicar-se a honrá-lo[3]. Era também o dia em que se congregava a família e em que se celebrava o fim do cativeiro no Egito. Com o decorrer do tempo, os rabinos complicaram o preceito divino, e no tempo de Jesus estavam em vigor inúmeras prescrições minuciosas e aflitivas que nada tinham que ver com o que o Senhor havia ordenado.

Os fariseus implicaram frequentemente com Jesus por essas questões. Mas o Senhor não desprezou o sábado nem o suprimiu como dia dedicado a Javé; pelo contrário, parecia ser esse o seu dia predileto: é nesse dia que vai pregar às sinagogas, e muitos dos seus milagres foram feitos num sábado.

A Sagrada Escritura, em numerosas passagens, tinha formulado um conceito alto e nobre do sábado. Era o dia estabelecido por Deus para que o seu povo lhe prestasse culto público, e a dedicação integral da jornada ao Senhor configurava-se como uma obrigação grave[4]. Houve ocasiões em que os profetas denunciaram a violação do sábado como causa dos castigos de Deus sobre o seu povo.

De natureza estritamente religiosa, o descanso sabático manifestava-se e culminava na oblação de um sacrifício[5]. Como as demais festas de Israel, que estavam todas ligadas a um acontecimento salvífico, era sinal da aliança divina e um modo de o povo escolhido expressar o júbilo de saber-se propriedade do Senhor e objeto da sua eleição e do seu amor.

Com a Ressurreição de Jesus Cristo, o sábado dá lugar à realidade que prenunciava: a festa cristã. O próprio Jesus fala do Reino de Deus como uma grande festa oferecida por um rei para celebrar as bodas do seu filho[6]. Com Cristo surge um culto novo e superior, porque temos também um novo Sacerdote e se oferece uma nova Vítima.

II. DEPOIS DA RESSURREIÇÃO, os apóstolos passaram a considerar o primeiro dia da semana como *o dia do Senhor, dominica dies*[7], porquanto foi nesse dia que Ele nos alcançou com a sua Ressurreição a vitória sobre o pecado e a morte. E esta tem sido a tradição constante e universal da Igreja, desde o tempo dos primeiros cristãos até os nossos dias. "Por uma tradição apostólica que tem a sua origem no próprio dia da Ressurreição de Cristo, a Igreja celebra cada oito dias o mistério pascal, no dia que é muito justamente chamado *o dia do Senhor* ou *domingo*"[8].

Além do domingo, a Igreja estabeleceu as festas que comemoram os principais acontecimentos da nossa salvação: o Natal, a Páscoa, a Ascensão, o Pentecostes, outras festas do Senhor, bem como as festas de Nossa Senhora. E desde o princípio os cristãos celebraram também o *dies natalis* ou aniversário do martírio dos primeiros cristãos. As festas cristãs chegaram até a ordenar o próprio calendário civil. Com essa sucessão de festas, a Igreja "relembra os mistérios da Redenção, franqueia aos fiéis as riquezas do poder santificador e dos méritos do seu Senhor, de tal sorte que, de alguma forma, os torna presentes em todos os tempos, para que os fiéis entrem em contacto com eles e sejam repletos da graça da salvação"[9].

O centro e a origem da alegria da festa cristã encontra-se na presença do Senhor na sua Igreja, que é o penhor e a antecipação de uma união definitiva na festa que não terá fim[10]. Daí a alegria que inunda a celebração dominical, como se percebe na oração sobre as oferendas da Missa de hoje: "Recebei, Senhor, as oferendas da vossa Igreja exultante de júbilo; e já que com a ressurreição do vosso Filho nos destes motivo para tanta alegria, concedei-nos que possamos participar desse gozo eterno". Por isso, as nossas festas não são uma mera recordação de fatos passados, como pode ser a data de um acontecimento histórico, mas um sinal que nos manifesta Cristo e o torna presente entre nós.

A Santa Missa torna Jesus presente na sua Igreja e é o Sacrifício de valor infinito que se oferece a Deus Pai no Espírito Santo. Todos os outros valores humanos, culturais e sociais da festa devem ocupar um lugar secundário, cada um na sua ordem, de modo a não obscurecerem ou substituírem em momento algum o que deve ser fundamental. A par da Santa Missa, têm também um lugar importante as manifestações de piedade litúrgica e popular, como o culto eucarístico, as procissões, o canto etc.

Temos de procurar, mediante o exemplo e o apostolado, que o domingo seja "o dia do Senhor, o dia da adoração e da glorificação de Deus, do santo Sacrifício, da oração, do descanso, do recolhimento, do alegre convívio na intimidade da família"[11].

III. *ACLAMAI A DEUS, toda a terra, cantai a glória do seu nome, rendei-lhe glorioso louvor*, lemos na antífona de entrada[12].

O preceito de santificar as festas corresponde também à necessidade de prestar culto público a Deus, e não somente de modo privado. Alguns pretendem relegar o trato com Deus ao âmbito da consciência, como se não houvesse necessidade de manifestações externas. Mas o homem tem o direito e o dever de prestar culto externo e público a Deus, e seria uma gravíssima injustiça que os cristãos se vissem obrigados a ocultar-se para poderem praticar a sua fé e prestar culto a Deus, que é o seu primeiro direito e o seu primeiro dever.

O domingo e as festas determinadas pela Igreja são, antes de mais nada, dias para Deus e dias especialmente propícios para procurá-lo e encontrá-lo. "*Quaerite Dominum*. Nunca podemos deixar de procurá-lo. Mas há períodos que exigem que o façamos com mais intensidade, porque neles o Senhor está especialmente perto, e por conseguinte é mais fácil achá-lo e encontrar-se com Ele. Esta proximidade constitui a resposta do Senhor à invocação da Igreja, que se expressa continuamente através da liturgia. Mais ainda, é precisamente a liturgia que atualiza a proximidade do Senhor"[13].

As festas têm uma grande importância para ajudar os cristãos a receber melhor a ação da graça. Nesses dias, exige-se também que o fiel suspenda o seu trabalho para poder dedicar-se com maior liberdade ao Senhor. Mas, assim como não há festa sem celebração, pois não basta deixar de trabalhar para já se ter uma festa, assim também não há festa cristã se os fiéis não se reúnem para dar graças ao Senhor, louvá-lo, recordar as suas obras etc. Por isso, seria sinal de pouco sentido cristão programar os domingos, as festas, os fins de semana... de maneira que se tornasse impossível ou muito difícil esse trato com Deus. Por esse caminho, alguns cristãos tíbios acabam por pensar que não têm tempo para assistir à Santa Missa, ou fazem-no de maneira precipitada, como quem se livra de uma obrigação tediosa.

O descanso não é apenas uma ocasião de repor as forças; é também sinal e antecipação do repouso definitivo na festa do Céu. Esta é a razão pela qual a Igreja quer que a celebração das suas festas inclua a suspensão do trabalho, algo a que, por outro lado, os fiéis cristãos têm direito como cidadãos iguais aos outros.

O descanso festivo não deve ser interpretado nem vivido como um simples não fazer nada — uma perda de tempo —, mas como um ocupar-se positivamente e um enriquecer-se pessoalmente em outras tarefas. Há muitas maneiras de descansar, e não convém ficar na mais fácil, que muitas vezes não é a que mais descansa. Se soubermos limitar, por exemplo, o uso da televisão, não repetiremos tanto a falsa desculpa de que "não temos tempo". Pelo contrário, veremos que nesses dias podemos conviver mais com a família, cuidar melhor da educação dos filhos, cultivar o relacionamento social e as amizades, fazer uma visita a pessoas necessitadas ou que estão sozinhas ou doentes etc. É talvez a ocasião que andávamos procurando de poder conversar com mais calma com um amigo; ou o momento em que o pai ou a mãe podem falar a sós com o filho que mais necessita disso e escutá-lo. Em geral, é necessário "ter o dia todo preenchido com um horário elástico onde não faltem como tempo principal — além das normas diárias de piedade — o devido descanso, a reunião familiar, a leitura, os momentos dedicados a um gosto artístico, à literatura ou a outra distração nobre, enchendo as horas com uma atividade útil, fazendo as coisas o melhor possível, vivendo os pormenores de ordem, de pontualidade, de bom-humor"[14].

(1) São Justino, *Apologia 1*, 67; *Segunda leitura* da Liturgia das Horas do terceiro domingo do Tempo Pascal; (2) Gn 2, 3; (3) Ex 20, 8-11; 21, 13; Deut 5, 14; (4) cf. Ex 31, 14-15; (5) cf. Nm 28, 49-28, 9-10; (6) cf. Mt 22, 2-13; (7) Ap 1, 10; (8) Conc. Vat. II, Const. *Sacrossanctum Concilium*, 106; (9) *ib.*, 102; (10) cf. Ap 21, 1 e segs.; 2 Cor 1, 22; (11) Pio XII, *Aloc.*, 7-IX-1947; (12) Sl 65, 1-2; (13) João Paulo II, *Homilia*, 20-III-1980; (14) São Josemaria Escrivá, *Entrevistas com Mons. Josemaria Escrivá*, n. 111.

Tempo Pascal. Terceira Semana. Segunda-feira

62. NATURALIDADE CRISTÃ

— Ser cristãos coerentes em todas as situações da vida.
— Apostolado nos ambientes difíceis.
— Retidão de intenção.

I. O PROCESSO contra Estêvão desencadeou uma grave perseguição contra a Igreja. Na leitura da Missa de hoje, narram-se a sua atividade apostólica e o seu martírio[1]. *Estêvão, cheio de graça e fortaleza, fazia grandes milagres e prodígios entre o povo.* Utilizarão contra ele os mesmos meios e quase as mesmas palavras que se tinham empregado contra Jesus: *Nós o ouvimos dizer* — afirmam as testemunhas — *que Jesus de Nazaré destruirá este lugar e mudará as tradições que Moisés nos legou.*

Estêvão confessou com valentia a sua fé em Jesus ressuscitado. E é para nós exemplo — ainda que o Senhor não nos peça o martírio — de uma vida cristã coerente: uma vida cheia de firmeza, que não se deteve ante os falsos escândalos nem ante o que poderiam dizer dele.

Devemos ter consciência de que há ambientes em que, vez por outra, nos olharão com reservas por não entenderem um comportamento cristão nem muitas das amáveis exigências da doutrina de Cristo. Teremos então de imitar o Senhor e aqueles que lhe foram fiéis, e estar dispostos a dar a própria vida por Ele, se for necessário, vivendo serenamente o ideal cristão até as suas últimas consequências. Seria, sem dúvida, mais cômodo adaptar-nos a essas situações e estilos de vida paganizados, mas nesse caso já não poderíamos dizer que queremos ser discípulos fiéis de Cristo. Essas situações, em que deveremos lançar mão de toda a nossa firmeza de caráter e de toda a fortaleza na fé, podem ocorrer na Universidade, no trabalho, no lugar em que passamos uns dias de descanso com a família etc.

"Nas suas atuações públicas, os cristãos devem inspirar-se nos critérios e objetivos evangélicos vividos e interpretados pela Igreja. A legítima diversidade de opiniões nos assuntos temporais não deve impedir a necessária coincidência dos cristãos na defesa e promoção dos valores e projetos de vida derivados da moral evangélica"[2]. O cristão deve repelir energicamente o receio de parecer chocante se, ao viver como discípulo fiel do Senhor, a sua conduta for mal interpretada ou claramente rejeitada. Quem ocultasse a sua personalidade cristã no meio de um ambiente de costumes pagãos, curvar-se-ia aos respeitos humanos e seria merecedor daquelas palavras de Jesus: *Aquele que me negar diante dos homens, também eu o negarei diante de meu Pai que está nos céus*[3].

"Sabem qual é a primeira tentação que o demônio apresenta a uma pessoa que começou a servir melhor a Deus?, pergunta o santo Cura d'Ars. É o respeito humano"[4]. Como é o nosso comportamento com os amigos, no trabalho, numa reunião social? Mostramos com valentia e simplicidade a nossa condição de filhos de Deus?

II. ÀS VEZES, parece de "bom tom" falar com frieza das grandes verdades da vida, ou então silenciá-las por completo. E chega-se a chamar *fanático* àquele que fala com entusiasmo de uma causa nobre — defesa da vida humana desde o momento da concepção, liberdade de ensino... — ou desqualificam-se com diversos adjetivos aqueles que têm convicções profundas sobre a vida e o seu destino final.

Sem destemperos, que são alheios ao exemplo amável que Jesus Cristo nos deixou, procuraremos ter, com a ajuda da graça, uma vida cheia de convicções cristãs profundas e firmes. Sabemos bem, por exemplo, que a indiferença perante as maravilhas de Deus é um grande mal, consequência da tibieza ou de uma fé morta ou adormecida, por muito que a queiramos disfarçar de "objetividade".

Por outro lado, o cristão recebeu pelo Batismo a graça que salva e dá sentido ao seu caminhar terreno. Em face de um bem tão excelente, é lógico que esteja alegre e que procure comunicar a sua felicidade às pessoas que tem a seu lado, através de um apostolado incessante.

Jesus sempre fez o bem. *Eu vos pergunto*, dizia certa vez a uns escribas e fariseus que o observavam: *É lícito fazer o bem ou fazer o mal?* E a seguir curou o doente da mão seca. Devemos fazer o bem em todos os ambientes, difundir neles a alegria de termos conhecido o Senhor. Sentimos a necessidade de atrair almas para a Verdade, para o amor, para Cristo. "E isto se chama, em correto vernáculo, proselitismo. Aqui se observa também a manipulação das palavras. O termo "proselitismo" foi tingido por alguns com as cores do interesse egoísta, da utilização de meios pouco honestos para fascinar, coagir ou arregimentar enganosamente os incautos. Tal atitude merece séria condenação; mas o que é condenável é o *proselitismo sectário*, enganador, mercenário, esse que se aproveita da ignorância alheia, da sua miséria material e da sua solidão afetiva. Mas hão de os cristãos renunciar por esse motivo à fecundidade apostólica e à fraternidade comunicativa do proselitismo genuíno?"[5]

A certeza acerca das verdades da nossa fé — só convence os outros quem está convencido — e o amor por Cristo hão de estimular-nos a uma transmissão fecunda daquilo que nós descobrimos, quer dizer, a um leal proselitismo. E isto em todos os ambientes.

III. O LUGAR EM QUE PROCURAMOS a santidade é o trabalho, o relacionamento com os colegas de fábrica ou de escritório, o convívio social, a família.

Se nesses ambientes encontramos obstáculos, incompreensões ou críticas injustas, temos de pedir a Deus a sua graça para nos mantermos serenos, e depois ter paciência e, por via de regra, não interromper a ação apostólica. Ao anunciar a Boa-nova, o Senhor nem sempre deparou com pessoas de boa fé, e nem por isso deixou de mostrar as maravilhas do Reino de Deus. Nos começos da Igreja, tanto os apóstolos como os primeiros cristãos se viram a braços com situações e ambientes em que, pelo menos a princípio, se rejeitava frontalmente a doutrina salvadora que traziam em seus corações; e, não obstante, converteram o mundo antigo. "Não compreendo a tua abulia. Se tropeças com um grupo de colegas um pouco difícil — que talvez tenha chegado a ser difícil pelo teu descaso —, logo te desinteressas deles, tiras o corpo e pensas que são um peso morto, um lastro que se opõe às tuas aspirações apostólicas, que não te vão entender... — Como queres que te escutem se, além de querer-lhes bem e servi-los com a tua oração e mortificação, não lhes falas?..."[6]

Deixar-se dominar pelos respeitos humanos é próprio de pessoas com uma formação superficial — que não lhes proporciona critérios claros — e dotadas de um caráter pouco firme. Com frequência esta atitude, tão pouco atraente mesmo nos assuntos humanos, goza da proteção do comodismo, que leva a não querer passar um mau bocado, a ter medo de pôr em risco um cargo, ao desejo de não chamar a atenção etc...

Ainda que os nobres se sentem para murmurar de mim, lê-se no Salmo responsorial[7], *o teu servo medita as tuas leis; os teus preceitos são as minhas delícias, os teus decretos são os meus conselheiros*. Se queremos vencer os respeitos humanos, necessitamos de retidão de intenção, para antepor o parecer de Deus ao parecer dos outros; necessitamos de fortaleza, para passar por alto com elegância as pequenas críticas, frequentemente superficiais, que nos possam dirigir; necessitamos de alegria, para podermos comunicar aos outros esse tesouro que cada discípulo do Senhor encontrou; e do bom exemplo, que é coerência com a graça que o Senhor pôs em nossos corações e do qual nunca nos arrependeremos.

Mesmo nos ambientes mais difíceis, é possível aproximar as almas de Cristo, desde que de verdade desejemos tornar felizes esses amigos, colegas ou conhecidos. É disso que se trata: "Antes de tentarmos fazer santos todos aqueles a quem amamos, é preciso que os tornemos felizes e alegres: nada prepara melhor a alma para a graça do que a alegria.

"Sabes perfeitamente que, quando tens entre as mãos os corações daqueles que queres tornar melhores e os sabes atrair com a mansidão de Cristo, já percorreste metade do teu caminho apostólico. Quando te têm afeto e confiam em ti, quando se mostram contentes, o terreno está preparado para a semeadura. Seus corações se abrem, como terra boa, para receberem o branco trigo da tua palavra de apóstolo, de educador.

"Se souberes falar sem ferir, sem ofender, mesmo que devas corrigir ou repreender, os corações não se fecharão. De outro modo, as tuas palavras esbarrarão contra um muro maciço, a tua semente não cairá em terra fértil, mas à beira da estrada [...] da indiferença ou da falta de confiança, ou na pedra [...] de um espírito mal disposto, ou entre os espinhos [...] de um coração ferido, ressentido, cheio de rancor.

"Nunca percamos de vista que o Senhor prometeu a sua eficácia às caras alegres, aos modos afáveis e cordiais, à palavra clara e persuasiva que dirige e forma sem magoar [...]. Não devemos esquecer nunca que somos homens que tratam com outros homens, mesmo quando queremos fazer bem às almas. Não somos anjos. E por isso a nossa fisionomia, o nosso sorriso, as nossas maneiras são elementos que condicionam a eficácia do nosso apostolado"[8].

À semelhança dos apóstolos, encontraremos na Santíssima Virgem a fortaleza necessária para falar de Deus sem respeitos humanos: "Depois de o Mestre lhes ter dito, enquanto ascendia à direita de Deus Pai: «Ide e pregai a todos os povos», os discípulos ficaram com paz. Mas ainda têm dúvidas: não sabem o que fazer, e reúnem-se com Maria, Rainha dos Apóstolos, para se converterem em zelosos pregoeiros da Verdade que salvará o mundo"[9].

(1) Cf. At 6, 8-15; (2) Conferência Episcopal Espanhola, *Testigo de Dios vivo*, 28-VI-1985, n. 64, d; (3) Mt 10, 32; (4) Cura d'Ars, *Sermão sobre as tentações*; (5) C. Lopez Pardo, em *Rev. Palabra*, n. 245; (6) São Josemaria Escrivá, *Sulco*, n. 954; (7) Sl 118; (8) S. Canals, *Reflexões espirituais*, pp. 56-57; (9) São Josemaria Escrivá, *Sulco*, n. 232.

TEMPO PASCAL. TERCEIRA SEMANA. TERÇA-FEIRA

63. RETIDÃO DE INTENÇÃO

— Pureza de intenção e presença de Deus.
— Vigilantes perante os louvores e elogios. "Para Deus toda a glória". Retificar.
— Examinar os motivos que nos levam a agir. Omissões no apostolado por falta de retidão de intenção.

I. A VIDA DOS PRIMEIROS FIÉIS e o seu testemunho no mundo dão-nos a conhecer a sua têmpera e valentia. Nunca tiveram por norma de conduta o mais fácil, o mais cômodo ou o mais popular, mas o cumprimento cabal da vontade de Deus. "Não se importavam com os perigos de morte [...], nem com o reduzido número de fiéis, nem com a multidão dos adversários, nem com o poder, força e sabedoria dos seus inimigos; porque tinham forças maiores que todas essas: o poder dAquele que tinha morrido na Cruz e ressuscitado"[1]. Não procuravam a sua glória pessoal nem o aplauso dos seus concidadãos, mas tinham o olhar posto no seu Senhor. Foi isto que permitiu a Santo Estêvão dizer no momento do martírio: *Senhor, não lhes leves em conta este pecado*[2], como lemos na Missa de hoje.

A intenção é reta quando Cristo é o fim e o motivo de todas as nossas ações. "A pureza de intenções não é senão presença de Deus: Deus Nosso Senhor presente em todas as nossas intenções. Como sentiremos livre o nosso coração de qualquer impedimento da terra, como teremos um olhar límpido, como será sobrenatural todo o nosso agir, quando Jesus Cristo reinar verdadeiramente no mundo da nossa intimidade e presidir a cada uma das nossas intenções!"[3]

Pelo contrário, quem procura a aprovação alheia e o aplauso dos outros pode chegar a deformar a sua consciência: pode passar a ter como critério de conduta "o que os outros pensarão" e não a vontade de Deus. E essa preocupação pela opinião alheia pode transformar-se em medo ao ambiente e chegar a esterilizar o ímpeto apostólico dos cristãos.

Nas nossas atuações, devemos procurar em primeiro lugar agradar a Cristo. *Se ainda quisesse agradar aos homens, não seria servo de Cristo*[4], diz São Paulo. E replicava assim a alguns fiéis de Corinto que criticavam o seu apostolado: *Quanto a mim, pouco se me dá ser julgado por vós ou por qualquer tribunal humano. Pois eu nem a mim mesmo me julgo... Quem me julga é o Senhor*[5].

Os juízos humanos são frequentemente errados e pouco confiáveis. Somente Deus pode julgar as nossas ações, bem como as nossas intenções. "Entre as surpresas que nos esperam no dia do Juízo Final, a menor não será o silêncio do Senhor sobre algumas das ações que nos valeram aplausos dos nossos semelhantes [...]. Em contrapartida, é possível que Ele inscreva no nosso ativo algumas ações que nos atraíram críticas, censuras ou condenações [...]. O nosso juiz é o Senhor. É a Ele que temos de agradar"[6]. Perguntemo-nos muitas vezes ao dia: faço neste momento o que devo fazer? Procuro a glória de Deus ou antes a minha vaidade, o desejo de ficar bem? Se formos sinceros em examinar-nos, teremos luz para retificar a intenção, caso seja necessário, e dirigi-la ao Senhor.

II. UMA MÁ INTENÇÃO destrói as melhores ações; a obra pode estar bem feita e até ser beneficiosa, mas, por estar corrompida na sua fonte, perde o seu valor aos olhos de Deus. A vaidade pode destruir, às vezes totalmente, o que poderia ter sido uma obra santa. Sem retidão de intenção, erramos de caminho.

Há ocasiões em que um pequeno elogio que recebemos é sinal de amizade e pode ajudar-nos a prosseguir no caminho do bem; mas devemos dirigi-lo com simplicidade ao Senhor. Além disso, uma coisa é receber um elogio e outra procurá-lo. De qualquer modo, devemos estar sempre atentos e vigilantes em relação aos louvores, pois "muitas vezes a nossa débil alma, quando recebe pelas suas boas ações o afago dos aplausos humanos, acaba por desviar-se [...], encontrando assim maior prazer em ser chamada feliz do que em sê-lo realmente [...]. E aquilo que poderia ser para ela motivo de louvor a Deus, converte-se em causa de separação"[7].

O Senhor indica em diversas ocasiões qual é a retribuição reservada às boas obras feitas sem retidão de intenção: *já receberam a sua recompensa*, diz, referindo-se aos fariseus que andavam à busca de louvores e considerações. Obtivemos aquilo que procurávamos: um olhar de aprovação, uma admiração, uma palavra elogiosa. E, de tudo isso, só restará em breve um pouco de fumaça: nada para a eternidade. Que grande fracasso termos perdido tanto por tão pouco! Deus acolhe as nossas ações — mesmo que sejam pequenas —, se as realizamos com intenção pura: *Fazei tudo para a glória de Deus*[8], aconselha São Paulo.

O Senhor contempla a nossa vida e está todos os dias de mão estendida para ver o que lhe oferecemos: aceita tudo o que verdadeiramente fizermos por Ele. As duas pequenas moedas que a pobre viúva lançou nos cofres do templo[9] converteram-se num grande tesouro no Céu. Quanto ao resto, já recebemos a nossa triste recompensa aqui na terra.

"Pureza de intenção. — As sugestões da soberba e os ímpetos da carne, logo os conheces..., e lutas, e, com a graça, vences.

"Mas os motivos que te levam a agir, mesmo nas ações mais santas, não te parecem claros... e sentes uma voz lá dentro que te faz ver intuitos humanos..., com tal sutileza que se infiltra na tua alma a intranquilidade de pensar que não estás trabalhando como deves — por puro Amor, única e exclusivamente para dar a Deus toda a sua glória.

"Reage logo, de cada vez, e diz: «Senhor, para mim nada quero. — Tudo para a tua glória e por Amor»"[10].

Que boa jaculatória para que a repitamos muitas vezes: "Senhor, para mim nada quero. — Tudo para a tua glória e por Amor". Ajudar-nos-á a desprender-nos de muitas coisas e a retificar a intenção em inúmeras ocasiões.

III. PARA SERMOS PESSOAS de intenção reta, é conveniente examinarmos os motivos que nos levam a agir: considerar na presença de Deus o que nos induz a comportar-nos de uma maneira ou de outra, o que nos leva a reagir deste modo ou daquele, se existem omissões no nosso apostolado por falsos respeitos humanos etc. À luz da fé, poderemos descobrir os pontos de covardia ou vanglória que podem existir na nossa conduta.

O Senhor oferece-nos uma norma clara: *Quando deres esmola, não toques a trombeta diante de ti*[11]. Não devemos publicar o que fazemos nem ficar contemplando aquilo que parece que fizemos bem; nem no momento de fazê-lo nem depois: *Que a tua mão esquerda não saiba o que faz a direita.* Como também não devemos deixar de fazer aquilo que temos obrigação de fazer.

Temos uma testemunha excepcional. Nenhum dos nossos atos passa inadvertido aos olhos do nosso Pai-Deus, nada lhe é indiferente. E isto já é recompensa suficiente, e um grande motivo para retificarmos a intenção no trabalho e nas obras de apostolado. "Uma preocupação impaciente e desordenada por subir profissionalmente pode disfarçar o amor próprio sob o pretexto de «servir as almas». Com falsidade — não tiro uma letra —, forjamos a justificativa de que não devemos desaproveitar certas conjunturas, certas circunstâncias favoráveis...

"Volta os teus olhos para Jesus: Ele é «o Caminho». Também durante os seus anos escondidos surgiram conjunturas e circunstâncias «muito favoráveis» para antecipar a sua vida pública. Aos doze anos, por exemplo, quando os doutores da lei se admiravam das suas perguntas e das suas respostas... Mas Jesus Cristo cumpre a Vontade de seu Pai, e espera: obedece!

"Sem perderes essa santa ambição de levar o mundo inteiro a Deus, quando se insinuarem essas iniciativas — quem sabe, ânsias de deserção —, lembra-te de que também te toca a ti obedecer e ocupar-te dessa tarefa obscura, pouco brilhante, enquanto o Senhor não te pedir outra coisa: Ele tem os seus tempos e as suas sendas"[12].

O Senhor pede-nos vigilância, porque, se nos descuidarmos, procuraremos a recompensa aqui na terra, e, por covardia, por respeitos humanos, por medo à opinião alheia, deixaremos de fazer o bem. Que não nos aconteça como ao navio que "realizou muitas viagens e escapou de muitas tempestades, mas no porto de chegada choca-se contra uma rocha e caem pela borda todos os tesouros que carregava; assim, todo aquele que, depois de muitos trabalhos, não repele o desejo de louvores, naufraga no próprio porto"[13].

Quando fazemos as coisas somente por Deus, somos mais livres: não ficamos subordinados ao "que podem dizer" nem à gratidão humana, que é sempre frágil. A retidão de intenção mostra-nos o caminho da liberdade interior.

(1) São João Crisóstomo, *Homilia sobre São Mateus*, 4; (2) At 7, 59; (3) S. Canals, *Reflexões espirituais*, p. 112; (4) Gl 1, 10; (5) 1 Cor 4, 3-4; (6) G. Chevrot, *Em segredo*, Quadrante, São Paulo, 1991, p. 18; (7) São Gregório Magno, *Moralia*, 10, 47-48; (8) 1 Cor 10, 31; (9) Mc 12, 42; (10) São Josemaria Escrivá, *Caminho*, n. 788; (11) Mt 6, 2-4; (12) São Josemaria Escrivá, *Sulco*, n. 701; (13) São João Crisóstomo, *Homilia de perect. Evan.*

Tempo Pascal. Terceira Semana. Quarta-feira

64. FRUTOS DA TRIBULAÇÃO

— Espírito apostólico dos primeiros cristãos durante a perseguição. Frutos da tribulação e das dificuldades.
— Fortaleza diante de circunstâncias difíceis.
— A união com Deus nos momentos mais custosos.

I. Depois do martírio de Santo Estêvão, originou-se uma perseguição contra os cristãos de Jerusalém, que tiveram que dispersar-se por outras regiões[1]. A Providência serviu-se dessa circunstância para levar a semente da fé a terras distantes, que de outro modo tardariam mais em conhecer a figura e a doutrina de Cristo. *Os que se haviam dispersado iam por toda a parte, anunciando a palavra de Deus*[2]. "Observai — diz São João Crisóstomo — como os cristãos, mesmo no meio de infortúnios, continuam a pregação, ao invés de descuidá-la"[3].

O espírito apostólico dos primeiros cristãos pôs-se de manifesto tanto nas épocas de paz (que foram a maioria) como nos tempos de calúnia e perseguição. Nunca cessaram de pregar a boa nova que levavam no coração, convencidos de que a doutrina de Jesus Cristo traz a salvação eterna e é, além disso, a única que pode tornar este mundo mais justo e mais humano. O fervor, a firmeza, a coerência da sua fé, a sua integridade de homens de bem, a amabilidade com que tratavam todos os que se relacionavam com eles foram em inúmeras ocasiões o primeiro impulso de que Deus se serviu para que muitos se sentissem atraídos pela fé.

Esses primeiros fiéis deviam lembrar-se sem dúvida — talvez o tivessem ouvido dos lábios dos próprios apóstolos — daquilo que o Senhor havia repetido em diversas ocasiões e de formas diferentes: *Se o mundo vos odeia, sabei que primeiro me odiou a mim*[4]. E encher-se-iam de otimismo ante a certeza de que dispunham de mais graça para enfrentar as dificuldades e tribulações, e de que Deus faz concorrer todas as coisas para o bem dos que o amam[5].

Nenhuma dificuldade nos deve surpreender: *Caríssimos* — adverte-nos São Pedro —, *não vos perturbeis com o fogo da tribulação, como se vos acontecesse algo de extraordinário*[6]. E o apóstolo Tiago diz-nos: *Tende por suprema alegria, meus irmãos, ver-vos rodeados de diversas provações*[7]. São dificuldades de que podemos tirar muito bem, sejam de que tipo forem: umas provirão de um ambiente materialista e anticristão que se opõe ao reinado de Cristo no mundo (calúnias, discriminação profissional, ambiente sectário anticristão...); outras serão doenças que o Senhor pode permitir, um revés econômico, fracassos, falta de resultados imediatos na tarefa apostólica depois de muito esforço, incompreensões...

Em qualquer caso, devemos entender no mais íntimo da nossa alma que o Senhor está muito próximo de nós para nos ajudar a amadurecer nas virtudes e para fazer com que o nosso apostolado dê o seu fruto. Nessas ocasiões, Deus deseja purificar-nos, da mesma maneira que o fogo no cadinho limpa o ouro da sua escória, tornando-o mais autêntico e valioso.

II. *E TODOS OS DIAS não cessavam de ensinar e de pregar o Evangelho de Jesus Cristo no templo e pelas casas*[8].

Quando o ambiente se torna mais sectário ou se afasta mais de Deus, devemos sentir como que uma chamada do Senhor para que manifestemos com a nossa palavra e com o exemplo da nossa vida que Cristo ressuscitado está entre nós, e que sem Ele o mundo e o homem perdem o seu eixo e o seu rumo. Quanto maior for a escuridão, maior a urgência de luz.

Deveremos lutar então contra a corrente, apoiados numa vida de oração pessoal, fortalecidos pela presença de Deus no Sacrário. A nossa luta interior contra o aburguesamento pessoal deverá ser mais firme. Será esse um dos maiores frutos que tiraremos das contradições, sejam elas quais forem: a necessidade de estar mais pendentes do Senhor, de ser mais generosos na oração e no espírito de sacrifício, de purificar bem a intenção, realizando as coisas por Deus, sem andar à busca de recompensas humanas.

Se por covardia, por falta de fortaleza, por não pedirmos ajuda ao Senhor, cedêssemos ante as dificuldades, a alma iria retrocedendo na sua união com Deus, encher-se-ia de tristeza e daria provas de uma vida interior superficial e de pouco amor a Deus. O demônio costuma servir-se dessas ocasiões para redobrar os seus ataques, e então a alma tem um de dois caminhos: ou se aproxima mais de Cristo — unindo-se à sua Cruz — ou se afasta dEle, caindo num estado de tibieza, falto de amor e de vibração. Uma mesma dificuldade — uma doença, uma calúnia, um ambiente adverso... — produz efeitos diferentes conforme as disposições da alma.

Não podemos esquecer que o bem sobrenatural que temos de alcançar é um bem árduo, difícil, que exige da nossa parte uma correspondência decidida, cheia de fortaleza, dessa fortaleza que é virtude cardeal, angular, que desfaz os obstáculos e os temores que poderiam retrair-nos da vontade de seguir firmemente o Senhor[9]. Não esqueçamos que Deus sempre nos dá as graças de que mais necessitamos em cada momento e em cada circunstância.

Em face das oposições do ambiente, devemos estar serenos e alegres. É o mesmo júbilo dos apóstolos, que estavam cheios de alegria *por terem sido achados dignos de sofrer afrontas pelo nome de Jesus*[10]. "Não se diz que não sofreram — sublinha São João Crisóstomo —, mas que o sofrimento lhes causou alegria. Podemos vê-lo pela liberdade com que, imediatamente depois de terem sido flagelados, se entregaram à pregação com admirável ardor"[11].

III. QUANDO SENTIMOS o peso da Cruz, o Senhor convida-nos a ir ter com Ele. "Vinde, mas não para prestar contas. Não temais ao ouvirdes falar de jugo, porque é suave; não temais se vos falo de carga, porque é leve"[12]. E então, junto de Cristo, tornam-se amáveis todas as fadigas, tudo o que pode haver de mortificante e difícil na nossa vida. O sacrifício, a dor junto de Cristo não é áspera nem aflitiva, mas aprazível. "Tudo o que é difícil..., o amor o torna fácil [...]. Que há que o amor não leve a cabo? Vede como trabalham os que amam: não sentem o que sofrem, antes aumentam os seus esforços conforme aumentam as dificuldades"[13].

A união com Deus através das adversidades, sejam de que gênero forem, é uma graça que Deus está disposto a conceder-nos sempre; mas, como todas as graças, exige o exercício da nossa liberdade, a nossa correspondência, que não desprezemos os meios que o Senhor põe ao nosso alcance, particularmente que saibamos abrir a alma na direção espiritual se alguma vez a Cruz nos parece excessivamente pesada.

"Não são a mesma coisa um vento suave e um furacão. Ao primeiro, qualquer um resiste: é brincadeira de crianças, paródia de luta. — Pequenas contradições, escassez, apuros de nada... Aceitavas tudo isso com gosto, e vivias a alegria interior de pensar: agora, sim, estou trabalhando por Deus, porque temos Cruz!... Mas, meu pobre filho: chegou o furacão, e sentes um balançar, um fustigar que arrancaria árvores centenárias. Isso..., por dentro e por fora. Confia! Não poderá arrancar a tua Fé e o teu Amor, nem tirar-te do teu caminho..., se tu não te afastas da «cabeça», se sentes a unidade"[14].

O Senhor espera-nos no Sacrário para nos animar e dar alento, e para nos dizer que a parte mais pesada da Cruz, a caminho do Calvário, foi Ele que a carregou. Junto dEle, aprendemos a enfrentar com paz e serenidade tudo o que nos parece mais custoso e difícil: "Ainda que tudo se afunde e se acabe, ainda que os acontecimentos ocorram ao contrário do previsto, e nos sejam tremendamente adversos, nada ganhamos perturbando-nos. Além disso, lembra-te da oração confiante do profeta: «O Senhor é nosso Juiz, o Senhor é nosso Legislador, o Senhor é nosso Rei; Ele é quem nos há de salvar». — Reza-a devotamente, todos os dias, para ajustares a tua conduta aos desígnios da Providência, que nos governa para nosso bem"[15].

Da perseguição que se abateu sobre os primeiros fiéis na fé surgiram novas conversões em lugares inesperados. Das dificuldades e oposições que o Senhor permitirá na nossa vida nascerão incontáveis frutos de apostolado, o nosso amor tornar-se-á mais forte e delicado, e a nossa alma sairá mais purificada dessas provas, se tivermos sabido enfrentá-las com serenidade e junto de Cristo. Ao terminarmos a nossa oração, dizemos ao Senhor que queremos procurá-lo em todas as circunstâncias — profissionais, de saúde, de idade, de ambiente... —, umas favoráveis, outras adversas, e no meio das dificuldades interiores ou exteriores que se nos apresentem.

"Na hora de desprezo da Cruz, Nossa Senhora está lá, perto do seu Filho, decidida a correr a sua mesma sorte. — Percamos o medo de nos comportarmos como cristãos responsáveis, quando isso não é cômodo no ambiente em que nos desenvolvemos: Ela nos ajudará"[16].

(1) At 8, 1-8; (2) At 8, 4; (3) São João Crisóstomo, *Homilias sobre os Atos dos Apóstolos*, 18; (4) Jo 15, 18; (5) cf. Rm 8, 28; (6) 1 Pe 4, 12; (7) Tg 1, 2; (8) At 5, 42; (9) cf. São Tomás, *Suma teológica*, 2-2, q. 122, a. 3; (10) At 5, 41; (11) São João Crisóstomo, *Homilias sobre os Atos dos Apóstolos*, 14; (12) São João Crisóstomo, *Homilias sobre São Mateus*, 37, 2; (13) Santo Agostinho, *Sermão 96*, 1; (14) São Josemaria Escrivá, *Sulco*, n. 411; (15) *ib.*, n. 855; (16) *ib.*, n. 977.

TEMPO PASCAL. TERCEIRA SEMANA. QUINTA-FEIRA

65. O PÃO QUE DÁ A VIDA ETERNA

— O anúncio da Sagrada Eucaristia na sinagoga de Cafarnaum. O Senhor pede-nos uma fé viva. Hino *Adoro te devote.*
— O mistério da fé. A *Transubstanciação.*
— Os efeitos da Comunhão na alma: *sustenta, repara* e *deleita.*

I. *EU SOU O PÃO DA VIDA. Vossos pais, no deserto, comeram o maná e morreram. Este é o pão que desceu do céu para que todo aquele que dele comer não morra*[1]. É o surpreendente e maravilhoso anúncio feito por Jesus na sinagoga de Cafarnaum e que lemos hoje no Evangelho da Missa. O Senhor continua: *Eu sou o pão vivo que desceu do céu. Se alguém comer deste pão, viverá eternamente. E o pão que eu hei de dar é a minha carne para a salvação do mundo*[2].

Jesus revela o grande mistério da Sagrada Eucaristia. As suas palavras são de um realismo tão grande que excluem qualquer outra interpretação. Sem a fé, essas palavras não têm sentido. Pelo contrário, se pela fé aceitamos a presença real de Cristo na Eucaristia, a revelação de Jesus torna-se clara e inequívoca, e mostra-nos o infinito amor de Deus para conosco.

Adoro te devote, latens deitas, quae sub his figuris vere latitas: "Adoro-vos com devoção, Deus escondido, que sob estas aparências estais verdadeiramente presente", dizemos à Sagrada Eucaristia, com palavras do hino composto por São Tomás e que há muitos séculos foi adotado pela liturgia da Igreja. É uma expressão de fé e piedade que nos pode servir para manifestar o nosso amor, pois constitui um resumo dos principais pontos da doutrina católica sobre este sagrado mistério.

"Adoro-vos com devoção, Deus escondido", repetimos bem devagar na intimidade do nosso coração, com fé, esperança e amor. Os que estavam naquele dia na sinagoga entenderam o sentido profundo e realista das palavras do Senhor; se as tivessem entendido num sentido simbólico ou figurado, não se teriam deixado invadir pelo assombro e pela confusão, como São João diz a seguir, nem teria havido muitos que abandonaram o Senhor naquele mesmo dia. *Duras são estas palavras. Quem as pode ouvir?*[3], dizem aqueles homens enquanto se retiram. São duras — continuam a ser duras — para os que não têm o coração bem disposto, para os que não admitem sem sombra de dúvida que Jesus de Nazaré, Deus que se fez homem, se comunica desse modo aos homens, por amor. "Adoro-vos com devoção, Deus escondido", dizemos-lhe na nossa oração, manifestando-lhe o nosso amor, o nosso agradecimento e o assentimento humilde com que o acatamos. É uma atitude imprescindível para nos aproximarmos deste mistério de Amor.

Tibi se cor meum totum subiicit, quia te contemplans totum deficit: "A Vós se submete o meu coração por inteiro e se rende totalmente ao contemplar-vos". Sentimos necessidade de repetir estas palavras muitas vezes, porque são muitos os incrédulos. O Senhor também nos pergunta a nós, a todos os que queremos segui-lo de perto: *Também vós quereis partir?*[4] E ao vermos a desorientação e a confusão em que andam tantos cristãos que se separaram do tronco da fé, que têm a alma indiferente às realidades sobrenaturais, o nosso amor reafirma-se: "A Vós se submete o meu coração por inteiro".

A nossa fé na presença real de Cristo na Eucaristia deve ser muito firme: "Cremos que, assim como o pão e o vinho consagrados pelo Senhor na Última Ceia se converteram no seu Corpo e no seu Sangue, os quais pouco depois seriam oferecidos por nós na Cruz, assim também o pão e o vinho consagrados pelo sacerdote se convertem no Corpo e no Sangue de Cristo, que está sentado gloriosamente no Céu; e cremos que a presença misteriosa do Senhor, sob a aparência daqueles elementos, que continuam a aparecer aos sentidos da mesma maneira que antes, é verdadeira, real e substancial"[5].

II. NÃO SE PODEM MITIGAR as palavras do Senhor: *O pão que eu hei de dar é a minha carne para a salvação do mundo*. "Eis o mistério da fé", proclamamos imediatamente depois da Consagração na Santa Missa. Essa foi e é a pedra de toque da fé cristã. Pela transubstanciação, o pão e o vinho "já não são o pão comum e a comum bebida, mas sinal de uma coisa sagrada, sinal de um alimento espiritual; mas além disso adquirem um novo significado e um novo fim enquanto contêm uma «realidade» que com razão denominamos *ontológica*; porque sob as referidas espécies já não existe o que antes havia, mas algo completamente diferente [...], visto que, uma vez convertida a substância ou natureza do pão e do vinho no Corpo e no Sangue de Cristo, já nada resta do pão e do vinho, a não ser as aparências: debaixo delas está presente Cristo todo inteiro, na sua realidade física, corporalmente, ainda que não do mesmo modo que os corpos estão num lugar"[6].

Olhamos para Jesus presente no Sacrário, talvez a poucos metros de nós, ou vamos com o coração à igreja mais próxima, e lhe dizemos que sabemos pela fé que Ele está ali presente. Cremos firmemente nas promessas que fez em Cafarnaum e que realizou pouco depois no Cenáculo: *Credo quidquid dixit Dei Filius: nihil hoc verbo veritatis verius*: "Creio em tudo o que disse o Filho de Deus; nada de mais verdadeiro que esta palavra de verdade".

A nossa fé e o nosso amor devem manifestar-se especialmente no momento da Comunhão. Recebemos o Pão vivo que desceu dos céus, o alimento absolutamente necessário para chegarmos à meta. Recebemos o próprio Cristo, perfeito Deus e homem perfeito, misteriosamente escondido, mas desejoso de comunicar-nos a vida divina. Nesse momento, mediante a sua Humanidade gloriosa, a sua Divindade atua na nossa alma com uma intensidade maior do que quando esteve aqui na terra. Nenhum daqueles que foram curados — Bartimeu, o paralítico de Cafarnaum, os leprosos... — esteve tão perto de Cristo — do próprio Cristo — como nós o estamos em cada Comunhão. Os efeitos que este Pão vivo, Jesus, produz na nossa alma são incontáveis e de uma riqueza infinita. A Igreja resume-os nestas palavras: "Todos os efeitos que a comida e a bebida materiais produzem na vida do corpo, sustentando, reparando e deleitando, realiza-os este sacramento na vida espiritual"[7].

Oculto sob as espécies sacramentais, Jesus espera-nos. Ficou para que o recebêssemos, para nos fortalecer no amor. Examinemos hoje como é a nossa fé, vejamos como é o nosso amor, como preparamos cada Comunhão. Dizemos ao Senhor com Pedro: *Nós cremos e sabemos que tu és o Santo de Deus*[8]. Tu és o nosso Redentor, a razão do nosso viver.

III. A COMUNHÃO *SUSTENTA* a vida da alma de modo semelhante ao de como o alimento corporal sustenta o corpo. A recepção da Sagrada Eucaristia mantém o cristão na graça de Deus, pois a alma recupera-se do contínuo desgaste que sofre devido às feridas que nela permanecem após o pecado original e os pecados pessoais. Mantém a vida de Deus na alma, livrando-a da tibieza; e ajuda a evitar o pecado mortal e a lutar eficazmente contra os veniais.

A Sagrada Eucaristia *aumenta* também a vida sobrenatural, fá-la crescer e desenvolver-se. E, ao mesmo tempo que sacia espiritualmente, aumenta na alma o desejo dos bens eternos: *Os que me comem terão ainda mais fome, e os que me bebem terão ainda mais sede*[9]. A comida material converte-se naquele que a come e, consequentemente, restaura-lhe as perdas e acrescenta-lhe as forças vitais. A comida espiritual, porém, converte nela aquele que a come, e assim o efeito próprio deste sacramento é a conversão do homem em Cristo, para que não seja ele quem vive, mas Cristo nele; e, em consequência, tem um duplo efeito: restaura as perdas espirituais causadas pelos pecados e deficiências e aumenta as forças das virtudes"[10].

Por último, a graça que recebemos em cada Comunhão *deleita* aquele que comunga com as devidas disposições. Nada se pode comparar à alegria da Sagrada Eucaristia, à amizade e proximidade de Jesus presente em nós. "Jesus Cristo, durante a sua vida mortal, não passou nunca por lugar algum sem derramar as suas bênçãos abundantemente, e daí podemos deduzir como devem ser grandes e preciosos os dons de que participam aqueles que têm a felicidade de recebê-lo na Sagrada Comunhão; ou, para dizê-lo melhor, como toda a nossa felicidade neste mundo consiste em receber Jesus Cristo na Sagrada Comunhão"[11].

A Comunhão é "o remédio para as nossas necessidades cotidianas"[12], "remédio de imortalidade, antídoto contra a morte e alimento para vivermos para sempre em Jesus Cristo"[13]. Concede a paz e a alegria de Cristo à alma, e é verdadeiramente "uma antecipação da bem-aventurança eterna"[14].

De todos os exercícios e práticas de piedade, não há nenhum cuja eficácia santificadora possa comparar-se à digna recepção deste sacramento. Nele não somente recebemos a graça, mas o próprio Manancial e Fonte donde ela brota. Todos os sacramentos se ordenam para a Sagrada Eucaristia e têm-na por centro[15].

Jesus, oculto sob os acidentes do pão, deseja que o recebamos com frequência: o banquete, diz-nos Ele, está preparado[16]. São muitos os ausentes e Jesus espera-nos, ao mesmo tempo que nos envia a anunciar aos outros que também os espera a eles no Sacrário.

Se o pedirmos à Santíssima Virgem, Ela nos ajudará a abeirar-nos da Comunhão cada vez mais bem preparados.

(1) Jo 6, 48-50; (2) Jo 6, 51; (3) Jo 6, 60; (4) cf. Jo 6, 67; (5) Paulo VI, Enc. *Credo do povo de Deus*, 24; (6) Paulo VI, Enc. *Mysterium Fidei*, 3-IX-1965; (7) Conc. de Florença, Bula *Exsultate Deo*; Dz 1322-698; (8) Jo 6, 70; (9) Jo 6, 35; (10) São Tomás, *Coment. ao livro IV das Sentenças*, d. 12, q. 2, a. 11; (11) Cura d'Ars, *Sermão sobre a Comunhão*; (12) Santo Ambrósio, *Sobre os mistérios*, 4; (13) Santo Inácio de Antioquia, *Epístola aos Efésios*, 20; (14) cf. Jo 6, 58; Dz 875; (15) cf. São Tomás, *Suma teológica*, 3, q. 65, a. 3; (16) cf. Lc 14, 15 e segs.

66. A COMUNHÃO DOS SANTOS

— Comunidade de bens espirituais. O "tesouro da Igreja".
— Estende-se a todos os cristãos. Ressonância incalculável das nossas boas obras.
— As indulgências.

I. NA PRIMEIRA LEITURA da Missa de hoje, relata-se um fato fundamental da vida de São Paulo, que ficaria gravado para sempre na sua alma: *Quando estava já perto de Damasco, aconteceu que se viu subitamente rodeado de uma luz resplandecente vinda do céu. Caindo por terra, ouviu uma voz que lhe dizia: Saulo, Saulo, por que me persegues? Saulo disse: Quem és, Senhor? E ele respondeu: Eu sou Jesus, a quem tu persegues*[1]. Nesta primeira revelação ao Apóstolo, Jesus mostra-se pessoal e intimamente ligado aos seus discípulos, a quem Paulo perseguia.

Mais tarde, quando expuser a doutrina do Corpo Místico de Cristo, um dos temas centrais da sua pregação, Paulo falará da união profunda que liga os cristãos entre si, por estarem unidos à Cabeça que é Cristo: *Se um membro sofre, todos os membros sofrem com ele; se um membro é honrado, todos os outros se alegram com ele*[2].

Esta fé inquebrantável na união dos fiéis entre si levava o Apóstolo a pedir aos primeiros cristãos de Roma, a quem ainda não conhecia pessoalmente, que rezassem para que Deus o livrasse dos incrédulos que ia encontrar na Judeia[3]. Sentia-se muito unido aos seus irmãos na fé, e chamava-os *santos* nas suas cartas: *Paulo e Timóteo, servos de Jesus Cristo, a todos os santos em Jesus Cristo que se acham em Filipos*[4]. Já nos primeiros tempos da Igreja, os cristãos, ao rezarem o Símbolo Apostólico, proclamavam como uma das principais verdades da fé: *Creio na Comunhão dos Santos*.

A Comunhão dos Santos consiste numa comunidade de bens de que todos se beneficiam. Não é uma participação em bens deste mundo, materiais, culturais, artísticos, mas uma comunidade de bens imperecíveis, que nos permite prestar uns aos outros uma ajuda incalculável. Hoje, se oferecermos ao Senhor o nosso trabalho, a nossa oração, a nossa alegria e as nossas dificuldades, poderemos fazer muito bem a pessoas que estão longe de nós e à Igreja inteira.

"Vivei uma particular Comunhão dos Santos. E cada um sentirá, à hora da luta interior e à hora do trabalho profissional, a alegria e a força de não estar só"[5]. Santa Teresa, consciente dos estragos que os erros protestantes causavam dentro da Igreja, sabia também deste apoio que podemos prestar uns aos outros: "Andam as coisas do serviço de Deus tão desfavorecidas que é mister aos que o servem arrimarem-se uns aos outros, para irem adiante"[6]. E sempre se viveu esta doutrina no seio da Igreja[7].

"Que significa para mim a Comunhão dos Santos? Significa que todos os que estamos unidos em Cristo — os santos do Céu, as almas do purgatório e os que ainda vivemos na terra — devemos ter consciência das necessidades dos outros. Os santos do Céu [...] *devem* amar as almas que Jesus ama, e o amor que têm pelas almas do purgatório e pelas almas da terra não é um amor passivo. Os santos estão *ansiosos* por ajudar a caminhar para a glória essas almas cujo valor infinito estão agora em condições de apreciar como antes não podiam. E se a oração de um homem bom na terra pode mover o coração de Deus, como não será a força das orações que os santos oferecem por nós! Eles são os heróis de Deus, seus amigos íntimos, seus familiares"[8].

II. A COMUNHÃO DOS SANTOS estende-se até aos cristãos mais abandonados. Por mais só que se encontre, um cristão sabe muito bem que jamais morre só: toda a Igreja está a seu lado para devolvê-lo a Deus, que o criou.

A Comunhão dos Santos suplanta o tempo. Cada um dos atos que realizamos na caridade tem repercussões ilimitadas. No dia do Juízo, compreenderemos as ressonâncias incalculáveis que puderam ter na história do mundo as palavras, as ações ou as instituições de um santo, como também as nossas.

Todos precisamos uns dos outros, todos podemos ajudar-nos. Na verdade, todos participamos continuamente dos bens espirituais comuns da Igreja. Neste momento, alguém está rezando por nós e a nossa alma se está vitalizando pelo sofrimento, pelo trabalho ou pela oração de pessoas que talvez desconheçamos. Um dia, na presença de Deus, no momento do juízo particular, ficaremos a conhecer essas imensas contribuições que nos impediram de soçobrar ou nos ajudaram a situar-nos um pouco mais perto de Deus.

Por outro lado, se formos fiéis, também perceberemos com imensa alegria como foram eficazes para outras pessoas todos os nossos sacrifícios, orações e trabalhos, incluídos aqueles que, no momento em que os fazíamos, nos pareceram estéreis e de pouco interesse. Talvez vejamos como houve pessoas que se salvaram devido em boa parte à nossa oração, à nossa mortificação e às nossas obras.

De modo particular, vivemos e participamos desta comunhão de bens através da Santa Missa. A unidade de todos os membros da Igreja, mesmo dos que estão mais longe, aperfeiçoa-se todos os dias em torno do Corpo do Senhor, que se oferece pela sua Igreja e por toda a humanidade. "Pela Comunhão dos Santos, todos os cristãos recebem as graças de cada Missa, quer se celebre perante milhares de pessoas ou tenha por único assistente um menino, talvez distraído"[9].

São Gregório Magno expõe em termos muito expressivos e pedagógicos a eficácia maravilhosa da Santa Missa. "Parece-me — diz o Santo Doutor numa das suas homilias — que muitos dos que me ouvem conhecem o episódio que vou recordar. Conta-se que certa vez um homem foi feito prisioneiro dos seus inimigos e conduzido a um lugar muito distante da sua pátria. E como passava o tempo e sua mulher via que não regressava do cativeiro, deu-o por morto e oferecia sacrifícios por ele todas as semanas. E todas as vezes que a sua mulher oferecia sacrifícios pela absolvição da sua alma, outras tantas se soltavam os grilhões do seu cativeiro. Quando mais tarde regressou à sua cidade, contou com admiração à esposa como as correntes que o prendiam no calabouço se soltavam, por si sós, em determinados dias da semana. Sua mulher, considerando os dias e as horas em que isso acontecia, tanto quanto ela pôde recordar, reconheceu que seu esposo ficava livre quando era oferecido pela sua alma o Santo Sacrifício"[10]. Muitas correntes se quebram todos os dias graças às orações dos outros.

III. A UNIDADE INVISÍVEL da Igreja tem múltiplas manifestações visíveis. Um dos momentos privilegiados desta unidade tem lugar no sacramento que recebe precisamente o nome de Comunhão, nesse augusto Sacrifício que é o mesmo e único em toda a terra. Um só é o sacerdote que o oferece, uma a Vítima, um o povo que também o oferece, um só o Deus a quem se oferece, um só o resultado da oferenda: *Uma vez que há um único pão, nós, embora sendo muitos, formamos um só corpo, porque todos nós comungamos do mesmo pão*[11]. Assim como no dia de ontem este pão era apenas um punhado de grão soltos, assim os cristãos, na medida da sua união com Cristo, fundem-se num só corpo, ainda que provenham de lugares e condições bem diversas. "O sacramento do pão eucarístico — afirma o Concílio Vaticano II — significa e realiza a unidade dos fiéis que constituem um só corpo em Cristo"[12]. É "o sacramento da caridade"[13], que exige a união entre os irmãos.

É também verdade de fé que esta comunicação de bens espirituais existe entre os fiéis que constituem a Igreja triunfante, padecente e militante. Podemos colocar-nos sob a proteção e receber ajuda dos santos (canonizados ou não) que já estão no Céu, dos anjos, das almas que ainda se purificam no purgatório (cujo fardo também podemos ajudar a aliviar, daqui da terra) e dos nossos irmãos que, como nós, peregrinam em direção à pátria definitiva. Quando cumprimos o piedoso dever de rezar e oferecer sufrágios pelos defuntos, devemos lembrar-nos especialmente daqueles com quem mantivemos vínculos mais estreitos aqui na terra: pais, irmãos, amigos etc. Eles contam com as nossas orações. A Santa Missa é também o sufrágio mais importante que podemos oferecer pelos defuntos.

Baseia-se também no dogma da Comunhão dos Santos a doutrina das *indulgências*. Através delas, a Igreja administra com autoridade as graças alcançadas por Cristo, pela Virgem Maria e pelos santos; e, desde que se verifiquem certas condições, emprega essas graças para satisfazer pela pena devida pelos nossos pecados, como também pela das almas que estão no purgatório.

A doutrina sobre este intercâmbio de bens espirituais deve ser para nós um grande estímulo para rezarmos com devoção, para cumprirmos com fidelidade os nossos deveres e oferecermos a Deus todas as nossas obras, sabendo que todos os nossos trabalhos, doenças, contrariedades e orações constituem uma ajuda formidável para os outros. Nada se perde daquilo que fizermos com retidão de intenção. Se vivêssemos melhor esta realidade da nossa fé, a nossa vida estaria cheia de frutos.

"Um pensamento que te ajudará nos momentos difíceis: quanto mais aumentar a minha fidelidade, melhor contribuirei para que os outros cresçam nesta virtude. — E é tão atraente sentirmo-nos sustentados uns pelos outros!"[14]

Pode animar-nos a viver melhor este dia o pensamento de que alguém está intercedendo por nós neste instante, e de que alguém espera a nossa oração para sair de uma má situação ou para decidir-se a seguir mais de perto o Senhor.

(1) At 9, 3-5; (2) 1 Cor 12, 26; (3) Rm 15, 30-31; (4) Fl 1, 1; (5) São Josemaria Escrivá, *Caminho*, n. 545; (6) Santa Teresa, *Vida*, 7-8; (7) cf. Santo Inácio de Antioquia, *Carta aos Efésios*, 2, 2-5; São Cipriano,

Carta 60; São Clemente, *Carta aos Corintios*, 36, 1 e segs.; Santo Ambrósio, *Tratado sobre Caim e Abel*, 1 e segs.; (8) L. J. Trese, *A fé explicada*, 14ª ed., Quadrante, São Paulo, 2014, p. 159; (9) São Josemaria Escrivá, *É Cristo que passa*, n. 89; (10) São Gregório Magno, *Homilia sobre os Evangelhos*, 37; (11) 1 Cor 10, 17; (12) Conc. Vat. II, Const. *Lumen gentium*, 3; (13) São Tomás, *Suma teológica*, 3, q. 73, a. 3; (14) São Josemaria Escrivá, *Sulco*, n. 948.

TEMPO PASCAL. TERCEIRA SEMANA. SÁBADO

67. O EXAME PARTICULAR

— Para sermos fiéis ao Senhor, temos que lutar todos os dias. O exame particular.
— Fim e matéria do exame particular.
— Constância na luta. A fidelidade nos momentos difíceis forja-se todos os dias naquilo que parece pequeno.

I. A PROMESSA da Sagrada Eucaristia na sinagoga de Cafarnaum provocou discussões e escândalos. Perante uma verdade tão maravilhosa, uma boa parte dos discípulos do Senhor deixou de segui-lo: *Desde então* — relata São João no Evangelho da Missa — *muitos dos seus discípulos se retiraram e já não andavam com Ele*[1].

Diante da maravilha da sua entrega na Comunhão eucarística, os homens respondem virando-lhe as costas. Não é a multidão, mas os *discípulos* que o abandonam. Os *Doze* permanecem, são fiéis ao seu Mestre e Senhor. Possivelmente, eles também não compreenderam bem naquele dia o que o Senhor lhes prometia, mas permaneceram com Ele. Por que ficaram? Por que foram leais naquele momento de deslealdade? Porque uma profunda amizade os unia a Jesus, porque conversavam familiarmente com Ele todos os dias e haviam compreendido que Ele tinha *palavras de vida eterna*; porque o amavam profundamente. *Aonde iremos?*, diz Pedro quando o Senhor lhes pergunta se eles também querem ir-se embora: *Senhor, a quem iríamos nós? Tu tens palavras de vida eterna. E nós cremos e sabemos que tu és o Santo de Deus*[2].

Nós, cristãos, vivemos numa época privilegiada para dar testemunho dessa virtude tão pouco valorizada que é a *fidelidade*. Vemos com frequência como se quebra a lealdade na vida conjugal, nos compromissos assumidos, como se é infiel à doutrina e à pessoa de Cristo. Os apóstolos mostram-nos que esta virtude se baseia no amor; eles são fiéis porque amam a Cristo. É o amor que os induz a permanecer ao lado do Senhor no meio das deserções. Só um deles o trairá mais tarde, porque tinha deixado de amar. Por isso o Papa João Paulo II nos aconselha: "Procurai Jesus, esforçando-vos por conseguir uma fé pessoal profunda que informe e oriente toda a vossa vida; mas sobretudo que o vosso compromisso e o vosso programa sejam amar a Jesus, com um amor sincero, autêntico e pessoal. Ele deve ser o vosso amigo e o vosso apoio no caminho da vida. Só Ele tem palavras de vida eterna"[3]. Ninguém mais fora dEle.

Enquanto estivermos neste mundo, a nossa vida será uma luta constante entre amar a Cristo e deixar-nos levar pela tibieza, pelas paixões ou por um aburguesamento que mata todo o amor. A fidelidade a Cristo forja-se na luta contra tudo o que nos afasta dEle, no esforço por progredir nas virtudes. Então seremos fiéis tanto nos momentos bons como nas épocas difíceis, quando nos parecer que são poucos os que permanecem junto do Senhor.

Para nos mantermos numa fidelidade firme ao Senhor, é necessário que lutemos a cada instante, com espírito alegre, ainda que as batalhas sejam pequenas. E uma manifestação desse desejo de nos aproximarmos todos os dias um pouco mais de Deus, de amá-lo cada vez mais, é o *exame particular*, que nos ajuda a combater com eficácia os defeitos e obstáculos que nos separam de Cristo e dos nossos irmãos, os homens, e nos permite adquirir virtudes e hábitos que limam as nossas arestas no relacionamento com o Senhor.

O *exame particular* concretiza-nos as nossas metas da vida interior e leva-nos a atingir, com a ajuda da graça, uma cota determinada e específica dessa montanha que é a santidade, ou a expulsar um inimigo, talvez pequeno mas bem apetrechado, que causa inúmeros estragos e retrocessos.

"O exame geral assemelha-se à defesa. — O particular, ao ataque. — O primeiro é a armadura. O segundo, espada toledana"[4], de aço penetrante.

Hoje, enquanto dizemos ao Senhor que queremos ser-lhe fiéis, devemos também perguntar-nos na sua presença: são grandes os meus desejos de progredir no seu amor? Concretizo esses desejos de luta num ponto específico que possa ser objeto do meu exame particular?

II. MEDIANTE O EXAME GERAL, chegamos a conhecer as razões últimas do nosso comportamento; através do exame particular, procuramos os remédios eficazes para combater determinado defeito ou para crescer em determinada virtude. Este exame, breve e frequente ao longo do dia, em momentos concretos, deve ter uma finalidade muito precisa. "Com o exame particular tens de procurar diretamente adquirir uma virtude determinada ou arrancar o defeito que te domina"[5].

Por vezes, o seu objeto será "derrubar o nosso Golias, isto é, a paixão dominante"[6], aquilo que mais sobressai como defeito no nosso comportamento, aquilo que mais prejudica a nossa amizade com o Senhor ou a caridade com o próximo. "Quando alguém se vê especialmente dominado por um defeito, deve armar-se somente contra esse inimigo, e tratar de combatê-lo antes de lutar com os demais [...], pois, enquanto não o tiver vencido, deitará a perder os frutos da vitória conseguida sobre os demais"[7]. É por isso que é tão importante conhecermo-nos bem e darmo-nos a conhecer na direção espiritual, que é o momento em que normalmente determinamos a matéria desse exame.

Como nem todos temos os mesmos defeitos, "torna-se necessário que cada um batalhe conforme o tipo de dificuldade que o acossa"[8]. Podem ser temas do nosso exame particular: cuidar de ser pontuais a todo o momento, a começar pela hora de nos levantarmos, de iniciar a nossa oração, de assistir à Santa Missa...; ser pacientes conosco próprios, com os defeitos dos nossos familiares ou dos que colaboram conosco no trabalho; suprimir pela raiz o hábito de murmurar e contribuir para que não se murmure na nossa presença; combater as nossas brusquidões no relacionamento ou a falta de interesse pelas necessidades do próximo; crescer na virtude da gratidão, de tal maneira que saibamos agradecer também os pequenos serviços da vida cotidiana; ser ordenados na distribuição do tempo, nos livros ou instrumentos de trabalho, nas coisas de uso pessoal...

Ainda que por vezes o objeto do nosso exame particular possa ser formulado em termos negativos, como uma resistência ao mal, o melhor meio de alcançá-lo será praticarmos a virtude contrária ao defeito que procuramos desarraigar: cultivar a humildade para vencer a ânsia de ser o centro de tudo ou de receber contínuos elogios e louvores; procurar viver habitualmente na presença de Deus para evitar as palavras precipitadas, as faltas de caridade... Deste modo a luta interior torna-se mais eficaz e atrativa. "O movimento da alma para o bem é mais forte do que aquele que se propõe afastá-la do mal"[9].

Antes de fixarmos a matéria do nosso exame particular, devemos pedir luzes ao Senhor para saber em que coisas Ele quer que lutemos: *Domine, ut videam!*[10], Senhor, que eu veja!, podemos dizer-lhe como o cego de Jericó. E pedir ajuda ao sacerdote a quem confiamos a direção da nossa alma.

III. A MANEIRA DE CONCRETIZAR o exame particular é uma tarefa pessoal. Para uns — pela sua tendência para as coisas vagas e para as generalidades —, será necessário detalhá-lo muito e montar uma contabilidade rigorosa; para outros, isso poderia ser motivo de complicações e criar problemas onde não deve havê-los. Se nos esforçarmos por dar-nos a conhecer, a direção espiritual poderá vir em nossa ajuda neste ponto.

Não nos devemos surpreender se demoramos um certo tempo a alcançar o objeto do nosso exame particular. Se estiver bem escolhido, o normal será que incida sobre um defeito arraigado, e que, portanto, seja necessária uma luta paciente, que nos leve a recomeçar muitas vezes, sem desânimos. Nesse começar novamente, com a ajuda do Senhor, vamos firmando bem os alicerces da humildade. Só saberemos manter vivo o exame particular se tivermos uma constância humilde. O amor — que é inventivo — achará todos os dias a maneira de tornar novo esse mesmo ponto de luta, porque nele procuraremos não tanto superar-nos como amar o Senhor, tirar todos os obstáculos que dificultam a nossa amizade com Ele e, portanto, o que nos separa dos outros. Teremos ocasião de fazer muitos atos de contrição pelas derrotas e de dar graças pelas vitórias.

A luta num exame particular concreto, dia após dia, é o melhor remédio contra a tibieza e o aburguesamento. Que grande coisa seria se o nosso Anjo da Guarda pudesse testemunhar no fim da nossa vida que lutamos todos os dias, ainda que nem tudo tenham sido vitórias!

A fidelidade cheia de fortaleza nos momentos difíceis forja-se naquilo que parece pequeno. "Devemos convencer-nos de que o maior inimigo da rocha não é a picareta ou o machado, nem o golpe de qualquer outro instrumento, por mais contundente que seja: é essa água miúda, que se infiltra, gota a gota, por entre as fendas do penhasco, até arruinar a sua estrutura. O maior perigo para o cristão é desprezar a luta nessas escaramuças que calam pouco a pouco na alma, até a tornarem frouxa, quebradiça"[11].

Ao terminarmos a nossa oração, dizemos ao Senhor como Pedro: *Senhor, a quem iríamos nós? Tu tens palavras de vida eterna*. Sem Ti ficamos sem Caminho, sem Verdade e sem Vida. É uma esplêndida jaculatória que podemos repetir muitas vezes, mas especialmente à hora da luta.

Pedimos a Nossa Senhora, *Virgo fidelis*, que nos ajude a ser fiéis, a lutar todos os dias por tirar os obstáculos, bem concretos, que nos separam do seu Filho.

(1) Jo 6, 66; (2) Jo 6, 69; (3) João Paulo II, *Discurso*, 30-I-1979; (4) São Josemaria Escrivá, *Caminho*, n. 238; (5) *ib.*, n. 241; (6) J. Tissot, *A vida interior*; (7) São João Clímaco, *Escada do paraíso*, 15; (8) Cassiano, *Colações*, 5, 27; (9) São Tomás, *Suma teológica*, 1-2, q. 29, a. 3; (10) cf. Mc 10, 51; (11) São Josemaria Escrivá, *É Cristo que passa*, n. 77.

Tempo Pascal. Quarto Domingo

68. O BOM PASTOR. AMOR AO PAPA

— Jesus é o Bom Pastor e encarrega Pedro e os seus sucessores de continuarem a sua missão aqui na terra.
— O primado de Pedro. O amor dos primeiros cristãos por Pedro.
— Obediência fiel ao Vigário de Cristo; difundir os seus ensinamentos. O "doce Cristo na terra".

I. "RESSUSCITOU O BOM PASTOR que deu a vida pelas suas ovelhas e se dignou morrer pelo seu rebanho. Aleluia"[1].

A liturgia deste domingo é dominada pela figura do Bom Pastor que, pelo seu sacrifício, devolveu a vida às ovelhas e as reconduziu ao redil. Quando São Pedro, no meio das primeiras perseguições aos cristãos, lhes escrever para firmá-los na fé, recordar-lhes-á o que Cristo sofreu por eles: *Por suas chagas fomos curados. Porque éreis como ovelhas desgarradas; mas agora retornastes ao Pastor e guarda das vossas almas*[2]. Por isso a Igreja inteira se enche de júbilo pela ressurreição de Jesus Cristo[3] e pede a Deus Pai que "o débil rebanho do vosso Filho tenha parte na admirável vitória do seu Pastor"[4].

Os primeiros cristãos manifestaram uma entranhada predileção pela imagem do Bom Pastor, testemunhada em inúmeras pinturas murais, relevos, desenhos em epitáfios, mosaicos e esculturas, nas catacumbas e nos mais veneráveis edifícios da Antiguidade. A liturgia deste domingo convida-nos a meditar na misericordiosa ternura do nosso Salvador, para que reconheçamos os direitos que Ele adquiriu sobre cada um de nós com a sua morte. É também uma boa ocasião para considerarmos na nossa oração pessoal o nosso amor pelos bons pastores que o Senhor deixou para nos guiarem e guardarem em seu nome.

O Antigo Testamento alude muitas vezes ao Messias como o bom pastor que alimentará, regerá e governará o povo de Deus, frequentemente abandonado e disperso. Essas profecias cumprem-se em Jesus com características novas. Ele é o Bom Pastor que dá a vida pelas suas ovelhas e que estabelece pastores para que continuem a sua missão. Em contraste com os ladrões, que andam atrás dos seus interesses e deitam a perder o rebanho, Jesus é a porta da salvação[5], que permite encontrar pastagens abundantes a quem a transponha[6]. Existe uma terna relação pessoal entre Jesus, o Bom Pastor, e as suas ovelhas: Ele as chama a cada uma pelo seu nome, caminha à frente delas, e as ovelhas o seguem porque conhecem a sua voz... Ele é o *pastor único* que forma um só rebanho[7], protegido pelo amor do Pai[8]. É o *pastor supremo*[9].

Na sua última aparição, pouco antes da Ascensão, Cristo ressuscitado constitui Pedro como pastor do seu rebanho[10], como guia da Igreja. Cumpre-se então a promessa que fizera pouco antes da Paixão: *Mas eu roguei por ti, para que a tua fé não desfaleça; e tu, uma vez convertido, confirma os teus irmãos*[11]. A seguir, profetiza-lhe que, como bom pastor, também ele morrerá pelo seu rebanho.

Cristo confia em Pedro, apesar da tríplice negação do apóstolo. Apenas lhe pergunta, também por três vezes, se o ama. O Senhor não tem inconveniente em confiar a sua Igreja a um homem com fraquezas, mas que se arrepende e ama com atos. *Pedro entristeceu-se porque lhe perguntou pela terceira vez se o amava, e respondeu-lhe: Senhor, tu sabes tudo, tu sabes que eu te amo. Disse-lhe Jesus: Apascenta as minhas ovelhas.*

Estas palavras de Jesus a Pedro — *apascenta os meus cordeiros, apascenta as minhas ovelhas* — indicam que a missão de Pedro será a de guardar todo o rebanho do Senhor sem exceção. E apascentar equivale a dirigir e governar. Pedro é constituído pastor e guia de toda a Igreja. Como diz o Concílio Vaticano II, Jesus Cristo "colocou à frente dos demais apóstolos o bem-aventurado Pedro e nele instituiu o perpétuo e visível princípio e fundamento da unidade de fé e comunhão"[12]. Onde está Pedro, aí está a Igreja de Cristo. Junto dele, sabemos com certeza qual o caminho que conduz à salvação.

II. O EDIFÍCIO DA IGREJA estará assentado até o fim dos tempos sobre o primado de Pedro, a rocha. A figura de Pedro cresce assim de maneira incomensurável, porque, antes de partir, Cristo, que é realmente o alicerce da Igreja[13], deixa Pedro no seu lugar. Daí que os seus sucessores venham a receber mais tarde o nome de *Vigário de Cristo*, quer dizer, aquele que faz as vezes de Cristo.

Pedro é e será sempre o firme esteio da Igreja em face de todas as tempestades que a envolveram e a envolverão através dos séculos. A base de sustentação que lhe proporciona e a vigilância que exerce sobre ela como bom Pastor são a garantia de que sairá sempre vitoriosa de todas as provas e tentações. Pedro morrerá uns anos mais tarde, mas, quanto ao seu ofício de pastor supremo, "é necessário que dure eternamente por obra do Senhor, para perpétua saúde e bem perene da Igreja, que, estabelecida sobre a rocha, deve permanecer firme até a consumação dos séculos"[14].

O amor ao Papa remonta aos próprios começos da Igreja. Os Atos dos Apóstolos[15] narram a comovedora atitude manifestada pelos primeiros cristãos quando São Pedro é aprisionado por Herodes Agripa, que tenciona matá-lo depois da festa da Páscoa: *A Igreja rezava incessantemente por ele a Deus*. "Observai os sentimentos dos fiéis para com o seu pastor, diz São João Crisóstomo. Não recorrem a distúrbios nem à rebeldia, mas à oração, que é um remédio invencível. Não dizem: como somos homens sem poder algum, é inútil que oremos por ele. Rezavam por amor e não pensavam nada de semelhante”[16].

Devemos rezar muito pelo Papa e pelas suas intenções, pois ele carrega sobre os seus ombros com o grave peso da Igreja. Talvez possamos fazê-lo com as palavras desta oração litúrgica: *Dominus conservet eum, et vivificet eum, et beatum faciat eum in terra, et non tradat eum in animam inimicorum eius*: Que o Senhor o guarde, e lhe dê vida, e o faça feliz na terra, e não o entregue às mãos dos seus inimigos[17]. Em todos os lugares do mundo, sobe diariamente a Deus um clamor de oração da Igreja inteira, que reza “com ele e por ele”. Não se celebra nenhuma Missa sem que se mencione o seu nome e peçamos pela sua pessoa e intenções. E será também muito do agrado do Senhor que nos lembremos ao longo do dia de oferecer pelo seu Vigário aqui na terra as nossas orações, as nossas horas de trabalho ou de estudo e algum pequeno sacrifício.

“Obrigado, meu Deus, pelo amor ao Papa que puseste em meu coração”[18]. Oxalá possamos fazer nossas estas palavras todos os dias, cada vez com mais motivo. O amor e veneração pelo Romano Pontífice é um dos grandes dons que o Senhor nos deixou.

III. A PAR DA NOSSA ORAÇÃO, devemos manifestar também amor e respeito por aquele que faz as vezes de Cristo na terra. “O amor ao Romano Pontífice deve ser em nós uma formosa paixão, porque nele nós vemos Cristo”[19]. Por isso, “não podemos ceder à tentação, demasiado fácil, de contrapor um Papa a outro, para depositar a nossa confiança naquele cujos atos estejam mais de acordo com as nossas tendências pessoais. Não podemos ser daqueles que lamentam o Papa de ontem ou esperam o de amanhã para se dispensarem de obedecer ao chefe de hoje. Quando se leem os textos do cerimonial da coroação dos Pontífices, é possível observar que ninguém confere ao eleito pelo Conclave os poderes da sua dignidade: o sucessor de Pedro recebe esses poderes diretamente de Cristo. Quando falamos do Sumo Pontífice, devemos banir do nosso vocabulário termos procedentes das assembleias parlamentares ou das polêmicas jornalísticas, e não devemos deixar aos estranhos à nossa fé o cuidado de nos revelarem o prestígio que possui no mundo o Chefe da cristandade"[20].

E não haverá respeito e amor verdadeiro ao Papa se não houver uma obediência fiel, interna e externa, aos seus ensinamentos e à sua doutrina. Os bons filhos escutam com veneração mesmo os simples conselhos do Pai comum e procuram pô-los sinceramente em prática.

No Papa devemos, pois, ver aquele que está no lugar de Cristo no mundo: o "doce Cristo na terra", como costumava chamá-lo Santa Catarina de Sena; e amá-lo e escutá-lo, porque na sua voz está a verdade. Faremos com que as suas palavras cheguem a todos os cantos do mundo, sem deformações, para que — tal como em relação a Cristo, quando andava na terra — muitos desorientados pela ignorância e pelo erro descubram a verdade e muitos aflitos recobrem a esperança. Dar a conhecer os ensinamentos pontifícios é parte da tarefa apostólica do cristão.

Podem aplicar-se ao Papa aquelas palavras de Jesus: *Quem permanece em mim, e eu nele, esse dá muito fruto; porque sem mim nada podeis fazer*[21]. Sem essa união, todos os frutos seriam aparentes e vazios e, em muitos casos, amargos e prejudiciais a todo o Corpo Místico de Cristo. Pelo contrário, se estivermos muito unidos ao Papa, não nos faltarão motivos, diante da tarefa apostólica que nos espera, para o otimismo que se refletem nestas palavras: "Com alegria te abençoo, meu filho, por essa fé na tua missão de apóstolo que te levou a escrever: «Não há dúvida; o futuro é garantido, apesar de nós talvez. Mas é preciso que formemos uma só coisa com a Cabeça — *ut omnes unum sint!* —, pela oração e pelo sacrifício»"[22].

(1) *Antífona da comunhão* da Missa do quarto domingo do Tempo Pascal; (2) 1 Pe 2, 25; (3) *Oração coleta* da Missa do quarto domingo do Tempo Pascal; (4) *ib.*; (5) cf. Jo 10, 10; (6) cf. Jo 10, 9-10; (7) cf. Jo 10, 16; (8) cf. Jo 10, 29; (9) 1 Pe 5, 4; (10) cf. Jo 21, 15-17; (11) Lc 22, 32;

(12) Conc. Vat. II, Const. *Lumen gentium*, 18; (13) 1 Cor 3, 11; (14) Conc. Vat. I, Const. *Pastor aeternus*, cap. 2; (15) cf. At 12, 1-2; (16) São João Crisóstomo, *Hom. sobre os Atos dos Apóstolos*, 26; (17) *Enchiridium indulgentiarum*, 1986, n. 39. Oração *pro Pontifice*; (18) São Josemaria Escrivá, *Caminho*, n. 573; (19) São Josemaria Escrivá, Homilia *Lealdade à Igreja*, 4-VI-1972; (20) G. Chevrot, *Simão Pedro*, pp. 78-79; (21) Jo 15, 5; (22) São Josemaria Escrivá, *Caminho*, n. 968.

TEMPO PASCAL. QUARTA SEMANA. SEGUNDA-FEIRA

69. DESEJOS DE SANTIDADE

— Querer ser santo é o primeiro passo necessário para percorrer o caminho até o fim. Desejos sinceros e eficazes.
— O aburguesamento e a tibieza matam os desejos de santidade. Estar vigilantes.
— Contar com a graça de Deus e com o tempo. Evitar o desânimo na luta por melhorar.

I. *COMO A CORÇA ANSEIA pelas águas vivas, assim a minha alma suspira por vós, ó meu Deus. Minha alma tem sede de Deus, do Deus vivo; quando irei e contemplarei a face de Deus?*[1] Assim rezamos na liturgia da Missa de hoje. A corça que procura saciar a sua sede na fonte é a figura que o salmista emprega para descrever o desejo de Deus que se aninha no coração do homem reto: sede de Deus, ânsias de Deus! Eis a aspiração de quem não se conforma com os êxitos oferecidos pelo mundo para satisfazer os sonhos humanos.

De que serve ao homem ganhar o mundo inteiro, se vier a perder a sua alma?[2] Esta pergunta de Jesus situa-nos de um modo radical perante o grandioso horizonte da nossa vida, de uma vida cuja razão última está em Deus. *Minha alma tem sede de Deus!* Os santos foram homens e mulheres que, no meio de todos os seus defeitos, tiveram um grande desejo de saciar-se de Deus. Cada um de nós pode perguntar-se: tenho verdadeiramente desejos de ser santo? Mais ainda: gostaria de ser santo? A resposta, sem dúvida, será afirmativa: sim. Mas devemos procurar que não seja uma resposta teórica, porque, para alguns, a santidade pode ser "um ideal inacessível, um lugar comum da ascética, mas não um fim concreto, uma realidade viva"[3]. Nós queremos torná-la realidade com a graça do Senhor.

Assim a minha alma suspira por vós, ó meu Deus. Temos que começar por fomentar na nossa alma o desejo de santidade, dizendo ao Senhor: "Sim, quero ser santo"; ou ao menos, se me vejo débil e fraco, "quero ter desejos de ser santo". E para que a dúvida se dissipe, para que a santidade não fique num som vazio, fixemos o nosso olhar em Cristo: "O Senhor Jesus, Mestre e Modelo divino de toda a perfeição, pregou a todos e a cada um dos discípulos de qualquer condição a santidade de vida, da qual Ele mesmo é o autor e consumador, dizendo: *Sede, portanto, perfeitos, como também vosso Pai celestial é perfeito* (Mt 5, 48)"[4].

Ele é o iniciador. Se não fosse assim, nunca nos passaria pela cabeça a possibilidade de aspirar à santidade. Mas Jesus estabelece-a como um preceito: *Sede perfeitos*, e por isso não é de estranhar que a Igreja faça ressoar com força essas palavras ao ouvido dos seus filhos: "Todos os fiéis cristãos estão, pois, convidados e obrigados a procurar a santidade e a perfeição dentro do seu estado"[5].

Como consequência, que clara deve ser a nossa ânsia de santidade! Na Sagrada Escritura, o profeta Daniel é chamado *vir desideriorum*, "varão de desejos"[6]. Oxalá cada um de nós merecesse esse nome! Porque ter desejos, querer ser santo, é o passo necessário para tomar a decisão de empreender o caminho com o firme propósito de percorrê-lo até o fim: "... ainda que me canse, ainda que não possa, ainda que arrebente, ainda que morra"[7].

"Deixa que a tua alma se consuma em desejos... Desejos de amor, de esquecimento próprio, de santidade, de Céu... Não te detenhas a pensar se chegarás alguma vez a vê-los realizados, como te sugerirá algum sisudo conselheiro; aviva-os cada vez mais, porque o Espírito Santo diz que Lhe agradam os «varões de desejos». — Desejos operantes, que tens de pôr em prática na tarefa cotidiana"[8].

Portanto, é preciso que examinemos se os nossos desejos de santidade são sinceros e eficazes; mais ainda, se os encaramos como uma "obrigação" — como vimos que diz o Concílio Vaticano II —, em resposta aos requerimentos divinos. À luz desse exame, talvez achemos a explicação para tanta fraqueza, para tanta falta de vontade na luta interior. "Dizes que sim, que queres. — Está bem. — Mas... queres como um avaro quer o seu ouro, como uma mãe quer ao seu filho, como um ambicioso quer as honras, ou como um pobre sensual quer o seu prazer? — Não? Então não queres"[9].

II. A CONVERSÃO DO CENTURIÃO Cornélio, que se lê na primeira leitura da Missa, demonstra que Deus não faz distinção de pessoas. São Pedro explica aos outros apóstolos o que lhe aconteceu: *O Espírito Santo desceu sobre eles, assim como no princípio descera sobre nós*[10].

A força do Espírito Santo não conhece limites nem barreiras, como não as conheceu no caso de Cornélio, que não pertencia à raça nem ao povo judeu. Também não as conhece na nossa vida pessoal: por um lado, temos que desejar ser santos; por outro, *se Deus não edifica a casa, em vão trabalham os que a constroem*[11]. A humildade far-nos-á contar sempre e antes de mais nada com a graça de Deus. Depois, virá o nosso esforço pessoal por adquirir virtudes e, juntamente com esse esforço, o nosso empenho apostólico, pois não podemos pensar numa santidade pessoal que ignore os outros, pois isso seria um contrassenso; e, por último, o nosso desejo de estar com Cristo na Cruz, quer dizer, de ser mortificados, de não rejeitar o sacrifício nem em coisas pequenas nem, se for preciso, nas grandes.

Temos que estar prevenidos para não nos aproximarmos de Deus com regateios, querendo tornar compatível o amor a Deus com aquilo que não lhe agrada. Devemos esforçar-nos por alimentar continuamente na oração os nossos desejos de santidade, pedindo a Deus a graça de saber lutar todos os dias, de saber descobrir no exame de consciência em que pontos o nosso amor se está apagando. Os desejos de santidade tornar-se-ão realidade mediante o cumprimento delicado dos nossos atos de piedade, sem abandoná-los nem adiá-los seja por que motivo for, sem nos deixarmos levar pelo estado de ânimo nem pelos sentimentos, pois "a alma que ama a Deus de verdade não deixa, por preguiça, de fazer o que pode para encontrar o Filho de Deus, seu Amado. E depois de ter feito tudo o que pode, não fica satisfeita, pois pensa que não fez nada"[12].

A humildade é a virtude que não nos deixará dar-nos ingenuamente por satisfeitos com o que já fizemos, nem nos deixará ficar somente em desejos teóricos, pois sempre nos fará ver que podemos fazer mais para traduzir esses desejos em obras de amor, impedindo que a realidade dos nossos pecados, ofensas e negligências deite por terra os nossos sonhos. A humildade não corta as asas dos desejos, mas faz-nos compreender a necessidade de recorrermos a Deus para convertê-los em realidade. Com a graça divina, faremos tudo o que estiver ao nosso alcance para que as virtudes se desenvolvam na nossa alma, de modo a afastarmos os obstáculos, a evitarmos as ocasiões de pecar e a resistirmos com valentia às tentações.

III. *MINHA ALMA tem sede de Deus, do Deus vivo*. Mas será compatível essa sede com a consciência dos nossos defeitos e mesmo das nossas quedas? Sim, porque não são santos os que nunca pecaram, mas *os que sempre se levantaram*. Renunciar à santidade porque nos vemos cheios de defeitos é uma manifestação disfarçada de soberba e uma evidente covardia, que acabará por afogar os nossos desejos de Deus. "Abater-se demasiado e sucumbir perante as adversidades é próprio de uma alma covarde e que não tem a vigorosa virtude de confiar nas promessas do Senhor"[13].

Deixar Deus, abandonar a luta porque temos defeitos ou porque existem adversidades é um grave erro, uma tentação muito sutil e muito perigosa, que nos pode levar a essa manifestação de soberba que é a pusilanimidade, a falta de ânimo e valor para tolerar as desgraças ou para tentar realizar coisas grandes. Talvez precisemos de não criar falsas ilusões, porque quereríamos ser santos em um só dia, e isso não é possível, a não ser que Deus decida fazer um milagre, que não tem por que fazê-lo, pois nos dá contínua e progressivamente — pelos canais ordinários — as graças de que necessitamos.

O desejo de sermos santos, quando é eficaz, consiste num impulso consciente e decidido que nos leva a usar de todos os meios para alcançar a santidade. Sem desejos, não há nada a fazer; nem sequer se tenta. Mas somente com desejos não se vai a parte nenhuma. "É preciso, pois, ter paciência, e não pretender desterrar num só dia tantos maus hábitos que adquirimos pelo pouco cuidado que tivemos com a nossa saúde espiritual"[14].

Deus conta com o tempo e é paciente com cada um de nós. Se desanimamos com a lentidão do nosso avanço espiritual, temos que lembrar-nos de como é péssimo afastar-se do bem, deter-se diante das dificuldades e descoroçoar-se com os defeitos próprios. Precisamente nessas circunstâncias é que Deus nos pode conceder mais luzes para examinarmos melhor a nossa consciência e para empreendermos com mais ânimo a luta em muitos outros pontos de batalha, lembrando-nos de que os santos sempre se consideraram grandes pecadores e justamente por isso procuraram aproximar-se mais de Deus por meio da oração e da mortificação, confiantes na misericórdia divina: "Esperemos com paciência que haveremos de melhorar e, ao invés de nos inquietarmos por termos feito pouco no passado, procuremos com diligência fazer mais no futuro"[15].

Como a corça anseia pelas águas vivas, assim a minha alma suspira por vós, ó meu Deus. Mantenhamos vivo o desejo de Deus; alimentemos todos os dias a fogueira da nossa fé e da nossa esperança com o fogo do amor a Deus, que aviva as nossas virtudes e queima a nossa miséria, e saciaremos a nossa sede de santidade em águas que saltam até a vida eterna[16].

(1) Sl 41; *Salmo responsorial* da Missa da segunda-feira da quarta semana do Tempo Pascal; (2) Mt 16, 26; (3) São Josemaria Escrivá, *É Cristo que passa*, n. 96; (4) Conc. Vat. II, Const. *Lumen gentium*, 40; (5) *ib.*, 42; (6) Dn 9, 23; (7) Santa Teresa, *Caminho de perfeição*, 21, 2; (8) São Josemaria Escrivá, *Sulco*, n. 628; (9) São Josemaria Escrivá, *Caminho*, n. 316; (10) At 11, 15-17; (11) Sl 126, 1; (12) São João da Cruz, *Cântico espiritual*, 3, 1; (13) São Basílio, *Homilias sobre a alegria*; em F. Fernandez-Carvajal, *Antologia de textos*, n. 1781; (14) J. Tissot, *A arte de aproveitar as próprias faltas*, p. 14; (15) *ib.*, pp. 24-25; (16) cf. Jo 4, 14.

TEMPO PASCAL. QUARTA SEMANA. TERÇA-FEIRA

70. PRIMEIROS CRISTÃOS. UNIVERSALIDADE DA FÉ

— A rápida propagação do cristianismo. Os primeiros cristãos santificaram-se no meio do ambiente em que encontraram Cristo.
— Cidadãos exemplares no meio do mundo. Levar Cristo a todos os ambientes.
— Costumes cristãos no seio da família.

I. "NOSSO SENHOR funda a sua Igreja sobre a fraqueza — mas também sobre a fidelidade — de uns homens, os apóstolos, aos quais promete a assistência constante do Espírito Santo [...]. A pregação do Evangelho não surge na Palestina por iniciativa pessoal de alguns homens fervorosos. O que é que os apóstolos podiam fazer? Não contavam nada no seu tempo; não eram ricos, nem cultos, nem heróis do ponto de vista humano. Jesus coloca sobre os ombros desse punhado de discípulos uma tarefa imensa, divina"[1].

Quem tivesse contemplado sem sentido sobrenatural os começos apostólicos daquele pequeno grupo, teria concluído que se tratava de uma iniciativa destinada ao fracasso. Não obstante, esses homens tiveram fé, foram fiéis e começaram a pregar por toda a parte aquela doutrina insólita que chocava frontalmente com muitos costumes pagãos; em pouco tempo o mundo soube que Jesus Cristo era o Redentor do mundo.

Desde o princípio, a Boa-nova é pregada a todos os homens, sem discriminação alguma. Os que se tinham dispersado com a perseguição provocada pela morte de Estêvão — lemos na Missa de hoje[2] — chegaram até a Fenícia, Chipre e Antioquia. Nesta cidade, foram tantas as conversões que foi ali que pela primeira vez se deu o nome de *cristãos* aos discípulos do Senhor. Poucos anos depois, encontramos seguidores de Cristo em Roma e em todas as regiões do Império.

Nos começos, a fé cristã arraigou principalmente entre pessoas de condição modesta: soldados, cardadores de lã, escravos, comerciantes. *Vede, irmãos* — escrevia São Paulo —, *quem são os que foram chamados à fé entre vós: não há muitos sábios segundo a carne, nem muitos poderosos, nem muitos nobres...*[3]

Para Deus, não há distinção de pessoas, e os primeiros chamados — ignorantes e débeis aos olhos humanos — foram os instrumentos que o Senhor utilizou para a expansão da Igreja. Assim ficou mais patente que a eficácia era divina. Isto não quer dizer que não houvesse entre os primeiros cristãos pessoas cultas, sábias, importantes — um ministro etíope, centuriões, homens como Apolo e Dionísio Areopagita, mulheres como Lídia —, mas eram poucos dentro do grande número dos convertidos à nova fé. São Tomás comenta que "também pertence à glória de Deus o fato de que Ele tenha atraído a Si os sublimes do mundo através de pessoas simples"[4].

Os primeiros cristãos exerciam todas as profissões correntes no seu tempo, a não ser aquelas que podiam trazer algum perigo para a sua fé, como as de "intérpretes de sonhos", adivinhos, guardas dos templos... E embora a vida pública estivesse permeada de práticas religiosas pagãs, cada um permaneceu no lugar e profissão em que a fé o encontrou, esforçando-se por dar o seu tom ao ambiente em que vivia, por ter uma conduta exemplar, sem fugir do convívio — antes pelo contrário — com os vizinhos e concidadãos. Estavam presentes no foro, no mercado, no exército... "Nós, cristãos — dirá Tertuliano —, não vivemos afastados do mundo; frequentamos o foro, as termas, as oficinas, as lojas, os mercados e as praças públicas. Exercemos os ofícios de marinheiro, de soldado, de agricultor, de negociante..."[5]

O Senhor recorda-nos que também nos dias de hoje Ele nos chama a todos, sem estabelecer distinções de profissão, de raça ou de condição social. "Como te inspiram compaixão!... Quererias gritar-lhes que estão perdendo o tempo... Por que são tão cegos e não percebem o que tu — miserável — já viste? Por que não hão de preferir o melhor?

"— Reza, mortifica-te, e depois — tens obrigação disso! — desperta-os um a um, explicando-lhes — também um a um — que, tal como tu, podem encontrar um caminho divino, sem abandonar o lugar que ocupam na sociedade"[6].

Foi o que fizeram os nossos primeiros irmãos na fé.

II. NOS FINS DO SÉCULO II, os cristãos estão já espalhados por todo o Império: "Não há raça alguma de homens, chamem-se bárbaros, gregos ou outra coisa, quer habitem em casas ou sejam nômadas sem lugar para morar ou morando em tendas de pastores, entre os quais não se ofereçam pelo nome de Jesus crucificado orações e ações de graças ao Pai, Criador de todas as coisas"[7].

Os fiéis cristãos não fogem do mundo para procurarem o Senhor em plenitude: consideram-se parte integrante desse mundo, que por outro lado procuram vivificar por dentro, com a sua oração, com o seu exemplo, com uma caridade magnânima: "O que é a alma para o corpo, isso são os cristãos para o mundo"[8]. Vivificaram o seu mundo — que em muitos aspectos tinha perdido o sentido da dignidade humana — sendo cidadãos como os outros e sem distinguir-se deles nem pelo modo de vestir, nem por insígnias, nem por mudarem de cidadania[9].

Não somente são cidadãos, como procuram ser exemplares: "Obedecem às leis, mas com a sua vida vão além das leis"[10]. Honram a autoridade civil, pagam os impostos e cumprem as demais obrigações sociais. E isto, tanto em épocas de paz como em períodos de perseguição e de ódio manifesto. São Justino, em meados do século II, descreve o heroísmo com que os primeiros cristãos viviam as virtudes cívicas:

"Como aprendemos dEle (de Cristo), procuramos pagar os tributos e as contribuições, íntegra e prontamente, aos vossos encarregados [...]. Adoramos somente a Deus, mas vos obedecemos com gosto em todas as demais coisas, reconhecendo abertamente que sois os reis e os governantes dos homens, e pedindo na oração que, juntamente com o poder imperial, encontreis também uma arte de governo repleta de sabedoria"[11]. E Tertuliano, que atacava com veemência a degenerescência do mundo pagão, escrevia que os fiéis oravam nas suas assembleias pelo imperador, pelos seus ministros e autoridades, pelo bem-estar temporal e pela paz do Império[12].

Seja em que época for, os cristãos não podem viver de costas para a sociedade de que fazem parte. Enraizados no coração do mundo, hão de procurar cumprir responsavelmente as suas tarefas pessoais, para impregná-las por dentro de um espírito novo, de caridade cristã. Quanto mais longe de Cristo estiver determinado ambiente, tanto mais urgente será a presença dos cristãos nesse lugar, para condimentá-lo com o sal de Cristo e devolver ao homem a sua dignidade tantas vezes perdida. "Para seguir as pegadas de Cristo, o apóstolo de hoje não vem reformar nada, e muito menos desentender-se da realidade histórica que o rodeia... — Basta-lhe atuar como os primeiros cristãos, vivificando o ambiente"[13].

III. OS CAMINHOS QUE LEVARAM os primeiros cristãos à fé foram muito variados, e alguns deles extraordinários, como aconteceu com São Paulo[14]. Houve muitos que foram chamados pelo Senhor por meio do exemplo de um mártir, mas a maioria chegou a conhecer a Boa-nova através de alguns companheiros de trabalho, de prisão, de viagem etc. E já na época apostólica se tornou costume batizar as crianças mesmo antes de chegarem ao uso da razão. São Paulo, à semelhança dos outros apóstolos, batizou famílias inteiras. Dois séculos mais tarde, Orígenes podia escrever: "A Igreja recebeu dos apóstolos o costume de administrar o Batismo mesmo às crianças"[15].

As casas dos primeiros fiéis, externamente iguais às outras, converteram-se em lares cristãos. Os pais transmitiam a fé aos seus filhos, e estes aos deles, e assim a família se converteu num pilar fundamental da consolidação da fé e dos costumes cristãos. Repletos de caridade, os lares cristãos eram recantos de paz no meio das incompreensões externas, das calúnias, da perseguição. No lar, aprendia-se a oferecer o dia a Deus, a dar-lhe graças, a abençoar os alimentos, a orar na escassez e na abundância.

Os ensinamentos dos pais brotavam com naturalidade ao ritmo da vida, e assim a família cumpria a sua função educadora. São João Crisóstomo dá estes conselhos a um casal cristão: "Mostra à tua mulher que aprecias muito viver com ela e que por ela preferes ficar em casa a andar pela rua. Prefere-a a todos os teus amigos e mesmo aos filhos que ela te deu; ama esses filhos por amor dela [...]. Fazei juntos as vossas orações [...] Aprendei o temor de Deus; todas as outras coisas fluirão daí como de uma fonte e a vossa casa se encherá de inumeráveis bens"[16]. Houve também casos em que o foco de expansão do cristianismo na família era uma filha ou um filho: atraíam os outros irmãos à fé, depois os pais, e estes os tios..., acabando por aproximar os próprios avós.

Os costumes cristãos que se podem viver numa família são muitos: a recitação do terço, os quadros ou imagens de Nossa Senhora, a bênção dos alimentos... e muitos outros. Se soubermos praticá-los, contribuirão para que se respire sempre no lar um clima amável, de família cristã, onde os filhos, desde pequenos, aprenderão com naturalidade a tratar com Deus e com a sua Mãe Santíssima.

(1) São Josemaria Escrivá, *Lealtad a la Iglesia*, Palabra, Madri, 1985; (2) cf. At 11, 19-20; (3) 1 Cor 1, 26; (4) São Tomás, *Comentário à 1ª Carta aos Corintios*; (5) Tertuliano, *Apologético*, 42; (6) São Josemaria Escrivá, *Sulco*, n. 182; (7) São Justino, *Diálogo com Trifon*, 117, 5; (8) *Epístola a Diogneto*, 6, 1; (9) cf. *ib.*, 5, 1-11; (10) *ib.*, 5, 10; (11) São Justino, *Apologia 1*, 17; (12) cf. Tertuliano, *Apologético*, 39, 1 e segs.; (13) São Josemaria Escrivá, *Sulco*, n. 320; (14) cf. At 9, 1-19; (15) Origenes, *Com. à carta aos Romanos*, 5, 9; (16) São João Crisóstomo, *Hom. 20 sobre a carta aos Efésios.*

71. AÇÕES DE GRAÇAS

— O agradecimento a Deus por todos os bens é uma manifestação de fé, de esperança e de amor. Inúmeros motivos para sermos agradecidos.
— Ver a bondade de Deus na nossa vida. A virtude humana da gratidão.
— A *ação de graças* depois da Santa Missa e da Comunhão.

I. *EU VOS LOUVAREI, ó Senhor, entre as nações; contarei a vossa fama aos meus irmãos. Aleluia*[1], rezamos na antífona de entrada da Missa.

A Sagrada Escritura convida-nos constantemente a dar graças a Deus; os hinos, os Salmos e as palavras de todos os homens justos estão cheios de louvor e de agradecimento a Deus. *Bendiz, ó minha alma, o Senhor, e não te esqueças de nenhum dos seus benefícios*[2], diz o salmista.

O agradecimento é uma forma extraordinariamente bela de nos relacionarmos com Deus. É um modo de orar muito grato ao Senhor, pois antecipa de alguma maneira o louvor que lhe daremos para sempre na eternidade. Chamamos precisamente *ação de graças* ao sacramento da Sagrada Eucaristia, porque nela antecipamos aquela união que será o cerne da bem-aventurança eterna.

No Evangelho, vemos como o Senhor se queixa da ingratidão de uns leprosos que não sabem ser agradecidos: depois de terem sido curados, já não se lembram de quem lhes devolveu a saúde, e com ela a família, o trabalho..., a vida. E Jesus fica à espera deles[3]. Do mesmo modo, sofre pela cidade de Jerusalém, que não percebe a infinita misericórdia com que Deus a visita[4], nem o dom que lhe faz ao procurar juntá-la como a galinha junta os seus pintainhos debaixo das asas[5].

Agradecer é uma forma de exprimirmos a nossa fé, pois reconhecemos o Senhor como fonte de todos os bens; é uma manifestação de esperança, pois afirmamos que nEle residem todos os bens; e conduz ao amor[6] e à humildade, pois nos reconhecemos pobres e necessitados. São Paulo exortava encarecidamente os primeiros cristãos a serem agradecidos: *Dai graças, porque isto é o que Deus quer que façais em Jesus Cristo*[7]; e considera a ingratidão como uma das causas do paganismo[8].

"São Paulo — diz São João Crisóstomo — dá graças em todas as suas cartas por todos os benefícios da terra. Demo-las nós também pelos benefícios próprios e alheios, pelos pequenos e pelos grandes"[9]. Um dia, quando estivermos na presença de Deus para sempre, entenderemos com total clareza que não só lhe devemos a nossa existência, mas ainda que toda ela esteve repleta de cuidados, graças e benefícios do Senhor, tão abundantes "que ultrapassam em número as areias do mar"[10]. Perceberemos que tivemos inúmeros motivos de agradecimento a Deus. Só quando a fé se apaga é que se deixam de ver esses bens e essa grata obrigação.

"Habitua-te a elevar o coração a Deus em ação de graças, muitas vezes ao dia. — Porque te dá isto e aquilo. — Porque te desprezaram. — Porque não tens o que precisas, ou porque o tens.

"Porque fez tão formosa a sua Mãe, que é também tua Mãe. — Porque criou o Sol e a Lua e este animal e aquela planta. — Porque fez aquele homem eloquente e a ti te fez difícil de palavra...

"Dá-Lhe graças por tudo, porque tudo é bom"[11].

II. O SENHOR ENSINOU-NOS a ser agradecidos até pelos menores favores: *Nem um copo de água que derdes em meu nome ficará sem recompensa*[12]. O samaritano que voltou para agradecer a sua cura partiu com um dom ainda maior: a fé e a amizade do Senhor. *Levanta-te e vai, a tua fé te salvou*[13], disse-lhe Jesus. Os nove leprosos desagradecidos ficaram sem a melhor parte que o Senhor lhes reservara. Deus espera que nós, cristãos, nos aproximemos dEle todos os dias para lhe dizer muitas vezes: "Obrigado, Senhor!"

Como virtude humana, a gratidão constitui um vínculo eficaz entre os homens e revela com bastante exatidão a qualidade interior da pessoa. "É de bem nascidos ser agradecidos", diz o refrão popular. E a falta desta virtude torna difícil a convivência humana. Quando somos agradecidos, guardamos a recordação afetuosa de um benefício que nos fizeram, ainda que pequeno, e ficamos desejosos de retribuí-lo de alguma maneira. Muitas vezes, apenas poderemos dizer "obrigado" ou coisa parecida. Mas a alegria que pusermos nesse gesto mostrará todo o nosso agradecimento.

A pessoa agradecida a Deus também o é em relação aos outros. Sabe enxergar e agradecer com maior facilidade os pequenos favores que lhe prestam. O soberbo, que só pensa nas suas coisas, é incapaz de agradecer; acha que tudo o que recebe não passa de um direito.

Se estivermos atentos a Deus e aos outros, apreciaremos no nosso próprio lar muitos motivos de agradecimento: que a casa esteja limpa e em ordem, que alguém tenha fechado as janelas para que não entre o frio, o calor ou a chuva, que a roupa esteja limpa e bem passada... E se por vezes uma ou outra destas coisas não está como esperávamos, saberemos desculpar, porque é infinitamente maior o número de coisas gratas e favores que recebemos.

E ao sairmos à rua, o porteiro merece o nosso agradecimento por guardar o prédio, e merece-o o empregado da farmácia que nos aviou a receita, e os que compõem e imprimem o jornal e passaram a noite trabalhando, e o motorista do ônibus... Toda a convivência humana está cheia de pequenos serviços mútuos, e como seria diferente essa convivência se, além de pagarmos e cobrarmos o que é justo em cada caso, também soubéssemos agradecer! A gratidão é própria dos que têm o coração grande.

III. AS AÇÕES DE GRAÇAS frequentes devem impregnar o nosso relacionamento diário com o Senhor, porque estamos rodeados dos seus cuidados e favores: "A graça inunda-nos"[14]. Mas há um momento muito extraordinário em que o Senhor nos cumula dos seus dons, e em que devemos mostrar-nos especialmente agradecidos: a ação de graças depois da Missa.

O nosso diálogo com Jesus Cristo nesses minutos após a Comunhão deve ser especialmente íntimo, simples e alegre. Não podem faltar os atos de adoração, de agradecimento, de humildade, de desagravo, bem como os pedidos. "Os santos têm-nos dito muitas vezes que a ação de graças sacramental é para nós o momento mais precioso da vida espiritual"[15].

Nesses momentos, devemos fechar a porta do nosso coração a tudo aquilo que não seja o Senhor, por mais importante que possa ser ou parecer. Umas vezes, ficaremos a sós com Ele, e as palavras não serão necessárias; bastará saber que Ele está na nossa alma e nós nEle. Não será preciso muito para estarmos profundamente agradecidos, contentes, e experimentarmos a verdadeira amizade com o Amigo. Por ali perto estarão os anjos, que o adoram na nossa alma... Nesses momentos, a alma é o que nesta terra mais se assemelha ao Céu. Como podemos estar pensando em outras coisas?...

Outras vezes, servir-nos-emos dessas orações que se incluem nos devocionários, e que alimentaram a piedade de gerações de cristãos durante séculos: *Te Deum, Trium puerorum, Adoro te devote, Alma de Cristo...*, e muitas outras, que os santos e os bons cristãos que amaram de verdade o Senhor Sacramentado nos deixaram para alimento da nossa piedade.

"O amor a Cristo, que se oferece por nós, incita-nos a saber encontrar, uma vez terminada a Missa, alguns minutos para uma ação de graças pessoal e íntima, que prolongue no silêncio do coração essa outra ação de graças que é a Eucaristia. Como havemos de nos dirigir a Ele, como falar-lhe, como comportar-nos? A vida cristã não se compõe de normas rígidas [...]. Penso, não obstante, que em muitas ocasiões o nervo do nosso diálogo com Cristo, da ação de graças após a

Santa Missa, pode ser a consideração de que o Senhor é para nós Rei, Médico, Mestre e Amigo"[16].

Rei, porque nos resgatou do pecado e nos transferiu para o reino da luz. Pedimos-lhe que reine no nosso coração, nas palavras que pronunciarmos nesse dia, no trabalho que lhe queremos oferecer, nos nossos pensamentos, em cada uma das nossas ações.

Médico, porque junto dEle encontramos o remédio para todas as nossas doenças. Abeiramo-nos da Comunhão como se aproximavam dEle os cegos, os surdos, os paralíticos... E não esquecemos que temos na nossa alma, à nossa disposição, a Fonte de toda a vida. Ele é a *Vida*.

Mestre, e reconhecemos que Ele tem palavras de vida eterna... e em nós existe tanta ignorância! Ele ensina sem cessar, mas nesses minutos após a Comunhão devemos permanecer atentos. Se estivéssemos com a imaginação, a memória e os sentidos dispersos..., não o ouviríamos.

Amigo, o verdadeiro Amigo, de quem aprendemos o que é a amizade. Contamos-lhe o que se passa conosco, e sempre obtemos uma palavra de alento, de consolo... Ele nos entende bem. Pensemos que está dentro de nós com a mesma presença real com que está no Céu, pensemos que os anjos o rodeiam... Vez por outra, pediremos a ajuda do nosso Anjo da Guarda: "Dá-lhe graças por mim, pois sabes fazê-lo melhor".

Nenhuma criatura como a Virgem, que trouxe em seu seio durante nove meses o Filho de Deus, poderá ensinar-nos a tratá-lo melhor na ação de graças depois da Comunhão. Recorramos a Ela.

(1) Sl 17, 50; 12, 23; *Antífona de entrada* da Missa da quarta-feira da quarta semana do Tempo Pascal; (2) Sl 102, 2; (3) cf. Lc 17, 11 e segs.; (4) cf. Lc 19, 44; (5) cf. Mt 23, 37; (6) cf. São Tomás, *Suma teológica*, 2-2, q. 101, a. 3; (7) 1 Ts 5, 17; (8) cf. Rm 1, 18-32; (9) São João Crisóstomo, *Hom. sobre São Mateus*, 25, 4; (10) *ib.*; (11) São Josemaria Escrivá, *Caminho*, n. 268; (12) Mt 10, 42; (13) Lc 17, 19; (14) Ch. Journet, *Meditações sobre a graça*, p. 17; (15) R. Garrigou-Lagrange, *Las tres edades de la vida interior*, p. 489; (16) São Josemaria Escrivá, *É Cristo que passa*, n. 92.

TEMPO PASCAL. QUARTA SEMANA. QUINTA-FEIRA

72. APRENDER A DESCULPAR

— As pessoas podem mudar. Não fazer juízos inamovíveis sobre elas, baseados na sua atuação externa.
— Desculpar e esquecer. Refazer os laços de amizade.
— Apesar das nossas hesitações e fraquezas, podemos ser bons instrumentos do Senhor se formos humildes.

I. A PRIMEIRA LEITURA DA MISSA narra-nos um incidente entre os colaboradores que acompanhavam São Paulo na evangelização.

Quando Paulo e os seus companheiros navegaram de Pafos para Perge da Panfília, João separou-se deles e voltou para Jerusalém[1]. Este João, *também chamado Marcos*, era primo de Barnabé, o apóstolo inseparável de Paulo e uma das colunas em que se apoiava o trabalho de difusão da fé entre os gentios. Desde muito jovem, Marcos tinha presenciado a intensa atividade dos primeiros cristãos de Jerusalém e conhecera-os na sua intimidade; a sua mãe fora uma das primeiras a ajudar Jesus e os Doze. Era razoável que Barnabé pensasse no seu primo e o quisesse iniciar nas tarefas de propagação do Evangelho sob a sua direção e a de São Paulo[2]. Mas, naquela viagem, Marcos perdeu o ânimo e voltou para casa, abandonando os seus companheiros. Não se sentiu com forças e fez marcha-à-ré.

Ao preparar a segunda viagem apostólica para visitar os irmãos que haviam recebido a fé, Barnabé quis novamente levar Marcos consigo. *Paulo, porém, achava que não devia ser admitido quem se tinha separado deles na Panfília e não os havia acompanhado no ministério*[3]. São Paulo não estava disposto a ter por companheiro de missão aquele que já lhes tinha falhado uma vez. Produziu-se então uma tal discrepância entre ambos que tiveram que separar-se. *Barnabé tomou consigo Marcos e navegou para Chipre, enquanto Paulo escolheu Silas e partiu recomendado pelos irmãos à graça do Senhor*[4]. A discussão e a disparidade de critérios deve ter sido grande para chegar a causar a separação. "Paulo, mais severo, e Barnabé, mais benigno — comenta São Jerônimo —, mantêm cada um o seu ponto de vista. A discussão deixa entrever a fragilidade humana"[5].

Apesar de tudo, São Paulo, um homem de coração imenso, sacrificado até o extremo, não mantém um juízo inamovível sobre Marcos. Anos mais tarde, vemo-lo acolher Marcos como seu colaborador íntimo[6], e achar *profundo consolo*[7] na sua companhia: *Saúda-vos Aristarco, meu companheiro de prisão, e Marcos, primo de Barnabé, a respeito do qual já recebestes instruções. Se este for ter convosco, acolhei-o bem [...]*[8]. Mais adiante, São Paulo pedirá a Timóteo que lhe traga Marcos, pois lhe será *muito útil para o ministério*[9]. Em poucos anos, Marcos passa a ser um amigo e colaborador eficaz, que serve de apoio ao Apóstolo nos momentos difíceis.

As pessoas podem mudar, e, quando temos que julgar a sua conduta externa — só Deus conhece as intenções —, nunca devemos formar juízos fixos e inabaláveis sobre elas. O Senhor nos quer como somos, mesmo com os nossos defeitos, quando lutamos por vencê-los. E, para mudar-nos, conta com a graça e com o tempo.

Ante os defeitos dos que nos rodeiam — às vezes evidentes, inegáveis —, não deve faltar nunca a caridade que move à compreensão e à ajuda. "Não poderíamos olhar os outros de maneira que os seus defeitos não nos descoroçoassem? Chegará um momento em que as feridas cicatrizarão [...]. Talvez muitas das coisas que nos entristeceram no dia de hoje ou nos últimos tempos venham a ser esquecidas. Temos defeitos, mas podemos amar-nos, porque somos irmãos, porque Cristo nos ama de verdade..., tal como somos"[10]. Que os defeitos daqueles com quem convivemos não nos distanciem deles.

II. SÃO PAULO DÁ-NOS EXEMPLO de saber esquecer, de saber refazer laços quebrados, de saber ser amigo. Por sua vez, Marcos é para nós um magnífico exemplo de humildade e de esperança. O episódio que levou Paulo e Barnabé a tomar caminhos diferentes, e que teve o evangelista por pomo da discórdia, deve ter causado neste uma profunda impressão e uma grande dor, tanto mais que Paulo gozava de grande prestígio pelo seu zelo incansável, pela sua sabedoria e santidade. Não obstante, Marcos também soube esquecer e, quando necessitaram dele, não se esquivou e acabou por servir de *consolo* a Paulo e por ser-lhe *muito útil* no exercício do ministério.

São Marcos soube esquecer e desculpar porque tinha uma alma grande e por isso foi um extraordinário instrumento da graça. "Que alma tão estreita a dos que guardam zelosamente a sua «lista de agravos»!... Com esses infelizes, é impossível conviver. — A verdadeira caridade, assim como não contabiliza os «constantes e necessários» serviços que presta, também não anota — «*omnia suffert*», tudo suporta — as desfeitas que padece"[11].

Se não formos humildes, tenderemos a fabricar a nossa lista de pequenos agravos que, embora pequenos, nos roubarão a paz, nos farão perder muitas energias e nos tornarão incapazes de acometer os grandes projetos que o Senhor prepara para os que permanecem unidos a Ele. A pessoa humilde tem o coração posto em Deus, e assim enche-se de alegria e de algum modo torna-se menos vulnerável; não se importa tanto com o que terão dito ou com o que terão querido dizer; esquece rapidamente e não anda ruminando as humilhações que qualquer homem ou mulher experimenta de uma forma ou de outra, por entre os mil incidentes da vida corrente.

Esta simplicidade, esta humildade, este não complicar a vida com "pontos de honra" suscitados pela soberba, este deixar de lado as possíveis injúrias, tudo isso dá à pessoa a grande capacidade de recomeçar depois de uma covardia ou de uma derrota. Depois da covardia ou do cansaço da primeira viagem, vemos São Marcos empreender novamente com Barnabé a tarefa apostólica, disposto a ser fiel sem condições.

O humilde sente-se facilmente irmão dos outros. Não só procura abrir-se ao convívio com as pessoas do seu meio, como recompõe a amizade se por qualquer motivo se rompeu ou esfriou. Assim se constroem diariamente as relações necessárias a toda a convivência. "Os que estão próximos uns dos outros apoiam-se mutuamente, e graças a eles surge o edifício da caridade [...]. Se eu, portanto, não faço o esforço de suportar o teu caráter, e se tu não te preocupas de suportar o meu, como poderá levantar-se entre nós o edifício da caridade se o amor mútuo não nos une na paciência? Num edifício, já o dissemos, cada pedra sustenta as outras e é por elas sustentada"[12].

III. ALÉM DAS SUAS TAREFAS apostólicas na expansão e consolidação das novas conversões, São Marcos foi colaborador muito íntimo de São Pedro, de São Paulo e de São Barnabé; segundo a tradição mais segura, foi também intérprete de São Pedro em Roma, tendo muito provavelmente traduzido para o grego e para o latim a pregação e os ensinamentos orais do Príncipe dos Apóstolos. E, sobretudo, foi um instrumento muito dócil à ação do Espírito Santo, tendo-nos deixado essa joia sem preço que é o segundo *Evangelho*.

Para nós, é um grande motivo de consolo e de esperança contemplar a figura deste evangelista, desde os seus primeiros passos até que chegou a ser instrumento valiosíssimo na primitiva Igreja e para sempre. Apesar das nossas fraquezas, das possíveis faltas e hesitações dos nossos anos pretéritos, podemos confiar, como Marcos, em que chegaremos a prestar abnegadamente um serviço útil à Igreja, com o auxílio da graça.

Que ajuda eficaz não terá o evangelista prestado a um São Paulo já ancião, preso em Roma! Quanta solicitude! Ambos encarnaram o que o Apóstolo das gentes tinha escrito aos cristãos de Corinto:... *A caridade é paciente, a caridade é benigna...*[13] A caridade é mais poderosa do que os defeitos das pessoas, do que as diversidades de caráter, do que tudo aquilo que pode ser obstáculo ao bom relacionamento com os outros. A caridade vence todas as resistências. Como tudo teria sido diferente se São Paulo tivesse ficado com o preconceito de que já não havia nada a esperar de Marcos porque este, certa vez, tivera medo, ou se cansara, ou passara por uns momentos de desânimo... e retornara a Jerusalém! Como tudo teria sido diferente também se Marcos tivesse ficado com o coração ferido e cheio de ressentimento porque o Apóstolo não quisera que o acompanhasse na segunda viagem!

Peçamos hoje à Virgem, nossa Mãe, que nunca guardemos dentro de nós as pequenas ou grandes ofensas de que sejamos alvo, pois faríamos muito mal ao nosso coração, ao nosso amor ao Senhor e à caridade com o próximo. Aprendamos de São Marcos a recomeçar, uma ou mil vezes, se por qualquer motivo temos um momento de desfalecimento ou de covardia.

(1) At 13, 13; (2) cf. *Santos Evangelhos, Intr. ao Evangelho segundo São Marcos*; (3) At 15, 37-38; (4) At 15, 39-40; (5) São Jerônimo, *Diálogo contra os pelagianos*, II, 17; (6) cf. Fil 24; (7) cf. Cl 4, 10 e segs.; (8) cf. Cl 4, 10-11; (9) Cf. 2 Tm 4, 11; (10) A. M. G. Dorronsoro, *Dios y la gente*, 2ª ed., Rialp, Madri, 1974, p. 150; (11) São Josemaria Escrivá, *Sulco*, n. 738; (12) São Gregório Magno, *Homilia sobre o profeta Ezequiel*; (13) cf. 1 Cor 13, 1 e segs.

TEMPO PASCAL. QUARTA SEMANA. SEXTA-FEIRA

73. LER E MEDITAR O EVANGELHO

— Como ler o Santo Evangelho com fruto.
— Contemplar nele a Santíssima Humanidade de Cristo.
— O Senhor fala-nos através dos Livros Sagrados. A palavra de Deus é sempre atual.

I. JESUS CRISTO é para cada homem *Caminho, Verdade e Vida*[1], anuncia-nos o Evangelho da Missa. Quem o conhece sabe da razão da sua vida e de todas as coisas; a nossa existência é um constante caminhar para Ele. E é no Evangelho que devemos aprender *a ciência suprema de Jesus Cristo*[2], o modo de imitá-lo e de seguir os seus passos. "Para aprender dEle, é necessário conhecer a sua vida: ler o Santo Evangelho, meditar no sentido divino do caminhar terreno de Jesus. Na verdade, temos que reproduzir em nossa vida a vida de Cristo, conhecendo Cristo à força de ler a Sagrada Escritura e de a meditar"[3].

Queremos identificar-nos com o Senhor, que a nossa vida, no meio das nossas tarefas, seja reflexo da sua, e "para sermos *ipse Christus* — o próprio Cristo —, é preciso que nos *contemplemos nEle*. Não basta ter uma ideia geral do espírito de Jesus, mas é preciso aprender dEle pormenores e atitudes. E sobretudo é preciso contemplar a sua passagem pela terra, as suas pisadas, para extrair daí força, luz, serenidade, paz.

"Quando amamos uma pessoa, desejamos conhecer até os menores detalhes da sua existência, do seu caráter, para assim nos identificarmos com ela. É por isso que temos que meditar na história de Cristo, desde o seu nascimento num presépio até à sua morte e sua ressurreição"[4].

Devemos esforçar-nos por ler o Evangelho com um grande desejo de *conhecer para amar*. Não podemos folhear as páginas da Escritura Santa como se se tratasse de um livro qualquer. "Nos livros sagrados, o Pai que está nos céus vem carinhosamente ao encontro de seus filhos para conversar com eles"[5]. A nossa leitura deve ser acompanhada de oração, pois sabemos que Deus é o autor principal desses escritos santos. Neles, e de modo especial no Evangelho, está "o alimento da alma, a pura e perene fonte da vida espiritual"[6]. "Nós — escreve Santo Agostinho — devemos ouvir o Evangelho como se o Senhor estivesse presente e nos falasse. Não devemos dizer: «Felizes aqueles que puderam vê-lo». Porque muitos dos que o viram crucificaram-no; e muitos dos que não o viram creram nEle. As palavras que saíam da boca do Senhor foram escritas, guardadas e conservadas para nós"[7].

Para ler e meditar o Evangelho com fruto, devemos fazê-lo com fé, sabendo que contém a verdade salvadora, sem erro algum, e também com piedade e santidade de vida. A Igreja, com a assistência do Espírito Santo, guardou íntegra e imune de todo o erro o tesouro sem preço da vida e da doutrina do Senhor para que nós, ao meditá-las, nos aproximássemos dEle com facilidade e lutássemos por ser santos. E só na medida em que quisermos ser santos é que penetraremos na verdade íntima contida nesses livros santos, só então é que saborearemos o fruto divino que encerram. Damos valor a esse imenso tesouro que com tanta facilidade podemos ter nas nossas mãos? Procuramos nele o conhecimento e o amor cada dia maiores pela Santa Humanidade do Senhor? Pedimos ajuda ao Espírito Santo de cada vez que lemos o Santo Evangelho?

II. SÓ SE AMA AQUILO que se conhece bem. Por isso é necessário que tenhamos a vida de Cristo "na cabeça e no coração, de modo que, em qualquer momento, sem necessidade de livro algum, fechando os olhos, possamos contemplá-la como num filme; de forma que, nas mais diversas situações da nossa existência, acudam à memória as palavras e os atos do Senhor. Assim nos sentiremos integrados na sua vida. Porque não se trata apenas de pensar em Jesus, de imaginar as cenas que lemos. Temos que intervir plenamente nelas, ser protagonistas. Seguir Cristo tão de perto quanto Santa Maria, sua Mãe; quanto os primeiros Doze, as santas mulheres e aquelas multidões que se comprimiam ao seu redor. Se agirmos assim, se não criarmos obstáculos, as palavras de Cristo penetrarão até o fundo da alma e nos transformarão"[8].

Aproximamo-nos do Evangelho com o grande desejo de contemplar o Senhor tal como os seus discípulos o viram, de observar as suas reações, a sua maneira de comportar-se, as suas palavras...; de vê-lo cheio de compaixão perante tantas pessoas necessitadas, cansado depois de uma longa caminhada, maravilhado com a fé de uma mãe ou de um centurião, paciente com os defeitos dos seus seguidores mais fiéis; contemplando-o também no relacionamento habitual com seu Pai, na confiança com que lhe fala, nas suas noites de oração..., no seu amor constante por todos.

Para amá-lo mais, para conhecer a sua Santíssima Humanidade, para segui-lo de perto, devemos ler o Evangelho devagar, com amor e piedade. O Concílio Vaticano II "recomenda insistentemente a todos os fiéis cristãos [...] a leitura frequente da Sagrada Escritura [...] porquanto «ignorar as Escrituras é ignorar Cristo» (São Jerônimo). Acheguem-se, pois, de boa mente ao próprio texto sagrado, quer pela Sagrada Liturgia, repleta de palavras de Deus, quer pela leitura piedosa..."[9]

Fazei que vivamos sempre de Vós, pedimos ao Senhor na Missa de hoje[10]. É fácil tomar este alimento da alma que devemos procurar diariamente. Bastam apenas três ou quatro minutos por dia, desde que haja amor. "Esses minutos diários de leitura do Novo Testamento que te aconselhei — metendo-te e participando no conteúdo de cada cena, como um protagonista mais —, são para que encarnes, para que «cumpras» o Evangelho na tua vida... e para que o «faças cumprir»"[11].

III. *QUÃO SABOROSAS são para mim as vossas palavras, mais doces que o mel para a minha boca!*[12]

São Paulo ensinava aos primeiros cristãos que a palavra de Deus é *viva e eficaz*[13]. É sempre atual, nova para cada homem, nova cada dia, e, além disso, palavra pessoal, porque está expressamente destinada a cada um de nós. Ao lermos o Santo Evangelho, será fácil reconhecermo-nos num determinado personagem de uma parábola, ou perceber que certas palavras se dirigem a nós. *Muitas vezes e de diversos modos falou Deus outrora aos nossos pais pelos profetas. Ultimamente, nestes dias, falou-nos por seu Filho*[14]. *Estes dias* são também os nossos. Jesus Cristo continua a falar. As suas palavras, por serem divinas e eternas, são sempre atuais. De certo modo, tudo o que o Evangelho narra está acontecendo agora, nos nossos dias, na nossa vida. É atual a partida e o regresso do filho pródigo, como é atual a parábola da ovelha perdida e do pastor que saiu à sua procura, ou a necessidade do fermento para levedar toda a massa, e da luz para iluminar a escuridão do pecado...

O Evangelho revela-nos o que é e o que vale a nossa vida e traça-nos o caminho que devemos seguir. *O Verbo* — a Palavra — *é a luz que ilumina todo o homem*[15]. Não há homem a quem essa Palavra não se dirija. Por isso o Evangelho deve ser fonte de jaculatórias, que alimentem o sentido da presença de Deus durante o dia, bem como tema frequente de oração. Se o meditarmos, encontraremos a paz. *Saía dele uma força que os curava a todos*[16], comenta a certa altura o evangelista. E essa força, que nos pacifica, continua a sair de Jesus sempre que entramos em contacto com Ele e com as suas palavras, que permanecem eternamente.

O Evangelho permite-nos penetrar em cheio no mistério de Jesus, especialmente nos nossos dias, em que circulam tantas ideias e tão confusas sobre o tema mais transcendente para a humanidade desde há vinte séculos: Jesus Cristo, Filho de Deus, *pedra angular*, fundamento de todo o homem. "Não vos extravieis no meio do nevoeiro, antes escutai a voz do pastor. Retirai-vos para os montes das Santas Escrituras; ali encontrareis as delícias do vosso coração e não achareis nada que vos possa envenenar ou fazer mal, pois ricas são as pastagens que ali se encontram"[17].

Muitas vezes, será conveniente dedicarmos à leitura cotidiana do Evangelho os primeiros momentos do dia, procurando tirar dessa leitura um ensinamento concreto e simples que nos ajude a viver na presença de Deus durante o dia ou a imitar o Mestre em algum aspecto do nosso comportamento: estar mais serenos, tratar melhor os outros, estar mais atentos às pessoas que sofrem, oferecer a Deus o cansaço... Assim, quase sem o percebermos, poderá cumprir-se em nós este grande desejo: "Oxalá fossem tais o teu porte e a tua conversação, que todos pudessem dizer quando te vissem ou te ouvissem falar: «Este lê a vida de Jesus Cristo»"[18].

E isto far-nos-á um grande bem não só a nós, mas também aos que vivem, trabalham ou passam ao nosso lado.

(1) Cf. Jo 14, 6; (2) Fl 3, 8; (3) São Josemaria Escrivá, *É Cristo que passa*, n. 14; (4) *ib.*, n. 107; (5) Conc. Vat. II, Const. *Dei Verbum*, 21; (6) *ib.*; (7) Santo Agostinho, *Coment. ao Evangelho de São João*, 30; (8) São Josemaria Escrivá, *É Cristo que passa*, n. 107; (9) Conc. Vat. II, Const. *Dei Verbum*, 25; (10) *Oração coleta* da Missa da sexta-feira da quarta semana do Tempo Pascal; (11) São Josemaria Escrivá, *Sulco*, n. 672; (12) Sl 118, 103; (13) cf. Hb 4, 12; (14) cf. Hb 1, 1; (15) Jo 1, 9; (16) Lc 6, 19; (17) Santo Agostinho, *Sermão 46 sobre os pastores*; (18) São Josemaria Escrivá, *Caminho*, n. 2.

TEMPO PASCAL. QUARTA SEMANA. SÁBADO

74. A VIRTUDE DA ESPERANÇA

— Esperança humana e virtude sobrenatural da esperança. Certeza dessa virtude. O Senhor dar-nos-á sempre as graças necessárias.
— Pecados contra a esperança: a presunção e o desalento.
— A Virgem, Esperança nossa. Recorrer a Ela nos momentos mais difíceis e sempre.

I. LEMOS NO EVANGELHO DA MISSA estas consoladoras palavras de Jesus: *Qualquer coisa que pedirdes em meu nome, eu vo-la farei*[1]. E a antífona da Comunhão recorda-nos outras palavras não menos consoladoras do Senhor: *Pai, quero que, onde eu estou, estejam comigo aqueles que me deste, para que vejam a minha glória*[2].

O próprio Senhor é o nosso intercessor no Céu e nos promete conceder-nos tudo o que lhe peçamos em seu nome. Pedir em seu nome significa, em primeiro lugar, ter fé na sua Ressurreição e na sua misericórdia; e significa pedir aquilo que, humana e sobrenaturalmente, convém à nossa salvação, objeto fundamental da virtude cristã da esperança e fim da própria vida do homem.

Existe uma esperança humana: a do lavrador que planta, a do marinheiro que empreende uma travessia, a do comerciante que inicia um negócio... Pretende-se alcançar um bem, um fim humano: uma boa colheita, a chegada a bom porto, uns bons lucros... E existe a esperança cristã, que é essencialmente sobrenatural e, portanto, está muito acima do mero desejo humano de felicidade e da natural confiança em Deus.

Por essa virtude tendemos para a vida eterna, para uma felicidade sobrenatural que não é senão a posse de Deus: ver a Deus como Ele próprio se vê, amá-lo como Ele se ama. E ao tendermos para Deus, fazemo-lo utilizando os meios que Ele nos prometeu e que nunca nos faltarão, se nós não os rejeitarmos. O motivo fundamental pelo qual esperamos alcançar este bem infinito é que Deus nos estende a sua mão, levado pela sua misericórdia e pelo seu amor infinito, num gesto a que nós correspondemos com o nosso querer, aceitando com amor essa mão que Ele nos estende[3].

Pela virtude da esperança, o cristão não tem a certeza da salvação — a não ser por uma graça especialíssima de Deus —, mas tem a certeza de estar *tendendo* para o seu fim, de modo análogo ao do homem que, empreendendo uma viagem, não tem a certeza de chegar ao fim do seu trajeto, mas tem a certeza de estar no bom caminho e de chegar ao seu termo se não abandona esse caminho. "A certeza da esperança cristã não é, pois, a certeza da salvação, mas a *certeza absoluta* de que caminhamos para ela"[4], confiados em que Deus "nunca manda o impossível, mas nos ordena que façamos o possível e peçamos o que não nos é possível"[5].

O Magistério da Igreja ensina que "todos devem ter firme esperança na ajuda de Deus. Porque, se formos fiéis à graça, assim como Deus começou em nós a obra da nossa salvação, também a levará a bom termo, *produzindo em nós o querer e o agir* (Fl 2, 13)"[6]. O Senhor não nos abandonará se nós não o abandonarmos, e dar-nos-á os meios necessários para ir avante em todas as circunstâncias e em todo o tempo e lugar. Escutar-nos-á sempre que recorrermos a Ele com humildade. Dar-nos-á os meios para procurarmos a santidade nas nossas tarefas, no meio do trabalho e nas condições em que decorre a nossa vida. Dar-nos-á mais graça se as dificuldades forem maiores, e mais força se for maior a nossa fraqueza.

II. "A ESPERANÇA CRISTÃ deve ser *ativa*, de modo a evitar a presunção; e deve ser *firme e invencível*, de modo a rejeitar o desalento"[7].

Há *presunção* quando se confia mais nas forças próprias do que na ajuda de Deus e se esquece a necessidade da graça para toda a obra boa; ou quando se espera da misericórdia divina o que Deus não nos pode dar em vista das nossas más disposições, como seria o perdão sem verdadeiro arrependimento ou a vida eterna sem que fizéssemos o menor esforço por merecê-la.

Não é raro que da presunção se passe rapidamente ao *desalento*, quando aparecem as provas e as dificuldades, como se esse bem árduo que é o objeto da esperança fosse impossível de alcançar. O desalento conduz primeiro ao pessimismo e depois à tibieza[8], que considera muito difícil a tarefa da santificação pessoal e abandona qualquer esforço.

A causa da desesperança nunca está nas dificuldades, mas na ausência de desejos sinceros de santidade e de chegar ao Céu. Quem ama a Deus e quer amá-lo ainda mais, aproveita as próprias dificuldades para manifestar o seu amor e para crescer nas virtudes.

O tíbio chega ao desalento porque, pelas suas inúmeras negligências consentidas, perde o rumo na sua luta pela santidade. As coisas materiais adquirem então para ele, não talvez na teoria mas sim na prática, um valor de fim absoluto. E "se transformamos os projetos temporais em metas absolutas, cancelando do horizonte a morada eterna e o fim para o qual fomos criados, as mais brilhantes ações transformam-se em traições e mesmo em veículo de aviltamento das criaturas"[9].

Devemos andar pela vida com os objetivos bem determinados, com o olhar posto em Deus, pois é isso o que nos leva a desempenhar com entusiasmo as nossas tarefas temporais, sejam trabalhosas ou não. Então compreendemos que todos os bens terrenos, sem deixarem de ser bens, são relativos e devem estar sempre subordinados à vida eterna e a tudo o que lhe diz respeito. O objeto da esperança cristã transcende de um modo absoluto tudo o que é terreno.

Esta atitude perante a vida, que é a que sustenta a esperança, exige uma luta diária alegre, porque a tendência do homem é fazer desta vida uma *cidade permanente*, quando na realidade está nela apenas de passagem. A luta interior bem definida na direção espiritual, o exame geral diário, o *recomeçar* seguidamente, com humildade, sem desânimo, é a melhor garantia da nossa firmeza na esperança. Conforme lemos no Evangelho da Missa de hoje, o Senhor prometeu-nos vir em nossa ajuda desde que recorramos a Ele.

III. *EU SOU A MÃE do amor formoso..., em mim está toda a esperança de vida e de virtude*[10]. São palavras que a Igreja pôs nos lábios de Nossa Senhora há vários séculos.

A esperança foi a virtude peculiar dos patriarcas e dos profetas, de todos os israelitas piedosos que viveram e morreram com o olhar posto no *Desejado das nações*[11] e nos bens que a sua chegada traria ao mundo, contentando-se com olhá-los de longe e saudá-los, considerando-se *peregrinos e hóspedes nesta terra*[12]. Durante muitas gerações, esta esperança susteve o povo de Israel no meio das inúmeras tribulações e provas por que passou.

A esse clamor de esperança na pronta chegada do Messias, uniu-se a Virgem Maria com muito mais força que os Patriarcas, os profetas e todos os homens juntos. Era muito maior a sua esperança porque Ela estava confirmada na graça e preservada, portanto, de toda a presunção e de toda a falta de confiança em Deus. Já antes da Anunciação, Santa Maria aprofundava nas Sagradas Escrituras como nunca o fizera inteligência humana alguma, e esta clareza no conhecimento daquilo que tinha sido anunciado pelos profetas foi crescendo nela até chegar à plena convicção de que se cumpriria o que fora anunciado. A sua esperança foi crescendo como cresce “a certeza que tem o navegante, depois de ter tomado o rumo conveniente, de se estar dirigindo de maneira efetiva para o termo da sua viagem, certeza que aumenta à medida que se aproxima do porto"[13].

Maria exercitou a esperança quando na sua juventude desejava ardentemente a chegada do Messias; depois, quando esperou que o segredo da concepção virginal do Salvador fosse manifestado a José, seu esposo; quando se viu em Belém sem um lugar onde acolher o Messias; na sua fuga precipitada para o Egito... Mais tarde, quando tudo parecia perdido no Calvário, Ela esperou a Ressurreição gloriosa do seu Filho, enquanto o mundo estava sumido na escuridão. Agora, já próxima a Ascensão do Senhor aos céus, prepara-se para animar a Igreja nascente a difundir o Evangelho e a converter o mundo pagão.

Ao longo dos séculos, o Senhor quis multiplicar os sinais da sua assistência misericordiosa e deixou-nos Maria como um farol poderosíssimo, para que soubéssemos orientar-nos quando estivéssemos perdidos e sempre. "Se se levantarem os ventos das provações, se tropeçares com os escolhos da tentação, olha para a estrela, chama por Maria. Se te agitarem as ondas da soberba, da ambição ou da inveja, olha para a estrela, chama por Maria. Se a ira, a avareza ou a impureza arrastarem violentamente a nave da tua alma, olha para Maria. Se, perturbado com a memória dos teus pecados, confuso ante a fealdade da tua consciência, temeroso ante a ideia do juízo, começares a afundar-te no fosso da tristeza ou no abismo do desespero, pensa em Maria.

"Nos perigos, nas angústias, nas dúvidas, pensa em Maria, invoca Maria. Não se afaste Maria da tua boca, não se afaste do teu coração; e, para conseguires a sua ajuda intercessora, não te afastes tu dos exemplos da sua virtude. Não te extraviarás se a segues, não desesperarás se a invocas, não te perderás se nela pensas. Se Ela te sustiver entre as suas mãos, não cairás; se te proteger, nada terás a recear; não te fatigarás, se Ela for o teu guia; chegarás felizmente ao porto, se Ela te amparar"[14].

(1) Jo 14, 14; (2) Jo 17, 24; (3) cf. Garrigou-Lagrange, *Las tres edades de la vida interior*, p. 738; (4) *ib.*, p. 740; (5) Santo Agostinho, *Tratado da natureza e da graça*, 43, 5; (6) Conc. de Trento, *Decreto sobre a justificação*, cap. 13, Dz 806; (7) R. Garrigou-Lagrange, *op. cit.*, p. 741; (8) cf. São Josemaria Escrivá, *Caminho*, n. 988; (9) cf. F. Fernández-Carvajal, *La tibieza*, 5ª ed., Palabra, Madri, 1985, p. 95; (10) cf. Eclo 24, 24; (11) Ag 2, 8; (12) Hb 11, 3; (13) R. Garrigou-Lagrange, *La Madre del Salvador*, Rialp, Madri, 1976, p. 162; (14) São Bernardo, *Hom. 2 sobre "missus est"*, 7.

TEMPO PASCAL. QUINTO DOMINGO

75. SER JUSTOS

— Ser justos com as pessoas das nossas relações, com aqueles que dependem de nós e com a sociedade.
— A promoção da justiça.
— Fundamento e fim da justiça.

I. *A PALAVRA DO SENHOR é reta e todas as suas obras são leais. Ele ama a justiça e o direito; a terra está cheia da bondade do Senhor*[1].

A justiça é a virtude cardeal que permite uma convivência reta e límpida entre os homens. Sem esta virtude, a convivência torna-se impossível; a sociedade, a família, a empresa deixam de ser humanas e convertem-se em lugares onde o homem atropela o homem. A justiça regula a convivência da sociedade humana enquanto humana, quer dizer, enquanto baseada no respeito aos direitos pessoais; é "princípio da existência e da coexistência dos homens, como também das comunidades humanas, das sociedades e dos povos"[2].

Num dos seus aspectos, esta virtude diz respeito às relações com os vizinhos, com os colegas, com os amigos e, em geral, com todas as pessoas: regula as relações dos homens entre si, dando a cada um o que lhe é devido. Sob outro aspecto, refere-se aos deveres da sociedade para com cada indivíduo, naquilo que este deve receber dela. Por último, regula aquilo que cada indivíduo concreto deve à comunidade a que pertence, ao todo de que faz parte.

Numa sociedade, a justiça procede daqueles que a compõem. São as pessoas que projetam na sociedade a sua justiça ou a sua injustiça, sobretudo quando nela detêm maior responsabilidade. E isto é válido na família, na empresa, na nação ou no conjunto de nações que compõem o mundo. Se verdadeiramente queremos que a justiça impere numa sociedade — quer se trate de uma aldeia ou de uma nação —, tornemos justos os homens que a compõem; que cada um de nós comece por ser justo nesse tríplice plano: com aqueles com quem nos relacionamos todos os dias, com aqueles que dependem de nós e, por último, com a sociedade de que fazemos parte, dando-lhe o que devemos. A primeira obrigação moral da justiça é, pois, que sejamos justos em todos os aspectos da nossa vida.

A luta por uma maior justiça na sociedade é fruto assim de uma série de decisões pessoais, que vão modelando a alma da pessoa que pratica essa virtude. Com atos concretos de justiça, o homem passa a reger-se com uma facilidade cada vez maior por "uma vontade constante e inalterável de dar a cada um o que é seu"[3], pois é nisso que consiste a essência desta virtude.

II. "DEUS CHAMA-NOS através das vicissitudes da vida diária, no sofrimento e na alegria das pessoas com quem convivemos, nas aspirações humanas dos nossos companheiros, nos pequenos acontecimentos da vida familiar. Chama-nos também através dos grandes problemas, conflitos e tarefas que definem cada época histórica e que atraem o esforço e os ideais de grande parte da humanidade"[4].

A fé leva-nos a estar presentes, a intervir muito diretamente em todos os anseios nobres, quer se apresentem "nos pequenos acontecimentos da vida familiar" ou "nos conflitos e tarefas que definem cada época histórica", a fim de que nos santifiquemos e santifiquemos essas realidades — tornando-as mais humanas, mais justas —, e as levemos a Deus. "Compreende-se muito bem a impaciência, a angústia e os anseios inquietos daqueles que, com alma naturalmente cristã (cf. Tertuliano, *Apologeticum*, 17), não se resignam perante as situações de injustiça pessoal e social que o coração humano é capaz de criar. Tantos séculos de convivência entre os homens, e ainda tanto ódio, tanta destruição, tanto fanatismo acumulado em olhos que não querem ver e em corações que não querem amar"[5].

A fé pede-nos que nos apressemos, porque é grande a necessidade de justiça que existe no mundo. "Os bens da terra, repartidos entre poucos; os bens da cultura, encerrados em cenáculos. E, lá fora, fome de pão e de sabedoria; vidas humanas — que são santas, porque vêm de Deus — tratadas como simples coisas, como números de uma estatística. Compreendo e partilho dessa impaciência, levantando os olhos para Cristo, que continua a convidar-nos a pôr em prática o *mandamento novo* do amor"[6].

Justo, no sentido pleno da palavra, é aquele que vai semeando à sua passagem amor e alegria, e que não transige com a injustiça onde quer que a encontre, geralmente no âmbito em que a sua vida se desenvolve: na família, na sua empresa, na cidade em que mora... Se nos examinarmos seriamente, é possível que descubramos na nossa vida injustiças que teremos de remediar: juízos precipitados contra pessoas e instituições, pouco rendimento no trabalho, injustiça no modo de tratar ou de remunerar os outros...

III. A GRANDE FORÇA que move o homem justo é o seu amor a Cristo; quanto mais fiéis formos ao Senhor, mais justos seremos, mais comprometidos estaremos com a verdadeira justiça. Um cristão sabe que o próximo é Cristo presente nos outros, de modo especial nos mais necessitados. "Somente a partir da fé é que se compreende o que realmente está em jogo com a justiça ou a injustiça dos nossos atos: se acolhemos ou rejeitamos Jesus Cristo"[7]. É uma verdade que somente os cristãos, mediante a fé, podem ver: Cristo nos espera nos nossos irmãos. *Porque tive fome e não me destes de comer, tive sede...* Omissões: *Todas as vezes que o deixastes de fazer a um destes pequeninos, foi a mim que o deixastes de fazer*[8].

"Temos que reconhecer Cristo que nos sai ao encontro nos nossos irmãos, os homens"[9]. Bastaria examinarmos o nosso espírito de atenção, de respeito, de amor à justiça, enriquecido pela caridade, para saber qual o grau de fidelidade com que seguimos o Senhor. E, vice-versa, se o nosso relacionamento com Cristo e o amor por Ele forem profundos e verdadeiros, esse relacionamento e esse amor transbordarão de modo irreprimível em direção aos outros.

"São grandes as exigências espirituais e materiais do serviço cristão: estendem-se à vontade, ao sentimento, aos atos. Em face delas, com a ajuda da graça divina, o cristão não se acovarda nem se atordoa entregando-se a um nervoso frenesi de "gestos" surpreendentes. Mas também não fica "tranquilo": *Caritas enim Christi urget nos*: insta-nos o amor de Cristo (2 Cor 5, 14)"[10], que nos leva a ultrapassar a mera justiça, depois, evidentemente, de termos satisfeito os seus ditames. "Para que o exercício da caridade esteja acima de qualquer crítica e se apresente como tal — ensina o Concílio Vaticano II —, é necessário [...] que se satisfaçam em primeiro lugar as exigências da justiça, para que não se dê como caridade aquilo que já é devido a título de justiça"[11].

A prática da justiça leva-nos a um constante encontro com Cristo. Em última análise, "praticar a justiça com um homem é reconhecer a presença de Deus nele"[12]. É por isso também que não pode haver no cristão verdadeira justiça se não estiver impregnada de caridade[13]; de outro modo, não faríamos mais do que amesquinhá-la. Cristo, nas nossas relações com o próximo, quer muito mais de nós. Temos que pedir-lhe "que nos conceda um coração bom, capaz de se compadecer das penas das criaturas, capaz de compreender que, para remediar os tormentos que acompanham e não poucas vezes angustiam as almas neste mundo, o verdadeiro bálsamo é o amor, a caridade"[14].

(1) Sl 33, 4-5; *Salmo responsorial* da Missa do quinto domingo do Tempo Pascal; (2) João Paulo II, *Audiência geral*, 8-XI-1978; (3) São Tomás, *Suma teológica*, 2-2, q. 58, a. 1; (4) São Josemaria Escrivá, *É Cristo que passa*, n. 110; (5) *ib.*, n. 111; (6) *ib.*; (7) P. Rodriguez, *Fe y vida de fe*, EUNSA, Pamplona, 1974, p. 215; (8) cf. Mt 25, 45; (9) São Josemaria Escrivá, *op. cit.*, n. 111; (10) F. Ocáriz, *Amor a Dios, amor a los hombres*, 3ª ed., Palabra, Madri, 1973, p. 109; (11) Conc. Vat. II, Decr. *Apostolicam actuositatem*, 8; (12) P. Rodriguez, *op. cit.*, p. 217; (13) cf. São Tomás, *Suma teológica*, 2-2, q. 4, a. 7; (14) São Josemaria Escrivá, *op. cit.*, n. 167.

Tempo Pascal. Quinta Semana. Segunda-feira

76. SOMOS TEMPLOS DE DEUS

— A inabitação da Trindade na alma. Procurar a Deus em nós mesmos.
— Necessidade de recolhimento interior para o trato com Deus. Mortificação.
— O trato com o Espírito Santo.

I. O EVANGELHO MOSTRA-NOS com frequência a confiança que os apóstolos tinham com Jesus: dirigem-lhe perguntas sobre as coisas que não entendem ou lhes parecem obscuras. O Evangelho da Missa de hoje refere-nos uma dessas perguntas que, sobretudo no fim da vida do Senhor, devem ter sido frequentes.

O Senhor dissera-lhes: *Aquele que aceita os meus mandamentos e os guarda, esse é o que me ama. E aquele que me ama será amado por meu Pai, e eu o amarei e me manifestarei a ele*[1]. No tempo de Jesus, era crença comum entre os judeus que, quando o Messias chegasse, havia de manifestar-se a todo o mundo como Rei e Salvador[2]. Os apóstolos entenderam as palavras de Jesus como referidas a eles, aos íntimos, aos que o amavam. Judas Tadeu — que compreendeu bem esse alcance do ensinamento — pergunta-lhe: *Senhor, por que razão hás de manifestar-te a nós e não ao mundo?*

No Antigo Testamento, Deus tinha-se manifestado em diversas ocasiões e de diversos modos, e tinha prometido que habitaria no meio do seu povo[3]. Mas agora o Senhor refere-se a uma presença muito diferente: é a presença em cada pessoa que o amar, que estiver em graça. *Se alguém me ama, guardará a minha palavra, e meu Pai o amará, e viremos a ele, e nele faremos a nossa morada*[4]. É a presença da Trindade na alma que tenha renascido pela graça! Este será um dos ensinamentos fundamentais para a vida cristã, repetido por São Paulo: *Porque vós sois templos do Deus vivo*[5], diz ele aos primeiros cristãos de Corinto.

São João da Cruz, citando esta passagem, comenta: "Que mais queres, ó alma, e que mais procuras fora de ti, se dentro de ti tens as tuas riquezas, os teus deleites, a tua satisfação [...], o teu Amado, Aquele que a tua alma deseja e busca? Rejubila-te e alegra-te no teu recolhimento interior com Ele, pois o tens tão perto"[6].

Devemos aprender a relacionar-nos cada vez mais e melhor com Deus, que habita em nós. Por essa presença divina, a nossa alma converte-se num pequeno Céu. Quanto bem nos pode fazer esta consideração! No momento em que fomos batizados, as três Pessoas da Santíssima Trindade vieram à nossa alma com o desejo de permanecerem mais unidas à nossa existência do que o mais íntimo dos nossos amigos. Esta presença, totalmente singular, só se perde pelo pecado mortal; mas nós, cristãos, não devemos contentar-nos com não perder a Deus: devemos procurá-lo em nós mesmos, no meio das nossas ocupações, quando andamos pela rua..., para dar-lhe graças, pedir-lhe ajuda e desagravá-lo pelos pecados que se cometem todos os dias.

Às vezes, pensamos que Deus está muito longe, mas a verdade é que está mais perto, mais atento às nossas coisas que o melhor dos nossos amigos. Santo Agostinho, ao considerar esta inefável proximidade de Deus, exclamava: "Tarde te amei, Beleza tão antiga e tão nova, tarde te amei! Tu estavas dentro de mim e eu te procurava fora de mim [...]. Tu estavas comigo, mas eu não estava contigo. Mantinham-me atado, longe de ti, essas coisas que, se não fossem sustentadas por ti, deixariam de ser. Chamaste-me, gritaste-me, rompeste a minha surdez. Brilhaste e resplandeceste diante de mim, e expulsaste dos meus olhos a cegueira"[7].

Mas, para falar com Deus, realmente presente na alma em graça, é necessário o recolhimento dos sentidos, que tendem a derramar-se e a apegar-se às coisas; é necessário que nos saibamos "templos de Deus" e que nos comportemos de maneira consequente; que rodeemos de amor, de um *silêncio sonoro*, essa presença íntima da Trindade na nossa alma.

II. A PRESENÇA DAS TRÊS PESSOAS divinas na alma em graça é uma presença viva, aberta ao nosso trato, orientada para o conhecimento e para o amor com que lhe podemos corresponder. "Por que andar correndo pelas alturas do firmamento e pelos abismos da terra em busca dAquele que mora em nós?"[8], perguntava-se Santo Agostinho. "Pois bem — ensina São Gregório Magno —, enquanto a nossa mente estiver dissipada em imagens carnais, jamais será capaz de contemplar..., porque a cegam tantos obstáculos quantos os pensamentos que a levam e trazem de cá para lá. Portanto, o primeiro degrau para que a alma chegue a contemplar a natureza invisível de Deus — é recolher-se em si mesma"[9].

Para chegar a este recolhimento, o Senhor pede a alguns que se retirem do mundo, mas, no caso da maioria dos cristãos (estudantes, donas de casa, trabalhadores...), quer que o encontrem no meio das suas tarefas. Pela mortificação habitual durante o dia — a que está tão ligada a alegria interior —, guardamos os sentidos para Deus: mortificamos a imaginação, livrando-a de pensamentos inúteis; a memória, deixando de lado as recordações que não nos aproximam do Senhor; a vontade, cumprindo o dever de cada momento.

O trabalho intenso, se estiver dirigido para Deus, longe de impedir o nosso diálogo com Ele, facilita-o. O mesmo acontece com o resto das nossas atividades: as relações sociais, a vida em família, as viagens, o descanso... Toda a existência humana, se não estiver dominada pela frivolidade, tem sempre uma dimensão profunda, íntima, que se traduz num certo recolhimento cujo sentido pleno se encontra no trato com Deus. Recolher-se é "juntar o que está disperso", restabelecer a ordem interior perdida, evitar a dissipação dos sentidos e potências, mesmo nas coisas boas ou indiferentes em si mesmas, ter Deus por centro da intenção com que projetamos e fazemos seja o que for.

O contrário do recolhimento interior é, pois, a *dissipação*, a *frivolidade*. Os sentidos e potências detêm-se em qualquer charco à beira do caminho, e, em consequência, a pessoa vive sem firmeza, dispersa a atenção, adormecida a vontade e desperta a concupiscência[10]. Sem recolhimento, não é possível o trato com Deus.

À medida que purificamos o nosso coração e o nosso olhar, à medida que, com a ajuda do Senhor, procuramos esse recolhimento que é riqueza e plenitude interior, a nossa alma anseia pelo convívio com Deus, *como a corça suspira pela fonte das águas*[11]. "O coração necessita então de distinguir e adorar cada uma das Pessoas divinas. De certa maneira, o que a alma realiza na vida sobrenatural é uma descoberta semelhante às de uma criaturinha que vai abrindo os olhos à existência. E entretém-se amorosamente com o Pai e com o Filho e com o Espírito Santo; e submete-se facilmente à atividade do Paráclito vivificador, que se nos entrega sem o merecermos"[12].

III. AINDA QUE A INABITAÇÃO na alma pertença às três Pessoas da Trindade — ao Pai, ao Filho e ao Espírito Santo —, atribui-se de modo singular à Terceira Pessoa, que a liturgia nos convida a tratar com mais intimidade neste tempo em que nos aproximamos da festa de Pentecostes.

O Paráclito, o Espírito Santo, que o Pai enviará em meu nome, ensinar-vos-á todas as coisas e vos recordará tudo o que vos disse, diz o Senhor no Evangelho de hoje[13]. É uma promessa que o Senhor fez em diversas ocasiões[14], como que sublinhando a enorme transcendência que ela teria para toda a Igreja, para o mundo, para cada um dos que o seguiriam. Não se trata de um dom passageiro, limitado ao tempo em que se recebem os sacramentos ou a outro momento determinado, mas de um dom estável, permanente: "O Espírito Santo habita nos corações como num templo"[15]. É o *doce hóspede da alma*[16], e quanto mais o cristão cresce em boas obras, quanto mais se purifica, tanto mais o Espírito Santo se compraz em habitar nele e em dar-lhe novas graças para a sua santificação e para o apostolado que realiza.

O Espírito Santo está na alma do cristão em graça para configurá-lo com Cristo, para que cada vez mais se pareça com Ele, para movê-lo e ajudá-lo a cumprir a vontade de Deus. O Espírito Santo vem como remédio para a nossa fraqueza[17] e, fazendo sua a nossa causa, advoga em nosso favor com gemidos inenarráveis[18] diante do Pai. Cumpre agora a sua missão de guiar, proteger e vivificar a Igreja, porque — como diz Paulo VI — são dois os elementos que Cristo prometeu e outorgou, embora diversamente, *para continuar a sua obra*: "o corpo apostólico e o Espírito. O corpo apostólico atua externa e objetivamente; forma, por assim dizer, o corpo material da Igreja, confere-lhe as suas estruturas visíveis e sociais; o Espírito Santo atua internamente, dentro de cada uma das pessoas, como também sobre a comunidade inteira, animando, vivificando, santificando"[19].

Peçamos à Virgem que nos ensine a compreender esta ditosíssima realidade, pois então a nossa vida será muito diferente. Por que nos sentimos sós, se o Espírito Santo nos acompanha? Por que vivemos inseguros ou angustiados, nem que seja por um só dia, se o Paráclito está de olhos postos em nós e nas nossas coisas? Por que corremos tresloucadamente atrás da felicidade aparente, se não há maior felicidade que o convívio com este doce Hóspede que habita em nós? Como seria diferente o nosso comportamento em algumas circunstâncias, se fôssemos conscientes de que somos templos de Deus, templos do Espírito Santo!

Ao terminarmos a nossa oração, recorremos à Virgem Nossa Senhora: "Ave Maria, templo e sacrário da Santíssima Trindade, ajudai-nos".

(1) Jo 14, 21; (2) cf. *Santos Evangelhos*, p. 1357; (3) cf. Ex 29, 45; Ez 37, 26-27 etc.; (4) Jo 14, 23; (5) cf. 2 Cor 6, 16; (6) São João da Cruz, *Cânticos espiritual*, canto 1; (7) Santo Agostinho, *Confissões*, 10, 27, 38; (8) Santo Agostinho, *Tratado sobre a Trindade*, 8, 17; (9) São Gregório Magno, *Homilia sobre o Profeta Ezequiel*, 2, 5; (10) cf.

São Josemaria Escrivá, *Caminho*, n. 375; (11) cf. Sl 41, 2; (12) São Josemaria Escrivá, *Amigos de Deus*, n. 306; (13) Jo 14, 26; (14) cf. Jo 14, 15-17; 15, 36; 16, 7-14; Mt 10, 20; (15) Conc. Vat. II, Const. *Lumen gentium*, 9; (16) *Sequência* da Missa de Pentecostes; (17) Rm 8, 26; (18) *ib.*; (19) Paulo VI, *Discurso de abertura da 3ª Seção do Concílio Vaticano II*, 14-IX-1964.

Tempo Pascal. Quinta Semana. Terça-feira

77. DEIXO-VOS A MINHA PAZ

— O Senhor comunica a sua paz aos discípulos.
— A verdadeira paz é fruto do Espírito Santo. Missão de pacificar o mundo, a começar pela nossa própria alma, pela família, pelo lugar do trabalho...
— Semeadores de paz e de alegria.

I. O EVANGELHO DA MISSA refere uma das promessas que Jesus fez aos seus discípulos mais íntimos na Última Ceia, e que se cumpririam após a Ressurreição: *Deixo-vos a paz, dou-vos a minha paz. Não vo-la dou como a dá o mundo*[1]. E depois, na mesma Ceia, repetiu-lhes: *Disse-vos estas coisas para que tenhais paz em mim. No mundo haveis de ter aflições, mas confiai: Eu venci o mundo*[2].

Agora, depois da Ressurreição, Jesus apresenta-se diante deles e diz-lhes: *Pax vobis!* A paz esteja convosco[3]. Di-lo sem dúvida com o mesmo acento inesquecível das outras ocasiões. E com essa saudação amistosa dissipam-se o temor e a vergonha que vinham pesando sobre os apóstolos depois de se terem comportado covardemente durante a Paixão. Com essa saudação, com essa expressão acolhedora, restabelecia-se o ambiente de intimidade em que Jesus lhes comunicava a sua própria paz.

Desejar a paz era a forma usual de saudação entre os hebreus. Os apóstolos mantiveram essa prática, conforme vemos pelas suas cartas[4], e o mesmo fizeram os primeiros cristãos, segundo consta das inscrições que nos deixaram. A Igreja utiliza-a na liturgia em determinadas ocasiões, como, por exemplo, antes da Comunhão: o celebrante deseja a paz aos presentes, como condição para participarem dignamente do Santo Sacrifício[5]. *Pax Domini*, a paz do Senhor.

Ao longo dos séculos, os cristãos souberam preservar e revestir de uma intenção mais profunda essas mesmas fórmulas de saudação, impregnando-as de um sentido sobrenatural que as fazia calar profundamente no povo e servir-lhes de veículo para praticarem o bem, bem como de sinal externo de uma sociedade que tinha o coração cristão.

Nos nossos dias, parece que se vai perdendo esse reflexo de Deus nas nossas saudações costumeiras. Não obstante, pode ser-nos de grande utilidade para a vida espiritual pôr um especial empenho em preservar e vivificar o sentido cristão nessas ocasiões, pois isso contribuirá para experimentarmos uma presença de Deus mais intensa no nosso relacionamento.

Se nos acostumarmos, por exemplo, a cumprimentar o Anjo da Guarda das pessoas com quem nos encontramos, ser-nos-á fácil e simples dar um tom mais elevado à nossa conversa com elas. Não percamos o sentido sobrenatural nas situações habituais do dia a dia: "*E disse-lhes: A paz esteja convosco*. Deveria dar-nos vergonha — diz São Gregório Nazianzeno — prescindir da saudação da paz que o Senhor nos deixou quando ia partir deste mundo"[6]. Sejam quais forem as palavras com que cumprimentamos habitualmente as pessoas, sempre podem servir-nos de meio para vivermos melhor a fraternidade com elas, para rezar por elas e dar-lhes paz e alegria, como o Senhor fez com os seus discípulos.

"*Pois assim que a voz da tua saudação chegou aos meus ouvidos, a criança estremeceu de alegria no meu seio* (Lc 1, 44) [...]. O sobressalto de alegria sentido por Isabel sublinha o dom que pode estar contido numa simples saudação, quando parte de um coração cheio de Deus. Quantas vezes as trevas da solidão, que oprimem uma alma, podem desfazer-se sob o raio luminoso de um sorriso ou de uma palavra amável!"[7]

II. A SAUDAÇÃO HABITUAL do povo hebreu cobra nos lábios de Cristo o seu sentido mais profundo, pois a paz era um dos dons messiânicos por excelência[8]. Era frequente que o Senhor se despedisse daqueles a quem tinha feito algum bem com estas palavras: *Vai em paz*[9]. Confia aos discípulos uma missão de paz. *Em toda a casa em que entrardes, dizei primeiro: Paz a esta casa*[10].

Desejar a paz aos outros, promovê-la ao nosso redor, é um grande bem humano e, quando animado pela caridade, é também um grande bem sobrenatural. Ter paz na alma — condição para poder comunicá-la — é sinal certo de que Deus está perto; é, além disso, um fruto do Espírito Santo[11]. São Paulo exortava com frequência os primeiros cristãos a viverem com paz e alegria: *Vivei com alegria [...], vivei em paz, e o Deus do amor e da paz estará convosco*[12].

A verdadeira paz é fruto da santidade, do amor a Deus, da luta por não deixar apagar esse amor sob o peso das tendências desordenadas e dos pecados. Quando se ama a Deus, a alma converte-se numa árvore boa que se dá a conhecer pelos seus frutos. As ações que realiza revelam a presença do Paráclito e, na medida em que causam uma alegria espiritual, chamam-se frutos do Espírito Santo[13]. Um desses frutos é precisamente a *paz de Deus que ultrapassa todo o conhecimento*[14], a mesma que Jesus Cristo desejou aos apóstolos e aos cristãos de todos os tempos. "Quando Deus te visitar, hás de sentir a verdade daquelas saudações: «Dou-vos a paz..., deixo-vos a paz..., a paz seja convosco...» E isto, no meio da tribulação"[15].

A verdadeira paz é a "tranquilidade na ordem"[16]; ordem nas relações com Deus e ordem nas relações com os outros. Se mantivermos essa ordem, teremos paz e poderemos comunicá-la. A ordem nas relações com Deus pressupõe o desejo firme de desterrar da vida todo o pecado e de ter Cristo como centro da existência. A ordem nas relações com o próximo leva em primeiro lugar a viver esmeradamente as exigências da justiça (nos atos, nas palavras, nos juízos), pois a paz é obra da justiça[17]. E, além da justiça, a misericórdia, que incita em tantas ocasiões a ajudar, a consolar, a amparar os que necessitam de apoio. "Onde há amor à justiça, onde há respeito pela dignidade da pessoa humana, onde não se procura o capricho próprio ou a própria utilidade, mas o serviço a Deus e aos homens, ali há paz"[18].

O Senhor confiou-nos a missão de pacificar a terra, a começar pela nossa própria alma, pela família, pelos colegas de trabalho... A paz numa família ou numa comunidade não consiste na mera ausência de brigas e disputas, o que às vezes poderia ser apenas um sinal de indiferença mútua. A paz consiste na harmonia que leva ao entendimento mútuo e a um clima de colaboração; a paz verdadeira leva à preocupação pelos outros, pelos seus projetos, pelos seus interesses, pelas suas penas. No meio de um mundo que parece afastar-se cada vez mais dessa paz, o Senhor pede-nos a nós, cristãos, que deixemos um rasto de serenidade e alegria por onde quer que passemos.

III. *CRISTO É A NOSSA PAZ*[19]. Disse-o Ele há vinte séculos: *Deixo-vos a paz, dou-vos a minha paz*. E repete-o a cada um de nós, para que o apregoemos com a nossa vida por todo o mundo, por esse mundo, talvez pequeno, em que decorre diariamente a nossa existência.

Uma boa parte do nosso apostolado consistirá em levar serenidade e alegria às pessoas que nos rodeiam, com tanta maior urgência quanto maiores forem a inquietação e a tristeza que encontremos à nossa passagem. "Dever de cada cristão é levar a paz e a felicidade pelos diversos ambientes da terra, numa cruzada de fortaleza e de alegria, que sacuda até os corações murchos e apodrecidos, e os levante para Ele"[20].

As pessoas deveriam poder recordar cada cristão como homem ou mulher que — embora tenha passado por sofrimentos e provas como os outros — ofereceu ao mundo uma imagem sorridente e sacrificada, amável e serena, porque viveu como um filho de Deus. Este pode ser o propósito da nossa oração de hoje: "Que ninguém leia tristeza nem dor na tua cara, quando difundes pelo ambiente do mundo o aroma do teu sacrifício: os filhos de Deus têm que ser sempre semeadores de paz e de alegria”[21]. Isto só é possível quando somos conscientes da nossa filiação divina.

Sabermo-nos filhos de Deus dar-nos-á uma paz firme, não sujeita aos vaivéns do sentimento ou dos incidentes de cada dia. Manter essa disposição aberta e amistosa perante os outros exigirá de nós que lutemos seriamente contra as possíveis antipatias, que têm a sua origem num relacionamento pouco sobrenatural; contra as asperezas do caráter, que destroem a paz do ambiente e que são indício de falta de espírito de sacrifício; contra o egoísmo e o comodismo, que são sérios obstáculos para a amizade e para a ação apostólica.

Recorramos à Virgem, nossa Mãe, para não perdermos nunca a alegria e a serenidade. “Santa Maria é — assim a invoca a Igreja — a Rainha da paz. Por isso, quando se conturba a alma — ou o ambiente familiar ou profissional, ou a convivência na sociedade ou entre os povos —, não cesses de aclamá-la com esse título: *Regina pacis, ora pro nobis!* Rainha da paz, rogai por nós! Experimentaste fazê-lo, ao menos, quando perdes a tranquilidade?... — Ficarás surpreso com a sua eficácia imediata”[22].

(1) Jo 14, 27; (2) Jo 16, 33; (3) Jo 20, 19-21; (4) cf. 1 Pe 1, 3; Rm 1, 7; (5) cf. Mt 5, 23; (6) São Gregório Nazianzeno, *Catena aurea*, VI; (7) João Paulo II, *Hom. em Roma*, 11-II-1981; (8) cf. Is 9, 7; Mq 5, 5; (9) cf. Lc 7, 50; 8, 48; (10) Lc 10, 6; (11) Gl 5, 22; (12) 2 Cor 13, 11; (13) cf. São Tomás, *Suma teológica*, 1-2, q. 70, a. 1; (14) Fl 4, 7; (15) São Josemaria Escrivá, *Caminho*, n. 258; (16) Santo Agostinho, *A cidade de Deus*, 19, 13, 1; (17) Is 32, 17; (18) A. del Portillo, *Homilia*, 30-III-1985; (19) Ef 2, 14; (20) São Josemaria Escrivá, *Sulco*, n. 92; (21) *ib.*, n. 59; (22) *ib.*, n. 874.

TEMPO PASCAL. QUINTA SEMANA. QUARTA-FEIRA

78. A VIDE E OS SARMENTOS

— Jesus Cristo é a verdadeira vide. A vida divina na alma.
— "Jesus nos poda para que demos mais fruto". Sentido da dor e da mortificação.
— União com Cristo. O apostolado, "superabundância da vida interior". O ramo seco.

I. *EU SOU A VIDEIRA, vós os ramos. Quem permanece em mim, e eu nele, esse dá muito fruto*, lemos no Evangelho da Missa[1].

Pela sua ingratidão, o povo eleito havia sido comparado com frequência a uma vinha; assim, fala-se da ruína e restauração da vinha arrancada do Egito e plantada em outra terra[2]; e Isaías manifesta a queixa do Senhor porque a sua vinha, depois de inúmeros cuidados, *contando que lhe daria uma colheita de uvas, deu agraço*, uvas amargas[3]. Jesus também utilizou a imagem da vinha para significar a rejeição do Messias por parte dos judeus e a chamada dirigida aos gentios[4].

Mas aqui o Senhor emprega a imagem da videira e dos ramos num sentido totalmente novo. Cristo é *a verdadeira videira*, que comunica a sua própria vida aos ramos. É a vida da graça que flui de Cristo e se comunica a todos os membros do seu Corpo, que é a Igreja: sem essa seiva nova, esses membros não produzem fruto algum, pois estão secos, mortos.

É uma vida de valor tão alto que Jesus derramou até a última gota do seu sangue para que pudéssemos recebê-la.

Todas as suas palavras, ações e milagres nos introduzem progressivamente nessa vida, ensinando-nos como nasce e cresce em nós, como morre e como nos é restituída se a perdemos[5]. *Eu vim*, diz-nos Ele, *para que tenham vida e a tenham em abundância*[6]. *Permanecei em mim e eu permanecerei em vós*[7].

O Senhor nos faz participar da própria vida divina! Quando é batizado, o homem transforma-se no mais profundo do seu ser, de tal modo que é como se nascesse de novo: torna-se filho de Deus, irmão de Cristo e membro do seu Corpo que é a Igreja. Esta vida é eterna, se não a perdemos pelo pecado mortal. A morte já não tem verdadeiro poder sobre aquele que a possui, pois esse jamais morrerá, mas apenas mudará de casa[8], para ir morar definitivamente no Céu.

Jesus Cristo quer que os seus irmãos participem dessa vida que Ele tem em plenitude. "A vida que da adorável Trindade se derramou sobre a santa Humanidade do Senhor transborda novamente, estende-se e propaga-se. Da cabeça desce aos membros [...]. O tronco e os ramos formam um único ser, nutrem-se e atuam conjuntamente, produzindo os mesmos frutos porque são alimentados pela mesma seiva"[9].

Eu vos escrevo isto, diz-nos São João depois de nos ter narrado inúmeras maravilhas, *para que saibais que tendes a vida eterna*[10]. Esta vida nova chega até nós ou se fortalece especialmente pelos sacramentos, que o Senhor quis instituir para que a Redenção pudesse chegar a todos os homens de uma maneira simples e acessível. Nesses sete sinais eficazes da graça encontramos Cristo, o manancial de todas as graças. "Neles o Senhor fala conosco, perdoa-nos, conforta-nos; neles nos santifica, neles nos dá o ósculo da reconciliação e da amizade; neles nos comunica os seus próprios méritos e o seu próprio poder; neles se nos dá Ele mesmo"[11].

II. *TODO O RAMO que não der fruto em mim, ele o cortará; e todo aquele que der fruto, ele o podará para que dê mais fruto*[12].

O cristão que inutiliza os canais pelos quais lhe chega a graça — a oração e os sacramentos — fica sem alimento para a sua alma, e "esta morre às mãos do pecado mortal, porque as suas reservas se esgotaram e chega um momento em que nem sequer é necessária uma forte tentação para que caia: cai por si própria, porque já não tem forças para manter-se de pé. Morre porque a sua vida acabou. E se os canais da graça não estiverem bem desimpedidos, porque uma montanha de apatias, negligências, preguiças, comodismos, respeitos humanos, influências do ambiente, pressas e outros afazeres [...] os obstrui, então a vida da alma vai enlanguescendo e agoniza até que acaba por morrer. E, naturalmente, a sua esterilidade é total, pois não dá nenhum fruto"[13].

A vontade do Senhor, no entanto, é que *demos fruto e o demos abundantemente*[14]. É por isso que Ele poda o sarmento. É interessante observar que o Senhor utiliza o mesmo verbo para falar da poda dos ramos e, logo a seguir, da limpeza dos seus discípulos: *Vós já estais limpos pela palavra que vos tenho anunciado*[15]. Ao pé da letra, a tradução teria que ser esta: "E todo aquele que der fruto, ele o limpará para que dê mais fruto"[16].

Temos que dizer sinceramente ao Senhor que estamos dispostos a deixar que Ele arranque tudo o que em nós for obstáculo à sua ação: defeitos do caráter, apegos ao nosso critério ou aos bens materiais, respeitos humanos, pequenos pontos de comodismo ou de sensualidade...; que estamos decididos, ainda que nos custe, a deixar-nos limpar de todo esse peso morto, porque queremos dar mais frutos de santidade e de apostolado.

O Senhor nos limpa e purifica de muitas maneiras, por vezes permitindo fracassos, doenças, difamações... "Não ouviste dos lábios do Mestre a parábola da videira e das varas? — Consola-te. Ele exige muito de ti porque és vara que dá fruto... E te poda, «*ut fructum plus afferas*» — para que dês mais fruto. — É claro!: dói esse cortar, esse arrancar. Mas, depois, que louçania nos frutos, que maturidade nas obras!"[17]

III. *ASSIM COMO O RAMO não pode dar fruto por si mesmo, se não permanecer na videira, assim também vós, se não permanecerdes em mim*[18].

"Portanto — comenta Santo Agostinho —, todos nós, unidos a Cristo, nossa Cabeça, somos fortes, mas, separados da nossa Cabeça, não valemos nada [...]. Porque, unidos à nossa cabeça, somos vide; sem a nossa cabeça [...], somos ramos cortados, destinados não ao uso dos agricultores, mas ao fogo. Por isso Cristo diz no Evangelho: *Sem mim não podeis fazer nada*. Ó Senhor! Sem ti, nada; contigo, tudo [...]. Sem nós, Ele pode muito ou, melhor, tudo; nós sem Ele, nada"[19].

Os frutos que o Senhor espera de nós são muito diversos, mas tudo seria inútil — como se tentássemos colher bons cachos de uvas de um ramo que se desprendeu da cepa — se não tivéssemos vida de oração, se não estivéssemos unidos ao Senhor. "Olhemos para esses sarmentos, repletos por participarem da seiva do tronco: só assim aqueles minúsculos rebentos de alguns meses atrás puderam converter-se em polpa doce e madura, que cumulará de alegria a vista e o coração (cf. Sl 103, 15). No chão talvez tenham ficado alguns gravetos soltos, meio enterrados. Eram sarmentos também, mas secos, crestados. São o símbolo mais expressivo da esterilidade"[20].

A vida de união com o Senhor ultrapassa o âmbito pessoal e manifesta-se no modo de trabalhar, no convívio com os colegas, nas atenções para com a família..., em tudo. Dessa unidade com o Senhor brota a riqueza apostólica, pois "o apostolado, seja qual for, é uma superabundância da vida interior"[21]. Uma vez que Cristo é "a fonte e origem de todo o apostolado da Igreja, torna-se evidente que a fecundidade do apostolado dos leigos depende da sua união vital com Cristo. Pois é o Senhor quem diz: *Quem permanece em mim e eu nele, esse dá muito fruto, porque sem mim nada podeis fazer* (Jo 15, 5). Esta vida de união íntima com Cristo na Igreja alimenta-se de auxílios espirituais comuns a todos os fiéis... Os leigos devem servir-se de tal sorte desses auxílios que, enquanto cumprem com esmero as suas obrigações no meio do mundo, nas condições ordinárias da vida, não separem a união com Cristo da sua vida privada, mas cresçam intensamente nessa união, realizando as suas tarefas segundo a vontade de Deus"[22].

Em todas as facetas da vida acontece a mesma coisa: ninguém dá o que não tem. Só da árvore boa se podem colher bons frutos. "Os ramos da videira são desprezíveis quando não estão unidos ao tronco; e nobres quando estão [...]. Se se cortam, não servem para nada, não interessam nem ao agricultor nem ao carpinteiro. Para os ramos, de duas uma: ou a videira ou o fogo; para não irem para o fogo, que estejam unidos à videira"[23].

Estamos dando os frutos que o Senhor espera de nós? Os nossos amigos têm-se aproximado de Deus, por nosso intermédio? Damos frutos de paz e de alegria no meio daqueles com quem mais convivemos? São perguntas que poderiam ajudar-nos a concretizar algum propósito antes de terminarmos a nossa oração. E fazemo-lo junto de Maria, que nos diz: *Cresci como vinha de agradável odor, e minhas flores deram frutos de glória e abundância*[24]. *Pois quem me acha encontra a vida e alcança o favor do Senhor*[25]. Ela é o caminho mais curto para chegarmos a Jesus, que nos cumula de vida divina.

(1) Jo 15, 1-8; (2) cf. Sl 79; (3) cf. Is 5, 1-5; (4) cf. Mt 21, 33-34; (5) cf. P. M. de la Croix, *Testimonio espiritual del Evangelio de San Juan*, Rialp, Madri, 1966, p. 141; (6) Jo 10, 10; (7) Jo 15, 4; (8) cf. Missal Romano, *Prefácio dos defuntos I*; (9) M. V. Bernadot, *Da Eucaristia à Trindade*; (10) 1 Jo 5, 13; (11) E. Boylan, *Amor sublime*; (12) Jo 15, 2; (13) F. Suarez, *La vid y los sarmientos*, 2ª ed., Rialp, Madri, 1980, pp. 41-42; (14) cf. Jo 15, 8; (15) Jo 15, 3; (16) cf. nota a Jo 15, 2, em *Santos Evangelhos*; (17) São Josemaria Escrivá, *Caminho*, n. 701; (18) Jo 15, 4-6; (19) Santo Agostinho, *Comentário ao Salmo 30*, II, 1, 4; (20) São Josemaria Escrivá, *Amigos de Deus*, n. 254; (21) *ib.*, n. 239; (22) Conc. Vat. II, Decr. *Apostolicam actuositatem*, 4; (23) Santo Agostinho, *Trat. Evangelho de São João*, 81, 3; (24) Eclo 24, 23; (25) Pr 8, 35.

Tempo Pascal. Quinta Semana. Quinta-feira

79. OFERECER AS OBRAS DO DIA

— Pelo *oferecimento de obras* dirigimos para Deus o nosso dia desde o começo. A nossa primeira oração.
— Como fazê-lo. O "minuto heroico".
— O *oferecimento de obras* e a Santa Missa. Oferecer as nossas tarefas ao Senhor muitas vezes ao dia.

I. PARA ORDENARMOS a nossa vida, o Senhor deu-nos os dias e as noites. *O dia fala ao dia e a noite comunica à noite os seus pensamentos*[1]. E cada novo dia recorda que temos de continuar os nossos trabalhos interrompidos e renovar os nossos projetos e as nossas esperanças: "O homem sai para o trabalho e lá fica até o anoitecer. Depois chega a noite e, com um sorriso bondoso, Deus manda-nos pôr de lado todas as ninharias a que nós, pobres mortais, damos tanta importância [...], fecha-nos os livros, esconde-nos as distrações, cobre com um grande manto negro as nossas existências...; quando a escuridão nos envolve, passamos por um ensaio geral da morte; a alma e o corpo despedem-se um do outro... Então chega a manhã e com ela o renascimento"[2].

De certa maneira, cada dia começa com um nascimento e acaba com uma morte; cada dia é como uma vida em miniatura. No fim, a nossa passagem pelo mundo terá sido santa e agradável a Deus se tivermos tido a preocupação de que cada dia fosse grato a Deus, desde que o sol despontou até o seu ocaso, como também a noite, porque a teremos igualmente oferecido a Deus.

O *hoje* é a única coisa de que dispomos para santificar. *O dia fala ao dia*; o dia de ontem sussurra ao de hoje e nos diz da parte do Senhor: "Começa bem". O dia de ontem desapareceu para sempre, com todas as suas possibilidades e com todos os seus perigos. Dele só ficaram motivos de contrição pelas coisas que não fizemos bem, e de gratidão pelas inumeráveis graças, benefícios e cuidados que recebemos de Deus. O "amanhã" ainda está nas mãos do Senhor. "Porta-te bem «agora», sem te lembrares de «ontem», que já passou, e sem te preocupares com o «amanhã», que não sabes se chegará para ti"[3].

O que devemos santificar é, pois, o dia de hoje. Mas como havemos de fazê-lo, se não o começamos oferecendo-o a Deus? Só os que não conhecem a Deus e os cristãos tíbios é que começam os seus dias de qualquer maneira. O *oferecimento de obras* pela manhã é um ato de piedade que orienta bem o dia, que o dirige para Deus desde o princípio, tal como a bússola aponta para o Norte; prepara-nos para escutar e atender as constantes inspirações e moções que o Espírito Santo nos segredará ao longo do dia que começa, um dia que nunca se repetirá. *Se ouvirdes hoje a sua voz, não queirais endurecer o vosso coração*[4]. O Senhor fala-nos todos os dias.

Dizemos ao Senhor que queremos servi-lo no dia de hoje, que queremos tê-lo presente. "Renovai todas as manhãs, com um *serviam!* decidido — Senhor, eu te servirei! —, o propósito de não ceder, de não cair na preguiça ou no desleixo, de enfrentar os afazeres com mais esperança, com mais otimismo, bem persuadidos de que, se em alguma escaramuça formos vencidos, poderemos superar esse baque com um ato de amor sincero"[5].

As nossas obras chegarão mais cedo a Deus se lhe oferecermos o dia através de sua Mãe, que é também a nossa Mãe. "Aquilo que desejes oferecer, ainda que seja pouco, procura depositá-lo nas mãos de Maria, mãos graciosíssimas e digníssimas de todo o apreço, a fim de que seja oferecido ao Senhor sem que desperte a sua repulsa"[6].

II. O COSTUME DE OFERECER o dia a Deus já era vivido pelos primeiros cristãos: "Logo que acordam, antes de enfrentarem novamente o bulício da vida, antes de conceberem em seu coração qualquer ideia, antes mesmo de se lembrarem do cuidado dos seus interesses familiares, consagram ao Senhor o nascimento e princípio dos seus pensamentos"[7].

Muitos bons cristãos têm o hábito adquirido de dirigir o primeiro pensamento do dia para Deus. E, a seguir, de viver o "minuto heroico", que é uma boa ajuda para fazer animosamente o oferecimento de obras e começar bem o dia. "O minuto heroico. — É a hora exata de te levantares. Sem hesitar: um pensamento sobrenatural e... fora! — O minuto heroico: aí tens uma mortificação que fortalece a tua vontade e não debilita a tua natureza"[8]. "Se, com a ajuda de Deus, te venceres, muito terás adiantado para o resto do dia. Desmoraliza tanto sentir-se vencido na primeira escaramuça!"[9]

Ainda que não seja necessário adotar uma fórmula concreta, é conveniente ter um modo habitual de cumprir esta prática de piedade, tão útil para que todo o dia ande bem. Há quem recite alguma oração simples, aprendida na infância ou quando já era crescido. É muito conhecida esta oração à Virgem, que serve ao mesmo tempo de oferecimento de obras e de consagração pessoal diária a Nossa Senhora: *Ó Senhora minha, ó minha Mãe! Eu me ofereço todo a Vós e, em prova da minha devoção para convosco, Vos consagro neste dia meus olhos, meus ouvidos, minha boca, meu coração e inteiramente todo o meu ser. E como assim sou vosso, ó boa Mãe, guardai-me e defendei-me como coisa e propriedade vossa. Amém.*

Além do oferecimento de obras, cada um deve ver o que pode ser conveniente acrescentar às suas orações ao levantar-se: mais alguma oração a Nossa Senhora, uma invocação a São José, ao Anjo da Guarda. É também o momento adequado de recordar os propósitos de luta feitos no exame de consciência do dia anterior, e de renovar o desejo de cumpri-los, com a graça de Deus.

Senhor Deus todo-poderoso, que nos fizestes chegar ao começo deste dia, salvai-nos hoje com o vosso poder, para que não caiamos em nenhum pecado e as nossas palavras, pensamentos e atos sigam o caminho dos vossos preceitos[10].

III. TEMOS QUE DIRIGIR-NOS ao Senhor todos os dias pedindo-lhe ajuda para tê-lo presente em quaisquer circunstâncias; não apenas nos momentos dedicados expressamente a falar com Ele, mas também nas atividades diárias normais, pois queremos que, além de estarem bem feitas, sejam oração grata a Deus. Por isso podemos dizer com a Igreja: *Nós te pedimos, Senhor, que previnas as nossas ações e nos ajudes a prossegui-las, a fim de que todo o nosso trabalho comece sempre em Ti e por Ti alcance o seu fim*[11].

A Santa Missa é o momento mais adequado para renovarmos o oferecimento da nossa vida e das obras do dia. Enquanto o sacerdote oferece o pão e o vinho, nós oferecemos tudo quanto somos e possuímos, bem como tudo aquilo que nos propomos fazer no dia que começa. Colocamos na patena a memória, a inteligência, a vontade... Colocamos nela a família, o trabalho, as alegrias, a dor, as preocupações..., e as jaculatórias e os atos de desagravo, as comunhões espirituais, os pequenos sacrifícios, os atos de amor com que esperamos preencher o dia.

Sempre serão pobres e pequenos estes dons que oferecemos, mas, ao unirem-se à oblação de Cristo na Missa, tornam-se incomensuráveis e eternos. "Todas as suas obras, preces e iniciativas apostólicas, a vida conjugal e familiar, o trabalho cotidiano, o descanso do corpo e da alma, se praticados no Espírito, e mesmo os incômodos da vida pacientemente suportados, tornam-se *hóstias espirituais, agradáveis a Deus, por Jesus Cristo* (1 Pe 2, 5), hóstias que são piedosamente oferecidas ao Pai com a oblação do Senhor na celebração da Eucaristia"[12].

No altar, ao lado do pão e do vinho, deixamos tudo quanto somos e possuímos: anseios, amores, trabalhos, preocupações... E no momento da Consagração entregamo-los definitivamente a Deus. Agora, já nada disso é só nosso, e portanto — como quem o recebeu em depósito e para o administrar — devemos utilizá-lo para o fim a que o destinamos: para a glória de Deus e para fazer o bem aos que estão à nossa volta.

O fato de termos oferecido todas as nossas obras a Deus ajuda-nos a executá-las melhor, a trabalhar com mais eficácia, a estar mais alegres na vida em família ainda que estejamos cansados, a ser melhores cidadãos, a esmerar-nos na convivência com todos. Aliás, podemos repetir em pensamento o nosso oferecimento de obras muitas vezes ao longo do dia; por exemplo, quando iniciamos uma nova atividade ou quando aquilo que estamos fazendo se torna especialmente difícil. O Senhor também aceita o nosso cansaço, que desse modo adquire um valor redentor.

Vivamos cada dia como se fosse o único que temos para oferecer a Deus, procurando fazer bem as coisas, retificando-as quando as fazemos mal. E um desses dias será o último, e também o teremos oferecido a Deus, nosso Pai. Então, se tivermos procurado viver oferecendo continuamente a Deus a nossa vida, ouviremos Jesus que nos diz, como ao bom ladrão: *Em verdade te digo, hoje estarás comigo no Paraíso*[13].

(1) Sl 18, 3; (2) R. A. Knox, *Meditações para um retiro*, Prumo, Lisboa, 1960, pp. 30-31; (3) São Josemaria Escrivá, *Caminho*, n. 253; (4) Sl 35, 8; (5) São Josemaria Escrivá, *Amigos de Deus*, n. 217; (6) São Bernardo, *Hom. na natividade de N. Senhora*, 18; (7) Cassiano, *Colações*, 21; (8) São Josemaria Escrivá, *Caminho*, n. 206; (9) *ib.*, n. 191; (10) *Preces de laudes*, Liturgia das Horas da quinta-feira da quinta semana do Tempo Pascal; (11) *ib.*; (12) Conc. Vat. II, Const. *Lumen gentium*, 34; (13) Lc 23, 43.

TEMPO PASCAL. QUINTA SEMANA. SEXTA-FEIRA

80. O VALOR DA AMIZADE

— Jesus, "o amigo que nunca atraiçoa". NEle aprendemos o verdadeiro valor da amizade.
— A amizade é um grande bem humano que podemos sobrenaturalizar. Qualidade da verdadeira amizade.
— Apostolado com os amigos.

I. *NINGUÉM TEM MAIOR AMOR do que aquele que dá a vida pelos seus amigos. Vós sois meus amigos [...]. Já não vos chamo servos [...], mas chamei-vos amigos*[1], diz-nos o Senhor no Evangelho da Missa.

Jesus é o nosso Amigo. NEle os apóstolos encontraram a sua melhor amizade. Era alguém que os amava, a quem podiam comunicar as suas penas e alegrias, a quem podiam fazer perguntas com toda a confiança. Sabiam bem o que Ele desejava exprimir quando lhes dizia: *Amai-vos uns aos outros... como eu vos amei*[2]. As irmãs de Lázaro não encontraram melhor título que o da amizade para solicitarem a sua presença: o teu amigo está doente[3], mandam dizer-lhe, cheias de confiança.

Jesus procurou a amizade de todos os que encontrou pelos caminhos da Palestina. Aproveitava sempre o diálogo para chegar ao fundo das almas e cumulá-las de amor. E, além do seu infinito amor por todos os homens, ofereceu a sua amizade a pessoas bem determinadas: aos apóstolos, a José de Arimateia, a Nicodemos, a Lázaro e à sua família... Não negou ao próprio Judas o honroso título de *amigo*, precisamente no momento em que este o entregava às mãos dos seus inimigos. Estimava muito a amizade dos seus amigos; depois da tríplice negação, perguntará a Pedro: *Amas-me?*[4], és meu amigo?, posso confiar em ti? E entrega-lhe a Igreja: *Apascenta os meus cordeiros..., apascenta as minhas ovelhas*.

"Cristo, Cristo ressuscitado, é o companheiro, o Amigo. Um companheiro que se deixa ver apenas entre sombras, mas cuja realidade inunda toda a nossa vida e nos faz desejar a sua companhia definitiva"[5]. Ele, que compartilhou a nossa natureza, quer compartilhar também os nossos fardos: *Eu vos aliviarei*[6], diz a todos. É o mesmo que deseja ardentemente que partilhemos da sua glória por toda a eternidade.

Jesus Cristo é o Amigo que nunca atraiçoa[7]; quando vamos vê-lo, falar-lhe, está sempre disponível, dá-nos as boas-vindas sempre com o mesmo calor, ainda que nos veja frios ou distraídos. Ele ajuda sempre, anima sempre, consola em qualquer ocasião.

II. A AMIZADE COM O SENHOR, que nasce e cresce pela oração e pela digna recepção dos sacramentos, faz-nos entender melhor o significado da amizade humana, que a Sagrada Escritura qualifica como um tesouro: *Um amigo fiel é uma proteção poderosa; quem o achou descobriu um tesouro. Nada é comparável a um amigo fiel; seu preço é incalculável*[8].

Compreende-se bem que o trato diário e a amizade com Jesus Cristo nos aumentem a capacidade de ter amigos, pois fomentam em nós uma atitude aberta: a oração afina a alma e torna-a especialmente apta para compreender os outros, aumenta a generosidade, o otimismo, a cordialidade na convivência, a gratidão..., e essas virtudes facilitam ao cristão o caminho da amizade.

A verdadeira amizade é sempre desinteressada, pois consiste mais em dar do que em receber; não procura o proveito próprio, mas o do amigo: "O amigo verdadeiro não pode ter duas caras para o seu amigo; a amizade, se deve ser leal e sincera, exige renúncia, retidão, troca de favores, de serviços nobres e lícitos. O amigo é forte e sincero na medida em que, de acordo com a prudência sobrenatural, pensa generosamente nos outros, com sacrifício pessoal. Do amigo espera-se correspondência ao clima de confiança que se estabelece na verdadeira amizade; espera-se o reconhecimento do que somos e, quando necessário, a defesa clara e sem paliativos"[9].

Para que haja uma amizade verdadeira, é necessário que o afeto e a benevolência sejam mútuos[10]. E então tenderá sempre a tornar-se mais forte: não se deixará corromper pela inveja, não arrefecerá pelas suspeitas, crescerá na dificuldade[11], "até fazer sentir o amigo como outro eu. Por isso diz Santo Agostinho: Retratou bem o seu amigo aquele que o chamou metade da sua alma"[12]. Então compartilham-se com naturalidade as alegrias e as penas.

A amizade é um bem humano e, ao mesmo tempo, ocasião de desenvolver muitas virtudes humanas, porque cria "uma harmonia de sentimentos e gostos que prescinde do amor dos sentidos, desenvolvendo, por outro lado, até graus muito elevados, e mesmo até o heroísmo, a dedicação do amigo ao amigo. Pensamos — ensinava Paulo VI — que os encontros [...] são uma oportunidade para que as almas nobres e virtuosas gozem desta relação humana e cristã que se chama amizade. Ela pressupõe e desenvolve a generosidade, o desinteresse, a simpatia, a solidariedade e, especialmente, a possibilidade de sacrifícios mútuos"[13].

O bom amigo não desaparece nas dificuldades, não atraiçoa; nunca fala mal do amigo nem permite que, quando ausente, seja criticado, porque toma a sua defesa. Amizade é sinceridade, confiança, compartilhar penas e alegrias, animar, consolar, ajudar com o exemplo.

III. AO LONGO DOS SÉCULOS, a amizade foi um caminho pelo qual muitos homens e mulheres se aproximaram de Deus e alcançaram o Céu. É um caminho natural e simples, que elimina muitos obstáculos e dificuldades. O Senhor conta com frequência com esse meio para se dar a conhecer. Os primeiros que o conheceram foram comunicar a boa notícia àqueles que amavam. André trouxe Pedro, seu irmão; Filipe trouxe o seu amigo Natanael; e foi João com certeza quem levou ao Senhor o seu irmão Tiago...

Assim se difundiu a fé em Cristo na primitiva cristandade: através dos irmãos, de pais para filhos, de filhos para pais, do servo para o seu amo e vice-versa, de amigo para amigo. A amizade é uma base excepcional para dar a conhecer Cristo, porque é o meio natural de comunicar sentimentos, de partilhar confidências com os que estão junto de nós por razões de família, trabalho, inclinações...

É próprio da amizade dar ao amigo o melhor que se possui. O nosso valor mais alto, sem comparação possível, é termos encontrado o Senhor. Não teríamos verdadeira amizade pelos nossos amigos se não lhes comunicássemos o imenso dom que é a nossa fé cristã. Em cada um de nós, cristãos que queremos seguir o Senhor de perto, os nossos amigos devem encontrar apoio, fortaleza e um sentido sobrenatural para as suas vidas. A certeza de encontrarem em nós compreensão, interesse, atenção, animá-los-á a abrir o coração confiadamente, cientes de que são estimados, de que estamos dispostos a ajudá-los. E isto enquanto realizamos as nossas tarefas diárias, procurando ser exemplares na profissão ou no estudo, permanecendo abertos ao convívio com todos, movidos pela caridade.

A amizade leva-nos a iniciar os nossos amigos numa verdadeira vida cristã, se estão longe da Igreja, ou a fazê-los reempreender o caminho que um dia abandonaram, se deixaram de praticar a fé que receberam. Com paciência e constância, sem pressas, sem pausas, irão aproximando-se do Senhor, que os espera. Haverá ocasiões em que poderemos fazer juntamente com eles uns minutos de oração, praticar juntos uma obra de misericórdia visitando um doente ou uma pessoa necessitada; pedir-lhes que nos acompanhem numa breve visita a Jesus sacramentado... Quando for oportuno, falar-lhes-emos do sacramento da misericórdia divina, a Confissão, e os ajudaremos a preparar-se para recebê-lo.

Quantas confidências ao abrigo da amizade são caminhos abertos pelo Espírito Santo para um apostolado fecundo!

"Essas palavras que tão a tempo deixas cair ao ouvido do amigo que vacila; a conversa orientadora que soubeste provocar oportunamente; e o conselho profissional que melhora o seu trabalho universitário; e a discreta indiscrição que te faz sugerir-lhe imprevistos horizontes de zelo... Tudo isso é «apostolado da confidência»"[14].

O Senhor deseja que tenhamos muitos amigos porque o seu amor pelos homens é infinito e a nossa amizade é um instrumento para chegar a eles. Quantas pessoas com quem estamos em contacto todos os dias esperam, mesmo sem o perceberem, que lhes chegue a luz de Cristo! Que alegria de cada vez que um amigo nosso se torna amigo do Amigo!

Jesus, que *passou fazendo o bem*[15] e conquistou o coração de tantas pessoas, é o nosso Modelo. Assim devemos nós passar pela família, pelo trabalho, pelos vizinhos, pelos amigos. Hoje é um dia oportuno para que nos perguntemos se as pessoas das nossas relações se sentem animadas pelo nosso exemplo e pela nossa palavra a aproximar-se do Senhor; se nos preocupamos pelas suas almas, se se pode dizer de verdade que, como Jesus, estamos passando pelas suas vidas fazendo o bem.

(1) Jo 15, 13-15; (2) Jo 13, 14; (3) Jo 11, 3; (4) Jo 21, 16; (5) São Josemaria Escrivá, *É Cristo que passa*, n. 116; (6) Mt 11, 28; (7) cf. São Josemaria Escrivá, *Caminho*, n. 88; (8) Eclo 6, 14; (9) São Josemaria Escrivá, *Carta*, 11-III-1940, citado por J. Cardona, *em Gran Enciclopedia*, Rialp, v. Amistad II; (10) cf. São Tomás, *Suma teológica*, 2-2, q. 23, a. 1; (11) cf. Beato Elredo, *Trat. sobre la amistad espiritual*, 3; (12) São Tomás, *Suma teológica*, 2-2, q. 28, a. 1; (13) Paulo VI, *Alocução*, 26-VII-1978; (14) São Josemaria Escrivá, *Caminho*, n. 973; (15) At 10, 38.

TEMPO PASCAL. QUINTA SEMANA. SÁBADO

81. O SANTO ROSÁRIO

— No Rosário, Nossa Senhora ensina-nos a contemplar a vida do seu Filho.
— O terço em familia. É "arma poderosa".
— As distrações no terço.

I. O AMOR A NOSSA SENHORA manifesta-se na nossa vida de formas muito diversas. No Santo Rosário — a oração mariana mais recomendada pela Igreja ao longo dos séculos —, a piedade mostra-nos um resumo das principais verdades da fé cristã; através da consideração de cada um dos *mistérios*, a Santíssima Virgem ensina-nos a contemplar a vida do seu Filho. Em alguns deles, Maria ocupa o primeiro lugar; em outros, é Cristo quem atrai primeiro a nossa atenção. Maria fala-nos sempre do Senhor: da alegria do seu nascimento, da sua morte na Cruz, da sua Ressurreição e Ascensão gloriosa.

O Rosário é a oração preferida da nossa Mãe, e "com a consideração dos mistérios, a repetição do Pai-Nosso e da Ave-Maria, os louvores à Beatíssima Trindade e a constante invocação à Mãe de Deus, é um contínuo ato de fé, de esperança e de amor, de adoração e reparação"[1].

Segundo a sua etimologia, o Rosário "é uma coroa de rosas, costume encantador que em todos os povos representa uma oferenda de amor e um símbolo de alegria"[2]. "É o modo mais excelente de oração meditada, constituída à maneira de mística coroa em que a saudação angélica, a oração dominical e a doxologia à Augusta Trindade se entrelaçam com a consideração dos mais altos mistérios da nossa fé: nele, através de muitas cenas, a mente contempla o drama da Encarnação e da Redenção de Nosso Senhor"[3].

Nesta oração mariana, a oração vocal funde-se com a meditação dos mistérios cristãos, que é como que a *alma do Rosário*. É uma meditação pausada, que permite desenvolver a oração pessoal ao ritmo das palavras. "Introduzir-se como mais um personagem" nas cenas que se contemplam no Rosário ajuda a rezá-lo bem. Assim, "viveremos a vida de Jesus, Maria e José".

"Todos os dias Lhes havemos de prestar um novo serviço. Ouviremos as suas conversas de família. Veremos crescer o Messias. Admiraremos os seus trinta anos de obscuridade... Assistiremos à sua Paixão e Morte... Pasmaremos ante a glória da sua Ressurreição... Numa palavra: contemplaremos, loucos de Amor — não há outro amor além do Amor —, todos e cada um dos instantes de Cristo Jesus"[4].

Com a consideração dos mistérios, vivifica-se a oração vocal — o Pai-Nosso e as Ave-Marias —, e a vida interior se vê enriquecida pelo profundo conteúdo dessas cenas, que se tornam fonte de oração e contemplação ao longo do dia. Pouco a pouco identificamo-nos com os sentimentos de Cristo e passamos a viver num clima de intensa piedade: alegramo-nos com Cristo gozoso, sofremos com Cristo padecente, vivemos antecipadamente na esperança a glória de Cristo ressuscitado. "Ainda que em planos de realidade essencialmente diversos — dizia Paulo VI —, (a liturgia e o Rosário) têm por objeto os mesmos acontecimentos salvíficos realizados por Cristo. A primeira torna presentes [...] os maiores mistérios da nossa redenção; a segunda, pelo piedoso afeto da contemplação, volta a evocar os mesmos mistérios na mente de quem ora e estimula a sua vontade para deles extrair normas de vida"[5].

II. O CONCÍLIO VATICANO II pede "a todos os filhos da Igreja que promovam generosamente o culto à Bem-aventurada

Virgem [...], que deem grande valor às práticas e aos exercícios de piedade recomendados pelo Magistério no curso dos séculos"[6].

Sabemos bem com que insistência a Igreja sempre recomendou a oração do Santo Rosário. Concretamente, é "uma das mais excelentes e eficazes orações em comum que a família cristã é convidada a rezar"[7], e muitas vezes será um bom objetivo de vida cristã para muitas famílias. Em alguns casos, bastará começar com a recitação de uma única dezena, aproveitando talvez ocasiões tão especiais como o mês de maio ou a visita a um Santuário ou ermida da Virgem... Ganha-se muito e poupam-se muitas preocupações se se começa a introduzir os filhos desde pequenos nesta prática.

O terço em família é uma fonte de bens para todos, pois atrai a misericórdia de Deus sobre o lar. Diz o Papa João Paulo II: "Tanto a recitação do *Angelus* como a do *terço* devem ser para todo o cristão e muito mais para as famílias cristãs como que um oásis espiritual no decorrer do dia, para ganharem coragem e confiança"[8]. E o Santo Padre insiste: "Conservai zelosamente esse terno e confiado amor à Virgem que vos caracteriza. Não o deixeis esfriar nunca [...]. Sede fiéis aos exercícios de piedade mariana tradicionais na Igreja: a oração do Angelus, o mês de Maria e, de modo muito especial, o terço. Oxalá ressurgisse o belo costume de rezar o terço em família!"[9]

Hoje podemos examinar na nossa oração se nos valemos do Santo Rosário como "arma poderosa"[10] para conseguir da Virgem as graças e favores de que tanto necessitamos, se o rezamos com atenção, se procuramos aprofundar no seu conteúdo riquíssimo, particularmente detendo-nos por uns momentos a meditar em cada um dos mistérios, se procuramos que os nossos familiares e amigos comecem a rezá-lo e assim procurem e amem mais a nossa Mãe do Céu.

III. ÀS VEZES, QUANDO PROCURAMOS difundir a recitação do terço como uma forma de manter diariamente um trato de intimidade com a Virgem, deparamos com pessoas, mesmo de boa vontade, que se desculpam dizendo que se distraem com frequência e que “se é para rezá-lo mal, é melhor não rezá-lo” ou algo semelhante. Ensinava o Papa João XXIII que “o pior terço é aquele que não se reza”. Nós podemos dizer aos nossos amigos que, ao invés de abandoná-lo, devem compreender que é mais grato à Virgem procurar rezá-lo da melhor forma possível, ainda que se tenham distrações. Também pode acontecer que — como escreve Santo Afonso Maria de Ligório — “se tens muitas distrações durante a oração, talvez seja porque o demônio se sente muito incomodado com essa oração”[11].

Há quem compare o terço a uma canção: a canção da Virgem. Por isso, ainda que por vezes não sejamos conscientes da “letra”, a melodia nos levará, quase sem o percebermos, a ter o pensamento e o coração postos em Nossa Senhora. As distrações involuntárias não anulam os frutos do terço, nem de qualquer outra oração vocal, desde que se lute por evitá-las.

São Tomás diz que pode haver uma tríplice atenção na oração vocal: a de quem pronuncia corretamente todas as palavras, a daquele que repara mais no sentido dessas palavras e a dos que se concentram na finalidade da oração, quer dizer, em Deus e naquilo por que se ora. Esta última é a atenção mais importante e necessária, e é acessível mesmo a pessoas pouco cultas ou que não entendem bem o sentido das palavras que pronunciam, “podendo ser tão intensa que arrebate a mente para Deus”[12].

Quando há esforço, pode-se rezar o terço cada vez melhor; cuidando da pronúncia, das pausas, da atenção, detendo-se por uns instantes a considerar o mistério que se inicia, oferecendo talvez essas dez ave-marias por uma intenção concreta (a Igreja Universal, o Sumo Pontífice, as intenções do bispo da diocese, a família, as vocações sacerdotais, o apostolado, a paz e a justiça em determinado país, um assunto que nos preocupa...), procurando que essas “rosas” oferecidas à Virgem não estejam fanadas ou murchas pela rotina ou pelas distrações mais ou menos consentidas... Será muito difícil, e às vezes praticamente impossível, evitar todas as distrações, mas a Virgem também o sabe e aceita o nosso desejo e o nosso esforço.

Para recitá-lo com devoção, é conveniente fazê-lo num momento adequado: "Uma triste forma de não rezar o terço: deixá-lo para o fim do dia. Quando se deixa para o momento de deitar-se, recita-se pelo menos de má maneira e sem meditar os mistérios. Assim, dificilmente se evita a rotina, que afoga a verdadeira piedade, a única piedade"[13]. "Sempre adias o terço para depois, e acabas por omiti-lo por causa do sono. — Se não dispões de outros momentos, reza-o pela rua e sem que ninguém o note. Isso te ajudará também a ter presença de Deus"[14].

Uma das vantagens do terço é que se pode rezá-lo em qualquer lugar: na igreja, na rua, no carro..., sozinho ou em família, enquanto se aguarda na sala de espera do médico ou na fila da agência bancária. Poucos cristãos poderão dizer com sinceridade que não arranjam tempo para rezar "a oração mais querida e recomendada pela Igreja".

Um dia o Senhor nos mostrará as consequências de termos rezado o terço com devoção, ainda que também com algumas distrações: desastres que se evitaram por especial intercessão da Virgem, ajudas a pessoas queridas, conversões, graças ordinárias e extraordinárias para nós e para outros, e as inúmeras pessoas que se beneficiaram desta oração e que nem sequer conhecemos.

Esta oração tão eficaz e grata a Nossa Senhora será em muitos momentos da nossa vida o meio mais eficaz de pedir e de agradecer, como também de reparar pelos nossos pecados: "«Virgem Imaculada, bem sei que sou um pobre miserável, que não faço mais do que aumentar todos os dias o número dos meus pecados...» Disseste-me o outro dia que falavas assim com a Nossa Mãe. — E aconselhei-te, com plena segurança, que rezasses o terço: bendita monotonia de ave-marias, que purifica a monotonia dos teus pecados!"[15]

(1) São Josemaria Escrivá, *Santo Rosário*, p. 9; (2) Pio XII, *Alocução*, 16-X-1940; (3) João XXIII, Enc. *Grata recordatio*, 26-IX-1959; (4) São Josemaria Escrivá, *op. cit.*, p. 13; (5) Paulo VI, Enc. *Marialis cultus*, 46; (6) Conc. Vat. II, Const. *Lumen gentium*, 67; (7) Paulo VI,

op. cit., 54; (8) João Paulo II, *Angelus em Otranto*, 5-X-1980; (9) idem, *Homilia*, 12-X-1980; (10) São Josemaria Escrivá, *op. cit.*, p. 7; (11) Santo Afonso M. de Ligório, *Tratado sobre a oração*; (12) São Tomás, *Suma teológica*, 2-2, q. 83, a. 3; (13) São Josemaria Escrivá, *Sulco*, n. 476; (14) *ib.*, n. 478; (15) *ib.*, n. 475.

TEMPO PASCAL. SEXTO DOMINGO

82. A ESPERANÇA DO CÉU

— Fomos criados para o Céu. Fomentar a esperança.
— O que Deus revelou sobre a vida eterna.
— A ressurreição da carne. O pensamento do Céu deve levar-nos a uma luta decidida e alegre por alcançá-lo.

I. NESTES QUARENTA DIAS que separam a Páscoa da Ascensão do Senhor, a Igreja convida-nos a ter os olhos postos no Céu, a pátria definitiva a que o Senhor nos chama.

O Senhor prometera aos seus discípulos que, passado um pouco de tempo, estaria com eles para sempre. *Ainda um pouco de tempo e o mundo já não me verá. Vós, porém, tornareis a ver-me...*[1] O Senhor cumpriu a sua promessa nos dias em que permaneceu junto dos seus após a Ressurreição, mas essa presença não terminará quando subir com o seu Corpo glorioso ao Pai, pois pela sua Paixão e Morte nos preparou um lugar na casa do Pai, *onde há muitas moradas*[2]. *Voltarei e tomar-vos-ei comigo, para que, onde eu estou, estejais vós também*[3].

Os apóstolos, que se tinham entristecido com a predição das negações de Pedro, são confortados com a esperança do Céu. A volta a que Jesus se refere inclui a sua segunda vinda no fim do mundo[4] e o encontro com cada alma quando se separar do corpo. A nossa morte será precisamente o encontro com Cristo, a quem procuramos servir nesta vida e que nos levará à plenitude da glória. Será o encontro com Aquele com quem falamos na nossa oração, com quem dialogamos tantas vezes ao longo do dia.

Do trato habitual com Jesus Cristo nasce o desejo de nos encontrarmos com Ele. A fé lima muitas das asperezas da morte. O amor ao Senhor muda completamente o sentido desse momento final que chegará para todos. "Os que se amam procuram ver-se. Os enamorados só têm olhos para o seu amor. Não é lógico que seja assim? O coração humano sente esses imperativos. Eu mentiria se negasse que me move tanto a ânsia de contemplar a face de Jesus Cristo. *Vultum tuum, Domine, requiram*, procurarei, Senhor, o teu rosto"[5].

O pensamento do Céu ajudar-nos-á a superar os momentos difíceis. É muito agradável a Deus que fomentemos esta esperança teologal, que está unida à fé e ao amor, e que em muitas ocasiões nos será especialmente necessária. "À hora da tentação, pensa no Amor que te espera no Céu. Fomenta a virtude da esperança, que não é falta de generosidade"[6]. Devemos fomentá-la nos momentos em que a dor e a tribulação se tornarem mais fortes, quando nos custar ser fiéis ou perseverar no trabalho ou no apostolado. O prêmio é muito grande! E está no dobrar da esquina, dentro de não muito tempo.

A meditação sobre o Céu deve também estimular-nos a ser mais generosos na nossa luta diária "porque a esperança do prêmio conforta a alma para que empreenda boas obras"[7]. O pensamento desse encontro definitivo de amor a que fomos chamados ajudar-nos-á a estar mais vigilantes nas nossas tarefas grandes e nas pequenas, realizando-as de um modo acabado, como se fossem as últimas antes de irmos para o Pai.

II. NÃO EXISTEM PALAVRAS para exprimir, nem mesmo remotamente, o que será a vida no Céu que Deus prometeu aos seus filhos. Sabemos que "estaremos com Cristo e *veremos a Deus* (cf. 1 Jo 3, 2); promessa e mistério admiráveis, nos quais reside essencialmente a nossa esperança. Se a imaginação não os pode alcançar, o coração alcança-os instintiva e profundamente"[8].

Será uma realidade felicíssima, que agora entrevemos pela Revelação e que mal podemos imaginar nas nossas condições atuais. O Antigo Testamento descreve a felicidade do Céu evocando a terra prometida depois de tão dura caminhada pelo deserto. Ali encontraremos todos os bens[9], ali terminarão as fadigas de tão longa e difícil peregrinação.

O Senhor falou-nos de muitas maneiras da incomparável felicidade que aguarda aqueles que amam a Deus com obras neste mundo. A eterna bem-aventurança é uma das verdades que nos pregou com mais insistência: *Esta é a vontade daquele que me enviou: que eu não deixe perecer nenhum daqueles que me deu, mas que os ressuscite no último dia. Esta é a vontade de meu Pai: que todo aquele que vê o Filho, e nele crê, tenha a vida eterna*[10]. *Pai*, dirá na Última Ceia, *quero que, onde eu estou, estejam comigo aqueles que me deste, para que vejam a glória que me concedeste, porque me amaste antes da criação do mundo*[11].

A bem-aventurança eterna é comparada a um banquete que Deus prepara para todos os homens e que saciará todas as ânsias de felicidade que o ser humano traz no coração[12]. Os apóstolos falam-nos frequentemente dessa felicidade que esperamos. São Paulo ensina que agora vemos a Deus *como por um espelho, confusamente; mas então vê-lo-emos face a face*[13], e ali a nossa alegria e felicidade serão indescritíveis[14].

A felicidade da vida eterna consistirá antes de mais nada na visão direta e imediata de Deus. Esta visão não é somente um conhecimento intelectual perfeitíssimo, mas também comunhão de vida com Deus, Uno e Trino. Ver a Deus é encontrar-se com Ele, ser feliz nEle. Da contemplação amorosa das três Pessoas divinas brotará em nós uma alegria ilimitada. Serão satisfeitas, sem termo e sem fim, todas as exigências de felicidade e de amor do nosso pobre coração.

"Vamos pensar no que será o Céu. *Nem olho algum viu, nem ouvido algum ouviu, nem passaram pelo pensamento do homem as coisas que Deus preparou para os que o amam.* Imaginamos o que será chegar ali, e encontrar-nos com Deus, e ver aquela formosura, aquele amor que se derrama sobre os nossos corações, que sacia sem saciar? Eu me pergunto muitas vezes ao dia: o que será quando toda a beleza, toda a bondade, toda a maravilha infinita de Deus se derramarem sobre este pobre vaso de barro que sou eu, que somos todos nós? E então compreendo bem aquela frase do Apóstolo: *Nem olho algum viu, nem ouvido algum ouviu*... Vale a pena, meus filhos, vale a pena"[15].

III. ALÉM DO IMENSO JÚBILO de contemplar a Deus, de ver e de estar com Jesus Cristo glorificado, experimentaremos uma bem-aventurança acidental, que nos fará fruir dos bens criados que satisfazem as nossas aspirações. A companhia das pessoas justas a quem mais quisemos neste mundo: a família, os amigos; como também a glória dos nossos corpos ressuscitados, porque o nosso corpo ressuscitado será numérica e especificamente idêntico ao terreno: *É necessário* — indica São Paulo — *que este corpo corruptível se revista da incorruptibilidade, e que este corpo mortal se revista da imortalidade*[16]. *Este*, o nosso, não outro semelhante ou muito parecido. "É muito importante — afirma o *Catecismo romano* — estarmos convencidos de que este mesmo corpo, e sem dúvida o mesmo corpo que foi o de cada um, ainda que se tenha corrompido e reduzido a pó, não obstante ressuscitará"[17]. E Santo Agostinho afirma com toda a clareza: "Ressuscitará esta carne, a mesma que morre e é sepultada [...]. A carne que agora adoece e sofre dores, essa mesma ressuscitará"[18].

Se formos fiéis, a nossa personalidade continuará a ser a mesma e teremos o nosso próprio corpo, mas revestido de glória e esplendor. O nosso corpo terá as qualidades próprias dos corpos gloriosos: agilidade e sutileza — quer dizer, não estará submetido às limitações do espaço e do tempo —, impassibilidade — *Deus enxugará toda a lágrima de seus olhos, e já não haverá morte, nem luto, nem gemido, nem dor*[19] —, luminosidade e beleza.

"Creio na ressurreição da carne", confessamos no Símbolo Apostólico. Os nossos corpos no Céu terão características diferentes das atuais, mas continuarão a ser corpos e ocuparão um lugar[20], como agora o Corpo glorioso de Cristo e o da

Virgem Maria. Não sabemos como nem onde está nem como se forma esse lugar. A terra atual ter-se-á transfigurado: *Vi então um novo céu e uma nova terra, pois o primeiro céu e a primeira terra desapareceram... Eis que faço novas todas as coisas*[21]. Muitos Padres e Doutores da Igreja, como também muitos santos, pensam que a renovação de todas as coisas criadas se infere da própria Revelação.

O pensamento do Céu, agora que estamos próximos da festa da Ascensão, deve levar-nos a uma luta decidida e alegre por tirar os obstáculos que se interpõem entre nós e Cristo, deve estimular-nos a procurar sobretudo os bens que perduram e a não desejar a todo o custo as consolações que acabam.

Pensar no Céu dá uma grande serenidade. Nada aqui na terra é irreparável, nada é definitivo, todos os erros podem ser retificados. O único fracasso definitivo seria não acertarmos com a porta que conduz à Vida. Ali nos espera também a Santíssima Virgem.

(1) Jo 14, 19-20; (2) cf. Jo 14, 2; (3) Jo 14, 3; (4) cf. 1 Cor 4, 5; 11, 26; 1 Jo 2, 28; (5) São Josemaria Escrivá, em *Folha informativa*, n. 1, p. 5; (6) São Josemaria Escrivá, *Caminho*, n. 139; (7) São Cirilo de Jerusalém, *Catequese*, 348, 18, 1; (8) S. C. para a Doutrina da Fé, *Carta sobre algumas questões referentes à escatologia*, 17-V-1979; (9) cf. Ex 3, 17; (10) Jo 3, 40; (11) Jo 17, 24; (12) cf. Lc 13, 29; 14, 15; (13) 1 Cor 13, 12; (14) 1 Cor 2, 9; (15) São Josemaria Escrivá, em *Folha Informativa*, n. 1, p. 5; (16) 1 Cor 15, 53; (17) *Catecismo romano*, parte I, cap. XI, nn. 7-9; cf. S. C. para a Doutrina de Fé, *Declaração sobre a tradução do artigo* carnis resurrectionem *do Símbolo Apostólico*, 14-XII-1983; (18) Santo Agostinho, *Sermão*, 264, 6; (19) cf. Ap 21, 3 e segs.; (20) cf. M. Schmaus, *Os novíssimos*, in *Teologia dogmática*, vol. VII, p. 514; (21) cf. Ap 21, 1 e segs.

TEMPO PASCAL. SEXTA SEMANA. SEGUNDA-FEIRA

83. OS DONS DO ESPÍRITO SANTO

— As virtudes sobrenaturais e os dons do Espírito Santo.
— Os sete dons. A sua influência na vida cristã.
— Decenário ao Espírito Santo.

I. VIVEMOS RODEADOS de dons de Deus. Tudo o que temos de bom, as qualidades da alma e do corpo..., são dádivas do Senhor para que sejamos felizes nesta vida e com elas alcancemos o Céu. Mas foi sobretudo no momento do nosso Batismo que o nosso Pai-Deus nos cumulou de bens incontáveis. Apagou a mancha do pecado original na nossa alma. Enriqueceu-nos com a graça santificante, pela qual nos fez participantes da sua própria vida divina e nos constituiu seus filhos. Fez-nos membros da sua Igreja.

Juntamente com a graça, Deus adornou a nossa alma com as virtudes sobrenaturais e os dons do Espírito Santo. As virtudes dão-nos o poder, a capacidade de agir sobrenaturalmente, de apreciar o mundo e os acontecimentos a partir de um ponto de vista mais alto, o da fé, e de nos comportarmos como verdadeiros filhos de Deus. Permitem-nos conhecer intimamente a Deus, amá-lo como Ele se ama, e realizar obras meritórias para a vida eterna. Sob a influência destas virtudes, o nosso trabalho, ainda que humanamente pareça de pouca importância, converte-se num tesouro de méritos para o Céu.

As virtudes sobrenaturais dão-nos, pois, *a capacidade* de agir sobrenaturalmente, assim como, analogamente, as pernas nos permitem caminhar e os olhos nos permitem contemplar o mundo à nossa volta. Mas não basta ter pernas para empreender uma viagem, nem olhos para contemplar um quadro. É necessária a cooperação da nossa liberdade, o nosso querer e o nosso esforço para começarmos a caminhar ou para prestarmos atenção à beleza de um quadro. Os dons do Espírito Santo são um novo presente que Deus faz à alma precisamente para que possa realizar de um modo mais perfeito e como que sem esforço as obras boas através das quais se manifesta o amor a Deus, a santidade[1].

Por esses dons, a alma é revestida "de um aumento de forças e aptidão, para mais fácil e prontamente obedecer à voz e ao incitamento do Espírito Divino; possuem além disso tanta eficácia que conduzem o homem ao mais alto grau de santidade, e são tão excelentes que permanecem os mesmos no reino celestial, embora mais perfeitos. Graças a estes carismas, a alma sente-se aliciada e estimulada a empenhar-se em alcançar as bem-aventuranças evangélicas que, quais flores desabrochadas em plena primavera, prenunciam a bem-aventurança eternamente duradoura"[2].

Os dons do Espírito Santo vão modelando a nossa vida segundo as maneiras e modos próprios de um filho de Deus, e dão-nos maior delicadeza e sensibilidade para ouvir e pôr em prática as moções e inspirações do Paráclito, que desse modo vai governando com prontidão e facilidade a nossa vida, guiada agora pelo querer de Deus, e não pelos gostos e caprichos pessoais.

Hoje, pedimos ao Espírito Santo que dobre em nós o que é *rígido*, especialmente a rigidez da soberba; que aqueça em nós o que está *frio*, a tibieza no relacionamento com Deus; que reconduza o *extraviado*[3], porque são muitos os apegamentos terrenos, o peso dos pecados passados, a fraqueza da vontade, o desconhecimento daquilo que em tantas ocasiões seria mais grato a Deus... Daqui provêm os fracassos e debilidades, os cansaços e derrotas. Por isso, pedimos-lhe na nossa oração que nos arranque da alma "o peso morto, resto de todas as impurezas, que a faz prender-se ao chão [...]; para que suba até à Majestade de Deus, a fundir-se na labareda viva de Amor que é Ele"[4].

II. QUANDO VIER O PARÁCLITO, que vos enviarei da parte do Pai, o Espírito da verdade que procede do Pai, Ele dará testemunho de mim[5]. O Evangelho da Missa transmite-nos este novo anúncio do Senhor, e a liturgia da Igreja convida-nos de muitas maneiras a preparar as nossas almas para a ação do Espírito Santo, isto é, para receber a luz e a proteção do Paráclito através dos seus dons. A luz que recebemos na inteligência faz-nos conhecer e compreender as coisas divinas; a ajuda que a nossa vontade obtém permite-nos aproveitar com eficácia as oportunidades de realizar o bem que se apresentam todos os dias e de rejeitar tudo aquilo que nos possa afastar de Deus.

O *dom da inteligência* mostra-nos com maior clareza as riquezas da fé; o *dom da ciência* leva-nos a julgar com retidão as coisas criadas e a manter o coração em Deus e nas coisas criadas na medida em que nos conduzam a Ele; o *dom da sabedoria* faz-nos compreender as maravilhas insondáveis de Deus e incita-nos a procurá-lo sobre todas as coisas e no meio das nossas obrigações; o *dom de conselho* mostra-nos os caminhos da santidade, o querer de Deus na nossa vida diária, e anima-nos a optar pela solução que mais se harmoniza com a glória de Deus e com o bem dos outros; o *dom da piedade* inclina-nos a tratar a Deus com a confiança com que um filho trata a seu pai; o *dom da fortaleza* estimula-nos continuamente e ajuda-nos a vencer as dificuldades que encontramos no nosso caminhar para Deus; o *dom do temor* induz-nos a fugir das ocasiões de pecado, a evitar o mal que possa *contristar o Espírito Santo*[6], a ter um receio radical de nos separarmos dAquele que amamos e que constitui a nossa razão de ser e de viver.

Nestes dias em que nos preparamos para a celebração da vinda solene do Espírito Santo sobre a Igreja — representada pelos apóstolos reunidos no Cenáculo, ao lado de Santa Maria, Mãe de Deus —, pedimos insistentemente que sejamos dóceis à ação do Paráclito na nossa alma e que não cessem as suas inspirações sobre os homens da nossa época, "especialmente sedenta do Espírito Santo"[7] e tão necessitada da sua proteção e ajuda. Dizemos-lhe:

"Vinde, Espírito Santo, e enviai do céu um raio da vossa luz. Vinde, pai dos pobres; vinde, dador das graças; vinde, luz dos corações [...]. Concedei aos vossos fiéis, que em Vós confiam, os vossos sete dons sagrados. Dai-lhes o mérito da virtude, dai-lhes o porto da salvação, dai-lhes a felicidade eterna"[8].

III. PARA AUMENTARMOS A DEVOÇÃO ao Espírito Santo, comecemos por praticar as virtudes humanas e cristãs, no trabalho e na convivência diária. "Se o cristão luta por adquirir estas virtudes, a sua alma dispõe-se a receber com eficácia a graça do Espírito Santo [...]. E a Terceira Pessoa da Trindade Beatíssima — doce hóspede da alma (Sequência *Veni, Sancte Spiritus*) — oferece os seus dons: dom de sabedoria, de entendimento, de conselho, de fortaleza, de ciência, de piedade, de temor de Deus (cf. Is 11, 2)"[9].

O Espírito Santo deseja dar-nos os seus dons de uma forma tão abundante que formem um rio impetuoso na nossa vida sobrenatural e produzam em nós os seus frutos admiráveis. Só espera que afastemos os possíveis obstáculos da nossa alma, que lhe peçamos mais desejos de purificação, que lhe digamos do mais íntimo de nós mesmos: *Vinde, Espírito Santo, enchei os corações dos vossos fiéis e acendei neles o fogo do vosso Amor*. Ele não deseja outra coisa senão cumular-nos da sua graça e dos seus dons. *Se vós* — dizia o Senhor —, *sendo maus, sabeis dar coisas boas aos vossos filhos, quanto mais vosso Pai celestial dará o Espírito Santo aos que lho pedirem*[10].

Ao longo destes dias em que nos preparamos para a festa de Pentecostes, devemos pedir com humildade ao *Pai das luzes*[11] que nos envie aos nossos corações o Espírito do seu Filho, o qual *nos faz clamar: Abba! Pai!*[12] Devemos pedir a Cristo que nos envie do seio do Pai Aquele que é *Consolador ótimo, doce Hóspede da alma, doce refrigério*[13].

No *Decenário* que começaremos depois da solenidade da Ascensão, queremos preparar-nos para ser mais dóceis às graças que o Paráclito nos outorga continuamente. Peçamos-lhe cada um dos seus dons para sermos seus bons instrumentos na família, nas nossas ocupações, na sociedade. "Caminho seguro de humildade é meditar como, mesmo carecendo de talento, de renome e de fortuna, podemos ser instrumentos eficazes, se recorremos ao Espírito Santo para que nos dispense os seus dons. Os apóstolos, apesar de terem sido instruídos por Jesus durante três anos, fugiram espavoridos diante dos inimigos de Cristo. No entanto, depois do Pentecostes, deixaram-se açoitar e prender, e acabaram dando a vida em testemunho da sua fé"[14].

O nosso propósito de fidelidade às inspirações e graças que recebemos do Espírito Santo levar-nos-á muitas vezes à docilidade aos conselhos que recebemos daquele a quem confiamos a orientação da nossa vida espiritual, ao esforço diário por cumprir as metas e sugestões que nos indica.

Aproximar-se da Virgem, Esposa de Deus Espírito Santo, é um modo seguro de preparar a alma para os dons que o Paráclito nos queira dar.

(1) Cf. São Tomás, *Suma teológica*, 1-2, q. 68, a. 1; (2) Leão XIII, Enc. *Divinum illud munus*, 9-V-1897, 12; (3) cf. *Sequência* do Domingo de Pentecostes; (4) cf. São Josemaria Escrivá, *Caminho*, n. 886; (5) Jo 15, 26; (6) Ef 4, 30; (7) João Paulo II, Enc. *Redemptor hominis*, 4-III-1979; (8) *Sequência* da Missa de Pentecostes; (9) São Josemaria Escrivá, *Amigos de Deus*, n. 92; (10) Lc 11, 13; (11) Tg 1, 17; (12) Gl 4, 6; (13) *Sequência* da Missa de Pentecostes; (14) São Josemaria Escrivá, *Sulco*, n. 283.

84. MAIO, O MÊS DE MARIA

— A devoção à Virgem atrai a misericórdia divina. Amor de todo o povo cristão.
— O *mês de Maio*.
— As *romarias*. Sentido penitencial e apostólico.

I. "MÊS DE SOL E DE FLORES [...], mês de Maria, coroando o tempo pascal. O nosso pensamento vinha seguindo Jesus desde o Advento; agora que a paz, que é consequência da Ressurreição, reina no nosso coração, como não nos dirigirmos Àquela que no-lo trouxe?

"Apareceu sobre a terra para preparar a sua vinda; viveu à sua sombra, ao ponto de não a vermos no Evangelho senão como Mãe de Jesus, seguindo-o, velando por Ele; e quando Jesus nos deixa, Ela desaparece suavemente. Desaparece, mas fica na memória dos povos, porque lhe devemos Jesus..."[1]

Como em outras ocasiões, Jesus dirige-se à multidão e fala-lhe dos mistérios do Reino de Deus. As pessoas que o rodeiam têm os olhos fixos nEle e guardam um profundo silêncio. De repente, uma mulher grita com toda a força: *Bem-aventurado o ventre que te trouxe e os peitos que te amamentaram*[2].

Começa a cumprir-se a profecia contida no *Magnificat*: *Eis que todas as gerações me proclamarão bem-aventurada*[3]. Com o desembaraço da gente do povo, uma mulher dá início àquilo que não terminará até o fim do mundo. Essas palavras de Santa Maria, proferidas nos começos da sua vocação sob o impulso do Espírito Santo, teriam o seu total cumprimento através dos séculos: poetas, intelectuais, reis e guerreiros, artesãos, mães de família, homens e mulheres, gente de idade madura e meninos que acabaram de aprender a falar; no campo, na cidade, no cume dos montes, nas fábricas e nos caminhos; no meio da dor ou da alegria, em momentos transcendentais (quantos milhões de cristãos não entregaram a sua alma a Deus olhando para uma imagem da Virgem ou recitando com os lábios ou apenas em pensamento o doce nome de Maria!), ou simplesmente no dobrar de uma esquina da qual se vislumbrava uma imagem de Nossa Senhora; em tantas e tão diversas situações, milhares de vozes, em línguas diversíssimas, cantaram os seus louvores à Mãe de Deus.

É um clamor ininterrupto por toda a terra, que atrai todos os dias a misericórdia de Deus sobre o mundo, e que não se explica senão por um expresso querer divino. "Desde remotíssimos tempos — recorda o Concílio Vaticano II — a Bem-aventurada Virgem Maria é venerada sob o título de *Mãe de Deus*, sob cuja proteção os fiéis se refugiam súplices em todos os seus perigos e necessidades"[4].

Todo o povo cristão soube sempre chegar a Deus através da sua Mãe. Com uma experiência constante das suas graças e favores, chamou-a *Onipotência suplicante* e encontrou nEla o atalho que o levava mais depressa para Deus. O amor inventou numerosas formas de tratá-la e honrá-la e a Igreja fomentou e abençoou constantemente essas devoções como *caminho seguro* para chegar até o Senhor, "porque Maria é sempre caminho que conduz a Cristo. Todo o encontro com Ela não pode deixar de terminar num encontro com o próprio Cristo. E o que significa o contínuo recurso a Maria senão procurar entre os seus braços, nEla, por Ela e com Ela, a Cristo, Nosso Salvador?"[5]

II. NESTE MÊS DE MAIO, muitos bons cristãos cultivam especiais manifestações de piedade para com a Virgem Santa Maria, e essas práticas são para eles fonte de alegria em todos os dias do mês. Seguem de perto a recomendação do Concílio Vaticano II: "Todos os fiéis cristãos ofereçam insistentes súplicas à Mãe de Deus e Mãe dos homens para que Ela, que com as suas preces assistiu às primícias da Igreja, também agora, exaltada no Céu sobre todos os bem-aventurados e anjos, na Comunhão de todos os Santos, interceda junto do seu Filho"[6]. E em outro lugar: "Deem grande valor às práticas e aos exercícios de piedade para com a Virgem Maria recomendados pelo Magistério no decurso dos séculos"[7].

A devoção à Virgem no mês de Maio nasceu do amor, que sempre procurou novas formas de exprimir-se, e da reação contra os costumes pagãos que existiam em muitos lugares no "mês das flores". Ao longo dos dias deste mês, os cristãos oferecem a Nossa Senhora especiais obséquios que os levam a estar mais perto dEla: romarias, visitas a alguma igreja a Ela dedicada, pequenos sacrifícios em sua honra, horas de estudo ou de trabalho bem acabado, mais atenção na recitação do terço... "Surge assim em nós, de forma espontânea e natural, o desejo de procurar a intimidade com a Mãe de Deus, que é também Mãe nossa; de conviver com Ela como se convive com uma pessoa viva, já que sobre Ela não triunfou a morte, antes está em corpo e alma junto de Deus Pai, junto de seu Filho, junto do Espírito Santo [...].

"Como se comporta um filho ou uma filha normal com a sua mãe? De mil maneiras, mas sempre com carinho e confiança. Com um carinho que em cada caso fluirá por condutos nascidos da própria vida, e que nunca são uma coisa fria, mas costumes íntimos de lar, pequenos detalhes diários que o filho precisa ter com sua mãe e de que a mãe sente falta se alguma vez o filho os esquece: um beijo ou uma carícia ao sair de casa ou ao voltar, uma pequena delicadeza, umas palavras expressivas...

"Em nossas relações com a nossa Mãe do Céu, existem também essas normas de piedade filial que são os moldes do nosso comportamento habitual com Ela. Muitos cristãos adotam o antigo costume do escapulário; ou adquirem o hábito de saudar — não são precisas palavras, basta o pensamento — as imagens de Maria que se encontram em todo o lar cristão ou adornam as ruas de tantas cidades; ou vivem essa maravilhosa oração que é o terço, em que a alma não se cansa de dizer sempre as mesmas coisas, como não se cansam os namorados, e em que se aprende a reviver os momentos centrais da vida do Senhor; ou então acostumam-se a dedicar à Senhora um dia da semana — precisamente este em que agora estamos reunidos: o sábado —, oferecendo-lhe alguma pequena delicadeza e meditando mais especialmente na sua maternidade"[8].

III. UMA MANIFESTAÇÃO TRADICIONAL de amor à nossa Mãe é a *romaria* a um santuário ou ermida de Nossa Senhora. É uma visita revestida de caráter penitencial — traduzido talvez num pequeno sacrifício: fazer o trajeto a pé a partir de um lugar conveniente, ter algum pormenor de sobriedade que custe sacrifício... — e de sentido apostólico, com o propósito de aproximar mais de Deus as pessoas que nos acompanham e rezando juntos com especial piedade os três terços do Santo Rosário.

A *romaria* pode ser uma ocasião muito propícia e fecunda de apostolado com os nossos amigos. Nesses santuários e ermidas, milhares de pessoas alcançaram graças ordinárias e extraordinárias da Mãe de Deus: uns começaram uma vida nova, depois de fazerem uma boa confissão dos seus pecados, talvez após muitos anos; outros compreenderam que o Senhor os chamava a uma entrega mais plena ao serviço dEle e das almas; outros obtiveram ajuda para vencer graves dificuldades da alma ou do corpo... Ninguém voltou desses lugares com as mãos vazias. Paulo VI dizia que a Providência, "por caminhos frequentemente admiráveis, marcou os santuários marianos com um *cunho particular*"[9].

As pessoas acorrem a estes lugares, pequenos ou grandes, em que há uma presença especial da Virgem, para dar-lhe graças, para louvá-la, para pedir-lhe, e também para começar uma vida nova depois de terem vivido talvez longe de Deus. Porque, como diz João Paulo II, a herança de fé mariana de tantas gerações não é nesses lugares marianos mera recordação de um passado, mas ponto de partida para Deus. "As orações e sacrifícios oferecidos, o palpitar vital de um povo, que manifesta diante de Maria os seus seculares gozos, tristezas e esperanças, são pedras novas que elevam a dimensão sagrada de uma fé mariana. Porque, nessa continuidade religiosa, a virtude gera nova virtude, a graça atrai graça"[10].

Estes locais de peregrinação, que remontam aos primeiros séculos, são atualmente incontáveis e estão espalhados por toda a terra. Foram fruto da piedade e do amor dos cristãos à sua Mãe através dos séculos. Preparemos nós a *romaria* na nossa oração, com sentido apostólico, com sentido penitencial (que facilita a oração e a eleva com maior prontidão a Deus) e com uma grande devoção mariana, que se há de manifestar nesse dia pela recitação cheia de piedade do Santo Rosário. Não esqueçamos que assim estaremos cumprindo a profecia feita um dia por Nossa Senhora: *Eis que todas as gerações me proclamarão bem-aventurada*. Não nos esqueçamos também de ter, durante todos os dias deste mês, especiais demonstrações de amor para com a nossa Mãe.

(1) J. Leclercq, *Siguiendo el año litúrgico*, Rialp, Madri, 1957, pp. 215--216; (2) Lc 11, 27; (3) Lc 1, 48; (4) Conc. Vat. II, Const. *Lumen gentium*, 66; (5) Paulo VI, Enc. *Mense Maio*, 29-IV-1965; (6) Conc. Vat. II, Const. *Lumen gentium*, 69; (7) *ib.*, 67; (8) São Josemaria Escrivá, *É Cristo que passa*, n. 142; (9) Paulo VI, *Carta aos reitores dos santuários marianos*, 1-V-1971; (10) João Paulo II, *Homilia em Saragoça*, 6-XI-1982.

TEMPO PASCAL. SEXTA SEMANA. QUARTA-FEIRA

85. OS FRUTOS NO APOSTOLADO

— Anunciar na sua integridade a doutrina de Jesus Cristo. O exemplo de São Paulo e dos primeiros cristãos.
— Semear sempre; é Deus que dá os frutos. Constância no apostolado.
— O lugar privilegiado da mulher na evangelização da família.

I. A LEITURA DA MISSA revela-nos o espírito apostólico de São Paulo no meio de um mundo pagão. Em Atenas, no Areópago, o Apóstolo prega a essência da fé cristã tendo em conta a mentalidade e a ignorância dos ouvintes, mas sem omitir as verdades fundamentais. Sabia muito bem que a doutrina que expunha chocaria frontalmente com as convicções dos atenienses, mas não a adapta, deformando-a, para torná-la mais "compreensível".

Com efeito, ao ouvirem falar da ressurreição dos mortos, uns não o levaram a sério e outros disseram, enquanto abandonavam o recinto: *A respeito disso, ouvir-te-emos em outra ocasião*[1]. São Paulo deixou a cidade e foi para Corinto, mas, muito tempo depois, ainda recordará o episódio do Areópago, "diante de uns atenienses que eram amigos de novos sermões, mas não faziam caso das palavras que ouviam nem se preocupavam com o seu conteúdo: só lhes interessava ter alguma coisa nova que comentar"[2].

Os apóstolos pregaram o Evangelho na sua *integridade*, e assim o tem feito também a Igreja ao longo dos séculos. "São Paulo ensinou todas as verdades e todos os preceitos de Cristo, mesmo os mais severos, sem calar nem mitigar nada. Falou da humildade, da abnegação, da castidade, do desprezo das coisas humanas, da obediência, do perdão aos inimigos e de outros assuntos semelhantes. E não teve receio algum em declarar que entre Deus e Belial é forçoso escolher aquele a quem se quer obedecer, e que não é possível ter os dois por mestres; que um julgamento temível nos aguarda depois da morte; que não é lícito mercadejar com Deus; que só se pode esperar a vida eterna se se cumpre toda a lei, e que o fogo eterno espera os que desobedecem a essa lei fazendo concessões às suas cobiças. Jamais o *Pregador da verdade* teve a ideia de se abster de tratar destes temas sob o pretexto de que, dada a corrupção da época, podiam parecer demasiado duros àqueles a quem se dirigia"[3]. E nós devemos agir da mesma maneira.

Quem anuncia a doutrina de Cristo deve acostumar-se a ser impopular em muitas ocasiões, a ir contra a corrente, sem ocultar os aspectos dessa doutrina que se revelem mais exigentes: sentido da mortificação, honradez e honestidade nos negócios e na atividade profissional, generosidade no número de filhos, castidade e pureza na vida conjugal e fora dela, valor da virgindade e do celibato por amor a Cristo... Porque não temos outras receitas para curar este mundo doente: "Porventura um médico receita remédios inúteis ao seu paciente porque este tem horror àquilo que o poderia curar?"[4]

Isto não quer dizer que não devamos esforçar-nos por ser sempre oportunos, tornando amável e atraente a doutrina do Senhor, porque não atrairemos ninguém à fé sendo intemperantes ou intempestivos, mas usando de afeto, bondade e paciência.

II. DEUS FAZ FRUTIFICAR a nossa oração e o nosso esforço de forma muitas vezes inesperada: *Os meus eleitos não trabalharão em vão*[5], prometeu-nos Ele. E na antífona da Comunhão lemos hoje as consoladoras palavras do Senhor: *Fui eu que vos escolhi e vos constituí para que vades e deis fruto, e o vosso fruto permaneça*[6].

A missão apostólica é umas vezes semeadura, sem frutos visíveis, e outras colheita, talvez daquilo que os outros semearam com a sua palavra, com a sua dor oculta no leito de um hospital ou num trabalho escondido e sem brilho. Em ambos os casos, o Senhor quer que se alegrem juntos o semeador e aquele que ceifa[7].

Se os frutos tardam em chegar ou nos assalta a tentação de medir o valor dos nossos esforços pelos resultados imediatos, devemos lembrar-nos de que haverá ocasiões em que não veremos as espigas maduras; outros as colherão. O Senhor pede-nos que semeemos sem descanso e que experimentemos a alegria do lavrador, confiantes em que a semente lançada ao sulco um dia brotará. Assim evitaremos o desânimo, que é muitas vezes sinal de falta de retidão de intenção, de não estarmos trabalhando para o Senhor, mas para afirmar o nosso eu. Aquilo que não pudermos acabar será terminado por outros.

Não pretendamos também arrancar o fruto antes de estar maduro. "Não estraguemos a flor abrindo-a com os nossos dedos. A flor abrir-se-á e o fruto amadurecerá na estação e na hora que só Deus conhece. A nós cabe-nos plantar, regar... e esperar"[8]. A constância e a paciência são virtudes essenciais em toda a tarefa apostólica; ambas são manifestações da virtude da fortaleza.

O homem paciente parece-se com o semeador, que conta com o ritmo próprio da natureza e sabe executar cada operação no tempo oportuno: arar, semear, regar, adubar, colher: uma série de tarefas prévias, antes de ver a farinha pronta para o pão que alimentará toda a família. O impaciente quereria comer sem semear. Se abandonássemos a luta pela nossa santidade e pela dos outros por não vermos resultado nenhum, estaríamos manifestando uma visão muito humana da nossa tarefa apostólica, que contrastaria abertamente com a figura paciente de Jesus. Ele sabe esperar dias, semanas, meses e anos antes da conversão do pecador. As almas necessitam de um tempo que nós não sabemos calcular. Façamos bem a semeadura e depois sejamos pacientes; peçamos a Deus a fortaleza de ser constantes.

III. DA PREGAÇÃO DE SÃO PAULO durante o tempo que passou em Atenas surgiu a primeira comunidade cristã daquela cidade: *Alguns homens aderiram a ele e creram: entre eles, Dionísio o Areopagita, uma mulher chamada Dâmaris e, com eles, ainda outros*[9]. Foram a primeira semente plantada pelo Espírito Santo, da qual surgiriam depois muitos homens e mulheres fiéis a Cristo.

A mulher convertida é mencionada pelo nome: *Dâmaris*. É uma das numerosas mulheres que aparecem no livro do Atos dos Apóstolos, como manifestação clara de que a pregação do Evangelho era universal. Os apóstolos seguiram em tudo o exemplo do Senhor, que, apesar dos preconceitos da época, anunciou a boa nova do Reino tanto aos homens como às mulheres[10]. São Lucas também nos refere que a evangelização do continente se iniciou por uma mãe de família, *Lídia*, que logo a seguir iniciou a tarefa apostólica pela sua própria família, conseguindo que todos os da sua casa recebessem o batismo[11]. Entre os samaritanos, quem primeiro recebeu a mensagem de Cristo foi uma mulher, e foi ela a primeira que a difundiu na sua cidade[12].

O Evangelho mostra-nos como as mulheres seguiam e serviam o Senhor, como estiveram ao pé da Cruz e foram as primeiras a perceber que o sepulcro estava vazio. Não encontramos nelas o menor sinal de hipocrisia no trato com o Senhor, nem injúrias ou deserções.

São Paulo teve uma profunda visão do papel que a mulher cristã viria a desempenhar como mãe, esposa e irmã na propagação do cristianismo. Podemos observá-lo pelo tratamento que lhes concede na sua pregação e nas suas cartas. Algumas delas são especialmente mencionadas com agradecimento, pela ajuda sacrificada que lhe prestaram na sua tarefa evangelizadora.

Na nossa época, como em todas, a mulher desempenha um papel extraordinário no apostolado e na preservação da fé. “A mulher está destinada a levar à família, à sociedade civil, à Igreja, algo de característico, que lhe é próprio e que só ela pode dar: a sua delicada ternura, a sua generosidade incansável, o seu amor pelo concreto, a sua agudeza de engenho, a sua capacidade de intuição, a sua piedade profunda e simples, a sua tenacidade...”[13]

Se essas qualidades de que Deus dotou a personalidade da mulher forem desenvolvidas e atualizadas, “a sua vida e o seu trabalho serão realmente construtivos e fecundos, cheios de sentido, quer passe o dia dedicada ao marido e aos filhos, quer, tendo renunciado ao casamento por alguma razão nobre, se entregue plenamente a outras tarefas. Cada uma no seu próprio caminho, sendo fiel à sua vocação humana e divina, pode realizar e realiza de fato a plenitude da personalidade feminina. Não esqueçamos que Santa Maria, Mãe de Deus e Mãe dos homens, é não apenas modelo, mas também prova do valor transcendente que pode ser alcançado por uma vida aparentemente sem relevo”[14]. Pedimos à Virgem pelos frutos deste trabalho da mulher na família, na sociedade, na Igreja, e que haja sempre entre elas abundantes vocações de entrega a Deus.

(1) At 17, 32; (2) São João Crisóstomo, *Homilias sobre os Atos dos Apóstolos*, 39; (3) Bento XV, Enc. *Humanum genus*; (4) *ib.*; (5) Is 65, 23; (6) Jo 15, 16-19; (7) cf. Jo 4, 36; (8) G. Chevrot, *Jesus e a Samaritana*; (9) At 17, 34; (10) cf. Sagrada Bíblia, *Atos dos Apóstolos*; (11) cf. At 16, 14; (12) cf. Jo 4, 1 e segs.; (13) São Josemaria Escrivá, *Entrevistas com Mons. Josemaria Escrivá*, n. 87; (14) *ib.*

Tempo Pascal. Ascensão do Senhor

86. JESUS ESPERA-NOS NO CÉU

— A exaltação de Cristo glorioso culmina neste mistério.
— A Ascensão fortalece e estimula o nosso desejo de alcançar o Céu. Fomentar esta esperança.
— A Ascensão e a missão apostólica do cristão.

I. SEGUNDO O EVANGELHO de São Lucas, o último gesto de Jesus Cristo na terra foi uma bênção[1]. Os Onze tinham partido da Galileia e ido ao monte que Jesus lhes indicara, o monte das Oliveiras, perto de Jerusalém. Os discípulos, ao verem novamente Aquele que havia ressuscitado, *adoraram-no*[2], prostraram-se diante dEle como seu Mestre e seu Deus. Agora estão muito mais profundamente conscientes daquilo que já muito tempo antes tinham no coração e haviam confessado: que o seu Mestre era o Messias[3].

O Mestre fala-lhes com a majestade própria de Deus: *Toda a autoridade me foi dada no céu e na terra*[4]. Jesus confirma a fé dos que o adoram e ensina-lhes que o poder que irão receber deriva do próprio poder divino. A faculdade de perdoar os pecados, a de renascer para uma vida nova mediante o Batismo... são o próprio poder de Cristo que se prolonga na Igreja. Esta é a missão da Igreja: continuar para sempre a obra de Cristo, ensinar aos homens as verdades sobre Deus e as exigências que essas verdades trazem consigo, ajudá-los com a graça dos sacramentos... Jesus diz-lhes: *O Espírito Santo descerá sobre vós e sereis minhas testemunhas em Jerusalém, em toda a Judeia e Samaria e até os confins do mundo.*

Dizendo isto, elevou-se da terra à vista deles, e uma nuvem o ocultou[5]. Assim nos descreve São Lucas a Ascensão na primeira leitura da Missa de hoje.

Foi-se elevando pouco a pouco. Os apóstolos permaneceram um longo tempo olhando para Jesus que ascendia ao céu com toda a majestade, enquanto lhes dava a última bênção, *até que uma nuvem o ocultou*. Era a nuvem que acompanhava a manifestação de Deus[6]: "Era um sinal de que Jesus tinha entrado já nos céus"[7].

A vida de Jesus na terra não termina com a sua morte na Cruz, mas com a Ascensão aos céus. É o último mistério da vida do Senhor aqui na terra. É um mistério redentor, que constitui, com a Paixão, a Morte e a Ressurreição, o mistério pascal. Convinha que os que tinham visto Cristo morrer na Cruz, entre os insultos, desprezos e escárnios, fossem testemunhas da sua exaltação suprema. Cumprem-se agora diante dos seus olhos as palavras que um dia o Senhor lhes tinha dito: *Subo para meu Pai e vosso Pai, meu Deus e vosso Deus*[8].

Contemplamos a Ascensão do Senhor aos céus no segundo mistério glorioso do Santo Rosário. "Jesus foi para o Pai. — Dois anjos de brancas vestes se aproximam de nós e nos dizem: Homens da Galileia, que fazeis olhando para o céu? (At 1, 11)

"Pedro e os restantes voltam para Jerusalém — *cum gaudio magno* — com grande alegria (Lc 24, 52). — É justo que a Santa Humanidade de Cristo receba a homenagem, a aclamação e a adoração de todas as hierarquias dos Anjos e de todas as legiões dos bem-aventurados da Glória"[9].

II. "HOJE NÃO SÓ FOMOS constituídos possuidores do paraíso — ensina São Leão Magno nesta solenidade —, mas com Cristo ascendemos, mística mas realmente, ao mais alto dos céus, e conseguimos por Cristo uma graça mais inefável que a que havíamos perdido"[10].

A Ascensão fortalece e estimula a nossa esperança de alcançarmos o Céu e incita-nos constantemente a levantar o coração a fim de procurarmos as coisas que são do alto, como nos sugere o Prefácio da Missa. Agora a nossa esperança é muito grande, pois o próprio Cristo foi preparar-nos uma morada[11].

O Senhor está já no Céu com o seu Corpo glorificado, com os sinais do seu Sacrifício redentor[12], com as marcas da Paixão que Tomé pôde contemplar e que clamam pela salvação de todos nós. A Humanidade Santíssima do Senhor tem já no Céu o seu lugar natural, mas Ele, que deu a sua vida por cada um, espera-nos ali. "Cristo espera-nos. *Vivemos já como cidadãos do céu* (Fl 3, 20), sendo plenamente cidadãos da terra, no meio das dificuldades, das injustiças, das incompreensões, mas também no meio da alegria e da serenidade que nos dá sabermo-nos filhos amados de Deus [...]. E se, apesar de tudo, a subida de Jesus aos céus nos deixar na alma um travo de tristeza, recorramos à sua Mãe, como fizeram os apóstolos: *Tornaram então a Jerusalém... e oravam unanimemente... com Maria, a Mãe de Jesus* (At 1, 12-14)"[13].

A esperança do Céu encherá de alegria o nosso peregrinar diário. Imitaremos os apóstolos que "tiraram tanto proveito da Ascensão do Senhor que tudo quanto antes lhes causava medo, depois se converteu em gozo. A partir daquele momento, elevaram toda a contemplação das suas almas à divindade que está à direita do Pai; a perda da visão do corpo do Senhor não foi obstáculo para que a inteligência, iluminada pela fé, acreditasse que Cristo, mesmo descendo até nós, não se tinha afastado do Pai e, com a sua Ascensão, não se separou dos seus discípulos"[14].

III. *ENQUANTO OLHAVAM atentamente para o céu à medida que Ele se afastava, eis que lhes apareceram dois homens vestidos de branco que lhes disseram: Homens da Galileia, por que ficais aí a olhar para o céu? Este Jesus que acaba de vos deixar para subir ao céu voltará do mesmo modo que o vistes subir*[15].

"Tal como os apóstolos, ficamos meio admirados, meio tristes ao ver que Ele nos deixa. Na realidade, não é fácil acostumarmo-nos à ausência física de Jesus. Comove-me recordar que Jesus, num gesto magnífico de amor, foi-se embora e ficou; foi para o Céu e entrega-se a nós como alimento na Hóstia Santa. Sentimos, no entanto, a falta da sua palavra humana, da sua forma de atuar, de olhar, de sorrir, de fazer o bem. Gostaríamos de voltar a vê-lo de perto, quando se senta à beira do poço, cansado da dura caminhada (cf. Jo 4, 6), quando chora por Lázaro (cf. Jo 11, 35), quando se recolhe em prolongada oração (cf. Lc 6, 12), quando se compadece da multidão (cf. Mt 15, 32; Mc 8, 2).

"Sempre me pareceu lógico — e me cumulou de alegria — que a Santíssima Humanidade de Jesus Cristo subisse à glória do Pai. Mas penso também que esta tristeza, própria do dia da Ascensão, é uma manifestação do amor que sentimos por Jesus, Senhor Nosso. Sendo perfeito Deus, Ele se fez homem, perfeito homem, carne da nossa carne e sangue do nosso sangue. E separa-se de nós, indo para o céu. Como não havíamos de notar a sua falta?"[16]

Os anjos dizem aos apóstolos que é hora de começar a imensa tarefa que os espera, e que não devem perder um só instante. Com a Ascensão termina a missão terrena de Cristo e começa a dos seus discípulos, a nossa. E hoje, na nossa oração, é bom que ouçamos de novo as palavras com que o Senhor intercede diante de Deus Pai por nós: *Não peço que os tires do mundo*, do nosso ambiente, do nosso trabalho, da família..., *mas que os preserves do mal*[17]. Porque o Senhor quer que cada um no seu lugar continue a tarefa de santificar o mundo, para melhorá-lo e colocá-lo aos seus pés: as almas, as instituições, as famílias, a vida pública... Porque só assim o mundo será um lugar em que se valoriza e se respeita a dignidade humana, em que se pode conviver em paz, com essa paz verdadeira que está tão ligada à união com Deus.

"Recorda-nos a festa de hoje que o zelo pelas almas é um mandamento amoroso do Senhor: ao subir para a sua glória, Ele nos envia pelo orbe inteiro como suas testemunhas. Grande é a nossa responsabilidade, porque ser testemunha de Cristo implica, antes de mais nada, procurar comportar-se segundo a sua doutrina, lutar para que a nossa conduta recorde Jesus e evoque a sua figura amabilíssima"[18].

Os que convivem ou se relacionam conosco devem aperceber-se da nossa lealdade, sinceridade, alegria, laboriosidade; temos de comportar-nos como pessoas que cumprem com retidão os seus deveres e sabem atuar como filhos de Deus nas pequenas situações de cada dia. As próprias normas correntes da convivência, que para muitos não passam de algo externo, necessário apenas para o relacionamento social — os cumprimentos, a cordialidade, o espírito de serviço... — devem ser fruto da caridade, manifestações de uma atitude interior de interesse pelos outros.

Jesus parte, mas permanece muito perto de cada um. De modo especial encontramo-lo no Sacrário mais próximo, talvez a menos de uma centena de metros do lugar onde vivemos ou trabalhamos. Não deixemos de procurá-lo com frequência, ainda que na maioria das vezes só possamos fazê-lo com o coração, para dizer-lhe que nos ajude na tarefa apostólica, que conte conosco para estender a sua doutrina por todos os ambientes.

Os apóstolos voltaram a Jerusalém em companhia de Santa Maria. Juntamente com Ela, esperam a chegada do Espírito Santo. Disponhamo-nos nós, nestes dias, a preparar a próxima festa de Pentecostes muito unidos a Nossa Senhora.

(1) Lc 24, 51; (2) cf. Mt 28, 17; (3) cf. Mt 16, 18; (4) Mt 28, 18; (5) At 1, 7 e segs.; (6) cf. Ex 13, 22; Lc 9, 34 e segs.; (7) São João Crisóstomo, *Homilias sobre os Atos*, 2; (8) Jo 20, 17; (9) São Josemaria Escrivá, *Santo Rosário*, IIº mist. glorioso; (10) São Leão Magno, *Homilia I sobre a Ascensão*; (11) cf. Jo 14, 2; (12) cf. Ap 5, 6; (13) São Josemaria Escrivá, *É Cristo que passa*, n. 126; (14) São Leão Magno, *Sermão 74*, 3; (15) At 1, 11; (16) São Josemaria Escrivá, *É Cristo que passa*, n. 117; (17) Jo 17, 15; (18) São Josemaria Escrivá, *É Cristo que passa*, n. 122.

87. O DOM DO ENTENDIMENTO

— Mediante este dom, chegamos a um conhecimento mais profundo dos mistérios da fé.
— Concede-se a todos os cristãos, mas o seu desenvolvimento exige que nos purifiquemos.
— O dom do entendimento e a vida contemplativa.

I. CADA PÁGINA da Sagrada Escritura é uma manifestação da solicitude com que Deus se inclina para nós a fim de nos guiar para a santidade. O Senhor mostra-se no Antigo Testamento como a verdadeira luz de Israel, sem a qual o povo se extravia e tropeça na escuridão. Os grandes personagens do Antigo Testamento dirigem-se constantemente a Javé pedindo-lhe que os conduza nas horas difíceis. *Dá-me a conhecer os teus caminhos*[1], pede Moisés para guiar o povo até a Terra Prometida. Sem o ensinamento divino, sente-se perdido. E o rei Davi suplica: *Ensina-me a observar a tua lei e a guardá-la de todo o coração*[2].

Jesus promete o Espírito de verdade, que terá a missão de iluminar toda a Igreja[3]. Com o envio do Paráclito, "completa a revelação e a culmina e confirma com testemunho divino"[4]. Os próprios apóstolos compreenderão mais tarde o sentido das palavras do Senhor que antes do Pentecostes se lhes apresentavam obscuras. "Ele é a alma desta Igreja — ensina Paulo VI —. É Ele quem explica aos fiéis o sentido profundo dos ensinamentos de Jesus e o seu mistério"[5].

O Paráclito conduz-nos das primeiras luzes da fé à "inteligência mais profunda da Revelação"[6]. Mediante o dom do entendimento, concede ao fiel cristão um conhecimento mais profundo dos mistérios revelados, iluminando-lhe a inteligência com uma luz poderosíssima. "Conhecemos esses mistérios há muito tempo; ouvimo-los e até meditamos neles muitas vezes, mas, num dado momento, sacodem o nosso espírito de uma maneira nova, como se até então nunca tivéssemos compreendido a verdade"[7]. Sob este influxo, a alma adquire uma certeza muito maior das verdades sobrenaturais, que se lhe tornam mais claras, e experimenta uma alegria indescritível, que é antecipação da visão beatífica.

O dom do entendimento permite que a alma participe com facilidade desse olhar de Jesus que tudo penetra e que incita a reverenciar a grandeza de Deus, a dedicar-lhe um afeto filial, a ponderar adequadamente o valor das coisas criadas... "Pouco a pouco, à medida que o amor vai crescendo na alma, a inteligência do homem resplandece mais e mais sob a própria luz de Deus"[8] e dá-nos uma grande familiaridade com os mistérios divinos.

Para chegarmos a este conhecimento, não nos bastam as luzes habituais da fé; precisamos de uma especial efusão do Espírito Santo, que recebemos na medida em que correspondemos à graça, começando por purificar o coração. Neste dia do *Decenário* do Espírito Santo, podemos examinar como são os nossos desejos de purificação, se nos levam especialmente a aproveitar muito bem as graças de cada confissão, a recorrer a ela com periodicidade, a pedir ajuda ao Paráclito para fomentar a contrição e um grande desejo de nos afastarmos de todo o pecado e das faltas deliberadas.

II. MEDIANTE O DOM DO ENTENDIMENTO, o Espírito Santo faz a alma penetrar de muitas maneiras nos mistérios revelados. De uma forma sobrenatural e portanto gratuita, ensina no íntimo do coração o alcance das verdades mais profundas da fé. "É como se alguém, sem ter aprendido nem trabalhado nada para saber ler, nem mesmo estudado coisa alguma — explica Santa Teresa —, se visse na posse de toda a ciência, sem saber como e donde lhe veio, pois jamais se esforçou sequer por aprender o abecedário. Esta última comparação parece-me explicar em parte este dom celestial, porque, de um momento para outro, a alma se vê tão instruída no mistério da Santíssima Trindade e em outras coisas muito subidas, que não há teólogo com quem não se atreva a discutir sobre a verdade dessas grandezas"[9].

O dom do entendimento leva a captar o sentido mais profundo da Sagrada Escritura, a vida da graça, a presença de Cristo em cada sacramento e, de uma maneira real e substancial, na Sagrada Eucaristia. É um dom que confere como que um instinto divino para o que há de sobrenatural no mundo. Ante o olhar daquele que crê, iluminado pelo Espírito, surge um universo totalmente novo. Os mistérios da Santíssima Trindade, da Encarnação, da Redenção, da Igreja, convertem-se em realidades extraordinariamente vivas e atuais, que orientam toda a vida do cristão e influem decisivamente no seu trabalho, na família, nos amigos... Chega-se a ver Deus no meio das tarefas habituais, nos acontecimentos agradáveis ou dolorosos da vida diária.

O caminho para chegarmos à plenitude deste dom é a oração pessoal, em que contemplamos as verdades da fé, bem como a luta, alegre e amorosa, por manter-nos na presença de Deus ao longo do dia. Não se trata de uma ajuda sobrenatural extraordinária, reservada a pessoas muito excepcionais, mas de um dom que o Senhor concede a todos aqueles que queiram ser-lhe fiéis no lugar em que se encontram, santificando as suas alegrias e dores, o seu trabalho e o seu descanso.

III. PARA PROGREDIR neste caminho de santidade, é necessário fomentar o recolhimento interior, a mortificação dos sentidos internos e externos, a procura diligente da presença de Deus nos acontecimentos e percalços de cada dia.

É preciso sobretudo purificar o coração, pois somente os limpos de coração têm capacidade para ver a Deus[10]. A impureza, o apego aos bens terrenos, a facilidade em conceder ao corpo todos os seus caprichos embotam a alma para as coisas de Deus. *O homem não espiritual não percebe as coisas do Espírito de Deus, pois para ele são loucura. Nem as pode compreender, porque é segundo o Espírito que se devem ponderar*[11]. Homem espiritual é o cristão que traz o Espírito Santo na sua alma em graça, e tem o pensamento posto em Cristo. A sua vida limpa, sóbria e mortificada é a melhor preparação para ser digna morada do Espírito, que nele habitará com todos os seus dons.

Quando o Espírito Santo encontra uma alma assim, vai-se apossando dela e conduzindo-a por caminhos de uma oração sempre mais profunda, até que "as palavras se tornam pobres..., e se dá passagem à intimidade divina, num olhar para Deus sem descanso e sem cansaço. Vivemos então como cativos, como prisioneiros. Enquanto realizamos com a maior perfeição possível, dentro dos nossos erros e limitações, as tarefas próprias da nossa condição e do nosso ofício, a alma anseia por escapar. Vai-se rumo a Deus, como o ferro atraído pela força do ímã. Começa-se a amar Jesus de forma mais eficaz, com um doce sobressalto"[12].

Mons. Escrivá descreve aqui o caminho que as almas percorrem — no meio das ocupações mais normais da sua vida e seja qual for a sua cultura, profissão, estado etc. — até chegarem à oração contemplativa. Para muitos, esse caminho parte da consideração frequente da Santíssima Humanidade do Senhor, a que se chega através da Virgem — passando necessariamente pela Cruz —, e que acaba na Santíssima Trindade. "O coração necessita então de distinguir e adorar cada uma das Pessoas divinas. De certa maneira, o que a alma realiza na vida sobrenatural é uma descoberta semelhante às de uma criaturinha que vai abrindo os olhos à existência. E entretém-se amorosamente com o Pai e com o Filho e com o Espírito Santo; e submete-se facilmente à atividade do Paráclito vivificador, que se nos entrega sem o merecermos: os dons e as virtudes sobrenaturais!"[13]

Ao terminarmos a nossa oração, recorremos à Virgem Nossa Senhora, Àquela que teve a plenitude da fé e dos dons do Espírito Santo, e lhe pedimos que nos ensine a tratar e a amar sempre o Paráclito na nossa alma, especialmente neste

Decenário, e que não fiquemos a meio do caminho que conduz à santidade a que fomos chamados.

(1) Ex 33, 13; (2) Sl 119, 34; (3) cf. Jo 16, 13; (4) Conc. Vat. II, Const. *Dei Verbum*, 4; (5) Paulo VI, Exort. apost. *Evangelii nuntiandi*, 8-XII--1975; (6) Conc. Vat. II, Const. *Dei Verbum*, 5; (7) A. Riaud, *La acción del Espíritu Santo en las almas*, Palabra, Madri, 1985, p. 72; (8) M. M. Philipon, *Los dones del Espíritu Santo*, Palabra, Madri, 1983, p. 194; (9) Santa Teresa, *Vida*, 27, 8-9; (10) cf. Mt 5, 8; (11) 1 Cor 2, 14; (12) São Josemaria Escrivá, *Amigos de Deus*, n. 296; (13) *ib.*, n. 306.

TEMPO PASCAL. SEXTA SEMANA. SÁBADO

88. O DOM DA CIÊNCIA

— Faz-nos compreender o que são as coisas criadas, segundo o desígnio de Deus sobre a criação e a elevação à ordem sobrenatural.

— O dom da ciência e a santificação das realidades temporais.

— O verdadeiro valor e sentido deste mundo. Desprendimento e humildade necessários para podermos receber este dom.

I. "AS CRIATURAS SÃO como que vestígios da passagem de Deus. Por esses vestígios rastreia-se a sua grandeza, poder e sabedoria, bem como todos os seus atributos"[1]. São como um espelho em que se reflete o esplendor da sua beleza, da sua bondade, do seu poder: *Os céus narram a glória de Deus e o firmamento anuncia a obra das suas mãos*[2].

Não obstante, muitas vezes, por causa do pecado original e dos pecados pessoais, os homens não sabem interpretar esse rasto de Deus no mundo e não conseguem reconhecer Aquele que é a fonte de todos os bens: *Não souberam reconhecer o Artífice pela consideração das suas obras. Seduzidos pela beleza das coisas criadas, tomaram essas coisas por deuses. Aprendam então a saber quanto o seu Senhor prevalece sobre elas* — diz a Escritura — *porque Ele é o criador da beleza que as fez*[3].

O dom da ciência permite que o homem veja mais facilmente as coisas criadas como sinais que levam a Deus, e que compreenda o que significa a elevação à ordem sobrenatural. Através do mundo da natureza e da graça, o Espírito Santo faz-nos perceber e contemplar a infinita sabedoria de Deus, a sua onipotência e bondade, a sua natureza íntima. "É um dom contemplativo cujo olhar penetra, como o do dom do entendimento e o da sabedoria, no próprio mistério de Deus"[4].

Mediante este dom, o cristão percebe e entende com toda a clareza "que a criação inteira, o movimento da terra e dos astros, as ações retas das criaturas e tudo quanto há de positivo no curso da história, tudo, numa palavra, veio de Deus e para Deus se ordena"[5]. É uma disposição sobrenatural pela qual participa da ciência de Deus, descobre as relações que existem entre todas as coisas criadas e o seu Criador e em que medida e sentido estão a serviço do fim último do homem.

Uma manifestação do dom da ciência é o *Cântico dos três jovens*, como o lemos no Livro de Daniel, que muitos cristãos recitam na ação de graças depois da Santa Missa. Pede-se a todas as coisas criadas que louvem e deem glória ao Criador: *Benedicite, omnia opera Domini, Domino...:* Obras todas do Senhor, bendizei o Senhor; louvai-o e exaltai-o pelos séculos dos séculos. Anjos do Senhor, bendizei o Senhor. Céus... Águas que estais sobre os céus... Sol e lua... Estrelas do céu... Chuva e orvalho... Todos os ventos... Frio e calor... Orvalhos e geadas... Noites e dias... Luz e trevas... Montanhas e colinas... Todas as plantas... Fontes... Mares e rios... Cetáceos e peixes... Aves... Animais selvagens e rebanhos... Sacerdotes do Senhor... Espíritos e almas dos justos... Santos e humildes de coração... Cantai-lhe e dai-lhe graças porque é eterna a sua misericórdia[6].

Este cântico admirável de toda a criação, de todos os seres vivos e de todas as coisas inanimadas, é um hino de glória ao Criador. "É uma das mais puras e ardentes expressões do dom da ciência: que os céus e toda a Criação cantem a glória de Deus"[7]. Em muitas ocasiões, poderá também ajudar-nos a dar graças ao Senhor depois de participarmos na obra que mais glória lhe dá: a Santa Missa.

II. MEDIANTE O DOM DA CIÊNCIA, o cristão dócil ao Espírito Santo sabe discernir com perfeita clareza o que o conduz a Deus e o que o separa dEle. E isto no ambiente, nas modas, na arte, nas ideologias... Verdadeiramente, esse cristão pode dizer: *O Senhor guia o justo por caminhos retos e comunica-lhe a ciência das coisas santas*[8]. O Paráclito previne-nos também quando as coisas boas e retas em si mesmas se podem converter em nocivas porque nos afastam do nosso fim sobrenatural: por um desejo desordenado de posse, por um apego do coração que não o deixa livre para Deus etc.

O cristão, que deve santificar-se no meio do mundo, tem uma especial necessidade deste dom para encaminhar para Deus as suas atividades temporais, convertendo-as em meio de santidade e apostolado. Mediante esse dom, a mãe de família compreende mais profundamente que a sua tarefa doméstica é caminho que leva a Deus, se a realiza com retidão de intenção e desejos de agradar ao Senhor; assim como o estudante passa a entender que o seu estudo é o meio habitual de que dispõe para amar a Deus, desenvolver a sua ação apostólica e servir a sociedade; e o arquiteto encara da mesma maneira os seus projetos; e a enfermeira, o cuidado dos seus doentes etc. Compreende-se então por que devemos amar o mundo e as realidades temporais, e como "há *algo* de santo, divino, escondido nas situações mais comuns, que cabe a cada um de vós descobrir"[9].

Deste modo — continuam a ser palavras de Mons. Escrivá —, "quando um cristão desempenha com amor a mais intranscendente das ações diárias, está desempenhando algo donde transborda a transcendência de Deus. Por isso tenho repetido, com insistente martelar, que a vocação cristã consiste em transformar em poesia heroica a prosa de cada dia"[10]. Esse verso heroico para Deus, nós o compomos com os episódios corriqueiros da tarefa diária, dos problemas e alegrias que encontramos à nossa passagem.

Amamos as coisas da terra, mas passamos a avaliá-las no seu justo valor, no valor que têm para Deus. E assim passamos a dar uma importância capital a esse sermos *templos do Espírito Santo*, porque "se Deus mora na nossa alma, tudo o resto, por mais importante que pareça, é acidental, transitório. Em contrapartida, nós, em Deus, somos o permanente"[11].

III. À LUZ DO DOM DA CIÊNCIA, o cristão reconhece a brevidade da vida humana sobre a terra, a relativa felicidade que este mundo pode dar, comparada com a que Deus prometeu aos que o amam, a inutilidade de tanto esforço se não se realiza de olhos postos em Deus... Ao recordar-se da vida passada, em que talvez Deus não tenha estado em primeiro lugar, a alma sente uma profunda contrição por tanto mal e por tantas ocasiões perdidas, e nasce nela o desejo de recuperar o tempo malbaratado, sendo mais fiel ao Senhor.

Todas as coisas do mundo — deste mundo que amamos e em que nos devemos santificar — aparecem-nos à luz deste dom sob a marca da caducidade, ao mesmo tempo que compreendemos com toda a nitidez o fim sobrenatural do homem e a necessidade de subordinar-lhe todas as realidades terrenas.

Esta visão do mundo, dos acontecimentos e das pessoas a partir da fé pode obscurecer-se e mesmo apagar-se em consequência daquilo que São João chama *a concupiscência dos olhos*[12]. É como se a mente rejeitasse a luz verdadeira, e já não soubesse orientar para Deus as realidades terrenas, que passam a ser encaradas como fim. O desejo desordenado de bens materiais e a ânsia de uma felicidade procurada nas coisas da terra dificultam ou anulam a ação desse dom. A alma cai então numa espécie de cegueira que a impede de reconhecer e saborear os verdadeiros bens, os que não perecem, e a esperança sobrenatural transforma-se num desejo cada vez maior de bem-estar material, levando a fugir de tudo aquilo que exige mortificação e sacrifício.

A visão puramente humana da realidade acaba por desembocar na ignorância das verdades de Deus ou por fazê-las parecer teóricas, sem sentido prático para a vida corrente, sem capacidade para impregnar a existência de todos os dias. Os pecados contra este dom deixam-nos sem luz, e assim se explica essa grande ignorância de Deus de que sofre o mundo. Por vezes, chega-se a uma verdadeira incapacidade de entender ou assimilar aquilo que é sobrenatural, porque os olhos da alma estão completamente obcecados pelos bens parciais e enganosos, e fecham-se aos verdadeiros. Para nos prepararmos para receber este dom, necessitamos de pedir ao Espírito Santo que nos ajude a viver a liberdade e o desprendimento dos bens materiais, bem como a ser mais humildes, para podermos ser ensinados acerca do verdadeiro valor das coisas.

Juntamente com estas disposições, devemos fomentar os atos que nos levam à presença de Deus, de modo a vermos o Senhor no meio dos nossos trabalhos; e fazer o propósito decidido de considerar na oração os acontecimentos que vão determinando a nossa vida e as realidades do dia a dia: a família, os colegas de trabalho, aquilo que mais nos preocupa... A oração sempre é um farol poderoso que ilumina a verdadeira realidade das coisas e dos acontecimentos.

Para obtermos este dom, para nos tornarmos capazes de possuí-lo em maior plenitude, recorremos à Virgem, Nossa Senhora. Ela é *a Mãe do Amor Formoso, e do temor, e da ciência, e da santa esperança*[13]. "Maria é Mãe da ciência, porque com Ela se aprende a lição que mais interessa: que nada vale a pena se não estivermos junto do Senhor; que de nada servem todas as maravilhas da terra, todas as ambições satisfeitas, se não nos arder no peito a chama de amor vivo, a luz da santa esperança que é uma antecipação do amor interminável na nossa Pátria definitiva"[14].

(1) São João da Cruz, *Cântico espiritual*, 5, 3; (2) Sl 19, 1-2; (3) Sb 13, 1-5; (4) M. M. Philipon, *Los dones del Espíritu Santo*, p. 200; (5) São Josemaria Escrivá, *É Cristo que passa*, n. 130; (6) cf. Dn 3, 52-90; (7) M. M. Philipon, *op. cit.*, p. 203; (8) Sb 10, 10; (9) São Josemaria Escrivá, *Amar o mundo apaixonadamente*, in *Entrevistas com Mons. Josemaria Escrivá*, n. 114; (10) *ib.*; (11) São Josemaria Escrivá, *Amigos de Deus*, n. 92; (12) 1 Jo 2, 16; (13) Eclo 24, 24; (14) São Josemaria Escrivá, *Amigos de Deus*, n. 278.

TEMPO PASCAL. SÉTIMO DOMINGO

89. O DOM DA SABEDORIA

— Este dom confere-nos um conhecimento amoroso de Deus, bem como das pessoas e das coisas criadas na medida em que se referem a Ele. Está intimamente unido à virtude da caridade.

— Mediante este dom, participamos dos mesmos sentimentos de Jesus Cristo em relação aos que nos rodeiam. Ensina-nos a ver os acontecimentos dentro do plano providencial de Deus, que sempre se manifesta como nosso Pai.

— O dom da sabedoria e a vida contemplativa na nossa vida corrente.

I. EXISTE UM CONHECIMENTO de Deus e do que se refere a Ele a que só se chega pela santidade. O Espírito Santo, mediante o dom da sabedoria, coloca-o ao alcance das almas simples que amam o Senhor: *Eu te glorifico, Pai, Senhor do céu e da terra* — exclamou Jesus diante de umas crianças —, *porque escondeste estas coisas aos sábios e prudentes e as revelaste aos pequeninos*[1].

É uma sabedoria que não se aprende nos livros, mas que é comunicada à alma pelo próprio Deus, que ilumina e ao mesmo tempo cumula de amor a mente e o coração, a inteligência e a vontade; é um conhecimento mais íntimo e saboroso de Deus e dos seus mistérios. "Quando temos na boca uma fruta, apreciamos o seu sabor muito melhor do que se lêssemos as descrições que dela fazem todos os livros de botânica. Que descrição se pode comparar ao sabor que experimentamos quando provamos uma fruta? Do mesmo modo, quando estamos unidos a Deus e o saboreamos por íntima experiência, isso nos faz conhecer muito melhor as coisas divinas do que todas as descrições que os eruditos e os livros dos homens mais sábios possam fazer"[2]. Este é o conhecimento que se experimenta de modo particular pelo dom da sabedoria.

De uma maneira semelhante à de uma mãe que conhece o seu filho pelo amor que lhe tem, assim a alma, mediante a caridade, chega a um conhecimento profundo de Deus que obtém do amor a sua luz e o seu poder de penetração nos mistérios. É um dom do Espírito Santo porque é fruto da caridade infundida por Ele na alma e nasce de uma participação na sua sabedoria infinita. São Paulo orava pelos primeiros cristãos, para que, *poderosamente robustecidos pelo seu Espírito [...], arraigados e alicerçados na caridade, possais compreender qual a largura e o comprimento, a altura e a profundidade, e conhecer enfim a caridade de Cristo, que desafia todo o conhecimento*[3]. É um compreender *alicerçados na caridade*; é um conhecimento profundo e amoroso.

Não podemos aspirar a nenhum conhecimento mais alto de Deus do que este conhecimento saboroso, que enriquece e facilita a nossa oração e toda a nossa vida de serviço a Deus e aos homens por Deus: *A sabedoria* — diz a Sagrada Escritura — *vale mais do que as pérolas, e joia alguma a pode igualar*[4]. *Eu a preferi aos cetros e aos tronos, e considerei a riqueza como um nada em comparação com ela [...]. Todo o ouro ao seu lado é apenas um pouco de areia, e a prata diante dela é como lama [...]. Com ela vieram-me todos os bens [...] porque é a sabedoria que os traz [...]. Ela é para os homens um tesouro inesgotável; e os que a adquirem preparam-se para ser amigos de Deus*[5].

II. INTIMAMENTE UNIDO à virtude teologal da caridade, o dom da sabedoria confere à alma um conhecimento muito especial de Deus, que a leva a possuir "uma certa experiência da doçura de Deus"[6], em si mesmo e nas coisas criadas, enquanto se relacionam com Ele. "Entre os dons do Espírito Santo, diria que há um de que todos nós, cristãos, necessitamos especialmente: o dom da sabedoria, que nos faz conhecer e saborear Deus, e nos coloca assim em condições de poder avaliar com verdade as situações e as coisas desta vida"[7]. Com a visão profunda que este dom confere à alma, o cristão que segue de perto o Senhor contempla toda a realidade com um olhar mais alto, pois participa de algum modo da visão que Deus tem de todas as coisas criadas. Julga tudo com a clareza deste dom.

Os demais homens são então para ele uma oportunidade contínua de praticar a misericórdia e de exercer um apostolado eficaz aproximando-os do Senhor. Compreende melhor a imensa necessidade que os seus parentes, colegas e amigos têm de ser ajudados a caminhar para Cristo. Vê-os como pessoas urgentemente necessitadas de Deus, como Cristo as via.

Iluminados por este dom, os santos entenderam no seu verdadeiro sentido os acontecimentos desta vida: tanto os que consideramos grandes e importantes como os aparentemente pequenos. Por isso, não chamaram desgraça à doença e às tribulações que tiveram que sofrer; compreenderam que Deus abençoa de muitas maneiras, e frequentemente com a Cruz; sabiam que todas as coisas, mesmo aquelas que são humanamente inexplicáveis, cooperam para o bem dos que amam a Deus[8]. "As inspirações do Espírito Santo, que este dom faz acolher com docilidade, esclarecem-nos pouco a pouco sobre a ordem admirável do plano providencial, mesmo e precisamente naquelas coisas que antes nos deixavam desconcertados, nos casos dolorosos e imprevistos, permitidos por Deus em vista de um bem superior"[9].

Através do dom da sabedoria, as moções da graça trazem-nos uma grande paz, não somente para nós, mas também para o nosso próximo; ajudam-nos a semear alegria onde quer que estejamos e a encontrar a palavra oportuna que ajuda a reconciliarem-se os que estão desunidos. É por isso que este dom está em correspondência com a *bem-aventurança dos pacíficos*, daqueles que, tendo paz em si mesmos, podem comunicá-la aos outros. Esta paz, que o mundo não pode dar, é o resultado de se verem os acontecimentos dentro do plano providente de Deus, que em momento algum se esquece dos seus filhos.

III. O DOM DA SABEDORIA concede-nos uma fé amorosa, penetrante, uma clareza e segurança absolutamente insuspeitadas na compreensão do mistério inabarcável de Deus. Assim, por exemplo, a presença real de Jesus Cristo no Sacrário produz em nós uma felicidade inexplicável por nos acharmos diante de Deus. A pessoa "permanece ali sem dizer nada ou simplesmente repetindo umas palavras de amor, em contemplação profunda, com os olhos fixos na Hóstia Santa, sem cansar-se de fitá-lo. Parece-lhe que Jesus penetra pelos seus olhos até o mais profundo dela própria..."[10]

O normal será, no entanto, que encontremos a Deus na vida diária, sem quaisquer manifestações especiais, mas envolvidos pela íntima certeza de que Ele nos contempla, de que vê as nossas tarefas e nos olha como filhos seus... No meio do nosso trabalho, na família, o Espírito Santo ensina-nos, quando somos fiéis às suas graças, que todas as nossas ocupações são o instrumento normal que Deus põe ao nosso alcance para que possamos amá-lo e servi-lo nesta vida e depois contemplá-lo na eternidade. À medida, pois, que vamos purificando o nosso coração, entendemos melhor a verdadeira realidade do mundo, das pessoas (que olhamos e tratamos como filhos de Deus) e dos conhecimentos, participando da própria visão de Deus sobre as coisas criadas, sempre dentro dos limites da nossa condição de criaturas.

Esta ação amorosa do Espírito Santo sobre a nossa vida só será possível se cuidarmos com esmero das normas de piedade através das quais nos dedicamos especialmente a Deus: a Santa Missa, os momentos de meditação pessoal, a Visita ao Santíssimo... E isto tanto nos dias normais como naqueles em que temos um trabalho que parece ultrapassar a nossa capacidade de levá-lo adiante; quando a devoção é fácil e simples ou quando chega a aridez; nas viagens, no descanso, na doença...

E juntamente com o cuidado em viver com esmero esses momentos mais intensamente dedicados a Deus, não nos deve faltar o empenho por conseguir que o pano de fundo do nosso dia esteja sempre ocupado pelo Senhor. Presença de Deus alimentada com jaculatórias, ações de graças, pedidos de ajuda, atos de amor e desagravo, pequenos sacrifícios que surgem no nosso trabalho ou que procuramos por nossa conta.

"Que a Mãe de Deus e Mãe nossa nos proteja, a fim de que cada um de nós possa servir a Igreja na plenitude da fé, com os dons do Espírito Santo e com a vida contemplativa. Realizando cada um os deveres que lhe são próprios, cada um no seu ofício e profissão, e no cumprimento das obrigações do seu estado, honre gozosamente o Senhor"[11].

(1) Mt 11, 25; (2) L. M. Martinez, *El Espíritu Santo*, 6ª ed., Studium, Madri, 1959, p. 201; (3) Ef 3, 16-19; (4) Pr 8, 11; (5) Sb 7, 8-14; (6) São Tomás, *Suma teológica*, 1-2, q. 112, a. 5; (7) São Josemaria Escrivá, *É Cristo que passa*, n. 133; (8) cf. Rm 8, 28; (9) R. Garrigou-Lagrange, *Las tres edades de la vida interior*, 4ª ed., Palabra, Madri, 1983, p. 82; (10) A. Riaud, *A ação do Espírito Santo na alma*, 4ª ed., Quadrante, São Paulo, 1998, p. 82; (11) São Josemaria Escrivá, *Amigos de Deus*, n. 316.

Tempo Pascal. Sétima Semana. Segunda-feira

90. O DOM DE CONSELHO

— O dom de conselho e a virtude da prudência.
— O dom de conselho é uma grande ajuda para manter uma consciência reta.
— Os conselhos da direção espiritual. Meios que facilitam a atividade deste dom.

I. SÃO MUITAS AS OCASIÕES de nos desviarmos do caminho que conduz a Deus, como também são muitos os caminhos errados que se nos apresentam com frequência. Mas o Senhor assegurou-nos: *Eu te farei saber e te mostrarei o caminho que deves seguir; serei teu conselheiro e os meus olhos estarão fixos em ti*[1].

O Espírito Santo é o nosso melhor Conselheiro, o Mestre mais sábio, o melhor Guia. *Quando vos entregarem* — prometia o Senhor aos apóstolos, referindo-se às situações extremas que os aguardavam —, *não vos preocupeis nem com a maneira com que haveis de falar nem com o que haveis de dizer, porque naquele momento vos será dado o que devereis dizer. Porque não sereis vós que falareis, mas será o Espírito do vosso Pai que falará em vós*[2]. Teriam uma especial assistência do Paráclito, como a tiveram os fiéis cristãos ao longo dos séculos em circunstâncias semelhantes. Comove-nos verificar a serenidade e a sabedoria com que tantos mártires cristãos, às vezes homens e mulheres de pouca cultura, ou mesmo crianças, confessaram a sua fé.

Mediante o dom de conselho, o Espírito Santo aperfeiçoa os atos da virtude da prudência, que diz respeito aos meios que se devem empregar para resolver cada situação. Na nossa vida, é muito frequente termos que tomar decisões, umas mais importantes, outras menos. Em todas elas, de alguma maneira, está comprometida a nossa santidade. Pois bem, às almas dóceis à ação do Espírito Santo, Deus concede o dom de conselho para que possam decidir com retidão e rapidez. É como que um instinto divino para que possam acertar com o caminho que mais convém à glória de Deus. Da mesma maneira que a virtude da prudência abarca todo o campo da nossa atuação, o Espírito Santo, pelo dom de conselho, é Luz e Princípio permanente das nossas ações: inspira a escolha dos meios para realizarmos a vontade de Deus em todas as nossas tarefas, e conduz-nos pelos caminhos da caridade, da paz, da alegria, do sacrifício, do cumprimento do dever. Inspira-nos o caminho que devemos seguir em cada circunstância.

O primeiro campo em que este dom exerce a sua ação é o da vida interior de cada um. Na alma em graça, o Paráclito atua de uma maneira silenciosa, suave e ao mesmo tempo forte. “Este sapientíssimo Mestre é tão hábil em ensinar que vê-lo agir é o que há de mais admirável. Tudo é doçura, tudo é carinho, tudo bondade, tudo prudência, tudo discernimento”[3]. Desses “ensinamentos” e dessa luz na alma procedem os impulsos que se traduzem em apelos para sermos melhores, para correspondermos mais e melhor; daí surgem as resoluções firmes, como que instintivas, que mudam uma vida ou são a origem de uma melhora eficaz nas relações com Deus, no trabalho, na atuação concreta de cada dia.

Para nos deixarmos aconselhar e dirigir pelo Paráclito, devemos desejar ser inteiramente de Deus, sem pôr conscientemente limites à ação da graça; devemos procurar a Deus por ser Quem é, infinitamente digno de ser amado, sem esperar outras compensações, tanto nos momentos em que tudo é fácil como nas situações de aridez. “Temos que procurar, servir e amar a Deus de maneira desinteressada, não para sermos virtuosos, nem para adquirir a santidade, nem por causa da graça, ou do Céu, ou da alegria de possuí-lo, mas somente para amá-lo. E quando Ele nos oferece dons e graças, devemos dizer-lhe que não, que não queremos outra coisa além do amor para amá-lo; e se nos chega a dizer: pede-me tudo o que queiras... nada, nada lhe devemos pedir; só amor e mais amor, para amá-lo e mais amá-lo"[4]. E com o amor a Deus vem tudo o que pode saciar o coração do homem.

II. O DOM DE CONSELHO exige que nos tenhamos esforçado previamente por agir com prudência: que tenhamos colhido os dados necessários, previsto as possíveis consequências das nossas ações, recordado as experiências de casos análogos, pedido o conselho oportuno quando o caso o tenha requerido... É a prudência natural, que depois vem a ser esclarecida pela graça. É sobre ela que atua este dom, tornando mais rápida e segura a escolha dos meios, mais adequada a resposta, mais claro o caminho que devemos seguir. E isso, mesmo nos casos em que não é possível adiar a decisão, porque as circunstâncias exigem uma resposta firme e imediata, como a que o Senhor deu aos fariseus que lhe perguntavam com má-fé se era lícito ou não pagar o tributo a César[5].

O dom de conselho é de grande ajuda para manter uma consciência reta, sem deformações, porque, quando somos dóceis a essas luzes e conselhos com que o Espírito Santo ilumina a nossa consciência, a alma não se evade nem se justifica diante das faltas e dos pecados, mas reage com a contrição, com uma maior dor por ter ofendido a Deus.

Este dom ilumina a alma fiel a Deus para que não aplique erradamente as normas morais nem se deixe levar pelos respeitos humanos, pelos critérios do ambiente ou da moda, mas pelo querer de Deus. Diretamente ou por meio de outros, o Paráclito dá luzes para discernir o rumo certo e mostra os caminhos a seguir, talvez diferentes daqueles que o "espírito do mundo" sugere. Quem deixa de aplicar as normas morais à sua conduta concreta, sejam elas mais importantes ou menos importantes, é porque antepõe os seus caprichos ao cumprimento da vontade de Deus.

Ser dócil às luzes e moções interiores que o Espírito Santo inspira não exclui de modo algum "a necessidade de consultar os outros e de ouvir humildemente as diretrizes da Igreja. Pelo contrário, os santos sempre se mostraram pressurosos em submeter-se aos seus superiores, convencidos de que a obediência é o caminho real, o mais rápido e seguro, para a santidade mais alta. O próprio Espírito Santo inspira esta filial submissão aos legítimos representantes da Igreja de Cristo: *Quem vos ouve, a mim me ouve; e quem vos rejeita, a mim me rejeita* (Lc 10, 16)"[6].

III. ENSINA SÃO TOMÁS que "todo o bom conselho sobre a salvação dos homens vem do Espírito Santo"[7]. Os conselhos da direção espiritual — através dos quais o Espírito Santo nos fala tantas vezes e de modo tão claro — devem, pois, ser recebidos com a alegria de quem descobre uma vez mais o caminho, com agradecimento a Deus e a quem faz as suas vezes, e com o propósito eficaz de os pôr em prática. Há ocasiões em que estes conselhos ganham na alma dos que os recebem uma ressonância particular, promovida diretamente pelo Espírito Santo.

O dom de conselho é necessário para a vida diária, tanto para os nossos assuntos pessoais como para podermos aconselhar os nossos amigos na sua vida espiritual e humana. É um dom que corresponde à *bem-aventurança dos misericordiosos*[8], "pois é necessário sermos misericordiosos para sabermos dar prudentemente um conselho salutar aos que dele carecem; um conselho proveitoso que, longe de desanimá-los, os estimule com força e suavidade ao mesmo tempo"[9].

Hoje pedimos ao Espírito Santo que nos conceda docilidade às suas inspirações, pois o maior obstáculo para que o dom de conselho arraigue na nossa alma é o apego ao juízo próprio, o não saber ceder, a falta de humildade e a precipitação no agir. Facilitaremos a ação desse dom se nos acostumarmos a considerar na oração as decisões importantes da nossa vida: "Não tomes uma decisão sem te deteres a considerar o assunto diante de Deus"[10]; se procurarmos desapegar-nos do critério próprio: "Não desaproveites a ocasião de abater o teu próprio juízo", aconselha Mons. Escrivá[11]; se formos completamente sinceros à hora de fazer uma consulta moral em algum assunto que nos afete muito diretamente: por exemplo, em matéria de ética profissional ou em relação ao número de filhos, para avaliar se Deus não nos pede mais generosidade para formarmos uma família numerosa...

Se formos humildes, se reconhecermos as nossas limitações, sentiremos a necessidade, em determinadas circunstâncias, de recorrer a um conselheiro. E então não recorreremos a qualquer um, "mas a quem for idôneo e estiver animado dos nossos mesmos desejos sinceros de amar a Deus e de o seguir fielmente. Não basta pedir um parecer; temos que dirigir-nos a quem no-lo possa dar desinteressada e retamente [...]. Na nossa vida encontramos colegas ponderados, que são objetivos, que não se deixam apaixonar, inclinando a balança para o lado que mais lhes convém. Dessas pessoas, quase instintivamente, nós nos fiamos, porque procedem sempre bem, com retidão, sem presunção e sem espalhafato"[12].

Aquele que me segue não anda nas trevas, mas terá a luz da vida[13]. Se procurarmos seguir o Senhor todos os dias da nossa vida, não nos faltará a luz do Espírito Santo em qualquer circunstância. Se tivermos retidão de intenção, Ele não permitirá que caiamos no erro. A nossa Mãe do Bom Conselho conseguir-nos-á as graças de que precisamos, se recorrermos a Ela com a humildade de quem sabe que, por si só, tropeçará e entrará frequentemente por caminhos errados.

(1) Sl 32, 8; (2) Mt 10, 19-20; (3) Francisca Javiera del Valle, *Decenario al Espíritu Santo*, p. 96; (4) idem, *op. cit.*; (5) Mt 22, 21-22; (6) M. M. Philipon, *Los dones del Espíritu Santo*, Palabra, Madri, 1983, pp. 273--274; (7) São Tomás, *Sobre o Pai-Nosso*, in *Escritos de catequese*; (8) idem, *Suma teológica*, 2-2, q. 52, a. 4; (9) R. Garrigou-Lagrange, *Las tres edades de la vida interior*, p. 637; (10) São Josemaria Escrivá, *Caminho*, n. 266; (11) *ib.*, n. 177; (12) São Josemaria Escrivá, *Amigos de Deus*, nn. 86 e 88; (13) Jo 8, 12.

TEMPO PASCAL. SÉTIMA SEMANA. TERÇA-FEIRA

91. O DOM DE PIEDADE

— Este dom tem como efeito próprio o sentido da filiação divina. Move-nos a tratar a Deus com a ternura e o afeto de um bom filho para com seu pai.

— Confiança filial na oração. O dom de piedade e a caridade.

— O espírito de piedade para com a Virgem Santíssima, os santos, as almas do purgatório e os nossos pais. O respeito pelas realidades criadas.

I. O SENTIDO DA FILIAÇÃO divina, efeito do dom de piedade, move-nos a tratar a Deus com a ternura e o carinho de um bom filho para com seu pai, e a considerar e tratar os outros homens como irmãos que pertencem à mesma família.

O Antigo Testamento manifesta este dom de forma muito variada, especialmente nas preces que o povo eleito dirige constantemente a Deus: louvores e súplicas, sentimentos de adoração perante a infinita grandeza divina, confidências íntimas em que expõe com toda a simplicidade ao Pai celestial as suas alegrias e angústias, a sua esperança... De modo especial, os salmos são um compêndio de todos os sentimentos que embargam a alma no seu trato confiante com o Senhor.

Ao chegar a plenitude dos tempos, Jesus Cristo ensinou-nos qual havia de ser o tom adequado para nos dirigirmos a Deus. *Quando orardes, haveis de dizer: Pai...*[1] Em todas as circunstâncias da vida, devemos dirigir-nos a Deus com esta confiança filial: *Pai, Abba*... É uma palavra — *abba* — que o Espírito Santo quis deixar-nos em arameu em diversos lugares do Novo Testamento, e que era a forma carinhosa com que as crianças hebreias se dirigiam a seu pai. Este sentimento define a nossa atitude e matiza a nossa oração. Deus "não é um ser longínquo, que contemple com indiferença a sorte dos homens, seus anseios, suas lutas, suas angústias. É um Pai que ama os seus filhos até o extremo de lhes enviar o Verbo, a Segunda Pessoa da Santíssima Trindade, para que, pela sua encarnação, morra por eles e os redima; o mesmo Pai amoroso que agora nos atrai suavemente a Si, mediante a ação do Espírito Santo que habita em nossos corações"[2].

Deus quer que o tratemos com total confiança, como filhos pequenos e necessitados. Toda a nossa piedade alimenta-se desta realidade: somos filhos de Deus. E o Espírito Santo, mediante o dom de piedade, ensina-nos e facilita-nos esse trato confiante de um filho com seu Pai.

Considerai com que amor o Pai nos amou, querendo que sejamos chamados filhos de Deus. E nós o somos de fato[3]. "É como se depois das palavras *que sejamos chamados filhos de Deus*, São João tivesse feito uma longa pausa, enquanto o seu espírito penetrava profundamente na imensidade do amor que o Pai nos teve, não se limitando a chamar-nos simplesmente filhos de Deus, mas tornando-nos seus filhos no sentido mais autêntico. Isto é o que faz São João exclamar: *E nós o somos de fato*"[4]. O apóstolo convida-nos a considerar o imenso bem da filiação divina que recebemos com a graça do Batismo, e anima-nos a secundar a ação do Espírito Santo que nos impele a tratar o nosso Pai-Deus com inefável confiança e ternura.

II. ESTA CONFIANÇA FILIAL manifesta-se sobretudo na oração que o próprio Espírito Santo suscita em nossos corações. *O Espírito Santo ajuda a nossa fraqueza, porque, não sabendo o que devemos pedir nem como convém orar, o próprio Espírito intercede por nós com gemidos inefáveis*[5]. Graças a essas moções, podemos dirigir-nos a Deus no tom adequado, numa oração rica e de matizes tão variados como a vida. Umas vezes, falaremos ao nosso Pai-Deus numa queixa familiar: *Por que escondes o teu rosto?*[6]; outras, exporemos os nossos desejos de maior santidade: *Procuro-Te com ardor. A minha alma está sedenta de Ti, e a minha carne anela por Ti como terra árida e sequiosa, sem água*[7]; ou a nossa união com Ele: *Fora de Ti, nada mais me atrai na terra*[8]; ou a esperança incomovível na sua misericórdia: *Tu és o meu Deus e Salvador, em Ti espero sempre*[9].

Este afeto filial do dom de piedade manifesta-se também nas súplicas que dirigimos ao Senhor, pedindo-lhe as coisas de que precisamos como filhos necessitados, até que no-las conceda. É uma atitude de confiança no poder da oração, que nos faz sentir seguros, firmes, audazes, que afasta a angústia e a inquietação daqueles que somente se apoiam nas suas forças.

O cristão que se deixa conduzir pelo espírito de piedade sabe que seu Pai-Deus quer o melhor para cada um dos seus filhos e que nos preparou todas as coisas para o nosso maior bem. Por isso sabe também que a felicidade consiste em ir conhecendo o que Deus quer de nós em cada momento e em realizá-lo sem dilações nem atrasos. Desta confiança na paternidade divina nasce a serenidade, mesmo no meio das coisas que parecem um mal irremediável, pois contribuem para o bem dos que amam a Deus[10]. O Senhor nos mostrará um dia por que foi conveniente aquela humilhação, aquele revés econômico, aquela doença...

Este dom do Espírito Santo permite ainda que se cumpram os deveres de justiça e os ditames da caridade com presteza e facilidade. Ajuda-nos a ver os demais homens como filhos de Deus, criaturas que têm um valor infinito porque Deus os ama com um amor sem limites e os redimiu com o Sangue do seu Filho derramado na Cruz. Anima-nos a tratar com imenso respeito os que estão ao nosso redor, a compadecer-nos das suas necessidades e a procurar remediá-las; a julgá-los sempre com benignidade, dispostos também a perdoar-lhes facilmente as ofensas que nos façam, pois o perdão generoso e incondicional é um bom distintivo dos filhos de Deus. Mais do que isso, o Espírito Santo faz-nos ver nos outros o próprio Cristo: *Em verdade eu vos declaro: todas as vezes que fizestes isto a um destes meus irmãos mais pequenos, foi a mim mesmo que o fizestes*[11].

III. O DOM DE PIEDADE move-nos ao amor filial à nossa Mãe do Céu, a quem procuramos tratar com o mais terno afeto; à devoção aos anjos e santos, especialmente aos que exercem um especial patrocínio sobre nós[12]; à oração pelas almas do purgatório, como almas queridas e necessitadas dos nossos sufrágios; ao amor ao Papa, como Pai comum de todos os cristãos...

A virtude da piedade, que é aperfeiçoada por este dom, move-nos também a prestar honra e reverência a todos os que estão constituídos legitimamente em autoridade, às pessoas mais velhas (como Deus premiará a nossa solicitude para com os idosos!), e em primeiro lugar aos pais. A paternidade humana é uma participação e um reflexo da de Deus, da qual, como diz o Apóstolo, *procede toda a paternidade no céu e na terra*[13]. "Eles nos deram a vida, e deles se serviu o Altíssimo para nos comunicar a alma e o entendimento. Eles nos instruíram na religião, no relacionamento humano e na vida civil, e nos ensinaram a manter uma conduta íntegra e santa"[14].

O dom de piedade estende-se aos atos da virtude da religião e ultrapassa-os[15]. Mediante este dom, o Espírito Santo dá vigor e impulso a todas as virtudes que de um modo ou de outro se relacionam com a justiça. A sua ação abarca todas as nossas relações com Deus, com os anjos, com os homens e mesmo com as coisas criadas, "consideradas como bens familiares da Casa de Deus"[16]: o dom de piedade anima-nos a tratá-las com respeito pela sua relação com o Criador.

Movido pelo Espírito Santo, o cristão lê com amor e veneração a Sagrada Escritura, que é como uma carta que seu Pai lhe envia do Céu: "Nos livros sagrados, o Pai que está nos céus vem amorosamente ao encontro dos seus filhos para conversar com eles"[17]. E trata com carinho as coisas santas, sobretudo as que se prendem com o culto divino.

Entre os frutos que o dom de piedade produz nas almas dóceis às graças do Paráclito, contam-se, enfim, a serenidade em todas as circunstâncias; o abandono cheio de confiança na Providência, porque, se Deus cuida de todas as coisas criadas, muito maior ternura manifestará para com os seus filhos[18]; a alegria, que é uma característica própria dos filhos de Deus: "Que ninguém leia tristeza nem dor na tua cara, quando difundes pelo ambiente do mundo o aroma do teu sacrifício: os filhos de Deus têm que ser sempre semeadores de paz e de alegria"[19].

Se considerarmos muitas vezes ao dia que somos filhos de Deus, o Espírito Santo irá fomentando em nós, cada vez mais, este trato filial e confiante com o nosso Pai do Céu.

(1) Lc 11, 2; (2) São Josemaria Escrivá, *É Cristo que passa*, n. 84; (3) 1 Jo 3, 1; (4) B. Perquin, *Abba, padre*, Rialp, Madri, 1986, p. 9; (5) Rm 8, 26; (6) cf. Sl 43, 25; (7) Sl 52, 2; (8) Sl 72, 25; (9) Sl 34, 5; (10) cf. Rm 8, 28; (11) Mt 25, 40; (12) cf. São Tomás, *Suma teológica*, 2-2, q. 121; (13) Ef 3, 15; (14) *Catecismo romano*, III, 5, 9; (15) cf. M. M. Philipon, *Los dones del Espíritu Santo*, p. 300; (16) *ib.*; (17) Conc. Vat. II, Const. *Dei Verbum*, 21; (18) cf. Mt 6, 28; (19) São Josemaria Escrivá, *Sulco*, n. 59.

TEMPO PASCAL. SÉTIMA SEMANA. QUARTA-FEIRA

92. O DOM DA FORTALEZA

— O Espírito Santo proporciona à alma a fortaleza necessária para vencer os obstáculos e praticar as virtudes.
— O Senhor espera de nós heroísmo nas coisas pequenas, no cumprimento diário dos nossos deveres.
— Fortaleza na vida ordinária. Meios para facilitar a ação desse dom.

I. A HISTÓRIA DO POVO de Israel manifesta a contínua proteção de Deus. A missão dos que deveriam guiá-lo e protegê-lo até chegar à Terra Prometida superava de longe as suas forças e possibilidades. Quando Moisés expõe ao Senhor que se sente incapaz de apresentar-se ao Faraó a fim de libertar os israelitas do Egito, o Senhor diz-lhe: *Eu estarei contigo*[1]. Este mesmo auxílio divino é prometido aos profetas e a todos aqueles a quem Javé confia missões especiais. Nos seus cânticos de ação de graças, esses homens reconhecem sempre que unicamente pela fortaleza que receberam do Alto é que puderam levar a cabo a sua tarefa. Os salmos não cessam de exaltar a força protetora de Deus: Javé é a *rocha de Israel*, a sua fortaleza e segurança.

O Senhor promete aos apóstolos — colunas da Igreja — que *serão revestidos* pelo Espírito Santo *da força do alto*[2]. O Paráclito assistirá a Igreja e cada um dos seus membros até o fim dos séculos.

A virtude sobrenatural da fortaleza, a ajuda específica do Senhor, é imprescindível ao cristão para que possa vencer os obstáculos que se apresentam diariamente na sua luta interior por amar cada dia mais a Deus e cumprir os seus deveres. E esta virtude é aperfeiçoada *pelo dom da fortaleza*, que torna mais fáceis os atos correspondentes.

À medida que vamos purificando as nossas almas e sendo dóceis à ação da graça, cada um de nós pode dizer, como São Paulo: *Tudo posso nAquele que me dá forças*[3]. Sob a ação do Espírito Santo, o cristão sente-se capaz de realizar as ações mais arriscadas e de suportar as provas mais duras por amor a Deus. Movido pelo dom da fortaleza, não confia nos seus esforços, pois ninguém melhor do que ele, se é humilde, tem consciência da sua fragilidade e da sua incapacidade para levar avante a tarefa da sua santificação e a missão que o Senhor lhe confia nesta vida; mas ouve o Senhor dizer-lhe, particularmente nos momentos mais difíceis: *Eu estarei contigo*. E atreve-se a proclamar: *Se Deus é por nós, quem será contra nós? [...] Quem nos separará do amor de Cristo? A tribulação, a angústia, a perseguição, a fome, a nudez, o perigo, a espada? [...] Mas em todas estas coisas somos mais que vencedores pela virtude dAquele que nos amou. Pois estou persuadido de que nem a morte, nem a vida, nem os anjos, nem os principados, nem as virtudes, nem as coisas presentes, nem as futuras, nem os poderes, nem as alturas, nem os abismos, nem qualquer outra criatura nos poderá separar do amor de Deus que está em Cristo Jesus Nosso Senhor*[4]. É um grito de fortaleza e de otimismo que se apoia em Deus.

Se deixarmos que o Paráclito tome posse da nossa vida, a nossa segurança não terá limites. Compreenderemos então com outra profundidade que o Senhor escolhe o que é fraco, *o que aos olhos do mundo é vil e desprezível [...], para que ninguém se vanglorie na sua presença*[5], e que pede aos seus filhos a boa vontade de fazerem tudo o que estiver ao seu alcance, para que Ele realize maravilhas de graça e misericórdia.

II. A TRADIÇÃO ASSOCIA o dom da fortaleza à *fome e sede de justiça*[6]. "O vivo desejo de servir a Deus apesar de todas as dificuldades é justamente essa fome que o Senhor suscita em nós. Ele a faz nascer e a escuta, conforme foi dito a Daniel: *Eu venho para instruir-te, porque tu és um varão de desejos* (Dn 9, 23)"[7]. Este dom produz na alma dócil ao Espírito Santo uma ânsia sempre crescente de santidade, que não esmorece perante os obstáculos e dificuldades. São Tomás diz que devemos desejar a santidade com tal ímpeto que "nunca nos sintamos satisfeitos nesta vida, como nunca se sente satisfeito o avaro"[8].

O exemplo dos santos incita-nos a crescer mais e mais na fidelidade a Deus no meio das nossas obrigações, amando o Senhor tanto mais quanto maiores forem as dificuldades que experimentemos, sem deixar que se avolume o desânimo ante a ausência de progresso nas metas de melhora pessoal. Como escreveu Santa Teresa, "importa muito, e tudo, uma grande e mui determinada determinação de não parar até chegar à fonte, venha o que vier, suceda o que suceder, custe o que custar, murmure quem murmurar; quer se chegue ao fim, quer se morra no caminho ou não se tenha coragem para os trabalhos que nele se encontrem; ainda que o mundo se afunde"[9].

A virtude da fortaleza, aperfeiçoada pelo dom do Espírito Santo, não suprime a fraqueza própria da natureza humana, o temor ao perigo, o medo à dor, à fadiga, mas permite superá-los graças ao amor. Precisamente porque ama, o cristão é capaz de enfrentar os maiores riscos, ainda que a sua sensibilidade manifeste repugnância em ir para a frente, não só no começo, mas também ao longo de todo o tempo da prova ou enquanto não tiver alcançado aquilo que ama.

Esta virtude leva ao extremo de sacrificar voluntariamente a vida em testemunho da fé, se o Senhor assim o vier a pedir. O martírio é o ato supremo da fortaleza, e Deus não deixou de pedi-lo a muitos fiéis ao longo da história da Igreja. Os mártires foram — e são — a coroa da Igreja, bem como uma prova mais da sua origem divina e da sua santidade. Cada cristão deve estar disposto a dar a vida por Cristo, se as circunstâncias o exigirem. O Espírito Santo dar-lhe-á então as forças e a coragem necessárias para enfrentar essa prova suprema.

No entanto, o que o Senhor espera de nós é o heroísmo nas pequenas coisas, no cumprimento diário dos nossos deveres. Todos os dias temos necessidade do dom da fortaleza, porque todos os dias temos necessidade de praticar esta virtude para vencer os caprichos pessoais, o egoísmo e a comodidade. Por outro lado, devemos ser firmes num ambiente que muitas vezes se mostrará contrário à doutrina de Jesus Cristo, a fim de vencermos os respeitos humanos e darmos um testemunho simples mas eloquente do Senhor, como fizeram os apóstolos.

III. DEVEMOS PEDIR FREQUENTEMENTE o dom da fortaleza: para vencer a relutância em cumprir os deveres que custam, para enfrentar os obstáculos normais em qualquer existência, para aceitar com paz e serenidade a doença, para perseverar nas tarefas diárias, para dar continuidade à ação apostólica, para encarar os contratempos com espírito de fé e bom humor.

Devemos pedir este dom para ter essa fortaleza interior que nos ajuda a esquecer-nos de nós mesmos e a estar mais atentos àqueles com quem convivemos, para mortificar o desejo de chamar a atenção, para servir os outros sem que o notem, para vencer a impaciência, para não ficar remoendo os problemas e dificuldades pessoais, para não explodir em queixas perante as contrariedades ou a indisposição física, para mortificar a imaginação afastando os pensamentos inúteis...

Necessitamos de fortaleza para falar de Deus sem medo, para nos comportarmos sempre de modo cristão, ainda que entremos em choque com um ambiente paganizado, para fazer uma correção fraterna quando for preciso... Precisamos de fortaleza para cumprir em toda a linha os nossos deveres: prestando uma ajuda incondicional aos que dependem de nós, exigindo-lhes ao mesmo tempo, com amável firmeza, o cumprimento das suas responsabilidades... O dom da fortaleza converte-se assim no grande meio contra a tibieza, que conduz ao desleixo e ao aburguesamento.

Quando se sabe estar bem perto do Senhor, o dom da fortaleza encontra nas dificuldades umas condições excepcionais para crescer e firmar-se. “As árvores que crescem em lugares sombreados e livres de ventos, enquanto externamente se desenvolvem com aspecto próspero, tornam-se fracas e moles, e facilmente qualquer coisa as fere; mas as árvores que vivem no cume dos montes mais altos, agitadas pelos muitos ventos e constantemente expostas à intempérie e a todas as inclemências, atingidas por fortíssimas tempestades e cobertas por frequentes neves, tornam-se mais robustas que o ferro"[10].

O Espírito Santo é um Mestre doce e sábio, mas também exigente, porque só dá os seus dons àqueles que estão dispostos a corresponder às suas graças passando pela Cruz.

(1) Gn 3, 12; (2) Lc 24, 49; (3) Fl 4, 13; (4) Rm 8, 31-39; (5) cf. 1 Cor 1, 27-29; (6) Mt 5, 6; (7) R. Garrigou-Lagrange, *Las tres edades de la vida interior*, p. 594; (8) São Tomás, *Comentário sobre São Mateus*, 5, 2; (9) Santa Teresa, *Caminho de perfeição*, 21, 2; (10) São João Crisóstomo, *Homilia sobre a glória da tribulação*.

TEMPO PASCAL. SÉTIMA SEMANA. QUINTA-FEIRA

93. O DOM DO TEMOR DE DEUS

— O temor servil e o santo temor de Deus. Consequências deste dom na alma.
— O santo temor de Deus e o empenho em rejeitar todo o pecado.
— Relações entre este dom e a virtude da humildade e da temperança. Delicadeza de alma e sentido do pecado.

I. SANTA TERESA diz que, em face de tantas tentações e provas que temos de padecer, o Senhor nos concede dois remédios: *amor* e *temor*. "O amor nos fará apressar o passo; o temor nos fará olhar bem onde pomos os pés para não cair"[1].

Mas nem todo o temor é bom. Existe em primeiro lugar o *temor mundano*[2], próprio dos que temem sobretudo o mal físico ou as desvantagens sociais que possam afetá-los nesta vida. É o temor dos que fogem das incomodidades, mostrando-se dispostos a abandonar Cristo e a sua Igreja mal preveem que a fidelidade à vida cristã lhes pode causar dissabores. É desse temor que nascem os "respeitos humanos", bem como inúmeras capitulações e a própria infidelidade.

É diferente o chamado *temor servil*, que afasta do pecado por medo às penas do inferno ou por qualquer outro motivo interesseiro de ordem espiritual. É um temor bom, porque, para muitos que estão afastados de Deus, pode ser o primeiro passo para a sua conversão e *o começo do amor*[3]. Não deve ser este o motivo principal das atitudes do cristão, mas em muitos casos será uma grande defesa contra a tentação e contra os atrativos de que o mal se reveste.

O *santo temor de Deus*, dom do Espírito Santo, é o mesmo que, com os demais dons, pousou na Alma santíssima de Cristo, o mesmo que ornou a Virgem Maria; o mesmo que tiveram as almas santas, o mesmo que permanece para sempre no Céu e que leva os bem-aventurados a prestar um louvor contínuo à Santíssima Trindade, juntamente com os anjos. São Tomás ensina que este dom é consequência do dom da sabedoria e sua manifestação externa[4].

Este temor *filial*, próprio de filhos que se sentem amparados por seu Pai, a quem não desejam ofender, tem dois efeitos principais. O mais importante — pois é o único que se deu em Cristo e na Santíssima Virgem — é um profundo sentido do sagrado, um imenso respeito pela majestade de Deus e uma complacência sem limites na sua bondade de Pai. Em virtude deste dom, as almas santas reconhecem o seu nada diante de Deus. Repetem com frequência, confessando a sua nulidade, aquilo que tão amiúde repetia São Josemaria Escrivá: "Não valho nada, não tenho nada, não posso nada, não sei nada, não sou nada, nada!"[5], ao mesmo tempo que reconhecia a grandeza incomensurável de sentir-se e de ser *filho de Deus*.

Durante a vida terrena, este dom produz ainda outro efeito: um grande horror ao pecado e, se se tem a desgraça de cometê-lo, uma vivíssima contrição. À luz da fé, esclarecida pelos resplendores dos demais dons, a alma compreende um pouco da transcendência de Deus, da distância infinita e do abismo que o pecado cava entre ela e Deus.

O dom do temor ilumina-nos para podermos entender que "o que está na raiz dos males morais que dividem e desagregam a sociedade é o pecado"[6]. E leva-nos também a detestar o próprio pecado venial deliberado, a reagir com energia contra os primeiros sintomas da tibieza, do desleixo ou do aburguesamento. Pode haver ocasiões na nossa vida em que talvez nos vejamos na necessidade de repetir energicamente, como uma oração urgente: "Não quero tibieza!: «*Confige timore tuo carnes meas!*» — dai-me, meu Deus, um temor filial que me faça reagir!"[7]

II. *AQUELE QUE TEME não é perfeito na caridade*[8] — escreveu o apóstolo São João —, pois o verdadeiro cristão deixa-se conduzir pelo amor e sabe que foi feito para amar.

Amor e temor. É com esta bagagem que temos de empreender o caminho. "Quando o amor chega a eliminar totalmente o temor, o próprio temor se transforma em amor"[9]. É o temor do filho que ama a seu Pai com todo o seu ser e que não quer separar-se dEle por nada deste mundo. Então a alma compreende melhor a distância infinita que a separa de Deus, e ao mesmo tempo a sua condição de filho. Nunca como até esse momento tratou a Deus com mais confiança, mas também nunca o tratou com maior respeito e veneração.

Quando se perde o santo temor de Deus, dilui-se ou perde-se o sentido do pecado, perde-se o sentido do poder e da majestade de Deus, da honra que lhe é devida. A nossa aproximação em relação ao mundo sobrenatural não pode realizar-se tentando eliminar a transcendência de Deus, mas unicamente através da divinização que a graça produz em nós mediante a humildade e o amor, e que se exprime na luta por desterrar todo o pecado da nossa vida.

"O primeiro requisito para desterrar esse mal [...] é procurar comportar-se com a disposição clara, habitual e atual, de aversão ao pecado. Energicamente, com sinceridade, devemos sentir — no coração e na cabeça — horror ao pecado grave. E, numa atitude profundamente arraigada, temos que abominar o pecado venial deliberado, essas claudicações que, embora não nos privem da graça divina, debilitam os canais por onde ela nos chega"[10].

Hoje em dia, muitas pessoas parecem ter perdido o santo temor de Deus. Esquecem quem é Deus e quem somos nós, esquecem a Justiça divina e desse modo se animam a continuar nos seus desvarios[11]. A meditação dos fins últimos do homem, dos Novíssimos, dessa realidade que nos aguarda — o encontro definitivo com Deus —, prepara-nos para que o Espírito Santo nos conceda com maior amplidão esse dom que está tão próximo do amor.

III. O SENHOR DIZ-NOS de muitas maneiras que nada devemos temer exceto o pecado, que nos tira a amizade com Deus. Em face de qualquer dificuldade, em face do ambiente, de um futuro incerto..., não devemos temer, mas ser fortes e valentes, como convém aos filhos de Deus. Um cristão não pode viver aterrorizado, mas nem por isso deve deixar de trazer no coração um santo temor de Deus, desse Deus a quem, por outro lado, ama com loucura.

Ao longo do Evangelho, "Cristo repete várias vezes: *Não tenhais medo... Não temais*. E ao mesmo tempo, com esses chamamentos à fortaleza, faz ressoar a exortação: *Temei, temei antes Aquele que pode enviar o corpo e a alma para o inferno* (Mt 10, 28). Somos chamados a essa fortaleza e, ao mesmo tempo, ao temor de Deus, que deve ser temor de amor, temor filial. E somente quando este temor penetrar nos nossos corações é que poderemos ser realmente fortes, com a fortaleza dos apóstolos, dos mártires, dos confessores"[12].

O dom do temor é a base da humildade, pois dá à alma a consciência da sua fragilidade e da necessidade de manter a vontade em fiel e amorosa submissão à infinita majestade de Deus; leva-nos a permanecer sempre no nosso lugar, sem querer usurpar o lugar de Deus, sem pretender honras que são para a glória de Deus. Uma das manifestações da soberba é o desconhecimento do temor de Deus.

Juntamente com a humildade, o dom do temor de Deus tem uma singular afinidade com a virtude da temperança, que inclina a usar com moderação das coisas humanas, subordinando-as ao seu fim sobrenatural. A raiz mais frequente do pecado é precisamente a busca desordenada dos prazeres sensíveis ou das coisas materiais, e é nesse ponto que atua o dom, purificando o coração e conservando-o inteiramente para Deus.

O dom do temor é por excelência o da luta contra o pecado, pois confere uma especial sensibilidade para detectar tudo aquilo que possa *contristar o Espírito Santo*[13]. Todos os demais dons ajudam-no nessa missão especial: as luzes dos dons do entendimento e da sabedoria descobrem-lhe a grandeza de Deus e a verdadeira significação do pecado; as diretrizes práticas do dom de conselho mantêm-no na admiração de Deus; o dom da fortaleza sustenta-o na luta sem desfalecimentos contra o mal[14].

Este dom, que foi infundido com os demais no Batismo, aumenta na medida em que somos fiéis às graças que o Espírito Santo nos concede; e de modo específico, quando consideramos a grandeza e majestade de Deus, quando fazemos com profundidade o exame de consciência, descobrindo e dando a devida importância às nossas faltas e pecados. O santo temor de Deus leva-nos com facilidade à contrição, ao arrependimento por amor filial: "Amor e temor de Deus. São dois castelos fortes, a partir dos quais se dá combate ao mundo e aos demônios"[15].

O santo temor de Deus leva-nos com suavidade a desconfiar prudentemente de nós mesmos, a fugir com prontidão das ocasiões de pecado; e inclina-nos a ser mais delicados com Deus e com tudo o que a Ele se refere. Peçamos ao Espírito Santo que, mediante este dom, nos ajude a reconhecer sinceramente as nossas faltas e a sentir verdadeira dor delas. Que nos faça reagir como o salmista: *Muitas lágrimas correram dos meus olhos por não ter observado a tua lei*[16]. Peçamos-lhe que, com delicadeza de alma, tenhamos sempre à flor da pele o sentido do pecado.

(1) Santa Teresa, *Caminho de perfeição*, 40, 1; (2) cf. M. M. Philipon, *Los dones del Espíritu Santo*, p. 325; (3) Eclo 25, 16; (4) São Tomás, *Suma teológica*, 2-2, q. 45, a. 1, ad. 3; (5) Andrés Vázquez de Prada, *O Fundador do Opus Dei*, p. 449; (6) João Paulo II, *Carta de apresentação do "Instrumentum laboris" para o VI Sínodo de Bispos*, 25-I-1983; (7) São Josemaria Escrivá, *Caminho*, n. 326; (8) 1 Jo 4, 18; (9) São Gregório de Nissa, *Homilia 15*; (10) São Josemaria Escrivá, *Amigos de Deus*, n. 243; (11) cf. São Josemaria Escrivá, *Caminho*, n. 747; (12) João Paulo II, *Discurso aos novos cardeais*, 30-VI-1979; (13) Ef 4, 10; (14) cf. M. M. Philipon, *op. cit.*, p. 332; (15) Santa Teresa, *op. cit.*, 40, 2; (16) Sl 118, 136.

Tempo Pascal. Sétima Semana. Sexta-feira

94. OS FRUTOS DO ESPÍRITO SANTO

— Os frutos do Espírito Santo na alma, manifestação da glória de Deus. O *amor*, o *gozo* e a *paz*.

— *Paciência* e *longanimidade*. A sua importância no apostolado.

— Os frutos que se relacionam mais diretamente com o bem do próximo: *bondade, benignidade, mansidão, fidelidade, modéstia, continência e castidade*.

I. QUANDO A ALMA é dócil às inspirações do Espírito Santo, converte-se numa árvore boa que se dá a conhecer pelos seus frutos. Esses frutos amadurecem a vida cristã e são manifestação da glória de Deus: *Nisto é glorificado meu Pai, em que deis muito fruto*[1], dirá o Senhor na Última Ceia.

Estes frutos sobrenaturais são incontáveis. São Paulo, a título de exemplo, menciona doze: *caridade, alegria, paz, paciência, benignidade, bondade, longanimidade, mansidão, fé, modéstia, continência e castidade*[2].

Em primeiro lugar figura o amor, a *caridade*, que é a primeira manifestação da nossa união com Cristo. É o mais saboroso dos frutos, aquele que nos faz experimentar que Deus está mais perto, e que visa aliviar o fardo dos outros. A caridade delicada e operativa com os que convivem ou trabalham conosco é a primeira manifestação da ação do Espírito Santo na alma: "Não existe sinal nem marca que distinga o cristão e aquele que ama a Cristo como o cuidado dos nossos irmãos e o zelo pela salvação das almas"[3].

Ao primeiro e principal fruto do Espírito Santo "segue-se necessariamente a *alegria*, pois aquele que ama alegra-se na união com o amado"[4]. É uma alegria que caracteriza o cristão e que permanece por cima da dor e do fracasso. Quanto bem não tem semeado no mundo a alegria dos cristãos! "Alegrar-se nas tribulações, sorrir no sofrimento, cantar com o coração e com o melhor timbre quanto maiores e mais dolorosos forem os espinhos [...] e tudo isto por amor — este é, juntamente com o amor, o fruto que o Vinhateiro divino quer colher dos ramos da Vinha mística, fruto que somente o Espírito Santo pode produzir em nós"[5].

O amor e a alegria deixam na alma a *paz* de Deus, *que ultrapassa todo o conhecimento*[6]. Existe a falsa paz da desordem, como a que reina numa família em que os pais cedem sempre aos caprichos dos filhos, sob o pretexto de "ter paz"; ou como a da cidade que, com a desculpa de não querer contristar ninguém, deixa que os malvados perpetrem os seus crimes. A paz, fruto do Espírito Santo, é ausência de agitação — é "a tranquilidade na ordem", como a define Santo Agostinho[7] —, e é descanso da vontade na posse estável do bem. Esta paz pressupõe uma luta constante contra as tendências desordenadas das paixões.

II. EM FACE DOS OBSTÁCULOS, as almas que se deixam guiar pelo Paráclito produzem ainda como fruto a *paciência*, que permite enfrentar com equanimidade, sem queixas nem lamentações estéreis, os sofrimentos físicos e morais que a vida traz consigo. A caridade está cheia de paciência; e a paciência é, em muitas ocasiões, o suporte do amor. "A caridade — escrevia São Cipriano — é o laço que une os irmãos, o fundamento da paz, o entrelaçamento que dá firmeza à unidade... Tirai-lhe, porém, a paciência, e ficará devastada: tirai-lhe o jugo do sofrimento e da resignação, e perderá as raízes e o vigor"[8]. O cristão deve ver em tudo a mão amorosa de Deus, que se serve dos sofrimentos e das dores para purificar aqueles que mais ama e fazê-los santos. Por isso, não perde a paz diante da doença, dos contratempos, dos defeitos alheios, das calúnias... ou mesmo dos seus fracassos espirituais.

A *longanimidade* é semelhante à paciência. É uma disposição estável pela qual esperamos de ânimo sereno, sem amargura, e durante o tempo que Deus queira, as dilações queridas ou permitidas por Ele, antes de alcançarmos as metas ascéticas ou apostólicas que nos propomos.

Este fruto do Espírito Santo dá à alma a certeza plena de que — se emprega os meios adequados, se se empenha em lutar, se recomeça sempre — esses propósitos chegarão a efetivar-se, apesar dos obstáculos objetivos que possa encontrar, apesar das fraquezas, erros e pecados que possa cometer.

No apostolado, a pessoa longânime propõe-se metas altas, à medida do querer de Deus, ainda que os resultados concretos pareçam pequenos, e, com santa teimosia e constância, não omite nenhum dos meios humanos e sobrenaturais ao seu alcance. "A fé é um requisito imprescindível no apostolado, que muitas vezes se manifesta na constância em falar de Deus, ainda que os frutos demorem em vir. Se perseverarmos, se insistirmos, bem convencidos de que o Senhor assim o quer, também à tua volta, por toda a parte, se irão notando sinais de uma revolução cristã: uns haverão de entregar-se, outros tomarão a sério a sua vida interior, e outros — os mais fracos — ficarão pelo menos alertados"[9].

O Senhor conta com o nosso esforço diário, sem pausas, para que a tarefa apostólica dê os seus frutos. Se alguma vez esses frutos tardam em aparecer, se o empenho com que procuramos aproximar de Deus um familiar ou um colega parece estéril, devemos animar-nos com o pensamento de que ninguém que trabalhe pelo Senhor, com reta intenção, o faz em vão: *Os meus eleitos não trabalharão em vão*[10]. A longanimidade apresenta-se como o perfeito desenvolvimento da virtude da esperança.

III. DEPOIS DOS FRUTOS que relacionam a alma diretamente com Deus e com a sua própria santidade, São Paulo enumera os que visam em primeiro lugar o bem do próximo: *Revesti-vos de entranhas de misericórdia, de bondade, de humildade, de mansidão [...], suportando-vos e perdoando-vos mutuamente*[11].

A *bondade* de que o Apóstolo nos fala é uma disposição estável da vontade que nos inclina a querer toda a espécie de bens para os outros, sem excetuar ninguém: amigos e inimigos, parentes e desconhecidos, vizinhos e gente distante. A alma sente-se amada por Deus e isto impede-a de ter ciúmes e invejas, levando-a a ver nos outros filhos de Deus, a quem Ele ama e por quem Jesus morreu.

Não basta querer o bem para os outros na teoria. A caridade verdadeira é amor eficaz que se traduz em atos. A caridade é benfazeja[12], anuncia São Paulo. A *benignidade* é precisamente essa disposição do coração que nos inclina a fazer o bem aos outros[13].

Este fruto manifesta-se nas diversas obras de misericórdia, corporais e espirituais, que os cristãos realizam no mundo inteiro sem distinção de pessoas. Na nossa vida, manifesta-se nos mil pormenores de serviço que procuramos ter com aqueles com quem nos relacionamos todos os dias. A benignidade incita-nos a levar paz e alegria aos lugares por onde passamos e a ter uma disposição constante de indulgência e de afabilidade.

A *mansidão* está intimamente ligada à bondade e à benignidade, e é como que o seu acabamento e perfeição. Opõe-se às estéreis manifestações da ira, que no fundo são sinais de fraqueza. *A caridade não se irrita*[14], antes se expande com suavidade e delicadeza, apoiando-se numa grande firmeza de espírito. Aquele que possui este fruto do Espírito Santo não se impacienta nem alimenta sentimentos de rancor para com as pessoas que o tenham ofendido ou injuriado, ainda que sinta — e às vezes muito vivamente, pela maior finura de sentimentos que adquire pelo trato com Deus — as asperezas dos outros, os desaires, as humilhações. Sabe que Deus se serve de tudo isso para purificar as almas.

À mansidão segue-se *a fidelidade*. Fiel é a pessoa que cumpre os seus deveres, mesmo os mais pequenos, e em quem os outros podem depositar a sua confiança. *Nada é comparável a um amigo fiel*, diz a Sagrada Escritura; *o seu preço é incalculável*[15]. Ser fiel é uma forma de viver a justiça e a caridade. A fidelidade é o resumo de todos os frutos que se referem às nossas relações com o próximo.

Os três últimos frutos mencionados por São Paulo dizem respeito à virtude da temperança, a qual, sob o influxo dos dons do Espírito Santo, produz frutos de *modéstia, continência e castidade.*

Pessoa modesta é aquela que sabe comportar-se de modo equilibrado e justo em cada situação, e que aprecia os seus talentos sem os exagerar nem diminuir, porque sabe que são uma dádiva de Deus para serem postos a serviço dos outros. Este fruto do Espírito Santo reflete-se no porte exterior da pessoa, no seu modo de falar e de vestir, de tratar as pessoas e de comportar-se socialmente. A modéstia é atraente porque reflete simplicidade e ordem interior.

Os dois últimos frutos apontados por São Paulo são a *continência e a castidade*. Como que por instinto, a alma está extremamente vigilante, a fim de evitar tudo o que possa ameaçar-lhe a pureza interior e exterior, tão grata a Deus. São frutos que embelezam a vida cristã, que a preparam para entender as coisas que se referem a Deus, e que podem obter-se mesmo no meio de grandes tentações, se se foge da ocasião e se luta com decisão, sabendo que a graça do Senhor nunca há de faltar.

Ao terminarmos a nossa oração, aproximamo-nos da Virgem Santíssima, porque Deus se serve dEla para produzir abundantes frutos nas almas por influxo do Paráclito. *Eu sou a Mãe do Amor formoso, do temor, da ciência e da santa esperança. Vinde a mim todos os que me desejais, e enchei-vos dos meus frutos. Pois o meu espírito é mais doce que o mel, e a minha posse mais suave que o favo de mel...*[16]

(1) Jo 15, 8; (2) cf. Gl 5, 22-23; (3) São João Crisóstomo, *Homilias sobre o incompreensível*, 6, 3; (4) São Tomás, *Suma teológica*, 1-2, q. 70, a. 3; (5) A. Riaud, *A ação do Espírito Santo na alma*, Quadrante,

São Paulo, p. 120; (6) Fl 4, 7; (7) Santo Agostinho, *A cidade de Deus*, 19, 13, 1; (8) São Cipriano, *Do bem da paciência*, 15; (9) São Josemaria Escrivá, *Sulco*, n. 207; (10) Is 45, 23; (11) Cl 3, 12-13; (12) 1 Cor 13, 4; (13) cf. A. Riaud, *op. cit.*, p. 148 e segs.; (14) 1 Cor 13, 5; (15) Eclo 6, 1; (16) Eclo 24, 24-27.

TEMPO PASCAL. SÉTIMA SEMANA. SÁBADO

95. O ESPÍRITO SANTO E MARIA

— Esperar a chegada do Paráclito ao lado da Virgem Santíssima.
— O Espírito Santo na vida de Maria.
— A Virgem Maria, "coração da Igreja nascente", colabora ativamente com a ação do Espírito Santo nas almas.

I. ENQUANTO ESPERAVAM A VINDA do Espírito Santo prometido, *todos perseveravam unanimemente na oração juntamente com as santas mulheres e Maria, a Mãe de Jesus...*[1] Todos estão num mesmo lugar, no Cenáculo, animados pelo mesmo amor e por uma só esperança. No centro deles, encontra-se a Mãe de Deus. A Tradição, ao meditar nesta cena, viu refletida nela a maternidade espiritual de Maria sobre toda a Igreja. "A *era da Igreja* começou com a "vinda", quer dizer, com a descida do Espírito Santo sobre os apóstolos reunidos no Cenáculo de Jerusalém, junto com Maria, a Mãe do Senhor"[2].

Nossa Senhora vive uma espécie de segundo Advento, uma espera que prepara a comunicação plena do Espírito Santo e dos seus dons à Igreja nascente. Este novo Advento é ao mesmo tempo muito semelhante e muito diferente do primeiro, daquele que preparou o nascimento de Jesus. Muito semelhante porque em ambos estão presentes a oração, o recolhimento, a fé na promessa, o desejo ardente de que esta se realize. Maria, quando trazia Jesus oculto no seu seio, permanecia no silêncio da sua contemplação. Agora, Nossa Senhora vive profundamente unida ao seu Filho glorificado[3].

Mas esta segunda espera é também muito diferente da primeira. No primeiro Advento, a Virgem é a única que vive a promessa realizada no seu seio; agora, aguarda-a em companhia dos apóstolos e das santas mulheres. É uma espera compartilhada, a da Igreja que está a ponto de manifestar-se publicamente em redor de Nossa Senhora: "Maria, que concebeu Cristo por obra do Espírito Santo, do amor do Deus vivo, preside ao nascimento da Igreja no dia de Pentecostes, quando o próprio Espírito Santo desce sobre os discípulos e vivifica na unidade e na caridade o Corpo místico dos cristãos"[4].

O propósito da nossa oração de hoje, véspera da grande solenidade de Pentecostes, é esperarmos a chegada do Paráclito muito unidos à nossa Mãe, "que implora com as suas preces o dom do Espírito, o qual já na Anunciação a havia coberto com a sua sombra"[5], convertendo-a no novo Tabernáculo de Deus. Nos começos da Redenção, Maria dera-nos o seu Filho; agora, "através das suas eficacíssimas súplicas, conseguiu que o Espírito do divino Redentor, já outorgado na Cruz, se comunicasse com os seus prodigiosos dons à Igreja, recém-nascida no dia de Pentecostes"[6].

"Quem nos transmite esse dado é São Lucas, o evangelista que mais longamente narrou a infância de Jesus. É como se quisesse dar-nos a entender que, assim como Maria teve um papel primordial na Encarnação do Verbo, de modo análogo esteve também presente nas origens da Igreja, que é o Corpo de Cristo"[7]. Para podermos estar bem preparados para uma maior intimidade com o Paráclito, para sermos mais dóceis às suas inspirações, o caminho é Nossa Senhora. Os apóstolos assim o entenderam; por isso os vemos ao lado de Maria no Cenáculo.

II. NO DIA DE PENTECOSTES, a Santíssima Virgem recebeu o Espírito Santo com uma plenitude inigualável porque o seu coração era o mais puro, o mais desprendido, o que amava de modo incomparável a Santíssima Trindade. O Paráclito desceu sobre a alma da Virgem e inundou-a de uma maneira nova. Ele é o "doce Hóspede" da alma de Maria. O Senhor havia prometido a todo aquele que amasse a Deus: *Viremos a ele e nele faremos a nossa morada*[8]. Esta promessa realiza-se sobretudo em Nossa Senhora.

Ela, "a obra prima de Deus"[9], fora preparada com imensos cuidados pelo Espírito Santo para ser tabernáculo vivo do Filho de Deus. Por isso o anjo a cumprimentou no momento da Anunciação: *Ave, cheia de graça*[10]. E aquela que já estava possuída pelo Espírito Santo e cheia de graça, recebeu nesse instante uma nova e singular plenitude: *O Espírito Santo virá sobre ti e te cobrirá com a sua sombra*[11]. "Redimida de um modo eminente e em previsão dos méritos do seu Filho, e unida a Ele por um vínculo estreito e indissolúvel, Maria é enriquecida com a sublime missão e a dignidade de ser a Mãe do Filho de Deus e, por isso, Filha predileta do Pai e Sacrário do Espírito Santo, com o dom de uma graça tão extraordinária que supera de longe todas as criaturas celestes e terrenas"[12].

Depois, ao longo da sua vida, Nossa Senhora foi crescendo no amor a Deus Pai, a Deus Filho (seu Filho Jesus), a Deus Espírito Santo. Correspondeu a todas as inspirações e moções do Paráclito e, de cada vez que era dócil a essas inspirações, recebia novas graças. Em momento algum opôs a menor resistência a Deus, nunca lhe negou nada; o seu crescimento nas virtudes sobrenaturais e humanas (que estavam sob uma especial influência da graça) foi contínuo.

No dia de Pentecostes, o Espírito Santo, que já habitava em Maria desde o mistério da sua Imaculada Conceição, veio fixar nEla a sua morada de uma maneira nova. Todas as promessas que Jesus tinha feito acerca do Paráclito — *Ele vos recordará todas estas coisas*[13], *Ele vos conduzirá à verdade completa*[14] — cumprem-se plenamente na alma da Virgem.

Nossa Senhora é a Criatura mais amada por Deus. Pois se a cada um de nós, apesar de tantas ofensas, o Senhor nos recebe como o pai do filho pródigo; se a nós, sendo pecadores, nos ama com amor infinito e nos enche de bens de cada vez que correspondemos às suas graças, "se procede assim com quem o ofendeu, o que não fará para honrar a sua Mãe imaculada, *Virgo Fidelis*, Virgem Santíssima, sempre fiel? Se o amor de Deus se mostra tão grande, quando a capacidade do coração humano — com frequência traidor — é tão pequena, como não se manifestará no Coração de Maria, que nunca opôs o menor obstáculo à Vontade divina?"[15]

III. TUDO O QUE SE TEM levado a cabo na Igreja desde o seu nascimento até os nossos dias é obra do Espírito Santo: a evangelização do mundo, as conversões, a fortaleza dos mártires, a santidade dos seus membros... "O que a alma é para o corpo do homem — ensina Santo Agostinho —, isso é o Espírito Santo no Corpo de Cristo que é a Igreja. O Espírito Santo realiza na Igreja o que a alma realiza nos membros de um corpo"[16]: dá-lhe vida, desenvolve-o, é o seu princípio de unidade... Por Ele vivemos a vida do próprio Cristo Nosso Senhor, em união com Santa Maria, com todos os anjos e santos do Céu, com os que se preparam no purgatório e os que ainda peregrinam na terra.

O Espírito Santo é também o santificador da nossa alma. Todas as inspirações e desejos que nos animam a ser melhores, todas as nossas boas obras, bem como as ajudas necessárias para terminá-las..., tudo é obra do Paráclito. "Este divino Mestre estabeleceu a sua escola no interior das almas que lho pedem e desejam ardentemente tê-lo por Mestre"[17]. "A sua ação na alma é suave, a sua experiência é agradável e aprazível, e o seu jugo é levíssimo. A sua vinda é precedida pelos raios brilhantes da sua luz e da sua ciência. Vem com a verdade do genuíno protetor, pois vem salvar, curar, ensinar, aconselhar, fortalecer, consolar, iluminar, em primeiro lugar a mente daquele que o recebe e depois, pelas obras deste, a mente dos outros"[18].

E assim como aquele que se achava rodeado de trevas, em saindo o sol recebe a sua luz nos olhos corporais e contempla claramente o que antes não via, assim também aquele que é achado digno do dom do Espírito Santo fica com a alma iluminada e, elevando-se acima da razão natural, vê aquilo que antes ignorava.

O Espírito Santo não cessa de atuar na Igreja, fazendo surgir por toda a parte novos desejos de santidade, novos filhos e, ao mesmo tempo, melhores filhos de Deus, que têm em Jesus Cristo o Modelo perfeito, pois Ele é o *primogênito de muitos irmãos*. E Nossa Senhora, pela sua colaboração ativa com o Espírito Santo nas almas, exerce a sua maternidade sobre todos os seus filhos. Por isso é proclamada *Mãe da Igreja*, "quer dizer, Mãe de todo o povo de Deus, tanto dos fiéis como dos Pastores, que a chamam Mãe amorosa. Queremos — proclamava Paulo VI — que de agora em diante seja honrada e invocada por todo o povo cristão com esse título gratíssimo"[19].

Santa Maria, Mãe da Igreja, rogai por nós e ajudai-nos a preparar a vinda do Paráclito às nossas almas.

(1) At 1, 14; (2) João Paulo II, Enc. *Dominum et vivificantem*, 18-V--1986, 25; (3) cf. M. D. Philippe, *Mistério de Maria*, Rialp, Madri, 1986, pp. 348-349; (4) Paulo VI, *Discurso*, 25-X-1969; (5) Conc. Vat. II, Const. *Lumen gentium*, 59, (6) Pio XII, Enc. *Mystici Corporis*, 29-VI--1943; (7) São Josemaria Escrivá, *É Cristo que passa*, n. 141; (8) Jo 4, 23; (9) cf. São Josemaria Escrivá, *Amigos de Deus*, n. 292; (10) Lc 1, 28; (11) Lc 1, 35; (12) Conc. Vat. II, *op. cit.*, 53; (13) cf. Jo 14, 26; (14) cf. Jo 16, 13; (15) São Josemaria Escrivá, *É Cristo que passa*, n. 178; (16) Santo Agostinho, *Sermão 267*; (17) F. Javiera del Valle, *Decenario al Espíritu Santo*, 4º dia; (18) São Cirilo de Jerusalém, *Catequese 16 sobre o Espírito Santo*, 1; (19) Paulo VI, *Discurso ao Concílio*, 2-IX-1964.

TEMPO PASCAL. DOMINGO DE PENTECOSTES

96. A VINDA DO ESPÍRITO SANTO

— A festa judaica de Pentecostes. O envio do Espírito Santo. O *vento impetuoso* e as *línguas de fogo*.
— O Paráclito santifica continuamente a Igreja e cada alma. Correspondência às moções e inspirações do Espírito Santo.
— Correspondência: docilidade, vida de oração, união com a Cruz.

I. *O AMOR DE DEUS foi derramado em nossos corações pelo Espírito Santo que habita em nós. Aleluia*[1].

Pentecostes era uma das três grandes festas judaicas; muitos israelitas iam nesses dias em peregrinação a Jerusalém, para adorar a Deus no Templo. A origem da festa remontava a uma antiquíssima celebração em que se davam graças a Deus pela safra do ano, em vésperas de ser colhida. Depois acrescentou-se a essa comemoração, que se celebrava cinquenta dias depois da Páscoa, a da promulgação da Lei dada por Deus no monte Sinai. Por desígnio divino, a colheita material que os judeus festejavam com tanto júbilo converteu-se, na Nova Aliança, numa festa de imensa alegria: a vinda do Espírito Santo com todos os seus dons e frutos.

Quando chegou o dia de Pentecostes, estavam todos juntos num mesmo lugar. E sobreveio de repente um ruído do céu, como de um vento impetuoso, que encheu toda a casa em que se encontravam[2]. O Espírito Santo manifestou-se por meio dos elementos que costumavam acompanhar a presença de Deus no Antigo Testamento: o *vento* e o *fogo*[3].

O *fogo* aparece na Sagrada Escritura como imagem do amor que penetra todas as coisas e como elemento purificador[4]. É uma imagem que nos ajuda a compreender melhor a ação que o Espírito Santo realiza nas almas: *Ure igne Sancti Spiritus renes nostros et cor nostrum, Domine*... Purificai, Senhor, com o fogo do Espírito Santo as nossas entranhas e o nosso coração...

O fogo também produz luz, e significa o novo resplendor com que o Espírito Santo faz compreender a doutrina de Jesus Cristo. *Quando vier o Espírito de verdade, guiar-vos-á para a verdade completa... Ele me glorificará, porque tomará do que é meu e vo-lo dará a conhecer*[5]. Numa ocasião anterior, Jesus havia comunicado aos seus: *O Advogado, o Espírito Santo... vos ensinará tudo e vos trará à memória tudo quanto eu vos disse*[6]. É Ele quem nos conduz à plena compreensão da verdade ensinada por Cristo: "Tendo enviado finalmente o Espírito de verdade, completou, culminou e confirmou a revelação com o testemunho divino"[7].

No Antigo Testamento, a obra do Espírito Santo é frequentemente sugerida pela palavra "sopro", a fim de exprimir ao mesmo tempo a delicadeza e a força do amor divino. Não há nada mais sutil que o vento, que penetra por toda a parte, que parece até percorrer os corpos inanimados e dar-lhes vida própria. O *vento impetuoso* do dia de Pentecostes exprime a nova força com que o Amor divino irrompe na Igreja e nas almas.

São Pedro, diante da multidão de pessoas que se encontravam nas imediações do Cenáculo, fez-lhes ver que se estava cumprindo o que fora anunciado pelos profetas[8]: *E sucederá nos últimos dias, diz Deus, que derramarei o meu Espírito sobre toda a carne...*[9] Os que receberem a efusão do Espírito não serão já uns poucos privilegiados, como os companheiros de Moisés[10], ou como os profetas, mas todos os homens, na medida em que se abrirem a Cristo[11]. A ação do Espírito Santo deve ter produzido tal assombro nos discípulos e nos que os escutavam que todos estavam *fora de si*, cheios de amor e de alegria.

II. A VINDA DO ESPÍRITO SANTO no dia de Pentecostes não foi um acontecimento isolado na vida da Igreja. O Paráclito santifica-a continuamente, como também santifica cada alma, através das inúmeras inspirações que se escondem em "todos os atrativos, movimentos, censuras e remorsos interiores, luzes e conhecimentos que Deus produz em nós, prevenindo o nosso coração com as suas bênçãos, pelo seu cuidado e amor paternal, a fim de nos despertar, mover, estimular e atrair para as santas virtudes, para o amor celestial, para as boas resoluções, para tudo aquilo que, numa palavra, nos conduz à nossa vida eterna"[12]. A sua ação na alma é "suave e aprazível [...]; Ele vem salvar, curar, iluminar"[13].

No dia de Pentecostes, os apóstolos foram robustecidos na sua missão de testemunhas de Jesus, a fim de anunciarem a Boa-nova a todos os povos. Mas não somente eles: todos os que creem nEle terão o doce dever de anunciar que Cristo morreu e ressuscitou para nossa salvação. *E sucederá nos últimos dias, diz Deus, que derramarei o meu Espírito sobre toda a carne, e profetizarão os vossos filhos e as vossas filhas, e os vossos jovens verão visões, e os vossos anciãos sonharão sonhos. E sobre os meus servos e sobre as minhas servas derramarei o meu Espírito naqueles dias, e eles profetizarão*[14]. Assim pregou São Pedro na manhã de Pentecostes, que inaugurava a época dos *últimos dias*, os dias em que o Espírito Santo foi derramado de uma maneira nova sobre aqueles que creem que Jesus é o Filho de Deus e põem em prática a sua doutrina.

Todos os cristãos têm desde então a missão de anunciar, de cantar as *magnalia Dei*[15], as maravilhas que Deus fez no seu Filho e em todos aqueles que creem nEle. Somos agora um povo santo para publicar as grandezas dAquele que nos transferiu *das trevas para a sua luz admirável*[16].

Ao compreendermos a grandeza da nossa missão, compreendemos também que ela depende da nossa correspondência às moções do Espírito Santo, e sentimo-nos necessitados de pedir-lhe frequentemente que *lave o que está manchado, regue o que está seco, cure o que está doente, acenda o que está morno, retifique o que está torcido*[17]. Porque sabemos bem que no nosso interior há manchas, e partes que não dão todo o fruto que deveriam porque estão secas, e partes doentes, e tibieza, e também pequenos desvios, que é necessário retificar.

III. PARA SERMOS MAIS FIÉIS às constantes moções e inspirações do Espírito Santo na nossa alma, "podemos atentar para três realidades fundamentais: docilidade [...], vida de oração e união com a Cruz.

Em primeiro lugar, *docilidade*, "porque é o Espírito Santo quem, com suas inspirações, vai dando tom sobrenatural aos nossos pensamentos, desejos e obras. É Ele quem nos impele a aderir à doutrina de Cristo e a assimilá-la com profundidade; quem nos dá luz para tomarmos consciência da nossa vocação pessoal e força para realizarmos tudo o que Deus espera de nós"[18].

O Paráclito atua sem cessar na nossa alma: não dizemos uma só jaculatória se o Espírito Santo não nos move a dizê-la[19], como nos mostra São Paulo na segunda leitura da Missa. Ele está presente e inspira-nos quando lemos o Evangelho, quando oramos, quando descobrimos uma luz nova num conselho recebido, quando meditamos uma verdade de fé que talvez já tivéssemos considerado antes muitas vezes. Percebemos que essa luz não depende da nossa vontade. Não é coisa nossa, mas de Deus. É o Espírito Santo quem nos move suavemente a abeirar-nos do sacramento da Penitência, a levantar o coração a Deus num momento inesperado, a realizar uma boa obra. É Ele quem nos sugere um pequeno sacrifício ou nos faz encontrar a palavra adequada que anima uma pessoa a ser melhor.

Vida de oração, "porque a entrega, a obediência, a mansidão do cristão nascem do amor e para o amor se orientam. E o amor leva à vida de relação, à conversa assídua [...]. A vida cristã requer um diálogo constante com Deus Uno e Trino, e é a essa intimidade que o Espírito Santo nos conduz [...]. Acostumemo-nos a procurar o convívio com o Espírito Santo, que é quem nos há de santificar; a confiar nEle, a pedir a sua ajuda, a senti-lo perto de nós. Assim se irá dilatando o nosso pobre coração, teremos mais ânsias de amar a Deus e, por Ele, a todas as criaturas"[20].

União com a Cruz, "porque na vida de Cristo, o Calvário precedeu a Ressurreição e o Pentecostes, e esse mesmo processo se deve reproduzir na vida de cada cristão [...]. O Espírito Santo é fruto da Cruz, da entrega total a Deus, da procura exclusiva da sua glória e da completa renúncia a nós mesmos"[21].

Podemos terminar a nossa oração fazendo nossas as súplicas contidas no hino que se canta na Sequência da Missa deste dia de Pentecostes: *Vinde, Espírito Santo, e enviai do céu um raio da vossa luz. Vinde, Pai dos pobres; vinde, dador de graças; vinde, luz dos corações. Consolo ótimo, doce hóspede da alma, doce refrigério, vinde! Vós sois descanso no trabalho, na aflição remanso, no pranto consolo. Ó luz santíssima, enchei o mais íntimo do coração dos vossos fiéis [...]. Dai aos vossos fiéis, que em Vós confiam, os vossos sete dons. Dai-lhes o mérito da virtude, dai-lhes o porto da salvação, dai-lhes a eterna alegria*[22].

Para chegarmos a um convívio mais íntimo com o Espírito Santo, nada tão eficaz como aproximar-nos de Santa Maria, que soube secundar como ninguém as inspirações do Espírito Santo. Os apóstolos, antes do dia de Pentecostes, *perseveravam unânimes na oração, com algumas mulheres e com Maria, a Mãe de Jesus*[23].

(1) Rm 5, 5; 8, 11; *Antífona de entrada* da Missa da vigília; (2) At 2, 1-2; (3) cf. Ex 3, 2; (4) cf. M. D. Philippe, *Mistério de Maria*, Rialp, Madri, 1986, pp. 352-355; (5) cf. Jo 16, 13-14; (6) Jo 14, 26; (7) Conc. Vat. II, Const. *Dei Verbum*, 4; (8) Jl 2, 28; (9) At 2, 17; (10) cf. Nm 11, 25; (11) cf. Jo 7, 39; (12) São Francisco de Sales, *Introdução à vida devota*, II, 18; (13) São Francisco Sales, *Catequese 16 sobre o Espírito Santo*, 1; (14) At 2, 17-18; (15) At 2, 11; (16) 1 Pe 2, 9; (17) cf. Missal Romano, Sequência da Missa de Pentecostes; (18) São Josemaria Escrivá, *É Cristo que passa*, n. 135; (19) cf. 1 Cor 12, 3; (20) São Josemaria Escrivá, *op. cit.*, n. 136; (21) ib., n. 137; (22) Missal Romano, Sequência da Missa de Pentecostes; (23) cf. At 1, 14.

Direção geral

Renata Ferlin Sugai

Direção de aquisição

Hugo Langone

Direção editorial

Felipe Denardi

Produção editorial

Juliana Amato

Gabriela Haeitmann

Ronaldo Vasconcelos

Daniel Araújo

Capa

Gabriela Haeitmann

Karine Santos

Diagramação

Sérgio Ramalho

ESTE LIVRO ACABOU DE SE IMPRIMIR

A 31 DE JANEIRO DE 2025,

EM PAPEL IVORY SLIM 65 g/m^2.